KARL BARTH–EDUARD THURNEYSEN
BRIEFWECHSEL
1913–1921

KARL BARTH · GESAMTAUSGABE

V. Briefe

KARL BARTH – EDUARD THURNEYSEN

1913–1921

THEOLOGISCHER VERLAG ZÜRICH

Karl Barth – Eduard Thurneysen

Briefwechsel

Band 1

1913–1921

Bearbeitet und herausgegeben
von Eduard Thurneysen

THEOLOGISCHER VERLAG ZÜRICH

Printed in Switzerland by Buchdruckerei Meier + Cie AG Schaffhausen
ISBN 3 290 16502 7

INHALT

Vorwort		VI
Briefwechsel 1913–1921 Aargau		1
Register:	Bibelstellen	527
	Namen	532
	Schriften Barths und Thurneysens	541

VORWORT

Die hier vorliegende Gesamtausgabe des Briefwechsels zwischen Karl Barth und mir ist bedeutsam wegen ihres Karl Barth betreffenden biographischen Gehalts und wegen ihrer theologiegeschichtlichen Relevanz. Barth und ich sind uns nahe begegnet in der Zeit, da wir beide als Landpfarrer im Kanton Aargau tätig waren. In diesen Jahren, 1913–1921, wurde Karl Barth und ich mit ihm wegen des Versagens von Theologie, Kirche und Gesellschaft gegenüber der Not der Zeit in jenen Aufbruch getrieben, der zu einer Wende und Neubegründung der Theologie führte. Wir haben uns damals zu enger Arbeitsgemeinschaft zusammengeschlossen. Und weil in unsern Pfarrhäusern noch kein Telephon installiert war, ging der Gedankenaustausch vorwiegend auf brieflichem Wege vor sich. So kam es zu diesem Briefwechsel, der, als Barth als Professor in Göttingen, Münster und Bonn seine theologische Arbeit fortsetzte, weiterging. Darin wird das Entstehen der neuen Theologie sichtbar samt dem politischen Hintergrund, aus dem sie erwuchs. Ein gewisser freilich nur sehr beschränkter Teil dieser Briefe ist bereits veröffentlicht worden in zwei Karl Barth und mir zu unsern 70. Geburtstagen gewidmeten Festschriften. Er ist in dem Siebensterntaschenbuch Nr. 71 1966 auch gesondert herausgegeben worden. Die betreffenden Briefe sind erweitert in die vorliegende Gesamtausgabe aufgenommen.

Die Ausgabe gibt den Briefwechsel nahezu vollständig wieder, wenn auch gewisse durch Punkte (in eckigen Klammern) in den einzelnen Briefen kenntlich gemachte Streichungen und die Weglassung einiger weniger ganzer Briefe notwendig wurden. Diese Streichungen und Weglassungen sind in der Hauptsache bedingt durch die unsere Intimsphäre berührenden Mitteilungen. Da die

Originale aller Briefe im Bartharchiv vorhanden sind, werden ein späterer Barthbiograph oder sonstige Barthforscher darauf zurückgreifen können.

Orthographie und Interpunktion wurden behutsam und unter Schonung besonders charakteristischer Eigentümlichkeiten den heute gebräuchlichen Regeln angepaßt. Die Anmerkungen erklären in möglichster Vollständigkeit die in den Briefen erwähnten Namen und sonstige der Erläuterungen bedürftige Vorkommnisse. Ich hoffe, als Herausgeber und Bearbeiter an wissenschaftlicher Genauigkeit nichts schuldig geblieben zu sein.

Für die Leser ist es hilfreich zu wissen, daß einzelne vielfach erwähnte Verwandte und Freunde der Briefschreiber statt mit dem vollen Namen mit dem Vornamen angeführt sind: so Frau Barth = Nelly, Frau Thurneysen = Marguerite, Karl Barths Brüder Pfr. Peter Barth = Peter, Prof. Heinrich Barth = Heiner, das Ehepaar Pestalozzi-Eidenbenz = Ruedi und Gerty, Pfr. Georg Merz = Georg, Prof. Wilhelm Vischer = Helmi, Prof. Emil Brunner = Emil. – Noch ist zu bemerken, daß neben den eckigen Klammern auch von den Briefschreibern selber angewendete runde Klammern vorkommen. – Eine gewisse Gewichtsverschiebung zu Gunsten der Briefe Barths hat insofern stattgefunden, als ich meine eigenen Briefe oft in geraffter Fassung darbiete, freilich ohne sie inhaltlich zu verkürzen.

Zum Schluß bleibt mir übrig, all denen warmen Dank auszusprechen, die mir während beinahe drei Jahren der Arbeit hilfreich beigestanden sind. Als erste nenne ich meine Frau, Marguerite Thurneysen, die mir unermüdlich zur Seite stand. Ohne sie hätte ich die große Aufgabe der Erstellung des Textes und der zahlreichen Anmerkungen nicht lösen können. Weiter seien genannt: Herr Max und Frau Franziska Zellweger-Barth, die mir bei der Bereitstellung der Briefe unschätzbare Hilfe geleistet haben. Großen Dank schulde ich vor allem dem Sachwalter des Bartharchives, meinem Freunde Dr. Hinrich Stoevesandt, der mir unermüdlich und sachkundig mit Rat und Tat Hilfe bot. Weiter gilt mein Dank dem Vorsteher der Universitätsbibliothek Basel,

Herrn Dr. Christoph Vischer, der für die nötigen Photokopien der Briefe besorgt war. Endlich sei gedankt dem TVZ-Verlag in Zürich und seinem Leiter, Herrn Marcel Pfändler, für alle seine Bemühungen um die Herausgabe und den Druck. Und zuletzt, aber im Grunde als einem ersten Mitarbeiter bin ich zu herzlichem Dank verpflichtet Herrn Pfarrer Helmut Goes in Metzingen-Neuhausen (Württemberg). Er hat sich in großer Selbstlosigkeit anerboten, die Korrekturen mitzulesen und die Register der Namen und der Bibelstellen anzufertigen. Einen sachkundigeren und treueren Mitarbeiter als ihn hätte ich mir nicht denken können. Ein Register der Begriffe soll erst in dem die Ausgabe abschließenden dritten Briefband vorgelegt werden. Endlich danke ich Herrn Prof. Eberhard Jüngel in Tübingen, der mich ermutigt hat, die ganze Arbeit zu übernehmen, weil nach seiner Erfahrung die heranwachsende Theologenschaft durch die Lektüre dieser Briefe einen Zugang fände zu Karl Barths theologischem Lebenswerk.

Basel, im Februar 1973

Eduard Thurneysen

BRIEFWECHSEL 1913–1921

AARGAU

Barth Safenwil, 23. Februar 1913

Lieber Freund!

Da bin ich schon wieder, diesmal [...] um dich zu meiner Hochzeit einzuladen, die am 27. März in Bern bei uns zuhause in bescheidenem Rahmen und in ziemlich kleinem Kreise gefeiert wird. Mach mir die Freude und komm als Vertreter der Marburger Vergangenheit[1] [...] und auch der religiös-sozialen Gegenwart, wenn du willst, und im Übrigen als Mensch und Freund und Christ. Also gelt: zusagen!

Mit herzlichem Gruß dein Karl Barth

[1] Gemeinsame Studienzeit.

Barth 4. Mai 1913

Lieber Freund!

Was mußt du von mir denken, daß ich dir noch gar nicht für das prächtige Hochzeitsgeschenk, den Troeltsch,[1] gedankt habe? Ich sagte es dir ja schon vorher, als wie nett ich diese freundschaftliche Demonstration empfunden habe und wie ich mich auf den Besitz des Buches freue. [...] Nun kann ich den Dank gleich noch verbinden mit der herzlichen Gratulation zu Leutwil.[2] Hurra, ein «wohlgesinnter» aargauischer Pfarrer mehr! Gewiß mußt du dich der bisher von Schild[3] und mir gebildeten äußersten Rechten in der Synode anschließen! [...] Und nun komme ich noch mit einer Bitte daher. Mein Lieber, bist du am 18. Mai noch frei und könntest du für mich predigen und kinderlehren? Ich habe nämlich am 19. Mai im aargauischen Pfarrverein in Lenzburg über «den Glauben an den persönlichen Gott»[4] zu referieren und wäre froh, in der Woche vorher von der Predigtarbeit frei zu sein. Es wäre auch fein, wenn du bei diesem Anlaß wieder einmal zu mir kommen und uns im Ehestand besichtigen könntest. Meine Frau[5] würde sich auch freuen, dich wiederzusehen. Machs doch, wenn du kannst, wa!? Ich sitze hinter einer langen, langen Reihe von Religionsphilosophen und Dogmatikern, denen ich für mein Thema auf den Zahn fühlen muß.

Mit herzlichem Gruß dein Karl Barth

[1] Ernst Troeltsch (1865–1923, Prof. für systematische Theologie in Heidelberg), *Die Soziallehren der christlichen Kirchen und Gruppen* (= *Gesammelte Schriften,* Bd. 1), Tübingen 1912.

[2] Eduard Thurneysen (geb. 1888), 1911–1913 Hilfssekretär des CVJM in Zürich, von 1913 bis 1920 Pfarrer in Leutwil im Kanton Aargau.

[3] Paul Schild (1884–1966), damals Pfarrer in Uerkheim, der Nachbargemeinde von Safenwil.

[4] Der Vortrag wurde veröffentlicht in: ZThK 24 (1914), S. 21–32; 65–95.

[5] Nelly Barth, geb. v. Hoffmann, geb. 1893.

Barth 23. Juni 1913

Lieber Freund!

Dein Besuch vor acht Tagen war uns eine große Freude, und solange du selbst keine Frau hast, mußt du als der leichter Bewegliche ihn noch oft wiederholen. [...] Wegen der Predigerversammlung mußt du dich als Neueingezogener wahrscheinlich irgendwo melden, ich weiß aber nicht wo. Ich selber gehe nicht hin. Erstens ist es mir zu weit, und ich verbrauche den aufzuwendenden schnöden Mammon lieber zu einem Freudlein, an dem meine Frau auch etwas hat. Zweitens sind mir vorläufig solche Ansammlungen von Pfarrern als solchen (nicht als Gesinnungsgenossen) nicht nur kein Freudlein, sondern etwas Arges, dem ich lieber ausweiche. Es gibt nichts Schlimmeres als so einen Tisch voll Pfarrern aller Richtungen, die es sich schmecken lassen. Die Referate kann man ja nachher lesen. Und Vater Wernle[1] und die Jungpositiven genieße ich lieber einzeln als in Haufen.

Den Brief der Arbeitersfrau, den du mir geschickt hast, habe ich gestern in der Predigt vorgelesen. Puncto Partei[2] bin ich noch nicht ganz fertig mit mir. Ich werde wahrscheinlich absagen. Aber ich kann mich der Sache nicht so leicht entziehen. Es scheint mir aber, *prinzipiell* müßte es *möglich* und bei unsern Überzeugungen sogar geboten sein. Das von der «Entpolitisierung», was du mir vorgetragen hast, verstehe ich nicht recht. Willst du damit sagen, die Christen überhaupt sollten sich vom Parteileben fernhalten, oder nur die Pfarrer? Soll man den Parteien dann [die] überlassen, die dem Evangelium fernstehen? Wenn ich Nein sage, so tue ichs mit unfreudigem Herzen, im Gefühl, daß ich der menschlichen kläglichen Schwachheit eine Konzession mache, meiner eigenen und der der anderen: daß ich mich nicht reif genug fühle, guter Pfarrer und guter Parteimann zugleich zu sein, daß ich über das Widerwärtige am sozialistischen Parteileben nicht wegkomme, daß ich befürchten müßte, von der Mehrzahl in meiner Gemeinde nicht verstanden zu werden. Aber irgendwelches christliches Pathos kann ich für dieses Nein nicht aufbringen, ich kann nur sagen: Leider, leider vorläufig nicht!

Mit herzlichem Gruß dein Karl Barth

[1] Paul Wernle (1872–1939), Prof. für Kirchengeschichte in Basel.

[2] Es handelt sich um die Sozialdemokratische Partei des Kantons Aargau, in die Karl Barth später eingetreten ist.

Thurneysen Leutwil, 18. Juni 1914

Lieber Freund,

Ich schicke dir alles Wichtige von Naumann[1] außer der «Gotteshilfe», die du wohl selber hast. Aus der früheren Zeit habe ich kaum etwas. In der Basler Universitätsbibliothek findet sich die kleine Schrift «Was heißt Christlich-sozial?». Die «Gotteshilfe» ist also das beste und größte Dokument. In den neuern Ausgaben sind die Andachten datiert, sodaß die Entwicklungen Naumanns noch klarer hervortreten. Die Wandlung Naumanns wird vor allem klar aus den Schlußkapiteln der «Asia» und den «Briefen über Religion». Daneben laufen dann die politischen und die mancherlei Gelegenheitsschriften. Die «Ausstellungsbriefe» geben

Naumanns Freude an der modernen Welt wieder, lies z.B. die Aufsätze über den Eiffelturm, die Eisenbauten und die Maschinen. In den «Sonnenfahrten» ist die Betrachtung über Franz von Assisi bezeichnend.[2] Ich lege dir einen kleinen Aufsatz bei, den ich einmal im Zentralblatt der Zofingia über Naumann veröffentlicht habe,[3] nicht weil ich ihn so vortrefflich finde, auch könnte ich heute nicht mehr zu allem dort Gesagten stehen, aber er enthält ein paar Notizen über den äußern Lebenslauf Naumanns. Im Übrigen wird Freund Wilhelm Loew[4] eine weit zuverlässigere Quelle sein als meine Angaben. [...]

Mit herzlichem Gruß dein Eduard Th.

[1] Friedrich Naumann (1860–1919), ev. Theologe und Politiker.

[2] F. Naumann, *Gotteshilfe. Gesamtausgabe der Andachten 1895–1902,* Göttingen 1911[4]; ders., *Was heißt christlich-sozial?,* Leipzig 1894 (1896[2]); ders., *Asia,* Berlin 1899; ders., *Briefe über Religion,* Berlin 1903 (1916[6]); ders., *Ausstellungsbriefe,* Berlin 1909; ders., *Sonnenfahrten,* Berlin 1909.

[3] E. Thurneysen, *Ethik und Politik in ihrem gegenseitigen Verhältnis bei Friedrich Naumann,* in: Centralblatt des schweizerischen Zofingervereins, Jg. 21 (1910/11), S. 138–160.

[4] Wilhelm Loew (geb. 1887), Schwiegersohn Naumanns, Studienfreund von Barth und Thurneysen, Lic. theol., Dr. med., nach 1945 Prof. für praktische Theologie in Mainz.

Thurneysen 26. August 1914

Mein Lieber,

Ich habe mit großer Freude und Zustimmung deine Predigt[1] in den «Neuen Wegen» gelesen. Die Dialektik des Doppelgedankens ist prächtig herausgearbeitet, und auch sprachlich ist alles trotz der komplizierten und tiefen Überlegungen, die du anstellst, bewundernswert schlicht und sicher. [...] Auch was du über Naumann in der «Christlichen Welt» schreibst,[2] ist ungemein zutreffend. Wer's widerlegen kann, widerlege es! Wir sollten in diesen trüben Zeiten das Soziale Kränzli nicht verplampen lassen. Es gäbe allerlei zu besprechen. Man ist doch innerlich vorzu am Krieg.

Ich muß oft an unsere deutschen Freunde denken. Bornhausen[3] z.B. wird irgendwo im Sattel sitzen und Patrouillenritte tun. Er sollte sich bei uns internieren lassen.

Mit recht herzlichem Gruß an dich und deine Frau dein

Ed. Thurneysen

[1] K. Barth, *Landesausstellung*. Predigt, gehalten in Safenwil am 7. Juni 1914, in: Neue Wege. Blätter für religiöse Arbeit (redigiert von L. Ragaz u.a.), Jg. 8 (1914), S. 304ff.

[2] K. Barth, «*Die Hilfe*» 1913, in: Die christliche Welt (= CW), Jg. 28 (1914), Sp. 774–778. Der Artikel ist eine Rezension über den Jahrgang 19 (1913) der von F. Naumann herausgegebenen Zeitschrift *Die Hilfe. Wochenschrift für Politik, Literatur und Kunst.*

[3] Lic. Karl Bornhausen (1882–1940), Studienfreund Barths und Thurneysens aus Marburg, a. o. Prof. für Systematische Theologie in Marburg, später o. Prof. in Breslau.

Barth 29. August 1914

Lieber Freund!

Dank für deine Karte. Du weißt offenbar noch nicht, daß Loew sich mit Liese Naumann hat nottrauen lassen und als Freiwilliger mitgezogen ist. Man könnte allen diesen Heroismus, den sie jetzt drüben entfalten, bewundern, wenn die Sache nicht so über die Maßen jammervoll wäre. Wozu alles dieses gute Blut? Etwas vom Betrüblichsten ist mir die Haltung der «Christl. Welt», resp. Rades.[1] Nun setzt er uns als letzten Trost die erbärmlichen Sophismen (wenigstens mir kommen sie in diesem Augenblick so vor!) Luthers über die seligen Kriegsleute vor.[2] [...] Überhaupt versagt die Kirche bedenklich: Zirkular unseres hohen Kirchenrates! Predigt von G. im Aargauer Tagblatt! Predigt von Hadorn[3] in Bern! Proklamationen des Bernischen Synodalrates! Es ist eine allgemeine Ratlosigkeit. Aber die Predigt von Schädelin[4] ist fein. Ich will dir demnächst schicken, was ich an solchen Aktenstücken besitze, sofern du sie noch nicht kennst. Ich bin *sehr* dafür, daß das rel. soz. Kränzchen bald einmal stattfindet, aber wo?

Herzlichst dein K. B.

[1] Martin Rade (1857–1949), ev. Theologe, Prof. für systematische Theologie in Marburg, Schriftleiter der «*Christlichen Welt*».

[2] Nach Kriegsausbruch druckte die «Christliche Welt» in mehreren Fortsetzungen auszugsweise Luthers Schrift «*Ob Kriegsleute auch in seligem Stande sein können*» (1520) ab: CW 28, Sp. 788ff., 806ff., 820ff., 837f., 857f.

[3] Wilhelm Hadorn (1869–1929), Münsterpfarrer und Prof. für Kirchengeschichte in Bern.

[4] Albert Schädelin (1880–1961), Dr. theol., Pfarrer am Münster in Bern, Prof. für praktische Theologie.

Thurneysen 3. September 1914

Lieber Freund,

Eben erst schrieb mir dein Bruder Peter,[1] es werde jetzt dann einmal eine religiössoziale Zusammenkunft in Bern stattfinden. Auch ihm scheint das sehr am Platze zu sein. Er gibt der gleichen Betrübnis Ausdruck, wie wir sie hegen, über das Versagen unsrer religiösen Presse. Nirgends erscheint etwas aus den Gedanken heraus, die uns bewegen. Immer nur die alten Tröstereien mit neuem Pathos. Das scheint mir z.B. bei Wernle so stark der Fall zu sein. Lies den beigelegten Artikel. Wozu mit diesem Elan aufs Neue verkündigen: ihr sollt und dürft Gott und das Vaterland zusammendenken und jeder für das seine beten. Wahrhaftig, das wissen wir ja und tuns auch, aber daß es ein grauenvoller Widerspruch ist und bleibt, das ist das Entscheidende, wenn man betende Hände zu dem einen Gott und die Waffen gegeneinander erhebt. Das sollte zum Bewußtsein gebracht werden, sonst artet alles in eine bodenlose Gemütlichkeit und Gedankenlosigkeit aus. Jeder soll nur recht beten, der Franzose und der Deutsche und neuerdings sogar, wie man liest, der Türke (für den Deutschen!). Das ist die Wirklichkeit, ein Phantast, wer es anders sieht. Und das sei, so argumentiert Wernle, reife und nüchterne christliche

Haltung. Sie ergebe sich überdies mit zwingender Notwendigkeit aus der Historie. [...] Natürlich will er dann doch auch nicht der sein, der «Dein Reich komme» nicht mehr beten kann. Ich kann dieses sich geradezu Freuen an ungelösten Widersprüchen nicht verstehen. [...] Und dazu die billigen Ausfälle gegen religiössoziale Antimilitaristen. Was dem gegenüber Ragaz[2] von der verwandelnden Kraft der heutigen Katastrophen schreibt, ist nicht unrichtig. Aber was ich in diesen Tagen in meiner Gemeinde an Selbstsucht und Egoismus sehen muß, zeigt mir, daß auch die heutige Katastrophe noch nicht hart genug ist und also nicht die letzte sein wird. – Ich lege dir eine Predigt von Kutter[3] bei, du magst sie behalten, und meine letzte Sonntagspredigt, sie handelt vom Zorn Gottes. Ich halte sie nicht für besonders gut, aber ich möchte mir damit auch wieder einmal eine oder zwei von dir erbitten. [...]

Mit herzlichem Gruß dein Eduard Th.

[1] Peter Barth (1888–1940), Bruder von Karl Barth, Schwiegersohn von Prof. M. Rade, Pfarrer in Laupen, später in Madiswil (Bern). Zusammen mit W. Niesel Herausgeber von: *Joannis Calvini opera selecta,* 5 Bände, München 1926–1952.

[2] Leonhard Ragaz (1868–1945), Pfarrer am Münster in Basel, dann Prof. in Zürich. Führer der religiössozialen Bewegung in der Schweiz.

[3] Hermann Kutter (1869–1931), Pfarrer am Neumünster in Zürich. Kämpfer für ein neues soziales Christentum. Bedeutender Prediger und Schriftsteller.

Barth 4. September 1914

Lieber Freund!

Entschuldige, daß ich die Rücksendung der Naumannsachen so lange versäumt habe. Hier sind sie mit Dank zurück. Ich bin sehr froh, daß ich mich diesen Sommer noch damit beschäftigt habe. Der geistige Zustand unserer deutschen Freunde ist mir nun viel verständlicher, wenn auch um nichts sympathischer. Ich habe ein ausführliches, sorgfältig redigiertes Manifest gegen diesen Zustand an Rade erlassen.[1] Er hatte scheints die Naivität, zu meinen, wir müßten doch selbstverständlich deutschfreundlich (und nicht neutral) gesinnt sein. Es ist, wie Ragaz sagen würde, «von symptomatischer Bedeutung», daß ein Mann wie Rade so völlig den Kopf verlieren kann in dieser Lage. Die absoluten Gedanken des Evangeliums werden einfach bis auf weiteres suspendiert, und unterdessen wird eine germanische Kampfreligion in Kraft gesetzt, christlich verbrämt durch viel Reden von «Opfer» etc. Beweis genug, daß die ersteren schon vorher bei diesem Christlichen-Welt-Christentum mehr Firnis als innerlicher Besitz waren. Traurig ist's doch! Marburg und die deutsche Kultur verliert in meinen Augen etwas, und zwar für immer, durch diesen Zusammenbruch. – Loew sei übrigens erst *angemeldet* als Freiwilliger, und auch die Nottrauung mit Liese war Projekt für den Fall [...]

Hier hast du zwei Predigten, es sind einfach die zwei letzten. [...] Du wirst sie nicht vom Standpunkt der Leistung aus betrachten, sondern eben als Versuche. An Versuchen sind wir ja jetzt eigentlich alle, jeder auf seine Weise und jeden Sonntag wieder auf eine andere Weise, des grenzenlosen Problems einigermaßen für uns und zu Handen unsrer jetzt so überaus eifrig gewordener Kirchgänger Meister zu werden. Dei providentia – hominum confusio, darum drehen wir uns jetzt Sonntag für Sonntag und müssen es. Ich habe wie du zuerst eine Reihe von Predigten über das erste Moment gehalten, nun betone ich mehr das andere. Aber ich möchte immer mehr beides *zusammen*sehen. Manchmal gelingt's besser, manchmal weniger gut. Die Art, wie du den «Zorn Gottes» *positiv* fruchtbar machst, ist einleuchtend. Die Formel: «Gott will den Krieg nicht» ist vielleicht irreführend, obwohl im Zusammenhang wohl verständlich. Gott will den Egoismus nicht. Er *will* aber, daß der Egoismus sich im Krieg offenbare und so sich selbst zum Gericht werde. Dieser Gerichtswille Gottes ist dann auch nichts anderes als Liebe: Offenbarwerden und Stärkerwerden der göttlichen Gerechtigkeit. Ich würde den Zorn Gottes vielleicht noch bestimmter auf das «gottlose Wesen» selbst beziehen und soziales Unrecht, Krieg etc. als

Symptom oder Konsequenz des letzteren auffassen. Man kommt dann dem Einklang mit Röm. 8,28 näher, ohne doch in lutherische [...] Gemütlichkeit zu verfallen. Aber das weißt du alles so gut wie ich und hast es sicher in andern Predigten auch ausdrücklich gesagt. [...] Dank für die Kutterpredigt, die Deinige sagt mir aber noch mehr.

Herzlich dein Karl Barth

[1] Brief Barths an M. Rade vom 31. 8. 1914, zusammen mit Rades Antwort veröffentlicht unter dem Titel «*Briefwechsel von Karl Barth und Martin Rade*» in: Neue Wege, Jg. 8 (1914), S. 429ff.

Barth 25. September 1914

Lieber Freund!

Ich bin also auf dem Zürichberg [...] in der Villa meines Schwagers[1] und blicke mit der Gelassenheit der besitzenden Klasse auf den Hexenkessel da unten. Ziemlich seltsam komme ich mir zwar vor am Schreibtisch meines Schwagers! Ich wäre auch gern nach Bern gekommen, aber es war wieder einmal des Reisens und Ausfliegens etwas viel geworden in letzter Zeit, und so mußte ich verzichten. [...] Willst du mir dann ein paar Worte schreiben, wie es gewesen ist? Ihr solltet nicht versäumen, Wernle gegenüber einmal recht deutlich zu reden. Ich kann seine zwei letzten Artikel immer noch nicht verputzen. Über die Berner Zusammenkunft hörte ich schon durch Zulauf[2] in Delsberg (die einzige «Ruine» meiner bernischen Zofingerzeit!). Peter ist seit acht Tagen wieder aus Marburg zurück. Seine Anwesenheit dort war von Rade selbst dringend gewünscht worden, der sich scheints durch Peters und meinen energischen Protest gegen die Haltung der «Christlichen Welt» stark gekränkt und überrascht und betroffen fühlte (alles aufs Mal scheints!). Es scheint Rade mehr an uns Schweizern gelegen zu sein, als wir denken. Es gab dann eine große Aussprache in Gegenwart von Natorp[3] und Herrmann[4] und Stephan[5]. Rade beabsichtige auch, einen Brief von mir und seine Antwort darauf in der «Zeitschrift für Theologie und Kirche» abzudrucken[6] (ganz Rade!). Doch habe ich unterdessen nichts weiter davon gehört. Peter sagt, man könne sich bei uns keine Rechenschaft geben von dem ungeheuren Druck, unter dem sie jetzt dort draußen stehen. Ganz Marburg voll Verwundete, kaum ein Haus schon jetzt ohne einen Toten oder mehrere. Gestern hörte ich übrigens hier aus einem Privatbrief eines deutschen Militärarztes, daß einzig in drei Spitälern an der belgischen Grenze an 130 verwundete Deutsche mit ausgestochenen Augen gepflegt werden. Was müssen solche Détails aus der Nähe erlebt für seelische Reaktionen bewirken! Kann man sich wundern über die Katastrophe des Christliche-Welt-Christentums? Wie würden wir bestehen in solcher Lage? Eine Katastrophe bleibt es freilich trotz allem, dieses Verhalten unsrer Freunde draußen. Natorp!! Und dabei ist die «Christliche Welt» noch etwas vom Gemäßigtsten, was jetzt geschrieben wird, und hat viele Anfechtungen zu erdulden wegen mangelnden nationalen Bewußtseins. Wie es im Durchschnitt jetzt tönen mag von den deutschen Kanzeln, ist ganz unabsehbar. Wie wird es werden, wenn sie einmal erwachen werden aus diesem ganzen fürchterlichen Irrtum? Woher soll die notwendige neue Orientierung kommen? Wenn irgend einmal, so möchte man jetzt Gott bitten, Propheten aufstehen zu lassen. *Wir* sind es jedenfalls nicht mit unsern paar Sprüchen, wenn wir jetzt auch ein klein wenig weiter sehen als die draußen. Auch Kutter und Ragaz nicht. Ich habe beide besucht und war eigentlich von beiden etwas enttäuscht. Bei Ragaz störte mich eine gewisse unangenehme Sicherheit («wir haben es immer gesagt»), und Kutter fand ich in einem bei ihm mir ganz unbegreiflichen Interesse für die Détails der Zeitgeschichte und in einer noch unbegreiflicheren Parteinahme für Deutschland und dessen relativ gerechtere Sache. Er war von diesem Thema fast nicht abzubringen, und während man ihm sonst so gerne zuhört, kommen mir seine vorgetragenen politischen Meinungen trotz allerlei Lichtblicken und -blitzen eher wunderlich vor. Ich werde ihn am Sonntag predigen und kinderlehren hören und bin gespannt darauf. Es war mir auch unerfreulich, in welchem *Ton* er [...] von den andern Pfarrern redete, die jetzt bis an den Hals von Unterstützungsarbeiten in Anspruch genommen sind. Natürlich ist ja diese Betriebsamkeit etwas höchst Problematisches, natürlich rächt sie sich dann in der Untiefe der Predigten, die diese Leute halten (ich hörte am Mittwoch Bachofner[7] im Fraumünster und fand ihn ziemlich 2–3), aber ein überlegener Geist könnte nicht so davon reden, mit solcher Selbstbespiegelung, wie Kutter es gestern tat. Gestern Abend traf ich in einer Einladung mit Pfarrer Keller[8] zusammen, war aber auch von ihm gar nicht befriedigt, in anderer Hinsicht wieder. Ich bin doch ein heillos selbstgerechter Mensch, nichtwahr? Ich kam gewiß hieher, um zu lernen und zu hören, aber was ich bis jetzt sah von den Propheten, hat mich nicht groß erbaut und gestärkt. Ich hatte von unsern bescheidenen Zusammenkünften mehr. Doch habe ich ja eine Expedition nach Außersihl[9] noch vor mir und so manches andere und hoffe doch noch zu meiner beabsichtigten Ernte zu kommen. In der übrigen Zeit lese ich von und über – Bismarck. Mein Schwager hat eine ganze Literatur über ihn, und so nahm ich die Gelegenheit wahr. Ich wollte eigentlich eine Kant- und Fichte-Repetition vornehmen da oben und hoffe, es komme doch noch dazu. [...] Ich habe noch öfters nachgedacht über unser Gespräch bei deinem letzten Besuch bei mir. Eigentlich habe ich allerlei nicht verstanden, besonders deine Aussprüche über das Wunder nicht. Und inwiefern man wirklich alles vom Standpunkt des lieben Gottes aus betrachten solle und könne, ist mir auch noch mehr Problem als dir, obwohl ich das Großzügige dieser Auffassung wohl empfinde. Andrerseits empfinde ich dann doch wieder eine gewisse Vorliebe für das Konkrete und Unzweideutige. Jedenfalls werde ich dir gerne ein nächstes Mal, hoffentlich bald, zuhören, und du wirst ja schon Geduld mit mir haben. [...] Für heute genug. Heute Abend gehe ich sogar ins Theater. Von den Cigarren meines Schwagers ganz zu schweigen!

Mit freundlichem Gruß dein Karl Barth

[1] Richard Kisling (1862–1917), Kaufmann und Kunsthändler, verheiratet mit Hedwig K. geb. v. Hoffmann.

[2] Fritz Zulauf (1885–1965), religiössozialer Pfarrer in Delsberg, Studienkamerad Barths.

[3] Paul Natorp (1854–1924), Prof. für Philosophie in Marburg.

[4] Wilhelm Herrmann (1846–1922), Prof. für systematische Theologie in Marburg, Lehrer Karl Barths.

[5] Horst Stephan (1873–1954), Prof. für systematische Theologie in Marburg und Leipzig.

[6] Der Briefwechsel erschien nicht dort, sondern in «Neue Wege». Vgl. Anm. 1 zum Brief vom 4. 9. 1914.

[7] Paul Bachofner, Pfarrer am Fraumünster in Zürich.

[8] Adolf Keller (1872–1963), einer der Initianten der ökumenischen Bewegung in Europa, Sekretär des schweiz. Kirchenbundes.

[9] In Zürich-Außersihl wirkten die religiössozialen Pfarrer Hans Bader (1875–1935), einer der Anreger und Führer der schweizerischen Religiössozialen, und Emanuel Tischhauser (1868–1943).

Thurneysen 27. Oktober 1914

Lieber Freund,

Letzte Woche erhielt ich einen Brief von Wernle, worin er uns scharf kritisiert: man finde bei den religiössozialen Pfarrern Herdentum wie sonst nirgends, Nachplappern von großen Sprüchen und Mangel an Kraft und Willen, selbständig zu denken. «Darum sind mir die Religiössozialen oft so entsetzlich langweilig. Hat man einen gehört, so weiß man den Ton von allen.» [...] Und nun findet sich der Satz: «Ich hörte neulich, daß Karl Barth von mir weiß, wie ich die verirrten abgefallenen Schäflein zu retten und zu bewahren suchen möchte, als ob dies Persönliche des mir oder andern Anhangens mein Gesichtspunkt wäre. Das finde ich unwahr. In meinen Briefen an Sie werden Sie sicher nichts davon spüren. Wovor mir graut, ist nur das Parteiwesen in jeder Form, die Mode und das Nachplappern, das unter Theologen, und zwar alten und jungen, grassiert. Es tritt an Stelle des alten Gegensatzes von positiv und freisinnig der neue von religiössozial oder nicht-religiössozial, und dann ist eine Dummheit durch eine andere ersetzt. Wenn das so wird, bin ich nicht daran schuld, ich habe die Leute stets zu wirklicher Auseinandersetzung mit den Fragen gezwungen.» [...] Wernle war letzte Woche in Zürich. Dort muß er das Gemeldete vernommen haben. [...] Ich schreibe dir das auch darum, weil Wernle mir schon vorwarf, ich sei einfach in deinem Schlepptau, erlaube mir auch dir gegenüber keine eigene Meinung. Ich weiß mich aber da durchaus unschuldig. Ich kann nicht einmal finden, daß wir beide sehr gleichartig denken oder in unserer Methode zu arbeiten, einander berühren. Wir verstehen uns einfach und haben etwas vom Austausch miteinander. Daß wir einander in unguter Weise beeinflussen, davon ist doch keine Rede! Oder? Wenn du einmal etwas davon merken solltest, so sags mir. Ich halte Gegenrecht. Im Übrigen wollen wir uns nicht stören lassen.

Mit herzlichem Gruß dein Eduard

Barth 28. Oktober 1914

Lieber Freund!

Ach was ist das für eine unerfreuliche Geschichte! Der Tatbestand ist folgender. Während meines Zürcher Aufenthaltes hatte ich zwei sehr mühselige Auseinandersetzungen mit Paul Högger.[1] Die Rede kam mehrfach auf die persönlichen Eigenschaften und Tendenzen von Ragaz, Bader etc., die für Högger höchst wichtig sind, da er prinzipiell in dem, was er «Mit-Machen» bei den Religiössozialen nennt, nur eine psychologisch-individuelle Frage der Anlage und des Temperamentes sieht. Um ihn von dieser unfruchtbaren Betrachtungsweise abzulenken, warf ich ihm einmal dazwischen, es spielten doch wohl bei Wernle persönliche Motive mit, z.B. ein gewisses Mißbehagen über die Tatsache, daß so viele seiner Schüler nachher unter den stärkern Einfluß Kutters und Ragazens kommen, wobei ich mich auf dich als einstigen amanuensis Wernles als unverdächtigen Zeugen berief. Ich sagte Högger, man sollte auf ihrer Seite das «Individuelle» nicht so wichtig nehmen, gerade wie es uns nicht einfalle, jenes gewisse «Individuelle» an Wernle unser Urteil bestimmend beeinflussen zu lassen. Er ließ mich aber kaum den Satz ausreden, indem er aufs Heftigste bestritt, daß Wernle jemals an Schul- oder Parteibildung gedacht habe, worin ich ihm selbstverständlich nur Recht geben konnte mit dem Bemerken, so sei es auch nicht gemeint. Es betrübt mich sehr, daß Paul Högger (denn es kann niemand anderer sein [...]!) nun hingehen und Wernle diesen in seiner Fassung so giftigen Klatsch von den abgefallenen Schäflein etc. überbringen mochte. Es betrübt mich aber auch, daß Wernle sofort auf diesen Klatsch hereingefallen ist und mich nun vor Dritten mit groben Ausdrücken beschimpft. Ich habe das wirklich nicht verdient. Du könntest ihm das zu wissen tun. [...] Vor allem tut es mir leid, daß ich dich durch jene Bemerkung in Ungelegenheiten bringe. Ich kann dir nur versichern, daß sie nach Zusammenhang, Form und Inhalt harmlos war und als Gegengewicht gegen das viele «Persönliche» auf unserer Seite gerade eine Ablenkung auf die Sache begründen sollte im Sinne: peccatur intra muros et extra.

Das wegen meinem resp. deinem Schlepptau ist einfach *töricht* und zeigt mir aufs Neue, wie wenig Wernle die Menschen kennt. Tatsächlich bist du mir, seit wir uns kennen, selbständig gegenüber gestanden, und ganz besonders seit du in Zürich warst, habe ich wahrscheinlich mehr von dir gelernt als du von mir. Du hast mir eigentlich Kutter zugänglich gemacht. Und im Übrigen ists wie du sagst, wir denken und arbeiten ziemlich verschieden, verstehen uns aber in den Hauptsachen und können darum mit Freude zusammen verkehren. Augenblicklich ist mir z.B. die Stellung Kutters zum Kriege eine ziemliche Enttäuschung, während du sie zu begreifen scheinst. Umgekehrt halte ich die Antwort Ragazens an Traub[2] für etwas vom Besten, was ich von Ragaz gelesen, während du sie offenbar eher ablehnst. Du kannst also auch in dieser Beziehung unsern strengen Censor vom Heuberg[3] beruhigen. [...] Der erzwungene Abdruck meines Briefes an Rade ärgert mich jetzt. Er fällt neben Ragaz stark ab.

Mit herzlichem Gruß dein Karl Barth

[1] Paul Högger (1875–1942), Pfarrer am Großmünster in Zürich, Vetter Karl Barths.

[2] Gottfried Traub (1869–1956), ev. Theologe, zuletzt Pfarrer in Dortmund, Verteidiger des liberalen Pfarrers Jatho, wegen seiner Angriffe auf das Kirchenregiment des Amtes enthoben, Verfasser der «*Eisernen Blätter*» (Dortmund 1914ff., Berlin 1919ff.), in denen er eine Kriegstheologie vertrat. – Antwort an Traub: L. Ragaz, *Antwort an Herrn Pfarrer Gottfried Traub, Dr. der Theologie, in Dortmund,* in: Neue Wege, Jg. 8 (1914), S. 438ff.

[3] Wernles Wohnung in Basel.

Thurneysen 30. Oktober 1914

Mein Lieber,

Vielen Dank für die Sendung. Du sollst die mitgeteilte Briefstelle nicht tragisch nehmen, ich finde es eigentlich verständlich, daß Wernle sich da etwas Luft macht, denn natürlich mußte ihn die gründlich entstellende Bemerkung Höggers in Zorn bringen. [...] Im Übrigen ist mir wie dir die ganze leidige Geschichte ein erneuter Beweis dafür, wie unsere Gegenspieler durch ihre persönliche Kampfweise die Kluft vergrößern, die der Sache nach gar nicht in diesem Maße besteht. Oder vermag man denn bei Wernle, Högger usw. eine irgendwie begründete, einigermaßen klare Gegenposition gegen Ragaz und Kutter zu entdecken? Nein, was trennt, ist eben das persönliche Vorurteil, das man auf der Gegenseite hat, und aus dem ein prinzipieller Gegensatz gemacht wird. [...] Ich habe auf den Reformationssonntag hin in Luthers Kirchenpostille gelesen. Bei Luther ist doch, obwohl auch er ein Polemiker war, das Denken und Leben aus dem Gegensatz heraus immer wieder überboten durch die Kraft einer Erkenntnis, die über alle Gegensätze hinausgreift. Ich ziehe daraus für mich selber den Vorsatz, mich nicht an Gegensätzen zu orientieren, sondern aus dem vielen oder wenigen, was man gerade hat, heraus zu leben. Das ist auch der Grund der Überlegenheit, die nach meinem Gefühl Kutter über Ragaz besitzt, daß er einfach nicht aus Gegensätzen heraus leben und streiten will, sondern auch schweigend warten und einfach an seinem Orte weiterdenken und weiterbauen kann. [...]

Deinen Brief an Rade fand ich gar nicht überflüssig; mir ist deine scharfe, kurze Klarheit lieber als der Predigtstil, in welchem Ragaz Rade anredet. Du sagst schweizerisch deutlich, was viele von uns auch empfinden. Dietschi[1] hat auch diesen Eindruck. Er bemerkte zur Antwort Rades, das ständige sich Berufen auf das «Erlebnis» des Krieges, welches Rade vor uns voraus zu haben meint, statt sich auf klare Gründe zu stützen, sei ihm unheimlich, dahinter könne sich leicht ein seelischer Rausch verstecken, der dann für die individuelle Gewissensnötigung genommen wird. Den Vorzug hat der Rückzug aufs Erlebnis eben immer, daß man nicht viel dagegen sagen kann.

Ins Kränzli komme ich nicht am Montag, meine Zeit ist sehr belegt durch Schulhalten für in Militärdienst einberufene Lehrer. Dazu habe ich mir zwei Rezensionen aufgeladen fürs «Kirchenblatt». Sie betreffen systematische Themata, und ich empfinde meine alte Unzulänglichkeit auf diesem Gebiete und fürchte mich schon auf den Augenblick, wo der Mann in Safenwil, welcher, wie schon in Marburg bekannt war und gelegentlich ehrfurchtsvoll herumgeboten wurde, die drei großen Kritiken Kants ganz durchgearbeitet hat, meine Aufsätzlein lesen wird. Sobald ich ein wenig in die neue Belastung durch die Schule eingearbeitet bin, hoffe ich dich wieder zu sehen. Wenn du Zeit hast, laß mich wieder etwas von dir hören. Übrigens steht auch eine Synode bevor, wo man sich wieder sieht und vielleicht auch wieder braucht als Waffengenossen.

Es grüßt dich herzlich dein Eduard

[1] Max Dietschi (1873–1951), ausgezeichneter Pfarrer in Seon (Aargau).

Barth 5. November 1914

Lieber Freund!

Nun kommt gerade auf den 12. Synode und Berner Konferenz[1] zusammen. Ich möchte gerne wissen, wie du dich in diesem Pflichtenkonflikt stellst. Es ist ja klar, daß Bern an sich wichtiger ist, über das Helferreglement [...] können sie in Aarau auch ohne uns verhandeln. [...]

Ich habe halb im Sinn, den Kirchenrat wegen der niedern Religionsstufe, auf der sein erstes Kriegszirkular (event. auch die Bettagsproklamation) steht, zu interpellieren. Aber ich kann das gern auch bleibenlassen. Man müßte dabei doch allerlei «ausplaudern», was man nach Kutter besser für sich behält. So würde ich von mir aus die Synode willig schwänzen. [...] Das Berner Programm wirst du ja auch haben. [...] Es scheint mir erforderlich, in Bern dabeizusein. [...]

Ich bekam von Herrmann [aus Marburg] vor 14 Tagen drei Couverts voll deutschen evangelischen Drucksachen «mit herzlichem Gruß von der ganzen Fakultät». Gestern habe ich eine Antwort abgefaßt. Meine Frau fand sie streckenweise zu scharf. Ich habe sie meinem Bruder Peter als Kenner des Landes zur Begutachtung geschickt. Sie enthält drei «Anfragen»: 1. über die Wissenschaftlichkeit der deutschen «Kulturträger», 2. über das Kriegs«erlebnis» als religiöses Argument, 3. über die «Gemeinschaft der Heiligen» und ihre Bedrohung durch die deutsche Alleingerechtigkeit.

Ich hatte hier unangenehme Geschichten mit den Lehrern. Ich bot mich auch an zur Stellvertretung und erntete dafür Frechheiten, ohne von der Schulpflege geschützt zu werden, die die Lehrer überhaupt machen läßt, wie sie wollen. Am liebsten würde ich aus der Schulpflege austreten, da ich darin doch nur Verdruß erlebe und – wenn ich nicht Krach schlagen will, was mich nicht gelüstet – doch nichts Erfreuliches darin erreiche. Wiederum schwanke ich, ob es meine Pflicht ist, dieses «Kreuz» weiterzutragen, oder ob ich mich auf den Standpunkt zurückziehen soll, daß wir in unserm eigentlichen Amt Aufgaben und *notwendiges* Kreuz genug haben.

Schade, daß du nicht ans Kränzli kamst. Es gab nämlich Feuer im Dach zwischen Epprecht[2] und mir (wegen eines Artikels von ihm über «Die Theologen und der Krieg» im Aargauer Tagblatt) und zwischen La Roche, Müller, Vischer[3] und mir wegen unserer Stellung zu den Deutschen. Im «Protestantenblatt» eifert Hans Baur[4] gegen Ragaz: Die Religiössozialen stünden unten an der Leiter und riefen den Feuerwehrleuten oben zu: ihr bekommt schwarze Hände, wir können euch den Namen von Löschern nicht mehr zuerkennen. Sie verführten Elsterngeschwätz in der Zeit der Adler.

Herzliche Grüße dein Karl Barth

1 Die Berner Konferenz war eine freie, inoffizielle Aussprache über die Lage in Kirche, Theologie und Welt.

2 Robert Epprecht (geb. 1889) war Pfarrer in Schöftland (Aargau), in St. Gallen und Zürich, Nachbarpfarrer von Safenwil, lebt im Ruhestand.

3 drei Aargauer Pfarrer.

4 Hans Baur (1870–1938), Pfarrer in Basel.

Thurneysen 24. November 1914

Mein Lieber,

Vielen Dank für Wernles Brief. Er hat offenbar dir gegenüber das Gefühl, das wir ihm gegenüber nie loswerden: völliger Mangel an Eingehen auf das, was man eigentlich meint und zu sagen hat. [...] Die Einheit ist jedenfalls auch bei den Religiössozialen nicht vollständig. Was Greyerz[1] z.B. anzustreben scheint, ist jedenfalls doch nicht das klare Einsetzen einer von der politischen aufs Handeln abzielenden Einstellung unterschiedenen, rein von innen heraus bestimmten religiösen Orientierung. Auch Ragaz mit seinen starken politischen Instinkten will sicher mehr als das Herausarbeiten einer überlegenen, an Gott orientierten und allein von ihm das Größte erwartenden Glaubenshaltung. Das ist mein altes Bedenken, das mich immer mehr zu Kutter hinzieht. [...]

Herzlich dein Eduard

[1] Karl von Greyerz (1870–1949), bedeutender religiössozialer Pfarrer, zuletzt in Bern.

Barth 7. Dezember 1914

Mein Lieber!

Vielleicht interessiert es dich, zu sehen, was ich gestern den Sozialdemokraten in Küngoldingen vorgebracht habe.[1] In der Diskussion meinte ein Mann sehr nett, was ich ihnen beschrieben habe, sei zwar sicher der Sinn Jesu und seiner Jünger, aber ob ich ihnen in Anbetracht der Unvollkommenheit der Welt und der Menschen nicht daneben noch einen andern, *leichtern* Weg wisse? Ein Gewerkschafter belehrte mich über die Unmöglichkeit zu «warten» und über die Notwendigkeit des proletarischen Kampfes!! [...] Die Schwierigkeit für uns, bei und zu den Sozialdemokraten zu reden, wurde mir aufs Neue klar: *entweder* man bestärkt sie in ihrer Parteigesinnung durch religiöse Unterbauung und mit allerlei christlichen Wünschen für ihr politisches Ethos – *oder* man versucht, sie über sich selbst hinauszuweisen, und legt ihnen damit, wie es mir gestern den Eindruck machte, eine Last auf, die Vielen zu schwer ist. Das Richtige wird trotz dieser Gefahr das Letztere sein, *wenn* man überhaupt solche Referate annehmen will. Ich halte es doch für das Richtige, wenn man darum gefragt wird. Gerade jetzt ist für einen radikalen Sozialismus bei den Arbeitern mehr Verständnis da, als man denkt. Aber von einer Popularisierung solcher Anschauungsweise kann natürlich keine Rede sein, und darum werden wohl mit der Zeit solche Anfragen seitens der Vereinsleitungen zu Ausnahmen werden. Vorderhand habe ich noch in Rothrist bei einem sozialistischen Weihnachtsbaum zu reden, wo es letztes Jahr sehr nett war.

Unsere Blaukreuzstunde gestern Abend hatte folgenden Verlauf:

1. Gesang: «Voll Hoffnung und voll Glaubensmut...»
2. Verlesung der Kutter'schen Kinderlehre aus der «Glocke»[2]
3. Gesang: «Bald kommt der Herr, Hallelujah...»
4. Ansprache einer Tochter über Bereitschaft auf die Wiederkunft.
5. Ansprache eines jungen Mannes (Wachtmeister Bat. 55) und zwar:
   a) Vorlesung aus dem «Freien Aargauer»
   b) Erinnerungen aus dem Militärdienst
   c) Vorlesung einer (ganz abscheulich pietistischen) Gebetserhörungsgeschichte
6. Deklamation einer Tochter: Schillers «Glocke»!!
7. Bericht einer Tochter über ihre Erlebnisse in der Küche des Basler Frauenspitals in der Kriegszeit [...]
8. Gesang: «Ach wie hab' ich einst das Leben...» (Die Lieder vom Volke vorgeschlagen!).

Ich teile dir das mit, um dir einen Begriff zu geben von den mancherlei Geistern und Gaben, die hier oft entfesselt sind. Ich ging trotz dieses Reichtums eher gedrückt heim, denn ich fühle mich der Direktion dieses Orchesters einfach nicht gewachsen. Das Material ist ja da, aber in grauenhaftem Chaos. Nummer 5 brauchte für sich einen Pfarrer zur Verarbeitung und Amalgamierung seiner verschiedenen Komponenten. Er ist durchaus nicht ein verworrener Mensch, sondern ein sehr einfach denkender, ruhiger und praktischer Aargauer-Typ. Nr. 7 eine ehemalige Musterkonfirmandin, jetzt etwas deroutiert durch Aufenthalte in Genf und Basel. Willst du nicht einmal an einem Sonntag Abend herüberkommen und ein kräftiges Wort zu meiner Herde reden? Einseitig sind wir auf keinen Fall, man kann uns von allen möglichen Seiten her zusetzen, aber wir haben es sehr nötig!

Mein Kind[3] kann jetzt sitzen und sagt: Papap! Und du hast noch nicht einmal eine Frau!

Mit herzlichem Gruß dein Karl Barth

[1] Vortrag über «*Krieg, Sozialismus und Christentum*», bisher unveröffentlicht.

[2] H. Kutter, «*Etwas vom Krieg. Eine Kinderlehre*», in: Die Glocke (Zürcher CVJM-Monatsschrift), Jg. 23, Dez. 1914, S. 13ff.

[3] Franziska («Fränzeli») Barth, geb. 13. 4. 1914, verheiratet mit Max Zellweger.

Thurneysen 14. Dezember 1914

Mein Lieber,

Vielen Dank für deinen letzten Brief und die Zusendung des Referates. Ich habe es gut entziffern können und eine große Freude daran gehabt. Daß die Vertiefung und Verinnerlichung des Sozialismus, wie du sie hier anstrebst, nicht leicht verstanden wird, ist eigentlich nicht verwunderlich, aber es bleibt der Weg, der einzig hoffnungsvoll ist. [...]

Was du von deinem Blaukreuz erzählt hast, hat mich fast mit Neid erfüllt; ich wäre froh um ein bißchen mehr «Geist». Wenn du meinst, es sei zu machen, will ich ganz gern einmal nach Neujahr die Vereinsstunde übernehmen. Du mußt mir gelegentlich irgendein Thema dafür nennen. Vor Weihnacht werden wir wohl nicht mehr viel voneinander hören. Es öffnet sich da etwas wie ein Tunnel, in den man mit Volldampf hineinfahren sollte. Kommt es dir nicht auch so vor?

Mit herzlichem Gruß dein Eduard Th.

Thurneysen 28. Dezember 1914

Mein Lieber,

So, jetzt ist das Getümmel der Weihnachtsbäume überstanden. Gestern hatte ich fünfmal zu reden: Beerdigung, 2 Predigten [...] und 2 Weihnachtsbäume. Trotzdem geht es mir erträglich. Hier wieder zwei «Hilfe»-Nummern. Was Naumann über den Krieg und die Weihnacht zu sagen sich getraut, ist traurig, ein Phrasengeklingel, ungleichviel ehrlicher und tiefer ist Troeltsch.[1]

Ragazens neues Heft der «Neuen Wege» ist, soweit ich es gelesen habe, gut, z.B. seine Predigt.[2] Jedenfalls muß man dankbar sein, daß die «Neuen Wege» da sind und ihre Sache so tapfer vertreten. Die Oltener Sozialisten haben mich nicht angefragt. Sie trauen mir offenbar trotz deiner Empfehlung nicht. Es wäre auch schwierig für mich zu machen gewesen. Wieser[3] hat mir einen trefflichen Brief geschrieben, in dem u.a. folgendes steht: «Es hat mich an Wernles langen Kirchenblattartikeln peinlich berührt, daß alles, was er schreibt, am Gegensatz zu den Religiössozialen orientiert ist. Warum immer wieder diese Überlegungen? Durch diese Streitereien wird alles sofort veräußerlicht, und die Hauptsache wird vergessen. Es tritt ja auch bei Wernle zutage, wieviel er verloren hat, seit er sich in diese Auseinandersetzungen hat ziehen lassen.» – Hat dir Dietschi schon geschrieben von der Evangelisationswoche, die er mit dir und mir im kommenden Frühjahr in Seon veranstalten will? Du gehst nach Neujahr nach Bern, ich vielleicht nach Zürich. Nachher sollten wir uns bald einmal sehen.

Herzlich dein Eduard

[1] F. Naumann, *Weihnachten 1914,* in: Die Hilfe, Jg. 20 (1914), S. 848f.; E. Troeltsch, *Friede auf Erden,* ebd. S. 833f.

[2] L. Ragaz, *Selig sind die Friedebringer* (Predigt über Mt 5,9), in: Neue Wege, Jg. 8 (1914), S. 488ff.

[3] D. Gottlob Wieser (1888–1973), Pfarrer in Binningen bei Basel, in der Ostschweiz und in Riehen bei Basel, Freund von Barth, Gogarten und Thurneysen, viele Jahre lang Schriftleiter des *Kirchenblattes für die reformierte Schweiz.*

Barth 20. Januar 1915

Lieber Thurneysen!

Statt am Sonntag über das Stürmen des Himmelreiches predigen zu können, wurde ich am Samstag auf einmal in die Stille geführt durch eine plötzlich hervorbrechende Influenza, an der ich bis jetzt leide. Da lag ich nun, und an meiner Stelle predigte der Helfer über die Weisen aus dem Morgenlande!! und aus dem

Brittnauer Vortrag, den ich schon neu ausgearbeitet [habe], wurde auch nichts, und meine Frau mußte heute aus Bern zurückkommen, und noch ist mir für einige Tage der Mund verschlossen, wie es scheint. Doch hat das auch seine Vorteile. Ich habe im Bett Turgenjew «Väter und Söhne» gelesen (das Lesen der Russen scheint unter den Religiössozialen epidemisch zu werden; ich höre von allen Ecken von solcher Lektüre; das ist sicher nicht ohne «symptomatische Bedeutung»!). [...] Nun bin ich an Bächtolds «Gottfried Keller».[1] So hat das Marodesein auch sein Gutes, und ich werde es ohne Gram und Reue noch etwas fortsetzen, wenn es sein muß. [...] Greyerz teilte mir am Tag nach dem Rade-Fest[2] mit, er habe im Sinn, so etwas für die ganze Schweiz zu organisieren: die Religiössozialen sollten sich 2 und 2 (wie die Jünger) über alle größeren Ortschaften ergießen und in Kirchen, Schulen oder Bierlokalen über Krieg und Frieden reden – nach vorausgegangener Instruierung durch Ragaz. Du weißt ja, wie Greyerz einen für solche Sachen einseifen kann. Zum Glück besteht diese Sache erst in seinem Geist. Immerhin wurde er fast böse, als ich ihm von unserer Unternehmung[3] erzählte: man sollte jetzt die Kräfte nicht zersplittern.

Wie hast du den Eindruck des Rade-Festes verarbeitet? Ich habe darauf eine Predigt gehalten, in der das prophetische Wort nach dem Gefühl meiner Frau überwucherte. Natürlich!! Rade sagte mir an jenem Abend bei uns zuhause noch, wir könnten mit unserm Glauben doch nie Erfolg haben in der Welt, und am folgenden Tag: «Ihr steht ja längst alle abgemalt im Troeltsch!» Und im Tram wurde er noch einmal sehr böse wegen des deutschen Militarismus, der gar nicht so schlimm sei, und überhaupt sei der französische noch ärger! Auf das Alles und auf das, was er am Abend sagte, kann man doch eigentlich nur mit Sprüchen, Gleichnissen und sinnbildlichen Handlungen à la Jeremia antworten, und das hat eben meine nächste Predigt büßen müssen. Doch halte ich es mit Zulauf, der mir auf meine sanften Bedenken gegen seine Novellistik antwortete, jetzt müsse ein jeder tun, was er nicht lassen kann, [...] nur «das vornehme Weiterwursteln und noch vornehmere Schweigen der Weisen» sei vom Übel. Daran mußte ich denken, als ich jüngst in Sachen einer Lesemappe einen Nachmittag mit Preiswerk[4] und Zickendraht[5] in Wildegg zubrachte und wieder einmal milde Mahnungen wegen des ewigen Radebriefes zu hören bekam. «Nur jetzt schwiiige, schwiiige!» Ja, ja, ja doch Herr Pfarrer aus Boll, aber! Mit Zickendraht hatte ich nachher noch ein zäh-klebriges Gespräch über Luther, bei dem ich zuletzt fast unter einen Zug kam auf dem Bahnhof. Pfr. Schwarz in Basadingen [...] kam folgenden Tags flugs wieder zu Rade (in Basel), um in ziemlich ungefreuter Weise zu schnüffeln, was in Bern gegangen sei. Zu wessen Handen ist ja klar [Wernle!]. Es ist ganz recht, wenn er die «Neuen Wege» nicht mehr liest, und auch recht, wenn er keine solch schwachen Angriffe mehr dagegen machen will. Doch wollen wir erst abwarten, wie er das durchführt. Ich abonniere das «Kirchenblatt» auch nicht trotz verlockender Probenummern. [...] Mein Maiteli hat sie in einem unbewachten Moment in der Eisenbahn voll Entrüstung zerfetzt. «Solcher ist das Himmelreich!» [Mt 19,14] – Hier schicke ich dir alles wieder. Im «Kirchenblatt» habe ich – auch in einem unbewachten Moment! – Invektiven an den Rand geschrieben, die jetzt wieder ausradiert sind mit Ausnahme des Schlußresultates. Das ist für mich nun eigentlich ein Stück «sittlicher Aufgabe» für die nächste Zeit, mich durch das Gerede und Getue und Geschwätz dieser Leute nicht mehr stören, irremachen und ärgern zu lassen.

Vor vierzehn Tagen hatte ich eine merkwürdige Hochzeitsansprache zu halten in Zürich: meine älteste Schwägerin hat einen portugiesischen Dr. iur., [...] geheiratet. Szene: die Gemäldegalerie meines Schwagers Kisling. Ich stand zwischen Bäumen unter einem gewaltigen bluttriefenden Teilstück von Hodlers Marignanobild, ein Schweizer holte mit seiner Waffe nach meinem Kopf aus die ganze Zeit!! – In Bern habe ich einen Dr. Jung kennengelernt, Vetter des berühmten, der sein Leben auch mit Psychoanalyse ausfüllt. Ich wurde dann eines Abends kunstgerecht ausgenommen und ein prächtiger Vaterkomplex zutage gefördert.

Du hast sicher auch einen und solltest nicht versäumen, dir ihn einmal aufweisen zu lassen.

Aus der hiesigen Schulpflege bin ich auf Neujahr ausgetreten. Der Bezirksschulrat wählte an meiner Stelle den Fabrikanten Hochuli, der dann schleunigst die Behörde zu einem kleinen Suff in seine Villa einlud. So ists recht! [...]

Vale! Wann sehen wir uns wieder? Ich werde dir gern wieder einmal zuhören. Aber über Ragaz solltest du weniger schimpfen trotz seiner sichtlichen Mängel. Er ist doch einer von denen, die jetzt am meisten zu sagen haben.

Mit herzlichem Gruß auch von meiner Frau dein

Karl Barth

[Als Anhang:] *Die Religiös-Sozialen*

Friedlich rauchet der Stumpen. Gleich ruft der Kuckuck halb elf Uhr.
Still! der Herr Pfarrer studiert: morgen ist Weltgericht.

[1] J. Bächtold, *Gottfried Kellers Leben. Seine Briefe und Tagebücher,* Berlin 1894–1897.

[2] Prof. Martin Rade war zu Aussprachen in der Schweiz.

[3] Evangelisationswoche in Seon Mitte Februar 1915, an der u. a. Barth, Thurneysen und als Initiator der Ortspfarrer M. Dietschi beteiligt waren.

[4] Richard Preiswerk (1855–1934), Pfarrer in Umiken bei Brugg, nah verbunden mit Christoph Blumhardt in Bad Boll.

[5] Lic. Karl Zickendraht (1883–1948), Schüler Wernles, Privatdozent in Basel.

Thurneysen 22. Januar 1915

Mein Lieber,

Vielen Dank für deinen ausführlichen Brief. Ich habe ihn fast ganz lesen können! Wir haben dich sehr vermißt im Kränzli. Viel verfehlt hast du allerdings nicht. Ich bin mit Dietschi hin und her zu Fuß gegangen. Was aber dazwischenlag, war eine altmodische Kaffeevisite. Es wurde eine Kriegsnovelle gelesen. Thema: Ein

Offizier zieht mit einem Faust im Sack in den Krieg und kommt als Verwundeter mit einem N.T. zurück. Sinnig und erbaulich! Vielleicht hätte ein Tolstoj etwas daraus machen können. Hier aber geschah nichts derartiges. Ich versuchte zu erklären, inwiefern mir die Hauptsache gefehlt habe, Kopfschütteln von Kollege L. mit der Bemerkung, es sei billig von uns Neutralen, das Kriegserleben der Deutschen zu kritisieren. Müller – Birrwil, der meinen Hinweis auf die Ethik der Bergpredigt mit dem Wort zurückschlug: «Richtet nicht!» [Mt 7,1] stehe ebenfalls dort. Bumps! Weitere Versuche, mich zu erklären, stellte ich ein. Darauf Kaffee und Choralgesang. Das nächste Mal soll ich die Gesellschaft amüsieren.

Ich habe das «Erlebnis Rade» auch in einer Predigt verarbeitet. Ich nahm einen Missionstext aus der Apg. und suchte zu zeigen, wie die Lage des Evangeliums inmitten der Welt der Götzen, Mammon, Bacchus, Vaterländer heute ähnlich sei wie in der Zeit der Anfänge, sagte dann aber, es sei gut, daß die Fronten sich deutlich abzeichnen. Der Staat von heute stehe dem Evangelium auch wieder wie ein Götze gegenüber. Und doch breche die Botschaft Jesu vom Himmelreich aufs Neue sich Bahn und dringe gleich dem Sauerteig in die Welt ein und mache die Götzen zum Spott. Schon heute leben wir Menschen mitten unter den Mächten und Gewalten von den Kräften des kommenden Reichs. [...] Was du mir wegen Ragaz rätst, will ich beherzigen, «geschimpft» habe ich zwar nie über ihn, möchte dir aber den Gegenrat geben, die Kutter'sche Orientierung stärker aufzunehmen. Sie ruft zunächst zum Abwarten, ist aber im Grunde radikaler und zugleich aufbauender als die von Ragaz. Doch sei dem wie ihm wolle, jedenfalls ist die Freundschaft und Aussprache mit dir viel wert, und wir wollen sie auch im neuen Jahr fortsetzen. [...] Was du von Greyerz erzählst, klingt beinahe apokalyptisch. Soll dann auf die von ihm empfohlene Predigt der religiössozialen Sendboten das Gottesreich anbrechen? Kriege und Erdbeben haben wir schon, nun müßten nur noch die 144000 religiössozialen Versiegelten [vgl. Apk 7,4] in weißen Hemden sich in Zürich-Jerusalem besammeln, und dann käme das Ende!

Ich wünsche dir gute Besserung, auf daß du deinen Mund bald wieder auftun kannst.

Viele Grüße an dich und deine Frau dein Eduard

[...]

Barth 5. Februar 1915

Lieber Freund!

Meine Frau und ich möchten dich gerne nächsten Montag besuchen. Paßt es dir? Wir kämen via Uerkheim–Schöftland–Kulm zu Fuß gewandert der schönen Schneelandschaft und der guten Luft zu Ehren. Vielleicht kommst du uns etwas entgegen gegen Kulm, damit wir uns nicht wieder im Wald verlaufen. Schreib mir umgehend, ob du uns brauchen kannst. [...] Du mußt uns dann Predigten von dir vorlesen, damit der Tag recht ergiebig wird. Dank für deinen letzten Brief. So ists gut, daß ich nicht am Kränzli war, und an das bei dir komme ich dann lieber nicht. [...]

Kutter und Ragaz; ich bin gerne bereit, von Kutter noch viel mehr zu lernen, weil er in der Tat radikaler ist als Ragaz. Aber sowie Kutter mich in eigentliche Opposition gegen Ragazens Standpunkt [...] bringen möchte, kann ich nicht mehr mit. Ich schätze an Ragaz den ernsten Willen, die religiöse Orientierung in Zusammenhang mit den praktischen ethischen Zielen zu bringen, während Kutter mit seiner abgrundtiefen radikalen Orientierung gleichsam nackt dasteht und dastehen *will* und sich nicht scheut, mit seinem ethischen Urteil, wenns ihm paßt (Deutschland!), in das Gegenteil seiner eigenen «Orientierung» zu stürzen. Ragaz mag sehr oft die religiöse Tiefe einbüßen, wenn er alle Augenblicke schreit: siehe hier oder da ist das Reich Gottes [vgl. Lk 17,21]!, aber ebensosehr scheint mir der prinzipielle und ausschließliche Quietismus Kutters eine Verarmung, die letztlich *auch* eine persönliche Schrulle und nichts Herrliches ist. Nun, wir können dann davon reden am Montag.

Ich bin nun in die sozialdemokratische Partei eingetreten. Gerade weil ich mich bemühe, Sonntag für Sonntag von den letzten Dingen zu reden, ließ es es mir nicht mehr zu, persönlich in den Wolken über der jetzigen bösen Welt zu schweben, sondern es mußte gerade jetzt gezeigt werden, daß der Glaube an das Größte die Arbeit und das Leiden im Unvollkommenen nicht aus- sondern einschließt. Die Sozialisten in meiner Gemeinde werden mich jetzt nach meiner öffentlichen Kritik an der Partei hoffentlich richtig verstehen. Und ich selber hoffe nun auch, der «wesentlichen» Orientierung nicht mehr untreu zu werden, wie es mir vielleicht noch vor zwei Jahren bei diesem Schritt hätte passieren können. Alle politische Parteitätigkeit habe ich zunächst abgesagt, meine Mitwirkung besteht in Beiträge zahlen und Vorträge halten – am 14. in der Kulturzentrale Zofingen!! Du beängstigend tief Orientierter wirst darüber bedenklich den Kopf schütteln. Wir können uns auch darüber dann aussprechen nächsthin.

Letzten Montag war ich in Bern und sah Peter, der sehr auf dem rechten Flügel steht (Helvetische Gesellschaft!).[1] Das paßt ja auch besser, wenn man einen solchen Schwiegervater und Onkel[2] hat!! Was sagst du zum Friedenssonntag und zu den famosen Gebeten? Vgl. Hesekiel 13,1–16. Das Gebet des Papstes ist wirklich mindestens ebensogut.

Genug, genug! Gestern hatte ich eine große Schneeballenschlacht mit den Konfirmandenbuben. Ich leiste ihnen das alle Winter zur Erhöhung der gemeinsamen Freudigkeit. [...]

Herzlicher Gruß dein Karl Barth

[1] Eine um die Erneuerung der Schweiz bemühte bürgerliche Vereinigung.
[2] Schwiegervater: M. Rade; Onkel: Fr. Naumann.

Thurneysen 25. Februar 1915

Lieber Freund,

Ich komme also am nächsten Sonntag und freue mich auf das Zusammensein mit euch. Wohl habe ich ein wenig ein schlechtes Gewissen, weil ich in der Gemeinde allerlei liegenlasse, das zu tun zwar langweilig und auch nicht gerade nutzbringend ist, das aber doch getan werden sollte. Nun, unser Zusammensein ist ja auch ein «Tun», wie Kutter sagen würde. Ich brauche einfach solche Erfrischungen, wie euer Besuch bei mir eine war. In Zürich habe ich Kutter nur sehr kurz gesehen. Er muß zur Erholung ein halbes Jahr aussetzen, und gerade da drängte sich mir der Gedanke auf, daß was er uns zu sagen hat, von niemand anderm mit der ihm eigenen Prägung und Kraft gesagt werden könnte, und also etwas Unersetzliches ist. [...]

In deinem Blaukreuzverein und erst noch vor dir und deinem Bruder *Heiner*[1] zu reden, fällt mir nicht leicht. Ich habe vor, über «Seitenwege» etwas zu sagen, und meine damit die vielerlei Anliegen, die sich einem heute anbieten als «Sinn des Geschehens», z.B. die vollen Kirchen während der Kriegszeit, als ob das das Wichtigste wäre, dann die in den Gemeinden umgehende Sucht, die Apokalypse auszulegen, als ob der Krieg dazu dienen müsse, uns wieder auf die letzten Dinge hinzulenken. Auch der «Friedenssonntag» gehört in diese Reihe wie alle andern Bestrebungen, die irgendeine eigene kleine Mühle an den Strom des Geschehens bauen, als ob er nur dazu über uns gekommen wäre, diese unsere Rädlein zu treiben. Sie klappern ja allerorten. Aus diesen Gedanken heraus möchte ich bei euch reden, verspreche aber, die dem Heiner gewiß wichtige «Helvetische Gesellschaft» nicht mit einzubeziehen, damit wir uns nicht in die Haare geraten.

Von Herzen euer Eduard

[1] Heinrich Barth (1890–1965), Privatdozent, später Prof. für Philosophie in Basel, Plato- und Kantforscher, Bruder von Karl Barth. Hauptwerk: *Philosophie der Erscheinung,* Basel, Bd. 1: 1947, Bd. 2: 1959.

Barth 8. März 1915

Lieber Freund!

Nun sinds schon acht Tage her seit unserm letzten gefreuten Zusammensein. [...] Es drängt mich, dir über zwei Punkte aufs neue zu schreiben: Wiedervereinigungsverträge gleichsam.

1. Mir tönte es die ganze Woche in den Ohren: «*das* ists nicht – und *das* ists nicht – aber das *ists*» – eigentlich auch noch von unserem Besuch bei dir her: *nicht* Politik, *nicht* Vereinswesen, *nicht* Unternehmungen, *nicht* Demonstrationen, sondern... Gut, wir verstehen uns. D.h. ich verstehe, daß wirklich nur das *Eine* es *ist,* aber ich verstehe ehrlich gesagt den gewissen Fanatismus nicht, mit dem du alle diese «*Nicht*» betonst, ich meine allem gegenüber, was nicht genau auf der Kutter'schen «Linie» ist, betonst. Daß man das unseren Leuten, den Blaukreuzlern, den Politikastern aller Sorten sagen muß, gut! Aber wenn es immer wieder aus dem «Drückli» kommt wie der Teufel, sooft man darauf drückt, kommt dann nicht etwas höchst Seltsames in die richtigen Thesen hinein, das ihnen bei Paulus etc., auch bei Kutter selbst nicht anhaftet? Es muß doch klar bleiben, daß die ganze Unterscheidung kein ewiger Satz ist, sondern eine Arbeitsmethode wie andere auch, daß sie ja *eigentlich* aufgelöst, aufgehoben sein müßte in der Einheit einer großen *Position.* Ich meine ja nur, die Sehnsucht nach der Einheit von Gesetz und Evangelium, oder wie man es nennen will, sollte *leuchtender* hervorbrechen als dieses stete jubelnde: nicht, nicht, nicht! – sonst sind wir eigentlich plötzlich wieder ganz in der Nähe des von Kutter zehnmal umgebrachten positiven Christentums, welches christlich «glaubt» und die Welt Welt sein läßt. [...] Du brauchst dich nun von dem allem *nicht* betroffen zu fühlen, ich habe gar nicht das Bedürfnis, dich zu kritisieren. Ich meine nur, daß ich nach den letzten Eindrücken noch nach etwas anderem suche, als dieses: «das ists *nicht*»... bietet.

2. Noch einmal Kutter und Ragaz und der Zürcher Fraktionismus. Wollen wir uns nicht ganz freihalten davon? [...] Merktest du auch, daß wir zuletzt bei lauter persönlichen Eindrücken

und Stimmungen statt bei sachlichen Differenzen waren? Ich glaube, das Thema ist an sich unfruchtbar, weil es *nicht* prinzipiell ist. Lese ich denn etwas in Ragaz hinein, was er nicht hat? Vorläufig glaube ich das einfach nicht, daß er die radikale Position Kutters *nicht* habe. Ich sehe da grundsätzlich dasselbe (gegenüber Wernle und allen Helden von links und rechts), nur daß innerhalb der gemeinsamen Orientierung Kutter mehr das Quietiv, Ragaz mehr das Motiv betont. Mir kommt das Bemühen, beide auseinanderzureißen, fast krankhaft vor. Und darum ist mir das Benehmen der Zürcher gegeneinander einfach abscheulich. [...] Und auch deine quasi Warnung vor den «Neuen Wegen» ist mir nicht recht faßlich. Der Artikel des Laien,[1] der dich so geärgert hat – nun ja, natürlich, das ists *nicht,* einverstanden, aber du liebe Zeit, es gibt dümmere Einfälle als diesen, der doch sichtlich aus einem wenn auch aufgeregten, so doch gläubigen Herzen kommt. In was für eine Stellung kommst du eigentlich, wenn du diesen armen Mann so schrecklich verachtest und seinetwegen auch die «Neuen Wege»? Und wenn man *solche* Gedankengänge so schroff verwirft, dann stellt sich mit dialektischer Notwendigkeit ihr Gegenteil ein: die Bedenken gegen dies abgrundtiefe Abwarten, gegen dies innerliche «Tun» – kurz dann ist man wieder in der blöden Antithetik drin, in der Satz und Gegensatz gleich falsch sind. Ists nicht besser, diese Dialektik zwischen den beiden Betonungen sich selbst zu überlassen, respective uns ihr ohne Voreingenommenheit zu öffnen, statt sie *einseitig* ausfechten zu wollen? Ists nicht besser, nach dem Punkt zu streben, wo Kutters Nein und Ragazens Ja, Kutters radikale Gelassenheit und Ragazens energisches Anpacken der Probleme A, B und C (das ists!) zusammenklingen? Ich glaube einfach an die Möglichkeit einer solchen Position, wenn ich sie auch noch nicht gleich beschreiben kann. Hältst du das für faule Harmonistik? Ich bin ja doch sonst sicher kein Haering,[2] streite auch gerne, [...] aber gegen diesen Gegensatz von Kutter und Ragaz (um von den Epigonen auf beiden Seiten nicht zu reden) habe ich einen förmlichen Groll, und daß du (ich meine aber nicht, du seiest ein Epigone) mich vor den «Neuen Wegen» hast warnen wollen, dafür solltest du eigentlich zur Strafe sofort einen feinen Artikel hineinschreiben über das alles! Eine großartige Entladung der entrüsteten Landgeistlichen gegen die Umtriebe der städtischen Sublimen! [...]

Leb wohl und zürne mir nun doch nicht! Herzlichen Dank für die Bücher. Ich schrieb heute dem Loew in die Karpathen und schickte ihm eine Kutter'sche Kinderlehre und einige Kriegsbetrachtungen von meinen Konfirmanden verfaßt. Herzliche Grüße auch von Nelly (die mich beständig mahnt, dir doch das alles recht freundlich zu sagen und nicht etwa in meiner gewohnten Weise).

Das ists! Dein Karl Barth

1 *Zum Frieden. Ein Werk für die christliche Kirche (Von einem Laien)*, in: Neue Wege, Jg. 9 (1915), S. 74ff. – Die «Neuen Wege» waren das Zentralorgan der religiössozialen Bewegung um Ragaz.

2 Theodor Haering (1848–1928), Prof. für systematische Theologie in Tübingen, gehört zur Schule Albrecht Ritschls.

Thurneysen 9. März 1915

Mein Lieber,

Eben erst heute Abend kommt deine kräftige Epistel. Nun, ich danke recht herzlich dafür und will noch mit ein paar Sätzen darauf reagieren. Du hast einen weiten Vorteil vor mir an dem lebendigen Austausch mit deiner Frau und mit [deinem Bruder] Heinrich. Ihr verfolgt jeweilen angesponnene Fäden weiter, überlegt euch in gemeinsamem Nachdenken, was bei einem Zusammensein, wie wir es hatten, etwa herausgekommen sein möge. Das ist schön für euch, aber mir wird es etwas unheimlich zu Mute, wenn ich nachher erfahre, wie man von deiner scharfen Dialektik und Nellys unbestechlicher Klarheit «verarbeitet» wird.

Was Punkt 1 betrifft, so habe ich den Eindruck, du hängest zu sehr an der Formulierung «das ists, das ists nicht», wir haben uns ja selber lustig gemacht darüber, aber nun darfst du es nicht als

Keule gegen mich erheben. Sie hat diese anfechtbare Bedeutung mehr durch unsere nachherigen Sprüche und Scherze gewonnen, als durch den ernstgemeinten Gehalt, den ich dieser Formel ursprünglich gegeben habe. Sie kann nur dazu dienen, einem gewissen Steckenbleiben gegenüber für heilsame Unruhe zu sorgen. Warum mußte ich eine Blaukreuzrede bei euch halten! Die guten Safenwiler haben mich nachträglich selber gedauert, daß man sie zu einer Blaukreuzstunde einlädt, um ihnen dann zu sagen, das «sei es dann noch lange nicht». [...] Zur Sache selber möchte ich nur noch sagen: ich verstehe dich, du schreibst, die Einheit einer großen Position sollte leuchtender hervorbrechen. Aber es ist unrichtig, wenn du von einem «jubelnden» Nicht! schreibst, ein Jubel ist bei mir nicht vorhanden, sondern nur ein sehnsüchtiges Vorwärtsdrängen nach einem Ziel, das ich noch nicht erreicht habe.

Zu Punkt 2: ich bin allerdings der Meinung, in der Differenz Kutter–Ragaz verberge sich mehr als nur ein Unterschied der Nuance. Ich denke, es liege ein sachlicher Gegensatz vor. Aber es ist traurig, wie darüber eine persönliche Zänkerei Platz greift. [...]

Ich muß schließen. Du brauchst dich gar nicht zu entschuldigen wegen deiner Angriffe. Ich bin ganz und gar nicht empfindlich, sondern lerne immer viel von dir. Es grüßt dich und Nelly herzlich

dein Eduard

Barth 18. März 1915

Lieber Freund!

Kutter[1] gibt mir doch sehr zu denken, weil ich mich auch betroffen fühle. Es ist fatal für «uns», aber heilsam, daß er das geschrieben hat; wenigstens möchte ich mir mein Teil ohne Opposition hinter die Ohren schreiben. Darob wäre ja allerlei zu sagen, aber es ist nicht nötig. Wie mag das Ding in der Clausiusstraße[2] gewirkt haben!? Schlaflose Nächte? Mir graut vor den unerquicklichen Debatten, die nun kommen können. – Mach doch ja, daß du kommst nach Marburg,[3] Naumann soll auch kommen, da darfst du nicht fehlen: «wir zeugen vom... lebendigen Gott». Auf der Heimreise gedenken wir über den Sonntag nach Boll zu gehen. Komm doch auch mit! Ich bekam eine Anfrage nach Delsberg, lehne aber ab.

Herzlichst dein K. Barth

[1] Die hier erwähnte Publikation Kutters ist die Schrift: *Ich kann mir nicht helfen. Auch ein Wort an die deutschen Freunde der Religiössozialen,* Zürich 1915.

[2] Ragaz' Wohnung in Zürich.

[3] In Marburg fand am 9. April 1915 die Hochzeit von Karl Barths Bruder Peter Barth mit der Tochter von Prof. Rade statt. Karl Barth und Eduard Thurneysen waren Hochzeitsgäste.

Barth 22. März 1915

Lieber Freund!

Das wird eine feine Reise nach Ostern. Von der Hochzeit selbst verspreche ich mir zwar wenig. Die Stimmung ist sehr gespannt, und man wird sich entsetzlich still halten müssen, um niemand zu verletzen oder zu reizen. [...]

Nach der Hochzeit würden wir am Samstag Morgen von Marburg abgehen Richtung Stuttgart–Boll, den Sonntag dort zubringen und am Montag wieder heimwärts ziehen. [...] Wir möchten also nicht so lange in Boll bleiben. Ich schrieb übrigens an Samuel Preiswerk,[1] ob Blumhardt[2] am Sonntag zu sehen und zu hören ist, denn *nur* um des dortigen Gemeindelebens willen würde ich nicht hingehen. [...]

Ich schicke dir hier nebst deinen Sachen meine Predigt für die «Neuen Wege» in Korrekturbogen.[3] [...] Meine Mama[4] fand sie etwas aufgeregt-apokalyptisch. Ich meinte, allen möglichen Mißdeutungen begegnet zu sein, aber jetzt, wo ich sie gedruckt sehe, kommt es mir selbst vor, böser Wille könne doch allerlei daran zu rupfen haben, und auch guter Wille könnte finden, ich hätte das überhaupt nicht zu sagen brauchen. Mir war es zunächst in der Gemeinde ein Bedürfnis, das zu sagen, um zu zeigen, wie ich mir eigentlich den «Erfolg» dieser Zeit und meines Predigens in dieser Zeit vorstelle, und dann kam es mir vor, es könnte auch andern Gesinnungsverwandten ein Trost und Fernerstehenden eine gewisse Erklärung unserer Haltung sein. Daß man die Sache ins Blöde wenden kann, ist ja ganz klar. Sag du mir dann nur gründlich die Meinung darüber, ich nehm's gerne an. [...]

Grüße von Nelly und dem Kind. Ich redete gestern Abend im Blaukreuz über das «stille, sanfte Sausen» 1. Kön. 19, in der Predigt zum 4. Mal über Jes. 53.

Herzliche Grüße dein Karl Barth

[1] Pfarrer Samuel Preiswerk-Sarasin aus Basel (1853–1923) versah damals Hausvaterstelle in Bad Boll.

[2] Christoph Blumhardt d. J. (1842–1919). Vgl. E. Thurneysen, *Christoph Blumhardt,* München 1926.

[3] K. Barth, *Gottes Vorhut* (Predigt vom 14. 2. 1915 über Lk 12,32), in: Neue Wege, Jg. 9 (1915), S. 89ff.

[4] Anna Barth geb. Sartorius (1863–1938).

Thurneysen 23. März 1915

Lieber Karl,

[...] Deine Predigt war mir eine Freude und mehr als das. Was sollte ich daran aussetzen! Mir scheint vor allem wertvoll, daß du die Klippe, die in Texten dieser Art steckt, so glücklich überwunden hast, nämlich die selbstgefällige Kontrastierung der Wenigen gegen die Vielen. Das was du von «den Meisten» sagst, ist klar evangelisch und mußte gesagt werden. In dem Abrücken der Jüngerhäuflein von der «Welt» droht immer wieder etwas Sektenhaftes. Bei Jesus selber ist davon sicher nie etwas gewesen. Es ist vielmehr ein soziologisches Problem, weshalb Jesus eigentlich keine Sekte gebildet hat. Troeltsch hat darüber einige gute Bemerkungen. Im Übrigen kann die Korrelation: kleine Herde = Reich Gottes nie anders gemeint sein als so, daß das Reich Gottes nicht nur da ist für die «kleine Herde», daß sie aber für alle Andern das Reich Gottes versteht und vertritt und die ganze Welt dafür in Anspruch nimmt. Ja, darin hat sie ihre eigentliche Aufgabe. Sie rechnet die Welt zu Gott und nimmt sie für ihn in Beschlag allem gegenteiligen Schein zum Trotz. Das ist ihr inneres Tun, dieses prinzipielle Behaupten des Sieges der Gottesherrschaft. Damit hört natürlich alle Enge, alles Abrücken von der Welt auf. Sie hebt sich sozusagen als «kleine Herde» auf, indem sie sich, wie du es ausdrückst, als «Vorhut» des alles umfassenden kommenden Reiches betrachtet. Damit ist auch die falsche Apokalyptik abgelehnt, die in einer endzeitlichen Scheidung gipfelt zwischen Gerechten und Ungerechten. Ich habe das Bedürfnis, den Universalismus des göttlichen Handelns hervorzustellen, das sich auf Alle richtet und Alle erfaßt. Aber es tritt dies ja auch bei dir gerade im Anfang der Predigt zutage.

Am Sonntag taufte ich das Kind von Pestalozzis[1] in Zürich. [...]

Herzlich grüßt dich und die Deinen dein Eduard

[1] Rudolf und Gerty Pestalozzi-Eidenbenz waren die treuen Freunde Thurneysens und Barths durch viele Jahre. Pestalozzi war Besitzer einer Eisenhandelsfirma. Sein Landhaus «Bergli» in Oberrieden bei Zürich war ein vielbenützter Ferienaufenthaltsort der Freunde.

Barth 22. April 1915

Lieber Freund!

Auch ich habe die Hornbrille wieder auf der Nase! Nachdem ich noch schöne Tage in Bern verlebt, dabei allerdings Frau Prof. Rade[1] noch einmal über mich ergehen lassen mußte ohne erfreuliche Ergebnisse. [...] Ich bin an meinem Seoner Vortrag[2] und er wird mir, wie überhaupt der Pfarrerlebtig,[3] wieder recht schwer. Unser psychoanalytischer Hausgenosse in Bern, Dr. Jung, sprach mir zu: ich solle mich doch nicht immer um die Grundlegungen des Lebens bemühen, das zehre nur an der Gesundheit und werde mich nie zur «Befriedigung» kommen lassen. Ich solle irgendeine Spezialität (Abstinenz oder so etwas) ergreifen und tüchtig betreiben. Dabei komme für mich und die anderen mehr heraus. Wenn man's doch könnte! dürfte! In irgendein Horn stoßen, irgendwo mitmachen mit dem Jubelruf: das ists! Statt dessen rumort die Sehnsucht in einem herum, sich selbst und den Andern das Wesentliche zu zeigen, und läßt einem nicht einmal die Naivität, ein «packendes» Predigtlein oder Vorträglein zu bauen. Nun, also nicht, sondern mit Geknorz Gegendampf als «Unbefriedigter»! Ein Trost, daß man im Grunde den festesten Boden unter den Füßen hat und daß man nicht ganz allein ist. Aber den Sonnenuntergang zwischen den Beinen durch ansehen, wollen wir nie machen, das geht zu weit.

Laß du meinen Vortrag fahren und trink schwarzen Kaffee im Pfarrhaus, das ist gescheiter. Du weißt ja alles längst, was ich sage, und könntest es viel besser sagen. Die Schweizer Parteileitung in Zürich hat mich frecherweise ohne Anfrage als 1. Mai-Referenten in Trimbach publiziert. Ich lehne kalt ab. So lasse ich mich nicht in den Sack stecken. [...]

Herzlichen Gruß dein Karl Barth

[1] Dora Rade, Gattin von Prof. Martin Rade, Schwester von Friedrich Naumann.

[2] Vortrag am 25. 4. 1915 in Seon über «*Christus und die Sozialdemokratie*», bisher unveröffentlicht.

[3] = das Pfarrerdasein.

Barth 5. Mai 1915

Lieber Freund!

Ich habe gestern Schild besucht und verstand mich diesmal besser mit ihm. Er erzählte mir, er sei für den Vortrag im Pastoralverein gepreßt worden und könne nicht gut anders – das gab ich ihm zwar nicht zu –, hingegen sei er längst entschlossen, damit zum letzten Mal an den Pastoralverein zu gehen, er habe jetzt übergenug etc. Ich sagte ihm dann, daß wir nicht kommen würden diesmal, daß wir uns aber später von Fall zu Fall neu entschließen wollten, ich für meine Person habe aber auch nicht im Sinn, so bald wieder hinzugehen. So ist die Lage für einmal klar. [...]

Nun wegen der Sääli-Konferenz.[1] Lieber, du sollst doch das Referätli übernehmen: 1. weil du die vielen Broschüren besitzest, 2. weil du mehr historischen Blick hast als ich, 3. weil es dir besonders durch dein Verhältnis zu Troeltsch besser gelingen wird, die positiven Vorzeichen etc. herauszuarbeiten. Ich würde wirklich lieber dir zuhören als meinen eigenen Sprüchen, und für die andern und für die Sache ist es auch ersprießlicher. – Nach Seon kann ich nicht kommen am Montag, ich gehe nämlich nach Bern an die religiössoziale Vereinigung. Greyerz redet über «Die Frage nach Gott». Kommst du vielleicht auch und übernachtest bei uns am Claraweg? Das Ehepaar aus Laupen[2] wird wohl auch da sein, und es könnte ein nettes «Festlein» geben.

Unser Verhältnis zu den «Andern» ist mir auch ein schweres Problem. [...] Irre ich mich, wenn es mir vorkommt, daß unsere quasi Absonderung eigentlich bis jetzt gerade auf Keller, Wieser, Schild z. B. eher erfreuliche Wirkungen ausübt? Die Leute schimpfen über unsere «Lieblosigkeit» und werden doch gerade durch sie auf die Probleme hingestoßen, auf die es uns ja ankommt. Während das ewige «Eingehen» auf ihre Art eigentlich alles beim Alten läßt. Über die «Taktik» ist wohl prinzipiell nicht viel auszumachen. Taktik ist eben Taktik und nicht Prinzip und wird immer oszillieren zwischen Zurückhaltung und Mitmachen, offener Kritik und schweigendem Gewährenlassen, persönlicher Sonderstellung und harmlosem «brüderlichem» Umgang mit den Kollegen. Warum nicht je nachdem Beides, je nachdem als es eben darauf ankommt, sich «von der Welt unbefleckt zu erhalten» [Jak 1,27] oder «des Andern Last zu tragen» [Gal 6,2] oder «das Licht leuchten zu lassen» [Mt 5,16]. Ich meine, wenn wir das «Licht» erst recht klar hätten für uns selbst, dann wäre die Taktik von Fall zu Fall ohne Weiteres da.

Auf Montag hatte ich zur Eröffnung des Konfirmandenunterrichts zu einem Elternabend eingeladen. Es kamen aber nur etwa ein Dutzend und die halbe Kirchenpflege. Bäh! Nelly arbeitet gewaltig in Haus und Garten, ich darf gelegentlich zur Ergänzung des innern Tuns auch etwas hacken. [...] Ich lese eben Kutter «Die Welt des Vaters».[3] Und dazu als Gegenstück Bismarcks Reden. Hier die Predigt; am nächsten Sonntag will ich vom «Warten» reden (Röm. 8,24ff.).

Herzlichen Gruß dein Karl Barth

[1] Auf dem Säälischlößli bei Olten fand eine Kleine Konferenz statt mit einem theologischen Thema.

[2] Peter Barth und seine Frau Lenchen, geb. Rade.

[3] H. Kutter, *Die Welt des Vaters. Predigten über Lukastexte,* Zürich 1901.

Thurneysen 7. Mai 1915

Lieber Freund,

Ich habe die Einladung nach Bern auch erhalten, weiß aber noch nicht, ob ich hinfahren kann. Würde nicht Greyerz reden, ich bliebe sicher daheim. Was du von den heilsamen Folgen der Absonderung von den andern schreibst, ist sehr richtig. Im Übrigen bin ich der Meinung, wir sollten nicht zuviel Nachdenken darauf verwenden, sondern tun, was uns gerade richtig erscheint. Kutter hat mir eine längere Rede darüber gehalten, wie nötig es sei, sich nicht zu klar über sich selber zu werden, weil die innern Wachstumsvorgänge dadurch gestört würden. Die naive Unbewußtheit solle wie eine schützende fruchtbare Dämmerung, wie ein «Nebelein» den innersten Lebensvorgang umhüllen und vor eigener und fremder Zudringlichkeit bewahren. Ich mußte an den Schmadribachfall im Lauterbrunnental denken, den ich einst eine Woche lang bei trübem Wetter von Wengen aus Tag für Tag aus einer Nebelschicht herabstürzen sah. Es war, als ob Wolken und Nebel den Wasserfall aus sich entließen. So also soll aus dem fruchtbaren Dämmern des Bewußtseins... Ich sehe, du lachst, aber Kutter hat wohl einigermaßen recht, auch ohne mein Bild. [...]

Sei herzlich gegrüßt von deinem Eduard

Barth 14. Mai 1915

Lieber Freund!

Ich war gestern nicht in Suhr [am Missionsfest] zu deinen Füßen. Nelly fand, ich könnte mich jetzt auch wieder einmal der Familie widmen, und so trank ich denn im Kreise der Meinigen schwarzen Kaffee unter dem Apfelbaum, rauchte, Fränzelis Gehversuche beaufsichtigend, eine Himmelfahrtspfeife [und] las in Spittelers «Olympischem Frühling».[1] [...]

Unser Auftreten in Bern war eigentlich kein Heldenstück, wa? Wir hatten ja natürlich recht (wie fast immer), aber «es» quoll doch nicht gerade freudig, überzeugend und befreiend, sondern die Frauen fanden scheints, es sei schade, daß man auf den schönen Vortrag [von v. Greyerz] überhaupt diskutiert habe, und die Theologen sollten dergleichen unter sich abmachen. Da haben wirs! Die Theologen! Hast du nicht auch das Gefühl gehabt, wir müßten uns in acht nehmen, nicht in eine gewisse steile Gnostik zu geraten? Etwas an der Replik von Greyerz hat bei all seiner Unsachlichkeit bei mir gesessen. Ich habe darum, als ich heimkam, gierig nach Spitteler gegriffen, schon um meinen Vorstellungskreis einmal wieder gehörig durcheinanderzuschütteln. [...] Ich habe großes Verlangen, es nun wieder einmal in andern Formen zu denken und zu sagen. Meine Himmelfahrtspredigt litt unter diesem Zwiespalt. Übermorgen predige ich über Mark. 4,11–12. Wer weiß, auf was für Geleise ich da gerate.

Eben habe ich einen Artikel über den «Frieden» (für die «Glocke»[2]) verfaßt. Es kommt allerlei darin vor: Rade und die streitenden Zürcher Propheten ziehen über den Hintergrund, die Helvetische Gesellschaft tritt auf, und zum Schluß rauscht der liebe Gott als mächtiger «Wasserfall». Ich freue mich aufs Wiedersehen am Montag. [...] Aber auf den 31. mich nach Aarau zu locken, soll den Kollegen nicht gelingen. Ich will jetzt absolut in die Stille!

Trotz roter Äpfel, goldnem Honigseim
Ich möchte heim![3]
Mit herzlichem Gruß dein Mitpilger Karl Barth

[1] Carl Spitteler, *Olympischer Frühling,* 2 Bände, achtes Tausend der umgearbeiteten Ausgabe, Jena 1914.

[2] K. Barth, *Friede,* in: Die Glocke, Jg. 23, Juni 1915, S. 55f.

[3] K. Gerok, *Ich möchte heim,* in: ders., *Palmblätter,* Jubiläums-Ausgabe (10. Auflage), Stuttgart 1892, S. (66–) 67. Die vierte der fünf Strophen des Gedichtes endet mit den Zeilen:
«Trotz Purpuräpfeln, goldnem Honigseim:
Ich wollte heim.»

Barth 20. Mai 1915

Lieber Freund!

Ich komme soeben vom Telephon zurück, und nun fällt mir ein, daß ich etwas glorios vergessen habe, wahrscheinlich aus Überraschung, Kutters Stimme [aus Leutwil] durch das Rohr zu vernehmen. Morgen Abend kommt nämlich jener Dr. med. Ewald Jung [aus Bern] zu mir, der bei meiner Mutter wohnt und Psychoanalytiker ist. Christentum und Anstand verbieten es mir nun, ihm abzusagen. [...] Es bleibt also nichts übrig, als daß ich dir absage – oder daß ich den Mann mitbringe. Gegen die letztere Möglichkeit erhebt sich das schwere Bedenken, ob Kutter ihn erträgt. Er ist ein ganz zugänglicher und verständiger Mensch, soweit das von einem Psychologen zu erwarten ist. Aber ich möchte um keinen Preis, daß Kutter sich gemopst fühlen würde. Ich stelle mir vor, daß wir uns ruhig quasi über Jungs Kopf hinweg unterhalten würden und es ihm überließen, sich zu äußern oder nicht. [...] Die Hauptsache ist, daß der Geist am Pfingstabend in Leutwil ungehindert wehen kann, von wannen er kommt und wohin er geht [vgl. Joh 3,8]. [...] Vielen Dank noch für die Abtretung Staehelins[1] [an mich]. Wir hatten einen gefreuten Abend.

Was du von Krankenbesuchen und «Schlüsseln», die klappen müßten, sagtest, geht mir nach. Hm, ja, schon recht. Aber wieso *muß* es nun in der individuellen Seelsorge auf einmal klappen, während wir doch den sozialen Nöten etc. gegenüber die Überzeugung haben, daß es noch nicht klappen *kann?* Gewiß *haben* wir prinzipiell die Lösung, aber die ist so radikal, daß sie praktisch, im einzelnen Fall, doch hier wie dort fast unmöglich «klappen» kann. Jedenfalls verstehst du's besser, den Einzelnen gegenüber etwas zu machen; den Eindruck hatten wir stark. Und darum soll das alles keine Antithese sein. «Müßte» es dann nicht auch z.B. gegenüber den Pfärrern «klappen», die doch ziemlich schwerkrank sind?

Herzlichen Gruß dir und Kutter von Karl

[1] Ernst Staehelin (geb. 1889), Prof. für Kirchengeschichte in Basel, u. a. Herausgeber des Schrifttums von Ökolampad und einer mehrbändigen kirchengeschichtlichen Dokumentation: *Die Verkündigung des Reiches Gottes in per Kirche Jesu Christi. Zeugnisse aus allen Jahrhunderten und allen Konfessionen,* 7 Bände, Basel o. J. (1951–1965).

Thurneysen 20. Mai 1915

Lieber Freund,

[...] Heute fallen die Würfel in Italien vielleicht auch über unser Geschick. Denn wenn Rußland, England, Frankreich, Italien über Deutschland Meister werden sollten, dann ist das etwas wie ein Gottesgericht über Europa, weil es bedeutete, daß das Volk der besten Werte und der besten Zukunftsverheißungen zertreten wird. Dafür daß Deutschlands Bäume nicht in den Himmel wachsen, ist gesorgt, aber Italien bietet ein trauriges Schauspiel: 9 Monate Krieg in Europa, und nun will man da unten auch noch mit eintreten. Das bleibt sogar innerhalb des Satzes

«Welt ist Welt» eine Gemeinheit. Verzeihe diesen Erguß. Die Zeitung ist eben eingetroffen.

Von Herzen dein Eduard

Thurneysen 21. Mai 1915

Lieber Freund,

Schade, nun kann ich euch auf Sonntag doch nicht erwarten. Ich hätte ein Zusammensein mit dir und Kutter sehr gewünscht. Auch er bietet ja keine Lösungen, aber Winke und Zeichen, die man nachträglich deuten und verarbeiten kann. Ich merke, daß Kutter sich ernstlich vornimmt, bei nächster Gelegenheit hier oder bei euch eine Konferenz zu dritt in Szene zu setzen. [...] Was du am Schluß deines Briefes von meiner Seelsorge schreibst, verstehe ich nicht recht. Ich sage jeweilen das gleiche wie in der Predigt, nur nun dem Einzelnen. Soll das unmöglich sein? Im Grunde bin ich ein schlechter Tröster, aber ich suche zu neueren Orientierungen zu helfen.

Herzlich grüßt dich dein Eduard

Barth 25. Mai 1915

Lieber Freund!

[...] Schade, daß aus unserm Zusammensein vorgestern nichts wurde. Dr. Jung ist der nämliche Dr. Jung, den Kutter kennt; er redete sehr unbefangen von seinem Zusammentreffen mit ihm und wollte die Reise absolut unternehmen, um den Preis, in Leutwil in der Wirtschaft zu übernachten!! Daß er mitsamt seiner Psychoanalyse seines Berufes und seiner selbst nicht allzu sicher ist, den Eindruck haben wir auch. [...] Es macht mir eine gewisse Freude, solche Menschen sich recht auswirken zu lassen und es ihnen zu überlassen, wie stark oder schwach sie sich von mir beeindrucken lassen. Man kann so in freundlicher Freiheit Austausch haben auch mit recht Fremden, und denen wiederum kann es dann auch wohlsein da. [...]

An Pfingsten wehte der Geist bei mir etwas mittelmäßig über Jer. 31,31–34 hin. Du kennst sicher dieses deprimierende Auf und Ab auch, aber es liegt eigentlich eine große Weisheit darin und vor Allem eine Notwendigkeit, die zu unserer ganzen Stellung gehört und die wir uns nicht hinwegwünschen können. Warum sollte sogar die Gemeinde nicht merken, daß wir unter dieser Notwendigkeit stehen und daß unsere Produktion keine Mechanik ist? «Weisheit» – ich meine, man «meint» dann nicht so leicht etwas [von sich], wenn einem alle 3–4 Wochen oder öfters so ein recht schwaches Predigtli «geschenkt» wird und gar noch an einem Festtag bei voller Kirche.

Ungefreutes von Wernle. Ich ließ ihm durch E. Staehelin einen Gruß ausrichten und bat erstern, mir gelegentlich zu schreiben, ob er es für möglich halte, daß ich Wernle – wir gehen demnächst einen Tag nach Basel – wieder einmal besuche. Nun schreibt er mir, Wernle sei furchtbar aufgeregt, könne wegen der Politik nicht mehr schlafen und habe über mich aufs neue Übles geredet. Ich weiß ja nicht was? und das ist mir auch gleichgültig, aber unendlich schwach finde ich das, daß er nun nicht einmal zu einem gewissen *persönlichen* Vertrauen den Rank finden zu können scheint. Was habe ich ihm denn Besonderes in den Weg gelegt? Und der will uns dann die Bergpredigt*moral* und die «stille Ewigkeit» vorhalten! Es ist mir auch leid, daß da nichts zu machen ist, weil ich hauptsächlich deinetwegen ein wirkliches Interesse daran hätte, mit ihm *nicht* auseinanderzukommen.

Wegen Seelsorge möchte ich dich dann noch Weiteres *reden* hören. Ich warf die Frage wirklich nur auf, um dich zu weiteren Erklärungen zu veranlassen. Prinzipiell sind wir ganz einig. Es fiel mir nur damals die Bestimmtheit auf, mit der du von dem «passenden Schlüssel» auf *diesem* Gebiet sprachst resp. von dem freudigen und sicheren Gebrauch dieses «Schlüssels», während du mir gelegentlich schon sagtest, du wissest nicht, was du z.B. in einer sozialistischen Versammlung vorbringen solltest, oder du könntest das, was du meintest, dort nicht vorbringen. Mir geht es, wenigstens ein Stück weit, umgekehrt: ich bin gerade an Krankenbetten oft eher in Verlegenheit und möchte gerne noch deutlicher merken, wie du es machst. Daß der Schlüssel passen *muß*, ist auch mir ganz klar: wenn ich ihn nur besser in der Hand hätte. Wie schade, daß aus der Dreier-Konferenz mit Kutter nichts wurde. Ich sollte eigentlich nichts sagen über das, was du mir andeutest, weil ich ihn nicht selbst gehört habe. Aber weißt du, mir wars: da sollte doch der liebe Gott einmal dreinschlagen und diesem Trick-Track-Spiel von Tun und Nicht-Tun, Ernst-Nehmen und Nicht-Ernst-Nehmen etc. einmal ein erfreuliches und gesegnetes Ende bereiten: Die Kirche spricht: Laßt uns den Glauben predigen und die Innerlichkeit und die Hoffnung aufs Jenseits.

Kutter: Nein, das ists nicht, aber der Kämpfer gegen den Mammon und der Gläubige einer besseren Gerechtigkeit, der hat Gott.

Die Religiös-Sozialen: Also laßt uns zu den Sozialisten, Pazifisten, Abstinenten etc. gehen – – –

Kutter: Nein, nein, das ist Pharisäismus der Idee, auf die Welt Gottes heißt es warten.

Die kleine Herde in Leutwil, Safenwil etc.: Also laßt uns in lauter innerm Tun die andere Welt ans Licht stellen – – –

Kutter: Nein nein nein, wie unfruchtbar, merkt ihr nicht, wie viel auch in der alten Welt immerhin «ernst zu nehmen» ist! Im «Nebelein», da ists!

Eduard: Ach ja, im Nebelein...

Kutter: – – – – – – !?

Das ist nun etwas grob und schnurrig dargestellt, und es versteht sich ja von selbst, daß ich den tatsächlichen Wert dieses dialektischen *Spiels* (Kutter selbst braucht ja den Ausdruck) einsehe. Aber noch stärker empfinde ich augenblicklich, daß wir aus diesem Hin und Her, wo immer das Gegenteil wieder das tiefste Evangelium ist, einmal *heraus* sollten. Oder ist das etwa die heilige Unruhe, von der wir umgetrieben sein *müssen?* Kutters Position erscheint mir darum so fruchtbar, weil sie, im Einklang mit der tiefsten religiösen und philosophischen Erkenntnis, immer die Position und die Negation gleichzeitig aus sich entläßt und in sich enthält. Aber das ist etwas anderes als dies Hin- und Herschleudern, dies ruhelose: jetzt gerade das nicht! das er uns zumutet? nein, aber in das er uns leicht hineinbringt.

[...] Ich bin etwas beunruhigt, offen gestanden, durch das, was du wegen Italien schreibst. Natürlich ist diese Politik eine offene Schurkerei, aber warum sie uns tiefer betrüben sollte als etwa Belgien[1] und Lusitania,[2] ist mir nicht deutlich. Hats denn Friedrich der Große, hat es Bismarck besser gemacht als die jetzigen Italiener? Ich komme *politisch* auch nicht weiter, als wie es die Basler Nachrichten [...] dargestellt, und das heißt aber doch: Welt ist Welt! [...] Auch die Betrachtungsweise, als ob Deutschland mit seinen besten Werten und Verheißungen verloren sein müsse und wir damit noch sogar, wenn es jetzt den Andern gelingen sollte, ist mir fremdartig. Wieso denn? [...]

Wir verbrachten den gestrigen Tag ganz im Walde, mit Kinderwagen, Büchern, Stümpen und Kochgeschirr. Du solltest auch einmal ein solches Fest mit uns erleben. Herzlichen Gruß von Nelly, Fränzeli und K. B.

[1] Einmarsch der deutschen Truppen nach Belgien (August 1914) unter Bruch von dessen völkerrechtlich garantierter Neutralität.

[2] Englisches Passagierschiff, am 7. Mai 1915 von deutschen Unterseebooten im Atlantik versenkt. Hunderte von Menschen, z. T. aus dem neutralen Ausland, kamen dabei ums Leben.

Thurneysen 27. Mai 1915

Lieber Karl,

Ich danke dir herzlich für deinen ausführlichen Brief. Schade, daß du Dr. Jungs Verlangen nicht doch noch nachgabst. Es wäre schon gut herausgekommen, denn auf Kutters Seite lag nichts gegen Dr. Jung vor. Kutter hatte an dem bewußten Abend eine mondäne Anwandlung und lud mich zu einem Souper auf Bad Brestenberg ein. Wir pilgerten also im Abendschein hinüber und mischten uns unter die Weltleute, saßen bei guten Gedanken und Cigarren, er aber noch bei einer halben Flasche Walliser unter schattigen Bäumen am See, belauschten das törichte Geplapper der Welt, die um uns herumsaß und uns natürlich nicht «erkannte», nur Kutters Hund zog fragende Blicke auf sich. [...]

Wernle! Ich bin erstaunt über Ernst Staehelins Bericht. Erst gestern war ich in Basel und besuchte Wernle und fand ihn sehr aufgeräumt. [...] Natürlich kann er trotzdem Staehelin gegenüber einen Stoßseufzer über dich getan haben. Aber ganz sicher kann es nicht so sehr schlimm gewesen sein. [...]

Von meiner Seelsorge hast du offensichtlich einen zu hohen Begriff. Es scheint mir selbstverständlich zu sein, daß man als Pfarrer auch zu den Einzelnen davon redet, was einen bewegt. Ich habe oft geradezu ein Bedürfnis, da und dort einer verständigen Seele aus der kleinen Herde von «unserer Sache» zu reden. Solche Ansprachen über das Reich Gottes in Bauernstuben oder unter Stalltüren halte ich aber gar nicht für Extrataten. [...] Im ganzen wird es wohl der kleine Vorteil des ehelosen Pfarrers sein, daß er vielleicht eher etwas mehr zu kürzeren oder längeren Unterhaltungen mit seinen Leuten kommt. Aber meine Erfahrungen damit sind so, daß ich mich immer mehr zurückziehe.

Zum Schluß noch eine heikle und beunruhigende Geschichte: ich bin zum Feldprediger des Basler Regiments vorgeschlagen! Der bisherige gibt ab, und nun schreibt mir einer meiner Freunde, der Offizier ist, er und Andere arbeiten nach Kräften daran, mich an diesen Posten zu bringen. Gleichzeitig mit diesem Brief telephonierte mir Pfarrer Gustav Benz,[1] ob ich bereit wäre, Feldprediger zu werden. Und wie ich zu Wernle kam, begrüßte er mich: «Ich habe gerade Ihren Namen genannt...» Ich habe nun dagegen getan, was ich konnte, dem Offizier dringlich geschrieben, Benz rund und energisch nein gesagt und habe im Sinn, mich auch beim Kirchenrat von Basel für diesen Posten abzumelden. Aber ob es nicht schon zu spät ist? Man braucht mich nicht zu fragen, man kann mich einfach dazu kommandieren. Es wäre mir aus grundsätzlichen Erwägungen und wegen der Gemeinde äußerst schwer anzunehmen. Ich habe es Benz und Wernle auseinandergesetzt, und sogar diese Beiden, die ja ganz anders positiv zur Sache stehen als ich, geben die innere Schwierigkeit dieses Auftrages mehr oder weniger unumwunden zu. Es gibt ja so manchen, der mit höchster Freude dieses Amt annähme, warum soll es gerade unsereiner sein? Dienstverweigerer würde ich nicht, aber... Wenn du also plötzlich meinen Namen in dieser Sache in der Zeitung liesest, ist es Zeit zu einem kräftigen Trostbrief oder noch besser Besuch bei mir

Herzlich dein Eduard Th.

[1] D. Gustav Benz (1866–1937), Pfarrer in Basel, durch seine Bücher bekannter Prediger.

Barth 2. Juni 1915

Mein Lieber!

Leider traf ich Wernle gestern nicht an, und zu weitern Unternehmungen war nicht Zeit, sodaß der Tag [in Basel] eher familiär nett als gerade ertragreich war. Ich hörte, daß meine Schwägerin Lenchen dein Verfahren, die ernstesten Sachen lachenden Mundes zu behandeln, sehr mißbilligt (Nachtessen damals in Bern!!). Da siehst du, wie wir bei allen rechten Leuten immer mehr hinten ab kommen und auf was für gefehlten Wegen wir sind. Aber am Montag wars sehr nett, und hoffentlich findet man sich wieder. Am Sonntag will ich über das Gewissen reden. Du sagtest da etwas, was mich sehr angeregt hat. Im «Freien Aargauer» gestern wird Traub als «freisinnig-sozialer Pfaffe» abgesägt mit dem Schluß: es ist eine Schmach, eine Schande!

Herzlichen Gruß dein K. B.

Barth 5. Juni 1915

Lieber Freund!

Ich habe mirs diese Woche geleistet, die Predigt schon am Freitag zu machen, und hatte heute einen schönen Samstag mit allerlei Allotria. Eben las ich deinen Vortrag im «Monatsblatt» [der aargauischen Kirche] und sehe, daß du da auch stark mit dem «Gewissen» arbeitest. Etwas anders freilich als ich, und ich hoffe, es könne sich daran am Montag eine ersprießliche Aussprache anknüpfen. Ich lese nun das Leben von J. Chr. Blumhardt[1] [von F. Zündel] und bin ganz betroffen, wie stark da schon alle «unsere» besten Gedanken erfaßt und ausgesprochen sind. Wenn mans auch so hätte wie solche Leute! Was soll übrigens dies Spiel mit der Kriegsversorgung im Monatsblatt? Ist das jetzt die arbeitende Kirche, von der Haller[2] so schön redet?! Was sagst du zum Bauder-Prozeß? Ich meine ganz abgesehen von dem genialen Bauder[3] selbst wird da wieder einmal ganz übel aufgedeckt, wies gemacht wird in der hohen Finanzwelt. [...]

Von Wernle liegt ein halb versöhnlicher halb aufs Neue angriffiger Brief vor. Wir erwarten dich also zum Mittagessen am Montag.

Herzlichst dein K. Barth

[1] Fr. Zündel, *Pfarrer Joh. Christoph Blumhardt. Ein Lebensbild,* Zürich/Heilbronn 1880.

[2] Traugott Haller (1867–1940), Pfarrer in Kölliken (Nachbargemeinde von Safenwil).

[3] Veranlasser eines Finanzskandals in Basel.

Barth 10. Juni 1915

Lieber Freund!

[...] Der Feldpfaff[1] ist nicht zu uns gekommen, führt sich aber scheints samt seinem katholischen Kollegen bei Hüssy's ganz haarig prätentiös auf und macht die größten Ansprüche und Umstände, sodaß der ganze Regimentsstab und alle rechten Leute wütend über ihn seien. Braus[2] erklärt, jetzt sei es ihm auch zuviel und er nehme Alles, was er zu seinem Lob gesagt, feierlich zurück. Die Lesestube hat er nicht eingerichtet, sondern ich mit einem Soldaten. Die Kranken in der Krankenstube fand ich ohne Lektüre, von geistlichem Trost für ihre kranken Füße nicht zu reden – kurz der Engel Michael hätte diesen Herrn wirklich gründlich zu Boden zu stellen. Am Sonntag will ich über «den Zuchtmeister auf Christus» Gal. 3 predigen.

Herzlichen Gruß dein K. B.

[1] Ein Feldprediger während Manövertagen in Safenwil.

[2] Karl Guggenheim (1884–1955), Dr. iur., Schulfreund Barths, in Zürich, später St. Gallen, nahm als Hauptmann am Manöver in Safenwil teil. «Braus»: Spitzname aus der Studentenverbindung Zofingia, der auch Barth und Thurneysen angehörten.

Barth 14. Juni 1915

Lieber Freund,

[...] Ich sah am Freitag, daß ich über «den Zuchtmeister» noch nicht predigen könne und nahm «Christus hat uns erlöst vom Fluch des Gesetzes» [Gal 3,13]. Es wurde mir aber zu theoretisch. Und da griff der liebe Gott ein, wie du zu sagen pflegst, und der Regimentsstab ordnete eine Feldpredigt an, und statt meiner predigte auf einer Wiese unter Fahnenflattern und Trommelwirbel – der Feldprediger über das packende Thema: «Kriegssteuer – Blutsteuer – Lebenssteuer!» Was für Worte des Durchbruchs da fielen, kannst du dir denken! Er ist übrigens [...] Kirchenrat und Kapitelspräsident [in seinem Kanton]. Wie hilflos stehen wir da neben einem solchen «Mann in Christo»! Nun werde ich wohl meine Predigt nächsten Sonntag halten, obwohl ich sicher bis dahin noch mehr gegen sie einzuwenden habe. Aber am Samstag muß ich nach Zürich und vormittags ein Kind meines

Schwagers Kisling taufen und nachmittags Schwägerin Anny mit ihrem H. W. Schuler trauen, viel Kasualien aufsmal, aber ich mache es nicht einmal so ganz ungern, da ich bei dem Anlaß der Zürichberggesellschaft Einiges sagen kann, dem sie im Privatgespräch immer eher ausweicht. Eine gewisse Luftklärung ist auch etwas Schönes, wenn man nicht mehr tun kann. Was sagst du zu der Karte Rades?[1] Das ist doch wieder ganz er!! Beachte besonders: ...... ganz einverstanden... am wenigsten... die Hauptsache... wirklich um Gott nicht eine so einfache Sache! Wenn das kein Tricktrackspiel ist! Im Übrigen wollen wir also auch das Moratorium des Christentums «in Ruhe» erwarten. Es ist merkwürdig, wie man uns von allen Seiten beruhigende Artikel in Aussicht stellt! [...] Guggenheim war letzthin da mit dem Leutnant cand. theol. S. Das ist aber eine ganz sonderbare grundsatzlose Nummer, nimmt das Militärwesen tragisch ernst bis zu dem Firlefanz des Offizierskomments und redet im Übrigen so konfus, daß alles verstummte. [...]

Ich las heute das Blumhardtbuch fertig, hauptsächlich mit dem Gefühl der Beschämung! [...] Letzten Samstag begrüßte mich ein hiesiger Trinker vom Fenster des 1. Stockes seines Hauses aus mit geballten Fäusten und folgender Anrede: «Mach daß du fortkommst, du Chaib, du Pfaff, du Herrgottsdonner, wo du hinkommst, wächst kein Gras mehr!» Da hatte ich's. Der alte Blumhardt hätte da sofort einen Lobgesang angestimmt und den Teufel ausgetrieben. Am Mittwoch kommt der Feldprediger zum Mittagessen, und ich will versuchen, ihm einiges begreiflich zu machen.

Herzliche Grüße auch von Nelly dein K. Barth

[1] Am 8. 6. 1915 dankte M. Rade Barth für die Zusendung seines Artikels «*Friede*», a.a.O. Auf der Postkarte (im Karl Barth-Archiv, Basel) heißt es u.a.: «Im übrigen bin ich ganz einverstanden mit Dir. Am wenigsten mit dem, was Du über Gott schreibst. Und der ist nun freilich die Hauptsache. Es ist wirklich um Gott nicht eine so einfache Sache. Lies bitte recht mit Ruhe, was ich in Nr. 24 veröffentlichen werde über das Moratorium des Christentums. Ich meine, Ihr müßtet daraus sehen, daß es unsereiner mit Gott und dem Kriege nicht weniger ernst nimmt als Ihr.» Vgl. M. Rade, *Kein Moratorium des Christenglaubens,* in: Die Christliche Welt, Jg. 29 (1915), Sp. 473ff.

Thurneysen 15. Juni 1915

Lieber Karl,

Ich schicke dir hier einiges mit vielem Dank für deinen heutigen guten Brief. Einmal Loews Schreiben und eine soeben von mir etwas hastig geschriebene Antwort.[1] Bitte lies sie durch. Mir kommt sie jetzt nicht sachlich anfechtbar vor, aber fraglich in ihrer Verständlichkeit für Loew. Es ist natürlich schwierig, grundlegende Sachen kurz und klar auseinanderzusetzen. Wenn du das Gefühl hast: das verstehen sie draußen nicht, so schick es mir bitte wieder zurück. [...]

Rades und Peters Karte liegen bei. Ja, Peter spannt mein Interesse aufs Höchste. [...] Hier eine Predigt von Pfarrer Benz. Sie steht am gleichen Problem, wie wir es bearbeiten, und ist ein gutes Beispiel, wie eben Männer wie Benz die Lösung suchen.

Also vielleicht kommt ihr mit den Laupenern[2] zu mir herüber? Es wäre schön! Sei mit deiner Frau und Fränzeli herzlich gegrüßt von deinem Eduard Th.

[1] betraf Kriegsprobleme.
[2] Peter und Lenchen Barth.

Barth 17. Juni 1915

Lieber Freund!

Hier eine Gegengabe. Deinen Brief an Loew fand ich gut und sende ihn ab. Gleichzeitig mit deiner Sendung kam beiliegender Brief von Heitmüller,[1] auf den ich eben antwortete. Schreib doch auch noch ein paar Worte dazu. Wahrscheinlich bin ich immer noch zu gerecht und scheinwerferhaft, und du kannst das andre so gut sagen auf deine Weise, daß es schade wäre, wenn du es Heitmüller nicht auch noch selbst sagen würdest. Dein Brief an Loew ergänzt den meinigen sehr schön; ich schrieb schon vor acht Tagen. Es wäre ja etwas wert, wenn wir langsam wieder

Fühlung bekommen könnten mit den Deutschen. Aber schwer ists! *Wie* groß muß die Nervosität sein, daß Heitmüller wegen des doch wirklich im Zusammenhang harmlosen Sätzleins wegen «Belgien, Lusitania...»[2] so in die Sätze kommen[3] konnte. Es bestärkt mich doch alles in der Überzeugung, daß wir uns um keinen Preis aufs Händeln und Rechthabenwollen einlassen dürfen. Sonst ist man sofort verloren in dem allgemeinen Zank. Vide die abscheulichen Vorgänge in den «Basler Nachrichten» gestern!! Ich empfinde in diesem Falle ganz mit dem Bundesrat, unsere Welschen sind einfach kopflos geworden vor Sicherheit und Doktrinarismus. Es scheint bald leichter, sich mit den Deutschen zu verständigen als mit ihnen, wenigstens mit Deutschen wie Loew und Heitmüller.

Peters kommen am nächsten Montag-Dienstag, möchten dich auch sehen, wollen aber nicht bis zu dir reisen. Da mußt du ihnen wohl entgegenkommen bis unter den Äpfelbaum. Willst du am *Dienstag* kommen? Ich sollte den Peter schon lange einmal allein in die Klauen bekommen, so als älterer Bruder, weißt du – und dann trittst du auf und krönst und vollendest das Werk. Es wäre doch *sehr* wünschenswert, daß du kämest, du kannst Vieles so viel erfreulicher sagen (siehe oben!) als ich, was er hören sollte.

Das Schäfer'sche[4] Billet ist sehr bezeichnend. Jaja, das nach Gottes Willen so vielgestaltige Leben und dementsprechend der Mikrokosmos des aargauischen Monatsblattes, vielgestaltig von Gustav Fischer[5] bis zu Ed. Thurneysen! Hui! Paulus hätte das von den verschiedenen Gaben [vgl. 1. Kor 12,4ff.] kaum geschrieben, wenn er diesen Unfug geahnt hätte, der durch die Kirchengeschichte hin damit getrieben wird. Die Beschreibung des Kränzlis hat uns sehr erfreut. Mit Zickendraht wirst du schwerlich zu einem Ende kommen. Er ergeht sich in lauter seltsam-unwahrscheinlichen Exegesen, bei denen nichts herauskommt als ein großes Erstaunen allerseits. Aber es wird wohl noch mehr hinter ihm sein und vielleicht entdeckst dus zum allgemeinen Besten. Wegen Ernst- und Unsinnmachen bin ich nicht ganz einverstanden. Wir wollen uns gar nicht so viel darüber besinnen, was wir für einen Eindruck machen, dann kommts am besten. Es ist sicher ganz gut, wenn dem falschen Ernst der Pfärrer dann und wann einfach ein fröhliches Gelächter entgegengestellt wird (das klingt jetzt wieder brutal, aber du weißt ja, wie ichs meine), statt daß wir auf ihren Tonfall eingehen. Gerade *wenn* man auf den Pfarrer-Ernst eingeht, wird man von der Zunft nicht mehr ernst genommen. Im Übrigen kann man sich ja gelegentlich etwas mehr zusammennehmen ohne Schaden; ich will schon auch helfen, brav zu sein, nur nicht zu sehr.

Gestern war der Feldprediger da zum Mittagessen und schwarzen Kaffee. Nelly stellte mir nachher das Zeugnis aus, ich hätte eine ganz rührende Menschenliebe an den Tag gelegt. Das Gleiche kann ich leider von Nelly nicht sagen. Er setzte sich nämlich hin und fing wirklich arg an zu blagieren[6] von seiner geistlichen Tätigkeit in W. und im Militär. Als man auf «die Sache» kam, redete er hoch herab von seiner Jugendzeit, wo er gerade so gewesen [sei] wie ich, von den ersten religiössozialen Konferenzen, wo er auch mitgemacht habe, von seinen praktischen Erfahrungen und Erfolgen!!!, von den Brücken, die man den Leuten bauen müsse, von Schwärmerei («damit würde *ich* nichts erreichen»), von der für alle Pfarrer vorbildlichen Taktik des Majors des Bataillons 84 usf. Ich ertrug das Alles und forderte ihn nur gelegentlich durch kleine Sprüchlein zu weiteren Vorträgen heraus. Es wehte milde Kirchenluft (er ist auch noch Mitglied der schweiz. Kirchenkonferenz!!!) und ich suchte vergeblich nach Atem. Da löste Nelly die Spannung mit dem unvermittelten unbestechlichen Worte: «Ich weiß gar nicht, woher Sie eigentlich diese Sicherheit nehmen?» Das einem solchen Kirchenfürsten! Er war denn auch von da an ein wenig paff und mußte sich immer wieder mit diesem Vorwurf auseinandersetzen. Schließlich erklärte er uns noch im Hausgang, er habe eben seine Überzeugung und sein gutes Gewissen und darum sei er so sicher, übrigens sei er auch «manchmal» zerknirscht! Mit dieser eigenartigen Erkenntnis nahm er Abschied und wird uns wohl in seltsamer Erinnerung behalten.

Die Predigt von Benz ist wichtig. Meine Mama hat sie gehört, kam aber mit dem Eindruck heim, das sei keine Lösung. Schade, daß er sich nicht mit seiner frühern These: «Jetzt hat Gott das Wort!» auseinandersetzt. Dann hätte es sich zeigen müssen, daß es mit dieser Orientierung am Einzelnen nicht geht. Nelly läßt dich herzlichst grüßen, Fränzeli auch; es ist gestern auf seinen Wanderungen einer großen Schnecke begegnet und schüttelte sich vor Grausen über dieses Tierlein, das doch auch der liebe Gott in seiner Schöpferfreude geschaffen hat samt seinem Schleim. Da stimmt etwas nicht, bei Fränzeli oder bei der Schnecke. Also auf Wiedersehen nächste Woche.

Dein K. Barth

[1] Wilhelm Heitmüller (1869–1926), Prof. für N.T. in Marburg, später in Bonn und Tübingen.

[2] Vgl. K. Barth, *Friede,* a.a.O. S. 55: «... Friede? Wir können die militärische und politische Seite der Frage ganz beiseite lassen: auch die innere Annäherung und Verständigung zwischen den Völkern scheint ferner als je. Das einzige Wort ,Lusitania' bedeutet eine Unzahl von endgültig zerrissenen Fäden von Vertrauen, Achtung und Sympathie... Auf dem Boden des Unfriedens gibt es keinen Frieden. Auf diesem Boden ist Eigenwille und Gegensatz, Protest und Diskussion und verlegenes Schweigen, Kopfschütteln und Auseinandergehen, Krieg und Kriegsgeschrei, Belgien und Lusitania und die Politik der Italiener – höhere Notwendigkeit und alle Predigten, Überzeugungsausbrüche und fromme Wünsche werden daran nichts ändern.»

[3] = in Rage kommen.

[4] Albert Schäfer (1878–1934), Pfarrer in Schinznach (Aargau), Freund Wernles.

[5] Gustav Adolf Fischer (1868–1939), Pfarrer in Reitnau.

[6] = renommieren.

Thurneysen 18. Juni 1915

Mein Lieber,

Schönen Dank für deine Sendung und deinen ausführlichen Brief. Ich will Heitmüller gern noch ein paar Worte beifügen, obwohl du eigentlich alles schon sehr gut gesagt hast, was zu sagen ist. Du hast recht: sein Brief verstärkt den Eindruck, daß sie drüben sehr empfindlich sind, und wir hüben «es» noch lange nicht so herausbringen, daß sie hören müssen, daß da eine wirklich neutrale Stimme im Lärm der Zeitungen und anderer gedruckter Meinungen sich zu Worte melden möchte. [...] Deine Schilderung vom Zusammensein mit dem Feldprediger ist köstlich. Der durchschlagende Beitrag deiner Frau zur Bodigung[1] dieses sichern Mannes hat meine volle Bewunderung: hier war mehr denn christliche Nächstenliebe, einfach ein Wort des Durchbruchs!

Herzlich grüßt dich, deine Frau und Fränzeli Euer

Ed. Th.

[1] Bodigen = zu Boden werfen, einen Dämpfer geben.

Thurneysen 24. Juni 1915

Lieber Freund,

Hier der Brief von Heitmüller zurück. Ich habe dem Deinigen ziemlich ausführliche Erklärungen meinerseits beigefügt und beides abgesandt. [...] Meinen Konfirmanden habe ich heute von deinem Vorschlag erzählt und sie gefragt, ob sie Freude hätten an einem solchen «Kinderkreuzzug».[1] Sie waren schnell entflammt dafür. Also machen wirs; ich finde selber, es wäre ein gefreuter Versuch. [...] Mir ist es gleich, an welchem Sonntag im Juli. Könnte deine Frau mitkommen? Sie könnte dann die Herde der Maitli betreuen. Wir würden mit den Buben ein Kriegsspiel à la Masurische Sümpfe[2] ausführen, «wir Pfarrer»![3]

Herzlichen Gruß! Es war ein schönes Zusammensein am Dienstag.

Dein Eduard Th.

[1] Gemeinsamer Ausflug der beiden Konfirmandenklassen.
[2] Anspielung auf die «Winterschlacht in Masuren», Februar 1915.
[3] Anspielung auf das gleichnamige Buch von H. Kutter (Leipzig 1907).

Barth 25. Juni 1915

Lieber Freund!

Besten Dank für deine Sendung. Hier kriegst du dafür einen Brief von [Adolf] Keller, der auch ein erfreuliches Zeichen davon ist, daß es sich an vielen Orten rührt und daß wir mit unsrer Widerhaarigkeit jedenfalls doch dem und jenem einen guten Dienst leisten. Das macht Mut und Freude, weiterzubohren. [...] Ich sprach meinen Konfirmanden heute morgen auch von dem «Kreuzzug» und fand sichtliches Vergnügen bei ihnen. Der 11. Juli wäre vielleicht gut. [...] Der Feldprediger war gestern da und verkündigte mir feierlich, er werde am Sonntag zu mir in die Predigt kommen. Er ermahnte mich natürlich, nur ja keine Rücksicht zu nehmen auf ihn und zu predigen wie an einem «gewöhnlichen Sonntag». Das will ich denn nun auch tun. Gal. 3,23–25, das nun also drankommt, wird hoffentlich automatisch auch zu diesem Manne reden. Morgen gehe ich also nach Zürich. Nelly ist schon dort. Fränzeli ist noch immer sehr erfüllt vom Bumbum des Defilierens.

Herzlichen Gruß dein Karl Barth

[...]

Barth 5. Juli 1915

Lieber Freund!

Ob es wohl nichts Dümmeres gibt, wenn Pfärrer und dann noch solche von der kleinen Herde wie wirkliche Schulmeister als Kompagniehäuptlinge mit der Karte in der Hand durch unbekanntes Land ziehen und einander zu begegnen suchen?! Nun wir wollen uns Mühe geben, uns als gewandte Weltkinder in «diesem fremden Land» zu benehmen. Mit dem Treffpunkt bin ich einverstanden. [...] N.B. wir brechen um 10 Uhr, unmittelbar nach der Predigt hier auf (die Kinderlehre fällt festlich aus) und würden nach meiner Berechnung vor oder hinter Schöftland im Walde zu Mittag essen. Vom Böhler aus suchen wir dann auf die Höhe nach Wannenhof-Rütihof zu gelangen. Wie wäre es nun, wenn ihr uns auf den Böhler entgegenkämet, dann könnte die Höhenwanderung gemeinsam gemacht werden (verbunden mit einer kleinen Schlacht zwischen den beiderseitigen Buben, wenn es erwünscht scheint). Ihr könnt aber auch nach deiner Absicht direkt auf Wannenhof losstreben, nur daß man sich dann nicht verpaßt, was durch beidseitige Schleich- und Horchposten zu verhindern ist. Wegen dem Wetter würde man sich im Zweifelsfall telephonisch verständigen. [...] Ich werde die ganze oder doch einen schönen Teil der Kirchenpflege mitbringen, die schon lange einmal spazieren wollte und nun einfach mitkommt. Du hast doch nichts dagegen, es sind gutartige Leute und z.T. «nicht fern vom Reiche Gottes» [vgl. Mk 12,34]. Ich will meinen Kindern sagen, daß sie ein paar Deklamationen oder dergleichen rüsten. Sie machen das gern und bei jedem Anlaß. Wollt ihr das *Seil* mitbringen? Denn seilgezogen muß doch unbedingt werden. Verbandstoff für Verwundete und Hoffmannstropfen für die, die zuviel gegessen haben (oder die, die von unseren Reden gar zu sehr ergriffen worden sind) bringe ich mit. Kurzum es wird ein großer Schlag und Beweis, daß wir denn auch zu äußerm Tun...! Doch wollen wir erst sehen, wie es wird und ob es nicht regnet. In diesem Fall einfach acht Tage später, nicht wahr?!

Meine Predigt von voriger Woche (27. Juni) hat mehrfach Kopfschütteln erregt (Gal. 3,23–25). Sogar den gewichtigen Vorwurf, ich habe «die Weltflucht ergriffen», hat ein kluger Schreiner gegen mich erhoben. Ich habe nun alle Beschwerdeführenden auf Mittwoch Abend unter den Äpfelbaum aufgeboten, und so wird dann dieser ehrwürdige Baum ein großes Religionsgespräch über Gesetz und Freiheit mitanhören müssen. Sie wollen alle kommen, und ich bin gespannt, wie's wird. Gestern predigte ich [...] über den Mammon als Höllenmacht und den armen Lazarus als den Typus des geldfreien Menschen.

Ich schreibe dir vielleicht diese Woche noch einmal, heute eilt es. Fränzeli läuft uns jetzt nach allen Richtungen davon, um da

Blumen zu pflücken und dort einen großen Hund zärtlich zu streicheln und dort Erde zu essen, «wie meine Muhme, die berühmte Schlange.»[1]

Herzlichen Gruß dein Karl Barth

[1] Goethe, *Faust*, Prolog im Himmel, 334f. (Mephistopheles):
«Staub soll er fressen, und mit Lust,
Wie meine Muhme, die berühmte Schlange.»

Barth 8. Juli 1915

Lieber Freund!

Als erfreuliches Hindernis (von der dir auch sattsam bekannten Art der aargauischen Jungmännerschaft) taucht die Möglichkeit auf, daß unter den Konfirmanden die Parole ausgegeben wird: Wir wollen nicht mit! Im Stande sind sie's schon. Sie sind dies Jahr ohnehin eine klebrige Gesellschaft sondergleichen. Unter Umständen muß ich morgen aus pädagogischer Sachlichkeit noch erklären: Also, wir gehen nicht!, wenn ich nämlich sehe, daß sie sich irgendwie rar machen wollen. Typisch ist die Geschichte, nicht? Eventuell erlebst du gleichzeitig das Gleiche? [...]

Das Bataillon 83 ist nun von einem zehntägigen Ausmarsch wieder hieher zurückgekehrt, und Guggenheim logiert diesmal bei mir. [...] Der gestrige Predigtbesprechungsabend vereinigte fünf Männer und vier Frauen. Nelly fand ihn erfreulich und ermutigend. Ich war eher etwas deprimiert über das, was ich hörte. Ich hatte so starke «*Aargauer*» Eindrücke von meiner kleinen Herde! Auf der einen Seite die rationalistische Fortschrittlichkeit, auf der andern Seite ein sentimentaler Pietismus, beides sowohl in reinen Exemplaren als froh vereinigt in den gleichen Köpfen und Gemütern. Da entwischen sie einem immer wieder, bald nach der einen bald nach der andern Seite. Ich redete so stark als möglich und auch wohl so deutlich, als es mir jetzt möglich ist, hatte aber zum Schluß eigentlich nur von einem Einzigen den sichern Eindruck, er habe es verstanden. Die Andern redeten immer wieder zähe neben der Sache vorbei. Nelly hat wohl recht: es ist schon viel, daß sie überhaupt einmal etwas sagen. Wie machst dus nur in deinen Diskussionsabenden? Und was reden deine Leute? Der Kirchenpflegepräsident sagte mir heute noch nachträglich, er und andere empfänden eine *besondere* Schwierigkeit meiner Predigten seit meiner Deutschlandreise. Seit damals sei ich ihnen besonders «*vor-* [*-aus*»], sodaß sie Mühe hätten mitzukommen. Ist das nun «Boll»,[1] das ich noch nicht ganz assimiliert hätte, oder was? Du wirst mich am Sonntag wahrscheinlich etwas trostbedürftig vorfinden und mußt mir mit ein paar guten großen Sprüchen aufhelfen!! Sollten die Konfirmanden wirklich streiken, so würde ich möglicherweise allein zu dir kommen auf den Sonntag Abend und Montag Morgen. Könntest du mich brauchen? [...]

In den sozialdemokratischen Blättern kommen jetzt überall Artikel gegen den «neuen»[2] Sozialismus. Es scheint System zu sein in der Sache.

Herzlichen Gruß dein K. Barth

Nächsten Sonntag predige ich über die Krankheit (Luk. 13,10–13). Du hast mir da einmal eine gute Anregung gegeben, die mir bei einem bestimmten Fall sehr wertvoll wurde und über die ich mir jetzt klar werden möchte.

[1] «Boll» repräsentiert Christoph Blumhardts «*Theologie der Hoffnung*».
[2] Der von Barth vertretene kritische religiöse Sozialismus.

Thurneysen 8. Juli 1915

Liebe Freunde,

Wie soll ich es anfangen und euch sagen? Seit gestern bin ich verlobt. [...] Ich habe schon lange an meine Braut[1] gedacht, aber es blieb bei flüchtigen Begegnungen, obwohl unsere Väter nahe Freunde sind [...] Von euch habe ich ihr schon vieles erzählt und bitte euch, alle eure Freundschaft und Treue auch auf sie zu übertragen. Auf Wiedersehen am Sonntag.

Von Herzen euer Eduard

[1] Die Braut von Ed. Thurneysen ist die aus alter Basler Familie stammende Marguerite Meyer (geb. 1893).

Thurneysen 9. Juli 1915

Lieber Freund,

In aller Eile noch ein paar Worte. Dein Brief war mir ein wahrer Trost. Denn ich muß dir die selbe betrübende Mitteilung machen. Auch meine kleine Herde will nicht recht mitkommen. Ich hatte ihnen extra betont, es müsse keiner mit, und nun wurde klar: alle kommen keinesfalls. [...]

[...] Ich habe an meinem neuen Glück viel zu verarbeiten, und niemand ist da, mit dem ich besser davon reden könnte als mit dir. [...] Allerlei Anfechtungen stellen sich ein: heute Morgen erhielt ich einen nur sehr kurzen Brief aus Basel mit der Begründung: «morgen 10 Uhr habe ich Orgelstunde, da verstehst du schon, daß ich jetzt noch arbeiten muß...» Ja, ich verstehe, aber ich fürchte diese Orgel nebst Klavier und Bach und Beethoven, als ob sie mir meine Braut entziehen wollten in eine Welt, in die ich nur sehr wenig weit werde folgen können. Ich habe aber an euch gedacht, du deutetest mir einmal in einem Gespräch in Boll etwas aus ähnlichen Erfahrungen aus euren Anfängen an. Das ist mir ein Trost. [...]

Herzlich euer getreuer Eduard

Barth 14. Juli 1915

Lieber Freund!

Vielleicht hast du gar nicht das Bedürfnis, auf das, was du uns über das Verhältnis zu deiner lieben Braut schreibst, ein besonderes Echo zu hören, sondern nur das, davon zu reden, es dir von der Seele zu schreiben. Als erfahrener Ehemann kenne ich das in der Tat. Aber jedenfalls nehmen wir herzlichsten und freudigsten Anteil, und wenn ich *dich* vielleicht besser verstehe, so vielleicht Nelly deine Braut noch besser. Wir lasen das von der konkurrierenden Orgel, von dem Lobpreis des seligen Johann Sebastian [Bach] und von deinen Bemühungen, mitzukommen, unter lebhaftester Erinnerung an eigene Erfahrungen vor vier Jahren. Nelly läßt dir sagen, du sollest doch ja nicht meinen, es verstehe sich von selbst, daß die Frau alle ihre doch auch allertiefsten Interessen an der Kunst aufgebe oder zurückstelle, um sich eiligst mit Kutter etc. erfüllen zu lassen. So gehe das nicht zu. Wenn die Frau etwas wert sei, so müsse sie sich für ihre Sache wehren, sie in der Gemeinschaft geltend machen, bis es von *innen* heraus so weit ist, daß sie gar nicht mehr eine Sache mit einer *andern* vertauscht, sondern einfach *mit* ihrem bisherigen Besitz als etwas Neues (aber auch ihm etwas Neues bringend) weiterlebt, in ungebrochener Linie. So die abgründige Weisheit meiner Gattin. Ich möchte dem hinzufügen, daß man ja nicht ragazisch-tragisch an die Sache herangehen muß, nur ja nicht das Problemlein Religion und Ästhetik aufrollen und wälzen, nur ja kein Groll gegen Orgeln und andere tönende Instrumente, nur ganz getrost sich Bach und Beethoven vorspielen lassen und sich daran erfreuen, so gut es unsereinem gegeben ist. Es kommt alles, alles gut zuletzt, und zwar ziemlich bald. Ich habe mich seinerzeit lange gesträubt, dumme Komplexe entstehen lassen gegen Geigen – Geigenlehrer – Geigenkasten – Geigenvirtuosen, manchmal in der Form, daß ich selbst am Samstag Abend, statt meine Predigt zu machen, bis um 11 Uhr abends ein Bachkonzert kratzte in meiner Angst, in meinem Zwang, in meinem Wahn. Und dann wieder schrieb ich verärgerte Briefe über Kunst und Ethik und andere Narrheiten mehr. Das kannst du dir also alles ersparen; es kommt nichts dabei heraus. Doch genug des geistlichen Zuspruchs. Ich zweifle ja keinen Augenblick, daß du das alles viel besser machen wirst als ich s.Z. Ich war leider nie ein «Lebenskünstler» und habe oft schwer danebengehauen. Du wirst das schon nicht tun. [...] Hoffentlich kommt ihr bald gemeinsam zu uns. [...]

Die «Christliche Welt» ist wieder betrübend schwach. Rade selbst scheint das, was er vor 3–4 Wochen über das «Moratorium des Christentums» schrieb (und auf das er mich schon 14 Tage vorher hingewiesen hatte!), gar nicht ernst zu nehmen. Da konnte er wohl mit einem sehr eingehenden Brief, den ich ihm, zustimmend und ergänzend, damals schrieb, nicht viel anfangen. Die «Kluft» bleibt. Auch Kutter selbst konnte sie ja nicht überbrücken. Vielleicht ist bereits wieder übergenug nach Deutschland geschrieben (Loew, Heitmüller, Rade), und wir wenden uns besser wieder an uns selbst und unsere großen und kleinen Herden. [...] Ich bin immer noch an Bismarck und sehe wirklich nicht ein, warum es da noch einen Theologieprofessor aus Kiel[1] braucht, um uns Bismarcks Bedeutung «für unser inneres Leben» zu erklären oder problematisch zu machen. Abgesehen von dem – sachlich ganz [und gar] nicht belangreichen – «Bekehrungs»-erlebnis ist doch seine theoretische und praktische Stellung zum N. T. von Anfang an durchaus *eindeutig* gewesen, und daß er sich zuletzt verdrossen von der «Religion» abwandte und «nur» noch seine Privatabendmahlsfeiern behielt, gehört auch zur *Sache*. Aber gerade die Sache umgeht Baumgarten mit ziemlicher Kunst, um sich immer wieder auf dem persönlichen Gebiet zu tummeln. Ich habe den Eindruck, sein Verhältnis zu Bismarck sei ein Muster von unfruchtbarer Geschichtsbehandlung. Eine reinliche Darstellung des Bismarck'schen Christentums von uns aus gesehen wäre übrigens eine lehrreiche Sache.

Am Sonntag will ich nach «Mammon» und «Krankheit» über das «Ich» predigen, d. h. über das fröhliche Verlierenkönnen und -dürfen des «Lebens» im Gottesreiche. Ich habe einst in Genf darüber gepredigt oder noch früher als Student (!!!), natürlich ganz ethisch postulierend, und hoffe es nun besser zu können.

Mein Freund Guggenheim war am Sonntag mit einem seiner Leutnants in der Predigt und zeigte sich nachher erstaunlich zugänglich. Mein Restvorrat vom Kutterbüchlein «über den Krieg»[2] fand bei den Offizieren bis hinauf zum Major reißenden Absatz und fleißige Lektüre. Ich habe den Feldprediger aus W. auf dieses Symptom aufmerksam gemacht, es schien ihm aber nicht bemerkenswert. Wir sind im Frieden und mit einer gewissen sanften Rührung von ihm geschieden, und es war besser so. Was er merken mußte, hat er schon gemerkt, was er nun damit machen will, ist seine Sache.

Mit freundlichem Gruß auch von Nelly dein K. B.

[1] Otto Baumgarten (1858–1934), Prof. für praktische Theologie in Kiel, Freund Martin Rades. Barths Bemerkung bezieht sich auf Baumgartens sechsteilige Artikelserie «*Bismarcks Bedeutung für unser inneres Leben*», in: CW 29 (1915), Sp. 263, 303, 321, 340, 519, 548.

[2] Ein Buch dieses Titels hat Kutter nicht verfaßt. Gemeint ist wahrscheinlich: *Friede auf Erden*, Zürich 1915.

Thurneysen 16. Juli 1915

Lieber Freund,

Vielen Dank für deinen herzlichen Brief. Ich habe die «entscheidenden» Sätze daraus unverzüglich an meine Braut weitergegeben. Etwas vom ersten war, daß ich ihr alle kleinen Kutterbüchlein geschickt habe; sie hatte mich darum gebeten, weil ich ihr davon erzählt hatte. [...] Ich hoffe, wir sehen uns bald einmal zu viert. [...] Ich danke euch beiden für eure große Anteilnahme. Es bedeutet mir etwas Großes, daß wir uns mitten in all dem Menschenleid des Krieges finden durften, ein selbstsüchtiges Glück darf das unsrige am allerwenigsten sein oder werden.

Herzlich euer Eduard

Barth 27. Juli 1915

Lieber Freund!

Du Armer, nun sind deine schönen Tage [mit deiner Braut], die wir im Gemüte miterlebt haben, vorbei und du bist wohl eben in voller Fahrt Richtung Aargau. Da möchte ich dir ein paar herzliche Begrüßungsworte schicken, damit es dir nicht allzu traurig vorkommt, wieder so allein sein zu müssen. Ich zweifle zwar gar nicht, daß du heute Abend im Blaukreuz gewaltig reden wirst, und daß deine Seele überhaupt noch lange voll Klarheit und Freudigkeit sein wird im Gedanken an [...] die Braut, deren Angesicht du nun acht Tage lang gesehen hast. [...]

Auf der Heimfahrt von Leutwil letzten Dienstag erlebte ich eine Velopanne und sah dafür, wie man in der Velo- und Nähmaschinenfabrik Gränichen Schrapnellzünder für die Franzosen zu Tausenden macht. [...] Am letzten Sonntag habe ich deine Predigt noch einmal gehalten, aber ein wenig anders und lange nicht so schön. Du kannst sie dann einmal lesen und dich freuen über die Anregung, die du mir gegeben [hast]. Es war überhaupt fein bei dir damals. Gestern war ich an der Beerdigung des alten Pfarrers Haller, und die Wogen des kirchlichen Lebens schlugen mir über dem Kopf zusammen. M. redete sehr konventionell, F. zweimal lang und erbaulich z.B. über «Väter in Christo» und solche Sachen. [...]

Mit herzlichem Gruß dein K. Barth

Beiwagen: [...] Wir beabsichtigen nun im Ernst, auf die Besuche deiner lieben Braut hin, ein Klavier anzuschaffen. Nelly freut sich aufs Ernsthafteste auf sie und läßt dir sagen, auch dir müsse Musik und Natur *wirklich* wichtig werden, und wir dürften nicht fernerhin in diesem leichten Ton über diese Dinge reden und schreiben. Ich machte da doch etwas Opposition. Am Sonntag Predigt über die Zukunft der Schweiz Matt. 7,24–27.

Thurneysen 4. August 1915

Lieber Freund,

Wie lieb von dir, mir [auf meine Heimkehr hin] eine trostreiche Epistel zu schicken. Nimm vielen Dank dafür. [...] Letzten Sonntag predigte ich über die Gerechten, an denen Sodoms und Gomorrhas Geschicke hingen, 1. Mose 18,20ff. Ein schöner Text, ich war ihm aber nicht ganz gewachsen. Schick mir wieder eine deiner Predigten, vielleicht kann ich sie entziffern. Auch ich wollte gern einmal über die Krankheit predigen, vielleicht nach Joh. 9,3. Ich fürchte nur meine Scientisten-Zuhörer,[1] die nie recht verstehen wollen und können, was man eigentlich sagt.

Was sagst du zu dem Artikel in Nr. 29 der «Christlichen Welt» über den Waffendienst der evangelischen Pfarrer und die Erörterung der «standesentsprechenden militärischen Stellung» samt «Neuregelung der Gehaltsfrage»? Das ist ein sehr trauriger Artikel. Ich muß Kutter recht geben, der in solchen Fällen die Herausgeber als Opfer ihrer Zeitung und des Zwanges betrachtet, schreiben und diskutieren und Spalten füllen zu müssen. Ich würde Rade keinen Vorwurf machen, ihn nicht persönlich anklagen, aber es ist ein Bedauern für ihn bei mir, daß er jetzt seine Sache *so* machen muß. Jaegers[2] Abhandlung habe ich nicht gelesen, denn für seine feinsinnigen Tiefgründigkeiten habe ich nie viel übrig gehabt. Alles in allem muß ich sagen: es waltet in der «Christlichen Welt» doch ein ehrlicherer und saubererer Geist als in den Artikeln der um Naumanns «Hilfe» gescharten Theologen. Was dort Rohrbach[3] und Traub verbrechen, ist für mein Empfinden nahezu Verrat am Evangelium.

Endlich würde es mich interessieren, dich über den Briefwechsel Ragaz-Brunner[4] in den «Neuen Wegen» zu hören. Ich bin nicht recht fertig geworden damit, es ging bei mir hin und her beim Lesen. Es werden da ja auch die schwierigsten Grundfragen verhandelt...

Ich schließe mit herzlichen Grüßen an dich und Nelly als euer

Eduard

[1] Thurneysen hatte in seiner Gemeinde Anhänger der Christian-Science-Bewegung.

[2] Pfr. D. Dr. Paul Jaeger (1869–1963). Sein Buch «*Innseits*» erschien 1917 in Tübingen. Darauf spielte Karl Barth – ohne Nennung des Verfassernamens – an in dem Tambacher Vortrag «*Der Christ in der Gesellschaft*» (= Das Wort Gottes und die Theologie, S. 65). 1924 gab es eine kleine Kontroverse zwischen Jaeger einerseits, Karl und Heinrich Barth andrerseits. Siehe P. Jaeger, «*Zur Jenseitsfrage*», in: Die Christliche Welt, Jg. 38 (1924), S. 579f. – K. Barth, *Antwort an Paul Jaeger,* CW 38 (1924), Sp. 626–628. – Jaeger war ev. Pfarrer in Freiburg i. Br. Jaegers Abhandlung: *Vom Schicksal der Werte. Das Beste im Leben und was daraus wird* (Vortrag, in drei Teilen gedruckt) in: CW 29 (1915), Sp. 575, 594, 615.

[3] Paul Rohrbach (1869–1956), Mitarbeiter Friedrich Naumanns an der «Hilfe».

[4] L. Ragaz/E. Brunner: Briefwechsel über die Frage der Gewalt und des Gewaltverzichts in Gesellschaft und Politik: *Von Gottesreich und Weltreich. Ein Gedankenaustausch,* in: Neue Wege, Jg. 9 (1915), S. 262–282.

Barth 6. August 1915

Lieber Freund!

Habe besten Dank für deinen Brief. Wir freuen uns auch sehr auf euren Besuch hier. [...]

Ragaz: Ich habe seinen Artikel[1] erst gestern Abend gründlich gelesen und finde ihn sehr instruktiv. In dem Sinn, daß er sehr deutlich macht, was ihm gegenüber Blumhardt und Kutter [...] fehlt. [...] Mir kommt die ganze Kasuistik sehr unklar vor, das schwimmt doch alles ineinander. [...] Ich werde nicht klug daraus, aber das ist schließlich nebensächlich. Ich könnte *auch* nur so stammeln, wenn ich ein derartiges ethisches Programm aufstellen wollte. Entscheidend ist mir das Andre, der Ansatz. Warum sich gleich in die Ethik stürzen («was sollen wir tun?», die alte Frage, die der *Sache* eigentlich ausweicht!), als ob es nichts Dringenderes gäbe! Versteht es sich denn von selbst, daß «*wir*» das Gottesreich «*vertreten*» (ein ganz toller Ausdruck! S. 276)? Beachte auch das getroste «*nun*»! Haben wir denn das Gottesreich in seinem radikalen Ernst überhaupt erfaßt, erlebt? Ist der *Glaube* nur auch für Ragaz persönlich, geschweige denn für die übrige Menschheit eine selbstverständliche Voraussetzung, über die man einfach hinweghüpft, um nun das Gottesreich eins[2] zu vertreten? Kein Wort von der «Erkenntnis Gottes», von der «Umkehr», dem «Warten» auf das Gottesreich, [...] das doch das Apriori alles «Vertretens» ist! – Kurz, ich bin gerade wenn ich diesen Kathedralentscheid Ragazens lese, sehr froh, Kutter zu kennen. Du hast mir ihn eigentlich zugänglich gemacht; das war eine Tat! Die Sackgasse, in die die «Neuen Wege» zur Zeit hineinlaufen, [...] ist mir jetzt als solche sehr klar, und es wird gelten, da gegenüber Ragaz sehr fest zu bleiben *sachlich*. Daß mans *persönlich* nicht so machen sollte wie Bader und Konsorten (und auch Kutter ein wenig!), dabei bleibe ich freilich. Es kann auch wieder anders kommen in den N.W., und man sollte sie und Ragaz gerade jetzt nicht im Stich lassen.

Ich war am Mittwoch bei Epprecht, hörte seine 1. August[3]-Predigt und besprach mich mit ihm über Gott und Ethik! Er ist doch recht zugänglich und sollte «gepflegt» werden. Mit Schild ist glaub auch etwas zu haben, wenn man ihm näher tritt. Ich habe das Gefühl, wir müssen uns Mühe geben, Fühlung zu gewinnen, wo wir nur können, unter den Pfärrern. Nachdem wir der offiziellen Kollegialität abgesagt, können wir es umso *freier* tun und haben sicher auch die *Pflicht* dazu. Ich für mich habe dann noch meine Sonder«pflichten» dieser Art gegenüber den «Genossen». Am nächsten Donnerstag sollen wieder vier aus Buchs und Suhr zu mir kommen zu einem Gespräch unter dem Apfelbaum über die innerliche Zukunft der Sozialdemokratie. Am Freitag drauf ein Referätlein im hiesigen Arbeiterverein, ich weiß noch nicht worüber,[4] schlag mir etwas Gutes vor! Beiliegend der Brief eines Idealisten aus Köln, es ist aber ein Schweizer. Mit der Ragazischen Orientierung wäre jetzt viel zu «machen», auch unter den Bürgerlichen. Ich empfinde sie oft förmlich als Versuchung. Aber es geht nicht so.

[...]Höre: daß ich lieb und verständnisvoll auf andere Menschen eingehen könne – das hast *du* zum 1. Mal in der Welt gesagt. Es hieß sonst gerade das Gegenteil. Und bei deinem Lob mußte ich leider an Matth. 5,46–47 denken.

Herzlichen Gruß auch von Nelly und Fränzeli an dich und deine Braut Dein Karl Barth

[1] Vgl. Brief vom 4. 8. 1915, Anm. 4.

[2] «Eins»: eine Verstärkung des «nun», etwa in der Richtung: «jetzt wollen wir mal ...»

[3] 1. August: schweizerischer Nationalfeiertag.

[4] Barth referierte im Safenwiler Arbeiterverein am 16. 8. 1915 (Montag, nicht Freitag) über «Was heißt: Sozialist sein?».

Barth 18. August 1915

Lieber Freund!

[...] Letzten Sonntag predigte ich über Sorgen oder Nicht-Sorgen Matth. 6,25–26, nächsten Sonntag im Anschluß daran über die Gütergemeinschaft nach Act. 4. Am Montag hielt ich im Arbeiterverein eine Rede über: «Wer ist ein Sozialist?» (Antwort: wer es im Herzen ist) unter Seitenblicken auf den Krieg. [...] Ich fand ganz geduldige freundliche Zuhörer. Sie wollen dich diesen Winter oder Herbst auch einmal kommen lassen und werden wohl bald schreiben. Vielleicht redest du auch lieber so in einer Mitgliederversammlung? Ich finde wir können unsere Sache dabei besser sagen als bei den großen Betrieben[1] mit Männerchor, öffentlichen Inseraten etc. Jedenfalls solltest du diesmal kommen und irgend einen Schlag führen oder Schuß tun etwa wie den da [folgt Zeitungsausschnitt]:

Der gute Zieler

«La Guerre Mondiale» berichtet folgende kleine Geschichte, die sich französische in Urlaub fahrende Offiziere auf der Reise erzählten: Der Glokkenturm des Dorfes D. störte einen Teil der Front außerordentlich. Auf diesem Glockenturm stand alles, was hinaufgehört: Maschinengewehre, Signalapparate usw. Man beschließt, damit ein Ende zu machen, und wählt einen guten Zieler. Der geht ans Werk, und nachdem er sein Geschütz gerichtet hat, gelingt es ihm, mit einem entscheidenden Schuß den störenden Kirchturm zusammenzuschießen. Wie zu erwarten: Glückwünsche. Der gute Artillerist sagt lächelnd auf die Wünsche seiner Vorgesetzten: «Sie würden mich vielleicht nicht mehr beglückwünschen, weil ich es kaum verdiene ...» – «Wie? aber Sie verdienen es vollständig!» – «Wenn Sie wüßten, was ich im Zivilleben bin ...» – «Was sind Sie denn?» – «Pfarrer!»

Ich habe mit Entsetzen das Tagebuch des Marinepfarrers von der «Gneisenau» gelesen. Es ist ein neuer Beweis, wie wenig Belang eigentlich das äußere Kriegs«erlebnis» für die *Sache* hat. Gestern las ich den ganzen Tag Dostojewski «Schuld und Sühne»; ich wollte ich würde *ganz* klug aus diesen Russen. [...] Ich hatte heut einen Brief von meinem alten Freund Karl Buxtorf[2] mit dem bezeichnenden Motto Gen. 33,14. So meinen sie uns entrinnen zu können. [...] – Letzten Donnerstag hatte ich eine ganz interessante Aussprache mit den Suhrer Sozialdemokraten, man kam wenigstens schon an den Punkt, wo es sich entscheidet, ob man «am Ersten trachten» will... [Matth. 6,33].

Herzlichen Gruß von deinem getreuen

Karl Barth samt Nelly und Fränzeli!

[1] = Veranstaltungen.

[2] Karl Buxtorf (1882–1953), Pfarrer in Neßlau, Küsnacht (Zürich) und Basel.

Thurneysen 20. August 1915

Lieber Freund,

[...] Weißt du schon etwas von der in Pratteln angesagten Zusammenkunft bei Christ?[1] Es wäre gut, bei diesem Anlaß unsere Beschwerde wegen der persönlichen Kampfweise gegen Ragaz an Bader zu richten. [...] Was sagst du zur Weltlage? Ich muß an eine grimmige Prophezeiung Kutters denken, daß den Pfarrern einmal in ihren Pfarrhäusern alle ihre schön geordneten Predigthäuflein durch eindringende Kosaken durcheinandergeworfen werden könnten zur Strafe dafür, daß wir nicht vom lebendigen Gott gezeugt haben. Es liegt eine kräftige alttestamentliche Logik in dieser Gerichtsankündigung. Heitmüller gratuliert mir sehr freundlich zur Verlobung, er berichtet, Loews haben ein Maiteli bekommen und er freue sich an dieser und meiner Nachricht als an einem in dieser trüben Zeit ihn ergreifenden Zeichen der Lebensbejahung mitten im Tod. Ein wenig Glauben gehört allerdings dazu. [...]

Von Herzen dein Ed. Th.

[1] Lukas Christ (1881–1958), Pfarrer in Pratteln, hielt regelmäßige Zusammenkünfte mit Pfarrern, treuer Freund Barths und Thurneysens.

Barth 21. August 1915

Lieber Freund!

Ich habe heute einen schönen Samstag, indem meine Predigt schon gestern (!) nachmittag fertig wurde und Nelly ein freundliches Urteil darüber gesprochen hat. Sieh, solches wirst du dann auch erleben, wenn deine zukünftige Frau endgültig bei dir eingetroffen ist! Wir hatten große Freude an dem Bildlein von dem die Kirche stürmischen Schrittes hinter sich lassenden Brautpaare und zeigen es allen Interessenten. [...] Wenn nichts dazwischen kommt, gehe ich am Montag ins Kränzli nach Auenstein, wenn das Wetter es erlaubt vielleicht mit dem Velo. Könnte ich möglicherweise nachher zu dir kommen? Ich würde eigentlich gerne einmal einen deiner Besprechungsabende still mitmachen, oder ist dir das unangenehm, dann sagst dus natürlich fröhlich. Von dem Pratteler Convent wußte ich auch noch nichts. Hält Bader jetzt Wandervorträge über das endgültige Ende der «Parteiungen», oder was soll das? Natürlich sollte man hingehen, um zu hören, was ihm so das Herz abdrückt, und ihn fragen, was denn der Lärm solle, wenn doch die innere Beunruhigung etc. unbeschädigt sei. Nein das sind ungefreute, aufgeregte Geschichten das! Aber offenbar müssen wir da hindurch und so nehme ich

Pratteln aufs Programm. Ich hätte nur gerne vorher auch etwas von der altera pars gehört. Gehst du nicht nach Zürich in diesen 14 Tagen? Wie wärs wenn du gerade jetzt Ragaz auf die Bude stiegest, daß wir auch von ihm erführen, was denn los sei? Ich wollte gerne selbst gehen, aber der Familienvater in mir will das Billet nicht auch noch bewilligen. [...]

Ja die Weltlage! Ich stecke stumm meine Reißnägel auf der Landkarte des Ostens und frage mich, wos noch hinaus will. Heute bei Tisch großes politisches Exposé gegeben! Mit dem ich dich verschonen will. Über Kutters Prophetie freuten wir uns sehr. Die Kosakenlanze quer durch Kirchenblätter und religiössoziale Predigtserien könnte eher zur Pickelhaube werden. Wir erwogen auch die Möglichkeit eines großen Erdbebens von Lissabon bis Petersburg oder das plötzliche Vorrücken der Gletscherwelt als glückliche Lösung. Auf alle Fälle sind die religiössozialen Pfarrhöfe samt Müttern und Kinderlein mitbedroht. Vorläufig können wir nichts tun als eben von Sonntag zu Sonntag «unentwegt» das *Andere* sagen und vor allem selbst ein bißchen fester werden in diesem Andern. Was sonst einen Sinn hätte, weiß ich nicht.

Die deutschen Mäuler gehen jetzt entsetzlich weit auf (vide Rede des Reichskanzlers an die Volksmasse im heutigen Mittagsblatt), und es wird gleich noch viel ärger kommen. [...]

Mit herzlichem Gruß an dich und deine liebe Braut von Nelly, Fränzeli und deinem getreuen K. Barth

Thurneysen 24. August 1915

Lieber Freund,

[...] Ich habe heute beiliegende Anfrage erhalten von deinem Arbeiterverein. Wenn ich nur wüßte, was sagen! Bitte, hilf mir auf die Sprünge, mir ist die ganze Sache nicht gelegen, weil ich viel weniger als du auf die eigentliche *soziale* Bewegung eingearbeitet bin. Ich kann doch nicht einfach eine Predigt halten! Aber wenn ich wüßte, was sagen, so würde ich mehr dir zu Liebe als aus sachlichem Überzeugtsein, daß diese Vorträge nun mein Weg seien, zusagen, nur lieber erst *nach* dem Neujahr. [...]

Was sagst du zu den neuesten «Neuen Wegen»? Mir hat vor allem die Art der Polemik gegen Troeltsch[1] wenig eingeleuchtet. Sachlich ist sie ja richtig, aber diese Zwischenrufsmanier hat etwas Kleinliches. Überhaupt, geistige Überlegenheit ist in diesem Hefte nicht gerade vorhanden, es enthält relativ viel gutgemeinte, aber eher schwache Beiträge. Beachte die zwei «muffigen» Anzeigen auf der Innenseite des Umschlags von den «Propagandafreunden» mit Pflanzland und kleinem Bächlein in der Ostschweiz! Was sind das wohl für Brüder? Und daneben die im «Anker» an der Ostsee, wo man Esperanto spricht und Vorträge über Wärmekultur, Paulinismus und Christentum oder eine neue Methode, den Körper mit Kraft zu laden, bekommt? Das geht bedenklich in der Richtung: lange Haare, lange Nägel, Lebensreform. [...] Von Herzen dein E. Th.

[1] Ernst Troeltsch wird von Ragaz der «Kriegstheologie» beschuldigt (Neue Wege 1915, S. 363f.).

Barth 27. August 1915

Lieber Freund!

Soeben wieder eine «eschatologische Hymne» (so nennt mein geistreicher Bruder Heiner meine Predigten) beendigt (für den Kosakenspieß späterhin, vorläufig für den Sonntag) über Mose in der Amalekiterschlacht [Ex 17,8–15] mit Aufschlüssen über Teilerfolge und Totalerfolge, Tun und Nicht-Tun, Glaube und Hoffnung, Pfarrer und andere Propheten. Ich habe stark das Bedürfnis, jetzt dann auch einmal Ferien zu machen und nicht immer mein eigenes Horn zu hören, aber vorläufig muß ich doch die Ankunft unserer Nr. II und dann jedenfalls auch noch den Bettag abwarten. Ich gehe dann diesmal nach Bern. Gerne hätte ich am 6. Ludwig[1] gehört, aber das wird nun kaum zu machen sein. [...] Das Kränzli letzten Montag war wie immer. M. las eine heimelig-muffig-feingeäderte Predigt vor über «Heimsuchungen», worauf Dietschi und ich diesmal sehr einmütig nach mehr prophetischer Tragik verlangten. Es wurde uns erwidert, das «Thema» könne in einer andern Predigt auch einmal angeschlagen werden, diesmal habe es sich aber schlechterdings um «Heimsuchungen» als solche gehandelt. Dann Café complet mit Umständen und anschließend daran Verdauungsgänglein auf dem Friedhof und Lobgesänge in der Kirche. Was wird deine Braut für Augen und Ohren machen, wenn sie diesen Zauber zum ersten Mal erlebt! [...] Dem Präsidenten des Arbeitervereins habe ich gestern Abend deinen Brief unter Kommentar überreicht. Siehst du die Sache nicht etwas zu kompliziert? Es handelt sich doch um nichts Anderes als darum, nach unserer besseren Einsicht dem Volk seine eigene Sache klar zu machen und ans Herz zu legen, natürlich unter Erleuchtung der tieferen Voraussetzungen und der höheren Konsequenzen. Das können doch gerade *wir* prinzipiell und praktisch so gut wie bei den Blaukreuzvereinen, im Gegenteil leichter, weil es im Sozialismus um das Radikalere geht. Große «Kenntnisse» der sozialen Bewegung braucht es dazu wirklich nicht. Was ich weiß, weißt du sicher auch und hast von Zürich her praktisch sogar Vorsprung vor mir. [...] Du mußt für eine Weile den «Freien Aargauer» abonnieren und lesen, die Flammenworte in den Leitartikeln und die flotten Schimpfereien und Stänkereien im lokalen Teil. Dann kommst du in den Erdgeruch der Sache schon hinein. Aber vorläufig hast du also bis zum März Ruhe und sollst überhaupt zu nichts gepreßt werden, was dir nicht paßt. Du ersparst dir durch deine Vorsicht meine Anfangserfahrungen in diesen Kreisen. Ich kam ihnen zuerst viel zu akademisch, sogar mit Cohen,[2] dann geriet ich in wüste Demagogie hinein und bin nun mit Mühe beschäftigt, einen, den meinen, sachlichen und doch unmittelbaren Ton zu finden. Kutters Altersweisheit kommt dir da wirklich zu statten. Es hat aber auch etwas für sich, getrost ein paarmal hereinzufallen und dann selber den Weg aufs Trockene zu suchen.

An den «Neuen Wegen» nehme ich auch nicht viel Geschmack. Der Holzweg zeichnet sich leider in immer deutlicheren Umrissen ab. [...] Die neue Nummer hat ein kleinkrämerisches Gepräge, ich bin gar nicht erbaut. Warum schreibst du nichts hinein? [...]

Schau, schau, nun drückt sich Rade auf diese Weise um eine Begegnung mit mir oder uns, obwohl er wußte, daß ich sie wünschte, obwohl er einen langen Brief von mir noch immer nicht beantwortet hat. Was soll jetzt das? Es ist nun das dritte Mal dies Jahr, daß er einer Aussprache einfach aus dem Weg geht. Er war drei Wochen in Laupen [bei Peter]. Nun bin ich vorläufig fertig mit ihm. [...]

Mit herzlichem Gruß dir und deiner Herzallerliebsten unbekannterweise dein K. Barth samt Nelly und Fränzeli

[1] Gottfried Ludwig (1889–1970), Pfarrer in Biel, treuer Freund Barths und Thurneysens.

[2] Hermann Cohen (1842–1918), Prof. der Philosophie in Marburg. Karl Barth hörte dort seine Vorlesungen.

Barth 8. September 1915

Lieber Freund!

Kennst du die Technik des Obstabnehmens, die Probleme des Leiternstellens, die Geheimnisse des Einkellerns? Zwei ganze Nachmittage habe ich mich jetzt diesem äußern Tun gewidmet und habe noch viel vor mir. Ich sollte dir eigentlich zuhanden deiner malerischen Braut das Bild schildern: zuhinterst der *Himmel,* davor die Safenwiler *Kirche,* vor dieser der *Baum der Erkenntnis* des Guten und Bösen, auf diesem in kühner Situation der *Pfarrer,* darunter in andächtiger Stimmung Frau *Nelly, Schwiegermutter* Hoffmann und Tochter *Fränzeli* (letzteres mit einem Apfel so groß wie sein Kopf in der Hand) und alle, alle *lesen emsig auf,* was der Vater und Hirt *herunterwirft* (unter Sorgfalt, daß es nicht auf die Köpfe fällt). Ist das nicht alles zugleich malerisch *und* symptomatisch? Und du hast unterdessen gewiß einen wunderbaren Sonntag erlebt! Was sagte deine Braut denn zu deiner Predigt? [...] Wovon hast du gepredigt? Ich das zweite Mal über den Mose [nochmals Ex 17,8–15], und zwar nach Ansicht des Kirchenpflegepräsidenten «tiefsinnig». Am Abend dann noch im Blaukreuz eine große dringende Rede über neuen Most und alte Schläuche [Mt 9,16f.] (am Nachmittag überdies eine Stunde Hoffnungsbund über die Wirkung des Alkohols auf das Gehirn, mit Reminiszenzen und selbstgezeichneter Tabelle!). So hatte ichs verdient, am Montag nach Pratteln reisen zu dürfen. Am Vormittag aber war ich noch in Gelterkinden bei meiner Großmama und Tante, wo ich wunderliche Dinge von Rades Besuch daselbst hörte. Er *wollte* mich wirklich nicht sehen, er habe das Gefühl, «er interessiere sich sehr für meine Ansichten, aber ich mich nicht für die seinigen», und überdies ist er über uns drei alle «verstimmt», weil wir nach der Hochzeit Marburg so eilig verlassen hätten, um nach Boll überzusiedeln. Was sind das für Geschichten! [...]

In Pratteln wars nun eine sehr schöne Tagung. Ich hatte an Baders Referat große Freude. Er gab einen guten Überblick über die Bewegung mit allerlei Details, die mir neu oder wieder neu waren, und zeichnete dann das Werden der Differenz Ragaz–Kutter etwa so:

Ragaz:	Kutter:
Erlebnis der sozialen Nöte und Probleme	Erlebnis Gottes
Ethische Forderung	Das Gottesreich als Verheißung
Glaube an die Entwicklung	Einsicht in die Unfreiheit des Menschen ohne Gott
Optimistische Einschätzung der Sozialdemokratie	Die Sozialdemokratie kann uns nie verstehen!!
Opposition gegen die Kirche	Religiöse Aufgabe *in* der Kirche in Fortsetzung der pietistischen Tradition!

Religiössoziale Partei mit Konferenzen und «Neuen Wegen»	Freundeskreise zur *innern* Vertiefung und Arbeit
Gewichtlegen auf Fühlung mit Arbeitern und anderen «Laien»	Konzentration zunächst auf die Pfarrer
«Man redet von uns»	—
Märtyrertum erhofft und gesucht	—
Protest gegen den Krieg	Dämme bauen für eine viel spätere Zukunft.

Schluß: Die religiössoziale «Sache» ist aus, das Ernstmachen mit Gott fängt an. [...]

Ich suchte meinerseits zu zeigen, daß ich in den *Betonungen* auch überall auf die Seite Kutters gedrängt worden sei, daß ich aber die Positionen von Ragaz in keinem Hauptpunkt als auszuschließende betrachten könne, daß mir speziell das (von Bader nicht berührte) Streben nach praktischem Ernstmachen bei Ragaz trotz seiner deutlichen «Gefahr» ein unentbehrliches, wenngleich sekundäres Moment in der Sache sei. Auch Wieser redete für den Frieden!! Ich habe heute Bader noch einen Brief geschrieben unter Hinweis auf die «Stadt die auf dem Berge liegt...» [Mt 5,14] und die uns in den Wäldern in erfreulicher Weise «leuchten» sollte! Bader stellte uns den förmlichen Antrag, wir sollten uns statt alle Vierteljahre alle vierzehn Tage vereinigen zu gemeinsamem Bibellesen, und zwar sollten einfach die Vermöglichen den «Ärmeren» die Reise bezahlen, das verstehe sich von selbst. [...]

Den Gedanken mit dem gemeinsamen Bibellesen hatte ich übrigens auch schon. Ob sich nicht im Aargau etwas würde machen lassen? Aber Bader hat recht: man müßte sich regelmäßig und zwar etwas oft und am besten für einen Vormittag dafür freimachen. Ein Weg wäre das jedenfalls, auf dem man sich noch mehr sein könnte, und wo fast *sicher* etwas zu holen wäre für jeden. [...] Wir beide grüßen dich. Dein K. Barth

Barth 10. September 1915

Lieber Freund!

Hier einige interessante und lustige Beiträge zur geistigen Lage! Das ist köstlich, wie sie nun in Bern alle beruhigt und erfreut sind darüber, daß doch auch Schädelin für den «Begriff der Arbeit» eintritt und wie sie es bedauern, daß die Gruppe «Du [Barth] und Thurneysen» diesen Schlag nicht miterlebt hat!! Nun dürfen sie also alle wieder etwas «machen»: Peter seine Helvetik, der lange Otto[1] seine kantonal-bernische Politik, die Pieczynska[2] ihre Frauenbestrebungen usf. Heil, Heil!

Wir hatten gestern Abend eine interessante Kirchenpflegssitzung mit langer Aussprache über den lieben Gott und sein Verhältnis zu den Safenwilern im Speziellen, im Anschluß an die letzte Predigt. Von neuen Ziegeln aufs Pfarrhaus und dergleichen wurde diesmal nur nebenbei geredet und beschlossen, öfters solche *sachlichen* Sitzungen abzuhalten. Jetzt bin ich an der 3. Bearbeitung der Amalekiterschlacht, zu der ich gestern Abend viel Anregung und Stoff bekam.

Mit herzlichen Grüßen und Wünschen für einen kräftigen Sonntag K. Barth

[1] Otto Lauterburg (1873–1927) in Bern, Pfarrer, Herausgeber einer religiössozialen Zeitschrift, der «*Freie Schweizer Arbeiter*». Er ist nicht zu verwechseln mit Pfarrer Otto Lauterburg in Saanen.

[2] Emma Pieczynska-Reichenbach (1854–1927) gehörte zum Freundeskreis um L. Ragaz.

Barth 14. September 1915

Lieber Freund!

So, nun ist das Resultat der christlichen Bemühungen Baders um unser Kränzli, daß man uns vor die Türe hinaus begleitet!! Ich meine auch, daß wir am besten tun, uns auf den Winter ein eigenes Nest zu bauen.

Ich schicke dir hier unerbetenerweise die drei Predigten über Mose. Das Hölzige und Forcierte daran sehe ich schon auch, konnte es aber jetzt noch nicht anders sagen. Sag mir dann, wo und wie dus anders machen würdest! Ich las eben meine Bettagspredigt von 1914 und sehe wieder, wieviel ich deinem Zuspruch im Jahr, das dazwischen liegt, zu verdanken habe. Nun bin ich schon an der 1. heurigen Bettagspredigt, also über 1. Mose 18. [...]

Herzliche Grüße von Nelly, Fränzeli und deinem K. B.

Thurneysen 15. September 1915

Lieber Freund,

[...] Was du von Pratteln schreibst, hat mich sehr interessiert. Mir macht jede Nummer der «Neuen Wege» mehr Mühe. Dieses Ausspielen des lieben Gottes gegen die andern und das Drängen auf Einzeldurchbrüche, wo doch alles viel radikaler erfaßt werden sollte, wird mir immer fremder. Es ist eine Gefühlsdiktatur, die der Mann in Zürich [Ragaz] ausüben möchte, die uns in immer neue Erregungen, Begeisterungen, Tiefen und Nöte und Erhebungen hineinreißen möchte, aber ohne jede weiterschauende Orientierung. Ich habe das wieder bei dem ernsten Fall des Waadtländerlehrers Baudraz[1] denken müssen: ich bewundere die Haltung seines Gewissens, aber ich könnte die Verantwortung nicht übernehmen, durch mein Wort auch nur einen Einzigen in solche Entscheidungen hineingetrieben zu haben. Es sei denn, daß ich sie selber klar und nicht nur gefühlsmäßig aus Abscheu vor dem Krieg heraus, sondern aus der Tiefe und Kraft meines Gewissens als *meinen* Weg erkannt hätte. Das kann ich für mich nicht sagen, es hieße ein Gesetz machen aus dem Evangelium und den Leuten Lasten auflegen, die über alle Kraft gehen, wenn man so in dieser Richtung drängt, wie Ragaz es tut. Dagegen wäre die Lektüre des Galaterbriefes sehr zu empfehlen. Ich habe am Sonntag sehr ausführlich über den Dienstverweigerer im Waadtland gepredigt. Mir scheint, wie ich den Fall ansehe, die Frage der Ethik, um die es hier geht, liege so, daß man die Vorläufigkeit aller Dinge erkennt und das Absolute aus den Gegenwartsentscheiden zurückverlegt in die Innerlichkeit des Hoffens und Trachtens nach Gott, und daß man nur das zum Gewissen reden läßt, was nach reifer Überlegung als das im Augenblick Notwendige und Gebotene erscheint. Ich erkenne die ganze Gefährlichkeit dieser Stellungnahme und höre auch die Einwände, daß die Verteidigung des kleinen Friedensgebietes zwischen Rhein und Rhone als sittliche Pflicht zu verkünden sei. Ich komme ja faktisch auch nicht weiter, wenn ich alles ehrlich zu Ende denke, nur bringe ich es allerdings nicht fertig, diese meine Haltung mit der Bergpredigt in Beziehung zu setzen. Und da fängt dann meine eigene Not an. «Gebet dem Kaiser, was des Kaisers ist...! und Gott was Gottes ist...!» [Mt 22,21]. Aber was heißt das dann! – Der Vorschlag der Bibellektüre ist vorzüglich. Ich bin sehr dafür zu haben. Wollen wir zwei nicht allein einmal etwas versuchen? Am Ende mit unsern Frauen als Laien? – [...] Ich war über Sonntag in Basel. Dort ist man nahe am Krieg. Ich sah eine Fliegerbeschießung aus aller Nähe über dem Rhein. Wernle erzählte allerlei interessante Dinge von einem Besuch von Rade. Die Empfindlichkeiten Rades, von denen du erzählst, sind in der Tat seltsam. [...]

Nelly wünsche ich alles Gute und grüße euch drei herzlich.
Dein getreuer Ed. Th.

[1] Fall Baudraz: ein Waadtländer Lehrer, der Dienstverweigerer wurde. Dazu: «Neue Wege» 1915, S. 422–427.

Barth 19. September 1915

Lieber Thurneysen!

Nun will ich den Bettag noch würdig beschließen mit einem Brief an dich. [...]

Woher kommts, daß mir unsere Sache gerade in der letzten Zeit immer größer und wahrer vorkommt? Unendlich befreiend auf der einen Seite, aber auch schwer belastend auf der andern. Es ist mir manchmal, als rufe mir einer zu: Laß die Finger davon, du bist zu klein und zu profan dazu, du wirst es doch nicht durchführen! Aber ich kann doch nicht mehr davon lassen, es drängt sich einem zu stark als Wahrheit auf. Ich bin stark mit den individuellen Fragen beschäftigt im Augenblick. Du wirst es ja aus den Mose-Predigten gesehen haben. Auch in den heutigen zwei Predigten kam ich ganz parallel (von den 50 Gerechten 1. Mose 18 [V. 24–26] und dem einen Sünder Luk. 15 [V. 7.10]) auf das «Du», sehr stark sogar, daß es mich selber betroffen hat. Was ist das für eine *Welt,* die man betritt mit dem, was so schnell «Ernstmachen» genannt ist! [...] Und wie weit im Vorhof dieser Welt sind wir noch! Ich predigte heute mit dem deutlichen Eindruck: das *kann* noch nicht durchschlagen, auch wenn da und dort ein paar erstaunt die Köpfe heben und merken, daß etwas Besonderes los ist, es kann nicht, weil es ja bei mir selbst noch lange nicht durchgeschlagen hat. Wir postulieren doch immer noch mächtig, anders als Ragaz, aber wir postulieren. Wären wir einfach erfüllt und getrieben, so müßten unsere Predigten einfach wirken. Denk, ich sah heute vor der zweiten Predigt zum Fenster hinaus, wie die Safenwiler fröhlich im Sonnenschein spazieren gingen, statt noch einmal in die Kirche zu kommen, und begriff sie so gut, obwohl ich theoretisch dachte, sie sollten das von dem einen Sünder und der Freude im Himmel noch hören – ich kann es ihnen eben jetzt einfach noch nicht so sagen – und wer weiß ob je? –, daß sies hören *müssen.* Unterdessen gehen sie mit vollem Recht hemdärmlig spazieren. Die Rede vom «wartenden» lieben Gott, die ich in der letzten Zeit oft verwendete, kehrt sich da eigentlich um und gilt von den braven Safenwilern wahrscheinlich weniger als von ihrem Pfarrer. Es kommt mir vor, je tiefer und umfassender wir unsere universale Orientierung herausarbeiten, desto entscheidenderes Gewicht wird auch auf die individuelle «Bekehrung» wieder fallen müssen, natürlich in einem sehr andern Sinne als bei den Pietisten, und doch kommen wir wieder recht in die Nähe dieser Leute, und oft beneide ich sie fast, wie weit sie – mit ihrem allerdings viel weniger beladenen Schiff! ! – persönlich und in ihren Wirkungen, gekommen sind. Ich bin eigentlich *gespannt* auf die nächsten Jahre und die Entwicklungen, die sie uns hoffentlich bringen. Das «Programm» ist riesig in jeder Beziehung, und wir werden genug zu «tun» haben, wenn wir auch nur an einigen Punkten zur Klarheit und zur Wirkung kommen wollen. Wirklich, wir dürfen die politischen und erst recht die kirchlichen Dinge den dazu Berufenen getrost überlassen, wir werden mit unsern Problemen (und zunächst mit diesen für uns selbst und die Gemeinde) vollauf beschäftigt sein. Es ist doch einfach eine Freude, so in die Zukunft sehen zu dürfen. Nelly ist in allem sehr dabei, ich muß es dir doch auch wieder einmal sagen – dir zur Vorfreude! –, wieviel ich an ihr habe, von Monat zu Monat mehr, und wie sie mir eigentlich sehen und tragen hilft. Wenn du dann auch soweit bist und ein rechter Verkehr zustande kommt, so wird das einfach schön. [...]

[...] In Bern empfindet man unsre Orientierungsart stark als eine Pfarrerspezialität [...] und wehrt sich besonders heftig dagegen, resp. für die betonte Wichtigkeit der Ethik. Ich mußte daran denken bei deinen Ausführungen anläßlich des Waadtländers [Baudraz]. Wenn wir das einmal klar, auch für die «Laien» klar, herausarbeiten könnten (außerdem auch für uns selbst! ! !), in welchem Sinn uns die Ethik prinzipiell wichtig und nicht wichtig zugleich ist. Schaukelt dir nicht auch noch manchmal alles vor den Augen, wenn du darüber nachdenkst? Vielleicht gehört das, was hier Wahrheit sein muß: die entscheidende Orientierung an Gott und seinem Reich und daneben resp. daraus fließend ein «Tun als täte mans nicht» [vgl. 1. Kor 7,29–31] – auch zu den Dingen, die wir *gewichtig* erst vertreten können, wenn wirs ohne viel Dialektik einfach *vormachen* können in Wort und Tat. Jetzt sind wir eigentlich auch hier noch stark Postulierende und erscheinen den andern einfach als unzufriedene Zänker. *Etwas* an diesem Eindruck muß ja richtig sein.

[...]Mit freudiger Begrüßung an Braut und Bräutigam
dein K. Barth

Thurneysen 21. September 1915

Lieber Karl,

Vielen Dank für deinen Brief! Ich hatte in diesen Tagen ein wahres Verlangen nach einem Wort von dir. Es kam die Nachricht, daß ein mir und meiner Braut sehr nahestehender Freund,[1] Student von großen Hoffnungen, Nichttheologe, durch ragazischen Einfluß bestimmt den Dienst verweigern will; als letzten Ausweg aus seinen Gewissensnöten meldet er sich vorläufig zur Sanität. Ich bin sehr beschäftigt durch diesen Einschlag in nächster Nähe und habe schließlich einen Artikel über die Sache für die «Glocke» geschrieben.[2] Deine Predigten haben mir viel gegeben. Bitte, schicke mir weitere, ich kann sie gut lesen. Vielleicht die vom Bettag? Am Donnerstag kommt Marguerite mit einer Freundin und – eben dem Dienstverweigerer zu mir.

Von Herzen begrüßt dich, Euch dein Ed. Th.

[1] Fritz Lieb (1892–1970), damals noch stud. phil., später Theologe geworden und Professor für systematische Theologie in Bonn und Basel.

[2] E. Thurneysen, *Irrendes Gewissen? Zur Frage der Dienstverweigerung aus religiösen Gründen,* in: Die Glocke, Jg. 24, Nr. 1 (Okt. 1915), S. 1f.

Barth 22. September 1915

Lieber Freund!

Wenn hier nichts Entscheidendes geschieht, so komme ich morgen im Lauf des Vormittags auf meinem getreuen Velo. [...] Schon um die Gelegenheit zu benützen, deine Braut nun endlich einmal zu sehen. Hoffentlich sehe ich dann nicht zu arg aus nach der Fahrt, damit du mich vorweisen kannst. Halt also eine Bürste parat und einen Strähl![1] Auch den Dienstverweigerer werde ich gerne hören und dich über die Sache. Sie ist mir praktisch noch nicht begegnet, und bloß theoretisch mag ich die Leute nicht damit bedrängen – ich meine mit der Verarbeitung eines Problems, das sie offenbar noch gar nicht bewegt. [...] Das weitere morgen. Ich mache jetzt noch einmal drei Wochen Unterrichtsferien und lese eine Masse Shakespeare.

Herzlichen Gruß Dein K. B.

[1] = Kamm.

Barth 5. Oktober 1915

Lieber Freund!

Der Wernle-Brief war mir auch eine rechte Erfrischung. Gott erhalte ihm sein Temperament! muß ich immer zuerst denken, wenn ich wieder so etwas von ihm lese. Sachlich ists ja sehr bedauerlich, daß ein so gescheiter Mann so völlig an dem, woraufs ankommt, vorbeischießen kann. Er ist doch ein rechtes Hindernis mit seiner Art; ich meine mehr negativ: wieviel könnten gerade wir von ihm haben, wenn er einfach ein wenig verständiger sein wollte. Es kommt mir oft vor: wenn er nur eine Viertelstunde ruhig zuhören könnte, wie es gemeint ist, so müßte er das Gemeinsame, das uns mit ihm verbindet, so stark empfinden, daß diese Lärmmacherei aufhören würde. Es ist nur eine dünne Wand zwischen ihm und uns, ich höre ihn deutlich klopfen auf der andern Seite, aber ich glaube nicht mehr, daß die Aussicht noch frei wird. Natürlich werde ich ganz freundlich reden in Basel. Ich habe mir bis jetzt hauptsächlich über die *Art*, die Sache zu bringen, die gleichen Gedanken gemacht wie du: *alle* religiösen Kriegsauffassungen positiv nehmen, aber bei keiner stehen bleiben, sondern in immer engern Kreisen das Entscheidende *in* (nicht neben oder gegen) den deutschen, wernleschen etc. Gedankengängen herauszuarbeiten suchen. Obs mir gelingt? [...]

Ich las heute die sehr wichtige neue «Glocke»[1]. Das habt ihr gut gemacht und das wird sicher Vielen zu denken geben. Ob die Feldprediger nicht insgesamt wie eine Mauer aufstehen werden zu irgendeiner Unternehmung? Für sie ist das Resultat vernichtend. Mit deinem Baudraz-Artikel gehe ich ganz einig. Am wenigsten mit dem vorletzten Absatz vom Sonderauftrag der Gottesmänner. Ich verstehe schon, aber ich kann mich dabei nicht beruhigen. Gibt es nicht auch «Durchbrüche» auf breiter Front, unter Umständen von der Masse getragen? Denk an die Abstinenz z.B.! Ich meine: wir können nur immer wieder und immer deutlicher sagen, was du auch und sehr gut sagst: Gottes Willen gehorchen heißt positive Stellung nehmen zu einem neuen Ganzen göttlicher Lebensordnungen und -kräfte. Wir können und dürfen aber nicht wehren und dämpfende Vorschriften machen, wenn der neue Geist stammelnd und stolpernd und gebrochen irgendwo an einem Einzelpunkt durchschlagen will. Wir werden solche Durchschläge so relativ einschätzen, wie sie es an sich verdienen, wir werden sie beileibe nicht züchten wollen, aber wenn sie ohne uns kommen, so werden wir *prinzipiell* nichts gegen sie sagen, sondern uns ihrer als *kleiner* Realisierungen des Gottesreiches nur freuen können. Hätte das, was ich da etwas plump «Freude» nenne, nicht etwas stärker gesagt werden können, unbeschadet des Einschränkenden, das natürlich gesagt werden mußte? Ich denke eben daran, daß wir den «andern» [...] immer noch zu stark den (falschen!) Eindruck einer bloß negativen Orientiertheit machen. Woran liegt das? Du konntest dich im Innersten freuen an den Feldpredigten eines Benz. Gut, aber warum nicht im gleichen Sinne an der «Predigt», die uns ein Baudraz hält?

Nun muß ich dir erzählen, daß ich unterdessen auch eine Art Durchbruchshandlung eingeleitet habe, ganz von mir aus, und ich weiß nicht, was du dazu sagst. Ich hatte am [Pfarr]-Kapitel (das du unentschuldigt geschwänzt hast!), bei dem es also auch eine kleine Baudraz-Debatte gegeben hat mit Spruch von Pfisterer[2] und Gegenspruch von Straub,[3] während ich nur etwas vor mich hinbrummte, wieder einen starken Eindruck von unsrer Kirchenmisere. Preiswerk[4] schlug mich in den Ausschuß vor, ich wollte aber nicht. [...] Umso mehr möchte ich nun einmal in Aarau prinzipiell sagen, was ich jetzt zu sagen habe, – damit es einmal gesagt ist und ich mit ruhigem Gewissen zu Gemeinde, Freundschaft, Weib und Kind zurückkehren kann. Ich habe mir lange überlegt wie? schließlich habe ich nun Müri[5] folgenden Antrag für die nächste Synodesitzung eingereicht:

«Die Synode beschließt:

Der übliche Synodalgottesdienst ist eine mit dem Geist der Synode als einer bloßen staatskirchlichen Verwaltungsbehörde innerlich unverträgliche christliche Kundgebung. Er wird für die Zukunft fallen gelassen.»

Ich würde zur Begründung etwa sagen, daß die Synode mit diesem jährlichen Gottesdienst einen Zusammenhang manifestiere mit dem Evangelium Jesu. Warum sollte sie das nicht tun? Aber diese Kundgebung setzte voraus im Minimum die Sehnsucht und den ernsten Willen, sich an den Normen der Welt dieses Evangeliums zu orientieren, die Sehnsucht wenigstens, eine Gemeinschaft des Glaubens und der Hoffnung zu sein und Staatskirchenbehörde, als wäre mans nicht. Dann zeigen an ein paar Beispielen, wie man daran gar nicht denkt, wie auch die Ernsthaftesten von der Synode «als Synode», vom Kapitel «als Kapitel» (so hieß es in der Baudrazangelegenheit) nichts erwarten. Anklagen können nicht erhoben werden, aber konstatiert muß es einmal sein, daß alles, vor allem alles Staatliche, hier hundertmal wichtiger genommen wird als Gott. Die Synode soll sich darüber klar werden und die Folgerung ziehen. Sie braucht einen «Gottesdienst» so wenig als der Große Rat,[6] sie verschleiert sich damit nur den Tatbestand. Wenn wir keine echten Propheten sein können, wollen wir doch auch keine falschen sein wie die Hes. 13 beschriebenen. In der Entscheidung über Beibehaltung oder Nichtbeibehaltung ihrer christlichen Zeremonie soll die Synode ein deutliches Ja oder Nein aussprechen über ihr Verhältnis zu den Voraussetzungen einer christlichen Kirche. – – So etwa nebst allerlei Schönem und Deutlichem, das ich mir im Einzelnen noch ausdenken muß. Der Abschaffungsantrag ist also nur der Haken, um die Motivierung dran aufzuhängen und zugleich, um die Frage scharf und praktisch zu stellen. Ich fand keinen bessern. Gerade bei dem Vorstoß, den Dietschi im Kapitel machte wegen der zu erneuernden Kirchenverfassung und nachher Epprecht wegen der Baudraz-Erklärung, empfand ich das Mißliche solcher Einzelangriffe, die die Majorität immer mit Leichtigkeit zurückweisen kann. Ich glaube, wenn ichs nicht ganz dumm anstelle, müßten sie hier einmal Rede stehen, und es könnte unsererseits einmal ein sachlicher Ton angeschlagen werden: wenn wir sie eben zwingen, auf das ganz sachliche Gebiet zu kommen. Die Frage: was nützts? darf man natürlich nicht stellen, und Preiswerk wird wieder unzufrieden sein und andre Kirchenpolitiker mit ihm, aber *den* Erfolg verspreche ich mir doch davon, daß die Frage, auf die es ankommt, in diesem Kreis überhaupt einmal gestellt wird. Nachher können wir dann das Feld wieder lange den andern überlassen. – Was meinst du nun dazu? Wenn du einverstanden bist und mittun willst, so sei so gut und schreibs gleich an Müri, daß du auch unterschreiben willst. Ich habe im gleichen Sinn an Schild, Epprecht, Ammann[7] und Straub geschrieben. Ihr sollt euch aber, auch *du* nicht, ja nicht aus Solidarität gedrängt fühlen, mir zu helfen. Du besonders nicht, da ich mir denken könnte, daß dir die Sache nicht ganz liegt, so wie ich sie nun angepackt habe. [...] Also nichtwahr, du stellst dich mit der gleichen Freiheit zu der Geschichte, mit der ich sie nun von mir aus angezeddelt habe! Wie froh ich wäre, wenn du dabei wärest, weißt du. [...]

Nun soll ich in Bern vor der «Symphonischen Gesellschaft» (Frauenbestrebungen, Frl. v. Mülinen etc.) einen Vortrag halten über «Arbeiterverbände von gestern und heute». Die 30 Fr. Honorar locken mich stark, meine alten Hefte hervorzunehmen und froh loszulegen. Aber was soll das? Was ist mir Hekuba?[8]

Herzlichen Gruß von allen dreien Dein K. Barth

[1] Die Oktober-Nummer 1915 der «Glocke» enthält außer dem in Anm. 2 zum Brief vom 21. 9. 1915 genannten Artikel Thurneysens zur Frage der

Dienstverweigerung («Fall Baudraz») auf S. 3–7 eine Diskussion über Feldprediger, an der neben anderen Votanten nochmals (S. 7) Thurneysen teilnimmt.

[2] Karl Pfisterer (1878–1948), Pfarrer in Windisch.

[3] Karl Straub (1890–1962), Pfarrer in Bremgarten.

[4] Emanuel Preiswerk (1868–1945), Pfarrer in Staufberg.

[5] Walter Müri, Pfarrer in Oberentfelden, Präsident der aargauischen Synode.

[6] Großer Rat = Kantonsparlament.

[7] Guido Ammann (1884–1966), Pfarrer in Mönthal.

[8] Vgl. Shakespeare, *Hamlet* II, 2: «Was ist ihm Hekuba?»

Thurneysen 8. Oktober 1915

Liebe Karl und Nelly,

Wie freue ich mich über die große Freude, die euch widerfahren ist! Ich freue mich insbesondere, daß es ein Büblein[1] ist, das nun in euerm Hause seinen Lebensweg beginnen und nach und nach seine ganze ihm vorgeschriebene Lebensbahn durchlaufen wird. Und nun soll ich also würdig sein, als Pate am vielversprechenden Lebensweg eures Sohnes zu stehen und ihm vielleicht hie und da eine Freude zu machen oder auch einen Dienst oder eine Hilfe erweisen zu können! Ich danke euch herzlich für dieses Zeichen eurer Freundschaft und eures Vertrauens und nehme es mit aller Freude an.

[...] Über das was du, Karl, mir zu meinem Artikel in der «Glocke» schreibst, sollten wir mündlich einmal reden. Es ist mir sehr erhellend gewesen. Neuerdings habe ich innerlich wieder sehr zu tun mit dem Problem des Pfarrerberufs. Ich komme immer mehr zur Erkenntnis, daß es eigentlich ein grundsätzlich verfehlter Beruf sei. Nun ist das ja freilich keine Entdeckung, aber mir ist es von allen Seiten mit aller Eindringlichkeit klar geworden. Man wäre wahrhaftig oft genug auch hier an dem Punkte, den Dienst zu verweigern und in die Freiheit eines entlasteten Gewissens durchzustoßen, statt den ganzen «Zauber» des Pfarrerberufes auf sich zu nehmen, den Gott und Menschen nicht ernst nehmen können. Ein solcher Teildurchbruch wäre auch dein Antrag an die Synode. Ich bin grundsätzlich absolut einverstanden damit. Was mich aber immer noch hindert, ganz mitzutun, das ist die Scheu, vor all den Pfarrern und Laien nun einmal so stark und grundsätzlich reden zu müssen, wie das deine Motion erfordert. Werden wir dazu imstande sein? Ist es schon Zeit hiezu? Ich jedenfalls habe mich sehr zu überwinden, wenn ich so alles hergeben und herausstellen muß. Meinst du, es komme dann zu etwas? Verstehe mich recht, ich meine nicht zu einer Zustimmung der Synode, aber wenigstens zu einer Erschütterung der Gemüter und Gewissen? Es wird ein sehr starker Schlag werden müssen, geführt aus gesammelter Kraft, sonst würden wir besser noch weiter schweigen. Bitte, schreib mir noch darüber. Denkst du nicht, bevor wir Aktionen von solcher Tragweite unternehmen, wäre es gut, sich noch kurz zu besprechen und zu verständigen, denn die «Sache» gehört ja ein wenig uns allen. Ich sage das natürlich nicht als Vorwurf, geschieht dein Schritt, so werde ich auch dabei sein und helfen, so gut ich kann.

Ich schließe mit herzlichen Wünschen für Mutter und Kind und allem Dank für euer Freundschaftszeichen als euer

Eduard Th.

[1] Das Büblein ist der spätere Theologe Markus Barth (geb. 6. 10. 1915), heute Prof. für NT in Basel.

Barth 15. Oktober 1915, aus Bern

Lieber Freund!

Ich habe dir auf deinen freundlichen Gratulationsbrief lange nicht geantwortet. Ich bin nämlich seit 8 Tagen mit Fränzeli in Bern bis nächsten Donnerstag zum Ferienmachen. Es ist schön, daß du Pate sein willst; der kleine Markus wächst munter heran in Safenwil, und auch Nelly geht es so gut, daß sie bald wieder aufstehen darf. Ihre Schwester ist bei ihr. Die Blumen von deiner lieben Braut haben ihr große Freude gemacht.

Unterdessen erlebe ich hier wieder einmal Bern. Am Sonntag hörte ich Schädelin und machte am Montag einen großen Spaziergang mit ihm, auf dem wir uns gut verstanden. Nur zu gut, denn das Ende war, daß ich mich von ihm kaufen ließ, übermorgen für ihn zu predigen im Münster!! Eine schlichte Safenwilerpredigt zwar nur, aber immerhin... Ich war auch 2 Tage in Laupen und habe mich diesmal mit Peter und Lenchen recht gut verstanden. Man muß mit Peters helvetischen Allüren wohl etwas mehr Geduld haben, als wir es hatten. Es ist nicht so schlimm gemeint, und er will eigentlich etwas Anderes. In seiner Umgebung vertritt er stark unsre Seite, wahrscheinlich kehrt er nur gegen unsern Nihilismus seine helvetischen Wichtigkeiten so hervor. Man muß ihn machen und werden lassen und ihm möglichst viel zutrauen, damit hilft man ihm am besten. Auch Lenchen fand ich diesmal recht aufgeschlossen. [...]

Dein «Glocken»-Artikel wurde überall mit Interesse gelesen. Aber mit dem Schluß ist niemand recht einverstanden. Schädelin findet ihn einfach zu glatt, zu pfarrhausaufdemlandmäßig sicher, er warnt dich vor dem «erdrückenden» Einfluß Kutters, in dessen Feuer doch auch viel Pech und Harz mitbrenne. [...] Gestern war ich mit Fränzeli bei Frl. v. Mülinen und Mme. Pieczinska und wurde für den bewußten Vortrag über das Gewerkschaftswesen so breitgeschlagen, daß ich zuletzt annehmen mußte. Erst am 18. März. Doch werde ich daraufhin diesen Winter wieder allerlei treiben müssen, was «es» nicht ist. Mme. Pieczinska begrüßte in Fränzeli das neue Geschlecht und die reine Kind- und Torheit inmitten der Kriegsgreuel. [...]

Herzlichen Gruß! Dein getreuer K. Barth

Thurneysen 16. Oktober 1915

Lieber Freund,

[...] Das Zeugnis Schädelins wider Kutter macht mir vorläufig nicht den geringsten Eindruck. Natürlich bleibt es Schädelin unbenommen, sich seinerseits anders zu orientieren, aber ich sehe im Kutter'schen «Pietismus» vorläufig für mich einen möglichen innern Weg. Ich höre viele Urteile über meinen Artikel in der «Glocke». Aber das, was du mir gleich bei Erscheinen schriebst, ist mir immer noch das Wertvollste und Förderndste geblieben.

[...] Von Herzen grüßt dich und deine engere und weitere Familie dein getreuer Ed. Th.

Barth 16. Oktober 1915, aus Bern

Ja, Lieber!

[...] Schädelin hat nichts gegen Kutters Pietismus, seine Orientierung ist grundsätzlich durchaus die Kutter'sche. Aber er möchte über die Kutter'schen Negationen hinaus, die uns ja doch auch beständig in Unruhe halten. Du solltest Schädelin persönlich einmal nahe kommen (ich mußte ihm das gleiche von dir sagen, er betrachtet dich auch so mißtrauisch wie du ihn!). Er ist mir sehr wertvoll als selbständige Figur. Weiteres nächste Woche!

Herzlichst dein K. B.

Thurneysen 22. Oktober 1915

Lieber Freund,

[...] Du wirst nun wieder aller Anregungen voll von Bern nach Safenwil heimgekehrt sein und bereits eine wuchtige Zungenrede unter der Feder haben. Ich werde erst morgen drangehen und etwas zum Jugendunterricht sagen, denn ich habe die Eltern der Konfirmanden extra dazu eingeladen.

Wir sollten uns bald einmal sehen. Mir fällt in den letzten Wochen das Pfarramt wieder ganz besonders schwer. Es gibt solche Perioden. Manchmal steigt der Wunsch in mir auf, den Dienst an dieser Front zu verweigern und in die Freiheit eines von allem Kirchlichen, Pfarrerlichen, Religiös-Betriebsmäßigen entlasteten Lebens hindurchzubrechen. Warum ich es schließlich doch nicht tue, hat abgesehen vom äußern die gleichen Gründe, aus denen heraus jede Dienstverweigerung uns als eine nur relative Sache vorkommt. Aber wer weiß, wenn sich einmal eine Gelegenheit bietet und irgendeine Tür in ein verantwortungsleichteres Amt aufgeht, ob ich dann nicht doch den ständigen innern Druck abwerfe und aus dem Pfarramt ausbreche. Es steht oft wie eine Versuchung vor mir. Ich schicke dir hier deine Bettagspredigt zurück; du sagst ja darin mit aller Deutlichkeit, was auf uns liegt: in einem Betrieb drin stehen zu müssen, den Gott und Menschen nicht ernstnehmen, wobei man erst noch froh sein muß, daß Gott ihn nicht ernst nimmt, nähme er ihn ernst, er müßte ihn zerschlagen. Mein Bruder[1] hat den Weg vom Pfarrer zum Lehrer noch gefunden, ich beneide ihn fast ein wenig, doch mehr nur an der Oberfläche, denn im Schulbetrieb warten ähnliche Dinge auf ihn wie im Pfarramt, und überhaupt dieses sich Retten des Einzelnen hinter die Front ist ja keine Lösung. Ich verlege mich innerlich immer mehr auf ein esoterisches Dahinleben, Warten, Starkwerden, zu den Stillen-im-Lande-Gehören, besuche hie und da Bruder Dietschi und hoffentlich bald auch wieder dich, bin geneigt zu Zusammenkünften von Gleichgesinnten, Gesprächen mit einzelnen noch schwankenden Gestalten unter den Kollegen, freue mich auf die Frau und das kommende Geschlecht, das in Safenwil schon heranwächst, und tröste mich damit, daß ich auf keinen Fall zu den Pfarrern gehören möchte, die überhaupt nichts merken. Wenn ich denn schon Pfarrer sein muß, kann ichs nicht anders sein als in dieser Zwiespältigkeit. Pfarrersein ist ein innerlich verfehlter Beruf, das muß man merken, sonst wird man ihn nicht recht betreiben können. Was wohl Markus einmal dazu sagen wird?

[...] Laß wieder von dir hören, du glücklicher Vater! Von Herzen grüßt dein Ed. Th.

[1] Peter Thurneysen, 1891–1964.

Barth 22. Oktober 1915

Lieber Freund!

Nun bin ich wieder eingetroffen im Lande Aargau, wo Milch und Honig und allerlei Anderes fließt, und höre mit Rührung das Doppelkonzert, das aus unsrer Kinderstube herübertönt, und setze mich zurecht, eine Predigt zu machen. Zuerst aber mußt du begrüßt sein. [...]

Mein Berner Aufenthalt war mir eine rechte Freude und Auffrischung. Besonders der Verkehr mit Schädelin. [...] Die Predigt im Münster hat ohne Unfälle ihren Verlauf genommen, und es hat mir menschlicherweise einfach Freude gemacht, «es» einmal in einer großen vollen Kirche zu sagen. Wer saß mir gegenüber? Oberst v. Sprecher![1] Wie verbleicht daneben der Glanz aller Feldprediger! Vorgestern hatte ich noch einen interessanten Besuch: ein ehemaliger Schulkamerad von mir,[2] bernische haute noblesse, Dr. in Ästhetik und Kunstgeschichte, auf dem Gymnasium Nietzsche- und Schopenhauerverehrer, jetzt Heilsarmeeoffizier mit Leib und Seele, ein rechter Seelenindividualist und Freikirchler (liest aber immer noch Nietzsche!), dabei aber ein Zug und eine Freudigkeit in der ganzen Persönlichkeit, die mir stark Eindruck machte. Leider konnten wir nicht ausführlicher reden, er kommt aber einmal hieher.

Nun habe ich noch eine Bitte an dich. Ich möchte Ende November – Anfang Dezember eine kleine Reihe von Sonntagabendvorträgen hier halten lassen über die christliche Hoffnung unter dem Gesichtspunkt des menschlichen Tuns und seiner wichtigsten Ziele. Peter soll mir am 14. November über das Vaterland reden, der Berner Heilsarmeeoffizier über seine Arbeit, Schädelin oder sonstwen hoffe ich für den Sozialismus zu gewinnen, Epprecht für den Weltfrieden, und du solltest uns die Kirche beleuchten. Sagen wir vorläufig am 12. Dezember.[3] Nichtwahr, das willst du schon tun?

Markus ist munter und macht scharfe Augen. Fränzeli kann von 1–3 zählen mit praktischen Übungen und hat in Bern Freundschaft mit den Bären geschlossen. [...] [Auch] mit den 3 kleinen «Schädelchen» hat es sich angebiedert und für die bessere Zukunft verschworen und vom Einzug der III. Division und von General Wille gleichmütig Notiz genommen.

Herzlichen Gruß senden Nelly, zwei Kinder und der Vater

K. B.

[1] Oberst von Sprecher (1850–1927), Generalstabschef.

[2] Ernst von May.

[3] Thurneysens Vortrag in Safenwil am 24. November 1915 (zur Änderung des Termins vgl. Brief vom 26.10.1915) wurde später unter dem Titel *Unsere Hoffnung und die Kirche* veröffentlicht in der 2. Aufl. der ersten gemeinsamen Predigtsammlung: K. Barth/E. Thurneysen, *Suchet Gott, so werdet ihr leben!*, München 1928, S. 160–174.

Thurneysen 23. Oktober 1915

Lieber Freund,

Nun kann ich am Montag wohl doch nicht kommen. Ich muß etwas «tun», ein Armenfall, dem niemand nachgeht, wenn ichs nicht tue, und der sehr pressiert. Dafür Dienstag, wenn es sonst nichts gibt, andernfalls erst in acht Tagen, weil ich täglich Schulstunden habe von Mittwoch bis Samstag. Wegen des Vortrags im Dezember solltest du mich nicht plagen. Du weißt doch... viel Zeitverlust mit Basel, Handwerker im Hause, lange Tage und kurze Nächte! Und nun gar noch als Vortragsredner neben Peter, dem Volksmann aus Laupen, dem Propheten des Tuns aus Bern und dem Seelenschüttler aus der Heilsarmee! [...] Greyerz sagte mir einmal, es brauche schon ein ziemliches Selbstbewußtsein und Gottvertrauen, um im Angesicht Baders, Tischhausers oder Ragazens eine etwas abweichende Reichsgotteserfahrung und -hoffnung zu vertreten, müsse man sich doch dabei als den scheinbar weniger Gläubigen und Entschiedenen erscheinen lassen. So ein wenig in diese Rolle treibst du einen mit deinen Aktionen und scharfen Schüssen aus Bern oder Safenwil. Eben schrieb mir Rudolf Pestalozzi, Frau Rieter-Wille in Zürich habe dem C.V.J.M. ihren Beitrag aufgekündet wegen zunehmender antimilitaristischer Haltung der «Glocke». [...]

Ich freue mich an allem, was du von den Kindern erzählst, und grüße euch herzlich. Dein Ed. Th.

Barth 26. Oktober 1915

Lieber Freund!

Es war so gefreut gestern, sich wieder einmal zu sehen und auszusprechen. Du mußt wirklich als Gevatter erst recht fortfahren, mir unermüdlich ins Gewissen zu reden und gleichzeitig das Feuerlein heftig anzublasen; es ist beides sehr nötig. Es brennt bei mir allerlei Pech, Schwefel und Harz mit, um mit Schädelin zu reden, das besser wegbliebe. Und dann stehts oft wieder so flau mit mir, daß nur so ein schäbiges Räuchlein aufsteigt wie letzten Sonntag und meine Gestrenge mich unbarmherzig in die Nähe von Feldpredigern und Quaken[1] versetzen muß.

Unser gestriges Gespräch wegen der Vorträge hier hat mich nun bei nochmaliger Überlegung doch dazu geführt, daß ich sie an einer Reihe aufeinander folgender Tage halten lassen will. [...] Euer Verfahren in Seon hat sich eigentlich bewährt, warum soll es hier nicht auch gut sein, besser als wenn sich die Vorträge über einen Monat zerstreuen? Bist du so einverstanden? Faß die Sache harmlos als eine Predigt auf, die du vorher oder nachher in Leutwil auch hältst, mir ist nichts lieber, als wenn ihr den Safenwilern einfach predigt.

Es war doch recht gut, daß wir gestern in Schöftland waren. Ich habe den Epprecht eigentlich ganz gern, es steckt etwas so *Solides* hinter ihm, das mir Eindruck macht und dem gegenüber ich die etwas andere Orientierung nicht als so entscheidend empfinde. Du solltest La Roche[2] wieder einmal aufsuchen, wer weiß, ob dann nicht mit den Jahren eine wunderbare «Straße» von Assyrien nach Ägypten [vgl. Jes 19,23], ich wollte sagen von

Leutwil nach Safenwil hinüber entsteht. Es schreien es uns doch eigentlich alle innern und äußern Erfahrungen zu, daß man die Pfarrer nicht aufgeben darf. Genug heute. Alle grüßen dich herzlich und freuen sich auf deine Wiederkehr und auf deine Braut. Dein getreuer K. Barth

[1] = Schwätzer.

[2] Fritz La Roche (1868–1949), Pfarrer in Kulm, Nachbar von Thurneysen, später Sekretär der Basler Mission.

Barth 30. Oktober 1915

Lieber Freund!

Hier ein kleiner Sonntagsgruß, der dich freuen wird. Dank für deinen Brief. Daß der La Roche mich in Schöftland so schwerfällig mißverstehen konnte! [...] Was soll ich auch dagegen machen, daß sich die Leute links und rechts persönlich von mir betupft fühlen? Und ich meine es doch so harmlos sachlich!! Auf morgen habe ich eine Predigt über die Freude gemacht: Nehemia 8,1–12. Wenn sie mich morgen auch noch etwas freut, so sende ich sie dir zur Einsicht und Vernehmlassung.[1] Ich bin durch die Unterweisung u.a. wieder fester in die Sache hineingetrieben worden.

Die Ausnützung der Arbeiterinnen in der Strickerei ist gegenwärtig wieder skandalös. Es könnte wohl sein, daß ich vor der Synode noch einen lokalen Durchbruchsversuch unternehmen muß wie vor 1½ Jahren. Unser Volk ist wirklich wie die Schafe, die keinen Hirten haben [vgl. Mt 9,36], und *wie* eingeengt sind wir, die wir Hirten heißen, durch unsern Pfarrerkittel. Herzlichen Gruß und beste Sonntagswünsche und schönen Gruß nach Basel

dein getreuer Karl Barth

[1] = Rückäußerung.

Barth 4. November 1915

Lieber Freund!

Ich muß dir hier meine Predigt über die Freude schicken, erstens weil meine liebe Gestrenge am Sonntag zufrieden war mit mir und weniger Anklänge an Feldprediger K. als Geplätscher von wirklichen Wasserfällen zu hören meinte, zweitens als Trost im Voraus für die Reformationspredigt, die du nächsten Sonntag mitanhören mußt (ich habe sie gestern fertig gemacht, um mich nun meinem Basler Vortrag einmal widmen zu können), die ich selber stark als täuferisches «Geyst-Geyst-geschrey» empfinde, und die von meiner Nelly die unbarmherzigen Prädikate a) negativ b) unfruchtbar c) fanatisch d) wohlfeil erhalten hat. [...] Es ging mir eben mit der Reformationsfeier wie mit dem Bettag: ich kann im Grunde mit dieser Sorte von Kirchen«festen» nichts anfangen, wo es sich, wie mans auch drehen will, um die menschliche «Religion» handelt. Der Widerspruch dieses ganzen Wesens zu Gott kommt bei solchen Anlässen zu schreiend an den Tag und verschlingt zur Zeit bei mir alles Übrige. Vielleicht können wir später auch einmal wieder von irgend einer «höhern Warte» aus ruhige Gedächtnisreden halten, jetzt kann ichs nicht.

Der Synodalpräsident hat mir einen schönen Streich gespielt durch die Art, wie er meinen Antrag auf dem Programm bringt. Es ist nun gesorgt dafür, daß so ziemlich Alle mit einem Vorurteil nach Aarau kommen müssen. Loyal ist dieses Verhalten nicht ... Ich hatte noch mit ihm korrespondiert und ihn gebeten, den motivierenden Vordersatz doch ja als Teil des Antrags selbst zu betrachten. Nun macht er mirs so, als ob auf den vier Seiten neben all den dummen Rechnereien kein Platz gewesen wäre für die paar Zeilen! Epprecht hat nun von sich aus eine kleine Interpretation, wies gemeint sei, ins Aargauer Tagblatt geschrieben, aber obs aufgenommen wird?! Die Sache fängt gut an. – [...]

Büchlein von Rade[1]: schwach [...]!

Herzlichen Gruß und auf freudiges Wiedersehen

Dein K. Barth

[1] M. Rade, *Die Kirche nach dem Kriege*, Tübingen 1915.

Barth 12. November 1915

Lieber Freund und Gevatter!

Der 42 cm Schuß ist also aus dem Rohr,[1] und du empfängst vielleicht gerne kurze Nachricht über Abschuß und Einschlag, sofern solche bis jetzt festzustellen waren. Die Sache begann mit einer ganz haarigen Predigt von J., der uns «dem braven aargauischen Kirchenbürger ins biedere Angesicht schauen» ließ, der ein «Bild der Kirche in Krieg und Frieden» entwarf und mit dem «schwarzblauen Aargauerband» umschlang, der die Richtungen mit vier Aposteln sinnig kombinierte:

positiv	= Stimmung der Gemeinschaftskreise	= Johannes
freisinnig	= das Christentum der Gebildeten	= Paulus
Vermittler	= Wichtigkeit des Kirchlichen als solchen	= Petrus
relig.-soz.	= gehen zu den Armen ins Hinterhaus	= Jakobus

Zum Schluß eindringliche Warnung vor geistlichem Hochmut und Drängertum, es sei dato eben keine Erweckungs- und Reformationszeit, und die Kirche, so wie sie sei, passe für unsre Heimat. Dafür: «Halte, was du hast, auf daß dir...!» [Apk 3,11] unter Seitenblick auf (11. Nov.) den heiligen Martin und den Gotteshelden Luther. Lied: «Du bists allein! Du bists allein!»[2] – Du kannst dir denken, daß ich in ziemlich geladener Stimmung ins Rathaus hinüberzog, wo ich durch Müris anerkennenswerte Willigkeit und Gewandtheit sofort das Wort erhielt. Ich suchte vom lieben Gott zu reden und von der Synode, wie sie nach solchen Liedern und Gebeten sein müßte, dann davon, wie sie ist, von der christlichen Liebe und von der Wahrheit und schließlich von der Gewissensfrage, auf die jetzt jeder einmal antworten müsse. M. lobte mich nachmittags, ich habe große Mäßigung bewiesen, andere fanden, es seien doch einige unnötige Schärfen unterlaufen, z.B. eine an sich harmlose Aufzählung, wir seien hier beieinander «als Oberrichter, Feldprediger, Großräte, Kirchenpolitiker», nur nicht als Christen – das war das Ärgste. Der Einschlag: W.: wir wollen den Antrag als Motion behandeln und erst nächstes Jahr besprechen!!! Sch. erhebt in aller Form Protest dagegen, daß Synode und Kirchenrat, die ja nicht vollkommen seien, von mir als «Heuchler, Sünder und Heiden» behandelt wurden. Pr. vertröstet Sch. und beantragt sofortiges Eintreten. Abstimmung über Behandlung jetzt oder übers Jahr:

Jetzt: 51
Übers Jahr: 68

Darauf zog ich den Antrag zurück, *mein* Zweck sei durch diese Abstimmung erreicht. Was geschieht?! Sch.-Schinznach nimmt den Antrag wieder auf und wird ihn nun übers Jahr als den seinigen vertreten. So ist nun für die Permanenz der «Beunruhigung» vorderhand gesorgt und ich meine, wir können damit und mit dem gestrigen Abstimmungsresultat zufrieden sein. Aber wie es mir sonst im Volksmund und in den Zeitungen gehen wird, das ist nicht abzusehen. Du schickst mir dann, was eure Zeitungen dort drüben darüber bringen, gelt?

Der Basler Vortrag[3] ist fertig. Er enthält nun u. A. auch eine Generalabrechnung mit Wernle. Ich dachte daran, ihn nachher drucken zu lassen. [...] In den «Neuen Wegen» unter all dem Pazifismus wäre er etwas verlocht. Was nun? Übermorgen Psalm 18,29–30. Abends Peter über Amos!!

Herzlichen Gruß Dein K. B.

[1] Barths Antrag an die Synode: Abschaffung des die Synode einleitenden Gottesdienstes.

[2] V. Fr. v. Strauß, «*Du bist's allein, Macht und Gewalt sind dein!*», in: Gesangbuch für die ev.-ref. Kirche der deutschen Schweiz von 1891, Nr. 29.

[3] Der Vortrag über «*Kriegszeit und Gottesreich*» wurde am 15. 11. 1915 in Basel gehalten. Er wurde nicht veröffentlicht und ist anscheinend nicht erhalten.

Thurneysen 17. November 1915

Lieber Karl,

[...] Ich trug vom Montag Abend und der neu angeregten innern Auseinandersetzung vielerlei Fragen in mir, und eine freundschaftliche Aussprache mit euch wäre eine heilsame und hilfreiche Sache. Ich war dankbar für deinen gründlich und überlegen abrechnenden Vortrag. Abrechnen sage ich und nenne damit das, was für mein Empfinden seine Stärke und seine Schwäche war. Ist es nicht eigentlich das Predigen, welches einstweilen noch die bevorzugte Art ist, wie wir reden können und sollen, wenn wir unserer «Sache» gerecht werden wollen? Über was predigst du wohl am nächsten Sonntag? Ich werde irgendwie die Basler Anregungen zu verarbeiten suchen. Vielen Dank für die Freudenpredigt. Ich habe sie ganz in mich aufgenommen und tief bejaht. [...]

Sei mit Nelly und den Kindern herzlich begrüßt von Deinem

Ed. Th.

Barth 21. November 1915

Lieber Freund!

Ob ich dich morgen in Kulm treffe? Ich habe im Sinn hinzugehen, da La Roche mich noch expreß hat kommen heißen und es möglicherweise zu nützlichen Gesprächen kommen könnte. [...] Wir sind sehr einverstanden mit deinem Eindruck von meinem Vortrag. Es war eben wirklich, wie ich schon am Abend selbst empfand, ein Schlag an die Wand und kein «Durchbruch». Warum nicht? Ich suchte mir am Dienstag Abend mit Peter intellektuell zurechtzulegen, wie der Vortrag hätte laufen müssen, um die Gegenreden und Bedenken der andern von vornherein zu paralysieren, nein, positiv fruchtbar in das Ganze unserer Anschauung hineinzunehmen. Es hatte mir ja schon *vorher* ein solches «hereinnehmen» aller andersartigen religiösen Positionen vorgeschwebt, und was du in deinem Votum Punkt I sagtest, wies auch darauf hin. Und doch bin ich eigentlich froh, es nun nicht anders gemacht zu haben. Denn es war ehrlicher so *für mich*. Denn ich empfinde nun einmal tatsächlich, so richtig ich deinen Einwurf finde, die Abwesenheit Gottes in den innerweltlichen Kreisen, die ich im 1. Teil beschrieb, stärker als seine Anwesenheit, sein Hereinragen in diesen Kreisen. Wernle hat mein Empfinden mit dem Schimpfwort «apokalyptisch» nicht ganz unrichtig aufgefaßt, und es war besser, das kam nun etwas naiv zum Vorschein, als wenn ich es durch eine stärkere positive Wertung des Innerweltlichen durch eine *für mich* mehr intellektuelle als religiös aufrichtige Wendung und Umgruppierung meiner Gedanken verhüllt hätte. Verstehst du mich? Ich empfinde die Härte und Hölzernheit meiner Gedanken, wie sie jetzt herauskamen, auch als innerlich-religiöses Manko. Wenn diese gewisse Härte und Dürftigkeit nun gerade bei der mehr kühlen rechnerischen Art meines *Vortrags* gegenüber der *Predigt*methode (wo die Liebe der Sünden Menge deckt! ! [vgl. 1. Petr 4,8]) zum Vorschein kam, so war das objektiv sicher kein Schade, und ich bin froh, gleichsam zu meiner eigenen Entlarvung nicht gepredigt, sondern, wie du gut sagst, abgerechnet zu haben. Wenn Wernle seinen Teil bei dieser Abrechnung übersehen und nachher fröhlich seine alten Schlagtotformeln gehandhabt hat wie vorher, so ist das seine Sache. Ich für mich bin froh, daß mein eigenes Manko dabei ziemlich sauber herausgekommen ist, und suche nun weiter in der gleichen Form.

Etwas muß ich dir nachträglich noch gestehen. Ich habe in meinem Schlußvotum auch deinem Punkt II – Dankbarkeit gegen die moderne Theologie – zugestimmt, eigentlich ein wenig unbesehenerweise. Nachträglich mußte ich mir sagen, daß ich ehrlicherweise dazu hätte schweigen oder – sehr mißlich! – dir widersprechen müssen. Ich empfand folgenden Tags bei meinem Besuch bei Wernle sehr stark, daß diese modernen Theologen *mir* wenigstens sozusagen *nichts* mehr zu bieten haben als den Widerspruch, der einen auf eigene Torheiten und Schwachheiten aufmerksam macht, und wofür ich ja sehr dankbar bin. Gerade in bezug auf

Jesus haben uns diese Leute doch einfach *irre*geführt mit ihrer langweiligen Zeitgeschichte. Der Wernle'sche Jesus speziell, soweit er mir gerade in diesen Tagen wieder entgegengetreten ist, ist eine Figur, die mich völlig kalt läßt, trotz der (mich oft künstlich überhitzt anmutenden) Begeisterung, mit der er sie einem anpreist. Haben wir nicht alles, was uns an Jesus wichtig ist, anderswoher als von diesen modernen Theologen? Wir mußten ja offenbar durch diese Schule hindurch, und es fällt mir nicht ein, hinterdrein mit den Herren hadern zu wollen, daß sie uns nicht das geboten haben, was unsere Väter z. B. an J. T. Beck[1] hatten; aber ihnen noch extra *danken* für den Umweg, zu dem sie uns veranlaßten, und für diese Aufenthalte bei lauter Nebensächlichem, zu dem sie uns jetzt immer wieder veranlassen wollen, das geht nun eigentlich doch nicht. Nur wenn dein Bekenntnis zu diesen Herren ganz plusquamperfektisch gemeint war, könnte ich dir zustimmen. *Jetzt* sehe ich auf dieser Seite nichts Vorwärtsführendes mehr. Wir mögen noch *sehr* in den Kinderschuhen stecken, es kommt mir wirklich auch so vor, aber ich glaube nicht, daß bei Wernle und Cons[orten] noch etwas zu holen und zu lernen ist für uns, positiv nämlich.

Ich schicke dir hier noch meine Einleitungspredigt zu euern Vorträgen von heute morgen. Nicht zur Erbauung [...] aber vielleicht zur Orientierung, weil du am Mittwoch den Schlußpunkt zu setzen hast. Ich habe keine Ahnung, ob die Leute kommen und andauernd kommen werden. Die Predigt heute Morgen war gut besucht, die Kirchenpflege war in corpore da. Sie benimmt sich überhaupt sympathisch. [...]

Nun wird mein Heilsarmeefreund bald anrücken. Ich erwarte alles Gute von ihm. [...] Die Predigt über Neh. 8 ist noch bei dir, nicht? Schick mir jetzt auch wieder einmal etwas von dem Deinigen.

Herzlichen Gruß senden dem einsamen Gevatter und «Onkel»

Deine Karl, Nelly, Fränzeli, Markus

[1] Johann Tobias Beck (1804–1878), Prof. für systematische Theologie in Basel und Tübingen.

Thurneysen 22. November 1915

Lieber Freund,

Hier folgt deine Predigt, damit du sie nicht vermissest. Trotz deines heutigen lieben Briefes muß ich sagen, ich hätte doch gern etwas vom Geist dieser Predigt im Basler Vortrag gehabt. Aber du hast ja wohl recht mit deinem Urteil darüber, und ich möchte dir nicht in deine subjektiven Empfindungen hineinreden. Was du zu meinem Dank an die modernen Theologen schreibst, darauf kann ich nur das erwidern: er war viel persönlicher gemeint, als du ihn verstanden hast. Ich war eben doch jahrelang Wernles intimster Schüler und in täglichem Verkehr mit ihm. Da könnte ich dein scharf abrechnendes Urteil aus diesem persönlichen Grunde heraus mir nicht aneignen, könnte also nicht sagen: er hat mir *nichts* gegeben. Aber das gilt wirklich nur für mich. Und ich muß allerdings auch sagen, ich bin dir dankbar, daß du mir nicht widersprochen hast. Daß dir Wernles Theologie nicht behagt, verstehe ich völlig, auch ich finde sie mißlich, darin sind wir einig. Es ist eine «Werturteilstheologie» schlimmen Stils, die einfach sagt: das und das an Jesus behagt mir, das kann ich gut brauchen, also ist es das Zukunftskräftige an ihm, was allein gilt und Bestand haben wird. Denkerisch durchgearbeitet ist es bei Wernle nicht, sondern es entspricht seinen subjektiven Bedürfnissen. Er hat eine Seite an Jesus herausgehoben, aber es erscheint bei Wernle wie herausgeschnitten und in der Luft hängend, und darum muß er es so krampfhaft betonen.

Ins Kränzli komme ich nicht wegen des vor mir liegenden Safenwiler Vortrags. Ich fürchte, es gelinge mir nicht. Schick mir noch ein Wort und einen Schluck Trost aus der großen Flasche, ich bedarf seiner.

Herzlich Dein Ed. Th.

Barth 23. November 1915

Lieber Freund!

Laß mich von Wernle bis auf Weiteres schweigen. Es kommt mir nicht vor, als ob seine Ratschläge aus innerer Notwendigkeit hervorkommen, sondern das sind immer wieder die gleichen Orchestrion-Walzer, die er nach Belieben braucht und auswechselt. Die Logik der *Sache* ist erhellend, beschämend, richtend, wegweisend genug für uns und führt uns weiter als sein tumultuarisches Dreinreden. Ich habe nun seine Büchlein und Artikel vorläufig samt und sonders satt und das, worin er *recht* hat und woran es mir fehlt, bringt *er* mir jedenfalls mit seiner Art nicht nahe. Sag *du* mir jeweilen recht kräftig und ausdrücklich aus der *Sache* heraus, was dir durch Wernle erleuchtet und wichtig gemacht wird; für mich ists für den Augenblick genug der Auseinandersetzung mit diesem aufgeregten Mann.

Ich war nicht am Kränzli. Dafür ist wieder Nelly als Gesandtin hingezogen. Sie brachte üblen Bericht: das übliche Durcheinander, unsachliches Gehorne über den Milchkrieg[1] statt einer Diskussion über die Predigt, zum Schluß offenes und halb unterdrücktes Klagen über die «Hypertrophie» des Kränzlis, Vorschlag einer geographischen (!) Teilung, Seufzen nach den alten guten Zeiten und über meinen Schöftländer Ausfall, zum letzten Schluß Choralgesang. Auch Epprecht war der Meinung, es sei nun genug. Und so habe ich denn heute Morgen beiliegendes Gedicht[2] verfaßt und an Müris geschickt, die es nun zirkulieren lassen mögen. Nelly sagt, es sei so nahe um diese Lösung herumgeredet worden, daß mir fast nichts übrig bleibe, als möglichst frohfriedlich den Schritt zu tun. [...]

Nun zu Erfreulicherem. Unsere Vorträge waren vorgestern und gestern recht stark besucht von jung und alt, und besonders die Rede meines Heilsarmeefreundes war uns allen ein Erlebnis. Denk ich habe mich eigentlich geschämt vor diesem Menschen mit meinem bißchen innern Tun und mit all meinen Orientierungsfragen und Zänkereien, vor diesem selbstverständlichen schlichten

Leben in der Liebe Gottes, in dem Alles so organisch und gar nichts Gemachtes ist. Ich kann dir über den Vortrag nicht viel sagen: er hat eben an einem halb Dutzend Fällen aus seiner Seelsorgearbeit, in der er völlig drinsteht, einfach gezeigt, wie er Freude und Hoffnung zu pflanzen suche und werden sehe, alles ohne die geringste Spur von methodischem Denken, aber von innen heraus leuchtend und lebendig, *unmittelbar* wahr, wie ich eigentlich vielleicht außer einst bei Herrmann und dann bei Blumhardt noch nie so etwas gehört habe. Er war gestern dann noch bei mir bis nachmittags (darum ließ ich das Kränzli fahren), und wir kamen sehr gründlich ins Gespräch über individuelle und universale Auffassung des Christentums, über den Himmel, die Hölle, die Bibel und den lieben Gott. Ich stieß überall auf die gleiche fast raffinierte Naivität, die alle Probleme hinter sich hat, weil sie Wichtigeres zu tun hat: sich zu freuen und andern zu helfen. Der Heilsarmeezauber ist ihm eine Form, die er lachend und zufrieden mitmacht, der einem aber an ihm auch ganz natürlich vorkommt. Ich erzählte ihm auch von unserem Kirchenproblem, worauf er nur achselzuckend meinte, das sei wohl alles sehr interessant, aber er habe keine Zeit, um sich mit dem Heilsarmeeproblem herumzuschlagen. Von seiner Bibelexegese gab er mir ergötzlichste Proben, aber ich konnte mich nicht einmal ärgern darüber, es ist Alles so aus einem Guß, daß man die gewagtesten Dinge ruhig schluckt, weil er einfach in der Sache fast immer recht hat. Franz von Assisi! es fuhr nachher Nelly und mir fast gleichzeitig heraus! – Die Leute aus dem Dorf, mit denen ich bis jetzt geredet, sind auch ganz betroffen gewesen und reden alle übereinstimmend nur von dieser merkwürdigen «Liebe».

Der gute Epprecht hatte auf das hin gestern nicht leichtes Spiel mit dem «Vaterland». Er hat aber kräftig angepackt und sicher auch Eindruck gemacht. Der Inhalt? ja – die merkwürdige Mischung, die er überhaupt ist. I. Teil: helvetische Gesellschaft: Lobpreis auf Vaterland und Staat. II. Teil: «Neue Wege»: kräftig-gesunder Pazifismus und Sozialismus. Das Ganze etwa: in der Art von Peter, nur mit deutlicheren Ragazischen Tönen gegen Ende.

Er erinnerte mich auch stark an meine eigene Art von früheren Jahren. Aber er wird sicher das Reformerische,[3] das ihm noch anhaftet, auch noch los werden, und ich mag ihn gerne, obwohl ich den ganzen Abend etwas auf Dornen saß.

Was wird nun Schild bringen heute? Und du führst dann also morgen den großen Haupt- und Schluß-Schlag. Es wird schon gut kommen! Machs nur recht einfach und kinderlehrmäßig, das Volk scheint willig zum Hören, und der Heilsarmeekapitän hat so vorgearbeitet, daß es eigentlich eine Freude ist fortzufahren.

Morgen kommt deine Marguerite und wir werden den Nachmittag wohl unter großem Musizieren zubringen. Vale! Ich freue mich, dich wieder zu sehen.

Dein K. Barth

[1] Gehorne = Streiterei. Milchkrieg: Auseinandersetzung über eine Milchpreiserhöhung.

[2] Das Gedicht ist nicht erhalten.

[3] Reformer werden in der Schweiz die theologisch Liberalen genannt.

Thurneysen 1. Dezember 1915

Lieber Karl,

Ich möchte dir und Nelly noch einmal herzlich danken für die überaus freundschaftliche Aufnahme, die ihr meiner Braut bereitet habt. Für Marguerite ist Safenwil eine wichtige Station geworden. [...]

Ich habe in letzter Zeit mit neuer Dankbarkeit an die Art denken müssen, in der Blumhardt und auch Kutter Seelsorge an mir geübt haben. Sie haben mich einfach sehr ernst genommen, Blumhardt insbesondere. Ich habe in alten Aufzeichnungen die Spuren meiner damaligen Blumhardt vorgebrachten Fragen und Nöte, aber auch seine sehr geduldigen und gütigen Antworten nachgelesen. Wohl habe ich damals sehr aufmerksam auf Blumhardts Worte geachtet, aber es war nie ein mit Absicht über einen sich ergießender Wasserfall. Man *konnte* auf seine Weisungen eingehen, aber man *mußte* es nicht. Er gab einen auch im Einzelgespräch frei, «sei was du bist»! konnte er sagen und ließ dabei alle eigenen Ansätze seines jugendlichen Partners sehr wohl gelten. «Bleibe dir selber treu!» war immer wieder sein grundsätzlicher Rat. An Kutter denke ich dankbar, weil er mir gegenüber, wenn er eine Predigt von mir gehört hatte, in derselben Weise wie Blumhardt mich nachher ermutigte. Auch mit Wernle hatte ich in Basel ein langes Gespräch, und er war diesmal sehr zugänglich für meine Erörterungen und gar nicht apodiktisch in seinen Antworten. [...]

Noch ein Wort über meine Erfahrungen beim Anhören von Musik, wie sie im Elternhaus meiner Braut gepflegt wird. Ich bin immer wieder ein wenig betrübt, daß ich mich in musikalischer Hinsicht als nicht auf der Höhe befindlich erachten muß. Da bist du eben doch viel besser dran als ich. Wohl habe ich alle Freude am Zuhören, aber kein tiefergehendes Verständnis. Auf mich hat z.B. Bach'sche Musik die Wirkung, daß ich während gespielt wird, mit seltener Leichtigkeit denke an all das, was mich geistig beschäftigt, sodaß ich die Musik beinahe nicht mehr bewußt höre. Solch ein Abirren auf meine eigenen innern Lebensgebiete macht mich oft sehr glücklich und frei, aber es zeugt nicht gerade von musikalischer Fassungskraft. [...]

Mit recht herzlichem Gruß bin ich Dein Ed. Th.

Barth 3. Dezember 1915

Lieber Eduard!

Ich habe dir auch nicht mehr geschrieben, seit Marguerite uns verlassen hat. Und da müßte ich dir nun vor allem noch einmal Glück wünschend die Hand drücken, weil wir nun die Deinige recht gut kennengelernt haben und uns mit dir ihrer von Herzen freuen. «Ihres Mannes Herz darf sich auf sie verlassen» [Spr 31,11]. Es wird fein werden bei euch drüben, und wir denken [...], daß wir auch etwas davon haben werden diesseits der vier Berge. Grüße sie doch recht freundlich von uns. [...]

Oh, wie habe ich wieder gelacht, als ich von deinen musikalischen Sorgen las. Meinst du denn, das gehe mir anders mit der Musik als dir? Sie ist auch mir in sehr vielen Fällen einfach die Woge, auf der das Schifflein meiner kleinen und «großen» Gedanken (oder gar allergrößten Gedanken!) glückselig seinen Weg fährt. Da wollen wir uns doch gar keine Skrupeln machen. Wenn sie [unsere Frauen] dann wieder etwas spielen, wo wir auch mit*müssen*, dann sind wir auch wieder *ganz* dabei, sonst eben auf unsre Weise, ich habe das Nelly schon vor Jahren gebeichtet, und diese Ordnung, wo Alles von selbst wächst und ist, wie es muß, ist uns einfach erfreulich, und seit wir sie offenkundig und ehrlich haben, habe ich auch mehr echte und ganze Freude an der Musik und fühle mich sogar, wie du gesehen und gehört hast, vom Geist getrieben, in der wildesten Weise in das Handgemenge einzugreifen, und werde da nachsichtig geduldet. Also sei doch nur getrost und unverzagt, so wie ich nun euch zu kennen meine, können doch da gar keine tragischen Schmerzen bevorstehen, sondern man wächst eben und merkt dies und das auf beiden Seiten.

Ich mußte bei deinem Brief wieder denken, wie gut dus doch hast resp. gehabt hast mit deinem vertrauten Umgang mit Blumhardt und Kutter (und Wernle könnte man sagen). Du hast da ein Kapital von starken Eindrücken und Erleuchtungen, dessen Mangel man mir immer anmerken wird. [...] Letzthin war ich in «Hallerheiligen»,[1] um wenigstens die persönlichen Mißverständnisse von der Synode her, die dort besonders dick sind, zu beseitigen, es gelang nur sehr teilweise. Und nun schreibt mir ein anderer Nachbar wieder einen schwerfälligen Beschwerdebrief wegen des Zirkulargedichts, das dir ja auch mißfallen hat, hat alles persönlich aufgefaßt und brummt lauter tragische Sachen vor sich hin. Ich habe diese Sorte Händeleien so satt und verwickle mich doch immer wieder in neue. Blumhardts Rat: «Sei was du bist!» darf *ich* doch wohl noch nicht ganz wörtlich nehmen, sonst krachts und klöpfts immer wieder um mich herum.

Ich bin eben an der 2. Predigt über Joh. 3,26–36, lebe mich sehr in Johannes den Täufer hinein, und es kommt mir oft vor, ich sei eigentlich im *günstigsten* Fall ein Johannesjünger zu heißen. Auch Wernle hat ja mit seiner feinen historischen Nase spätjüdische Orientierung an mir gewittert. Ich muß es wohl vorläufig hinnehmen und mich damit trösten, daß ich es wenigstens *weiß*.

Genug für heute. [...] Ich danke dir nochmals für deinen Vortrag hier; er war mir sehr viel und hat auch dem Volk starken Eindruck gemacht. Du mußt jedenfalls nächstes Jahr wieder kommen als Mit-Prediger in der Wüste.

Dein getreuer K. B.

1 «Hallerheiligen» = Kölliken, die von Pfarrer Haller betreute Nachbargemeinde von Safenwil.

Thurneysen 7. Dezember 1915

Lieber Karl,

[...] Denk, am Sonntag predigte ich in Frick und fuhr mit dem Fünfliber,[1] den mir die Predigt ungefreut-gefreuterweise bald nach Verhallen des Amens in der Stille der Sakristei eintrug, nach Zürich. Dort hörte ich meinen Freund Heinrich Gelzer[2] einen Evangelisationsvortrag halten und habe mich erfreut und gestärkt gefunden durch diesen Pietisten. Seine entschlossene, freudige und doch vornehme Art hat mir starken Eindruck gemacht. Ich lese in diesen Tagen in Wernles neuem Jesusbuch,[3] aber ich war bei der Altgläubigkeit Gelzers ungleich viel stärker an die Sache des Gottesreiches herangeführt als bei dem modernen Theologen. Auch den Basler «Unabhängigen Kirchgenossen»[4] mit ihrer Trostreligion, die nach ihrer Meinung im Gegensatz zu unsrer Sturm- und Drangfrömmigkeit stehen soll, muß ich entgegenhalten: auch wir wollen Gesetz und Propheten nicht auflösen, auch unser Christus möchte sie erfüllen [vgl. Mt 5,17], wir möchten euch nur befreiter und freudiger von alledem reden hören. Aber vielleicht sollten wir statt aller Polemik den Beweis des Geistes und der Kraft [vgl. 1. Kor 2,4] antreten. Vielleicht sollten auch wir zu Evangelisten werden und unbekümmert zur Gemeinde reden, wie es uns gegeben ist: «Redet mit Jerusalem freundlich und sagt ihr, daß ihre Dienstbarkeit ein Ende hat!» [Jes 40,2].

Bei mir im Hause wird den ganzen Tag geklopft und gehämmert. Kamine werden gemauert, und ich sitze inmitten dieses Getöses und suche das Geheimnis zu ergründen «des, der da kommt». Schick mir wieder einmal eine von deinen «Lösungen», und sei in herzlicher Verbundenheit gegrüßt von Deinem Ed. Th.

[1] = Fünffrankenstück.

[2] Heinrich Gelzer (1888–1963), damals Pfarrer im Kanton Schaffhausen, später Lehrer am Basler Missionshaus, pietistisch geprägt, Zinzendorf-Kenner, ein ausgezeichneter Theologe von großer Weitherzigkeit und Bescheidenheit.

[3] P. Wernle, *Jesus*, Tübingen 1916.

[4] «Unabhängige Kirchgenossen»: ein von Wernle begründeter Kreis in Basel. Dort hatte Barth am 15. 11. 1915 seinen Vortrag «Kriegszeit und Gottesreich» gehalten. Vgl. Anm. 3 zum Brief vom 12. 11. 1915.

Barth 8. Dezember 1915

Lieber Eduard!

[Zeitungsausschnitt:]
Soz.-dem. Partei und Gewerkschaftskartell Baden

II. Vortrag
Dienstag den 7. Dezember 1915, abends 8 Uhr
im Schulhaussaal.

Referent: Herr Barth, Pfarrer, Safenwil,

Thema:
Ist Religion und Sozialismus vereinbar?

Zahlreichen Besuch erwartet

Der Bildungsausschuß.

Aber ich kann sicher, sicher nichts dafür! Für dieses schreckliche Thema nämlich.[1] Das hat der «Bildungsausschuß» getan!! Doch verlief die Sache recht gnädig. Der Präsident, Großrat Killer (Lehrer), hatte den Takt, nachher zu bemerken, man solle sich nun nicht durch eine Diskussion um den Eindruck der Sache bringen, und so ging Alles still auseinander, etwa 100–120 Arbeiter, Arbeiterinnen, Angestellte und Lehrer. Ich habe vom lieben Gott geredet und einfach persönlich von meinem Weg zum Sozialismus vom Reiche Gottes (nicht von der Religion) her. Die Vorbereitung kostete mich diesmal schwere Mühe. Ich muß dir dabei gestehen, daß ich letzthin in der Nacht zu Nelly hinüber ein wenig über dich schimpfte, daß du mich so mit Kutterscher Unnahbarkeit dieses Joch allein tragen lässest. Bei Tag sage ich mir freilich selbst – du brauchst dich aber keinen Augenblick zu rechtfertigen –, daß es da nichts zu schimpfen gibt. Aber ich bin schon jetzt wieder für vier sozialistische Weihnachtsfeiern angefragt und muß natürlich allen absagen (nicht ohne wiederum den Grütliverein[2] Untersiggingen auf dich zu hetzen), und das dauert mich immer für die Leute, die doch nicht nur aus äußerlich-nichtigen Gründen unsereins rufen, statt immer wieder die Genossen Fähndrich, Platten und Münzenberg. Ich gehe ja selber *gar* nicht enthusiastisch an diese Sachen und sehe die heillose Gefahr, mich zu verplämpern, sehr wohl, sehe auch ganz gut, daß ich den Beweis des Geistes und der Kraft jetzt durchaus nicht leiste, und seufze wahrhaftig darunter, aber – – muß nicht das *Sich-Rüsten* auf das Größere, Eigentliche irgendwie in der *Einheit* der *innerlichen Spannung* und eines äußerlichen und leider Gottes noch lahm-schief-krumm-halberlösten Ringens und *Tastens* bestehen? Wir sollten da wieder einmal mündlich reden können über das Warten auf Gott, über geistige Vornehmheit, sich Reservieren *wo* und wo *nicht,* sich getrost verplämpern *wo* und wo *nicht,* Harren auf das Unmittelbare und kindliches täppisch-frohes es einmal Wagen usw. Schriftlich ist nicht gut davon handeln, es gibt gar leicht Mißverständnisse.

[...] Denk ich war heute Morgen bei Preiswerk in Umiken, besuchte seine sehr erfreuliche Unterweisungsstunde und redete ausführlich mit ihm über Sozialismus und Kirchliches. Wir kamen uns viel näher und schieden vergnügt, nicht ohne daß er mir einige freundliche Lehren mit auf den Weg gab, ich sei nun als «das Gewissen» der Aargauer Kirche aufgetreten und müsse mich hüten vor bösen Mißgriffen und Unterlassungen im Praktischen. Das ließ ich mir gerne sagen. Denn das ist einfach wahr, daß wir bei unsrer grundsätzlichen Stellung zur «Moral» nicht wachsam genug sein können um der Sache willen. Aber wiederum muß es klar bleiben, daß wir unseren eigenen Weg gehen müssen auch hierin, und daß die spezifische Basler- und Pfarrhausethik dabei nicht die Maßstäbe abgeben darf. [...]

Heinrich Gelzer würde ich gerne auch kennen lernen. Könntest du ihn nicht einmal kommen lassen? Von Wernles Buch kenne ich erst den Jülicher'schen Lobpreis in der «Christlichen Welt»,[3] der mich nicht stark lockt. Sag mirs dann, wenn etwas «Entscheidendes» drin steht, nichtwahr?

Unterdessen bereitet mir Freund Fabrikant Hochuli wieder Nachstellungen wegen des Konfirmandenunterrichts. Zum Glück hilft mir die Kirchenpflege, hoffentlich energisch. Und der Gemeinderat will mir die Besoldung wieder um 100 Fr. erhöhen im neuen Jahr, das empfinde ich als rührend und freue mich des guten Willens.

Heute Abend Bibelstunde über «Selig die Barmherzigen...» [Mt 5,7]. Warum schickst du mir keine Predigt? Wegen unseres neuen Kränzlis will ich nächstens einen Vorschlag bei allen Vier in Umlauf setzen; wir wollen doch nun im Januar anfangen einmal.

Grüße mir deine Marguerite und sei selbst herzlich gegrüßt von deinen Mitpilgern Nelly, Fränzeli, Patensohn Markus und

Vater Karl

[1] Barths Manuskript ist lediglich überschrieben: *Religion und Sozialismus.*

[2] «Grütlivereine» waren Zusammenschlüsse solcher, die der Sozialdemokratie nahestanden, ohne der Partei anzugehören.

[3] A. Jülicher, *Paul Wernle's Jesus,* in: CW 29 (1915), Sp. 961–964.

Thurneysen 9. Dezember 1915

Lieber Karl,

Warum schreibst du so à la Wernle? Ich habe gewiß nicht daran gedacht, daß dich mein Erguß über Evangelisation, Vorträge, Predigten just in einem Moment treffen könnte, wo du in der Arbeit an einem Vortrag drinstehst. Ich hatte nicht die Absicht, dir dreinzureden. Du hast es offenbar ein wenig so empfunden: ... «der hat gut reden!» Kutter stand mir gar nicht im Sinn, ich hatte ihn auch in Zürich nicht gesehen. Und mir gegenüber brauchst du dich jedenfalls nicht zu rechtfertigen, wenn du Vorträge hältst. Daß ich es nicht auch tue, liegt an meiner schwerfälligeren Art, zu arbeiten. Also, nichtwahr, du glaubst mir, daß mein Wort vom Beweis des Geistes und der Kraft in keiner Weise nach dir hin gesagt war, es war vielmehr alles ein Selbstgespräch. Warum ich dir von meinen Predigten nichts schicke? Weil ich unzufriedener bin damit als je. Ich habe natürlich nicht ein Recht, dich um die Deinen zu bitten, tue es aber trotzdem. Sie geben mir viel.

Ich grüße dich, Nelly, Fränzeli und Markus herzlich.

Dein Ed. Th.

Barth 13. Dezember 1915

Lieber Eduard!

Bevor ich durch Dreck und Schnee [... weggehe] noch eine rasche Begrüßung! Hab ich à la Wernle geschrieben jüngst? Ich bin ganz erschrocken über den Ausdruck! Du mußt meine Einwände und Klagen und Seufzer jeweilen auch nicht so tragisch nehmen. Ich verstehe ja zum vornherein, wie dus meinst, wenigstens fast immer, und sage sicher, was ich zu dir sage, auch aus der Einheit heraus, auch wenn es manchmal ein wenig knarrt.

[...] Ich habe [...] mich bereit erklärt, Ragaz wieder einmal eine Predigt zu schicken. Würde er nur in den «Neuen Wegen» einfach viele Predigten bringen, d.h. die verschiedenen Geister an der schlichten Arbeit zeigen und sich berühren lassen, das wäre besser als die vielen prinzipiellen Breitlegungen, die doch so schnell ephemer sind. Schick ihm doch auch einmal etwas zu, die Predigt über das Gebet, die du mir im Walde vorlasest, z.B. hätte den «Neuen Wegen» sehr wohl angestanden.

Gestern hatte ich die Kirchenpflege fast vier Stunden lang zum schwarzen Kaffee, las ihnen meinen Badener Vortrag[1] vor und kam ganz nett ins Gespräch mit ihnen. Der wackere Hüssy [...] legte ein in seiner Art rührendes Bekenntnis zum lieben Gott ab, und es kam überhaupt bei allen nebensächlichen Divergenzen eine erfreuliche Einmütigkeit in gewissen Hauptsachen an den Tag. Die Kirchenpflege veranstaltet nun noch einen Vortrag in der Kirche über das Thema: Christentum und Bürgerpflichten!, das bei euren Vorträgen zu kurz gekommen sei. [...]

Eine Gruppe von Leuten hier will den Zelt-Vetter[2] kommen lassen nach Safenwil. Ich hielt gestern im Blaukreuz eine Rede über die Frage: Umwege und direkte Wege etc. Es gab eine lebhafte Diskussion, und ein paar von den Mädchen zeigten sich plötzlich als einsichtige Glieder der kleinen Herde, wogegen die Mannen mehr zaudernd zwischen die beiden Welten sich hereinstellten.

Der Lob- und Preisapparat der modernen Theologen für Wernles Buch setzt erstaunlich exakt ein. Das gegenseitige öffentliche sich Begrüßen und Zurufen dieser Herren ist wunderbar anzusehen.

[...] Herzlichen Gruß Dein Karl Barth

[1] «*Religion und Sozialismus*»; vgl. Brief vom 8. 12. 1915.

[2] J. Vetter, Volksmissionar in Riehen bei Basel, Herausgeber der Zeitschrift «*Zeltgruß*».

Thurneysen 13. Dezember 1915

Lieber Karl, liebes Nelly,

Ich schicke euch hier eine feierliche Karte, die euch einladen soll, an unserer Hochzeit teilzunehmen. Ihr müßt, um ein Ragazwort zu gebrauchen, an unserm «Höhentag» mit dabeisein. Es wird uns eine herzliche Freude sein.

Ich sprach dieser Tage lange und eindrücklich mit Pfr. Müller von Birrwil über «unsere Sache». Auch ich hatte Wernles «Jesus» unter den Händen. Das Buch wirkt zwar auf mich anregend, ich habe aber in steigendem Maße das Gefühl, daß für diese ganze Art, Jesus zu sehen, die Zeit vorbei ist. Wir sehen doch alles sehr anders. Darüber freue ich mich oft stark während des Lesens, aber ich kann nicht anders als mich dabei auch wieder zu schämen, weil ich den Ernst und die Weite der Aufgabe, die vor uns liegt, empfinde. Du wirst verstehen, wenn sich mir wieder das Lessingwort vom Beweis des Geistes und der Kraft[1] aufdrängt. Ich will nicht mit innerm Triumph von Wernles Buch scheiden, aber ich glaube, ohne es klar sagen zu können, vieles richtiger zu sehen als er oder Stücke, die ihm auseinanderfallen, Beziehungen, die bei ihm wie abgerissene Drähte in der Luft hangen, zusammennehmen und zurechtstellen zu können. Du verstehst mich schon.

Ich will dir meine letzte Predigt schicken, um wieder das Recht auf eine von deinen zu haben. Ich grüße euch alle recht herzlich.

Euer Ed. Th.

[1] Vgl. G. E. Lessings Schrift von 1777: *Über den Beweis des Geistes und der Kraft.*

Barth 20. Dezember 1915

Lieber Freund!

Unsere Antwort an Marguerite die Hochzeit betreffend ist zwar längst ab, aber wir wollen es dir doch auch noch direkt sagen, daß wir mit Freuden und mit fliegenden Fahnen kommen werden. Wir rechnen auf eine große Geisterbegrüßung und versprechen, auch mit Wernle ganz nett «vornehm» zu sein und keinen Streit anzufangen. In denselben Tagen wird in Rümlingen Kränzli sein über die Kirche, ich werde ungefähr das Gleiche sagen etwas schlechter, wie du hier vor vier Wochen. Denk, die Aarauer Kirchenpflege hat mich für einen Vortrag bestellt auf den 16. Januar. Ist das nun eine feurige Kohle auf mein Haupt oder ein «Sieg der guten Sache» oder Beides? Ich habe natürlich zugesagt und werde über «die Gerechtigkeit Gottes»[1] reden. [...] Richard Preiswerk wird nun hier im Februar reden über die Bürgerpflichten! Ich glaube, mein Besuch dort hat zu ganz erfreulichen Beziehungen beigetragen; man wird im Gespräch leicht mit ihm einig wegen seines bollischen [Blumhardt!] Hintergrunds. Er schreibt mir aber, in der letzten Kirchenratssitzung sei es bös über mich hergegangen, und er habe sich wehren müssen. Hier bekommst du meine Adventspredigten, die du aber mit Auswahl und vor Allem mit Milde besichtigen mußt («Lindigkeit!» [Phil 4,5]), etwa so in der Eisenbahn, wenn du nächsten Sonntag nach vollbrachtem «Tun» nach Basel gehst. Es sind keine entscheidenden Schläge, sondern harmlose positive Predigten mit etlichen ziemlich schwachen Partien, die ich dir nur schicke, weil du sie verlangst und weil es mir nichts macht, wenn du die Blöße gewahr wirst. Ich habe dato eher eine Zeit geringer Dinge. Gestern Abend im Blaukreuz habe ich z. B. froh und einfältig über den alten Simeon geredet, und nachher offenbarte mir Nelly kalt und klar, es sei gar nichts gewesen, «*es*» sei nicht gekommen, il y avait des longueurs, die Leute hätten gegähnt und sie, Nelly selbst, hätte etliche Male am liebsten aufstehen und heimgehen mögen, weil ich ihre verzweifelten Blicke und Gesten, doch ja aufzuhören («tu as fini?») immer nicht beachtete, sondern zu neuen unfruchtbaren Schwällen ausholte. Eine vernichtende Niederlage zur Eröffnung der Weihnachtstage, nicht?! [...]

Vale! Herzlichen Gruß und Glückauf zu dem bevorstehenden Feldzug Dein Karl Barth

[1] K. Barth, *Die Gerechtigkeit Gottes,* in: Neue Wege, Jg. 10 (1916), S. 143–154; wieder abgedruckt in: *Das Wort Gottes und die Theologie. Gesammelte Vorträge,* München 1924, S. 5–17.

Thurneysen 21. Dezember 1915

Lieber Freund,

Deine freundliche Begrüßung von heute morgen hat mich erfreut. Ich will nun schnell auch meinerseits eine gerade vorhandene Adventsrede an dich abgehen lassen, um nicht so einseitig nur von dir zu empfangen. Sie befriedigte mich beim Halten, sie kam glaub geschlossener heraus, als sie hier vorliegt. Nun man schaut sich halt in die Küche, wenn man Predigtkonzepte einsieht.

Die Hochzeit rückt nun heran. Wernle sagt ab. Es werden auch Kinder dieser Welt an das Fest kommen. Die beiden Pestalozzi aus Zürich haben zugesagt. Ebenso hoffen wir Ernst Staehelin und Max Gerwig[1] zu begrüßen, also doch einige «Geister».

Das ist schön, daß die Aarauer dich über den lieben Gott reden hören wollen. [...] Ich hoffe auch kommen zu können. [...]

Grüße Nelly und die Kleinen und sei ebenfalls herzlich begrüßt von deinem

Eduard Th.

[1] Max Gerwig (1889–1965), Prof. Dr. iur., Sozialdemokrat.

Barth 1. Januar 1916

Lieber Freund!

Nun hats neues Jahr werden müssen, bis ich dir wieder schreiben konnte, und von dir ists auch stumm geblieben. Du wirst auch mit den vier Predigten gerungen haben und nun froh sein, daß sie gemacht und bald gehalten sind. Was würde aus uns, wenn wir alle Wochen zweimal dran glauben müßten!? Ich wartete immer mit Schreiben, weil ich hoffte, dir etwas Schönes schicken zu können mit dem Brief, nun ists nicht fertig geworden, weil der Buchbinder, der daran tätig ist, die Treppe hinunter gefallen ist!! Ich muß dich also vertrösten. Zunächst ziehen wir nun morgen alle 4 nach Bern für 8 bzw. 14 Tage. [...] Was werde ich in Bern und Umgebung wieder Alles vernehmen? [...]

Aber wie hast du die Festzeit überstanden? Ich habe am 25. über die «Ehre Gottes in der *Höhe*» (letzteres ohne Ragazische Betonung) gepredigt, am 26. über das Behalten und Bewegen (Luk. 2,19), heute Morgen über Jesus Christus gestern und heute [Hb 13,8], und morgen solls heißen: «das Kind wuchs» (Luk. 2,40). Am kräftigsten ist mir das vom Behalten und Bewegen herausgekommen, während die Weihnachtspredigt leider matt wurde, so feurig sie auf dem Papier stand. Es wird Zeit, jetzt einen Sonntag zu schweigen. Hast du lauter solche Wasserfälle loslassen können wie den hier? Wir haben uns sachlich sehr daran erbaut, und im Übrigen sollten wir einmal ausführlich über unser Predigen reden, gerade bei deiner Predigt stellte sich mir aufs Neue das Problem der Oekonomie, des *ὀρθοτομεῖν*, von dem die Schulhomileten so viel Wesens machen. Das will ich natürlich nicht, aber ich habe doch das Gefühl, daß wir der Frage: wie wirken wir? nicht so ganz ausweichen dürfen und daß sich von da aus das Postulat einer gewissen «weisen» Beschränkung ergeben könnte. Es kann freilich auch sein, daß wir uns jetzt einmal ein wenig gehen lassen müssen und daß das umsichtige Ein- und Austeilen unsres *κήρυγμα* natürlich-göttlich-erlaubterweise erst in 20–30 [Jahren] möglich wird. Ich denke nur, wie z.B. bei Blumhardt (anders als bei Kutter) bei aller Fülle jede Predigt so eine bestimmte Spitze und Farbe hat, der Gegensatz «Gott – ohne Gott» nie (soviel ich mich erinnere) so nackt herausgestellt wird wie bei uns, sondern immer charakteristisch eingewickelt ist in die Aussprache einer besondern Erfahrung und dadurch erst Leben bekommt. Es muß da irgendwo ein Weg sein, das was Kutter meint, so zu sagen, wie es sagen wir einmal Greyerz sagt. Wir sollten vielleicht in unserem Kränzli jeweilen doch auch eine Predigt lesen und unter dem praktischen Gesichtspunkt uns zu verständigen und weiter zu kommen suchen.

Aus dem Wernle-Brief hat mich besonders die letzte Seite interessiert: die Klage über die eventuelle Antiquarisierung der modernen Theologie. Ich mußte gerade an meine Adventspredigten denken, und wie schrecklich gleichgültig mir wirklich die historischen Fragen geworden sind. Das ist für mich freilich nichts Neues, ich habe schon unter dem Einfluß Herrmanns die Kritik immer nur als ein Mittel zur Freiheit gegenüber der Tradition aufgefaßt, nicht aber als konstituierenden Faktor einer neuen liberalen Tradition, wie es nun doch offenbar Wernle und Comp. wollen. Ich stieß da schon vor fünf Jahren einmal mit Wernle zusammen. Und dieser Gegensatz wird sich in der Tat noch weiter auftun. «Wie reich einen die Geschichte machen kann» – ich denke an typische Wernle-Schüler [...] und habe nun gerade den Eindruck von *Reichtum* bei diesen sonst verehrlichen Leuten nicht. Aber wir werden uns nach dieser Richtung auch noch einmal gründlich zu erklären und zu verdeutlichen haben. Es wird einmal Rechenschaft abgelegt werden müssen, inwiefern wir uns eigentlich erlauben dürfen, aus Büchern wie denen von Zündel[1] uns zu erbauen und über Johannestexte zu predigen, wie wir es tun. Es wird uns das schon möglich sein.

Ich sah dieser Tage in Ritschl's «Geschichte des Pietismus»[2] hinein und spürte da auch etwas von der Luft, in der Wernle atmet. Wenn es einmal an der Zeit ist, den großen Schlag gegen die Theologen zu führen, werden diese Gedanken auch sehr ernstlich zu erwägen und zu verarbeiten sein; es ist ja klar, daß wir von ihnen aus längst «gerichtet» waren, bevor Wernle seine Sprüche gegen uns anhob. Wo bleibt deine Beleuchtung von Troeltsch? Oder willst du die auch auf die Generalabrechnung in der Zeit unsrer Reife verschieben?

Was hast du zu den letzten «Neuen Wegen» gesagt? [...] Der Füsilier Weidenmann[3] ist mir als solcher sympathisch. Im Übrigen wieder ein rechter Festzug mit wunderbaren Nummern; wie froh bin ich, daß ich nicht auch darin figuriere für diesmal. Nächstens wird es aber doch der Fall sein müssen. Ich wollte nur, Ragaz würde dich auch einmal erwischen.

Denk mit den hiesigen Arbeitern habe ich nun doch wieder einen Kurs über die ordinären praktischen Fragen (Arbeitszeit, Kassenwesen, Frauenarbeit etc.) im Gang alle Dienstage unter Ausschlachtung meines einst gesammelten Dossiers über diese Dinge. Ich mache es ohne Begeisterung einfach weil es notwendig ist und weil ich das Primär-Notwendige doch noch nicht *so* an sie heranbringen kann, wie es geschehen müßte.

Schluß. Wir beglückwünschen euch zum neuen Jahr, sofern solche raumzeitlichen Gegenstände wie ein neues Jahr zwischen uns überhaupt Berücksichtigung finden können. Paßt es dir, unser erstes Kränzchen am 14. Februar (ich lade vorläufig so ein; Bibellektüre: 1. Joh. 1) bei uns zu haben und über Troeltschs «Soziallehren» [...] zu referieren? [...]

Herzlich grüßt dich dein K. Barth

[1] Friedrich Zündel (1827–1891), Biograph von Joh. Christoph Blumhardt dem Älteren, schrieb: *Jesus. In Bildern aus seinem Leben,* Zürich 1884, und *Aus der Apostelzeit* (Zürich 1886).

[2] A. Ritschl, *Geschichte des Pietismus,* 3 Bände, Bonn 1880, 1884, 1886.

[3] J. Weidenmann, *Antimilitarismus und Evangelium. Ein Wort eines Füsiliers an Herrn Prof. D. Paul Wernle,* in: Neue Wege, Jg. 9 (1915), S. 601ff.

Thurneysen 7. Januar 1916

Lieber Karl,

Ja, ich bin tief in Schreibschuld dir gegenüber. Aber du wirst es verstehen. [...] Wie ich die Festtage überstand? Nun, ich möchte sie nicht grad aufs neue vor mir haben, und doch hat dieses gedrängte Redenmüssen auch wieder etwas für sich. Ich ging am 25. wieder einmal den alten Weg von den Schlachtfeldern [...] aufwärts zum lieben Gott, ein wenig aus Anpassung an die vielen Mannen mit Schnäuzen und Bärten, seltenen Kirchenbesuchern, die sich als Mitglieder des Männerchors oder sonst aus einem dunkeln Drang um die Kanzel geschart hatten und mich als sichere Leute frohgemut von unten herauf anstarrten. Es kam mir alles einen Moment lang wie eine Komödie vor, dann aber wußte ich wieder, wie es steht: das Leben dieser guten Leute ist wie auch das unsrige ein kurzes, seltsames und törichtes Versteckspiel vor Gott, aber der große Trost ist: *Er* gewinnts schließlich. Auf diesen Trost stellte ich mich freudig ein und sagte, was ich sagen mußte, ob sie sich heute gewinnen lassen oder erst morgen erhascht werden, was gehts mich an? Am Sylvester über «Unsre Zeit steht in Deinen Händen» [Ps 31,16], am Neujahr über den neuen Anfang und am letzten Sonntag über Jer. 29,11. Diese letzte Predigt geriet mir, finde ich, am besten; vielleicht lese ich sie dir einmal vor, sie ist in Drang und Eile mißlich geschrieben. Wenn es mir weiter gegeben wird, begänne ich damit eine Art Serie, die von den Veränderungen und Verwandlungen handeln müßte, die wir erfahren, wenn wir uns auf den Weg Gottes stellen. Der Gedanke dieser Predigt war: wir sehen Welt und Leben anders an, weil wir sehen, daß Gottes Gedanken über allem liegen. Was du von unserm Predigen sagst, ist sehr gut, und ich bin froh über die Weiterhilfe, die hoffentlich aus unsern gemeinsamen Besprechungen erwächst. […]

Und nun schließe ich. Wann hältst du deinen Aarauer Vortrag? Sei mit allen Deinigen herzlich gegrüßt von deinem Ed. Th.

Barth 10. Januar 1916

Lieber Freund!

Ich komme vor Sonntag nicht mehr dazu, deinen Brief zu beantworten. Sitze ganz allein in meinem Pfarrhaus und sollte Vortrag und Predigt für Sonntag meditieren. Unser Fabrikant Hochuli hat zur Feier der Verheiratung seiner Tochter eine große Sauferei für seine 500 Angestellten und Arbeiter veranstaltet, die sich dabei, meine Konfirmanden und Konfirmandinnen inbegriffen, scharenweise sinnlos betrunken und auf alle Weise schlecht aufgeführt haben. So wird unser Volk mit Peitsche und Zuckerbrot zum Narren gehalten und läßt sich alles bieten. Und so haben wir also in Safenwil das neue Jahr angefangen. Du begreifst, daß es mir wenig ums Predigen zu Mute ist. Mein Vortrag in Aarau ist am nächsten Sonntag [16. Januar] 8 Uhr Abends in der Kirche. Aber komm du lieber sonst zu mir, mich ein wenig zu ermutigen. Es hats nötig. Herzlichen Gruß dein Karl Barth

Thurneysen 14. Januar 1916

Lieber Freund,

Das ist freilich eine betrübende Geschichte mit dem Hochulifest. Aber ist es eigentlich (in größerem Stil freilich) etwas anderes, als was wir täglich erleben? Wenn ich den Vergnügungsanzeiger meines Lokalblattes am Samstag ansehe, so ergibt sich das gleiche Bild. Daß in deinem Falle Hochuli das Angebot machte, ist insofern kein grundsätzlicher Unterschied, als das Volk einfach seine Gelage haben will und sie nimmt, wo es sie bekommt. Es kann dich dies alles doch nur in deinem Appell an die kleine Herde bestärken. Das gelobte Land selber werden wir nicht mehr sehen, es sei denn in höchster Altersreife wie Mose von ferne [vgl. Dtn 34,4]. Was du erleben mußtest, ist freilich «Bitterwasser» [vgl. Ex 15,23] und «goldenes Kalb» [vgl. Ex 32], aber wer weiß, vielleicht kommt auch dir einmal Wasser aus dem Felsen [vgl. Ex 17,6] und Sieg über Amalek [vgl. Ex 17,8ff.] zu.

Ich grüße dich von Herzen als dein Mitpilger in der Wüste und freue mich aufs Wiedersehen am 25. Dein Ed. Th.

Thurneysen 2. März 1916

Lieber Freund,

[...] Ich nehme ernstlichen Anteil an eurem Kampfe und bin voll Zuversicht, daß nichts umsonst sei, was ihr durchzumachen habt. Hast du Kutters Gideonpredigt gelesen? Sie war mir eine eigentliche Bekräftigung und Stärkung. Vorgestern erhielt ich die neue Schrift von Pfarrer Benz: «Staat und Christ».[1] Es ist die alte Geschichte in freilich freundlicher und ernsthafter Form: Jesus und Bismarck und Treitschke geben sich ein Rendez-vous darin und besprechen die Lage, und jeder zieht sich auf seine Weise heraus. Aber die Sache hat es nun einmal an sich, daß «der Mann aus Galiläa» nicht auf seine Rechnung kommt. Zu Handen der «Neuen Wege» stehen ein paar richtige Sachen drin. Leichtfertig ist das Büchlein keinesfalls. Und nun noch die Frage: kommst du am Montag nach Basel zur Besprechung der Passionsreden [im Kreise der Basler und Baselbieter Freunde]? [...] Machst du die ganze Aarauer Studentenkonferenz mit? Wir sind gut vertreten, Wieser hat das letzte Wort, du die Predigt, dazu Ragaz, Liechtenhan und Frau Pieczynska.[2]

Ich schließe mit herzlichem Gruß an euch alle

Euer Ed. Th.

[1] G. Benz, *Der Christ und der Staat,* Basel 1916.

[2] Vgl. *Die XX. Christliche Studentenkonferenz Aarau 1916. Den 13. bis 15. März,* Bern 1916. Darin u. a.: K. Barth, *Das Eine Notwendige* (Predigt über Gen 15,6), S. 5–15; R. Liechtenhan, *Gottes Wort an uns im Alten und Neuen Testament,* S. 16ff.; L. Ragaz, *Die sittlichen Ziele der Volksgemeinschaft,* S. 40ff.; E. Pieczynska, *L'Education pour la Paix,* S. 83ff. Das Schlußwort von G. Wieser ist im Konferenzbericht nicht mit abgedruckt, aber im «Einleitenden Bericht» S. 4 erwähnt.

Barth 6. März 1916

Lieber Freund!

Ich habe leider nur noch ein paar Exemplare dieses christlichen Traktätleins,[1] will dir aber gerne die Hälfte überlassen zu gut scheinender Verwendung. Pestalozzis habe ich selber eins geschickt. Wernle? Benz? Was solls? Erwartest du, daß *sie* sich durch ein solches Trompetenstößlein, das ja ohne Kenntnis der nähern Umstände hier fast unverständlich ist, belehren oder erfreuen lassen werden? Oder erwartest du, daß sie *uns* viel Belehrendes und Erfreuliches darauf zu sagen haben werden? [...] Da bringt mir die Post soeben den Brief von Albert Barth[2] und setzt mich vielleicht ins Unrecht mit dem, was ich diesen Moment über die Dispositionen dieser Gruppe empfand. [...]

Ich hatte gestern Nachmittag in Rohr bei Aarau einen Vortrag über «Der Wille Gottes und der Krieg».[3] Ich geriet nachher unter ein Trüpplein von der «Freien Jugend» aus Aarau, das meinen Vortrag im Januar gehört hatte und nun herbeigezogen war. Eine Familie, die offenbar Hauptstütze der Sache ist, lud mich auf dem Heimweg in ihr Haus ein und nahm mich in ganz rührender Weise auf. Ich sah da in eine mir ganz neue Welt hinein, allerlei Chaotisches, aber viel unmittelbares Leben und Kraft und vor allem ein erstaunliches Begreifen- und Ergreifenwollen der neuen *innern* Voraussetzungen im Gegensatz zur offiziellen Partei-Art. Die Mädchen erzählten mir auch allerlei aus ihrer Unterweisung; das eine ist noch mitten drin, aber tatsächlich der ganzen Kirchlichkeit dieser Art längst entronnen, obwohl sie doch Alle ganz kindlich immer noch etwas erwarten von den Pfarrern. Was ist da alles verglunggt,[4] innerlich verglunggt worden von der Kirche! [...]

Das Echo auf die Predigt aus der Gemeinde ist noch nicht stark; ich höre nur da und dort: man müsse das ein paarmal lesen. Ich erwarte eigentlich auch keine besondern Reaktionen. Unsre Kirchenpfleger machen mir fortgesetzt Freude; ich kann an allerlei Kleinigkeiten feststellen, wie sie sich Mühe geben. Marguerite soll sich ja nicht vorstellen, als ob hier Pfingsten sei.

Herzlichste Grüße ihr und dir auch von Nelly dein getreuer

Karl Barth

[1] K. Barth, *Der Pfarrer, der es den Leuten recht macht.* Eine Predigt [über Ez 13,1–16] gehalten in der Kirche zu Safenwil, als Manuskript gedruckt 1916; wieder abgedruckt in: CW, Jg. 30 (1916), Sp. 262–267; ferner in: Christentum und Wirklichkeit, Jg. 10 (1932), S. 86–97, mit Nachwort des Vf.; und in: Predigt im Gespräch, Nr. 3, Neukirchen 1967.

[2] Albert Barth (1874–1927), Vetter Karl Barths, bekannter Schulmann, zuerst in Schaffhausen, später Rektor des Mädchengymnasiums in Basel, Freund Wernles.

[3] Der Vortrag über «*Der Wille Gottes und der Krieg*» wird in Reihe III dieser Ausgabe erstmals veröffentlicht werden. Barth hielt ihn in einem sozialistischen Arbeiterkreis.

[4] = fahrlässig versäumt.

Thurneysen 8. März 1916

Lieber Freund,

[...] Ich bin sehr erfreut und erfrischt vom Basler Kränzli zurückgekommen. Adolf Preiswerk war – nicht formal aber sachlich – sehr auf der Höhe und redete in einer Weise über die Passion, daß man ihm lange und gespannt zuhören konnte. Er hatte alle Vorzüge, die seine Art kennzeichnen: Simplizität, biblische Gegründetheit, «Boller Gnade» und praktische Reife. [...] Nach dem Referat erfolgte eine erfreuliche Aussprache. Wenn auch nicht gerade «Allertiefstes» zu Tage trat, so kam es doch nicht zu so elementaren Mißverständnissen, wie wir sie im Aargauer Kränzli erleben. Da unten um Basel herum haben sie nun schon eine ganze Gruppe beisammen, während wir immer noch merkwürdig allein sind. Hinter Lukas Christ steht ein ganzer Einsatz, und Ruhe und Reserve haben diese Basler mehr als die Zürcher. [...]

Indessen grüßen wir euch herzlich. Eure

Eduard und Marguerite

Barth 2. April 1916

Lieber Freund!

Wie ist es wohl euch ergangen, seit die letzten Abschiedsjuchzer im «Echo vom Homberg»[1] verklungen sind? Wir haben die Tage bei euch in so gefreuter Erinnerung und haben bereits von der Organisation der nächsten Tagung geredet, denn uns sind diese Zusammenkünfte mit euch sehr viel.

Ich schicke dir hier etliche Merkwürdigkeiten zur Besichtigung: *Zeltgruß:*[2] wichtige Angaben über das himmlische Jerusalem, kräftige Worte nach Berlin und dunkel erhabene nach Safenwil, Niederschmetterndes für unsereinen und Eröffnungen über das Wehen des Geistes in J. Vetter. Wie blöde stehen wir da neben solch einem Zeltmann.

Spruch über Beinwil aus dem «Freien Aargauer». Gott sei Dank, daß es außer dem Monatsblatt für die [...] [Kirche im Aargau] auch noch dieses Sozi-Blättlein gibt. [...]

Herzliche Grüße euch Beiden von uns Beiden. Euer

Karl Barth

[1] Anspielung auf den Namen einer Lokalzeitung.
[2] Vgl. Anm. 2 zum Brief vom 13. 12. 1915.

Thurneysen 7. April 1916

Lieber Karl,

Vor dem Zubettegehen noch zwei Worte über die vier Berge an euch. Wir danken dir für die «Merkwürdigkeiten», die uns von dir zukamen. Vor allem aber für die 2 Predigten; in der vom letzten Sonntag sagst du ganz besonders viel Klares und Hilfreiches. Mich hätte es interessiert, wenn du noch mehr nach den eigentlichen Gründen, die hinter dem «Muß» des Leidens stehen, gegraben hättest. Aber zwischen den Zeilen liegt vieles, was als Antwort darauf dienen kann. Ich lege dir meine letzte Predigt bei, sie ist unvollkommen ausgeführt, aber der Gedanke ist doch wohl erkennbar. Im Übrigen habe ich das Gefühl, augenblicklich gar nicht aus irgendeiner Vollmacht reden zu können, ich weiß nicht recht was sagen und wie reden. Ich habe vielleicht ähnlich wie du den Eindruck, man sollte nur so reden, daß der Entscheidungscharakter des Evangeliums klar wird, d.h. nicht über die Sache reden, sondern getragen von der Sache wie auf hoher Flut, sodaß kein intellektuelles und kein erbauliches und kein moralisches Ausweichen davor mehr möglich ist, daß es nur zum Ja oder Nein des Glaubens oder Unglaubens kommen kann, aber es kommt bei mir nicht dazu.

[...] Daneben gehen umständliche Schulexamina vor sich. Sie enden jeweils bei einem Hock in der Beiz,[1] wobei die Tagesfragen aufgerollt werden: Vermutungen über die nächsten Absichten der Entente gegen Holland, Hinweise auf die verwandte Lage der Schweiz usw.

Ich schicke euch unsre Grüße in alter Verbundenheit.

Dein Eduard Th.

[1] = Gastwirtschaft.

Barth 24. April 1916

Lieber Freund!

Wie lange, wie lange, daß man nichts mehr von einander weiß. Wie magst du dich wohl durch die Festtage durchgekämpft haben? Erlösend, daß nun Alles dahinten liegt, nicht? Denk ich war in der Zwischenzeit eine Woche im Bett, krank an einem Abszeß an der Lippe!! aber nicht von der berühmten glühenden Kohle [vgl. Jes 6,6f.], sondern von einer Rasierwunde. Freund Schild hat am 9. für mich predigen müssen, und ich lag und las die Pfarrerbücher von Benjamin Vallotton[1] zum zweitenmal (kennst du sie?) und freute mich eigentlich über die plötzliche Mattstellung. In der folgenden Woche kam dann Schädelin für drei Tage, von Donnerstag bis Sonntag, sonst hätte ich dir gerufen. Er machte mir diesmal einen etwas unsteten Eindruck mit seinen vielen entthronten Göttern rings um sich herum. Er kam von Zürich mit der Nachricht, daß es nun auch zwischen Kutter und der Firma Bader-Tischhauser zum «endgültigen Bruch» gekommen sei. Man könnte grinsen, wenn man nicht weinen möchte über die verfluchte Komödie, die unsre Propheten miteinander zu spielen belieben. Wir müssen doch noch einmal an unsre Idee vom «Hirtenbrief vom Lande» herantreten, oder aber die Zustände in Zürich in das sonntägliche Kirchengebet aufnehmen. Die Eigenbrödlerei ist einfach haarig. Schädelin schimpft auch nach Noten darüber und treibt es selber am ärgsten; und wir sind wahrscheinlich, von den Minentrichtern der Andern aus gesehen, in der gleichen Verdammnis. Gott besser's! Und wir sind die, die den Turm von Babel stürzen wollen.

Diese Woche kommt nun [Gottfried] Ludwig: von Donnerstag auf Freitag, falls der Geist dich treiben und Marguerite es zulassen sollte, so komm doch auch noch schnell. Ach, das wäre gefreut! Nelly tut soeben einen Spruch: sie habe große Sehnsucht, Marguerite wieder zu sehen, sie möchte sich wieder einmal mit ihr aussprechen mündlich und am Klavier, und sie solle doch bitte auch kommen [...] zu einer kleinen Neben-Prophezei. Also laßt den Geist wehen, wie er will und faßt einen frohen Entschluß und kommt, ja kommt. Des Kränzlis am 8. Mai unbeschadet. Denn wir werden uns doch durch diesen Leim [Einladung zu einem Stimmbildungskurs], der am gleichen Tag stattfindet, nicht irre machen lassen?

Hast du nicht auch Freude gehabt an Ludwigs Predigt in den «Neuen Wegen»?[2] Und was hast du gesagt zu Rades Attentat auf die Safenwiler Predigt?[3] Ich bin völlig unschuldig und wehrlos und habe bis jetzt keine Ahnung, was der Zweck dieser Übung war. Was sollen sie in Deutschland damit anfangen? Und was die zahlreichen unerwünschten Leser in der Schweiz? Brunners Artikel[4] hatte ich schon von ihm selbst. Er ist mir zu indirekt und akademisch. Mit Wernle muß man entweder gar nicht oder dann mit 42 cm-Geschütz verkehren, lieber das erstere. *Diese* Art zu reden mit *diesen* «Gegnern» aber kommt mir unnütz vor, es geschieht damit einfach gar nichts. [...]

Denk, ich machte letzthin einen schwachen Versuch, mich von der Leitung des Blauen Kreuzes zurückzuziehen: um den vielen Neben-Reden zu entgehen und um auch die Leute zur Konzentration einzuladen. Aber es wird wahrscheinlich nicht gelingen, das Joch ist nicht abzuschütteln.

Fränzeli war etwas krank in letzter Zeit, nun gehts wieder besser. Karl Markus macht seine ersten Versuche im Greifen [...]. Was für Stufen doch der Mensch durchlaufen muß, bis er glücklich soweit ist, Predigten und andere Durchbrüche zu produzieren. Nun ist auch Guggenheim verlobt und ich bin bereits als Trauredner gewonnen, so ist eine zweite Missionsreise nach St. Gallen in Aussicht. Gestern Nachmittag Ausflug mit den Konfirmanden bei Regenwetter, mit Ausnahme einiger von der Nachhut vertilgter Biere nicht übel gelungen. Nachher traf plötzlich mein Bruder Heiner ein, irgendwoher aus dem Unendlichen, jetzt – nach seinen Berliner Eindrücken – viel zugänglicher für unsre Methoden, doch mit den ernsten Vorbehalten des Ethikers.

Was wirds geben mit Amerika?[5] Was soll man denken von alldem, was heute in der Zeitung stand? [...] Es eröffnen sich gigantische Perspektiven für die Fortsetzung des Krieges. [...] Ich denke, was wir jetzt zu tun versuchen, ist doch unter all den Möglichkeiten immer noch das Vernünftigste und Aussichtsreichste. Aber ich habe sehr das Bedürfnis, wieder von dir «bestärkt» zu werden, und darum *komm* bald.

Schluß. Herzlichen Gruß euch Beiden [und] auf frohes Wiedersehn! Eure Karl und Nelly

[1] Benjamin Vallotton (1877–1962), welschschweizerischer Romanschriftsteller. Welche seiner Bücher Barth gelesen hat, läßt sich nicht mehr feststellen. Doch erwähnt er in *Der Dienst am Wort Gottes,* ThExh 13, München 1934, S. 6, eine Romanfigur Vallottons namens «Pasteur Chardonnet».

[2] [G.] L[udwig], *Glaube* (Predigt über Rm 8,38f.), in: Neue Wege, Jg. 10 (1916), S. 167ff.

[3] Rade hatte den Abdruck von Barths Predigt in der «Christlichen Welt» (vgl. Anm. 1 zum Brief vom 6. 3. 1916) ohne Nennung von Barths Namen und ohne sein Wissen vorgenommen.

[4] E. Brunner, *Grundsätzliches zum Kapitel «Die jungen Theologen»,* in: Kirchenblatt für die ref. Schweiz, Jg. 31 (1916), S. 57–59.

[5] Kriegseintritt der USA anfangs 1917.

Thurneysen 26. April 1916

Lieber Karl,

Buxtorf schreibt mir beiliegenden mich zu einem Ja drängenden Brief.[1] Aber nichtwahr, du findest doch auch, es wäre nicht recht, wenn ich nun ginge. Es ist ja wahr, daß ich mich gelegentlich sehne nach einem etwas größeren und klareren Feld, als ich es hier habe. Dem hier wären zweifellos viele andere auch gewachsen, aber trotzdem, ich bin noch nicht einmal drei Jahre hier. Für die Leute hier, die im Geiste bereits meinen Grabstein nach 40jähriger Tätigkeit auf dem hiesigen Gottesacker zu sehen vermeinen, wäre mein Weggang ein ungemeiner Schlag. Ich höre bereits ihre Stimmen zueinander reden und nach dem kurzen Intermezzo meines Hierseins sich aufs neue bestärken in ihrer «Gerechtigkeit», die bisher stand wie der Turm zu Babel, und an der ich zwar ein wenig zu rütteln versuchte, aber siehe da, sie war stärker als ich es bin, denn sie ist geziert mit uralter Heiligkeit, wie du es mit deinem Vortrag in Aarau so treffend gesagt hast. Also, ich werde besser hier noch ein wenig Rüttler und Schüttler sein als die Lämmer weiden auf der Himmelswiese von Neßlau. Aber sag mir doch mit zwei Worten deine Meinung.

Herzlich Dein Eduard

[1] Thurneysen hatte einen Ruf nach Neßlau (Kanton St. Gallen) erhalten.

Barth 27. April 1916

Lieber Freund!

Wir sind mit voller Teilnahme bei euch in dieser wichtigen Entscheidungsstunde. Was soll ich raten, wenn du mich fragst? Die Gefahr liegt nahe, daß ich vor allem selbstsüchtigerweise sage: Lauft uns nicht davon! Laßt euch nicht verschleppen in diesen Winkel am Ende des Toggenburgs! [...] Denn dann ade schönes Zusammenarbeiten! Aber das ist ein sekundärer Gesichtspunkt. Entscheidend wird sein, was du selbst schreibst, ob du dich von den Leutwilern schon wieder abwenden darfst – und ob der fette Acker der 1700-fränkigen, gollorgelnden[1] St. Galler Frömmigkeit *die* Welt ist, in die *du* dich als Säemann berufen fühlst. Weißt du sonst noch mehr über die Gemeinde? Was Buxtorf schreibt und *wie* er schreibt, macht mir den Eindruck, das seien

Gefilde, die wir lieber andern überlassen sollten. Der gottlose Aargau hat etwas erquickend Jungfräuliches, Ehrliches neben diesem Land Kanaan, wo es Gemeindeammänner gibt, die... und an denen der Pfarrer... Willst du nicht auch noch eine Weile den Aargauern ein Aargauer sein? Ich will nun nicht so kräftig an dir reißen wie Buxtorf, aber dich am Ärmel zupfen tun wir Alle: Nelly, Fränzeli, Markus und ich: bleib!

Und nun müßt ihr am Sonntag auf alle Fälle kommen, um uns euern Entschluß mitzuteilen. In treuem Gedenken

dein K. B.

1 bezieht sich auf die bekannte Firma Goll, Orgelbauer.

Barth 30. April 1916

Liebe Freunde!

[...]

Kommt [...] heute, Sonntag in 8 Tagen nachmittags oder abends, wie es euch besser paßt. Du Eduard hast dann gleich Gelegenheit, im Blauen Kreuz einen Schlag zu führen. [...] Pestalozzis werdet ihr hoffentlich schon bei uns vorfinden, denn wir haben sie bereits auf Samstag Abend aufgeboten. [...] So ist Alles aufs harmonischste prästabiliert, und ihr habt nur mit der nötigen Freudigkeit anzurücken. Heute und morgen habt ihr also Kuttern, wir meinen das Rauschen der Wasserfälle und das Gepolter der Durchbrüche zu hören. Wir aber haben das verwegene Projekt, morgen Montag (nach verschiedenen Trainierungsmärschen an den letzten Abenden) über den Hauenstein nach Basel zu laufen. Vielleicht langt es dann nur bis Läufelfingen, aber die Absicht ist gut, und die Tagwache ist auf nachts 2 Uhr angesetzt. Wenn ihr morgen erwacht und diesen Brief bekommt, sollten wir also rüstig ausschreitend irgendwo im Baselbiet vorzustellen sein. Doch ists noch nicht Morgen, und es kann noch allerlei dazwischenkommen. – Ihr geht doch nicht nach Neßlau? Am Plan für in 8 Tagen nicht mehr rütteln!

Und nun herzlichen Gruß von Euren Nelly und Karl

Thurneysen 5. Mai 1916

Liebe Freunde,

Also wir kommen am Sonntag voller Freude selbdritt, Marguerite, meine Schwester Susi und ich zum «brunnen», wie sie hier sagen, wenn sie eine Quelle anstechen oder verstopfte Leitungen wieder öffnen wollen. Zwar hat uns der Brunnenstecher aus Zürich[1] schon kräftig Hilfe geleistet in diesen Tagen. Er hat uns mit seinen Wasserströmen überschwemmt, und es wird sich nun zeigen, ob es auch unsern eigenen Wasseräderlein ein wenig geholfen hat. Gut getan hat er uns jedenfalls. Wir haben ihn von ganz neuen Seiten kennen gelernt, indem er sich stundenlang Musik, vor allem Bach, vorspielen ließ und zum Beschluß sogar selber geigte und allerlei Schönes zu sagen wußte. Er hat Marguerite ihren Johann Sebastian von neuem lieb gemacht und ihr deutlicher als irgend jemand die Fäden geknüpft, die von Bach zu unserer «Sache» hinüberführen. Ich saß staunend dabei und so ein wenig stolz wie du, Karl, damals in Bad Boll, als Nelly das Solokonzert im blauen Saal zur Bewunderung von Grafen und adligen Damen spielte.

Herzlich euer Ed. Th.

[1] Kutter.

Thurneysen 10. Mai 1916

Mein Lieber,

Nach den Erquickungen der letzten Tage bin ich wieder in unsern Pfarrhof zurückgekehrt. Ich muß mich förmlich mit Zwang wieder daran erinnern und darauf einstellen, daß ich nicht nur für mich selber als freier Liebhaber Gottes hier in Leutwil sitze, sondern als «Leutpriester» oder «Gehilfe der Freude» [vgl. 2. Kor 1,24]. Im Grunde begreife ich immer besser die Neigung der Lhotzky[1] und Johannes Müller[2] und anderer kleiner Propheten zum freien, nebenkirchlichen, unorganisierten Ausschank und Vertrieb oder das Verfahren der Zeltmissionsbrüder und verwandter Sendlinge, die mit Harmonium, Stiftshütten und Tabernakeln von Ort zu Ort ziehen. Das wäre eine – wer weiß? – auch uns angemessene Lebensweise, als herumziehende Reichsgottes-zigeuner, Stürmer, Dränger, Straßenprediger und Berenner von Babelstürmen im Lande herumzuziehen. Doch einstweilen ist es noch nicht so weit. Wir sind gestern munter über Berg und Tal unter allerhand Rückblicken auf das Erlebte heimgewandert und freuen uns bereits aufs nächste Mal. Heute Morgen nach Rezept Epprecht frühe Tagwacht mit erfreulicher Besiegung des alten Menschen!

[...] Wir grüßen dich und Nelly und danken für alle Gastfreiheit und hoffen auf euer Kommen zu uns. [...]

Eduard und Marguerite

[1] Heinrich Lhotzky (1859–1930), religiöser Schriftsteller.

[2] Johannes Müller (1864–1949), religiöser Schriftsteller, Herausgeber der «*Blätter zur Pflege persönlichen Lebens*» (seit 1914 «*Grüne Blätter*»), nahm Fühlung mit Karl Barth, ohne diesen wirklich zu verstehen.

Barth 16. Mai 1916

Liebe Freunde!

Auch wir sind längst wieder ins Leben eingemündet und freuen uns der Erinnerung. Es muß noch mehr werden aus unserm Kränzlein, wenns etwas sein soll. Vorläufig sind noch einige Dämonen im Weg, die gebannt sein wollen, damit es ebenso oder ähnlich erfreulich werde wie unsere freien Zusammenkünfte vor ein und zwei Jahren. Aber mit Vertrauen und Freudigkeit wird das schon zu erreichen sein. [...] Ich mußte nach unserm letzten Gespräch [über deine Predigt] auf dem Heimweg an die Tagebücher meines Großvaters aus den 40er Jahren denken, die ich jüngst zu sehen bekam, in denen sich edle Jünglinge gegenseitig betrachten und abwägen und gutheißen. Das haben wir nun zwar noch nicht getan, aber vielleicht waren wir nicht allzuweit davon. Mein Großvater führte den Namen «Dolcino»! Auch das wäre ja möglich auf dem Weg zum «Käppli» [= Ruhestand], aber vielleicht nicht gerade unsre Absicht.

Unterdessen habe ich am Mittwoch mein 30. Lebensjahr vollendet, von Fränzeli mit Blümlein, von Nelly mit einem neuen Hut!! und einem Tolstoj begrüßt. Gleichzeitig ging die Unterweisung wieder an, mit viel guten Vorsätzen meinerseits und unter Assistenz von Nelly. Am Abend hatte ich eine diesmal befriedigend besuchte Besprechung mit den Eltern der neuen Konfirmanden über das Paradox dieses Unterrichts und ihre Mitwirkung bei einem Lösungsversuch. Der Kirchenpflegspräsident unterstrich das Moralische breit und gesund, wie es seine Art ist. Einige Frauen aber wären sich fast in die Haare geraten wegen der Arbeitsverhältnisse (Hochuli!). Doch wars eine nützliche Zusammenkunft. Im Blaukreuz gebe ich nun doch auf Mitte Juli meine Demission. Es ist für eine Zeitlang entschieden genug für mich auf diese Weise, und der Verein kann auf keine andere Weise mehr zum Arbeiten veranlaßt werden, als daß ich die andern Mitglieder zum Hervortreten und sich Mühe geben zwinge. Die Stimmung in der Generalversammlung gestern Abend war erstaunlich leichtfertig. [...]

Der Vortrag in den «Neuen Wegen»[1] ist fast völlig ohne ein Echo geblieben (wenigstens für mich), sodaß ich nicht einmal ahne, ob man in der «Welt» vorwiegend darüber lacht oder schilt oder etwas damit machen kann. Etwas von der Schreibfreudigkeit der 40er Jahre täte unsrer Zeit doch gut. Wir halten alle Monologe und sind erstaunlich einsam dabei. Gehts dir nicht auch so?

Fränzeli und Markus grüßen auch und wachsen. Eure

Nelly und Karl

[1] K. Barth, *Die Gerechtigkeit Gottes,* in: Neue Wege, Jg. 10 (1916), S. 143–154; wiederabgedruckt in: *Das Wort Gottes und die Theologie,* 1924, S. 5ff.

Thurneysen 18. Mai 1916

Lieber Karl, liebes Nelly,

Wir beglückwünschen dich herzlich zum 30. Lebensjahr. Wir haben sehr viel Gutes für dich auf dem Herzen. Den neuen Pilgerhut wirst du hoffentlich in der alten unerschrockenen Weise in Hütte und Schloß tragen und vor niemand abziehen, der es nicht verdient, wie George Fox, der ihn glaub sogar im Bett aufbehielt. [...] Am Sonntag habe ich in Zürich über das Gewissen geredet. Kutter erklärte mir, das Wort «Gewissen» sei nur als Bezeichnung für eine Art Moralpegel zu brauchen, und um das tiefere Verhältnis des Menschen zum göttlichen Willen zu durchleuchten, sei es noch nicht Zeit. Wir sollten uns damit begnügen, die «Hauptsache» herauszustellen, bevor wir daran gingen, von unsern Beziehungen zu ihr im Einzelnen ohne Gefahr aller Mißverständnisse zu reden. Was sagst du zu dieser Abwertung unserer Denkbemühungen um das Gewissen? [...] In Zürich verlautete auch etwas davon, daß Kutter wirklich wegen der Mißerfolge der Deutschen vorläufig sein Buch[1] nicht wolle erscheinen lassen. Ich weiß aber nicht, ob das wahr ist. [...]

Ich schließe, indem ich dir, Karl, noch eine Stelle aus der Offenbarung zu näherer Besichtigung unterbreite. Sie fiel mir heute in die Augen: Offenb. 2,1–5, das Lob an Ephesus: «ich weiß deine Werke und deine Arbeit und deine Geduld...» und dann doch: «aber ich habe wider dich...», was steckt da wohl alles darin, was auch uns angeht?

Von Herzen eure Eduard und Marguerite

[1] H. Kutter, *Reden an die deutsche Nation.* Das Buch erschien dann doch: Jena 1916. Nach der deutschen Kapitulation 1918 zerriß Kutter sein Handexemplar. Siehe darüber H. Kutter jun., *Hermann Kutters Lebenswerk,* Zürich 1965, S. 75.

Barth 30. Mai 1916

Liebe Freunde!

Während ihr [...] die c-moll Messe in Basel gehört habt, hatten wir eher eine düstere Woche. Sie stand ganz im Zeichen meiner Zahnlücke, die sich durch Fieber, Kopfweh und schlaflose Nächte übel bemerkbar machte bis heute und noch immer nicht ganz Ruhe hält. Ich habe am Sonntag zähneklappernd und schweißgebadet nach ein paar Notizlein dürftig gepredigt – und dabei geschah es noch, daß Fränzeli seiner Hüterin entrann und mitten in meinem Sermon durch die vordere Türe in der erstaunten Versammlung erschien, um «Papa zu holen», es wurde dann von einem ordligen Kirchenpfleger durch die ganze Kirche seiner glücklichen Mutter zugeführt, die mit ihm davoneilte. Das war auch ein Schlag und eine Tat und ein Durchbruch! Um meine Predigt war es nicht schade. Die meiste Zeit war ich nun immer im Bett, machte Umschläge, schluckte Tropfen und Pillen und las dazwischen das Leben von J.T.Beck[1] (auf den Schädelin auch schon hinzudeuten beginnt!). Es war eine Zeit geringer Dinge. Wie ganz anders enthusiasmiert werdet ihr nun sein! Gebt uns schleunigst viel von eurem Reichtum ab!

Am Sonntag Abend hatte ich einen seltsamen Halbwachtraum: Ragaz mit den Seinigen war ins Haus eingedrungen und machte sich in allen Zimmern mit Rüben, Herdöpfeln[2] und Holzscheitern etwas zu schaffen. Plötzlich drang Bader mit seinen Anhängern auch herein, sie schrien laut und siegreich: Jetzt haben wir sie, die Diebe, die Schelme!! und Ragaz wurde von ihnen in einen Kleiderschrank gesperrt. Ich lag machtlos im Bett und beschwor vergeblich die Parteien, Ruhe zu halten, wobei mir der Gedanke, wie schwer solches Los für Ragazen sei, besonders viel zu schaffen gab. Nelly, die zum Glück in diesem Augenblick hereintrat, hatte alle Mühe, mich zu versichern, daß das Haus *nicht* voll streitender Religiössozialer sei.

Du kannst aus diesem Träumlein sehen, wie ernst ich unsre neuen Pflichten offenbar bereits nehme. Ich hatte nämlich am

Sonntag Nachmittag einen langen Brief an Pestalozzi geschrieben über die in den Zahnwehpausen in mir keimenden Ideen für «*unsre*» Konferenz.[3] Nun werden *wir* ans Kochen gehen, wa?! Ich würde dich schlecht kennen, wenn du nicht auch schon allerlei ausgesonnen hättest unterdessen; jedenfalls erwarte ich von dir demnächst irgend einen außerordentlichen Aufschluß über die neue Lage im Himmelreich. [...]

Nelly war gestern bei der Gründungssitzung der «Freien Jugend».[4] Genosse Münzenberg[5] sollte die Weiherede halten, traf aber nicht ein. Dafür ergriff dann der «Geischt» einige Hiesige, aber in harmlosester Weise, und dazu wurde gesungen: «Wir sind die jungen Adler des Pro - le - ta - ri - ats!»

Und nun kommt mit der gewissen Hartnäckigkeit, die dem Kirchenjahr eigen ist, wieder Himmelfahrt und Pfingsten herbei, und wir müssen *es* wieder einmal sagen. Ob wir nicht doch noch einmal in irgend eine Wüste entrinnen? Vorläufig also noch nicht!

Herzlichen Gruß über Berg und Tal Eure Safenwiler

[1] B. Riggenbach, *Johann Tobias Beck. Ein Schriftgelehrter zum Himmelreich gelehrt. Lebensbild,* Basel 1888.

[2] = Kartoffeln.

[3] Auf der Tagung der schweizerischen religiössozialen Konferenz in Brugg am 23. Mai 1916 waren Barth, Thurneysen, R. Pestalozzi und Karl Sandreuter, Pfarrer in Frenkendorf (Baselland) zum neuen Vorstand der Konferenz gewählt und damit für die Durchführung weiterer Tagungen verantwortlich gemacht worden. Wegen interner Spannungen in der Konferenz kam es jedoch nicht zu einer Tagung unter ihrer Leitung. Im Oktober 1917 legten alle vier ihre Ämter nieder.

[4] Sozialdemokratische Jugendorganisation.

[5] Willi Münzenberg (1889–1940), deutscher sozialistischer Politiker und Publizist, lebte 1910–1918 in Zürich.

Thurneysen 1. Juni 1916

Lieber Karl,

Soeben kommt die Ankündigung deines feinen Planes, nächste Woche zu uns zu kommen, um dich bei uns zu erholen. Wir freuen uns ungemein. Du Armer, in was für einen Schmelztiegel und Trübsalsofen bist du gesperrt worden! Wir danken dir vielmal für deinen ausführlichen Brief. Ich habe heute Nacht auch von einer religiössozialen Konferenz geträumt, bei mir ereignete sich das Merkwürdige, daß die Ragazianer mit dicken Knüppeln bewaffnet auftraten. Seltsam!

Wir grüßen herzlich und erwarten dich am Sonntag.

Eure Eduard und Marguerite

Thurneysen 8. Juni 1916

Liebe Freundc,

Alle die Stunden nach deinem Besuch haben wir die dämmerhafte und traumhafte Gestalt des wandernden, Berge und Täler hinter sich lassenden Karl begleitet. Wir sahen dich auf der Kulmer Höhe im Gebüsch verschwinden, sahen dich talwärts eilen, am Kulmer Pfarrhaus vorbeifliehen und den Böhler gewinnen, sahen dich zurückgrüßend auf die überschrittenen Gebirge hinüberschauen, sahen dich endlich schnell, schnell wie ein Punkt am Horizont verschwinden und in die Safenwiler Gründe einbiegen. Und wir stehen noch und sehen deiner Heimfahrt nach und haben das Gefühl, es sei etwas sehr Schönes und Reiches zu Ende gegangen. Wir wollen uns nun auch unsrerseits mit neuem Mut ins Getriebe werfen. Es ist auch mir zu Mute wie nach gefreuten Ferientagen und Marguerite verspürt Ähnliches.

Ich habe meinen Unterrichtskindern die Geschichte von Jakobs Kampf erzählt nach deinem Abschied. Ich bin dir dankbar dafür, daß du zweien meiner Stunden assistiert hast und mich ermunterst, der Erzählmethode mehr zu vertrauen als allerlei vielleicht geschickten Unterredungen. Ich wünschte mir nur, ich könnte auch dich wieder einmal im Unterrichtsgefecht sehen. Wichtiger noch als diese Religionsunterrichtsfragen war mir, daß wir uns über unsere Konferenz verständigen konnten. Wir grüßen euch von Herzen!

Eure Eduard und Marguerite

Barth 10. Juni 1916

Liebe Freunde!

Getragen von eurer Geisteswelle, konnte ich meinen Pfingstspruch schon gestern Nachmittag fertig aussinnen, und nun möchte ich euch sagen, wie innig ich euch danke, daß ich so bei euch sein durfte, und wie wohl es mir bei euch war. Ich habe diese Tage wie *eine* große Freude und Erquickung in Erinnerung und bin mit fast geheiltem Zahn und neuem Mut und heilsamen Vorsätzen zu Weib und Kind und Safenwilern zurückgekehrt. Es war einfach lieb von euch, daß ihr mich so gepflegt und genährt (Äpfelküchlein) habt. Der Zweck hätte nicht besser erreicht werden können. Dir, Eduard, habe ich noch besonders zu danken für die verschiedenen «amtlichen» Sprüche, denen ich als Zuhörer assistierte und die mir viel geboten haben; ich stellte mich gerne unters «Wort» und würde dir als Laie jedenfalls fleißigst in die Kirche kommen. Gefehlt hat eigentlich nur eins, nämlich daß es zu keinem Kontakt mit Marguerites Musik kam. Warum nicht? Haben wir zu ununterbrochen geredet und damit die guten Geister des Schönen verscheucht? Oder hat meinerseits Nelly gefehlt, um mir die rechte Willigkeit auch zu diesem Hören zu suggerieren? Kurz, das muß ein andermal anders werden.

Ich bin ausgezeichnet heimgekommen trotz eines kleinen Irrgangs zwischen Leutwil und Kulm. Bereits um 9 Uhr konnte ich meine Familie in die Arme schließen! Ich habe noch allerlei vom alten Blumhardt über den hl. Geist gelesen in deinem Buch und mich dann stracks an die Predigt gemacht: «Nehmet hin...» (Joh. 20,22). Die Jünger Jesu, die hinnahmen und in eine neue Natur versetzt wurden – wir, die wir uns mit bloßem Christentum begnügen und doch nach der neuen Natur Sehnsucht haben, – Jesus, der mit seiner Gabe vor uns wie vor jenen steht, – wenn alle diese Kontraste verschwinden, kommt das neue (fortgesetzte) Pfingsten. So etwa. Die artilleristische Charakteristik meiner Methode dürfte in Stärke und besonders in Schwachheit wieder sehr zutreffen. Die unheimlichen 30,5 und 42 cm Geschütze, mit denen du arbeitest, stehen mir wirklich nicht zu Gebote, das kam mir auch gestern in der Unterweisung beim Vergleich deutlich vor Augen. Es wird auch bei der Konferenz so sein: die eigentlich unheimlich tiefen und entscheidenden Wahrheiten mußt du dann aussprechen.

Die Andachten[1] des «jungen» Blumhardt sind doch ein schönes und wichtiges Buch. Er wird mir sehr lebendig und ich lese mit sich mehrender Aufmerksamkeit darin herum. Und nun steht noch Kutters Keulenschlag[2] bevor!! Es ist mir, ich höre schon die Scheiben klirren und die Ziegel von den Dächern fallen und die Kamine umstürzen.

[...] Gestern Abend hatten wir Kirchenpflegssitzung. Sie brachte mir ein ganzes Bouquet von wichtigen und unwichtigen Wünschen: ich solle mehr Hausbesuche machen, die Konfirmanden sollten zum Predigtbesuch angehalten werden, die Frau Pfarrer solle doch den Pfarrstuhl in der Kirche wieder benützen!! Ich meinerseits konnte es erreichen, daß ich nun endlich vom Oktober an drei Stunden Unterweisung statt zwei geben kann. Lebt wohl und seid herzlichst begrüßt und bedankt

von eurem Karl Barth

[1] Chr. Blumhardt, *Haus-Andachten nach Losungen und Lehrtexten der Brüdergemeine,* Stuttgart/Basel o. J. (1916). Darüber K. Barths Rezension: *Auf das Reich Gottes warten,* zuerst in: Der freie Schweizer Arbeiter, 15. und 22. 9. 1916, wieder abgedruckt in der 2. Aufl. von Barth/Thurneysen, *Suchet Gott, so werdet ihr leben,* München 1928, S. 175–191.

[2] *Reden an die deutsche Nation.*

Thurneysen 21. Juni 1916

Lieber Freund,

Nun sind wir also wieder bei unsern Herden, jeder bei der seinen. [...] Vergiß nicht, deine Einführung in Blumhardt schriftlich zu fixieren und sie Ragaz zu schicken. Ich glaube, sie kann sehr hilfreich sein. [...] Denk, morgen will Kutter mitsamt seinem großen Hund zu uns kommen und über den Sonntag bleiben. Was wird das für Gespräche über unsere Konferenz geben, mit denen ich ihn zur Teilnahme bewegen möchte. Es wird schwerlich gelingen.

Von Herzen dein Eduard

Barth 26. Juni 1916

Liebe Freunde!

Denkt ich bin ganz allein! Nelly und Fränzeli sind für vier Tage nach Baden zu unsrer Schwester gegangen, und nun ists sehr still im Haus, denn Klein-Markus macht gar keinen Lärm, nur der Regen draußen tropft und tropft, wie es nach meiner gestrigen Erklärung im Blauen Kreuz sein muß, solange Güte und Treue sich nicht begegnen (Ps. 85, 10–13) zwischen Himmel und Erde.

Wie endigte das [Pfarr-] Kapitel? Es war höchste Zeit, daß ich ging. Solche Verhandlungen erfüllen mich immer mit einer höchsten Beunruhigung und Beklemmung, denn das hat einfach keinen Sinn, und dann möchte ich etwas in den Saal hinaus schreien können und habe doch die Stimme und das Wort nicht, und dann hänge ich da zappelnd wie ein Dachdecker am Seil, aber nicht wie im 85. Psalm, sondern in peinlicher Plage. Es wird mir in Zukunft jeder Grund recht sein, um diese Veranstaltungen zu meiden. In 10 oder 20 Jahren kann ich vielleicht wieder mitwirken in diesen Dingen, jetzt ists innerlich und äußerlich aussichtslos und schädlich. Gehts dir nicht auch so?

Ich hatte vor dem Kapitel ein langes Gespräch mit Schild. Das Kränzli ist ihm sehr wichtig und wertvoll. Er möchte eigentlich über sich selbst heraus und meint es sehr sachlich. Er meinte selbst, wir sollten uns an seinen «Eierschalen» theologisch-methodischer Art nicht stoßen, und ich glaube auch, wir tun am Besten, wenn wir unsern Weg weiter gehen und seine richtenden Sprüche gar nicht stark beachten und schwer nehmen. Wahrscheinlich wäre ihm am Besten gedient, wenn er *nicht reden* müßte am

Kränzli. Ich verstehe das sehr gut, es geht mir selber oft so, und man sollte diesem Trieb oder Nicht-Trieb gehorsam sein. Mit Epprecht stehts vermutlich ähnlich, nur daß er bei seiner Herkunft noch mehr Mühe hat. Ich habe doch die Empfindung, es fehle auch ihm nicht an Willigkeit, ich sprach auch mit ihm und auch er schien erfreut von unserm Kränzli. Wir müssen uns doch immer vor Augen halten, daß es wirklich Felsblöcke sind, die wir den Beiden auf ihren sichern Weg gewälzt haben, und dürfen nicht erwarten, daß sie schon damit jonglieren können. Wir wälzen und ächzen ja selbst noch genug daran, jedenfalls ich. Ich hätte sicher noch vor vier Jahren *ganz gleich* dumm getan wie die zwei jetzt. Also wollen wir sie ruhig der immanenten Logik der *Sache* überlassen, die sie schon ereilen wird, auch wenn noch einige oder viele merkwürdige Diskussionen dazwischen liegen sollten.

Ich habe Ragazen die Besprechung von Blumhardt angekündigt, und er heißt sie willkommen. So werde ich mich also dran machen, aber nur als Cicerone, nicht als Rezensent. Warum machst *dus* eigentlich nicht? Ich muß doch immer wieder daran erinnern, daß *du* uns irgend einen großen Schlag in den «Neuen Wegen», z.B. immer noch die Auseinandersetzung mit deinem Freund Troeltsch schuldig bist. Ich schäme mich bald, wie ich rastlos und ruchlos drucken lasse, und du, der mir das Meiste vorgesagt hat, stehst so bescheiden im Gebüsch und lässest nichts von dir hören. Das ist ein offenkundiges Mißverhältnis.

[...] Was mag mit Kutter geschehen sein und mit euch unter dem Feuerstrom seiner Beredsamkeit?! Ist er gewonnen für die Brugger Bassin-Konferenz? Sind euch neue Aufschlüsse geworden über das «Innere der Natur»? Versäumt doch ja nicht, uns bald auch etwas davon mitzuteilen!

[...] Unsere Erwägungen[1] von vor drei Wochen über erneutes Philosophie- und Theologie-Studium gehen mir nach und werden mir, von allen Seiten betrachtet, immer wichtiger. Der Monolog mit mir selbst und das bißchen Dialog mit der zufälligen Gemeinde und auch unsere – so ertragreich sie sind – gemeinsamen Besprechungen genügen mir doch auf die Länge nicht. Das Sammelgebiet für die innere Konzentrierung und Kräftigung, aus der heraus ich so gern reden und wirken *möchte,* muß ausgeweitet und vertieft werden, sonst bleibts beim Wünschen, sonst droht ein toter Punkt. Es geht nicht weiter damit, daß mein schärfstes und gründlichstes *Denken* allwöchentlich dem gilt, was ich *sagen* will, sonst ist eines Tages nichts oder zu wenig mehr da zum Sagen; ich komme mir vor wie einer, der aus seinen Zinsen lebt, das ist nichts. Ferner sage ich mir, daß eine so gewagte Position, wie wir sie einnehmen, einfach der Ordnung halber, solid unterbaut sein muß, und das geschieht nicht mit einem gelegentlichen metaphysischen Konstruktiönlein zwischen Zeitung und Unterweisung. Endlich drängt die Sache selbst zu einer umfassenderen Behandlung, als sie so einem 30jährigen kleinen Pfarrer in seinem praktischen Wirkungskreis möglich ist. Also auf in den Kampf! Ich bin bereits dran, mir Auszüge aus Kant zu machen (bis jetzt «Prolegomena» und «Grundlegung», nächstens gehts an die «Kritik der reinen...», oh!), als ob ich Fritz Lieb wäre und noch einmal ins Prope[2] sollte, und diese Aufräumungsarbeit und verbesserte Neuauflage alter Studien erfrischt mich sehr. Nun eröffne du das Feuer an einer andern Stelle!

Hier schenke ich dir [...] meine Aarauer Predigt.[3] [...] Jetzt bist du in Basel am Kränzli und bringst hoffentlich gute Botschaft zurück!

Ich grüße euch herzlich. In Freudigkeit und Treuen Euer

Karl

[1] Wir beschlossen auf einem Spaziergang, uns hinter umwälzende theologische Studien zu machen! Barth begann bald darauf mit der Exegese des Römerbriefs.

[2] = Propädeutikum: theologisches Vorexamen.

[3] Vgl. Anm. 2 zum Brief vom 2. 3. 1916.

Thurneysen 4. Juli 1916

Liebe Freunde,

Wir haben allerhand erlebt, seit wir uns das letzte Mal sahen: Kutter und die Basler. Kutter will von einem Auftreten an unsrer Konferenz gar nichts wissen. Und die Basler sind für eine Vorbesprechung nicht zu haben. [...]

Kutters opus germanicum habe ich gelesen. Ich fürchte für seine Wirkung, weil es zu deklamatorisch geschrieben ist. Ich verstehe sein Bedürfnis, das Universale nicht einfach in die Luft zu stellen, sondern es dem deutschen Volk als seinem Träger zuzuschieben. Dem gegenüber erscheint Blumhardts Haltung weiterhin als ein Warten und Sichbeschränken. Kutters Buch wird den größeren Stoß bedeuten.

[...]

Vielen Dank für deinen letzten wichtigen Brief! Wir grüßen euch herzlich. Eure Leutwiler

Barth 19. Juli 1916

Liebe Freunde!

Wie habt ihrs so schön gehabt im Gebirge nach der frohen Karte an Fränzeli, die eben eintraf. Oder seid ihr noch droben? Jedenfalls freuen wir uns mit euch! Wir haben unterdessen ganz still weitergelebt; ich merkwürdigerweise hauptsächlich hinter exegetischen Forschungen im Römerbrief, die so tief gingen, daß man mich sogar Cremers Wörterbuch der neutestamentlichen Gräcität[1] schwingen sah. [...] Den Vortrag über Weissagung und Erfüllung für Aarau[2] habe ich abgelehnt, darüber fangen wir dann in zehn Jahren an, entscheidende Worte zu reden! [...]

Siehe Beilage![3] Da wären allerlei Kommentare zu schreiben dazu. Mach sie dir selber. Ich habe geantwortet, *nur* das Spitzlein gegen Wernle könne ich opfern, sonst nichts, und die Tendenz und das Vorhandensein dieser Zensur sei bedauerlich. Vier Seiten lang, höflich wie ein Chinese, freundlich wie ein Genfer, unter Nellys Assistenz und Rat. Ich freue mich schon auf das Losbrechen deiner Entrüstung!

Herzlichen Gruß von Groß und Klein euch zweien

Eure N. und K.

[1] H. Cremer, *Biblisch-theologisches Wörterbuch der neutestamentlichen Gräcität*, Gotha 1866, 10. Aufl. v. J. Kögel 1915.

[2] Barth war um die Behandlung dieses Themas auf der Aarauer Studentenkonferenz des Jahres 1917 gebeten worden.

[3] Brief von L. Ragaz an Barth. Ragaz hatte für eine Veröffentlichung von Barths Rezension über Blumhardts Andachtsbuch (vgl. Anm. 1 zum Brief vom 10. 6. 1916) eine Überarbeitung zur Bedingung gemacht.

Thurneysen 20. Juli 1916

Lieber Karl,

[...] Die Blumhardtsache hat mich sehr interessiert, und ich muß dir ganz restlos recht geben darin, daß du dich nicht auf Streichungen und dieses ganz leidige Dosieren der Blumhardtessenz für «weitere» Kreise einlassen willst. Das Buch ist gedruckt, also darf man herausheben daran, was wichtig erscheint. [...] Ich habe nach dem Brief von Ragaz, den ich zuerst las, deine Arbeit viel zugespitzter erwartet und finde nun wirklich ein so freundliches und sachliches Reden von deiner Seite, daß es schwach wäre, daran etwas zu ändern. Die Spitze gegen Wernle ließe ich auch fallen. [...] Sonst jedenfalls alles stehenlassen, natürlich auch die kräftige Anschauung vom himmlischen Krieg. Wenn nun nur Ragaz den Druck trotzdem vor sich gehen läßt. Nötig wäre das Erscheinen deiner Einführung sicher. Das Buch braucht eine. [...]

Von Herzen euer Eduard

Barth 27. Juli 1916

Liebe Freunde!

[...] Ich habe auch das Bedürfnis, euch wieder zu sehen, aber für mehrere Tage ginge es jetzt nicht gut, weil ich im September im Ernst vierzehn Tage Ferien machen werde und inzwischen die Kontinuität von Unterweisung und Schriftstudium nicht unterbrechen sollte!! [...]

Was ist das für eine Katastrophe mit der Zensur, die Kutters Buch verboten hat![1] Ist das nun eine Attacke des leidigen Teufels oder ein freundliches Eingreifen des lieben Gottes, der noch rechtzeitig ein Unheil verhüten wollte? Jedenfalls ein Beweis für die seltene Blindheit, mit der im Gottesvolk da draußen immer noch regiert wird, und insofern eine kuriose Beleuchtung des Kutterschen Buches selbst.

Ich meinerseits bin mit der *ragazischen* Zensur noch immer in Unterhandlung. Er hat auf meinen Brief hin mein Manuskript wieder zurückgefordert, aber scheints nur behufs Beantwortung. Die beiden Stellen habe ich korrigiert und im übrigen erklärt, daß ich nichts streichen lassen *wolle,* dies in einem unter Nellys Überwachung fast übertrieben liebenswürdig gehaltenen Brief *(sachlich* streng abweisend freilich). Die ganze Geschichte ist etwas düster, und ich habe ihm das auch angedeutet. [...]

Fundgrube entdeckt: *J. T. Beck!!* Als Bibelerklärer einfach *turmhoch* über der übrigen Gesellschaft, auch über Schlatter, und auch in seinen systematischen Wegen für uns z. T. ohne Weiteres wieder zugänglich und vorbildlich. Ich bin ihm durch den Römerbrief auf die Spur gekommen und will ihm da nachgehen im Zusammenhang mit den Andern von Calvin bis Tholuck bis auf Kutters «Gerechtigkeit»,[2] eine ganze Wolke von Zeugen!! Die ältere Generation könnte noch einmal Freude an uns bekommen, aber ein wenig anders als sie meint. Es entsteht da übrigens ein Heft mit «Scholien», in denen ich Alles in meine Sprüche zusammenfasse. Auch den verschiedenen unheimlichen Kantischen Tafeln gehe ich weiter nach, wenn auch mit weniger Freude und Ausbeute, mehr aus Pflichtgefühl!!

Wie stehts auch – da die entscheidenden Schläge, die wir jetzt vorbereiten, erst in zehn Jahren fallen können – mit unserer Predigtsammlung? Würden wir wohl auch der Zensur verfallen?!

Die Präsidentschaft des Blauen Kreuzes konnte ich nun glücklich abgeben und habe jetzt nur noch alle 14 Tage Vereinsstunde. [...]

Und nun herzlichen Gruß und freudiges Winken von Euren

N. und K.

[1] Kutters «*Reden an die deutsche Nation*», bei Eugen Diederichs in Jena erschienen, wurden im Juli 1916 von der deutschen Militärzensur mit einem Verkaufsverbot belegt, das nach drei Monaten wieder aufgehoben wurde. Siehe H. Kutter jun., a.a.O. S. 74f.

[2] H. Kutter, *Gerechtigkeit (Römerbrief Kap. I–VIII). Ein altes Wort an die moderne Christenheit,* Berlin 1905.

Barth 26. August 1916

Lieber Freund!

Wir haben heute unter Jubel, Choralgesang, *vier* Torten und einem großen Sonnenblumen-Arrangement Nellys 23. Geburtstag gefeiert, und da die Predigt vorliegt – ein weiteres Gespräch über die Liebe –, so möchte ich dir noch rasch schreiben. Dank für den Spener;[1] ich bin diese Woche im 2. Kapitel [Römerbrief] noch gut vorgerückt und freue mich auf die Fortsetzung am Montag. Das Kränzli war auch nach unserem Eindruck besonders durch die Nebenumstände ein gelungenes. [...] Meine Schwester war [...] erbaut von der Tagung und besonders von deiner Predigt und sagt, daß sie uns nun viel besser verstehe. – [...] Du arbeitest nun an deinem Referat für den Pastoralverein, aus dem ich nun zur Vermeidung alles Weiteren in solenner Weise ausgetreten bin. Nichtwahr, du gibst mir dann das Werk zu lesen. Ich wollte aber jetzt nicht du sein! In allerhand anderem oft sehr gerne, bis zu Neidgefühlen und Zorn über mich selbst, daß ich nicht aus meiner Haut heraus kann. Ich möchte hauptsächlich gerne deinen Überblick über die Dinge verbunden mit deinen pädagogisch-psychologischen Fähigkeiten in mir nachbilden können für Predigt und Unterricht. Aber es geht nicht: der Frosch hüpft immer wieder in seinen Pfuhl, immer ist meine so viel weniger umfassende und doch so viel unkonkretere Art zu denken und zu reden wieder da, und dann kann ich eben nur in Bewunderung und Freude an dir emporsehen und mich bescheiden.

[...]

Herzlichen Sonntagsgruß dir und Marguerite

von Euren K. u. N.

Morgen Familienausflug mit der Kirchenpflege!!

[1] Phil. Jak. Spener (1635–1705). Theol. Führer des lutherischen Pietismus.

Thurneysen 29. August 1916

Lieber Karl, liebes Nelly,

Wie erfreulich euer Kurzbericht über Nellys Geburtstag! Denk, Karl, im ersten Augenblick war mir Lauterburgs Angebot[1] als ernstliche Versuchung erschienen, aber bei allem näheren Überlegen: nein! Wahrhaftig noch nicht, wer weiß ob überhaupt je! Wir müssen noch ganz andere Felsblöcke ins Wasser werfen, bevor von einer Grundlegung gesprochen werden kann. [...] Wir hatten seinerzeit schon als Studenten [in Marburg] kein höheres Ziel für unser Arbeiten als das eine: Grundlegung! Und dem möchte ich wieder aufs neue treu werden und mich nicht dazu verleiten lassen, zu früh zu bauen, und wenn darüber das halbe oder das ganze Leben verstriche. Das ist der große Einwand gegen alles, auch das religiös-soziale, «Bauen». Es fehlt noch an den Grundlagen. Das möchte man allen, auch den neu-helvetischen Baumeistern wie Peter in Laupen, zu bedenken geben. Jedenfalls sollen sie *uns* von da aus verstehen und gelten lassen. Auch die Bedenken gegen die Konferenz stammen bei mir aus dieser Erwägung. Ich möchte noch mehr erarbeiten, noch weniger ausgeben und entwerfen und planieren, wie das ja immer geschieht an Konferenzen. [...]

Und nun grüsse ich dich und Nelly und die Kinder und erwarte wieder eine Kundgebung von dir als Stärkung in diesen trüben Zeiten. Auch ich will mich hinter die Bibel machen, denn das ist Grundlegung. [...]

Wir geben euch die Hand über die Berge Eduard

[1] Pfr. Otto Lauterburg bat uns um Übernahme seines Wochenblattes «*Der freie Schweizer Arbeiter*».

Barth 1. September 1916

Liebe Freunde!

[...] Zunächst eine praktische Mitteilung, die euch hoffentlich nicht zu arg erschreckt; im Notfall werdet ihr sie einfach ignorieren. Am kommenden Montag ziehen wir nämlich Deo bene volente mit unsern Konfirmanden (Nelly als Leiterin der Meitli) morgens 5 Uhr zu einer großen Pilgerfahrt aus. (Hochuli[1] hat wunderbarerweise nichts dagegen, doch scheinen für einige Bally[1]-Buben noch Hindernisse zu bestehen.) Schöftland – Ruedertal – Zezwil – Homberg – Leutwil – Kulm – Schöftland – Safenwil. Das Materiellste zuerst: würdest du so freundlich sein und in einer Beiz[2] in Leutwil den «Zobig»[2] bestellen für 30–40 Mäuler, es darf etwa 70–80 Rappen kosten pro Person: Kaffee und etwas Nahrhaftes dazu, für nachmittags 3 Uhr, damit wir um 4 Uhr heimkönnen. Dazu solltest du ihnen dann als Vertreter aller guten Geister des Seetals eine schöne Geschichte erzählen [...], damit sie einmal etwas Rechtes hören. [...] Alles natürlich nur bei schönem Wetter. – Und wenn du mit deinen Konfirmanden und dem bewußten Seil auch auf den Homberg kämest?

Lauterburg habe ich nun freundlich abgeschrieben. Mein Blumhardt-Manuscript ist nun auch an ihn ab, was für ein Hin und Her es vorher noch damit gegeben, magst du dem beiliegenden Brief Ragazens entnehmen. [...] – Ich las übrigens eben einen ausgezeichneten Aufsatz eines Jesuiten P. Lippert in den «Stimmen der Zeit» über die Auferstehung der Toten,[3] der fast von Kutter sein könnte. Im Römerbrief knorze ich nun eben an den Felsklötzen 3,20ff. Was steckt da alles dahinter; ich werde es kaum in diesem ersten Anlauf alles entdecken und erheben. Es sind ja ganz die gleichen Dinge, die uns im 1. Johannesbrief begegnen, nur viel geschliffener und gefährlicher, wenn man will.

Eiliger Schluß. [...] Freudigst und herzlichst

Eure K. u. N.

[1] Fabriken, in denen Safenwiler Konfirmanden arbeiteten.

[2] Beiz = Gastwirtschaft; «Zobig» = «zu Abend»: Abendessen.

[3] P. Lippert S. J., «*Wenn unsere Toten auferstehen*», in: Stimmen der Zeit, Bd. 91 (= Jg. 46, 1. Hälfte), 1916, S. 101ff.

Barth 5. September 1916

Liebe Freunde!

Es wird nun allerhöchste Zeit, daß wir euch ein wenig ungestört lassen auf eurem Berg; es ist mir nachgerade, wir stecken die halbe Zeit dort oben und werden immer heimeliger bei euch, und jedesmal denken wir nachher, wir sollten euch nicht so überlaufen. Aber ihr seht nur, was ihr für eine Anziehungskraft habt auf uns, und jedenfalls war das Zusammensein gestern fein, und ich möchte dir nochmals danken für den guten Spruch an meine Pilger; ich glaube, er hat ihnen sehr Eindruck gemacht, und wahrscheinlich werde ich sie dir ein anderes Jahr wieder zur Segnung vorführen. Das ganze Unternehmen war überhaupt gelungen und war mir für die Kinder in allen Hinsichten wertvoll: der Zug durch den Regen unter Gesang als Demonstration gegen den Teufel, die vielen 1000 Schrittlein, die zu machen waren als «Willenskultur» à la Foerster,[1] der glänzende Heimmarsch im Sonnenschein als Vorbild himmlischer Siege – dazwischen dann eben deine milde Erscheinung als «Vater Thurneysen» – ich glaube es ist ein befriedigendes Ganzes, und jedenfalls waren alle [...] sehr vergnügt und es gab keine einzige Szene!

Heimgekehrt fand ich meinen Schlag gegen den Bundesrat[2] gedruckt vor und bereits das Zustimmungsschreiben eines «Laien», Rechtsanwalt in Zürich. Auf *diesem* Feld könnten wir überhaupt Lorbeeren einheimsen.

Was machst du am Bettag? Ich habe mich noch gar nicht orientiert, und da ich nun deine [...] Worte in Kulm nicht hören werde, entgeht mir wahrscheinlich das Entscheidende. Nach Bettag kommt dann für mich noch Guggenheims Hochzeit[3] mit all den Zofinger- und Offiziersgesichtern – ein höchst gewagtes Unternehmen!

Vale! Ich kehre zu meinen frommen Büchern zurück. Könntest du nicht zu gemeinsamem Nutzen die Bergpredigt verarbeiten? [...] Hoffentlich sehen wir uns dann alle in Zürich in der pneumatischen Woche nach Bettag.

Eure getreuen und über und mit euch erfreuten N. und K.

[1] Friedrich Wilhelm Foerster (1869–1966), Philosoph und Pädagoge.

[2] K. Barth, *Der schweizerische Bundesrat und die Glücksspielunternehmer,* in: Der freie Schweizer Arbeiter. Wochenblatt für Sozialgesinnte aller Stände, Jg. 9, Nr. 47 (1. 9. 1916).

[3] Karl und Nelly Guggenheim-Zollikofer wurden am 19. 9. 1916 von K. Barth getraut. Vgl. den Brief vom 20. 9. 1916.

Barth Zürich, 20. September 1916

Liebe Freunde!

So sind wir denn nun alle in unserm Otium cum dignitate angelangt und freuen uns gelassen am Ablauf der Zeit, an der Natur, an den Menschen und an unsern eigenen pendelnden Gedänklein, ohne allen Zwang, kleine und große Sprüche über den lieben Gott tun zu müssen. Es ist ein rechtes Fest, und wir hoffen herzlich, ihr könnt es so freudig genießen wie wir. Für uns wars hohe Zeit, daß die Ferien kamen, speziell für mich diesmal; ich wäre 8 Tage vor Bettag beinahe noch zusammengeklappt, aber nur beinahe, es blieb bei einer Fiebernacht, nach der ich aber doch wieder predigen konnte, weil es eben sein mußte. [...] Dann kam der Bettag, auf den ich mich als solchen in den zwei Predigten, die ich zu halten hatte, sozusagen gar nicht einließ; sondern ich variierte im Anschluß an Jes. 6,1ff. und 1. Sam. 3,1ff. das Thema vom «rechten Wort», das jetzt *nicht* zu haben ist für die großen Fragen, die uns bewegen. Nelly war diesmal erfreut und fand die Predigten «beflügelt», aber was alle die Bettagschristen gedacht haben mögen, ist eine andere Frage. Und dann stiegen wir alle ins Züglein [...] und kamen zuletzt in einem Automobil durch «Babel» rasend, glücklich hier oben an, wo nun ein beschauliches «Warten» im schönsten Sinn, für mich z.B. bei den dicken Cigarren meines Schwagers, angefangen hat. Vorgestern und gestern war ich mit Nelly auf dem stolzen Ritterschloß Altenklingen im Thurgau zur Hochzeit Karls des Kühnen [Dr. Karl Guggenheim]. Schlaf in einer mittelalterlichen Kemenate, Gespräche unter Helmen und Hellebarden, Trauung in einer Schloßkapelle mit Ahnengrüften, große Mahlzeit [...] in einer Art Krönungssaal mit unheimlichen Bildern von Vorfahren und ebenso unheimlichen vaterländischen Emblemen, Guggenheim und seine Frau unter einem Triumphbogen, wir zwei als Ehrenpersonen ihnen gegenüber in hohen Stühlen – ja, was noch alles und mitten drin dann, in einem bunten Kreis von bessern St. Galler Herren, Zofingern[1] und Offizieren ich mit meinem Spruch vom Schatz im Acker [Mt 13,44], [...] den ich doch ganz gern und freudig tat. So sind wir nun um eine merkwürdige festliche Erinnerung reicher geworden. Doch wird es nun vorläufig mit solchen Juristen-Trauungen genug sein. [...]

Schild hat mir einige Détails von deinem Kampf mit dem Drachen [Pastoralkonferenz] in Kulm beschrieben, und ich hatte den Eindruck, du habest doch keineswegs vergebens deine Sache gesagt. Daß die «elende Pfaffenwirtschaft» zunächst immer mit blöden Repliken reagieren muß, ist ja eine bekannte Sache, läßt aber noch keinen Schluß zu über den tatsächlichen Erfolg oder Mißerfolg. Und besonders erfreulich war doch offenbar die Attacke Epprechts. *Diese* Treibmine haben wir nicht umsonst geladen und aufgesetzt.

Ich bekam für die erste Hälfte des Blumhardt-Artikels bereits huldvolle Schreiben von Richard Preiswerk [...] und von dem aufgeregten Sozialdemokraten Mattmüller in Buchs. Heute gehen wir nun zu Ragaz und werden uns verantworten müssen wegen dieser Publikation.

[...]

Meldet euch bei Zeiten wegen eurem Hieherkommen, wir haben allerlei vor. Tagsüber lege ich ruhig die Schrift aus, Abends aber leben wir in Saus und Braus, gestern Abend z.B. in der «Entführung aus dem Serail»! [...] Und nun empfangt tausend herzliche Grüße von euren getrosten und getreuen

N. und K.

[1] Altmitglieder der Studentenverbindung Zofingia.

Thurneysen 5. Oktober 1916

Lieber Karl,

Nur schnell ein paar Worte. Du bist also in Bern und treibst dort dein Wesen mit Studien, Gesprächen, Entdeckungen und Erleuchtungen. Ich bin unterdessen erfrischt wieder in Leutwil eingezogen. Deine freundschaftliche Predigtvertretung am letzten Sonntag war mir eine große Hilfe. Ich habe heute bereits ein Gefecht bestanden mit meiner Kirchenpflege, indem sich ein sehr bewegtes, aber im ganzen erfreuliches Gespräch über die soziale Frage und meine Stellung dazu entspann. Deine Predigt spielte herein, und ich sah als erfreuliches Ergebnis meines Anklopfens und Rüttelns durch die drei Jahre des Hierseins hindurch, daß mehr Auseinandersetzung und Bewegtwerden in der Gemeinde vorhanden ist, als ich glaubte. Ich merkte es aus den erregten und Unruhe verratenden Erwiderungen meiner Kirchenpfleger. Ich bitte dich auch darum, mir deine Predigt zu schicken. Und nun noch etwas: ich glaube, ich komme nicht dazu, unsre Aussprache am Kränzli über J. T. Beck genügend vorzubereiten auf nächsten Mittwoch, und möchte dich darum bitten, uns doch einfach einiges aus deinen Römerbriefstudien vorzulegen. Auch die Frauen hätten sicher viel davon. Es wird doch Erhellendes durch dich dabei herausgestellt. Beck nehmen wir dann ein nächstes Mal. [...]

Herzlichen Gruß dein Eduard Th.

Barth 17. Oktober 1916

Lieber Freund!

Das ist nun gut: ich habe nämlich vorgestern *auch* einen großen Brief an Ragaz geschrieben; nun ist ihm die Sache sicher sehr deutlich!! Ihr werdet auch hinter Kutters «Reden» sitzen, ich bin nächstens durch. Sollte man nicht in den «Basler Nachrichten» den Helvetikern mit einer rechten Rezension zuvorkommen? Ich fürchte sonst Schlimmes. Das Buch ist mir viel wert. Aber die Welschen werden mordio schreien. Sonntags Luk. 18,9–14!

Herzlichen Gruß Euer K. B.

Barth 19. Oktober 1916

Liebe Freunde!

Nun seid ihr wohl auch wieder vereinigt, und über Berg und Tal senden wir euch Gruß und freundschaftliches Gedenken.

Wir haben deinen Birrwiler Vortrag[1] mit Freude und Bewunderung gelesen, Eduard. Wenn ich deine pädagogischen und seelsorgerlichen Künste, resp. das dahinterliegende tiefere Können auf mich wirken lasse, dann kann ich eben immer nur voll Neid im schönsten Sinne zu dir steil emporblicken. Von *Weitem* könnte ich das nicht leisten. Aber ich bin froh, daß du es kannst und leistest, es ist mir eine Beruhigung zu denken, daß es von unseren Voraussetzungen aus grundsätzlich *geht* und zwar *besser* geht als bei den Andern, – auch wenn es leider bei *mir* durchaus nicht geht. Ich sprach mit Marguerite davon: Meine Hausbesuche und mein Unterrichten sind eine lächerliche Stümperei, ich komme mir dabei vor wie einer, der mit vollen aufgeblasenen Backen in eine Trompete stoßen möchte, aber es kommt kurioserweise kein Ton heraus. [...]

Über unser Kränzli bin ich ungefähr deiner Meinung: vorläufig im kleinen Kreis weiterfahren und uns da noch mehr Mühe geben – wenn gelegentlich jemand bei uns hereinsehen will, nicht Nein sagen, aber auch nicht dazu auffordern – *grundsätzlich* aber – so meinte ichs damals – uns darauf gefaßt machen, daß wir *entweder* selber verglunggen[2] *oder* eines Tages den andern werden sagen müssen, warum und wozu wir zusammenkommen, und daß uns Jeder, der mit uns suchen will, willkommen ist. Ich glaube aber, daß wir *praktisch* in Rücksicht auf uns selbst wie auf die Andern davon noch sehr weit weg sind, und es eilt keinesfalls mit dem: «Hänschen öffne mir die Tür, sieh nur wie sie kommen!»[3]

Ich war also in Basel. In Frick lernte ich einen gelungenen Fabrikant Müller kennen, Synode-Mitglied, der mir seine höchste Sympathie für meinen Antrag vom letzten Herbst[4] und seinen tiefen Groll gegen die Kirchenmänner aussprach. Wir könnten den Mann gelegentlich als urchige[5] aargauische Laienstimme [...] ins Feuer führen. Ich lernte dort hinten doch die Wirksamkeit Richard Preiswerks schätzen, die sichtliche Spuren hinterlassen hat. [...]

In Basel [...] war ich bei deinen Eltern und wurde wegen Blumhardt belobt. [...] Am Nachmittag war ich bei Ernst Staehelin, wo sich auch Gerwig eingefunden hatte. Staehelin las uns auf meine Bitte den geschichtsphilosophischen Anfang seiner Ökolampad-Vorlesung vor, der viel Gutes verspricht. Er nimmt die Theologie auf breitester Front in Angriff, und es kommt da wahrscheinlich etwas Tüchtiges an den Tag. Das wäre auch ein

Mann für Zürich, wenn die Banausen von Positiven ein wenig offenere Augen hätten. Und denk, dann wollte ich – Wernle besuchen, getrieben von einem mir selbst unerklärlichen Instinkt, die Tatsache dieses persönlichen Krächleins nicht auf mir sitzen zu lassen. Aber es blieb diesmal bei meinem guten Willen, denn er war nicht zu Hause. [...] Ich fand Basel als Ganzes diesmal so heimelig. Das Historische, der solenne Hintergrund dort, putzt[6] mich doch immer wieder im Gegensatz zu unserm kultur- und vergangenheitslosen Aargau. Ich schied mit einem gewissen ehrfürchtigen Heimweh und mit dem törichten Wunschtraum, meine Tage zu St. Peter[7] oder so wo zu beschließen – der aber durchaus nicht ernst zu nehmen ist. Denn das sind nur atavistische Regungen, das war mir ganz klar, als ich wieder auf dem Bahnhöflein in Zofingen stand. «Wohl dem, der nicht sitzet, da die Spötter sitzen» [Ps 1,1]. Diese [beigelegte] Predigt von Benz stach mir durch ihren Titel in die Augen, sodaß ich sie kaufte, aber «es» kommt nicht, sondern Alles bleibt bei dem altbekannten Ja und Nein, Hin und Her.

Hier nun der Entwurf für das Zirkular an die Genossen.[8] Du wirst auch hier die rechte seelsorgerliche Sprache besser finden als ich, verändere und ergänze ihn also nach Gutdünken und schick ihn mir dann retour. [...]

Am Samstag den 28. kommen Peters von Laupen hieher. Sie möchten dann am Montag den 30. mit uns [...] auch euch einen Besuch machen. Könnt ihr uns brauchen für ein paar Stunden? – In Risch ist schon am Montag eine Safenwiler Familienmutter gelandet. Ja, in den Händen von Leuten wie Pestalozzi wird das Geld auf einmal etwas anderes.[9] Sein Verhalten ist glaubensstärkend im besten Sinn, ganz abgesehen von allem andern.

Hier muß ich z.Z. wieder einmal Energie zeigen wegen der Ansetzung des Konfirmandenunterrichts, die mir vom Volk streitig gemacht wird. [...] Meine Morgenstunden habe ich aber behauptet. Es kam wieder viel blöde Gleichgültigkeit und unnötige Verdienst-Gier an den Tag bei dem Anlaß. [...] Durch meine Tante Sartorius wurde mir aus Boll eröffnet, daß der ganze dortige chorus mysticus und vor allem Blumhardt selbst mit meinem Artikel höchlich zufrieden sei etc. [...]

Mit aller Liebe wünschen euch Freude und Frieden

Eure K. und N.

[1] Gemeindevortrag über Fragen des Pfarramts (unveröffentlicht).

[2] Etwa: daß die Sache versickert.

[3] Goethe, Schlußzeilen des Gedichts «*Offne Tafel*»:
«Hänschen, mach' die Türen auf:
Sieh nur, wie sie kommen!»

[4] Antrag an die aargauische Synode auf Abschaffung des Synodalgottesdienstes. Vgl. Brief vom 5. 10. 1915.

[5] = urwüchsig.

[6] = beeindruckt.

[7] Pfarrstelle in Basel.

[8] Rundschreiben an die Mitglieder der religiös-sozialen Konferenz. Vgl. Anm. 3 zum Brief vom 30. 5. 1916.

[9] R. Pestalozzi finanzierte Erholungsaufenthalte für bedürftige Gemeindeglieder aus Leutwil und Safenwil.

Barth 23. Oktober 1916

Liebe Freunde!

[...] Denkt, wir hatten über den Sonntag Kutter [zu Besuch]. [...] Er führte ausgiebige Gespräche über Detektivromane, aus seinem Leben, europäische Politik – verhältnismäßig wenig über die inneren Fragen des Reiches Gottes. [...] Umgekehrt las ich ihm Römer 1–3 vor, er äußerte sehr freundliche Teilnahme und Einverstandenheit und ermunterte zur Fortsetzung. Und auch in meiner Predigt über den ungerechten Richter Luk. 18 [1–8] wollte er seine «Welt» wiedererkennen. Ich bewunderte diesmal vor allem seine staunenswerte Intelligenz und geistige Arbeitskraft, mit denen er über Schützengräben und Granattrichter feuerspeiend hinwegpoltert wie jene englischen Automobilfestungen. Das macht ihm keiner nach, und es ist ja auch nicht nötig.[...]

Die Arbeit an Röm. 3 geht nächstens zu Ende. Ich wundere mich über die Exegeten, die den Zusammenhang dieses Kapitels eigentlich alle übersehen haben. Oder ist es eine Tiftelei von mir, wenn ich die *πίστις θεοῦ* V. 3 als Schlüssel des Ganzen ansehe? Kutter zeigte mir gerade für meinen Versuch, Paulus als Paulus zu ergründen, und für die Absicht, den Gegner in seiner eigenen Höhle aufzusuchen, etwas zu wenig Verständnis und wollte gerade auf meine mehr technischen Fragen nicht eingehen.

Heil und Gruß! [...]

Eure getreuen N. und K.

Barth 7. November 1916

Lieber Freund!

Da bringt mir die Post zwei Dedikationen, die dich auch interessieren werden, von Wendland[1] und von unserm bösen Geist welsche et laïque. Es zeichnet sich zwar keine durch Tiefe aus. Doch wird man ja der Frl. Monastier[2] nun schon einmal erklären können, daß unser «Individualismus» noch viel verwunderlicher ist, als sie sich vorstellt. Kutter schreibt mir, ich solle die Besprechung[3] [...] nur bleiben lassen und das tue ich nun gerne; ich habe jetzt mit *Abraham* [Röm 4] zu tun.

Gegen deine gestrige Besprechung Becks opponiert etwas in mir. Ich habe noch zu wenig von ihm gelesen, um dir einfach zu sagen, du habest ihm Unrecht getan. Ich übersehe sein Ganzes zu wenig, um einfach zu behaupten, deine Darstellung von einem Teil aus sei eine Entstellung. Aber lies doch nur einmal die Übersicht, die Eck in der R. G. G.[4] davon gibt. Das ist doch etwas ganz Anderes, Fruchtbareres als das ordinäre positive Christentum! Sollte dieses Andere nicht auch in der Pastoraltheologie[5] bei einiger Liebe auszugraben gewesen sein? Dürfen und sollen wir (bei der Kritik Anderer!) unsre speziellen Blumhardtischen Erleuchtungen über Kirche, Staat, Krankheit etc. zum Kriterium machen? Wer kann dann eigentlich vor uns bestehen? Und ist dieses Vorgehen nicht allzu eilig und billig? Ich möchte ja das Alles nur *fragen*. Aber es ist mir einfach, um nützlich von Andern zu lernen, müßten wir geduldiger auf das aufpassen, was eventuell *jenseits* der verschiedenen «Orientierung» in ihrem Denken zum Vorschein kommt. Ich könnte ja z.B. auch meine 20 Schünken[6] über den Römerbrief an einen Haufen werfen und frischweg sagen, wie es nach «unsrer» Orientierung Paulus meinen muß, denn da wimmelt es ja nur so von falschen Gesichtspunkten. Aber der Geprellte wäre dabei doch ich selbst. Es kommt mir vor, du habest da gestern ein Verfahren geübt, das du sonst selber eher mißbilligst. *Mir* aber gebührt für dieses Bedenken ein Käppli mit goldener Troddel! [...]

Mit den herzlichsten Grüßen in großer Vorfreude auf Sonntag

eure getreuen Safenwiler

[1] Johannes Wendland (1871–1947), Prof. für systematische Theologie in Basel.

[2] Hélène Monastier, eine theologisch interessierte Frau, Mitglied der religiössozialen Konferenz.

[3] Barth hatte den «Basler Nachrichten» eine Rezension über Kutters «*Reden an die deutsche Nation*» angeboten, von der Redaktion aber den Bescheid erhalten, man müsse die Rezension erst haben, um dann entscheiden zu können, ob es tunlich sei, etwas über das Buch zu veröffentlichen.

[4] RGG 1. Aufl., Bd. I, Sp. 996f.

[5] J. T. Beck, *Pastorallehren des Neuen Testaments,* hrsg. von B. Riggenbach, Gütersloh 1880.

[6] = Wälzer (Kommentare).

Barth 15. November 1916

Lieber Freund!

Da kommt Schäfers[1] betrübte Antwort und meine Replik, zu der du nun auch noch deinen Senf geben solltest durch ein mildes, verklärtes und erklärendes Friedenswort. [...] Was ists doch für eine gefreute Sache, daß *wir* uns nicht so begrüßen und behandeln müssen. Der Montag [mit euch] war doch sehr erquicklich und wir freuen uns schon aufs nächste Wiedersehen. [...]

Unterdessen ist hier [J.] Vetter auf die Szene getreten. Am Montag mit einem «in großer Leibesschwachheit» (wie er im Gebet dem lieben Gott mitteilte!) getanen Spruch über Sergius Paulus und Elymas, den Zauberer. Er war aber wirklich auch geistesschwach in hohem Grad. Der Teufel und das «miserable Menschenherz» spielen die größte Rolle. Gott taucht hauptsächlich bei der immer neuen Versicherung auf, das sei nun «Wort Gottes» und nicht «Philosophie». Das letztere ist ihm offenbar von mir gebeizt [hinterbracht] worden, wenigstens weiß ich nicht, was er sonst damit will in Safenwil. Gestern Abend gings dann los mit dem «Kreuz Christi», und es wurde sehr blutig, und wieder gings der Menschheit sehr schlecht. Wir hören das sehr gelassen an, gespannt auf das, was noch kommen mag. Aber innerlich hole ich doch zu einem Schlag aus auf den Sonntag, und das ist bekanntlich eine fruchtbare Situation, auch wenn es dann nicht dazu kommt. Heute Abend kommt er zu uns zum Nachtessen, gestern hat er mich besucht, wobei es aber nur zu einem vorläufigen Betasten kam. Was kann da noch alles geschehen?! Ich habe die Woche nun ganz seiner Erscheinung und seinen Hintergründen gewidmet, indem ich tagsüber weiterlese in den alten Pietisten. Da kommen arge Dinge an den Tag, aber Alles vereinigt sich zu einem lehrreichen Bilde.

Lebt wohl, liebe Getreue, und seid herzlich gegrüßt von

euren Karl und Nelly

[1] Pfarrer Dr. A. Schäfer in Schinznach hatte seinen Kummer über mangelndes Einvernehmen geäußert.

Thurneysen 16. November 1916

Lieber Freund,

Was vorauszusehen war, ist nun also eingetroffen: Ihr steht in Reichweite des Posaunenschalls eurer Evangelisation. Der Mann mit Prophetenbart donnert und wirft sein Gesetz über die armen Safenwiler. Wir wollen froh sein, daß *wir* nicht Evangelisten sein müssen. [...]

Heute kam ich ganz unglücklich aus der Unterweisung: ich hatte über Gott und die Religionen geredet. Aber in mir schwelte die Erkenntnis: was du da sagst, ist selber nichts anderes als Religionswesen. Ich verstand den Ansatz Kutters in «Wir Pfarrer»[1] wieder ganz neu. Auch wir sitzen im Käfig des Pfarrertums. [...]

Ich komme eben aus dem Blaukreuz. In der Wirtschaft gegenüber tobt ein Fest, weil die Tochter eines Fabrikanten heute Morgen in der Kirche von mir getraut worden ist. Es fehlte also nicht an der Folie für die Trinkergeschichte, die ich meinen Blaukreuzlern vorlas.

Ich schließe mit herzlichen Grüßen. Spannt euren Schirm gut auf, solange die Vetter'sche Regenwolke über euch steht!

Eure E. u. M.

[1] H. Kutter, *Wir Pfarrer,* Leipzig 1907.

Barth 20. November 1916

Liebe Freunde!

Nun setzt das Trommelfeuer, unter dem wir eine Woche lang standen, aus, und wir kriechen aus unsern Unterständen und Stollen hervor, um den Schaden zu besichtigen, denn statt daß nun etwa die Schwarzen angreifen, wie es neulich in den «Basler Nachrichten» bedenklich beschrieben war, ist Herr Vetter heute Morgen nach einer Stadt an der russischen Grenze verreist, und wir konnten in aller Ruhe die Arche sich senken und schließlich setzen lassen, nachdem der Boden dieser Sintflut längst sichtbar geworden ist. Ich war einer der fleißigsten Zuhörer Herrn Vetters, alle Abende sah man mich «laufen» (wie sie hier sagen für frommes Pilgern), und nun glaube ich diese Art ein wenig zu kennen. Wo soll ich anfangen zu schildern? Vor Allem ist zu sagen, daß er *persönlich* sicher ein lieber frommer Mensch ist; er hat im Privatgespräch etwas Freundliches und besonders ein gewisses gutmütiges Lachen, das mich für ihn gewonnen hat. Er hat sich auch zu mir so nett, als es ihm wohl möglich war, gestellt, hat mir ein (arges!) Buch von ihm dediziert «mit innigem Dankesgruß von Ihrem *geringen Mitknecht...*», hat es nicht verschmäht, meine Predigt anzuhören, und hat mir zum Schluß vor der ganzen Kirche namentlich gedankt für «alle Liebe», die doch nur darin bestand, daß wir ihn zweimal zum Nachtessen einluden. – Aber die Sache, die Sache, die er da oben nun acht Tage lang ausgerufen hat, ist wirklich nicht das Evangelium, sondern eine ganz üble Religionsmechanik. Wenn *das* Pietismus ist, so wollen wir doch ja nie mehr auch nur an die geringsten Berührungspunkte zwischen uns und den Pietisten glauben, die meinen wirklich etwas *total* Anderes als wir. Das ist Psychologismus in der schlimmsten Form, eitel Beschreibung von christlichen Seelenvorgängen: da gibts eine Erweckung, eine Bekehrung, eine «Versiegelung», da gibts fünf verschiedene Stufen des Widerstandes gegen den hl. Geist, da gibts Kindlein, Jünglinge und Väter in Christo, da fließt das Blut Christi als Seelenarznei, da gipfelt schließlich alles in der Aufforderung an die «Erweckten», a) eine Nachversammlung in der Kapelle zu besuchen, b) künftig auf den Knien zu beten, c) täglich 15 Minuten in der Bibel zu lesen, d) ein Büchlein: «*Hinter* der engen Pforte» (!) zu kaufen, e) den «Zeltgruß» zu abonnieren. Und dann doch beständig der offene Höllenrachen, in den man trotz all dieser Herrlichkeiten noch verschwinden könnte. Und über allem eine bange Schiffsuntergangsstimmung, wo für die Meisten sowieso keine Rettungsschifflein zu haben sind, obwohl die Musik aus Leibeskräften «Näher mein Gott [zu dir]» spielt. Nein, das ists wirklich nicht. Gestern Morgen erwachte ich nach Nellys Zeugnis mit dem schlaftrunkenen Freudenwort: «Hit darf *ich* predige!» Doch tat ich in Würdigung der Sachlage (daß nämlich in der Gemeinde *keine* Bewegung, sondern nur eine gewisse Verblüffung entstanden ist) keinen scharfen Schuß, sondern redete freundlich mit Jerusalem [vgl. Jes 40,2], gegenüber all den Bewußtseinsvorgängen und dem grausigen Sündengedonner ruhig feststellend [...], daß bei Gott Freude sei (z.B. Engelein mit Harfen und Notenblättern), und daß das Reich Gottes auch auf der Erde mit Freude anfange. Am Abend stellte mich dann der Mann Gottes richtig, indem er die Bedingungen beschrieb, die solcher Freude in der Seele vorausgehen müssen. Aber er war doch etwas fassungslos mit seinen Himmelsleitern und konnte seine Bedenken nicht mächtig vorbringen. Es war mehr so ein Gemunkel, das die Leute wohl gar nicht recht verstanden haben. – Es wird sich ja nun zeigen, ob irgend etwas Reales hinterbleibt. Der Besuch war gut, aber gerade die Safenwiler blieben ziemlich lau, und ich hatte eigentlich auch von auswärts größeren Zuzug erwartet. Die Sprüche aus dem Volk, die ich bis jetzt gehört, waren mehr bezeichnend für sein dickes Fell als für sein erschüttertes Herz. Das Resultat wird wahrscheinlich das sein, daß eine Anzahl Männer von jetzt an *noch* unzugänglicher sind und daß ich in der nächsten Zeit auch mit den andern allerlei Erklärungen und Umwege machen muß, die ich lieber vermieden hätte. [...]

Mit herzlichen Grüßen von Groß und Klein Euer Karl

Thurneysen 28. November 1916

Lieber Karl,

Wir werden uns zwar wohl am Donnerstag an der Synode in Aarau sehen. Aber trotzdem noch ein paar Worte. Einmal um dir zu danken für deinen erleuchtenden Bericht über Herrn Vetter. Wir haben uns sehr daran erbaut. [...] Unterdessen war ich in Basel und habe Wernle einen ausführlichen Besuch gemacht. Er redete lang und freundlich mit mir auch über dich. Ich erzählte ihm einiges von deiner Römerbriefarbeit. Er interessierte sich sehr dafür, und die Versicherung, du gehest auf genauem wissenschaftlichem Wege vor, gab ihm zu denken! Er bedauerte, dich letzthin verfehlt zu haben. Er redet denn doch ganz anders mit uns als Wendland, der ein neues Buch gegen uns verbrochen hat unter dem Titel «Sozialethik»[1]. Ragaz, Kutter und du kommen mehrfach darin vor. Ihr werdet eurer mangelnden Einsicht in die harten

Notwendigkeiten des Staates überführt. Es ist über alle Begriffe schwach.

Herzlich grüßen euch Beide eure Eduard und Marguerite

[1] J. Wendland, *Handbuch der Sozialethik. Die Kulturprobleme des Christentums,* Tübingen 1916.

Barth 7. Dezember 1916

Lieber Freund!

Da hast du [...] eine Rezension von Kutter[1]. Wenn nur der Rezensent sich darauf eingelassen hätte, sich ein wenig mit der Sache auseinanderzusetzen, statt bloß zu referieren und Prophet! Prophet! zu rufen. Das ist doch gar kommod. An *diese* Möglichkeit zu entwischen, habe ich gar nicht gedacht. [...]

Ich habe die Vorstudien zu Röm. 4 beendigt und bin nun an der Sache. Darum erlaubte ich mir, Rudolf Pestalozzi anzufragen, ob er nicht Kutter besprechen wolle am 18.[2] Ich möchte die Woche noch lieber mit Abraham zubringen [...] und euch dann den Ertrag vorlegen. Aber wenn Pestalozzi nicht kann oder will, setze ich mich eben doch hinter Kutter, und Abraham muß warten, leider wohl bis 1917. [...] Allerlei Weihnachtsvorbereitungen machen das Haus unruhig. Aber es geht!

Herzlichen Gruß dein K. B.

[1] Über Kutters «*Reden an die deutsche Nation*».
[2] Zusammenkunft des «Kränzlis».

Barth 6. Januar 1917 aus Bern

Liebe Freunde!

Es ist doch höchste Zeit, daß ich euch aus meinen schönen Ferien einen Gruß schicke. Mit Freude vernehme ich, daß Marguerite am Montag nach Safenwil geht, wo jetzt Nelly einsam die Bemalung eines Teiles unseres Hauses überwacht, während ich es hier gut habe und mich innerlich für den Feldzug des neuen Jahres rüste. [...] Ich weiß so gar nicht, wie ihr eigentlich die Weihnachtsfreuden und -strapazen dies Jahr durchgemacht habt. Bei uns gings sehr auf und ab. Ich bin in den Festzeiten immer besonders ungeschickt und auf den Mund geschlagen [...]. So redete ich mit sehr ungleicher Kraft und Erleuchtung am 4. Advent über Stillesein und Warten Ps. 37,7, an der Weihnacht über die Klarheit des Herrn Luk. 2, am Sylvester über das zweifache «Gedenken» Gottes Ps. 25,7, am Neujahr über das Geheimnis des Herrn Ps. 25,14. In der ersten und letzten [Predigt] ging es wohl am besten, die letzte halte ich nun morgen in Laupen noch einmal, während Peter, der Unverfrorene, sich auf die hiesige Münsterkanzel wagt und Kandidat Lindt[1] den Safenwilern predigt.

Auch hier ist allerhand zu erleben: z.B. mein Bruder Heiner, der das Kutterbuch[2] sehr lobt als den Durchbruch des platonischen gegenüber dem russischen Geist unter den Religiössozialen und es beständig gegen mich ausspielt: da seien nun einmal, was bei uns schwer zu vermissen, die Kulturaufgaben und das Geistesleben im Sinne Goethes ernst genommen und von den Leuten, die ja Alle den kritischen Idealismus nicht verstanden haben, könne er sich Kutter noch am ehesten gefallen lassen, *uns* aber nach wie vor nicht. Kutter ist übrigens hier. Heiner war gestern mit ihm eingeladen, kam aber enttäuscht zurück, weil der große Mann den ganzen Abend damit zubrachte, mit zwei miteingeladenen deutschen internierten Studenten über Serbien, Bulgarien und Flugzeugangriffe sich auszulassen. Ich vernahm das nicht ohne stille Schadenfreude. Unterdessen war ich – – in der Helvetischen Gesellschaft und hörte einen Vortrag über die wirtschaftlichen Verhältnisse von Frankreich von einem Genfer Journalisten. Die Gesellschaft gefiel mir nicht, und über den Vortrag konnte ich mich nur wundern. Wie naiv reden doch diese großen wichtigen Herren über «Verhältnisse», und wie wenig wissen sie von den Menschen.

Das Weltbild, das da entsteht und das alle die Helvetiker mit bitterernsten Gesichtern anstarren, ist erstaunlich grotesk, und das Erstaunlichste ist, daß niemand darüber erstaunt in diesen Regionen. Die gröbste Agitationspauke eines Münzenberg ist realer als die Sprüche, die da von der Blüte unsres Volkes geklopft werden. Ich sah allerhand Bekannte aus der Berner Zofingia[3], die sich unterdessen stattliche Bäuche und rote Backen zugelegt haben, und wurde gönnerhaft begrüßt als Mann aus der Provinz. – Mit Freude habe ich dagegen Freund von May wiedergefunden, den Salutisten. Ich hörte eine Unterweisungs-Stunde von ihm über den Sündenfall, wobei er über die Schlange und den lieben Gott erstaunliche und zutreffende Dinge vorbrachte. Die Kinder beten selber frei, recht frisch und einfach (soweit sind unsere Völklein noch nicht, was?), und das Ganze machte einen freundlichen, frommen Eindruck, wie ich ihn von meinen Stunden nicht habe. Nachher hatten wir noch nützliche Gespräche, und er zeigte sich für unsere Reserve-Stellung zugänglicher als früher. Ich werde ihn jedenfalls wieder einmal zu uns berufen. Schädelin fährt noch irgendwo Ski, wird aber auch noch auftauchen, und am Dienstag kann ich ihr Kränzli mitmachen. Auch zu einem Abonnementskonzert mit Mozart, Bach und Brahms komme ich eben noch recht. Am Mittwoch gehts dann heimwärts.

Schrieb ich dir, daß unsre Kirchenpflege am 27. Dez. eine «Wurst-Mahlzeit» hatte, wie sie in Safenwil beim Schlachten eines Schweins üblich ist? Ich brachte als Beitrag ein großes Gedicht in Knittelversen. Auf den höhern Stufen, auf denen wir weilen, wird offenbar Alles «wieder» möglich! Vielleicht sollte ich darüber im Monatsblatt schreiben?! [...]

Genug! Ich grüße euch herzlich und wünsche euch nachträglich zum neuen Jahr Freude, Schlagkraft und innern Frieden.

Euer Karl Barth

[1] Karl Lindt (1893–1948) ist später Karl Barths Schwager geworden. Er war Pfarrer in Gadmen, Beatenberg und Bern.

[2] «*Reden an die deutsche Nation*», 1916.

[3] Studentenverbindung, der Barth und Thurneysen angehört hatten.

Thurneysen 11. Januar 1917

Lieber Karl,

Nelly schreibt uns heute express von deiner Erkältung in Laupen und bittet um Vertretung am Sonntag. Ich habe natürlich gern zugesagt. Wie betrübend ist dieser Angriff auf deine Gesundheit. Schlag ihn wohlgemut ab und laß dich ausgiebig pflegen. Wir haben uns an allem gefreut, was du uns aus Bern erzählst. In Gedanken warst du viel bei mir auf meinen Basler Gängen, aber ich kam nicht zu ruhigem Schreiben. Ich hatte von Tür zu Tür zu gehen und führte allerlei Reden über den Feldzug in Rumänien und die Friedensaussichten. Jetzt bin ich glücklich wieder in Leutwil. [...] In Basel war ich zweimal bei Wernle. Ich kam in ein schweres Gefecht mit ihm über die Hölle und den breiten Weg und die Prädestination. Ich lege dir einen Brief Wernles über Kutter bei. Wernle sieht in Kutters Buch [«Reden an die deutsche Nation»] einen zweiten riesenhaften Versuch, den schmalen Weg des Evangeliums zu einer breiten Straße zu machen, auf der ganze Völker dem Reiche Gottes entgegenziehen, nachdem der erste Versuch mit «Sie müssen», das Reich Gottes in die sozialdemokratische Masse hineinzuglauben, mißlungen sei. Nun komme das deutsche Volk daran. Abgesehen von dieser illusionären Adressierung, die manches an Jesu Botschaft abschleife und ummodle, freut sich Wernle an Kutters Verkündigung einigermaßen, aber eben die innern Schwierigkeiten seines Glaubens an Menschen und Völker seien für sein Empfinden übergroß, sodaß auf das Buch ein Schein des Phantastischen falle. Wernle insistierte sehr heftig auf den Worten Jesu vom schmalen Weg und von den Wenigen, die erwählt seien [Mt 7,13f.; 20,16]. Ich entgegnete, mir sei die Botschaft vom Reiche Gottes wichtiger als die Reflexion auf das mögliche Verlorengehen Vieler.

Wir grüßen dich beide! Eduard und Marguerite

Thurneysen 17. Januar 1917

Lieber Karl,

Eben schrieb mir Emil Brunner für meine geplante Vortragsreihe zu, sie soll vom 4.–6. Februar laufen. Brunner hätte zu sprechen über «Die neue Welt in der Bibel». Aber dieses Thema liegt ihm nicht. Ich schlage ihm nun vor, ob er nicht den Anfang machen wolle über «Gottes Wort in der Bibel». Er könnte das pneumatische Verständnis der Bibel abgrenzen gegen das rein historische und wäre damit nahe an seiner sonstigen Fragestellung, die das religiöse Erkennen betrifft. Du würdest dann über «Die neue Welt in der Bibel»[1] reden.

Ich las eben das Buch von Zurlinden «Der Weltkrieg».[2] Es ist viel Wichtiges zur Beurteilung des Militarismus und der imperialistischen Weltpolitik darin. Auch die Kriegstheologie wird mit kräftigen Worten zurückgewiesen, vor allem die schweizerische. Das Ganze steht freilich nicht auf unserm Boden. Es äußert sich vielmehr ein Reformdemokratismus, der aus seiner Aversion gegen das kaiserliche Deutschland keinen Hehl macht. Was wohl Kutter zu dieser antideutschen Tatsachensprache seines Schwagers sagt?

Herzlich dein Eduard

[1] Vortrag in Leutwil am 6. 2. 1917; veröffentlicht in: K. Barth / E. Thurneysen, *Suchet Gott, so werdet ihr leben,* Bern 1917, S. 154ff.; wieder abgedruckt in: K. Barth, *Das Wort Gottes und die Theologie,* München 1924, S. 18ff. (Das dort angegebene Datum «Herbst 1916» ist irrtümlich.) Nachdem der Vortrag in die Aufsatzsammlung von 1924 aufgenommen war, ist er in der 2. Auflage von «Suchet Gott ...» (München 1928) weggelassen worden.

[2] S. Zurlinden, *Der Weltkrieg und die Schweizer,* Zürich 1917 (oder: ders., *Der Weltkrieg. Vorläufige Orientierung von einem schweizerischen Standpunkt aus,* Bd. 1, Zürich 1917 [Bd. 2 1918, Bd. 3 1919]).

Thurneysen 24. Januar 1917

Lieber Karl,

Wie seid ihr heimgekommen? Unser Kränzli war ein erfreuliches Zusammensein. An Pestalozzis Referat über Silvester Horne[1] hat mich interessiert, was er am Pfarrersein hervorhob. Es war doch nicht zufällig, daß er die aktiven, auf Wirkung und Einfluß zielenden Züge stark unterstrich. Das ist doch Pestalozzis und aller ihm verwandten Naturen Meinung über den rechten Pfarrer: der Inhalt der Botschaft ist gleichsam bereit und gegeben, und nun brauchen wir einfach starke begeisterungsfähige Persönlichkeiten, welche die Botschaft erfolgreich vertreten. Unser Graben und Schürfen nach dem verschütteten Sinn der Botschaft ist auch für Rudolf Pestalozzi nur ein Stück weit verständlich. Freilich im Kern unsres Wollens verstehen wir uns vollständig. Wir alle suchen die neue Stadt Gottes, und da braucht es beiderlei Leute, solche die wie manche Religiössoziale aktiv-politisch vorgehen, um die Gesellschaft heute schon zu erneuern, und solche die gleich uns trachten nach den göttlichen Kräften, ohne die uns nichts gelingen kann. Schade war, daß wir uns nach Pestalozzis Referat nicht eingehender darüber aussprachen.

Gestern erlitt ich eine glatte Niederlage im Unterricht. So sehr fehlte es mir an innerer Überlegenheit, daß ich einem Schlingel sogar eine auswischte und darauf ohne Gesang und Schlußgebet die Stunde abbrach. Hast du auch schon Ähnliches erlebt?

Herzliche Grüße von Eduard und Marguerite

[1] Silvester Horne (1872–1914), englischer Sozialreformer, den Rudolf Pestalozzi in London kennengelernt hatte.

Barth 25. Januar 1917

Liebe Freunde!

Ist heute nicht euer Hochzeitstag? So senden wir euch unsre freudig gedenkenden Grüße und Wünsche zum zweiten Ehejahr.

Ich sah das Ehezuchtbüchlein[1] bei euch aufliegen, sicher nur zur Verzierung?! Das ist doch das Gefreute, daß wir auf Grund unsrer Voraussetzungen ohne Spezial-Ethik und Individualitätssensatiönchen auch auf diesem Gebiet offene Wege wenigstens ahnen und unterdessen Tag für Tag, Jahr um Jahr einander liebhaben dürfen, ihr dort und wir hier, und so solls weitergehen.

Dein heutiger Brief tönt betrübt und wie aus Stimmungen, die ich auch kenne. Auch meine Unterweisungen sind gegenwärtig nicht auf der Höhe, und was die Ohrfeige betrifft, so kann ich dir zum Troste sagen, daß ich an einem Adventssonntag in der *Kirche* auch eine habe fliegen lassen zu einem verlorenen Sohn. Sicher hat auch das in unsrer Sphäre einen andern Sinn, als wenn J.F.M. [Schulinspektor] es tut. [...] Ich predige am nächsten und vermutlich auch übernächsten Sonntag.[2] Wenn du den folgenden übernehmen und uns bei diesem charitativen Anlaß ein gemütliches Besüchlein machen würdest, so zu einem freundlichen kleinen Gemunkel über dies und das?! [...]

Was du über Pestalozzis schreibst, so hatte ich diesmal, wo wir sie ruhig kennen lernen konnten, den Eindruck, daß ihnen an dem, was *wir* speziell suchen, eigentlich nur das Intellektualistische fremdartig oder unwesentlich erscheint. Wir sollten darüber einmal reden. Was verstehen wir unter dem «Sinn der Botschaft»? Eine neue Formulierung, einen Durchbruch zu letzten Thesen und Gleichungen, wie ihn Kutter jetzt wieder vollzogen hat? Selbstverständlich meinen wir *mehr,* aber es ist vielleicht gerade für so praktische Leute wie Pestalozzis nicht immer erkennbar, daß wir *mehr* meinen.

Nelly ruft zum Essen, nachher muß die Post weg. Ich begrüße euch innigst. [...] Mit freudigem Zuruf!

Karl, Nelly, Fränzeli, Markus

[1] H. Oeser, *Ehzuchtbüchlein,* Heilbronn 1913.
[2] Vertretung eines erkrankten Nachbarpfarrers.

Thurneysen 26. Januar 1917

Lieber Freund,

Ja, gestern war unser Hochzeitstag, und wir haben ihn mit aller Freude gefeiert. Nein, wir brauchen das Ehezuchtbüchlein auch nicht, wir suchen wie ihr lebendige Lösungen. – [...] Mein Fall in der Unterweisung hat Anlaß zu nicht ungefreuten Gesprächen geboten. Die Kinder haben sie nachdenklich entgegengenommen, und der Kurs kann seinen Fortgang nehmen. Ich rede eben über die Finsternis, die das Licht nicht begriffen hat [Joh 1,5]. [...]

Das letzte Kränzli! Sind wir am Ende doch schon zu viel Teilnehmer, oder ist der Grund der Zerfahrenheit in allerlei Nebenumständen? Sicher traf uns die Exegese zu unvorbereitet. Das darf nicht mehr geschehen. – Wir erwarten euch am 5. Februar. Du wirst zum Angriff angesetzt am 6. II. über «Die neue Welt in der Bibel». Herzliche Begrüßung! E. und M.

Barth 26. Januar 1917

Liebe Freunde!

Ich habe euch gestern einen etwas schlottrigen Brief geschrieben und möchte Einiges nachholen. Zuerst wegen des letzten Kränzlis an sich. Wir waren nicht so ganz befriedigt diesmal. Es kam uns die Sache ein bißchen zerfahren vor. [...] Sollte nicht die Zeit jeweilen noch besser ausgenützt werden? Vor allem die Stunden vor dem Anfang der Exegese z. B. durch unaufhaltsames Predigtenvorlesen seitens des Gastgebers? Dabei kommt ja *immer* etwas heraus, bei dem plaudernden Herumstehen und Büchertitelbesichtigen nicht immer. Sollte nicht dem jeweiligen Gastgeber die Verantwortung für eine gewisse Initiative und Leitung der Verhandlungen überbunden werden, was dann auch verhindern könnte, daß eine Diskussion so in lauter Privatgespräche zerfällt wie die über S. Horne. Von einer Vorlesung bei Tisch wie in den

Klöstern will ich vorläufig absehen, aber auch da müßte vielleicht eine gewisse Wachsamkeit platzgreifen, die nicht notwendig Ungemütlichkeit bedeuten würde. [...] Ich habe in *allen* diesen Punkten auch schon schädlich gewirkt, und darum getraue ich mir, offen davon zu reden. [...]

Da lies Wiesers Brief. Er zappelt auch in diesen unsern Nöten. Von der mystischen Verklärung des Begriffs «Aargau» habe ich ihm dringend abgeraten. Für den Vortrag eines Kapitels «Paulus» dagegen zugesagt und bin nun, kräftig angespannt, wieder ganz eingetaucht in *ἐπίστευσεν* und *ἐλογίσθη* und *δικαιοσύνη* [Röm 4,3] und was da Alles dahintersteckt. Auch im 4. Kapitel entfalten sich die bedeutendsten und aktuellsten Dinge, die ich dann dem kritischen Blick der Basler aussetzen will. – Den Vortrag bei euch ersorge auch ich. Ich weiß so gar nicht, ob «es» irgendwie kommen wird. Bis jetzt habe ich nur Ahnungen.

Und nun seid zum zweiten Mal herzlichst begrüßt von eurem durch Alles mitbedrängten und -belasteten K. B.

Heute Morgen in der Unterweisung über Heimat, Heimweh, Heimatschutz etc. nach Nellys Zeugnis gemütvoll geredet. Nächste Woche folgt das *Aber!*

Barth 9. Februar 1917

Liebe Freunde!

Voll Freude und guten Eindrücken sind wir [...] wieder hier eingetroffen,[1] und ich konnte gerade in meine Bibelstunde. [...] Wir hatten gestern Kirchenpflegssitzung, und es wurde nach längerem Beraten einstimmig beschlossen, die Frl. Gutknecht im Lauf der nächsten Monate hier *predigen* zu lassen. Einer sagte ganz richtig: ein Vortrag *über* kirchliche Frauentätigkeit interessiere ihn weniger als eine direkte Probe aufs Exempel. Die gewisse Willigkeit unsrer Leute zu allerlei Vorstößen trat wieder deutlich hervor.

Für den üblichen kirchlichen Vortrag (im März) schlug der Präsident vor: «Heinrich Pestalozzi als Erzieher und Gottesmensch» und als Referenten den Professor Käslin in Aarau, der scheints wackere Artikel über dergl. im Aargauer Tagblatt schreibe. Ich überlasse ihnen gern bei solchen Anlässen Initiative und Verantwortung und habe darum Allem zugestimmt. Jetzt bin ich an der Predigt über Adam vor dem Fall. [...]

Seid herzlich gegrüßt von uns Beiden. Euer Karl

[1] Aus Leutwil, wo Barth seinen Vortrag «Die neue Welt in der Bibel» gehalten hatte.

Thurneysen 20. Februar 1917

Liebe Freunde,

Ich muß euch ausdrücklich sagen, wie sehr erfreulich der Widerhall unsrer Bibelwoche beim Volke ist. Die kleine Herde ist einstimmig erbaut und bewegt. Sogar mein Kirchenpflegspräsident ist in allen drei Vorträgen gewesen. Insbesondere du, Karl, bist wirklich gehört und verstanden worden. Ich habe eine ganze Zahl von Urteilen über deinen Vortrag gehört, die das deutlich erkennen ließen. Es zeigt, daß das, was wir zu sagen haben, nicht ins Leere geht. Auch die innere Nähe, in der wir zwei zueinander stehen, ist von den Urteilsfähigen durchaus erkannt worden. Nach deinem Vortrag rangiert im Urteil meist Wieser. Am wenigsten leicht scheinen Brunners Belehrungen verstanden worden zu sein.

Von gestern auf heute war Greyerz bei uns. Es kam zu einem erfreulichen Austausch. Er wollte einfach besser verstehen, um was es uns eigentlich gehe. – [...] Ich lege dir meine Predigt bei. Unsre gemeinsamen Forschungen [am Kränzli] waren also sehr fruchtbar; dir haben sie zu einer Bibelstunde, mir zu einer Predigt verholfen.

Ich schließe mit herzlichem Gruß an euch Beide von uns Beiden. Eduard

Barth 21. Februar 1917

Liebe Freunde!

Der Schall eurer Stimme [am Telephon] hat uns wieder höchlichst erfreut, und schon sehen wir gespannt dem nächsten Kränzli entgegen, das uns wieder zusammenführen wird. Das ist erfreulich, daß der Feldzug in Leutwil solches Echo gefunden hat. An was liegt es doch? Sind unsere Leute [in Safenwil] stumpfer? Oder zurückhaltender? Oder frage ich zu wenig nach? Oder bin ich zu mißtrauisch gegen ihre Äußerungen? Jedenfalls habe ich noch nie hier ein so gefreutes Antworten gefunden wie das, von dem du schreibst. Mir ist immer, ich schreie gegen eine Wand, und wenn einmal Einer oder Eine etwas munkelt, so muß ich schon froh sein. Als Ausnahme ist allerdings zu erwähnen, daß am letzten Sonntag meine Predigt (und schon am Donnerstag vorher eine Leichenrede) katastrophal gewirkt hat auf ein vermutlich hysterisches Frauenzimmer, das hier auf Besuch war und mir nach dem Essen in aller Form auf die Bude stieg, um mir wüst zu sagen, daß ich sie nicht «getröstet», sondern geärgert habe. Sie bezog nämlich jedes Wort von Leichenrede und Predigt direkt auf sich und ihren verstorbenen unerfreulichen Vater und ihre auch unerfreuliche Familie und sammelte sich auf diese Weise eine Menge Zorn, die sie dann nicht ertragen konnte. Aber sonst bin ich fast immer von einer lastenden Stille umgeben, trotzdem ich jetzt auch viel fleißiger in der Gemeinde herumlaufe. Die Welt oder vielmehr Safenwil wird nun nächstens wieder mit einem gedruckten Schrei von mir erfreut werden; eben diese letzte Predigt[1] will ich als Hirtenbrief für die Fastenzeit wieder unters Volk verteilen wie letztes Jahr; auf Kosten unsres Pestalozzi-Fonds, der noch unberührt am Zins liegt. Es sollte wieder einmal ein Gesamt-Schlag sein. Text: Markus 10,32–34 der Zug von Galiläa nach Jerusalem, Einbruch des Gottesreiches über die Grenzen des «wirklichen Lebens», *hier* das Kreuz als göttliche Notwendigkeit. Ich habe die Sache gestern und heute ausgearbeitet, und nun geht sie schon in die Druckerei. Dem piependen Volk der Theologen soll sie diesmal tunlichst vorenthalten bleiben. Neues wirst du nicht darin finden und überhaupt vielleicht nicht ganz einig sein mit der Parole: Einbrechen! über deren Tunlichkeit sich ja viel sagen läßt.

Deiner Meldung über den Besuch von Greyerz können wir entgegenstellen die Nachricht von einem Nachmittag mit Fueters[2] von Olten. Während er und Nelly musizierten, verwickelte ich sie im Nebenzimmer in ein Gespräch über Boll, wo sie scheints früher ein- und ausgegangen ist, aber ohne großen Erfolg für ihren Mann. Denn als dieser nun auch in Sicht kam und auf 8000 m das Feuer gegen mich eröffnete, zeigte es sich, daß da merkwürdige Dunkelheiten walten, obgleich er «Alles» versteht! Sie redeten beide viel vom «ganz wahr» sein, [...] von der «Pflicht», die sie nun künftig «in Fluntern [Zürich] zu erfüllen» gedenken, vom «rein Praktischen» ihrer Orientierung und vom «rein Erbaulichen» seiner Predigtweise. Auf meine Bedenken gegen den modernen Pfarrerbetrieb wurde mir bedeutet, daß wir mit unserer «Nationalökonomie» und [unsern] ewigen Mammonismuspredigten doch auch eine Veräußerlichung uns leisteten. Die Erwähnung der Projektionsapparate führte auf die ernste Frage: was ich von der Bibel halte? *Sie* seien eben an der Arbeit, das Volk in die Bibel einzuführen (nämlich durch Vorführung von Bildern aus dem hl. Land etc.). Zum Schluß die eigentümliche Konzession: es sei ja recht, daß Einige mit Nachdruck das Extrem verträten wie wir, aber das könne man doch nicht von allen 1200 Pfarrern verlangen. *Er* wolle in der Mitte stehen zwischen uns und dem großen Haufen! Ich konnte ihm nur noch in den Eisenbahnwagen nachrufen: Nein, nein, gerade nicht so! Dann entrollten sie uns auf diesmal. Wir sind also nicht so glücklich gewesen wie ihr bei Greyerz. Ich habe eben nie Glück bei solchen Gesprächen. [...]

Letzten Samstag mußte ich auch eine Niederlage unterschreiben: Die Trauung der Muster- und Glanzkonfirmandin meines ersten hiesigen Jahrgangs mit einem ganz unerquicklichen Mann, der die Taufe wohl in nicht ferner Zeit wird folgen müssen. Ich legte ein eher betrübtes Zeugnis ab, das die Beiden vermutlich in unheimlicher Erinnerung haben; aber vielleicht nicht einmal das. Du wirst mir bald auch wieder einmal zusprechen müssen: *Das* sei es ja nicht etc. und es sei «an sich nicht so wichtig», wie und mit wem sich unsre Konfirmanden verheiraten! Das ist doch eigentlich miserabel, wie man so abwechselnd bald montiert und dann wieder deprimiert ist. Vetter würde wahrscheinlich sagen, ich sei eben noch nicht versiegelt, sonst würde mir das nicht passieren. Vielleicht kommen wir auch einmal dazu, so Tag und Nacht das gleiche Friedensgesicht zu machen. Andrerseits ist es tröstlich, daß der Jesaja von Michelangelo eigentlich auch noch kein solches Gesicht macht!

Der gute vertrauensvolle [Emil] Brunner wäre bald enttäuscht, wenn er wüßte, wie bald ich jeweilen mit meinem Latein zu Ende bin. Du kennst meine zahlreichen luftleeren Räume (Vacua) besser und mußt ihn unter der Hand darüber aufklären, sonst wird sich «dieser Barth» wohl hüten, sich in Obstalden[3] einer Entlarvung auszusetzen.

Heute Abend habe ich Bibelstunde über Lazarus [Lk 16, 19–31]. Du siehst, wie ich errötend deinen Spuren folge. Nelly möchte deine Predigt[4] auch noch lesen. Bei der Auslegung: «Was hat er denn getan? Er hat fremden Besitz wie seinen eigenen behandelt», komme ich nicht ganz mit. Ist *das* der Durchbruch von Mein und Dein, der pointiert ist? Liegt der Nachdruck nicht zunächst auf v. 2b: «du kannst nicht mehr...» und der Situation, die sich daraus ergibt: die Relativität alles «Mein und Dein» gegenüber der Sicherheit des vermeintlichen Besitzes, die vorher da war? Mammon ist uns nur *auf Gnadenfrist* gegeben, er zieht selber seinen Anbetern den Boden unter den Füßen weg – darum brauch ihn nur *als Sprungbrett!* (Parallele zu Luk. 12,20, aber positiv gewandt). Dann käme auch der eskamotierte V. 9 wieder zu Ehren.

Herzliche Grüße senden euch Beiden

Eure Freunde Diesseits!

[1] Die Predigt erschien unter dem Titel «*Über die Grenze!*» im April 1917 als Privatdruck.

[2] Karl Fueter (1884–1963), Barths Vorgänger in Safenwil, dann Pfarrer in Olten, später in Zürich, gehörte der kirchlichen Mitte an.

[3] In Obstalden (Kanton Glarus) war E. Brunner Pfarrer.

[4] Predigt von Thurneysen über den Anfang desselben Kapitels Lk 16.

Barth 5. März 1917

Lieber Freund!

Es langt diese Woche zu keinem Besuch, ich muß mich ganz dem Paulus widmen und den nötigen Hausbesuchen vor unserer großen Abschweifung,[1] und du wirst mit deinem Turmbau[2] auch vollauf beschäftigt sein. Am Freitag ist also Basler Kränzli in Binningen. [...] Am Samstag brauchen wir beiderseits erst um 6 Uhr abends aufzubrechen.[3] [...] Ich habe dein Kommen gestern feierlich angezeigt in der Kirche. [...] Gelt, du hältst dann meinen Kindern einmal eine rechte Kinderlehre, während du mich umgekehrt davon dispensieren mußt in Leutwil; ich bin unglücklich, wenn ich nur an mein blödes Katechisieren *denke,* geschweige denn vor deiner verwöhnten Schar. [...] Ich lese eben Hausraths Leben von D. F. Strauß.[4]

Herzlich — Eure N. und K.

[1] Die im folgenden erwähnte Reise nach Basel (9./10. 3.), Zürich (10. 3.), Leutwil (10.–12. 3.) und zur Aarauer Studentenkonferenz (12.–14. 3.).

[2] Vorbereitung der Predigt vom 12. 3. 1917 auf der Aarauer Studentenkonferenz über Lk 14,28–33: E. Thurneysen, *Gotteshilfe,* in: *Die XXI. Christliche Studenten-Konferenz Aarau 1917. Den 12. bis 14. März,* Bern 1917, S. 5–15.

[3] Kanzeltausch mit Rücksicht auf Barths Referat in Binningen und Thurneysens Predigt in Aarau: Am 11. 3. 1917 predigt Barth in Leutwil und Thurneysen in Safenwil.

[4] A. Hausrath, *David Friedrich Strauß und die Theologie seiner Zeit,* 2 Bände, Heidelberg 1876/78.

Thurneysen 6. März 1917

Lieber Karl,

Dank für deine Karte. [...] Ich laboriere am Aarauer Spruch und verzweifle fast daran, eine richtiggehende Predigt herauszubringen. Wir sind noch nicht so weit, Festredner sein zu können. Nach Basel komme ich nicht. [...] – Und nun die Kinderlehre in Leutwil – da muß ich dich doch sehr bitten, sie zu halten. Du hast einen falschen Begriff von meiner «Kunst», von Verwöhntsein ist keine Rede bei meiner Schar. Erzähl ihnen von Bileams Esel oder von der Amalekiterschlacht.

Von Herzen Eduard

Barth 8. März 1917

Liebe Freunde!

[...] Große Betrübnis hierseits, daß Eduard nicht nach Basel kommen will! Wo fehlts? [...] Die Matthäuspassion solltest du *auch* ernst nehmen als wichtige Vorbereitung auf deinen Spruch! Und mich nicht so allein in das gefährliche Basel ziehen lassen, wer weiß, was ich sonst dort für Schaden anrichte unter all dem zerbrechlichen Geschirr! Eben kommen von Marguerites Schwester die Billette und das Programm.[1] Aus letzterm sehe ich zu meinem Leidwesen, daß mehrere mir liebe und wichtige Arien weggelassen werden, z.B. «Blute nur...» und «Gerne will ich mich bequemen...» und die Baßarie mit Violinsolo «Gebt mir meinen Jesum wieder...» im 2. Teil. Aber es bleibt ja genug des Schönen, um sich mächtig zu freuen. Wir hier reden schon bald in Rezitativen miteinander. [...] In Römer 4 kommen noch einige mächtige Blöcke an den Tag. Aber ob sie den Baslern imponieren werden, fragt sich noch. Herzlichen Gruß senden hinüber K. und N.

[1] Aufführung von J. S. Bachs Matthäuspassion im Basler Münster.

Barth 18. März 1917

Liebe Freunde!

Es muß für die Engel ein seltsames Schauspiel gewesen sein, als am letzten Mittwoch eilige Eisenbahnzüge alle die fuchtelnden, zeigenden, achselzuckenden, seufzenden und triumphierenden Gottesmännlein nach allen Seiten der Windrose wieder auseinanderführten, hinter sich den wieder still gewordenen Großratssaal[1] mit seinen schwarzen Polstern. Und wir? Und ihr? Was nun? Wir kamen sehr erfreut und erfrischt von diesem Zusammenprall zurück, bauen die verschütteten Unterstände etc. wieder auf und blicken zu euch hinüber in der frohen Hoffnung, daß auch dort alles heil und unversehrt sei. Ha, das tat gut, nicht? Was magst du heute Morgen gepredigt haben? Mir wollte es von Freitag Morgen bis Samstag Abend einfach nicht gelingen. Am Sonntag 6 Uhr unternahm ich den 5. und letzten Ansturm auf das Ganze. Es interessiert dich vielleicht, weniger an sich als als Reaktion auf Aarau; merkwürdig eigentlich, daß man es trotz Gerber[2] einfach wieder so blutt[3] sagen kann und muß: Warten! Da stellt sich offenbar bereits die Zähigkeit ein, die wir an den Preiswerken[4] bewundern oder mißbilligen. Bei jenem «Schwarzen» [Kaffee] im Binsenhof passierte es mir übrigens zum ersten Mal, daß mir Einer entgegnete: Wissen Sie, Herr Pfarrer, *wir Jungen*... Das ist ein historischer Moment, den man festhalten muß, obgleich es ein grasgrünes Studentlein war, das sich mit Recht jung vorkam. [...] Während ich schreibe, fliegen vier Aeroplane über Safenwil. Und eben treffen Dr. Lejeune's[5] ein. Ich komme eben mit Nelly von einer Reihe betrüblicher Armenbesuche in unserm Solothurner Diaspora-Gebiet zurück. Schicke mir doch deine heutige Predigt auch, gelt? Und kommt als Ersatz für das Kränzli bald einmal herüber. Wir könnten irgend etwas Biblisches bearbeiten zusammen, um der Sache Subsistenz zu geben. Ich bin jetzt an dem Gewalts-Kapitel Röm. 5. Origenes entpuppt sich als Psychologist schlimmster Rasse. Was für eine andere Luft in der reformatorischen Auslegung. Ich lese doch noch Hausraths «Leben von

D. Fr. Strauß» und ergötze mich an dem liberalen Zorn gegen die Pietisten, aus dem heraus das Buch geschrieben ist. Ferner das sympathische Kriegsbuch «Le feu».[6] Du solltest ein «Leben Jesu» schreiben, hast ja in deinem Votum am Mittwoch so etwas angedeutet. [...]

Herzlichste Grüße euch Beiden von euren Nelly und Karl

[1] Aarauer Studentenkonferenz.

[2] Max Gerber (1887–1949), Pfarrer in Feldis (Graubünden), Führer der Bündner Religiössozialen. Gerber hatte am 14. 3. auf der Aarauer Konferenz über «Student und Volksgemeinschaft» referiert. Sein Vortrag ist «auf besonderen Wunsch des Referenten» nicht im Konferenzbericht abgedruckt (s. dort S. 4, Vorwort).

[3] = nackt.

[4] Der Kreis um den schweizerischen Blumhardt-Anhänger R. Preiswerk.

[5] Dr. med. Erwin Lejeune, Arzt in Kölliken, und seine Frau nahmen gelegentlich am «Kränzli» teil.

[6] Henri Barbusse, *Le Feu. Journal d'une escouade,* Paris 1916 (deutsch: *Das Feuer. Tagebuch einer Korporalschaft,* Zürich 1918).

Thurneysen 20. März 1917

Liebe Freunde,

Vielen Dank für Karls Bericht. Wir sind unterdessen in Zürich gewesen, wo mein Vortrag[1] vom Stapel ging: er fing an bei Abraham und endete bei Bruder Klaus.[2] Die Jünglinge waren ein ganz gefreutes Auditorium. Sie wissen noch nichts von religiössozialen Schlagworten und nehmen auch ein Wort aus dem «Wartsaal» freundlich entgegen, weil sie selber nichts anderes wissen, als daß sie noch im Wartsaal der Jugendjahre sitzen. Außerdem wissen sie es zu schätzen, wenn man nicht bei den üblichen Jünglingsvereinssätzlein stehen bleibt, sondern ihnen allerlei zumutet. Du solltest darum den Gymnasiasten nicht absagen.[3] Es ist vielleicht nicht ganz einfach, mit diesen christlich-bürgerlichen Knaben ein deutliches Wort zu reden, aber doch keinesfalls aussichtslos. Ich habe für meine Person auch nicht grundsätzlich abgesagt, nur für diesmal, weil ich nicht neue Verpflichtungen eingehen wollte. Natürlich fragt es sich, ob wir so weit sind, nun sogar der lieben Jugend unsre Sache darzubieten an Extrakonferenzen. Nein, das können wir nicht, aber warum sollten wir ihnen nicht, wenn sie es wollen, eine [Art] Kinderlehre halten, durch das allerlei von dem hindurchgeht, was uns bewegt? [...]

Gestern Abend waren wir an der Zollikerstraße [Pfarrhaus Kutter] und erhielten unaufhaltsam aus Kutters Römerbriefkinderlehren vorgelesen, schöne Sachen mit allerlei guten Lichtern, und dann gabs noch allerlei kritische Nachbemerkungen zur Aarauer Konferenz. – Meine Predigt kann ich dir unmöglich schicken, sie ist nur eine Skizze, mußte überhaupt neben dem Zürcher Vortrag zurücktreten. Deine «Wartepredigt» ist nach aller Mühe, die du damit hattest, großartig geraten. Ich mußte in diesen Tagen an die Mosegeschichten denken: zuerst das Losschlagen gegen das Unrecht, dann die Wüste, dann die Befreiungstat, zu der Gott Mose sendet. [...]

Wir sitzen wieder am gewohnten Strande und lassen die Flut der letzten Tage allmählich verrauschen. Was wird zurückbleiben, wenn sie sich verlaufen hat?! Nun, vergeblich ist dieses heftige Zusammenströmen in Aarau sicher nicht gewesen. So etwas muß sich von Zeit zu Zeit ereignen. Wenn nur das dabei herauskommt, daß ein paar aargauischen und andern Sichern und Sorglosen die Ohren ein wenig gellen und der Boden unter den Füßen zittert. Laßt auch wieder von euch hören.

Von Herzen wir Beide

[1] Vortrag im CVJM in Zürich über die Lage in Kirche und Welt. Thurneysen verwies im Sinne von Blumhardt auf Hoffen und Warten.

[2] Nikolaus von der Flüe (1417–1487).

[3] Am 21. April 1917 referierte Barth während einer mehrtägigen Zusammenkunft von Gymnasiasten aus der deutschen Schweiz in Safenwil über «Alltagskraft».

Barth 25. März 1917

Liebe Freunde!

Ja kommt, kommt am Donnerstag! Ich sage frech meine zwei Diaspora-Religionsstunden, die ich am Nachmittag hätte, einmal ab, und dann wollen wir einen guten Tag zusammen verbringen. Wie wäre es, wenn wir versuchten, gerade den merkwürdigen Kolosserbrief kursorisch ganz zu lesen? Ich habe zwar außer Calvin keine hervorragende Literatur darüber, will aber tun, was ich kann, und wenn wir dann auch nicht alle Feinheiten verstehen werden, so gelingt es doch vielleicht, einen gewissen Überblick zu gewinnen. Du mußt dich aber auch umsehen und das bessere Teil zu der Unterhaltung beisteuern. [...] Ob ihr nicht schon am Mittwoch Abend eintreffen wolltet? [...] Eduard könnte dann zur Eröffnung hier eine Gast-Bibelstunde halten im Saal unten vor den paar Frauen und Töchtern, die sich zu diesen Mittwochsgesprächen einzufinden pflegen. Auf alle Fälle: Auf, auf mein Herz mit Freuden! Daß morgen nicht Kränzli ist, entlastet mich außerordentlich, denn es war mir bange auf die mir so rasch hingeworfene Aufgabe, euch meine «Passionsgedanken» vorzutragen. Dergleichen machst du besser selbst. Nun kann ich morgen getrost meine Kommentare weiter wälzen über Adam und Christus [Rm 5,12ff.] und daneben vielleicht die Sprüche aushecken für die Konfirmanden. Ich gehe eigentlich dies Jahr in meinen Predigten eher um die «Passionsgedanken» herum als darein hinein. In der Unterweisung und Kinderlehre versuche ich das letztere, aber es kommt alles viel zu plump und roh heraus, was man da sagen möchte über Schuld und Erlösung, überwundene alte Welt und anbrechende neue, Gottverlassenheit und Gottes Gegenwart, Tod und getöteten Tod. In den Heften der Konfirmanden lese ich da allerlei, was ich gesagt und was sie offenbar gehört haben, aber verarbeitet ist es ja weder von ihnen *noch* von mir. Ist es nicht auffällig, wie wenig eigentlich im N.T. an diesen Passionsgedanken gesponnen wird, das kam erst später, als sie nicht mehr so lebendig waren. Die Apostel gehen eigentlich auch nur darum herum. *Wenn* wir das schon könnten: so von allen Seiten darum herum gehen und alle Jahre einmal ein starkes, lebendiges, nicht deutendes, sondern real eröffnendes Wort darüber finden! Wenn ich das nicht habe, halte ich lieber Abstand und markiere die Hauptsache nur mit ein paar Blöcken, die ich weiter nicht behauen kann: da käme *es* nun, Kreuz und Auferstehung, das, worauf alle Wege hinzielen. – Heute Morgen war, abgesehen von diesem Verzicht auf das Letzte, Eigentlichste, hier das, was wir prahlerisch einen «Großkampftag» zu nennen gewohnt sind: eine Mitteilung über die Salbung in Bethanien, Markus 14,3ff., die insofern «gewirkt» hat, als die Kirchenpflege unmittelbar darauf beschloß, eine Extrasitzung zu weiterer Besprechung der da angedeuteten Neuigkeiten abzuhalten. Die wird nun am Dienstag Abend steigen, und ich bin gespannt, was sie da wollen. Ich wollte, ich hätte dich dabei, denn solche Gespräche gelingen mir nie, wohl aber bekanntlich dir. Ich werde nur beteuern können, daß ich nach bestem Gewissen gesagt habe, was eben dasteht, aber das wird dem dicken A. H.[1] wenig Eindruck machen.

Dem Herrn Kellerhals[2] habe ich also zugesagt, aber unter Kautelen gegenüber seinem Programm. Was nun? Ja, wenn ich so «Kinderlehren» halten könnte. Wahrscheinlich habe ich in derselben Woche auch ein Kind von Spoendlin zu taufen in Zürich, und da sollte also auch ihm und seinem altkonservativen Vater und dem robusten Medizinprofessor C. etwas «mitgeteilt» werden können. Was? Wie? Kurzum meine Sorgen gehen nun über Ostern weit hinaus. Als heiteres Intermezzo wird dann die Gastpredigt von Frl. Gutknecht stattfinden, wohl am Sonntag nach Ostern oder so. [...]

Am Freitag hatten wir hier Examen und ich habe, nach zweijähriger Pause, als unabhängiger Interessierter, auch wieder assistiert und mit Lehrern und Behörden, ja sogar mit dem grimmigen Herrn H. urbane Worte ausgetauscht.

Habt ihr in der letzten und heutigen Beilage der Basler Nachrichten den Bericht über die Helvetische Gesellschaft von 1790 gelesen? Als sozialdemokratischer Redaktor würde ich das flugs abdrucken mit Einleitung und Randglossen.

Im Arbeiterverein pflügen wir Woche für Woche die Gutachten und Resolutionen über die Militärfrage durch, die jetzt die Partei beschäftigt. Die Dialektik, in der sich die Genossen [...] ergehen, ergibt sich in immer neuen Beleuchtungen, sodaß die Ausblicke auf «Allertiefstes» sich immer wieder von selbst einstellen, allerdings in anderer Weise als bei Ragaz. Bei allem Mangel an Umsicht und Klugheit, der bei diesen Leuten herrscht, ist da doch, nicht durch ihr Verdienst, aber sachlich ein «Geruch des Lebens zum Leben» [vgl. 2. Kor 2,16], sodaß ich immer wieder gern meine Beiträglein bringe, so gut das unsereins kann. Die Hiesigen wollen mich als Delegierten an den schweiz. Parteitag in Bern schicken, der in der Sache einen großen Hornstoß tun soll!! Oh!

Nun verlangt die Familie nach ihrem Haupt. [...] Groß und Klein grüßen euch herzlich! Dank für [...] den Zurlinden.[3] Wieviel sollte man lesen aufs Mal! Wann schreibst du das Leben Jesu?

Treulichst und freudigst eure Diesseitigen

[1] Landwirt in Safenwil, Mitglied der Kirchenpflege, der sich durch eine Äußerung in Barths Predigt provoziert fühlte und in der folgenden Woche (vgl. Brief vom 1. 4. 1917) mit gerichtlichen Schritten drohte. Es kam aber zu einer Verständigung.

[2] Emanuel Kellerhals (1898–1973), damals Student und Leiter der Schülerbibelkreise, Pfarrer im Aargau und in Basel, Mitarbeiter der Basler Mission. Zusage: vgl. Anm. 3 zum Brief vom 20. 3. 1917.

[3] Vgl. Anm. 2 zum Brief vom 17. 1. 1917.

Thurneysen 30. März 1917

Liebe Freunde,

Das war ein guter Tag gestern mit euch. Die bösen Mächte und Gewalten, vor denen wir standen [Lektüre des Kolosserbriefs], sind zwar noch nicht eigentlich erledigt, aber wir wissen wenigstens, daß wir nicht mit Schwertern und Stangen gegen sie ausziehen sollen, sondern daß wir uns auf Gott verlassen dürfen. Wars der Siegeston des Kolosserbriefes, wars der starke Ruf deiner Predigt,[1] was uns froh gemacht hat? Diese deine Predigt, Karl, hat uns tiefsten Eindruck gemacht. Es sträubt sich natürlich manches in einem gegen die Lösung, die du herausgearbeitet hast. Unsere ganze wohlmeinende bürgerliche Liebestätigkeit und Fürsorge geht andere Wege. [...] Willst du die Predigt nicht drucken lassen?

Mich beschäftigte noch, was wir von der Aarauer Konferenz geredet haben. Ich selber hatte als Student keinerlei Sinn für die Bemühungen, die damals ein Mann wie Otto Lauterburg in Bern anwandte, um einem neuen sozialen Verständnis Bahn zu brechen. So mag es den meisten heutigen Studenten auch gehen. Und wir müssen sie gewähren lassen. Blumhardt sagte mir seiner Zeit, der liebe Gott kümmere sich gar nicht extra um die Studenten, auch nicht um die Theologen unter ihnen. Mir selber sagte er noch, sei froh, daß du den lieben Gott überhaupt noch nicht richtig erfahren hast, sonst könntest du wahrscheinlich so wenig weiterstudieren, als Amos hinter seinem Pflug bleiben konnte. Auch wir wollen die Studenten hinter ihren Büchern und studentischen Wichtigkeiten lassen, aber für sie da sein, wenn sie etwas von uns wollen, sie aber jedenfalls ganz ernst nehmen auf ihrem Boden und mit ihren Problemen. [...]

Wir grüßen euch herzlich und in Treuen

Eure Eduard und Marguerite

[1] Die im Brief vom 25. 3. 1917 erwähnte Predigt über die Salbung in Bethanien. Sie wurde nicht gedruckt.

Barth 1. April 1917

Liebe Freunde!

Ja, es war ein rechtes Freudenfestlein am Donnerstag, an dem auch wir immer noch wohlleben. Der Gedanke läßt sich nicht ganz abweisen, daß solche Kränzli im engsten Kreis das Allerersprießlichste wären auf unsrer jetzigen Stufe. Aber wir wollen das doch wohl vorderhand noch nicht denken, sondern uns fernerhin Mühe geben, auch aus dem Viererkreis zu machen, was zu machen ist.

Von A.H. bekam ich folgenden Tags chargiert diesen zweiten Brief. [...] Ich habe ihm darauf in festen väterlichen Worten das Nötige mitgeteilt. [...] Er wird daher die Klage auch ohne «Satisfaktion» vermutlich bleiben lassen. Aber als Antwort auf die Predigt von der Salbung in Bethanien ist diese Komödie wirklich etwas seltsam, und Safenwil im allgemeinen hat mir in diesen Tagen wieder eher zu schlucken gegeben, sodaß ich deinen Trost und Zuspruch wohl brauchen konnte. Auch Nelly mußte öfters seelsorgerlich eingreifen, wenn ich mich ereifern oder murren wollte.

Die heutige Predigt kam als entsetzliche Notgeburt zustande. Mark. 14,17–25. Was sagst du zu Judas Ischariot? Und zu der seltsamen engen Verbindung seiner Geschichte mit dem Abendmahl? Und zum Vers 25 speziell? Da ist für mich noch viel Unerleuchtetes. Gestern Abend mußte ich drei verschiedene z.T. weitgediehene Bearbeitungen kassieren und noch um ½10 Uhr neu anfangen, unterstützt durch schwarzen Kaffee. [...] Schließlich kam noch eine leidlich konzentrierte Predigt über die «Osterfeier *vor* dem Karfreitag» zustande, bei der auch dein schönes Bild von dem in den Armen seiner Mutter zappelnden Kindlein Verwendung fand. Wie wirds nun weitergehen?

Hier bekommst du endlich auch die gedruckte Predigt,[1] die heute von den Kindern in alle Familien vertragen worden ist. Der Landregen, der heute Nachmittag niedergeht, trägt wohl dazu bei, daß sie gelesen wird. Ein *letztes* Wort ist es gerade auch nicht, so wenig wie die Sprüchlein des Monatsblattes und der andern christlichen Blättlein, aber doch eine weitere vorläufige Mitteilung, durch die vielleicht ein paar Nägel befestigt werden können. Als Seitenstück lege ich hier das seltsame Manifest meines Freundes Zulauf bei, der mich immer mehr an die in einer gewissen Flachheit zähen alten bernischen «Taufgesinnten» erinnert, eine ganz merkwürdige Spezialität in dem religiössozialen Tierpark, dessen Wärter wir ja immer noch sind, nicht?

Deine Aufforderung wegen des Druckes der Bethanien-Predigt erinnert mich an etwas Anderes. Wollen wir nicht wirklich einmal zusammen so ein Heft oder Büchlein von etwa 12 Predigten herausgeben? Könnte das nicht, auch wenn wir erst Vorläufiges zu bieten haben, gerade jetzt gut tun, weil das Vorläufige eben doch in eine bestimmte Richtung weist? Auch für uns selbst könnte es wertvoll sein: 1. um durch die Zusammenstellung einmal den derzeitigen Stand unsrer Dinge zu objektivieren, 2. aus dem Echo, das sich einstellen würde (wenn es uns nicht geht wie Kutter mit seinen «Reden»![2]), auf den derzeitigen Umfang der Sintflut Schlüsse zu ziehen. Was meinst du? Könntest du nicht einmal einen von den Basler Buchhändlern [...] vorsichtig abtasten? Du könntest ja von dir etwas aus der «Glocke» zum Muster einschicken und von mir gerade z.B. die Predigt «Über die Grenze!» Vielleicht ists nicht aussichtslos. Ich erwog es heute Morgen zwischen 5 und 6 Uhr im Bett und fand es möglicher als vor einem Jahr. [...]

D. Fr. Strauß ist eine ganz unsympathische Gestalt, die nur auf dem Hintergrund der tragischen Irrtümer des Pietismus einigen Glanz bekommen konnte, etwa so wie sich Servet und Cons. von den Sünden Calvins abhebt. Man könnte freilich auch ein Zeichen von der Geduld oder dem Reichtum des lieben Gottes darin erblicken, wie oft gerade im *Schatten* seiner liebsten Knechte solche zweifelhaften Figuren auch etwas von ihrem himmlischen Ursprung zu erkennen geben dürfen, sodaß sie im Zusammenhang des Ganzen auch nicht umsonst dagewesen sind.

Ist es nicht von «symptomatischer Bedeutung», daß wir mit unserm Fabrikanten gerade im *Wartsaal* zusammengetroffen sind am Donnerstag? Wie soll man diese Zeichen deuten?

[...]

Und nun Glück auf und gesegnete Fahrt zu all den Sprüchen, die uns bevorstehen! Mit herzlichem Gruß an euch Beide Eure

Karl und Nelly

[1] Vgl. Anm. 1 zum Brief vom 21. 2. 1917.

[2] Verbot durch die (deutsche) Zensur; vgl. Anm. 1 zum Brief vom 27. 7. 1916.

Barth 5. April 1917

Lieber Freund!

Ich habe gerade vor einer Stunde die letzte Unterweisung gegeben. Willst du nun so gut sein und mir recht bald dein Heft zuhalten, damit ich einmal sehe, wie ein rechter biblisch begründeter Unterricht aussieht?

Mein letztjähriger Ostertext war Luk. 20,38. Und denk, dies Jahr habe ich mich nun doch an Kol. 2, 14–15 gewagt, und zwar am Karfreitag v. 14 und an der Ostern v. 15.[1] Die zwei Predigten sind gestern und vorgestern in heißem Stellungskrieg entstanden. Nun habe ich nur noch die Konfirmationsrede über Luk. 10,23–24 vor mir für heute. Weißt du, was nun wahrscheinlich geschehen wird? Ich habe im Sinn, am Samstag zu *wandern* und dich zu besuchen. Du kannst mich dann sofort wieder hinauswerfen, aber noch gefreuter wäre es, wenn du bis dahin deinerseits mit den Fürstentümern und Gewaltigen aufräumtest, sodaß wir ein paar milde Stündlein zusammen erleben könnten unter wechselseitiger Vorlesung des Ertrags dieser streitvollen Woche. Ist das nicht ein guter Plan?

[...]

Dir und Marguerite sendet freudigen Gruß Euer Karl

[1] Die beiden Predigten über Kol 2,14–15 finden sich in dem Predigtband «*Suchet Gott, so werdet ihr leben!*», S. 56 und 69.

Barth 17. April 1917, aus Zürich

Lieber Freund!

Ich bin eben am Meditieren für die heute Abend zu zelebrierende Taufe und las dabei die Pastoralbriefe durch. Was sagen wir zu denen? Sie kommen mir im ganzen – trotz einzelner Lichter – recht nachträglich, kirchenblättlich vor. Wir hatten letzte Woche recht gefreute Tage mit Heiner [Barth] und [Gottfried] Ludwig. Heiner war am Sonntag zum ersten Mal «restlos befriedigt» von meiner Predigt (über Petrus, Joh. 21,15ff.). Auf das hin muß ich dir dieses Produkt doch einmal vorlegen, damit du auch siehst, wie wirs machen sollten, um solchen Herren Freude zu machen!! Und nun bin ich hier und habe mit z.T. recht fruchtbaren Gesprächen innerlich viel zu tun. Kutter hat hier oben kräftig gewirkt mit zwei Besuchen,[1] und ich habe nun nur die dankbare Aufgabe, aus den großen Scheitern, die er hinterlassen hat, kleines Brennholz machen zu helfen. Ich habe Freude zu sehen, wie unsere Gedanken der «Welt» eigentlich so nahe liegen wie uns. Wir wollen nun ganz getrost weiter seufzen und schreien, es ist sicher nicht umsonst. [...] Gestern ein tröstlicher Nachmittag mit Pestalozzis. [...] Ragaz traf ich leider nicht an. Kutter hoffe ich morgen zu sehen und zu hören. [...] Deine Unterweisung schätze ich sehr, inhaltlich und formell. Ich werde Fränzeli und Markus dann dir zusenden. Du machst das einfach turmhoch besser.

Herzlichen Gruß dir und Marguerite dein K. Barth

Im Verkehr mit den Priestern: *Titus 1, 10–16.*

[1] Seelsorge-Besuche bei der Familie von Barths Schwager R. Kisling, der am 7. März 1917 gestorben war.

Barth, 21. April 1917

Liebe Freunde!

In eure sonntägliche Einsamkeit will ich euch nun das versprochene Communiqué senden samt etlichen Beilagen, für die ihr wohl Interesse habt. Ich habe also zunächst eine kurze aber ausgiebige Zürcher-Campagne hinter mir. [...] Infolge der Besuche der vorletzten Woche ist Nelly etwas angestrengt und müde. Hoffentlich kommts nun wieder besser. [...] Also Zürich: Ja, da hatte ich viele Stunden Gespräche mit meinen Schwägerinnen und der Schwester von Richard Kisling und mußte «es»[1] von immer neuen Seiten zeigen und sagen. Ich schrieb euch schon, daß ich im Ganzen doch Freude hatte, obwohl dieses individuelle Reden nicht gerade meine Sache ist. Am Montag hatte ich einen schönen Nachmittag bei Pestalozzis, die mich mit Liebe, Verständnis, Freude und Törtlein ganz umgaben und zuletzt noch auf den [Zürich-]Berg begleiteten. Wir redeten auch von unserm Predigtbüchlein, nach dem sie großes Verlangen zeigten!![2] [...] Ragaz und Högger traf ich nicht zu Hause, wohl aber Kutter. Nach zweistündigem angenehmem Aufenthalt beim Zahnarzt landete ich nämlich am Mittwoch für drei Stunden an der Zollikerstraße[3] und bekam gewaltig vorgelesen, sodaß ich zum Schluß in jeder Hinsicht plombiert war. Das neue Buch[4] wird gut, vielleicht besser noch als die «Reden». Aber ein unheimlicher Vulkan ist Kutter doch. [...]

Am Donnerstag kam ich heim und dann brach also die Konferenz[5] los, deren letzte Wellen sich eben verlaufen haben. Was soll ich sagen? Es sind ja ein wenig seltsam zudringliche Verehrer des lieben Gottes das, mit ihren B. K.[6] und andern geheimnisvoll deutschtümelnden Initialen. Es fielen kuriose Worte für unsre Ohren, allerlei kleine Wähne machten sich auch breit, das Wirtszimmer im «Hirschen» hörte wohl zum ersten Mal, seit es steht, ein schönes Gebet von Gelzer, und auf dem Dorfplatz vor dem Brunnen wurde zum Schluß in großem Kreis mit verschlungenen Armen («nach alter B. K. Sitte») gesungen: «So nimm denn meine Hände...»! Frick[7] tat seinen Mund sehr weit auf und mein Vorträglein fand Nellys Billigung durchaus nicht. Aber – Alles in Allem waren es doch schöne und inhaltsreiche Tage, und ich freue mich doch, die Sache übernommen zu haben. Erstlich weil mir diese Gymnasiasten mit ihrer getrosten Art (abgesehen von einigen schwankenden Gestalten) doch sehr gut gefielen, vor allem aber wegen der Bekanntschaft mit H. Gelzer, den ich wirklich respektieren gelernt habe. Wenn wir doch den in der Nähe hätten! Das Pietistische kann ich wirklich nicht so schwer an ihm nehmen, dafür hat er ja dann so etwas unmittelbar Positives, Freudemachendes, Friedliches, etwas von dem «Es», um das ich erst so mühsam ringe, etwa wie Ernst v. May, mein Heilsarmeefreund. Nelly meinte sehr richtig, es wäre uns gesünder, die alte kirchliche Art würde uns mehr in solchen Erscheinungen begegnen als immer in den Gestalten unsrer positiven Pfarrer. Ich gab Gelzer die gedruckte Predigt, und wir konnten dann sehr freundlich und gut miteinander reden darüber. Wie könnten wir diesen Mann für unsere Bibelforschungen ausbeuten, gerade mit seinen saftigen orthodoxen Erkenntnissen! – Frick hat am Unterhaltungsabend «Nach Frankreich zogen zwei Grenadier...» wirklich schön gesungen. Im Übrigen ist er sicher trotz seiner «sichern» Art (er wagte es wahrhaftig am ersten Tag, mir einen Zuspruch über die uns fehlende Innerlichkeit zu geben) ein ehrlicher Mensch, nur zu erfüllt von sich selbst (wodurch er mich beständig im Gespräch mit Gelzer störte). Sein Vortrag war gescheit, wenn auch nichts Besonderes herauskam. Nach meinem Vortrag heute Morgen lenkte er dann auf einmal ein, und [...] nun hieß es auf einmal: «wunderbar» und was weiß ich! Wir müssen doch unser Büchlein[8] herausgeben! Zum Schluß sangen die Basler noch vor dem Pfarrhaus: «Heißt ein Haus zum Schweizerdegen!» und ein Lied in der Negersprache und zogen dann mit lautem Gebrüll über den Berg nach Olten. Vielleicht daß sie nächstes Jahr wiederkommen. Die Kirchenpflege nahm, bouche béante, am Unterhaltungsabend teil und die Wirtin hat wohl gut verdient.

Genug für heute. Was sagst du zu diesem Ragaz-Brief?[9] Ist das eine Hand zum Frieden oder eine Kriegserklärung?

Herzlichen Gruß von uns Beiden! Euer Karl

[1] «es» bezeichnet immer wieder die Barth am Herzen liegende biblische Botschaft vom Reiche Gottes im Gegensatz zur kirchlichen Innerlichkeitsfrömmigkeit.

[2] Der Predigtband – «*Suchet Gott, so werdet ihr leben!*» – erschien Ende 1917.

[3] Kutters Pfarrhaus in Zürich.

[4] Kutters damals noch unveröffentlichtes Buch: *Das Bilderbuch Gottes für Groß und Klein. I. Römerbrief Kapitel 1–4,* Basel 1917. (Einen weiteren Band hat Kutter nicht folgen lassen.)

[5] Vgl. Anm. 3 zum Brief vom 20. 3. 1917.

[6] B.K. = Bibelkreis.

[7] Max Frick (geb. 1891), später Pfarrer am Großmünster in Zürich.

[8] Siehe Anm. 2.

[9] Briefkarte von L. Ragaz an K. Barth vom 16. 4. 1917:

«Verehrter Herr Pfarrer!

Ich habe Ihre Predigt mit größtem Gewinn, zu meiner Stärkung und Erholung, gelesen und danke Ihnen von Herzen dafür. Wenn ich bedenke, wie vollständig ich Ihnen bei einer so aus dem Innersten kommenden Äußerung zustimmen kann, und zwar mit dem Herzen sogut wie mit dem Kopfe, dann tut es mir von neuem weh, daß ich dann wieder jene Kluft sich auftun sehe, wie bei Ihrem Votum zum Vortrag Gerber in Aarau. Wenn wir doch einmal dieses Etwas loswürden, das wie ein schlimmer Nebel sich zwischen denen erhebt, die in der gleichen Landschaft in der gleichen Richtung nach dem gleichen Ziele wandern, so daß sie einander verlieren und sich nur noch wie aus großer Ferne hören. Wie schön müßte die Sonne sein!

Mit freundlichem Gruß Ihr L. Ragaz.»

(Original im Karl Barth-Archiv, Basel)

Barth 1. Mai 1917

Liebe Freunde!

Da kommt allerhand Unterhaltendes und Belehrendes aus Welt und Gottesreich, von dem ihr auch Einsicht nehmen sollt. Habt ihr auch so Freude an der Sonne und am Frühling wie wir? Hier ist augenblicklich *ein* großes festliches Treiben, besonders dank den Kinderlein, die mit ihrem Lust- und Wehegeschrei mit den Vögeln wetteifern. Heute ist ja sozialistischer Weltfeiertag und wenn hier ein Umzug stattfände, so würde ich willig mitdemonstrieren gegen den Teufel; wir sollten uns wirklich auch manchmal auf diese Weise Luft machen wie Blumhardt, als er in Kiel ins Meer sprang. Vorderhand sind wir noch Pfärrer, und Herr Züricher hats uns ja in den «Neuen Wegen» wieder einmal gesagt, was das Schreckliches ist.[1] Dieser «abgründige Kulturmensch» Züricher!! Und dieser Ragaz mit seinen immer neuen Meuten von fatalen Schriftstellern und Dichtern![2] Es ist nachgerade zum Erbrechen! [...] Wir stehen hier ganz im Zeichen der Landwirtschaft. Gestern den ganzen Nachmittag umgegraben und gegüllt![3] Heute wieder von morgens 5 Uhr an, Eduard! So ein angenehmes Rasten des Geistes, der noch unterbewußt weiterglimmt, hoffentlich auf das nächste Predigtlein hin. Das letzte war ein etwas seltsam mysteriöses Winken und Fahnenschwenken über Warten und Eilen oder vielmehr über Gottes Geduld und Eifer. Da ist denn doch Herr Pfarrer F. ein anderer Mann.[4] Wie hat er uns so ganz durchschaut in unserer Blöße, und wie freundlich begrüßt er nun den heimkehrenden verlorenen Sohn! Was soll ich ihm antworten? «Gott erhalte Ihnen Ihre Unverfrorenheit!» oder so etwas, oder gar nichts, oder ein Wort aus der «Lindigkeit» heraus, in deren Kundgebung ich so berühmt bin? [...] Was soll ich sagen, wenn Lenchen von mir eine Approbierung ihrer Gesinnungstüchtigkeit fordert? Es ist jedes Wort so mißlich, wenn das Thema im Grunde das Persönliche ist, dieses verruchte Persönliche, das wir alle nicht los werden. Der Teufel soll sie holen, die Persönlichkeitenpflege nämlich, die Seelenrücksichten und Gesinnungsuntersuchungen, an diesem Knebel könnten wir noch einmal den Hals brechen, wenn wir ihn nicht los werden. Damit komme ich zu Bader. Zu der neuen Auflage seines Katechismus[5] nämlich, die ich, eben auch mit meiner morgen zu eröffnenden Unterweisung beschäftigt, genauer besichtigt habe und verschlimmbessert finde, besonders im 1. Teil, der ganz krankhaft pietistisch geworden ist. Lies als Probe nur Abschnitt 11–15, was für haltlose Dinge! In der Einleitung hat sich die von dir s. Z. gerügte Orientierung am Menschen und darum das vom Nein aus reden noch akzentuiert, im Ganzen ist die Schrebergarten-Stimmung noch stärker geworden und die Annäherung an die Kirche noch unverkennbarer. Kurzum, das geht also nicht. Was aus meinem Unterweisen noch werden soll, das ist freilich ebenso unabsehbar. Wie beneide ich dich um [...] klassische Einfälle, die mir einfach nicht kommen. – Was für ein Lichtblick: dieser [Wahl-] Sieg der Basler Sozialdemokraten über den Freisinn und die Basler Nachrichten [konservative Zeitung]! Ihr heutiger Wahlartikel mit seinen betrübten Munkeleien war mir ein wahres Fest zu lesen. – [...]

Mit den herzlichsten Grüßen jubeln euch zu eure

Safenwiler

Heute ist es erst 10 Jahre, daß ich Präses der Berner Zofingia wurde!

[1] U. W. Züricher, *Das Pfarramt in der religiösen Krisis der Gegenwart,* in: Neue Wege, Jg. 11 (1917), S. 180–188.

[2] In den «Neuen Wegen» wurden regelmäßig auch Gedichte veröffentlicht, darunter öfters solche von U. W. Züricher.

[3] Güllen = Jauche gießen.

[4] Die Sätze beziehen sich auf einen beigelegten Brief.

[5] *Gottesreich. Ein Unterweisungsbüchlein.* Herausgegeben unter Mithilfe einiger Freunde von Hans Bader, Pfarrer in Zürich, Bern 1916; 2., stark veränderte Aufl. 1917.

Barth 7. Mai 1917

Liebe Freunde!

Herzlichen Dank, daß ich kommen darf! Ich werde morgen Dienstag Abend mit Freuden etwa um 7 Uhr das Brücklein überschreiten, mit ein paar Predigten im Sack, dagegen die Unterweisung daheimlassend, da sie zu viel ungelegte Eier enthält und vor dem Pleroma der deinigen doch nicht bestehen kann. Zur Fortsetzung des Römerbriefs rüste ich mich eben durch Aufsuchung von allerhand Anschauung, letzte Woche lauter Pietisten und ihre Feinde, jetzt bin ich an Steffens[1] Religions(=Natur!)philosophie. Das ist ein schönes Buch, das mich stark an Kutter erinnert, unsern Idealisten allerdings ein Ärgernis und eine Torheit und darum begreiflicherweise verschollen. An die Laupener habe ich am Samstag ein großes Sendschreiben über gemeinsame Sachlichkeit und Einigkeit im Geist gerichtet unter kräftiger Abgrenzung gegen den «Christlichen Welt»-Geist und Kirchengeist. Gestern im

Blaukreuz Sprüche über die noch nicht gegrabenen «Brünnlein Gottes». Am Morgen Frühlingspredigt mit realistischer Ablehnung der pietistischen Hybris. [...]

Herzlich grüßen euch Nelly, die Kindlein und euer Karl

[1] Henrik Steffens (1773–1845), Naturphilosoph, Freund Schellings, Professor in Halle und Berlin: *Christliche Religionsphilosophie,* 2 Bände, Breslau 1839.

Thurneysen 10. Mai 1917

Lieber Karl,

Was für einen befremdlichen Anblick botest du dar, als du deinen Rückweg antratest, um in 2½ Stunden nach Safenwil zu gelangen. Wir hatten eine große Freude an unsrer Begegnung mit dir und Gelzer. Gelzer blieb noch bis Mittag und gab mir weitere Aufschlüsse über die Hintergründe der Sakramente, über die Taufgnade und die Adoration. Er bewunderte mein Kirchlein, weil es mit seinem Chor und der abseitigen Kanzel diese geistlichen Geheimnisse auch räumlich auspräge. Soeben habe ich eine unerfreuliche geistliche Handlung mit Widerstreben vollzogen: eine Ehe zusammengegeben, deren Zusammenhalt ich leider nicht traue. Da wäre Kirchenzucht nötiger als die pietistische Erforschung des Gefühles. Ich bin eben an einer Predigt über «Wer bittet, der nimmt» [Matth 7,8], und du gräbst «Gottes Brünnlein» [Ps 65,10] aus. Wir greifen beide zu stärksten Worten für nächsten Sonntag, hoffentlich bleiben wir nicht ohne alle Vollmacht. – Nichtwahr, du sendest mir die Genossenschaftsliteratur. Ich bin in starker Bedrängnis: am Donnerstag Himmelfahrt, am Sonntag zur Predigt hinzu noch den Vortrag über die Genossenschaftsfrage. Aber ich durfte nicht absagen, da mich diese Landwirte selber um solch ein Wort bitten. Was werden wir wohl an Himmelfahrt predigen? Da wäre der alte Hofacker in seinem Elemente gewesen mit starken Worten über Christi Krönung.

Wir grüßen herzlich. Eduard und Marguerite

Barth 10. Mai 1917

Lieber Freund!

Da kommen sie, die «redlichen Pioniere von Rochdale»[1] nämlich. Vgl. im übrigen Pflüger[2] S. 156f., Traub, Ethik und Kapitalismus[3] S. 121f. und 138f., Herkner[4] S. 349f. und 355f. und den Artikel «Genossenschaftswesen» in RGG,[5] Sombart, Sozialismus und Soziale Bewegung[6] S. 163f.

Für die Behandlung des Themas auf dem Lande dürfte wichtig sein 1. der Hinweis auf den nur künstlichen Gegensatz zwischen Konsumverein und landwirtschaftlichen Genossenschaften, deren Tätigkeit für die wirtschaftliche Entwicklung die *gleiche* Bedeutung hat, 2. aus der Situation der *Bauern* als Konsumenten die Erklärung der Situation des *Arbeiters* als Milch- und Brotkonsument, 3. aus dem Prinzip der *Organisation* der vereinzelten schwachen *Konsumenten* die Erklärung der gewerkschaftlichen Bestrebungen der wirtschaftlich schwachen *Produzenten*.

Ich bin heute Morgen hocherfreut heimgewandert und wurde mit Freude, Liebe und einem kalten Bade empfangen, umsomehr weil ich heute 31 (eine unerfreuliche Zahl) Jahre alt geworden bin. Ein Mittagessen unter dem Apfelbaum eröffnete die Gemeinschaft mit Gerty Pestalozzi. [...] Eine Laupener Antwort auf meine ausführlichen Darlegungen enthält nur die Beteuerung, sie seien auch an der Sache, ohne eigentliche Lösung, dafür ein nettes Bildlein des kleinen Ulrich,[7] der eine seltsame Mischung von Barthischen und Naumannischen Zügen zur Schau trägt. Wie schön war das Zusammensein mit Gelzer und Hoch.[8] Ich freue mich, wie nett es besonders mit ersterem gewesen ist, und mußte auf dem ganzen Weg über die Perspektiven nachsinnen, die sich da eröffnen. Deine heutige Konfirmandenstunde war mir auch wichtig und hat mich für meinen nächste Woche zu eröffnenden Präparandenunterricht[9] lebhaft angeregt. [...]

Herzlichen Gruß und *vielen* Dank in Eile dein Karl

[1] Die «redlichen Pioniere von Rochdale» nannten sich die Gründer der englischen Genossenschaftsbewegung in Rochdale bei Manchester (1844). Von welcher Schrift Barth hier spricht, ist nicht feststellbar.

[2] P. Pflüger, *Einführung in die soziale Frage,* Zürich 1910.

[3] G. Traub, *Ethik und Kapitalismus. Grundzüge einer Sozialethik,* Heilbronn 1909[2].

[4] H. Herkner, *Die Arbeiterfrage.* Eine Einführung, Berlin 1908[5].

[5] L. Bernhard, Artikel «*Genossenschaften im Wirtschaftsleben der Gegenwart*», RGG, 1. Aufl., Bd. 2, Sp. 1293–1298.

[6] W. Sombart, *Sozialismus und Soziale Bewegung,* Jena 1908[6].

[7] Ulrich Barth, Sohn von Peter und Lenchen Barth.

[8] Fritz Hoch (1888–1973), damals Pfarrer in Bülach, später Leiter der Diakonissenanstalt in Riehen bei Basel.

[9] = erster Jahrgang des Konfirmandenunterrichts.

Thurneysen 11. Mai 1917

Lieber Freund,

Besten Dank für die «Pioniere». Aber leider besitze ich kein einziges der übrigen noch von dir empfohlenen Bücher. Könntest du mir nicht Pflüger oder Traub oder Herkner oder Sombart schicken? Ich muß noch einiges darin lesen, sonst fehlen mir alle materiellen Hintergründe. – Wie schade, wir vergaßen deinen Geburtstag! Wir denken nachträglich daran und freuen uns, daß du da bist. Es fällt uns wie Schuppen von den Augen, warum du so gewaltig heimwärts strebtest «aus gewissen Gründen».

Wir grüßen die Heiligen unter dem Apfelbaum und bleiben eure getreuen Leutwiler

Barth 13. Mai 1917

Lieber Freund!

[...] Wir waren den ganzen Tag im Wald und haben es sehr genossen. Ich las die Biographie von Spleiß.[1] Das ist wirklich eine merkwürdige Figur im Reiche Gottes, die du dann auch studieren solltest. Nimm hier vorderhand auch den L. Hofacker.[2] [...] Grüße die Brüder in Basel und sprich ein kräftiges Wort mit Wernle. [...]

Nimm unser aller herzliche Grüße in Empfang von Deinem der schönen Tage in Leutwil freudig gedenkenden Karl

[1] C. Stokar, *David Spleiß, weil. Antistes der Schaffhauser'schen Kirche, nach dessen schriftlichem Nachlaß und mündlichen Nachrichten geschildert,* Basel 1858.

[2] Ludwig Hofacker (1798–1828), schwäbischer Erweckungsprediger. Bei dem Buch, das Barth an Thurneysen schickt, handelt es sich wohl um A. Knapp, *Leben von Ludwig Hofacker mit einer Auswahl aus seinen Briefen,* Calw/Stuttgart 1895[6].

Barth 16. Mai 1917

Lieber Freund!

Was sagst du zu dieser neuerlichen Einladung?[1] Das Grundsätzliche und das Taktische berühren sich eben stark bei der Frage, ob wir solchen Berufungen folgen wollen oder nicht. Ich sehe aus allen meinen Pietistenbiographien, was für ein *tragischer* Moment es war vor 100 Jahren, als sie anfingen, begehrt und gehört zu werden und die Wüste verlassen konnten, um Antistes etc. zu werden. Werden wir ihre Irrtümer zu vermeiden wissen, wenn wir nun auch anfangen, uns in solchen Reichsgottesheerlagern hören zu lassen? Gelzer täte z.B. auch besser, sich nicht mit den Leuten von Baden[2] zu kompromittieren. In der Konsequenz *jeden* solchen Schrittes kann, gerade weil es da wieder ins christliche Wesen hineingeht, der Tod lauern, daß der liebe Gott die kaum im Schloß bewegte Türe wieder mit lautem Knall muß zuklappen lassen. Oder ist es genug, wenn man das *weiß,* und darf man dann wieder harmlos sein und sich freuen über alle, die hören wollen? Ich wünsche darüber deinen analysierenden Zuspruch und Rat zu vernehmen.

Ich wälze an einer Himmelfahrtspredigt über Micha 2,13, und du wirst ähnlich beschäftigt sein. Bei den Hofacker'schen Predigten[3] über solche Themata tritt mir mehr das Unzulängliche dieser Art entgegen als ihre Stärke. Ich werde eher vorsichtig über den Himmel und die Kirche etwas zu sagen versuchen und den «Durchbrecher» als das große X dazwischen stehen lassen. Die Voraussetzungen, darüber mit Vollmacht zu reden, fehlen sowohl mir als meinen Zuhörern *zu* sehr.

Wie wars in Basel?

Mit herzlichem Gruß an dich und Marguerite

dein K. Barth

[1] Barth war zu einem Referat am 31. Juli 1917 in einem Ferienlager verschiedener christlicher Jungmännervereine auf der Rotmatt bei Buus (Baselland) eingeladen worden. Er nahm dann die Einladung an und sprach über «Die Zukunft des Christentums und der Sozialismus».

[2] Jährliche Versammlung von Pfarrern und Laien der «positiven» Richtung. Am 9. Mai 1917 hatte Barth Gelzer dort getroffen.

[3] L. Hofacker, *Predigten für alle Sonn-, Fest- und Feiertage,* Stuttgart 1851[15].

Thurneysen 22. Mai 1917

Liebe Freunde,

Es ist allerlei geschehen, seit wir dich, Karl, an deinem Geburtstag verabschiedet haben. Ich war in Basel und habe mich auf den «Basler Nachrichten» erkundigt nach dem Erscheinen der Besprechung von Kutters «Reden». Ich hatte den Eindruck, es sei ein Wort zur Lage, wie es Kutter sagen möchte, für die Redaktion dieser Zeitung etwas sehr Nebensächliches den weltbewegenden Hauptsachen gegenüber, die sie mit weisen Federn bearbeiten.

Nachher ging ich zu einem freundlich-wehmütigen Zusammensein mit Wernle. Was haben wir alles geredet? Ebenfalls allerlei Nebensachen unter steten heimlichen Blicken nach der Hauptsache. Nachmittags Kränzli in Pratteln mit den Basler «Lichtfreunden». Wir betrachteten Matth. 10. Ich beneidete diesen Kreis um das mit zäher Regelmäßigkeit abgehaltene Schriftstudium.

Ich lese L. Hofacker und bin dir dankbar für die Zusendung. Ich habe bei ihm den Eindruck von einem wackern Pilger, der eine christliche Staubwolke um sich her aufwirbelt, aber von dem eigentlichen Ziel seiner Wanderschaft und von der Bewegung darauf hin sieht man weniger als von seinen Mühsalen und gelegentlichen Erquickungen. – Am Sonntag habe ich über «das lebendige Herz» gepredigt (Ps. 69,33). Ich will dir diese Predigt einmal vorlesen, vielleicht am Zugersee.[1] Und nun kommt Pfingsten. Ich möchte den hl. Geist als ein Wetterleuchten beschreiben, welches das dunkle Menschenland plötzlich erhellen kann und uns Kunde gibt von uns leider noch fernen Kraftentladungen Gottes. Deine Predigt über die «Brünnlein Gottes» haben wir überaus gerne gelesen.

Und nun die Frage wegen der Einladung nach Buus. Was soll ich dazu sagen? Sie wissen ja immerhin, *wen* sie fragen, wenn sie *dich* fragen. Ich habe darum nichts dagegen einzuwenden.

Nun wird Rade auftauchen. Er muß scheints, um über die Grenze zu dürfen, Vorträge halten über den innern Kriegsgewinn des deutschen Volkes, wie mir Wernle erzählte.

Wir grüßen euch samt euren Kindern mit aller Freude.

Marguerite und Eduard

[1] Gemeinsame Ferien von Barth, Thurneysen, Pestalozzi in Risch am Zugersee, 4.–21. 6. 1917.

Barth 26. Mai 1917

Liebe Freunde!

Der Beschluß dieses wunderbaren Pfingstsamstags soll noch ein Gruß an euch sein. [...] Ich habe mir wieder einmal schon gestern Predigtruhe für heute verschaffen können und führte ein beschauliches Dasein mit Sendschreiben an die verschiedensten Adressen unter sympathischem Gedenken an all die hornbebrillten Brüder, die jetzt auch zu entscheidenden Schlägen ausholen landauf landab. Eine befremdliche Zunft sind wir ja schon, wie auch der Maler Amiet[1] konstatiert haben soll, dem man [meine Predigt] «Über die Grenze» vorgewiesen hat. «Gott Lob und Dank» muß ich nicht ans [Pfarr-] Kapitel, weil ich dann sicher schon mit Kind und Kegel in Risch sein werde. *Du* mußt aber unbedingt gehen und uns dann Nachricht dorthin bringen von den drei Kirchenräten etc. Wie kam es nur, daß ich dieser Tage einige Partieen aus Wernles «Einführung» las, in der auch dein Name verewigt ist?[2] [...] Ich war mir gar nicht bewußt, was für ein seltsames Werk diese «Einführung» ist, resp. wie sehr wir wirklich von allem aber auch allem das Gegenteil denken und tun, was in diesem Kompendium der geltenden Theologie steht. Bei einer Stelle in der Praktischen Theologie, die ich dir einmal zeigen werde, mußte ich buchstäblich bis zu Tränen lachen. Es stehen aber Merkwürdigkeiten drin, wo man sie aufschlägt. [...] Etwas von Beiden muß ein böser Traum sein: *entweder* der «Common sense» wie Gelzer sagt *oder* unser Abrahamsweglein. Jedenfalls ist das Eine etwas total Anderes als das Zweite.

Wie weit werden wir mit Gelzer gehen können? Ich habe die zwei Begegnungen mit ihm in so erfreulicher Erinnerung. Aber was du nun berichtest, ist nicht ermutigend. Vielleicht falle ich, proportional zu meinen sonstigen heftigen Abstoßungen, zu rasch auf solche intensiven Leute herein. Es ist etwas Direktes in ihm, das trotz aller Reserven stark auf mich wirkt, das mir z.B. einen kräftigen Anlauf gab für die Himmelfahrtspredigt und für die vom letzten Sonntag über einen Hebräerbrieftext vom Hohepriester, den wir *haben* ... [Hebr 4,14–16]. Ich will sie dir dann in unsrer Retraite am Zugersee beide vorlesen zur aufmerksamen Prüfung, ob das Abrahamsweglein dabei nicht möglicherweise verlassen wurde. Dem Gelzer schrieb ich nach der Lektüre von Spleiß einen Brief[3] über die Kirche als Satanas der Pietisten, mit der Feststellung, daß ich diesen Satanas schon im N.T. am Ende wenigstens winken sehe. Was wird er zu solchen Sprüchen sagen? Aber es mußte gesagt sein, gerade weil er mir etwas «gegeben» hat, wie man in seinem Jargon sagt.

Den Baslern habe ich zugesagt. Aber zugleich ein anderes Thema ausbedungen etwa im Sinne von «Christentum oder Sozialismus?», da ich mich nicht hergebe, so als Spezialist für «eppis Sozials»[4] aufzutreten, wie mir durchs Telephon zugerufen wurde!! Ob sie diesen Brocken annehmen, ist die Frage; ich habe noch keine Antwort. [...]

Nun gibts heute Abend noch etwas Landwirtschaft für mich. [...] Ich sitze im Baumgarten; senkrecht über mir rumpelt eben ein Flieger seine Bahn. Darüber wäre Manches zu sagen.

Herzlichen Gruß in Freuden eure Karl und Nelly

[1] Cuno Amiet (1868–1961), Schweizer Maler.

[2] P. Wernle, *Einführung in das theologische Studium,* Tübingen 1908; 1911[2] (1921[3]). Im Vorwort zur 1. und in dem zur 2. Aufl. (beide in der 2. Aufl.: S. VII und X) wird E. Thurneysen als Helfer bei Korrektur- und Registerarbeiten genannt.

[3] Barth hatte die Spleiß-Biographie (vgl. Anm. 1 zum Brief vom 13. 3. 1917) von H. Gelzer erhalten.

[4] = etwas Soziales. Die Einladung nach Buus (vgl. Anm. 1 zum Brief vom 16. 5. 1917) war aus Basel gekommen. Ursprünglich war Barth das Thema «Soziale Zukunftsfragen» gestellt worden.

Barth 1. Juni 1917

Liebe Freunde!

Man hört gar nichts von euch. Wir hatten heute Rade! Ich hatte ihm vorgeschlagen, dich aufzubieten; er begehrte aber nicht danach, und du hast nichts verloren. Es war ein seltsam freundliches aber unfruchtbares Täglein. Auch er beklagt sich über unser «prophetisches Selbstbewußtsein», das uns veranlasse, so aufzutreten, als ob wir der Christenheit Gott erst zu bringen hätten. Safenwil sei für ihn das Jerusalem, in dem er alle 8 Tage gekreuzigt werde. Trotzdem sei er nun gekommen, aber nicht, um mit mir «um Gott zu raufen». Deine [Aarauer] Predigt habe er gelesen und nichts darin gefunden, was er nicht auch sagen könnte. Überhaupt freue er sich ja über unsern jungen Eifer, im übrigen hätten auch sie als junge Ritschlianer s. Z. gemeint, die ganze Welt belehren zu können, aber eben... Über allem stehe ihm als ABC des Christentums die communio sanctorum (in der Tat ist er heute Abend nun bei Wernle, morgen bei Kutter, Ragaz und Foerster). Daneben viel Politisches und Familiäres. Was sind wir doch für Tröpfe, daß wir das Leben so schwer nehmen, wo doch Alles, Alles so schön im Gleichgewicht ist und bleibt!

Herzlichen Gruß dein K. B.

Thurneysen 1. Juni 1917

Liebe Freunde,

Es ist allerlei gegangen seit meinem letzten Sendschreiben an euch. Z.B. ist der Aarauer Konferenzbericht[1] eingetroffen, und ich habe Schädelins vortreffliche Arbeit gelesen. Sie hat mir starken Eindruck gemacht. Jetzt liegt wieder ein Wort vor, auf das wir verweisen können, wenn man uns fragt, was wir eigentlich wollen. Mir ist an seiner Arbeit nebenbei auch das wichtig, daß man merkt, daß die historisch-kritischen Fragestellungen darin auch verarbeitet sind, aber eben verarbeitet, es ist nicht dieses ewige Darüberstolpern und damit Wichtigtun, sondern es ist wirklich die Sache, die wichtig wird, ohne daß Schädelin deswegen in ein biblizistisch-harmloses Reden verfiele, sondern es ist der «Schriftgelehrte zum Reiche Gottes gelehrt» [vgl. Mt 13,52], der da redet. Meine Konferenzpredigt[2] ist daneben mehr nur ein zaghafter Stoß ins große Horn, ich tröste mich aber, daß sie mit Schädelins Block und Wurf sehr viel enger zusammenhängt als mit dem andern Inhalt des Berichtes. Ich habe meine Predigt auch an einige andere Schriftgelehrte und Propheten gesandt. Sie hat aber nicht viel Widerhall geweckt. [...]

Ich habe gegenwärtig Mühe mit dem Predigen, lese aber Zündel, Hofacker- und Blumhardtpredigten und eine Geschichte der Reformation. Was sagst du zu Ragazens Predigt[3] von den Menschen, die Gottes Mitarbeiter sein sollen, und zu seinem erneuten Brief über Wilson?[4] [...]

Als letztes hier noch drei Predigten von drei berühmten Stadtpfarrern ungefähr zur gleichen Zeit gehalten – ist es das nun? Wir wollen noch nicht Stadtpfarrer werden!

Mit herzlichem Gruß an euch alle wir beide

[1] *Die XXI. Christliche Studenten-Konferenz. Aarau 1917. Den 12. bis 14. März,* Bern 1917. Darin S. 16–45: A. Schädelin, *Verheißung und Erfüllung.*

[2] E. Thurneysen, *Gotteshilfe,* ebd. S. 5–15.

[3] L. Ragaz, *Was der Einzelne kann* (Predigt über 1. Kor 3,9), in: Neue Wege, Jg. 11 (1917), S. 219–231.

[4] *Warum Amerika Krieg führt* (Brief eines ungenannten Deutsch-Amerikaners an L. Ragaz), ebd. S. 268ff.

Barth 2. Juni 1917

Lieber Freund!

Es langt nur noch zu einer Karte. Vielen Dank für den Brief und die Goethe zitierenden Stadtpfarrer, deren Rüstung ich auch nicht gerade bewundern kann. Deine Predigt[1] haben wir hier unter allgemeiner Freude als gemeinsame Abendlektion genossen. Wie schade, daß du in Aarau [beim Halten] irgendwie innerlich gehemmt warst. Nun, sie wird auch gedruckt ihre Wirkung schon tun, wogegen Schädelins Vortrag bei all seinen Vorzügen mir nun gerade mündlich noch mehr Eindruck machte als jetzt. Rade hat beide Produkte genossen und höchst gewandt verdaut. [...] Morgen Jes. 59,16 «Die Einsamkeit Gottes»; leider wurde es etwas anders, als ich meinte. Vgl. übrigens als Motto für unsre keuchende Predigtproduktion (ich keuche wahrhaftig auch!) Jes. 59,11! [...]

Am Montag Aufbruch. [...] Herzlichen Gruß euch Beiden.

Euer K.

[1] Vgl. Anm. 2 zum vorigen Brief.

Barth 8. Juni 1917

Lieber Freund!

Nun bin ich in Bern – zum soz.-dem. Parteitag!! [...] und werde hoffentlich nicht eingesteckt, sondern kann euch am Montag wieder in Risch begrüßen. Ich freue mich so sehr, bis du kommst und die dortige Sommerfrischeharmonie ein bißchen, sagen wir, ins Rollen bringst. Die Sache war bis jetzt sehr schön, aber zu harmlos-vegetativ, denn ein biederer positiver Zürcherpfarrer bot keine Reibungsflächen, sondern gab nur alles zu, was ich ihm bemerkte, und daneben las ich allerhand Brüdergemeindliches, sodaß der Lindigkeit nun für einmal wieder genug ist. Bringt also viel frischen Wind mit!! Und Predigten, Unterweisung, Briefe etc. Alles freut sich!

Dein K. B.

Barth 25. Juni 1917

Liebe Freunde!

Was du tun willst, das tue bald [vgl. Joh 13,27]! Da habe ich nun sechs Predigten ausgewählt,[1] die mir zusammen ein deutliches Ganzes zu bilden scheinen, das sich zur Wechselrede mit sechs Leutwiler Sprüchen eignen würde. Ihr kennt sie alle schon, ich möchte aber, daß ihr sie noch einmal prüft auf ihre Haltbarkeit und auf ihre Zusammenstimmung mit den deinigen, Eduard, und mir eventuelle Tilgungs- oder Ersatzvorschläge macht. Die Salbungspredigt fehlt, sie ist mir wegen des heftigen Widerspruchs, den sie hier gefunden, etwas verleidet, und auch Nelly meint, daß die andern für diesen Zweck besser in unsrer Linie liegen. Dagegen beantrage ich, daß den zwölf Predigten zum Schluß auch dein Safenwiler Vortrag über die Kirche und mein Leutwiler über die Bibel beigefügt werden, zur prinzipiellen Ins-Licht-Stellung dieser für uns so wichtigen Punkte. Als Titel ist mir eingefallen: «Es ist Alles bereit!» nach Luk. 14,17, worin das Positive und doch Transzendente der Botschaft, wie wir sie bringen möchten, schön hervorkäme. Aber vielleicht hast du bereits nach etwas Besserem geforscht oder wirst es noch tun. Eine Predigtsammlung von Dräseke,[2] die ich besitze, trägt den Titel: «Die Stadt Gottes und die Löwengrube»!! Wenn du mit meiner Auswahl einverstanden bist und prinzipiell Freudigkeit hast, deine Hälfte beizusteuern und so Mitschuldiger dieses Angriffs auf die Christenheit zu werden, so sende das Päcklein bald weiter an Pestalozzis, die sich mit ihrer Schreibmaschine darum Verdienste erwerben wollen.

Gestern war meine Wiederwahl. 277 Stimmende, 189 Ja, 49 Nein, 36 leer, 3 ungültig. Das ist ein freundliches Resultat in Anbetracht von allem, was in den 6 Jahren passiert ist. Wahlagitation gab es nicht die geringste; erst noch sollen eine Anzahl der 49 Nein auf Mißverständnis der Fragestellung bei der Wahl beruhen. Die Kirchenpflege hatte auf 100 Nein gerechnet! Dazu bekam ich wie die Lehrer 200 Fr. Teuerungszulage, auf Antrag der Kirchenpflege – und unter Rede-Unterstützung des Herrn [Fabrikanten] H. Bin ich eigentlich schon alt, zahm und ungefährlich geworden, ein harmlos zu akzeptierender Warte-Boller, oder was ist los?! Gestern Abend waren Dr. Lejeunes da, die daran herummachen, in die soz. Partei einzutreten. [...] Die Färbereiarbeiter haben nun auch ihre Gewerkschaft, die zweite am Ort, und bereits eine Lohnbewegung erfolgreich durchgeführt. Nun wird die Strickerei zum großen Problem mit den 300 törichten Jungfrauen. Gestern habe ich mit Jeremia[-Predigten] angefangen: über das Wort des Herrn, das zu dem Priestersohn geschah [Jer 1,1–3]. Nächsten Sonntag dann das: «Ich kannte dich...» v. 5. An was bist denn du wohl herangegangen? Mein arges Kreuz bleibt doch der Kinderunterricht; ich verführte gestern in der Kinderlehre ein ganz machtloses Geschrei über die Midianiterschlacht [Ri 7]. Das gelingt mir einfach nicht, und in jener Kirche der Zukunft, wo Rudi Pestalozzi Kirchenpflegspräsident ist, werde ich dir das Feld gänzlich überlassen. Ebenso die Seelsorge: Alle Heiratsgeschichten, in die ich mich gemischt habe, laufen darauf hinaus, daß sie sich gegen meinen klugen Rat doch nehmen werden. Ich habe das Gefühl, die Kinder lachen mich aus, und es seien aus den sechs Jahrgängen, die ich jetzt hier unterwiesen habe, schon zahlreiche Aspiranten für die «Schutztruppe»[3] hervorgegangen. Wann werden wir uns wiedersehen? [...]

Wie schön wars doch in Risch und auf dem Rigi. Erst jetzt merkt man die heilsame Wirkung dieses gesegneten Ausschnaufs. [...] Mit herzlichen Grüßen euch Beiden Eure

Karl und Nelly

[1] Für den gemeinsamen Predigtband «*Suchet Gott, so werdet ihr leben!*»

[2] J. H. B. Dräseke (1774–1849, Gen.-Sup. der Provinz Sachsen), *Die Gottesstadt und die Löwengrube*. Erste Zugabe zu der Schrift: *Christus an das Geschlecht dieser Zeit*, Lüneburg 1820.

[3] Gemeint sind vielleicht Jungschützenkurse, in denen die Aargauische Kantonal-Schützengesellschaft eine vormilitärische Schießausbildung für männliche Jugendliche vom vollendeten 16. Lebensjahr an betrieb.

Thurneysen 27. Juni 1917

Liebe Freunde,

Wir waren, obgleich wir nie an eine Wegwahl glauben konnten, doch gespannt auf euren Wahlsonntag. Und nun habt ihr eine wahrhaft ermutigende Antwort auf die durch dich, Karl, an die Gemeinde gestellten Fragen erhalten. Es wäre ja leicht gewesen, nein zu stimmen, wenn die Safenwiler wirklich rundweg nichts als Nein sagen wollten auf das, was von dir her an sie herankommt. Sie sind durch alle die Jahre hindurch doch auf dich eingegangen und wie eine zwar widerborstige Herde durch dich *vorwärts* geführt worden und mußten nun dazu stehen.

Unterdessen geschehen auf unsrer Seite allerlei nicht unwichtige Dinge: aus der Beilage erseht ihr, daß die Zürcher mich allen Ernstes als 7. Außersihler Pfarrer haben wollen. Ich bin hingefahren, um mir den Plan auseinandersetzen zu lassen, obgleich ich Unlust spürte, darauf einzugehen. Die Arbeit dort würde darin bestehen, Gruppen und Bünde unter den konfirmierten Burschen und Mädchen zu gründen mit Diskussions- und Beschäftigungsabenden. Am Sonntag Abend wäre jeweilen eine Jugendpredigt zu halten, und es müßte ein Blatt gegründet werden, das zur Außersihler Jugend redet. Sprechstunden und Seelsorge für die Einzelnen müßten stattfinden. Und der ganze Vorstoß hätte in möglichst freier, von kirchlicher Bevormundung gelöster Weise und in sozialistischem Geiste zu geschehen. Es könnte aufs Ganze gesehen ein Zeichen einer sich ihrer großen Aufgaben wieder bewußt werdenden Gemeinde sein. Aber das Problem wäre, ob die Zusammenarbeit mit den Kollegen in guter Weise zustande käme. Daran zweifle ich. [...]

Außer bei den Außersihler Kollegen war ich noch bei Ragaz und Kutter. Ragaz gestand mir, er habe bei allem, was von unsrer Seite komme, ein gewisses Mißtrauen zu überwinden, weil wir beide – Pfarrersöhne seien, bei denen naturgemäß alles Göttliche leicht wieder zu einer bloßen Theologie werde und überhaupt mehr übernommen als wirklich errungen sei. Die Jugendpfarrstelle in Außersihl findet Ragaz grundsätzlich völlig verfehlt wegen der kirchlichen Hintergründe und der nicht rein laienhaften Ausgangspunkte der ganzen Arbeit. Aufs Ganze gesehen ist die Frage eine solche der innern Berufung. Was werdet ihr davon denken? [...]

Von Herzen grüßen wir euch. Eduard und Marguerite

Barth 30. Juni 1917

Liebe Freunde!

Das sind nun allerdings ganz große und verhängnisschwere Dinge, die sich da bei euch ereignen, und ihr könnt euch denken, daß wir ihrer Entwicklung mit höchstem Anteil folgen. Als ich zuerst den Brief von [...] [Außersihl] las, ahnte ich nicht, daß dir die Sache so nahe gehen werde. Ist das ganze neue Institut dort nicht etwas Unmögliches, eines von den vielen Kunststücken, mit denen die Kirche hinter ihren versäumten Gelegenheiten herläuft, zum vornherein atavistisch belastet trotz seiner Neuheit, und zum vornherein der glatten Ablehnung derer, auf die es abgesehen ist, sicher? Eine veränderte Auflage deiner CVJM-Bemühungen [in Zürich]? Eine Falle für die bedauerlichen Inhaber schlimmer noch als das historische Pfarramt? Nun dir aber die Sache erwägenswert scheint, sieht sie doch auch mich ganz anders an. Sehr anders sogar als etwa neulich deine offene Tür in die [theologische] Prüfungskommission. Wenn du den Glauben hast, so ist es möglich, daß aus diesem verfehlten Kirchenmanöver etwas wird, etwas anderes als die Initianten meinen, etwas Besseres – daß du aus dir heraus den Geist ersetzest, aus dem das neue Institut nach deiner Schilderung offenbar nicht geboren ist – daß du in gänzlich verfehlter Stellung dem Spott und Hohn der Jungburschen über den neuen christlichen Schleichweg die Überlegenheit der größeren, umfassenden Sache erfolgreich entgegenwirfst. Ja, ich möchte sogar sagen, daß, wenn diese Unternehmung überhaupt einen Sinn haben soll, gerade *du* sie übernehmen mußt, wenn du den Beruf und den Glauben hast. Wenns einer von den neugebackenen Kandidaten macht oder einer von den im «Kirchenblatt» Angelockten, dann kommts sicher schief. Wenn du es machst (*ἐκ πίστεως εἰς πίστιν* [Rm 1,17]), so wird es dir schwerste Konflikte und Leiden eintragen, aber es *geht* dann etwas auf dem verlorenen Posten. Ich suche mir die Sache auch von deinem persönlichen Standpunkt aus zu denken. Du hast zweifellos einen besondern Ruf für das Wort an die Jungen, die Atmosphäre der Vereinsarbeit ist dir nicht von vornherein unsympathisch, du fühlst dich durch den engen Spielraum in deiner jetzigen Gemeinde stark beeinträchtigt (alles Punkte, die bei mir anders liegen), da könntest du dir durch die Annahme dieses Rufes die Türe öffnen lassen in jeder Beziehung. Kurzum ich könnte dir nicht abraten. Dem was in dir selber ja sagt, muß ich auch zustimmen. Wags, dem kindleinfressenden Moloch der Zürcher Kirche zum Trotz, den unsichern Kantonisten unter den Außersihler Pfarrern zum Trotz, dem angesägten Balken, auf den sie dich setzen wollen, zum Trotz

– es ist ja ganz klar, daß sich da allem zum Trotz Möglichkeiten auftun, und es kann sein, daß der Augenblick für dich gekommen ist, dich für die Hoffnungen, die uns bis jetzt im Stillen bewegt haben, auf dem Markt ins Zeug zu legen. *Ich* könnte es *so* nicht, aber ich würde mich über dich freuen und dich in aller Zuversicht von weitem begleiten.

Zwei Bedenken, die du in deinem Brief nicht nennst, möchte ich freilich nicht unterdrücken. 1. Darfst du schon von Leutwil weg? Wenn die Lage in unsern Gemeinden die wäre, wie du sie in deinen Worten zu meiner Wiederwahl beschreibst, darfst du dann – und es ist mir immer, es stehe bei euch drüben noch hoffnungsvoller als bei uns – den Pflug jetzt stehen lassen und einen andern annehmen?! 2. Und wir? Wäre nicht noch Einiges gemeinsam auszubrüten in den nächsten Jahren? Hast du deine seelsorgerliche Funktion speziell mir gegenüber schon beendigt? Was wird aus mir bei der Verwüstungszone, die ich um mich gelegt habe, wenn du weggehst? Denn darüber wollen wir uns nicht täuschen, daß Verschiedenes *aus* ist, wenn du einmal in den Wirbeln von Zürich-Außersihl verschwunden bist.

Das ist so das Sic et Non, das uns mit euch bewegt, und wir sehen nun gespannt eurem Entscheid entgegen.

Was ist das für dummes Zeug, was Ragaz da von den Pfarrerssöhnen gesagt hat?! Ist er wirklich bei solchen Erwägungen angelangt?!

Für morgen ist ein Spruch über Prädestination mit Blumhardtischem Endausblick entstanden. Und was treibst du? Bitte äußere dich auch ganz offen wegen der zu druckenden Predigten; es muß wirklich gegenseitiges Einverständnis dasein über die Auswahl. [...]

Herzlich grüßend und teilnehmend Eure

Karl und Nelly samt Kindlein

Thurneysen 11. Juli 1917

Lieber Freund,

Ja, unter Regenschauern bin ich heimgekommen, aber doch sehr glücklich über unsern Austausch. Wie gut sind wir doch dran, daß wir uns noch für ein paar Jahre und in so erreichbarer Weise haben dürfen! Auf meinem Geburtstagstisch lag neben einem erneuerten alten Spazierstock Herkners «Arbeiterfrage»,[1] dazu zwei Goethe-Bände, weiter noch ein Band Blumhardt. Mein Vater[2] glaubt nicht, daß irgendein Verleger ohne erheblichen finanziellen Zuschuß uns unsre Predigten abnehmen wird. Also schreib nur nicht zu eifrig drauflos, es könnte umsonst sein – oder müssen Ruedi Pestalozzis Batzen auch da um Zuzug gebeten werden, auf daß der ungerechte Mammon erzwinge, was das freie Walten unsres Geistes nicht zustande brächte? Ich bin wieder mit einigen neidischen Gefühlen von Safenwil heimwärts gezogen: es ist einfach bei uns herum alles viel verhockter.[3] Deine Blaukreuzzuhörerschaft ist ganz anders zahlreich, und im ganzen werden auch die äußern Verhältnisse eurer Gemeinde nicht so kleinliche sein wie bei uns. Bei euch kommt es zu kräftigem Gewerkschaftsleben, bei uns singen bestenfalls meine früheren Konfirmanden in der Zigarrenfabrik ein Kirchenlied, statt um mehr Lohn zu kämpfen. Im Blaukreuz habe ich durchschnittlich 6–8 Seelen vor mir. Wären wenigstens meine zwei Dörfer ein einziges Dorf. Es könnte ja freilich unter den gegebenen Verhältnissen schlimmer sein, das weiß ich wohl, aber die Enge ist trotzdem da. Darum war Zürich für mich eine starke Verlockung.

Von Herzen dein Eduard

[1] Vgl. Anm. 4 zum Brief vom 10. 5. 1917.

[2] Eduard Thurneysen (1856–1931), Pfarrer in Walenstadt (Kanton St. Gallen) und am Bürgerspital Basel.

[3] = unbeweglicher.

Thurneysen 17. Juli 1917

Liebe Freunde,

Hier allerlei vom Tage. Nr. 1 Brief von Pestalozzi mit Auskünften über die wahren Gesinnungen der Außersihler Pfarrer. Man ersieht daraus deutlich, wie in der Außersihler Kirchenpflege keiner dem andern über den Weg traut, und wie jeder den Versuch macht, den zu wählenden Jugendpfarrer von vornherein für sich in Beschlag zu nehmen. Jeder hat kirchen- und parteipolitische Erwägungen und von daher bestimmte Absichten im Blick auf das Jugendpfarramt. Es herrscht da jetzt schon ein seltsames Schieben und Schachern. O Kirchenpolitik! O Parteiwesen! Natürlich ist uns nun klar, daß wir absagen und alle weitern Schritte unterlassen.

Weiter der Artikel im «Kirchenblatt», woraus sich ergibt, daß unsre Bündnerfreunde, Gerber und Cie., nun plötzlich kirchenratsfähig werden und an der neuen Kirchenverfassung mitarbeiten wollen. Ein gefährlicher Weg! Ob es ihnen gelingt, dabei der Sache treu zu bleiben?

Ich bin dieser Tage noch einmal hinter die Lektüre der Schaffhauser Pfarrer Spleiß und Hurter[1] gegangen. Spleiß ist wirklich ein selten kräftiger Pietist. Wäre er nur aufrecht und gerade seinen Weg weitergegangen! Ein Hauptfehler bei ihm ist doch, daß er seine Erkenntnisse und Tiefblicke in die Zusammenhänge von Natur und Gnade nicht zu einem Entweder-Oder zusammenfaßt und damit zum Zentrum hindurchbricht, wie es beim ältern Blumhardt mit seiner Einsicht in die Wahrheit von Pfingsten geschehen ist. Da zeigt es sich, daß man alle Erkenntnisse nicht um ihrer selbst willen haben darf, sondern nur als Schlüssel, mit dem es Türen zu erbrechen gilt. Da scheidet sich der Weg des spekulativen Betrachters, erst recht des Kirchenmannes von dem des Propheten. Spleiß war doch anfangs auf dem prophetischen Weg, aber nicht entschlossen genug. Es wäre alles recht gewesen: Erweckung und Anstaltsgründung, aber nur als Stationen auf dem Wege, nicht als letzte Ziele und Ergebnisse. Es macht doch einen seltsamen Eindruck, wenn man seine Zeugnisse aus den Jahren der Kraft liest und dann weitergeht und sieht, daß es zu nichts Stärkerem kommt als eben zu einer Erweckung und Anstaltsgründung und endlich zum Antistes.

Also nichtwahr, ihr kommt bald! Von Herzen euer

Eduard

[1] Friedrich von Hurter (1787–1865), Antistes in Schaffhausen, trat zum Katholizismus über.

Barth, 17. Juli 1917

Liebe Freunde!

Was macht ihr? Wie gehts? [...] Ich habe unterdessen den Tholuck[1] ganz gelesen und allerlei Merkwürdiges entdeckt, aber mehr Merkwürdiges als Erfreuliches. Das Bild vom Pietismus, das man sich macht, rundet sich nach und nach ab, und man wird nun wirklich bald auch wieder etwas anderes lesen können. Doch bin ich jetzt am Menken,[2] und da ist der positive Ertrag in der Tat besser. Hast du den ausführlichen Traum von Tholuck[3] gesehen im Anhang, über die Wiederkunft Christi, die er quasi verglunggt?[4] Da wirds ziemlich deutlich, was sie im Grunde selber von sich denken mußten! Gestern und heute habe ich nun meinen Vortrag für die Basler Knaben[5] gemacht, das Meiste in großer Morgenfrühe. Es ist ein ziemlich großes Werk mit mehreren auf- und niederklappenden Scharnieren, wie du sie nicht so liebst. [...] Es wäre diesmal wirklich gut, wenn du auch kämest, schon um mir in der Diskussion beizustehen, wo ich allein unter Geisteskämpfern wie Wirz[6] und Arnold[7] vielleicht bedroht wäre. Wie wäre es, wenn du am Sonntag 29. hierher kämest und dann am Montag früh mit mir nach Buus? Ich habe ihnen versprechen müssen, ein paar Tage zu bleiben, und würde es etwa bis Donnerstag tun, je nachdem es dort ist. Ich komme am Dienstag dran. Von dir [als] «Jugendpfarrer» könnte ich bei dem Anlaß lernen, wie man mit solchen Jünglingen väterlich und doch fest verkehrt. – Mit [den Predigten über] Jeremia ists unter dem Segen der Boller «Briefblätter» von 1887[8] weitergegangen, nächsten Sonntag die «eherne Mauer» [Jer 1] v. 18. Ich habe jüngst Nelly die gewaltige Hofacker-Predigt XLIV «wider das Hinken auf beiden Seiten»[9] vorgelesen. Sie machte uns starken Eindruck. Abends nahmen wir dann als Gegenstück die Blumhardt'sche von der «Magerkeit der Kirche»[10] entgegen. [...] Wir lesen auch «Prometheus» von Spitteler[11] zusammen.

Herzliche Grüße von Groß und Klein! Euer Karl

[1] L. Witte, *Das Leben D. Friedrich August Gotttreu Tholuck's,* 2 Bände, Bielefeld/Leipzig 1884/86.

[2] C. H. Gildemeister, *Leben und Wirken des Dr. Gottfried Menken, weiland Pastor Primarius zu St. Martini in Bremen,* 2 Teile in einem Band, Bremen 1861.

[3] Witte, a.a.O. I, S. 453ff.

[4] = verpaßt.

[5] Vgl. Anm. 1 zum Brief vom 16. 5. 1917.

[6] Pfr. D. Jakob Wirz (1870–1944), Leiter des Studentenheims Alumneum in Basel.

[7] Wilhelm Arnold (1873–1938), Pfarrer in Basel.

[8] C. Blumhardt, *Jahrgang 1887 der Briefblätter aus Bad Boll,* Stuttgart o. J. Dort S. 71ff. Betrachtungen über Jeremia-Texte.

[9] L. Hofacker, a.a.O. S. 476ff.

[10] J. C. Blumhardt, *Über die Magerkeit der Kirche* (Predigt über Jes 24,16 von 1846), Predigt-Blätter aus Bad Boll, Jg. 1881, Nr. 92, S. 269–290; wieder abgedruckt in: J. C. Blumhardt, *Ausgewählte Schriften in 3 Bänden,* Bd. 2: Die Verkündigung, Zürich 1948, S. 105ff.

[11] Carl Spitteler, *Prometheus und Epimetheus. Ein Gleichnis,* Jena 1911[3].

Barth 18. Juli 1917

Liebe Freunde!

Hier die in der Tat gewichtigen und klärenden Aktenstücke zurück. [...] Was sind das für Verworrenheiten, in denen sich da unsere rel.-soz. Konferenz-Väter [...] befinden! Möchte man sich nicht wünschen, lebenslänglich ein schlichter Hirte auf dem Land bleiben zu dürfen angesichts dieser Kirchenhölle in der Stadt, jedenfalls in Zürich!? Und in dieser verkarrten[1] Situation soll sich nun nach der Kutterschen Reichsgottesstrategie die Entscheidung anbahnen? Sind denn wirklich in Alexandrien, Rom oder Berlin die bisherigen Entscheidungen gefallen? Oder waren diese religiösen Hexenkessel bis jetzt etwas Andres als Stätten der Verbreiterung, Verwirrung und Zerstreuung des Göttlichen? Mich veranlaßt besonders der Brief von Ruedi [Pestalozzi] zu erneutem Heimat- und Bodengefühl auf meinem Safenwiler Känzelein und in der stillen Gesellschaft so vieler guter und ungelesener Bücher. Ja und unsre Graubündner! Das tönt wirklich fatal und das möge uns doch ja nie passieren, daß man uns im «Kirchenblatt» in diesem beruhigten Gönnerton loben kann! Verwüstungszone her! Und welch seltsames Licht fällt da auf Gerber, daß er nun bereits stark genug ist, sich an grüne Kommissionstische zu setzen! Gute Nacht!

Nächsten Sonntag gehe ich nach Zürich. [...] Ich bleibe dann über den Montag dort und besuche in raschem Lauf Pestalozzis, Kutter und Ragaz, der mir nun einmal Rede stehen soll. Gestern, als ich eben den Brief an euch geschrieben, kam Grolimund[2] zu einem längern Gespräch über Mystik, Sozialismus und Coelibat. Heute Abend gehen wir zu Lejeune's, die meinen Vortrag für Buus hören wollen, so als Hauptprobe. Hat dir Ernst Staehelin seinen «Oekolampad» auch geschickt? Das ist doch erfreulich, was für andere Klänge da wieder kommen von der Universität! Was sagt wohl Vater Wernle zu der Saat, die da auf seinem eigensten Reformationsäckerlein aufgehen will?!

Herzlichste Grüße nochmals! Eure getreuen N. und K.

Was sagen wir zu dem neuen D.C.S.V.ernden Reichskanzler?[3] Nun müßte es doch mit der großartigen Parole «Macht Jesus zum König!» irgendwie etwas werden! Aber was?

[1] = verfahren.

[2] Barths katholischer Nachbarpfarrer.

[3] Georg Michaelis (1857–1936), Vorsitzender der Deutschen christlichen Studentenvereinigung, Vertrauensmann der deutschen Heeresleitung, die ihn nach hundertzehn Tagen der Reichskanzlerschaft (Juni–Oktober 1917) fallenließ; stand den pietistischen Gemeinschaftskreisen nahe.

Barth 18. Juli 1917

Lieber Freund!

[...] Was für eine erfreuliche Gestalt dieser Menken. Es wäre mehr als ein Motto zu finden in seinen Sprüchen für unsere Predigtsammlung, z. B. das Vergilzitat: «Paulo maiora canamus. Non omnes arbusta iuvant humilesque myricae». Schick mir doch auch deine Notizen über die Erzväter. Ich stehe auch an ihnen im Präparandenunterricht, aber mir fällt nichts ein. Wenn du keine Notizen gemacht hast, so schreib doch bitte mir zur Freude rasch auf, was sich dir über diese großen und kleinen Pyramiden eröffnet hat!

Zum drittenmal grüßen heiter Eure N. und K.

Thurneysen 26. Juli 1917

Liebe Freunde,

Emil Brunner erschien mit seiner Braut. Wir haben uns an beiden gefreut. Er las eine längere Arbeit vor über Reich Gottes und Reformation, eine Art Besinnung über die Reformation von unsern Gedanken aus. Ich hatte eigentlich mehr erwartet, als schließlich dabei herauskam.

Viel mehr bin ich gespannt auf das, was du im Baselbiet sagen wirst. Ich kann aber nicht kommen. [...] – Ich bin immer noch in der Auseinandersetzung mit dem Pietismus. Hofacker ist noch unter meinen Händen. Ich habe daneben auch die vielberufene Gegenschrift Märklins[1] durchgegangen und will dann von Hofacker weiter zu den beiden Altersgenossen Kapff[2] und D. Fr. Strauß. In Christian Gottlob Barths[3] Leben habe ich nachgeschaut, aber fast nichts über den ältern Blumhardt gefunden. Überhaupt wo bleibt Blumhardt und was er zu sagen hat bei seinen Vorgängern, Zeitgenossen und Nachfahren? Er taucht kaum einmal auf in diesem sonst so geräuschvollen Gewoge frommer Männer. Da ist wenig mehr von einsamen Abrahamsweglein zu spüren, dafür:

volle Kirchen, Missionsfeste, Bibeltage, Streitschriften, gläubige Professoren, Kirchenpolitiker, ein ganzer Apparat, ein gewaltiges Singen und Predigen und Beten. Manchmal spüren es die Beteiligten ja selber, daß da nicht viel herauskomme. Und schließlich zucken die 48er Blitze über den Himmel, und darüber geht eigentlich allen der Atem aus. Ich bin dir aber jedenfalls dankbar, daß du mich auf diesen Pietistenschwarm hingewiesen hast. Er hat uns doch allerlei zu sagen, negativ und auch positiv.

Wir freuen uns fortgesetzt über den Sommer, gestern habe ich sogar unter grünen Bäumen über die Erzväter geredet mit meiner Schar.

Ich freue mich ganz stark, bis ich euch wieder sehe und grüße euch bis dahin samt Marguerite von Herzen. Euer Eduard

[1] C. Märklin, *Darstellung und Kritik des modernen Pietismus. Ein wissenschaftlicher Versuch,* Stuttgart 1839. – Über Märklin (1771–1841) vgl. D. F. Strauß, *Christian Märklin. Ein Lebens- und Charakterbild aus der Gegenwart,* Mannheim 1851.

[2] Sixt Karl von Kapff (1805–1879), württembergischer Pietist.

[3] K. Werner, *Christian Gottlob Barth, Doktor der Theologie, nach seinem Leben und Wirken gezeichnet,* 2 Bände, Calw/Stuttgart 1865/66. – C. G. Barth (1799 bis 1862) war in Möttlingen Vorgänger von J. C. Blumhardt.

Barth 27. Juli 1917

Liebe Freunde!

Eben habe ich Eduards Patriarchen ein erstes Mal durchgangen und auch die früheren Betrachtungen, die in dem Heft stehen. Und da freue ich mich eben über die in Leutwil fließende Quelle und gönne es allen dortigen Kinderlein, die daraus trinken dürfen, und möchte es dir so *gerne,* so *gerne* einfach nachmachen und kann doch nicht, weil ich diesen «Geischt» nicht habe, auch wenn ich dir die Worte nachsagen wollte. O dieses liebevolle sich Versenken in all die einzelnen [Patriarchen] auch als Einzelne, das dein Reden so anschaulich und anfassend macht, während ich überhaupt nur eine Melodie weiß, und wenn ich die vergesse, überhaupt lackiert bin und darum so oft ganz mißlich dastehe vor gelangweilten Gesichtern, die mit Grund nur Worte hören. Und was ist das für ein intelligentes Bibellesen, bei dem wirklich etwas «heraus»- (ab und zu wohl auch hinein-) kommt für dich und die Kinder, während ich traurig dastehe, wenn ich meine eigenen Fäden spinne, trauriger wenn ich über etwas Biblisches referiere, und am traurigsten, wenn ich mit ihnen direkt aus der Bibel lesen sollte, wobei mir gewöhnlich einfach der Atem ausgeht bei den bekanntesten Dingen. Vielen Dank also für dein Heft, das ich nun wieder voll Sehnsucht und Lernbegierde und Spähen nach deinem Geheimnis studieren werde. Es ahnt mir aber schon, daß es nicht viel nützen wird. Ich bin nun einmal der katechetische Quak [Versager], was auf tiefer liegende Schäden hinweist, die man mir auch einmal hinweganalysieren sollte.

[...] Ich bin eben dran, mir durch langweiligste Studien von Weiß,[1] Godet,[2] Lipsius[3]... das Recht und die Möglichkeit zur Auslegung von Röm. 5 zu erwerben. Die Zeddel häufen sich, aber die Durchsicht hat sich noch nicht eröffnet. Weißt, ich glaube aus unsrer Predigtsammlung wird nichts, jedenfalls bei Reinhardt[4] nicht. Auch entferne ich mich in raschem Lauf von meinen damals ausgewählten (leider z. T. schon abgeschriebenen!) Predigten. Gehts dir nicht auch so?

Heiner war da. «Ich glaube, ihr lest zu viel in der Bibel.» – «Wie schade, daß Thurneysen nicht kam, ich freue mich immer, mit so bedeutenden und gelehrten Männern zu verkehren.» Daneben aber auch sachliche Gespräche, in denen ihn der Verweis auf die historische Parallele des Hegelianismus in seinen fatalen Beziehungen zur Theologie doch etwas stutzig machte. Aber sonst geht er unentwegt auf sein Ziel los, die «religiösen Begriffe» für das System des reinsten Idealismus «in Anspruch zu nehmen», wie er sagt, unter mißfälligen Seitenblicken auf unsre allzu biblische Art des Denkens, die ihm wie ein seltsamer Rappel vorkommt. [...]

Mit herzlichen Grüßen an euch Beide in großer Verbundenheit von Geist und Gemüt Euer Karl

[1] B. Weiß, *Der Brief an die Römer* (Krit.-exeget. Kommentar über das N.T., begr. v. H. A. W. Meyer), 6.–9. Aufl., Göttingen 1881–1899.

[2] F. Godet, *Commentar zu dem Brief an die Römer,* deutsch von E. R. und P. Wunderlich, 2 Bände, Hannover 1881/82.

[3] R. A. Lipsius, *Hand-Commentar zum N.T.* II,2, Freiburg 1891.

[4] Verlag Friedrich Reinhardt in Basel.

Thurneysen 3. August 1917

Lieber Freund,

Ich bin immer noch an Pietisten und Antipietisten und dem ganzen reichen Leben des 19. Jahrhunderts. Haben dich, Karl, die in die Kirchenpolitik eingreifenden Pietisten nicht auch schon an gewisse Religiössoziale erinnert? Meinst du nicht, wenn die sozialistische Welle die «Neuen Wege» hochbrächte, sie würden auch so etwas wie der ominöse «Kirchenbote» in Württemberg oder gar Hengstenbergs[1] Blatt in Berlin? Zum Teil klingen solche Töne schon etwa an. Und wenn sie *ihren* Strauß oder Märklin fänden, sie würden ihn kaum viel anders behandeln als die Ch. G. Barth, Wilh. Hoffmann[2] es zu ihrer Zeit taten. Überhaupt diese drei! Was für ein «Plauderi» dieser Barth, was für ein gesalbter Macher und Treiber dieser Hoffmann! Wie unheimlich das lange, inbrünstige Beten bei Kapff! Da steht wirklich L. Hofacker immer noch turmhoch über ihnen. Er blieb mir bisher neben Spleiß in seiner Art eine klassische Gestalt, einsam, bedrückt durch Leiden, fern von Kirchenregiment, ohne adlige Frau (Hoffmann hatte nach einer bürgerlichen noch zwei Gräfinnen zur Frau).

Ich war also doch in Olten und habe die Jungen beraten. Wie seltsam diese Studenten, ein Jahr sind sie begeistert vom religiösen Sozialismus, ein nächstes Jahr wollen sie einen Vortrag über Heidenmission hören! – Ja, unsere Predigten! Wir müssen nochmals darüber reden. Es geht mir wie dir, man entwächst der Sache.

Lebt wohl! Eure Eduard und Marguerite

[1] E. W. Hengstenberg (1802–1869), Gründer der orthodox-reaktionären «*Evangel. Kirchenzeitung*» in Berlin, Streiter gegen den Rationalismus.

[2] Wilh. Hoffmann (1806–1873), württembergischer Pietist, Prof. in Tübingen, von Friedr. Wilh. IV. als Hofprediger nach Berlin berufen.

Barth 14. August 1917

Liebe Freunde!

Wie freuen wir uns mit euch! Wir hatten dieser Tage viel an euch gedacht, und nun ist die große gute Nachricht schon da. Wie wollen wir alle dankbar sein, daß es so weit ist. [...] Wir wünschen Marguerite ein recht fröhliches Wachstum in ihrem neuen Mutterglück. Wie du, Eduard, nun hin und herwandeln wirst zwischen deinem Schreibtisch und dem Schlafzimmer deiner – Familie, das können wir uns aus eigener Erfahrung lebhaft vorstellen. [...] Und nun Dorothea[1] Margaretha – ja, was soll man von dir und zu dir sagen, du kleinstes Sternlein im Himmelreich? Du bist also so munter und lebensdurstig, wie man vernimmt, und weißt doch noch so gar nichts von «unserer Sache», vom «innern Tun» und vom «Warten». Ists möglich? «Und euer himmlischer Vater ernähret sie doch!» [Mt 6,26]. So wollen wir dir wünschen, daß du im Schatten deiner lieben Eltern und ihrer weisen Freunde dein eigen Weglein suchest und findest, und vielleicht als Glied einer ruhigeren Generation und doch nicht ohne Gewinn aus den Kämpfen deines Vaters und seiner Genossen *mehr* sehen mögest von dem schönen Gottesgarten und seinen Brünnlein als wir. Wenn du dann einst, etwa 1960 oder so, als bestandene Frau mit Fränzeli, Markus und Barthli Nummer 3 auf alte Zeiten zu reden kommst, so magst du glauben, daß wir alle mit Hoffnungen und Verheißungen auf eure Anfänglein gesehen haben. Also frohen Laufs stracks ins große Leben hinein! [...] Die Welt ist voll Wunder, die an den Tag wollen, und du kleines Wesen auch, glaubs nur! [...] Da kommen Blumen aus unserm ländlichen Garten. [...]

Herzlichst und freudigst eure Karl und Nelly

[1] Dorothee, geb. 1917, die erste Tochter Thurneysens, später Gattin von Prof. Georges Casalis in Paris, dessen theologische Mitarbeiterin sie wurde.

Barth 25. August 1917

Ihr lieben Freunde!

[...] Leider ist meine Predigt nun gerade nicht so entscheidend ausgefallen: Römer 12,21 in speziellem Hinblick auf Obsternte und Zuckerverkauf und böse Gesichter dabei. Wir sind doch recht hilflos, wenn wir einmal «praktisch» reden möchten, d.h. es geht eben einfach nicht. Ich mußte fünfmal neu ansetzen, ein recht unerlöstes Gekrampfe das. Doch, *du* kannst das eigentlich, ich sagte also fälschlich «wir». Ja überhaupt ein befreiteres Reden, du hast ganz recht; es ist ein Elend. [...]

Mit Orell Füßli[1] ists also nichts. Was nun? Am Ende muß die Welt auf unsre sämtlichen Funde verzichten. Auch Abraham, Isaak und Jakob haben ja nichts drucken lassen. [...]

Herzlichen Gruß in Eile Dein, Euer Karl

[1] Verlag in Zürich, der es abgelehnt hatte, den Predigtband von Barth und Thurneysen zu veröffentlichen.

Barth 30. August 1917

Lieber Freund!

Es ist kaum halb zehn Uhr [morgens], und ich habe bereits eine Volksrede gehalten – vor der fast vollzähligen Safenwiler Arbeiterschaft (Männer leider nur!), die mit erstaunlicher Entschlossenheit heute den Demonstrations-Streik[1] mitmacht. Der Referent hatte Zugsverspätung, und da mußte ich eingreifen mit einem extemporierten Spruch über Wachbleiben und Lindigkeit! Nach Hause gekommen (jetzt redet ein Arbeitersekretär, und ich habe lange genug gewartet) finde ich den Brief von Guidon[2] vor. Was nun? Wir werden uns entschließen müssen. Meine nächste Meinung ist die: Einberufung der Konferenz nach Wunsch der Bündner, *Auflösungsantrag* unsrerseits, Referat von einem von uns [...] über die Lage: wie die gemeinsame Welle uns Religiös-

Soziale zunächst nicht zusammen, sondern auseinander geführt habe, wie ohne Streit und Händeleien ein gemeinsames Losbrechen *jetzt* unmöglich sei, wie wir das Beste gerade vom *Nicht*-Zusammenkommen, d.h. von der intensiveren tieferen Arbeit der Einzelnen erwarten und darum für keine Aktionen zu haben seien. Beliebt das der Mehrheit nicht, dann eben Rücktritt von uns und Fortsetzung durch andere, die unsere Bedenken nicht teilen. So ungefähr standen wir im Herbst in Umiken bei der dunklen Ragaz-Entrevue.[3] Unterdessen haben wir gar nicht mehr von dem Zeug geredet, oder? Haben sich dir unterdessen neue erfreulichere Perspektiven aufgetan? Siehst du eine Möglichkeit, auf unsere frühere, harmlosere Auffassungsweise zurückzukommen? Wollen wir Fränzeli, Markus, Dorotheeli [zur Konferenz] nach Weesen bringen und mitten unter sie stellen nebst einigen Kanarienvögeln, um ihnen zu sagen, [...] was wir meinen? Mir ists weniger als je konferenzlich zu Mute. Gibts jetzt eine Zusammenkunft, dann wird alles Mögliche zur Sprache kommen müssen, was sich besser in der Stille weiterentwickeln würde zum Gericht oder zum Leben. Wir werden Abstand nehmen müssen von Ragaz, von Gerber, von Bader, was weiß ich – wir werden unsre eigenen Karten aufdecken, Stellung beziehen müssen, gerade alles das, was wir *nicht* begehren. Vielleicht daß es nun sein muß. Aber schade, schade! Wieviel schöne Zeit wird nun wieder verloren gehen mit Gesprächen und Briefen, [...] die kein erfreuliches und lehrreiches Ziel vor sich haben. O Erzväter, o Römerbrief! Was wird nun das Nächste sein? Eine Vorstandssitzung in Olten? Oder wollen wir einigen Bündnern privatim in Zürich Rendez-vous geben, um sie zur Zurückziehung ihres Antrags zu bewegen, indem wir sie auf die Folgen aufmerksam machen? Oder eine Delegierten-Tagung, wo wir die Basler, Berner, Zürcher mitverantwortlich machen würden für den entstehenden Schaden? Oder zu *aller*nächst, was wohl geschehen *muß,* eine Empfangsbestätigung an Guidon unter sofortiger Ablehnung der drei Postulate: 1. Ausschaltung des «Hausstreits» (der *mehr* ist als ein solcher), 2. Nicht-Einladung der «in Gottsnamen» nicht Zugehörigen (die als Mitglieder das

Recht haben eingeladen zu werden!), 3. Nicht-Prädominieren der Theologen (was nur durch bis jetzt unsichtbare Laienkräfte zu erreichen wäre, und was überdies für uns kein Gesichtspunkt ist). Äußere dich bitte bald über diesen ersten Schritt, der wesentlich darauf hinauslaufen muß, daß wir uns nicht so binden lassen, wie die Bündner es vorsehen. – Gedankenstrich.

Erfreulicher ist etwas Anderes. Ich traf dieser Tage eine junge Lehrerin, die mir sagte, daß sie und eine Anzahl ihrer Freundinnen gerne von *uns* einen eintägigen «Kurs» über Religionsunterricht hätten.[4] Frl. V. Baumann [aus Leutwil] scheint dahinter zu stehen. So etwas ließe sich schon denken, nicht? Nur daß wir die Sache wohl prinzipieller anfassen würden, als die Töchter es vielleicht meinen, und daß man von *mir* keine sogen. «Lehrproben» verlangen müßte, wohl aber von *dir*. Im Übrigen Besprechungen über den Stoff, weniger oder gar nicht über die Methode, nicht: «wie reden wir von...?», sondern, «worum handelt es sich?» Ich möchte eigentlich mehr nur als Zuhörer dabei sein, eingedenk meiner Blöße auf diesem Feld. Erkundige dich doch einmal bei Frl. Baumann, die mehr weiß als meine Berichterstatterin.

Gestern Kirchenpflegs-Sitzung mit allerhand Rückschlägen, wie sie hier immer wieder vorkommen. Große Debatte über – Konfirmationssprüche, von denen allerlei katastrophale Wirkungen ausgegangen sind, – über den Aarburger Kirchentag,[5] an dem ich die Mitwirkung refüsierte, – über das Reformationsfest, wo sie sich gerne überzeugen ließen, daß kein Anlaß zum Festfeiern vorliege (doch werden die Glocken läuten, aber ohne Kommentar von mir), – über die Leichenrede, die ich einem Sozialisten hielt und die vermutlich im «Freien Aargauer» gedruckt wird.[6] [...]

Ich möchte für Sonntag zu einer größeren Predigt ausholen irgendwie über das *πάντες ἥμαρτον* [Röm 3,23; 5,12] und seine Hinter- und Vordergründe im Römerbrief.[7] Aber ob die Kraft dasein wird zu gebären? Ida[8] kam ganz erfreut von Leutwil zurück: du habest «fast die gleiche» Predigt gehalten wie ich am Sonntag vorher, sogar mit den gleichen Liedern. Was würden erst deine Konfirmanden für Entdeckungen machen in meinem Unterricht! Communio sanctorum!

Wir begrüßen euch herzlichst, unentwegt und freudig!

Eure Karl und Nelly

[1] Demonstration aus Anlaß einer Preiserhöhung.

[2] Bernhard Guidon, Pfarrer in Scharans (Graubünden), hatte im Namen der Bündner Religiös-Sozialen um Einberufung der religiös-sozialen Konferenz oder einer vorbereitenden Delegiertenkonferenz gebeten. Vgl. Anm. 3 zum Brief vom 30. 5. 1916.

[3] Treffen von Barth und Thurneysen mit Ragaz am 3. 11. 1916.

[4] Der Kurs fand am 9. 10. 1917 in Safenwil statt. Barth referierte über «*Religion und Leben*», Thurneysen über den Sinn der Bibel. Barths Vortrag wurde viel später veröffentlicht in: Ev. Theol. 11 (1951/52), S. 437–451.

[5] Das Dekanat Zofingen veranstaltete im Sommer 1916 in Zofingen, 1917 in Aarburg ein «kirchliches Bezirksfest» mit dem Zweck, den inneren Zusammenhalt der Kirche zu stärken und einer größeren Öffentlichkeit kirchliches Leben vor Augen zu führen.

[6] K. Barth, *Ansprache des Pfarrers bei der Beerdigung eines Arbeiters,* in: Neuer Freier Aargauer, Jg. 12, Nr. 203 (3. 9. 1917).

[7] Barth predigte am folgenden Sonntag (2. 9.) über Lk 15,11–32.

[8] Eine ehemalige Konfirmandin von Thurneysen aus Leutwil, die bei Barths im Haushalt arbeitete.

Thurneysen 2. September 1917

Lieber Karl,

Ich sollte dir allerhand sagen können und habe doch noch nicht volle Klarheit darüber. Als Erstes: Wir müssen den Lehrerinnen das von dir erwähnte Religionsgespräch gewähren. Es ist da ein Fragen und Rufen nach unsrer Sache vorhanden, und da können und sollen wir antworten, so gut es uns gegeben ist. Es ist, ohne daß wir es gesucht hätten, ein Verlangen vorhanden, uns zu hören, angeregt durch unsre Aarauer Predigten und allerlei Gedrucktes von dir.

Weniger klar ist die Frage einer Auseinandersetzung mit unsern «religiössozialen Freunden» auf einer besondern Delegiertenkonferenz. Soll eine solche Konferenz erfreulich werden können, solange soviel politische und persönliche Leidenschaften im Spiel sind? Müssen wir nicht warten, bis dieses Gewölk sich wieder verzogen hat, oder dann scharfe Stellungnahmen hüben und drüben riskieren? Immerhin spüren wir ja auch in den polemischen Entgleisungen von Ragaz in den «Neuen Wegen» den elementaren Stoß, den zu führen er sich berufen weiß. Und vielleicht gelänge es doch, uns darauf zu besinnen und zu einigen. Mit einem Brief an Guidon als erster Aktion bin ich einverstanden. Eine Vorbesprechung mit unsern Bündner Gegenspielern sehe ich aber als aussichtslos an.

Wir grüßen euch herzlich Eduard und Marguerite

Barth 5. September 1917

Lieber Eduard!

Was für ein gefreuter Tag gestern! Ich danke euch vielmals für alles. [...] Bei näherer Überlegung finde ich es doch besser, die definitive Abfassung eines Zirkulars zu verschieben, bis die Bündner geantwortet haben, und habe das Guidon geschrieben. [...] Gestern Abend ein langes, langes Gespräch mit unserm Kirchenpflegspräsidenten über Kirche, Sozialismus und lieben Gott. Heute Abend machen die Gewerkschaften einen großen Vorstoß zur Organisierung der Strickereiarbeiterinnen.

Herzlichen Gruß über die Berge! Dein K. B.

Barth 6. September 1917

Lieber Eduard!

Es kommt für uns *Vieles* in *einem* Augenblick zum Klappen. Nun hat Rudolf Pestalozzi[1] kurz entschlossen und großzügig für uns gehandelt in Bern, und nun muß es wohl losgehen mit allen Maschinen. Ich werde mir Pfingsten 1918 als Ziel stecken für den Römerbrief, und für den Augenblick gilts nun, sich hinter die

Predigten zu machen. Was die Auswahl betrifft, so bleibe ich bei meinen vier ersten [...] und ersetze die zwei letzten [...]. Dazu also die Vorträge, nichtwahr! [...]

Herzlichen Gruß in Eile dein K. B.

[1] Pestalozzi hat beim Verlag Bäschlin in Bern die Drucklegung des Predigtbandes von Barth und Thurneysen (*«Suchet Gott ...!»*) und des *«Römerbriefs»* durchgesetzt, indem er die Deckung eines eventuellen Defizits zusicherte!

Thurneysen 6. September 1917

Lieber Karl,

Was für ein entscheidender Schlag von R. P.! Wie freue ich mich vor allem für den Römerbrief! An die Predigten gehe ich natürlich unverzüglich. Ich hoffe, sie so bereitzustellen, daß ich sie mit ruhigem Gewissen ausgehen lassen kann. Es ist wieder eine Zeit drängender Dinge für uns angebrochen, aber was können wir uns Besseres wünschen! Umsomehr als Fülle und Bedrängnis nicht aus einer Zersplitterung fließen, sondern mit unsrer Sache zusammenhängen. Meine erste Tat nach Erhalt deiner Zeilen war auf das zu erwartende kleine Salär für den Predigtband hin Menkens Werke zu bestellen. Wie erfreulich war das Zusammensein am Dienstag. Herzlich! Wir Beide

Barth 9. September 1917

Lieber Freund!

Ich bin auch an der Arbeit und [...] glaube, wir werden nun hindurchbrechen. Mich tröstet für die mir sehr deutliche Schwäche *meiner* Produkte der Gedanke, daß *deine* daneben stehen werden, anonym zur Deckung meiner Blößen, und so magst du es umgekehrt dir auch zurechtlegen, sodaß wir einäugig und einhändig eventuell doch ins Himmelreich eingehen können [vgl. Mt 18,8f.].

Übrigens gehe ich am Sonntag nach Bern [...]. Da werde ich dann am Montag Bäschlin aufsuchen und dich und mich festleimen. *Wann* würden wir es der Sache gegenüber verantworten können? Wir wollen jetzt als *καυχώμενοι* obwohl ἁμαρτωλοὶ ὄντες [vgl. Rm 5,2.8] voran gehen, nicht?

Im Römerbrief bin ich nun an den gigantischen Zusammenhang 5,12–21 gelangt. Lies doch J. T. Beck über 5,12,[1] wenn du einen Begriff von seiner Art haben willst. Mitten hinein platzen hier große Entscheidungen: 55 Stricklerinnen haben sich letzten Montag organisiert. Nun bedroht sie der Fabrikant alle mit Kündigung! Daraufhin bin ich heute Nachmittag bei ihm in der Villa gewesen wie Mose bei Pharao, um ihn zu *bitten,* das Volk in die Wüste ziehen zu lassen. Höfliches Männergespräch in tiefsten Klubsesseln, das leider doch mit einer glatten Ablehnung und Kriegserklärung endigte, wobei ich hören mußte, ich sei «sein ärgster Feind» in seinem ganzen Leben. Nun wird es sich zeigen müssen, wie die 55 (und das hinter ihnen stehende Dorf) sich halten werden. Natürlich bin ich auf einen Zusammenbruch mehr als gefaßt, doch will ich vorher tun, was ich kann. Der Fabrikant stellt sich auf den bekannten «Herr im Hause»-Standpunkt und erklärt, lieber die Fabrik zu schließen oder an einen Schieber zu verkaufen (!), als nur einen Schritt nachzugeben.

[...]

Herzlichen Gruß dein Karl

[1] J. T. Beck, *Erklärung des Briefes Pauli an die Römer,* hrsg. von J. Lindenmeyer, 1. Hälfte, Gütersloh 1884, S. 396ff.

Barth 11. September 1917

Lieber Freund!

Ich war in Bern und habe mit «unserm Verleger», Herrn Bäschlin, ein längeres Gespräch gehalten. Er ist, durch Pestalozzis Auftreten sichtlich mitbestimmt, sehr höflich und willig und wird sich sicher Mühe geben. Es wurde deutlich, daß ihm eine Abhandlung über das, was wir sagen wollen, eigentlich lieber wäre als eine Predigtsammlung, die viele Vorurteile gegen sich habe. Die zwei Vorträge zum Schluß sind ihm sehr wichtig, wir dürfen sie also nicht fallen lassen.[1] Sehr billig kann das Buch nicht werden: er berechnet es auf 4–5 Fr. Ich denke kaum, daß wir weniger als je 6 Predigten geben können, wenn die Sache auch nur einigermaßen abgerundet herauskommen soll. Praktisch wäre das Resultat dieses: 1. Auf den 1. Oktober müssen wir ihm unser Manuskript einsenden. Also sei gewaltig an der Arbeit. 2. Innerhalb der nächsten 4 Tage müssen wir ihm definitiv den Titel angeben können, wegen des Weihnachtskatalogs, in welchen wir noch (unter «Religiöse Literatur»!) hinein müssen. Darüber müssen wir uns also sofort schlüssig werden. «Es ist Alles bereit» fand er gefährlich, Spott und Widerspruch sofort herausfordernd. Was für ein dummes Geschäft, so nach einer Fahne zu suchen! Aber die Sache sei höchst wichtig und entscheidend, sagt er. Bitte, bitte setze dich hin, besinne dich, und mach mir umgehend Vorschläge. Mir fällt gar nichts ein. Vielleicht: «Die eherne Schlange»!! oder irgendetwas Schönes aus den Patriarchengeschichten. Also schnell, schnell! Ich verlasse mich ganz auf dich.

Es steht uns dann noch viel Schlimmeres bevor, nämlich die Abfassung eines Waschzeddels für die Versendung, auf dem wir in vier Sätzen packend und sensationell sagen müssen, was wir eigentlich wollen!!! Aber das kommt später.

Der Römerbrief muß auf 1. September 1918 fertig vorliegen, weil immer die Weihnacht der Termin ist, auf den solche Schläge geschehen müssen. Ohne einige Wochen oder Monate Urlaub wird es kaum abgehen, wenn die Sache gut werden soll. Und auch so wird es ein gedrängtes Jahr werden für mich. [...]

Die Organisationsbewegung hier geht weiter, die Mitgliederzahl hat sich mehr als verdoppelt. Der Fabrikant wehrt sich krampfhaft, bald mit Einzelkündigungen (die Gesamtkündigung wird revoziert!), bald mit Einzellohnerhöhungen. Am Samstag war eine weitere Versammlung, an der Lejeune und ich redeten. Heute

Abend gehts wieder los. Es ist eine Zeit, wo sich allerlei bewährt und nicht bewährt.

Was machst du am Bettag?

Herzliche Grüße dir und Marguerite. Dein Karl

Schreibe bald! Brich hervor!

1 Thurneysen ließ seinen Safenwiler Vortrag vom 24. 11. 1915 über die Kirche dann doch nicht in den Band aufnehmen. Vgl. Brief vom 30. 10. 1917. Dagegen wurde er 1928 in die 2. Auflage des Buches aufgenommen; vgl. Anm. 3 zum Brief vom 22. 10. 1915.

Thurneysen 12. September 1917

Lieber Freund,

Es ist mir, als werde uns Beiden ein Tschako über die Ohren gezogen wie einem Soldaten: 1. Oktober als Abgabetermin! Ein zügiger Titel! Ein Waschzeddel! Ich kann nur sagen: ich will das Äußerste tun. Zum Titel: mir fällt im Moment ein: «Herr, wir warten auf dein Heil!» [vgl. Gen 49,18] oder «Suchet Gott, so werdet ihr leben!» [vgl. Am 5,4.6] oder «Seid gleich Knechten, die auf ihren Herrn warten!» [vgl. Lk 12,36]. Uns gefällt am besten das Amoswort: «Suchet Gott...»

Wir begleiten euch mit aller Teilnahme in eurer bewegten Lage. Ich bin in Gedanken viel bei dir und habe alle guten Wünsche auf dem Herzen. Dein getreuer Eduard

Barth 13. September 1917

Lieber Freund!

[...] Wir glauben doch, mit dem [Titel] «Suchet Gott, so werdet ihr leben!» werden wir nun zwischen den eigentlichen Harmonium-Sprüchen und dem auch gar an Anna Schieber «– – und hätte der Liebe nicht»[1] erinnernden Rätselwort von Himmel und Erde glücklich die Mitte halten. Ich habe bereits fünf Predigten unter Dach, also [fehlt] nur noch eine und der Vortrag von mir. Vielleicht ergötzt und belehrt dich die Art meiner Titelwahl: «Die andere Seite» – «Er kann auch anders!» (nämlich der ungerechte Richter!) – «Vergebung der Sünden» – «Ewiges Leben» – «Wo ist nun dein Gott?» – «Hören!». Deine Adventspredigt bildet den Anfang des Ganzen, mach sie also gut und sinne auf einen recht festlichen Titel. Was sagst du zu folgendem Entwurf zu einem

Vorwort

Was wir wollen mit diesem Buch? – «Menschen suchen» könnten wir antworten, Menschen die mit uns beunruhigt sind durch die große *Verborgenheit* Gottes in der gegenwärtigen Welt und Kirche und mit uns erfreut über seine noch größere *Bereitschaft,* ein Durchbrecher aller Bande zu werden. Von dieser Unruhe und von dieser Freude möchten wir *reden* mit solchen, die vielleicht gerne davon *hören* möchten.

Wir bieten ein Stück gemeinsamen Arbeitsertrages. Daß wir von *Blumhardt,* dem Ältern und dem Jüngern, und von *Hermann Kutter* entscheidende Anregungen erhalten haben, bekennen wir dankbar, und daß wir erst an einem Anfang stehen, dessen sind wir uns stark bewußt. Aber wir möchten nicht so allein sein. Was uns bewegt, ist so groß, daß wir das Recht haben, um Teilnahme dafür zu werben. Es handelt sich nicht um uns zwei. Parteigänger begehren wir nicht. Wohl aber würde es uns freuen, wenn dieses Buch da und dort einen Menschen aufrufen würde zum stillen Einstehen für die Sache, um die es hier geht.

Die Erwähnung von Blumhardt und Kutter befremdet euch vielleicht zunächst. Aber mir ist sie fast ein Bedürfnis, besonders *Kutter* gegenüber, da ich beim Abschreiben erst wieder merkte, wie stark ich streckenweise mit seinem Kalbe pflüge. [...] Dann müssen aber auch die Blumhardte genannt sein, bei denen wir doch eigentlich *noch* mehr, jedenfalls fürs «Gemüt», geholt haben. Bedenklich ist nur die bequeme Handhabe zur Einschachtelung, die wir damit den *Rezensenten* bieten. Laßt uns also auch darüber reden und mach überhaupt froh einen Gegenvorschlag, wenn dir das Obige nicht paßt.

Heute baute ich die Bettagspredigt I über das große Abendmahl. Leider etwas farblos geworden, weil ich diesem «Bettag» nun einmal keinen Geschmack abgewinnen kann. Es ist eine zu unwahre zerfahrene Situation, in die man da versetzt ist. Das kirchenrätliche Mandat war aber diesmal *recht,* und ich habe es darum im Gegensatz zu andern Malen verlesen. [...] Für die II. Predigt habe ich im Sinn: Klagelieder 3,7–12.

Unsere Gewerkschaftsbewegung müßt ihr euch nur nicht zu möttlingisch[2] vorstellen. Es sind noch keine Teufel ausgefahren. [...] Sondern es geht sehr real zu mit viel Zeddeln und Zeitungen und kichernden, schwatzenden Meitlischaren, geführt von ein paar Emanzipierten. [...] Das Erfreuliche ist mehr eben die Möglichkeit, der getane Schritt in die größere Freiheit als solche. Mit einiger Vorsicht und allen Kautelen kann ich sagen, daß unsere Botschaft *dahinter* steht und daß sie in Zukunft einen deutlichen Anknüpfungspunkt mehr haben wird. Und *direkt* habe ich nichts beigesteuert als die Klarstellung mit dem Fabrikanten, über die ich dann in der Versammlung berichtete, um ihnen den Ernst der Lage deutlich zu machen.

Valete! Wir begrüßen euch herzlich

Eure Karl und Nelly

[1] A. Schieber, *Und hätte der Liebe nicht. Weihnächtliche Geschichten,* Heilbronn 1912.

[2] In Möttlingen (Württemberg) wirkte J. C. Blumhardt 1838–1852 bis zu seiner Übersiedlung nach Bad Boll.

Thurneysen 16. September 1917

Lieber Freund,

Da kommen meine zwei Erstlinge. Du sollst sie noch einmal durchgehen. Es sind keine Meisterstücke. Das brauchts ja auch nicht. Wenn sie nur nicht einfach «schwach» sind, sondern einen Ton geben. Nichtwahr, du sagst mir, wenn du Bedenken hast, Längen entdeckst usw. Am Dienstag reisen wir also für acht Ferientage nach Morschach [Kanton Schwyz]. Ich muß wohl oder übel dort an den Predigten arbeiten. Mit dem Vorwortentwurf sind wir beide vollkommen einverstanden. Höchstens ein Satz wäre erwünscht, der es noch mehr verunmöglichte, uns einfach einzuschachteln oder als Kampfgruppe mit eigener Flagge zu betrachten. Ich bin froh, daß es dir so gut gelungen ist, die Vorwortsgedanken in so klare, eindringliche Worte zu fassen. Ich sitze an einer Bettagspredigt über den Gottesknecht aus Jes. 53.

Wir reichen euch die Hand über Berg und Tal.

Wir zwei.

Barth 18. September 1917

Liebe Freunde!

So haben wir uns euch nun in der hehren Alpenwelt vorzustellen, und unsre aufrichtigen Wünsche begleiten euren Wandel daselbst. [...] Und nun muß ich euren Frieden doch gleich mit diesem, um der vielen Stunden, die es mich gekostet, willen sorgfältig aufzubewahrenden Packe stören, das den verheißungsvollen Anfang unsres Werkes, Vorwort, mein Kontingent in Kriegsstärke und deine zwei Gewappneten, Eduard, enthält.

ad Vorwort: Ich habe am Schluß noch einen Satz in der gewünschten Richtung angebaut. [...]

ad Safenwiler Sturmtruppen. Seht euch den Zauber auch rasch noch einmal durch. Im Grundriß ist alles gleich geblieben, im Einzelnen allerlei kleine Veränderungen und Ergänzungen, am stärksten beim Vortrag, dem ich mit Lust noch einige Treibminen beigefügt habe für unvorsichtige Rezensenten und zur allgemeinen Verstärkung. Selbstverständlich bin auch ich offen für alle Arten von Verbesserungs- oder Streichungsvorschlägen, nur köpft mir nicht gerade die schönsten Spitzen, mit denen da und dort die Leser begrüßt werden.

An den zwei Zeugen [= Predigten] aus Leutwil finde ich nichts auszusetzen noch zu bemerken; es steht Alles an seinem Ort, und ich bin höchst froh, daß du mit deiner so viel gütigeren Art neben mich stehen und meine Streitrufe durch deine so viel weihnachtlicheren Klänge willst decken helfen. Mein Zeug allein wäre ein kurioses Buch. [...]

Zur sonstigen Besichtigung unterbreite ich euch noch die Bettagspredigt, die ich dann doch am Morgen gehalten habe. Ihr solltet doch den «Freien Aargauer» auch halten, wo so entscheidende Sachen drin stehen. [...]

Herzliche Grüße! Euer Karl

Thurneysen 27. September 1917

Lieber Karl,

Ich habe mich also grimmig darangemacht, mitten im Hochgebirge meine gesammelten Werke abzuschreiben. Die Predigt über den «Ungerechten Haushalter»[1] kommt nun doch, wenn auch die Auslegung anfechtbar sein mag (immerhin so gut wie die von Niebergall[2] ist sie auch noch!). Aber prüfe sie doch noch einmal gründlich. Du mußt ja für all das Meinige die Verantwortung mit übernehmen. Deine Tanks sind sämtlich wohlgepanzert, und ich freue mich, daß meine Infanteristen es in ihrem Schutze wagen dürfen, vorzugehen. Ich habe mich stellenweise eigentlich wundern müssen über das gute Ineinandergreifen unserer Räder. [...]

Wir sind viel in Gedanken bei euch. Von Herzen

wir Beide

[1] «*Suchet Gott ...!*», S. 117ff. (2. Aufl. S. 121ff.).

[2] F. Niebergall, *Praktische Auslegung des Neuen Testaments für Prediger und Religionslehrer,* Tübingen 1914[2], S. 196–198.

Barth 27. September 1917

Liebe Freunde!

Wir wissen so gar nichts von euch! Ihr lebt nun fröhlich der Taufe eures Dorotheeli entgegen, während wir noch ganz in der Erwartung dessen sind, was die nächsten Tage uns bringen sollen. [...]

Ich lebte die ganze Woche in strengster Klausur im Studierzimmer und unter dem Apfelbaum und habe nun Röm. 5 fertig ausgelegt, der wievielte wohl, der nach heißem Mühen mit allen diesen Rätselworten meint «durch» zu sein, bis sie den nächsten wieder ebenso geheimnisvoll anschauen. Es war mir über der Arbeit oft, als wehe mich von weitem etwas an von Kleinasien oder Korinth, etwas Uraltes, Urorientalisches, undefinierbar Sonniges, Wildes, Originelles, das irgendwie hinter diesen Sätzen steckt, die sich so willig von immer neuen Generationen exegesieren lassen. Paulus – was muß das für ein Mensch gewesen sein und was für Menschen auch die, denen er diese lapidaren Dinge so in ein paar verworrenen Brocken hinwerfen, andeuten konnte! Es graut mir oft ganz in der Gesellschaft. Die Reformatoren, auch Luther, reichen doch *lange* nicht an Paulus heran, das ist mir erst jetzt überzeugend klar geworden. Und dann *hinter* Paulus: was für Realitäten müssen das sein, die den Mann *so* in Bewegung setzen konnten! Was für ein abgeleitetes Zeug, das wir dann über seine Sprüche zusammenschreiben, von deren eigentlichem Inhalt uns vielleicht 99% entgeht! Ich bin gerade heute sehr stark unter dem Eindruck, wie deprimierend *relativ* alle unsre Künste, die Bibel «reden zu lassen», doch sind. Du kennst das sicher auch. Heute Nachmittag habe ich nur *übersetzt,* an den ersten Kapiteln, auf die ich noch einmal zurückgreifen muß zur Herstellung eines deutschen Textes. Das ist auch eine wunderliche Arbeit von Wort zu Wort, bei der man die seltsamsten Gespräche mit sich selber führen kann. [...]

Lebt wohl! Wir erwarten jetzt jeden Abend die größten Ereignisse.[1]

Eure Nelly und Karl

Die Bettagspredigt hat die Safenwiler z. T. sehr aufgeregt. Sie quittierten mir am Sonntag sehr passend mit einer fast leeren Kirche.

[1] Geburt von Christoph Barth (am 29. 9.), dem späteren theol. Lehrer in Indonesien und heutigen Professor für A. T. in Mainz.

Barth 26. Oktober 1917

Lieber Freund!

[...] Von unserm Marsch kamen wir am Montag alle wieder glücklich heim, ich allerdings wie üblich etwas bedenklich gemacht durch allerlei, was du mir sagtest und nicht sagtest: Safenwil und meine sämtlichen Predigtvorstöße seit Risch,[1] diese permanente und permanent steckenbleibende Offensive – was soll das eigentlich? Wie lange noch? Wo haperts eigentlich? [...] Die Engel hören sicher meine Predigten mit sehr gemischten Gefühlen, [...] und ich bitte dich um alles dir zugängliche Licht über mein «Eifern mit Unverstand» [vgl. Rm 10,2]. Du hast mich ja schon ein paarmal besser verstanden als ich mich selbst. – Wäre doch die fatale Reformationswoche[2] schon vorüber. Ich wollte wahrhaftig auch da mit meinem Stillsitzen nicht ein prophetisches Zeichen tun wider Jerusalem, und doch läuft es nun fast darauf hinaus; denn ich sehe mit Grauen, wie die Lokalanzeiger und Kirchenzeddel sich füllen mit Ankündigungen von herrlichen Vorträgen und andern «Türken». In Schönenwerd wird der «Ernst» der Feier unterstrichen durch die Mitteilung, daß [nach dem Vortrag] keine Konsumation stattfinde! Hans Faber verteilt ohne zu erröten den Helgen[3] mit dem schwindsüchtigen Luther vorn und der Kirche hinten, in Kölliken bereiten sich förmliche Orgien vor: Haller rühmte mir, daß sogar die Lehrer «religiöses Verständnis» hätten, übten sie doch willig eine Motette ein auf die Worte «O welch eine Tiefe...», von anderm zu schweigen. Zwischen all dem drin nun wir hier mit unserm

Wald von leeren Bänken mit kopfschüttelnden Frauen, konstant entrüsteten Kirchenpflegern – und nun also noch über die ganze Festwoche meine unheimliche Stille. Auch da wieder: was soll da werden? *Ich* weiß es jedenfalls nicht, lebe gänzlich prospektlos und weiß nur, daß es auch da nicht anders sein kann. Wie bringt einen doch die Kirche in die Tinte, d.h. in die Opposition und splendid isolation, auch wenn man gar nichts tun will als eben *seinen* Weg gehen. Könnte man doch etwas Anderes sein als Pfarrer, wo man immer wieder in so närrische Situationen kommt! Im vorliegenden Fall bin ich nun schon so weit, mich mit L. und andern Weltkindern zu trösten, die mit ebensolcher Unbewegtheit wie ich an dem Reformationsjubel vorbeigehen werden, wie ich es ja übrigens in jenem Lehrerinnenvortrag selbst beschrieben habe. Aber wöhler wäre es mir doch, wenn ich zu dem Religionsgetriebe, an das man nun als Pfarrer einmal geschmiedet ist, eine etwas nachsichtigere Stellung einnehmen könnte. Wenn du mir darüber wiederum aus *letzten* Boller Gesichtspunkten (die mir eben fehlen) auch Einiges eröffnen könntest, so würde ich es dankbar hinnehmen. Am Montag haben wir Gemeinderatswahl mit zwei sozialistischen Kampfkandidaten, die ziemlich sicher durchfallen werden. [...]

Ich bin tagaus tagein an Römer 6–8 und habe noch viel Arbeit vor mir, bis ich zur Interpretation gehen kann (in der Klause meines Vaters[4] in Bern). Am Abend lese ich jeweilen moderne Theologen über Paulus und staune immer mehr über die Welt, die sich das alles bieten läßt. Auch über die Geduld und Langmut Gottes, der längst mit einem Erdbeben hätte Schluß erklären können.

Nelly begrüßt dich freudig samt Marguerite, und unsre drei Kleinen jubeln euch im Chor zu. Dein Karl B.

[1] Vgl. Anm. 1 zum Brief vom 22. 5. 1917.

[2] Vierhundertjahrfeier der Reformation.

[3] = Bild.

[4] Fritz Barth (1856–1912), Pfarrer in Reitnau (Aargau), Lehrer an der Predigerschule Basel, Prof. für Kirchengeschichte in Bern.

Thurneysen 28. Oktober 1917

Lieber Karl,

[...] Du verlangst Dinge von mir, die ich dir nicht geben kann, wenn du entscheidende Worte erwartest über dich und dein Tun. Deine Predigt habe ich eben gelesen und wüßte nicht, was mir daran nicht gefallen hätte. Sie mutet mich *vor*reformatorisch an, damit ist eigentlich alles gesagt: wir sind nicht recht glücklich dabei, daß wir einstweilen noch so predigen müssen, und die Leute auch nicht. Aber was wollen wir? Deine Predigt ist gewiß in ihrer Art gut, und du brauchst ihretwegen keinen Augenblick unruhig zu sein. Wir müssen jetzt da hindurch; es werden schon einmal andere Töne kommen, sie klingen bereits da und dort an.

Ich habe heute auch eine Predigt zur bevorstehenden Reformationswoche gehalten über Luk. 18,13–14. Und zu sagen versucht, unter was für einer Bedingung Gott uns und unsrer Kirche diese Festwoche vergeben will.

[...] Farners Zwinglibüchlein[1] habe ich gern gelesen und mich immer wieder besinnen müssen, warum uns nichts gelingen will. Alles ist Zwingli freilich auch nicht gelungen, und überhaupt spricht die Reformationsgeschichte zehnmal mehr für uns, als die Historiker und Kirchenmänner es sehen können. Das ist mir keine Frage.

Herzlich grüßen wir euch alle. Dein getreuer Eduard

Im Bezirk Lenzburg haben die Sozialisten ihren Kandidaten für den Nationalrat damit empfohlen: der sei nicht für die Bier- und Tabaksteuer, die den Mann aus dem Volke um seine letzten Genüsse bringen würden. Es gehört schon ein gewisser Glaube dazu, wenn man für die rote Liste stimmen will.

[1] O. Farner, *Huldrych Zwingli, der schweizerische Reformator,* Emmishofen 1917.

Thurneysen 30. Oktober 1917

Lieber Karl,

Ich muß den Kirchenvortrag[1] fallen lassen. Er will mir nicht so gelingen, wie er gelingen sollte. Er schaut mich, nachdem ich ihn nun nochmals und nochmals überarbeitet habe, immer noch halb harmlos, halb prätentiös an, jedenfalls nicht vollmächtig. Gerade die entscheidenden «letzten» Formulierungen, das «in der Kirche» und doch nicht «von der Kirche» sind mir nicht recht geschenkt worden. Ich muß die Sache nun liegen lassen und wieder an Fruchtbareres gehen. Ich kann auch eigentlich nicht finden, daß der Bibelvortrag[2] ein unvollständiger Abschluß sei. Im Gegenteil, es hat auch etwas für sich, von der Kirche überhaupt zu schweigen und die Predigten einfach im Bibelvortrag ausklingen zu lassen. Geschlossen ist der Ring damit auch. Aber ich bin vollkommen und freudig dabei, wenn du statt meiner noch einen Vortrag druckfertig machst, am ehesten doch den bei den Lehrerinnen?[3] Schreib mir noch darüber, damit ich Bäschlin berichten kann. Diesem selber scheint es gleich zu sein, ob wir noch einen Vortrag mitgeben oder nicht.

Ich lege dir meine Predigt vom letzten Sonntag bei. Du sollst doch ein wenig wissen, wie ich mich in diesen Tagen zurechtzufinden suche. Schick mir auch etwas von dir. Wir müssen diese Großkampftage der Kirche gemeinsam überstehen in unsern bombensicheren Unterständen. Ich habe dem Seetal mit ein paar Sätzen in der Zeitung angezeigt, daß die kleine Herde auf dem Berge der Meinung sei, «die Kirche habe keinen Anlaß, sich der Reformation zu rühmen. Wichtiger wäre, es würde etwas vom Geist jener großen Tage in ihr erwachen. Sie hätte es bitter nötig! In diesem Sinne möchten wir der Reformation gedenken.» Ich hoffe, es werde aufgenommen. Im übrigen ist der «Seetaler» natürlich auch voll Inserate, katholische Veranstaltungen, Tanzvergnügungen, Nationalratswahlen, Reformationsfeiern friedlich nebeneinander. Aber auch in Basel scheints nicht anders zu gehen.

Sei mit Nelly und den Kinderlein herzlich gegrüßt von uns beiden. Eduard

[1] Vgl. Anm. 1 zum Brief vom 11. 9. 1917.
[2] K. Barth, *Die neue Welt in der Bibel,* in: *Suchet Gott ...!* (1. Aufl.), S. 154ff.
[3] Vgl. Anm. 4 zum Brief vom 30. 8. 1917.

Barth 1. November 1917

Lieber Freund!

Was soll ich nun sagen? Ich habe jetzt kaum *Zeit,* den Vortrag abzuschreiben; denn ich bin im Gedränge mit meinen Zurüstungen auf Röm. 6–8, die bis zum 11. in Blei sein sollten. Ferner fragt es sich, ob jener Vortrag nicht auch etwas den Charakter einer Menschenfalle hat, den du meinen Produkten einmal nachgerühmt hast. *Hältst* du ihn für recht? Gegen das einfache Fallenlassen scheint mir nämlich zu sprechen, daß Bäschlin gerade auf die Vorträge besonderes Gewicht legte [und] daß ein zweiter theoretischer Eckpfeiler gegen die Welt hinaus mir irgendwie erforderlich scheint. [...]

Hier ist allerlei vorgegangen. Gemeinderatswahl mit sozialistischem Sieg, für den nun die Andern direkt und indirekt *mich* verantwortlich machen. Gestern dreistündiges Gespräch mit dem Kirchenpflegspräsidenten. Abends hielt ich in ganz kleinem Kreis ein Vorträglein (also doch!) über die 95 Thesen, nachher war Kirchenpflegssitzung mit bösen Gesichtern. Du solltest wirklich einmal hier ein paar Jahre lang Boller Gnade predigen, damit nach all den vorreformatorischen Stößen, die sie erleiden müssen, endlich einmal das Licht des Evangeliums über den Safenwilern aufgeht.

Mit herzlichem Gruß, prestissimo Dein Karl B.

Mit Lejeune ist nun auch noch ein Kant-Abend eingerichtet, der heute zum erstenmal steigen soll: «Prolegomena» erklärt von K. B., auch gut!

Barth Bern, 17. November 1917

Lieber Freund!

Da kommt zunächst Titel, Vorwort, der revidierte Text von «Advent»,[1] den du «superkorrigieren» mußt, und die Bemerkungen von Bäschlin. [...] Von mir ist nicht viel zu sagen, als daß das Papier sich mit Tinte bedeckt, aber viel zu langsam, sodaß ich jedenfalls mein vorgestecktes Ziel, die drei Kapitel, *nicht* erreiche. Ich will froh sein, wenn ich es auf die Hälfte bringe. Das stille Gelehrtenleben paßt mir sehr gut. – In Safenwil ist unterdes allerlei Krawall: Rekurs gegen die Gemeinderatswahl, Repressalien von Schulpflege und Fabrikant gegen meine Unterrichtshoheit, verschnupfte Gesichter, wie Nelly mir schreibt, kurz allerlei Dämonisches, wie wir es leider immer wieder erleben müssen. Wir lesen hier in Kutters Buch[2] und finden es schön, aber etwas dick. [...] Samstag Abend ohne Predigt! Morgen werde ich Hadorn hören und nachher noch den Brüdergemeinepfarrer.

Herzlichen Gruß an Marguerite und dich Dein Karl

[1] «*Suchet Gott ...!*» S. 5ff.

[2] H. Kutter, *Das Bilderbuch Gottes für Groß und Klein,* Basel 1917.

Thurneysen 19. November 1917

Lieber Freund,

[...] Ich war also in Basel. Am Montag konnte ich mit Pfarrer Benz reden und entnahm unserem Gespräch, daß eine Zusammenarbeit mit ihm nicht in Frage kommt. Er redete viel von «Gesinnung» und «Seelsorge», und ich suchte ihm zu sagen, daß es uns mehr auf Gott selber als auf die Seele ankomme. Er hat mich aber kaum recht verstehen können. [...] Am Abend erlebte ich, wie Ernst Staehelin die «Unabhängigen Kirchgenossen» zusammentrommelte. Sie hatten sich ihn erbeten, er solle allerlei praktische Linien von der Reformation zu uns hin ziehen, Vorschläge, Anträge, Verbesserungen am Kirchenwesen darbieten. Er aber ließ sich gar nicht auf diesen Kampfplatz locken, sondern suchte einen Durchbruch in ganz anderer Richtung. Er skizzierte das Wesen der Reformation als den Versuch, zur Unmittelbarkeit Gottes vorzudringen, also aus aller Ferne in die Nähe Gottes zu gelangen. Aber er setzte sofort hinzu, daß dieser Versuch nicht zum Ziele gekommen sei. Daher gelte es, nicht vor allem rückwärts zu blicken, sondern vorwärts einer neuen Reformation entgegen, wie es schon der ältere Blumhardt gefordert habe. Du kannst dir die verblüfften Gesichter dieser Kirchgenossen denken. Wernle war da und setzte allem Gesagten seinen absoluten Widerspruch entgegen, wollte gar nichts wissen von der kosmischen Weite der Erlösung, sondern lobte sich seinen Luther, der diese Erde als den Kampfplatz betrachtet hat. [...]

Safenwiler, Leutwiler und andere -iler – da könnte ich auch ein Lied singen aus jüngster Zeit von verschnupften Gesichtern, sogar offenen Drohungen, mit mir abzurechnen, ich rechne es wie du in das zu ertragende Dämonische. Es gab aber immerhin Augenblicke, wo «es» mir etwas verleidet war. – In Zürich sind also die Gewehre losgegangen anläßlich der Rede eines Friedensapostels.[1] Was für ein seltsames Zeichen! Mir kommt es vor wie ein Witz, den sich der Teufel mit den verwirrten Menschen geleistet hat.

Ich begleite deinen Römerbrief mit allen guten Wünschen und freue mich schon aufs Lesen! Wir grüßen dich und die Deinigen recht herzlich. Eduard und Marguerite

[1] Am 15. 11. 1917 fand auf dem Helvetiaplatz in Zürich eine Demonstration gegen Krieg und Militarismus und gegen den schweizerischen Munitionsexport statt. Zwei der Redner wurden verhaftet. Daraufhin kam es an den beiden folgenden Tagen zu Protestdemonstrationen. Dabei wurden am 17. 11. von Demonstranten und von der Polizei Schußwaffen eingesetzt.

Thurneysen 26. November 1917

Lieber Karl,

Hast du gesehen, wir sind nun bereits im Bücherschatz fürs christliche Volk und treiben mit manch anderm Schifflein den breiten Strom der Weihnachtsbücher hinab. Wird sich eine «Lesergemeinde» auf unserm Verdeck ansammeln, und was wird daraus werden? Wir wollen, wenn es einmal ab Stapel ist, uns nicht mehr zu viel nach ihm umsehen, sondern rüstig weiterwandern. Du zimmerst ja bereits an einem neuen Großkampfschiff erster Klasse, oder ist es nicht eher einem Minenleger vergleichbar, was deiner Werft entsteigen wird?

[...] Was wird denn in Safenwil gespielt? Mußt du von deiner Coburg hernieder und herzueilen? Hoffentlich nicht! Oder soll ich am Ende mit einem Friedenswort von der andern Seite her eingreifen?!!

Wann kehrst du eigentlich wieder um und heim? Ich freue mich aufs nächste Zusammensein, vielleicht an einem nächsten Montag im Dezember, bei uns.

Wir grüßen deine werte Mutter, deine Geschwister und dich von Herzen Eduard und Marguerite

Thurneysen 7. Dezember 1917

Lieber Karl,

Ich habe an Gerber unsre Absicht bekannt gegeben, am Montag auf der Oltener [religiössozialen] Konferenz zu demissionieren.[1] Ich habe ihm ungefähr folgendes mitgeteilt: 1. Wir haben keine Antwort bekommen auf unsre brieflich mitgeteilten Bedenken gegen eine Konferenz. Offenbar soll sie nun also an der Sitzung in Olten erfolgen. 2. Wir haben grundsätzlich nichts gegen eine Zusammenarbeit mit allen Gruppen unsres Kreises. Wir anerkennen eine gemeinsame Grundlage, freilich weniger in einem gemeinsamen innern Besitz, dessen wir uns freuen, als einer gemeinsamen Not, die uns bedrängt. Ob sich daraus eine wirkliche Zusammenarbeit ergeben kann, ist uns noch offene Frage. 3. Wir vertreten mit unseren Erkenntnissen eine Stellung, von der wir wissen, daß sie andere zu scharfer Opposition reizt. Das ist ein Grund mehr zum Abgeben unserer Mandate.

Ich bin dieser Tage ganz in Kutters «Bilderbuch» eingetaucht, habe auch sein «Sie müssen»[2] und «Wir Pfarrer» neu gelesen und bin eigentlich doch wieder ganz übernommen von diesem starken Mann. «Wir Pfarrer» haben wir alle vielleicht doch noch zu wenig gehört. Das Büchlein wird uns auf weit hinaus beschäftigen mehr als alle Strategeme von Ragaz. Ich habe beim Lesen alle Schmerzen und Schatten, aber auch alle Lichter unserer Aufgabe wieder empfunden.

Ich habe weiter über Röm. 7 nachdenken müssen und kann immer mehr einen großen Triumph über allen Sündenjammer darin sehen, einen Höllensturz des Teufels und ein Siegeslachen über die Verdammnis vom Himmel herab. Röm. 8,1 ist für mich eine Abrechnung mit dem Pietisten und Verkläger in uns, wohl ein Ernstnehmen seines Ernstes, aber nur um ihn umso endgültiger zu überwinden im Ernstnehmen der göttlichen Erlösung. Röm. 7,25b würde bei diesem Verständnis auch durchaus am Platze sein und Röm. 8,1ff. den Sieg vollständig proklamieren. Das bedeutet allerdings eine Revolution, wenn diese Zentralstelle der Pietisten sich nun gerade gegen sie wendete! Damit wäre dann überhaupt das ganze gleichgewichtige Nebeneinander der psychologischen und der transzendentalen Sphäre aufgehoben. Ich mußte an den oft dargestellten Sturz der Verdammten denken, das Heulen der Herabstürzenden: «ich elender Mensch...» und das von oben hereinbrechende Licht der Gnade: «Gott aber sei Dank... so ist nun nichts Verdammliches an denen, die in Christus Jesus sind», als ich die Stelle einmal konsequent von deinem Verständnis aus las. Und daß dieser Höllensturz und dieser Siegesjubel in uns sich ereignet, wäre ein weiteres gewaltiges Glied in der Kette auswendiger Innerlichkeiten und inwendiger Auswendigkeiten, die du bei Paulus wieder ausgegraben hast. Ich denke an das, was du aus Röm. 6 und dem Anfang von Kapitel 7 herausliesest. Ich habe überhaupt seit letztem Montag wieder neu einen großen, glücklichen Eindruck von deiner ganzen Römerbriefarbeit. Was wir zuletzt redeten von der Gefahr, das alles zu wissen und – nur zu wissen, bleibt natürlich zu Recht bestehen. Aber wird nicht, wenn einmal dieses Grundlegende wieder herausgestellt ist, gerade das den starken Antrieb bilden, um den Spaten anzusetzen und es nicht nur beim Planieren zu belassen?

Mit herzlichem Gruß an euch alle Dein Eduard

[1] Vgl. Anm. 3 zum Brief vom 30. 5. 1916.

[2] H. Kutter, *Sie müssen! Ein offenes Wort an die christliche Gesellschaft,* Zürich 1903; 2. Aufl. Berlin 1904; 3. Aufl. Jena 1910.

Barth 7. Dezember 1917

Lieber Freund!

Da kommen wieder Predigten, von denen ich besonders für die über den Samariter[1] dankbar bin, die dir prächtig geraten ist. [...]

Hier geschehen seltsame Dinge. Unser Kirchenpflegspräsident hat dem Fabrikanten wegen des Konfirmandenunterrichts einen langen energischen Brief unter Berufung auf die Kirchenordnung und – – auf den Herrn Jesus («...ein Höherer vor 2000 Jahren») geschrieben, ferner einen Zeitungsartikel in verschiedenen Blättern über die politische Neutralität der Kirchenpflegen, und beabsichtigt endlich eine gründliche Reform der Tätigkeit der hiesigen Kirchenpflege in dem Sinn, daß in jeder Sitzung von einem Mitglied ein Vortrag über ein «religiös-kirchliches» Thema gehalten werde, Zeitschriften abonniert und Bücher und Broschüren von allen gelesen und dann besprochen werden müssen!! Siehst du, so gehen nun meine Saaten auf, und ich stehe daneben und weiß nicht, ob ich lachen oder weinen soll. Ich sollte nun am besten verschwinden [...] können. Ich machte gestern einen langen Besuch bei einer kranken und sehr frommen Frau, die immer zu mir in die Kirche etc. kam und bei der ich mich aufs Neue überzeugte, daß ich auch [an] den scheinbar offensten Ohren in der *Hauptsache* gänzlich vorbeirede. Sie nimmt mir ab, was in der Rämismühle[2] als «Gottes Wort» auch gesagt wird, und legt das übrige mild verzeihend meiner Jugend zur Last, sofern sie es überhaupt merkt. Mutatis mutandis überall die gleiche Situation wie bei Fritz Wieser[3] oder meinem Bruder Heiner. Unsere Art, Pfarrer sein zu wollen, ist wohl in sich unmöglich, und wenn nicht irgend eine himmlische Bestätigung unsrer Wege sich ereignen will, so täten wir besser, uns auch einmal auf irgend ein pietistisches oder idealistisches «Gottes Wort» zu verlegen, an dem dann [die fromme] Frau Wilhelm und Fritz Wieser Freude haben können.

Schöner Text für nächsten Sonntag: Jes. 62,6–7, aber wie wird die Predigt werden in dieser zunehmenden Erkenntnis der apriorischen Unmöglichkeit unseres Predigens!? Soviel für heute in Eile.

Mit herzlichem Gruß an Marguerite und Dorotheeli

dein Karl

[1] (E. Thurneysen) *Wo Liebe ist, da ist Gott,* in: *Suchet Gott ...!,* S. 105ff. (= 2. Aufl. S. 109ff.).

[2] pietistische Versammlungsstätte.

[3] Fritz Wieser (1890–1952), Bruder von Gottlob Wieser, Redaktor des «Vorwärts», einer linkssozialistischen Zeitung in Basel.

Barth 7. Dezember 1917

Lieber Freund!

Hier dein letzter Schlag.[1] Was wird nun das Buch als Ganzes für ein Gesicht machen? Das wird uns selbst eine Neuigkeit sein. Unsere Sprüche haben wohl alle die Eigenschaft, im Anlauf gewaltiger zu sein als im Ertrag. Sie mahnen mich alle an Brücken, die vorläufig erst halb gebaut, verheißungsvoll, traurig, drohend oder wie man will in die Luft hinausstarren. Darin wird sich unsere Gabe für den Weihnachtstisch des christlichen Hauses von der wohlgerundeten Leistung Kutters bedenklich abheben.

In einem meiner letzten Sprüche kommt das Zitat vor: «Mit der Freude zieht der Schmerz traulich durch die Zeiten.»[2] Weißt du oder Marguerite etwas darüber? Von *wem?* Ob es nicht *treulich* statt traulich heißt?[3] Wie es weiter geht? Ich nenne die Zeile nämlich einen «gottesfremden Unsinn», da sollte sie doch genau dastehen.

In Safenwil treiben die Dämonen ihr Wesen in Gestalt von fürchterlichen Lügen, die umhergehen, leider besonders über mich, immer noch wegen der dummen Gemeinderatswahl, die noch aktuell ist, weil es um zwei Sitze nächsten Samstag noch einmal losgeht. Was Leidenschaft und Phantasie da leisten an freier Erfindung, ist ganz großartig. Und nun wird scheints von einer Ecke aus ernsthaft für eine – – Kirchenaustrittsbewegung agitiert, andere sammeln scheints Unterschriften gegen mich. Ich mußte wieder zwei schöne Abende im Gespräch mit dem Kirchenpflegspräsidenten zubringen statt mit Römer 7! Der Mann schwankt beunruhigend zwischen seinen Tempelbauplänen und einer großen Hasenangst vor den freisinnigen Bonzen. Kurzum sei du froh, daß du in Leutwil bist, und sprich mir wieder einmal kräftig zu.

Mit herzlichem Gruß! Dein Karl

Die Kirchenpflege will mich nächsten Donnerstag verpflichten: aus der Partei auszutreten! keine Vorträge mehr im Arbeiterverein zu halten! auf ewig die Finger von der Gemeindepolitik zu lassen!

[1] Korrekturabzug einer Predigt für «*Suchet Gott . . . !*».

[2] Ebd. S. 148 (bzw. 153[2]).

[3] J. P. Hebel, *Neujahrslied*. Das Gedicht beginnt mit den Zeilen:
«Mit der Freude zieht der Schmerz
traulich durch die Zeiten.»

Thurneysen 12. Dezember 1917

Lieber Karl,

Was waren das doch für seltsame schwankende Gestalten am Montag![1] Noch schwebt es mir vor Augen, dieses kleine Nebenlokal, Tische in Hufeisenform, 2 × 12 Apostel mit teilweise etwas unsichern, aber gespannten Gesichtern, in den Lüften gewaltige Parolen wie Neubau der Welt, Volksbewegung! Banner entfalten! Gemeinschaft! Taten! An der Wand ein Wildheuer, der zu lachen scheint, es aber nicht kann, weil er nur gemalt ist. Schon etwas gefährlicher dürften die Neuen Testamente sein, die in den geistlichen Röcken verborgen sind, aber auch sie werden nicht zu Worte kommen. Und das Ganze: die konstituierende Sitzung einer neuen religiös-sozialen Geistes- und Kraftbewegung mit dem immerhin beträchtlichen Resultat von drei Komités und einem Vorort.[2] Aber ich will nicht spotten. Wir sind ja alle irgendwie an solchen Wähnen beteiligt. Mir ist noch niemals so taghell deutlich geworden, an was für einer Krankheit zum Tode unsere religiössoziale Sache leidet. Wir standen tief im Schatten der pietistischen Lebensversuche. Ich höre St. immer noch mit leiser Rührung in der Stimme nach Gemeinschaft rufen, und was waren alle die Pläne und Projekte, die entworfen wurden, anderes als «Liebeswerke» in neuer Gestalt? Und wie können anderswo so unglückliche Fragen gestellt werden wie die nach dem Verhalten bei Straßenkämpfen als da, wo man längst gewohnt ist, alles nur taktisch und strategisch zu behandeln? Und wo fängt man an, das Opfer um des Opfers willen zu verherrlichen und nach Heiligenscheinen zu greifen, als da, wo man sich selber und nur sich selber sieht und alles Gefühl für Sachlichkeit und echtes Zeugnis verloren hat? Und was ist das alles anderes als eine Abart von Kirchentum und Pietismus?

Wie bist du heimgekommen? Habe ich irgendein entscheidendes Schlußwort verpaßt? Hast du noch etwas Starkes gerufen? Hat G. Wieser noch einen Vorstoß gemacht? Oder blieb es beim stummen Lachen des Wildheuers von der Wand herab?

Da folgt noch ein Brief von Bader mit seltsamen Eröffnungen über das Reich Gottes, mit allerlei Zusprüchen und Vorschlägen. Hat er nicht recht mit seinen einfachen Entscheidungen über das, was uns trenne von den Religiössozialen? Aber auch er endet irgendwie im Schatten eines Kirchentums. Ich bin darum gespannt auf das, was Paulus nach deinen Einsichten in Röm. 9–11 zur Sache zu sagen hat. Jedenfalls wird dein Römerbrief guttun, er wird die Luft reinigen. Wenn nur diese Kirchenmänner überhaupt noch darauf hören wollen und können!

Was machen die Safenwiler? Wir denken viel an euch und eure Lage. Es geht auch da in den Gesprächen mit der Kirchenpflege um ein Seilziehen in der Kirchenfrage. Was aber draußen im Dorfe sich regt, ist wohl schon der Widerspruch gegen deine Botschaft, der aber bereits seine innere Schwäche erkennen läßt.

Von Herzen dein Eduard

[1] Teilversammlung der religiös-sozialen Konferenz in Olten, bei der Barth und Thurneysen ihre Ämter im Vorstand der Konferenz niederlegten.

[2] = Leitungsgremium.

Barth 17. Dezember 1917

Lieber Eduard!

Ja, ich habe den letzten Montag auch in der seltsamsten Erinnerung, bin aber doch froh, dabei gewesen zu sein. Eingegriffen habe ich nicht [...], empfing aber zum Schluß im Privatgespräch von Ragaz noch die Mitteilung, *das* sei nun eben die wahre Art gewesen, von den Taten Gottes zu reden, was ich stumm und höflich entgegennahm. Die Geschichte endigte damit, daß alle noch ihre Adressen austauschten, das Letzte, was ich hörte, war ein lautes Rufen von St. nach Nachtessen. Auf dem Heimweg über den Engelberg gelang es immerhin, den Herrn L. etwas zum Schweigen zu bringen; er wußte schließlich nur noch Gerbers Frömmigkeit zu rühmen!! Kutters Bücher schneiden sie scheints dort hinten nicht einmal mehr auf! Mein Brief an Guidon habe allgemeine Entrüstung erregt, ich gelte ihnen nun als der typische «Theologe», wogegen der deinige an Gerber die Stimmung dann wieder verbessert habe. Was mich aufs Neue darin bestärkt, daß das Departement des Äußern besser in deinen Händen ruht als in den meinigen. Der gute Z. ist auch ein Greis auf dem Dache, der sich nicht zu helfen weiß. Er hat zwei Jahre die Militärsteuer verweigert, die ihm dann heimlich von verwandter Seite doch bezahlt wurde!! Nun will ers doch wieder tun, da «der Militarismus jetzt eigentlich erledigt sei». In seiner Gemeinde offenbar alle mögliche Beunruhigung, in die er allerlei hineinruft. Ich kam seinem dumpf rauchenden Feuer nicht recht bei, zu hören oder zu lesen begehrt er nichts, er schwingt ganz in sich selber, und so nahmen wir bald wieder freundlich Abschied. Die Haltlosigkeit des Oltener Unternehmens war ihm aber auch aufgegangen, und die Situation zwischen uns und den Andern hatte er auch durchschaut, nur daß er mehr als Zuschauer hin- und herwandert und Alles zu vorderhand unerklärlichen Zwecken auf sein Berner Gemüt wirken läßt.

Die Bader'sche Welt ist mir sehr fremd, und den Schulmeisterton, den er uns gegenüber immer anschlägt, habe ich satt. Wir wollen, Ragaz glücklich entronnen, ja nicht unter diese Traufe kommen. [...] [Seine] «Bitte um Stillschweigen»! Ja, ja! Das Nächste [was Bader uns empfehlen wird] sind dann des Nachts phosphoreszierende Wandsprüche, wie die, mit denen Sch. hausiert! Und das Übernächste relig. soziale Totenkränze unter Glas zu hängen! [...]

Hier war am Samstag Neuwahl in den Gemeinderat für zwei vom Regierungsrat kassierte Wahlen.[1] Die Freisinnigen haben sich nun aufgerafft und den Sieg errungen, aber es ging nahe aneinander; die Differenz zu der sozialdemokratischen Stimmenzahl ist nur noch knapp 20. Wahrscheinlich wird sich nun der Groll gegen mich wieder etwas legen. Aber morgen Abend ist Kirchenpflegssitzung, wo W. [der Präsident] seine Fahne entrollen will. Kirchenrat Haller sieht milde über die Grenze.

Und nun kommt da gestern der Brief der Aarauer Studenten.[2] Ich bin ratlos. Natürlich sollte ich annehmen. Aber das war mir sofort klar: *wenn* ichs tue, dann müßte nun endlich einmal die uns schon lange obliegende Auseinandersetzung mit Cohen und Natorp sich ereignen, mit der *allein* den Ragazianern gegenüber reiner Tisch geschafft werden kann. Das naive Wiederholen unserer Positionen hat in *diesem* Kreis keinen Sinn, wir müßten auf die tiefsten Voraussetzungen, von denen die Leute herkommen, eingehen und zeigen, warum wir gerade von dort her, vom *νόμος* im reinsten Sinne, das Ärgernis und die Torheit [vgl. 1. Kor 1,23] behaupten müssen. Aber woher nehme ich die Zeit zu diesem Unternehmen? Natürlich lockt es mich mächtig! Aber der Römerbrief, mit dem ich ohnehin im ärgsten Gedränge bin! Ich hätte einfach ein schlechtes Gewissen, wenn ich mir nun diese Diversion gestattete, noch dazu in der strengsten Zeit des «Kirchenjahrs». Und darum möchte ich dich allen Ernstes fragen, ob ich ihnen nicht *dich* angeben darf als Retter in der Not. Du würdest dich nun die nächsten Monate nur dieser Sache widmen und dann einen großen wohlgezielten Schlag führen, was es bei mir vermutlich doch nicht würde. Das Thema und die Sache und die Gelegenheit *muß* dich ja freuen. – Eine ganz andere Möglichkeit wäre ja nun die, das Feld dies Jahr überhaupt zu räumen und ihnen ans Herz zu legen, nun einmal gründlich die *andere* Seite zu hören, etwa in Gestalt meines Bruders Heinrich, der mit Lejeune[3] und Adler[4] ein ungleich harmonischeres Ganzes bilden würde als ich oder du. Was hältst du davon? Aber bitte sag nun nicht unbesehen, ich soll den Elefanten nur machen, es stehe mir wohl an etc. Du weißt ja, wie ich dran bin und daß, wenn ich absage, auch wichtige Interessen im Spiel sind. Wie lösen wir diesen Knoten? Könnte ich nur meinen Sohn Markus mitten unter sie stellen! […]

Das Predigen fällt mir all die Zeiten immer schwerer. Ich sprach gestern entsprechend meiner Lage über den Unglauben und die Stummheit des Zacharias Luk. 1.

Wenn nur die Leute in Bern unser Buch noch herausbringen, solange die Käufer noch Weihnachtsbatzen im Sack haben. Die

Korrekturen sind durch, aber wenn nun dort nicht ganz entschieden gearbeitet wird, ist der «Lack» da.

Mit herzlichem Gruß auch von Nelly und an Mutter Marguerite

Dein Karl

[1] Die Wahl zweier sozialdemokratischer Kandidaten war vom Regierungsrat (= Kantonsregierung) für ungültig erklärt worden.

[2] Barth war eingeladen worden, auf der Aarauer Studentenkonferenz 1918 über das Thema «Erlösung» zu sprechen. Er lehnte dann ab. Von den im folgenden Genannten war nur R. Lejeune unter den Aargauer Referenten von 1918.

[3] Robert Lejeune (1891–1970), Pfarrer in Graubünden, später in Zürich, Freund von L. Ragaz.

[4] Max Adler (1873–1937), österreichischer Marxist.

Thurneysen 21. Dezember 1917

Lieber Karl,

Ich empfinde in der Aarauer Sache wie du und möchte dir auch sagen: stell Heinrich in den Vordergrund, falls du überzeugt bist, nicht selber reden zu können. Verlockend wäre die Gelegenheit, aber der Römerbrief geht vor und wird dir, wenn er einmal daliegt, aufs Neue solche Anfragen einbringen. Geschähe das nicht, so wäre auch diese nur eine scheinbar ernst zu nehmende. Merkwürdig und verheißungsvoll ist es, wie die gleichen Kreise, in denen über uns Dunkelmänner und Wartsaalsitzer gelacht wird, doch nicht ganz von uns loskommen. Das ist im Grunde die bessere Situation. Mich laß aus dem Spiel! Ich habe ja nun erst [in Aarau] gepredigt und werde schon noch einmal drankommen. Unsere Kampf- und Arbeitsgemeinschaft wird umso stärker wirken, als wir sie durch sich selber wirken lassen. Unser Buch zeigt sie für alle, die hören wollen, deutlich genug an. Überdies wäre ich in diesem Falle der Aufgabe nicht so gewachsen wie du. Die Auseinandersetzung mit dem Idealismus und mit dem historischen Relativismus, die da erfolgen müßte, könnte ich nicht so führen, wie es geschehen müßte. Wie ich übrigens weiß, kommt auch

Schlatter[1] in Frage; das wäre ganz schön. Aber dein Bruder Heinrich wäre besonders gut an sich und aus Gründen der innern Linie der nächsten Konferenz. Bader – Heiner – Lejeune – ein Zürcher Student – Adler: das wäre eine Höchstleistung des idealistischen Geistes, wie die Oltener Sitzung vor 8 Tagen eine Mindestleistung war. Wir würden nichts Ungutes tun, wenn wir dieser Zusammensetzung der Referenten das Wort reden. Es kann unsrer Sache nur helfen, sich einmal so dem kritischen Idealismus gegenüberzusehen. [...] Ragaz kommt schließlich doch auch von dort her. Dein Bruder Heinrich wurde übrigens auch in Olten genannt, berufe dich doch darauf im Blick auf das vorgesehene philosophische Thema.

Wir drei grüßen euch fünf herzlich. Ich habe am Sonntag wieder einmal von der innern Armut geredet trotz Baders Zuspruch. Von Herzen dein Eduard

Die Besprechung von Kutters «Bilderbuch Gottes» habe ich geschrieben [für die «Basler Nachrichten»]. An einer Stelle schaust du mit deiner Rede an die Lehrerinnen kräftig durch die Zeilen – Arbeitsgemeinschaft!

[1] Adolf Schlatter (1852–1938), ev. Theologe, Prof. für N.T. in Berlin und Tübingen.

Barth 24. Dezember 1917

Lieber Freund!

So ist der Schuß endlich heraus,[1] und alle Horn- und sonstigen Brillen können sich über unsere Sprüche beugen. Wie wirds werden? [...] Gestern Abend hatten wir bereits drei Weihnachtsbäume [= Feiern]. Römer 7 ist fertig.

Mit herzlichem Gruß und weihnachtlichem Winken und Wünschen Eure K. und N.

[1] «*Suchet Gott, so werdet ihr leben!*» erschien auf Weihnachten 1917.

Thurneysen 24. Dezember 1917

Lieber Karl,

Jetzt ist «es» also da, lang erwartet und nun doch noch gekommen. Ich habe eben mit aller Freude in deinen Beiträgen gelesen und bin darüber ganz tief froh geworden. Auch äußerlich ist das Büchlein glustig[1] geraten. Und nun – wie wird es aufgenommen werden? Aber allzuviel braucht uns das nicht zu kümmern. Wir freuen uns aufs neue über unsere Doppelautorschaft und gegenseitige Deckung als das Zeichen unsrer Verbundenheit. – Kommst du, Karl, vielleicht grad nach Neujahr wieder einmal zu uns herüber?

Wir denken herzlich an euch. Eduard und Marguerite

[1] = hübsch.

Barth 26. Dezember 1917

Liebe Freunde!

Ich würde gerne am Freitag zu euch kommen. [...] Jetzt bin ich schon an Römer 8 und sehe allmählich hindurch. Aber es kommt noch Gewaltiges. [...] «Das Bilderbuch Gottes» liegt nun auch vor und ist schon in Angriff genommen. Ich bekam ferner Duhms «Propheten»,[1] Rathenaus «Von kommenden Dingen»[2] und ein von Heiner dediziertes Buch über Katharina von Siena, ferner feine Michelangelo-Mappen. [...]

Auf Wiedersehen! Euer Karl

[1] B. Duhm, *Israels Propheten,* Tübingen 1916.

[2] W. Rathenau, *Von kommenden Dingen,* Berlin 1917.

Barth 11. Januar 1918

Lieber Freund!

Da kommen die zwei Dokumente zurück. Ich habe sie kopfschüttelnd gelesen, besonders auch Wernle[s Brief]. Ich verspreche mir wenig von dieser kommenden Rezension. Gleich wieder diese Zuschauerpose. – [...] Von uns ist aus den letzten 14 Tagen auch nicht viel zu melden. Die Predigt ist in den Konfirmandensaal verlegt, und die paar Safenwiler, die mir noch zuhören wollen, haben gut Platz. Im Römerbrief bin ich bis zu 8,16 gekommen und darf nun bald zur großen *ἀποκαραδοκία*-Stelle [8,19] vorstoßen. (Im ganzen Kap. 8 hätte Wernle den Apostel auch zur Ordnung rufen und an den Herrn Jesus erinnern können! [...] Aus Bern vernehme ich, daß die Predigten ganz gut verkauft werden. [...] Sonst habe ich noch nirgendsher einen Ton gehört. [...] Kutters «Bilderbuch» ist doch eine erfreuliche Insel im Weltmeer. Wir haben hier gestern einen Zwanzigjährigen beerdigt, schon der vierte meiner Konfirmanden, die alle an Tuberkulose starben.

K. B.

Thurneysen 18. Januar 1918

Lieber Karl,

Also in acht Tagen wollen wir die Kanzel tauschen. Ich freue mich auf den Römerbrief und überhaupt aufs Wiedersehen.

Hier folgen zwei Stimmen, die heute ankamen,[1] gefreutere als Wernles Zwischenruf, über den wir uns natürlich nicht aufregen wollen.

Ich war in Zürich und habe eher furchtbare Eindrücke vom Kriegsgeschäftsbetrieb. Ich saß eine Viertelstunde im Bureau eines Geschäftsmannes (nicht Rud. Pestalozzi!) und hörte alle Telephongespräche und sah die ganze entsetzliche Hast der Schreibmaschinenfräulein, das Gehen und Kommen, oben und unten

Die Welt dreht sich einstweilen noch fest um ihre eigene Achse. Aber verdient wird dabei!

Mein Bruder,[2] der Pädagoge, hat uns besucht und sich in respektvoller Beobachtung unsres Redens und Tuns gehalten. Ich habe ihm meine Rede an die Lehrerinnen vorgelesen und hätte gern sein Einverständnis dazu gehabt, daß, wenn man sich schon einmal auf die Bibel einlasse, es in unsrer Weise geschehen müsse. Aber ich glaube, er konnte das nicht recht zugeben.

Der junge Hermann Kutter[3] hat bei uns übernachtet. Ich habe mich gut mit ihm verstanden. Er ist Pfarrverweser in Außersihl, besucht Kranke, traut und beerdigt, aber wenn mans so macht wie er, aus seinem feinen, geduldigen, ernsten und stets wahrhaftigen Geiste heraus, dann gehen auch solche Amtsgeschäfte nicht ins Leere.

Von mir selber ist nicht viel zu melden. Der Predigtbesuch läßt zu wünschen übrig, die Unterrichtskinder sind seltsam unerweckt. Merkwürdigerweise wollen mich gewisse Gruppen von Arbeitern und Bauern in die Steuerkommission der Gemeinde wählen. Sie versprechen sich davon gerechtere Taxationen! Ich hoffe aber, es werde nichts daraus, denn was soll ich «Richter oder Erbschichter» [Luk 12,14] sein in dieser trüben Sache?

[...] Ich muß an meine Predigtarbeit denken: Ps. 127,1–2. Wir grüßen herzlich! Eduard und Marguerite

[1] Briefliche Reaktionen auf «*Suchet Gott ...!*».

[2] Peter Thurneysen (1891–1964), Pfarrer in Safien (Graubünden), Davos und Obfelden (Zürich).

[3] Hermann Kutter (geb. 1893), der Sohn, Pfarrer, zuletzt in Basel, Biograph seines Vaters.

Barth 19. Januar 1918

Lieber Freund!

Nun ja, nun hat Wernle also seinen Schuß tun dürfen.[1] [...] Und sein Produkt ist genau die Stimme des gekränkten Menschenverstandes und der betrübten Kirchlichkeit, die zu erwarten war. Ich meine wir können das alles uns mit freundlichem Kopfnicken sagen lassen, um dann geschäftig weiterzumachen. Dem Absatz des Buches wird der Angriff, wie du meintest, wohl eher förderlich sein. Es wird nun der eine und andere danach greifen, um sich über die wüsten Stellen «des einen der beiden Pfarrer» mitzuentrüsten, vielleicht auch der eine und andere durch Wernles Widerspruch veranlaßt auf die Vermutung kommen, es könnte etwas an der Sache sein. Ah bah! [...]

Morgen predigt mir Kistler.[2] Am 27. also du, nichtwahr? Ist es nicht möglich, mir die Kinderlehre in Leutwil zu erlassen? Sie ist mir immer eine greuliche Sorge. Hier auch, ich kann das einfach nicht. Aber bei fremden Kindern und bei den deinigen noch besonders. Natürlich, wenns sein muß, so muß es eben sein. Römer 8 geht dem Schluß entgegen. Deine Arbeit über die Praedestination[3] habe ich mit Interesse gelesen und brauche sie dann noch für 9–11. [...]

Am Donnerstag hatten wir eine gute Kirchenpflegssitzung mit rechten Gesprächen über Gott und Welt. Sie wollen nun so fortfahren. [...] Dazu schlagen nun die Wackern der Kirchgemeinde eine bleibende Besoldungserhöhung von 400 Fr. für mich vor. Das ist doch schön, nach allem, nicht? Meinen 2. Urlaub nehme ich erst nach Ostern. [...] 1000 herzliche Grüße über Berg und Tal!
Dein K. B.

[1] P. Wernle, Rezension über «*Suchet Gott, so werdet ihr leben!*» in: Kirchenblatt für die ref. Schweiz, Jg. 33 (1918), S. 9–11.

[2] Adolf Kistler (1876–1962), Pfarrer in Olten.

[3] Eine Seminararbeit, die Thurneysen als Student bei Wernle geschrieben hatte.

Thurneysen 23. Januar 1918

Lieber Karl,

Doch, die Kinderlehre sollte sein, und glaubs nur, du machst meiner Schar viel mehr und tiefern Eindruck, als meine Reden es machen. Deine Philistergeschichte ist ihnen unvergeßlich geblieben.

Hier der «Kirchenfreund»[1] mit einer immerhin bedeutend verständnisvolleren Bemerkung über uns, als es die von Wernle war, der sich keine Mühe gegeben hat, über das nachzudenken, was uns die Hauptsache ist. – Bist du der greuliche Sozialistenpfarrer, über dessen unerbauliche Bettagspredigt eine fromme Seele im «Zeltgruß» so herzbrechend jammert, und der Prediger Vetter so zornig recht gibt?

Was für eine seltsame Sache, die Anfrage der Predigergesellschaft an dich![2] Ich begreife dein erstes Schwanken, aber auch deine Absage. Es scheint uns gegenüber viel guter Wille vorhanden zu sein bei diesen ältern Herren, wir wollen das bedenken und anerkennen. Aber was für eine seltsam schiefe Frage haben die dir als Thema gestellt: «Denken und religiöses Erleben»! [...]

Wir alle grüßen euch alle! Dein Eduard

[1] Kirchliche Zeitschrift rechtsstehender sog. «positiver» Gemeindekreise. In Nr. 7 des Jahrgangs 1918 Kurzrezension von W. Hadorn über «*Suchet Gott ...!*».

[2] Barth war gebeten worden, bei einer Versammlung des Schweizerischen Predigervereins im September 1919 (sic) nach einem Vortrag von Prof. H. Lüdemann (Bern) die Diskussion mit einem Votum zu dem Thema «Denken und religiöses Erleben» zu eröffnen.

Barth 23. Januar 1918

Lieber Eduard!

Da kommen die verschiedenen Echos zurück, vermehrt um das von Freund [Gottfried] Ludwig. Dem Lukas Christ hätte ich überhaupt keine solche Wärme zugetraut, geschweige denn für unsre Predigten. [...] Wernle hatte ich also bereits genossen, ja, da wären noch viele Striche und Randglossen zu machen. Am Sonntag hatte ich Kistler, ein rechter Israelite, in dem kein Falsch ist [vgl. Joh 1,47], ahnungslos gegenüber unsern Problemen, aber völlig kindlich und offen für unsre Bedenken und weiteren Gesichtspunkte, die ich doch fast mit einem gewissen Bedauern in sein reines Herz träufelte. Aber es mußte doch sein. Seine Predigt war eine mild leutselige Vermittlerpredigt mit jähem religiös-sozial-moralischem Beisatz. Von Ragazischer Tragik keine Spur. [...] Er meint ganz tröstlich, wir müßten uns jetzt eben, so gut es gehe, am Urchristentum orientieren. Alles unbeschreiblich bernisch empfunden und gesagt, durch und durch *echt* und vorläufig in sich selbst schwingend. Er war auch Berner Zofinger und hat sich von da aus mit Bedacht erst zur Limonade [Abstinenz!], dann zum Sozialismus und schließlich zum Antimilitarismus entwickelt, wie zu seinem eigenen Erstaunen.

Nun ist Römer 8 fertig, wieder 100 Seiten, ich fürchte, es wird ein sehr dickes Buch, der arme Rudi [Pestalozzi] mit seiner Gutsprache! Ich las es gestern abend Nelly und unsern beiden Hilfen vor, starke zwei Stunden lang, und sie standen alle erstaunt am Ufer der Fluten. Mitten drin sind Wernle einige Denkmale errichtet! Es ist ein großes schönes Kapitel mit viel Aussichten nach allen Seiten. Und nun habe ich bereits wieder die Wanderung durch 9–11 angetreten. Was will das werden? Ich bin eben an Calvin, der da ganz auf der Höhe ist. Die Gegner seiner Prädestinationslehre erinnern mich stark an Wernles Einwände gegen uns.

[...] Meine Mama hat mir auch wegen der Polemik in den Predigten geschrieben. Das muß also offenbar unterbleiben, wenn ich noch Diakonissenvater oder dergl. werden will. Warum hast du mirs nicht vorher gesagt, sondern noch Beifall gerufen wie die Römer 1,32?

Mit herzlichem Gruß euch Beiden und Freude aufs Wiedersehen

Dein Karl

Barth 25. Januar 1918

Lieber Eduard!

Ich mache folgenden klugen und weisen Vorschlag: ich treffe morgen Samstag gegen Abend bei euch ein. Du verreisest am

Sonntag in der Frühe hieher. Ich komme am Sonntag am frühen Nachmittag wieder in Safenwil an. Vorteile: Samstag Abend mit Marguerite in Leutwil: Römerbrief! Sonntag Nachmittag und Abend mit Nelly hier: Predigten und Unterweisungen von dir, von denen ich längst nichts mehr weiß. [...]

Denk, das Aarauer Komitee[1] ist *noch* einmal an mich gekommen, und ich habe ein *zweites* Mal abgesagt, Alles unter seltsamen Umständen, über die ich dir morgen erzähle. Ich mußte einen ganzen Vormittag mit Briefeschreiben verdubeln[2] deswegen.

Mit herzlichem Gruß dein, euer Karl

[1] Vgl. Anm. 2 zum Brief vom 17. 12. 1917.
[2] = vertrödeln.

Thurneysen 29. Januar 1918

Lieber Karl,

Wie Lavater sitze ich im Bett und schreibe «billets» an meine Freunde. – Wie schön und erfreulich war es bei euch – Röm. 8! Nichtwahr, du lässest dich nicht deprimieren durch deine Unlust zum Predigen! Deine vorgestrige Predigt hat hier keineswegs einen «leeren» Eindruck gemacht, im Gegenteil! Marguerite hatte große Freude daran, und auch aus dem Volk ertönten bewegte und erfreute Stimmen. Daß die strenge und andauernde Gedankenarbeit am Römerbrief nicht gerade zum Predigen disponiert, ist nur verständlich. Aber das darf dir dein Hingegebensein an den Römerbrief nicht diskreditieren. Du baust ja nicht eigene Konstruktionen auf, sondern denkst dem Gottesverständnis des Paulus nach. Und das kann einem das harmlose Weiterpredigen schon schwer machen.

Denk, nun kann ich wahrscheinlich der Wahl in die Steuerkommission doch nicht entrinnen. Ich habe hie und da auf der Kanzel an gerechte Steuern gemahnt, und ich bin nun mit ungefähr 90% aller Stimmen gewählt worden und zwar, wie mir gesagt wird, ausdrücklich als «Arbeitervertreter». Der Gemeindeammann war eben bei mir und drang in mich, die Wahl anzunehmen. Er erklärte übrigens, nach dem Gesetz sei ich, weil zum 1. Mal gewählt, gezwungen, anzunehmen. Man sei bereit, meinem Desiderat: «Veröffentlichung der Steuerlisten» zu entsprechen. Was tun? Ist Grund genug da, sich mit Händen und Füßen dagegen zu sträuben? Ich weiß von keinem andern Pfarrer, der in die Steuerkommission seiner Gemeinde gewählt worden wäre. Aber spricht nicht aus der Wahl doch auch ein kleiner Funke von Verstehen unsrer Botschaft und unsrer ganzen Haltung? Ich verspreche mir freilich nichts besonderes von meiner Tätigkeit in dieser Kommission. Im besten Fall bin ich eine Art Unruhe im Uhrwerk und bekomme selber allerlei Einblick in das wirkliche Leben. Ein paar Türen geiziger Leute werden mir zugehen, vielleicht endgültig, weil ich auf höhere Einschätzung ihres Vermögens dringen werde, aber sind diese Türen überhaupt jemals richtig offen gewesen für mich? Ein Wahlzeddel zu meinen Gunsten enthielt nichts anderes als die Stelle Jes. 41,24. Das ist gut!

Herzlich grüßt Dein Eduard

Thurneysen 2. Februar 1918

Lieber Karl,

[...] Zu Emil Brunners Brief: es wäre doch gut, wenn er unser Buch in den «Neuen Wegen» bespräche.[1] Die erneute Abschlachtung Kutters und Verwandter im Januarheft[2] ladet allerdings trotz ausgestreckter Friedenshand am Schluß nicht gerade dazu ein. Da ist allerlei zu lesen zu Kutters Gunsten von «großartiger Kindlichkeit» auch von «herrlichen und frommen» Menschen etc. Hast du es gesehen? – Das Leben von Gustav Knak[3] habe ich zu Ende gelesen mit jener Mischung von Abscheu und Verwunderung (ich denke an seine Verlobungsgeschichte) aber auch Bewunderung (ich denke an sein kindliches Auftreten auf der Kanzel), die einem dieser Pietist einflößt. Ich bin froh über dies Lebensbild, es ist selten typisch.

Wir grüßen herzlich! Eduard

[1] Dazu kam es nicht.

[2] L. Ragaz, *Neue Wege. X. Die Religiös-Sozialen – ein Versuch,* in: Neue Wege, Jg. 12 (1918), S. 6–25; *XI. Dem Durchbruch entgegen,* ebd. S. 25–28.

[3] Dr. Wangemann, *Gustav Knak. Ein Prediger der Gerechtigkeit, die vor Gott gilt. Ein Lebensbild aus dem ewigen Leben und ein Spiegelbild für das zeitliche,* Basel 1881².

Barth 3. Februar 1918

Liebe Freunde!

Ihr seid liebe, liebe Leute mit eurem «Weggeld», das ihr mir aus eurer auch nicht vollen Kasse stiften wolltet. Aber ich werde es euch beim ersten Anlaß wieder zurückbringen, denn ich gehe nicht nach Basel.[1] Was soll ich bei dieser Verhandlung? Wird ein sozialdemokratischer Verein gegründet, so will ich dann gerne auch dabei sein, überhaupt sowie das Ding ernsthaft und politisch wird. Aber die gewisse *mittlere* Linie ethisch-religiöser Erwägungen (nicht Gottesreich und nicht Politik!), auf der sich unsere Bündner Freunde mit Vorliebe bewegen, liegt mir nun gar nicht. Vielleicht daß mein Bruder Heiner, der hingeht, Entscheidendes vorbringen wird, vielleicht auch nicht, jedenfalls scheint mir das nicht der Moment, die Höhle zu verlassen. [...]

Ragazens zwei Artikel[2] waren nun einfach deprimierend. Ist er eigentlich ganz auf der Verständnis-Stufe von *Wernle* angelangt, daß er so blindes Zeug zusammenschreiben kann? Das hat ja nicht Hand noch Fuß. «Dem Durchbruch entgegen» – und dann sieht man ihn als Weltrichter zwischen dem «edlen» Oberst Wildbolz und den «Schurken» von der Presse, eifernd, zitternd vor persönlicher Bewegung. Heldentum und Kindlichkeit! Jesusmäßig! Jawohl! Wie figura zeigt. Nein, da schweige ich nun meinerseits lieber, als in dieses Geklirre mit Liebes- und Friedenssprüchen dreinzufahren. Oder erwartest du davon, rebus sic stantibus, irgend etwas?

Ich muß dir noch danken für deinen ermahnenden Zuspruch wegen der Predigt und wegen des Römerbriefs. An erstere, wie ich sie in Leutwil hielt, habe ich wirklich die mißlichste Erinnerung, der letztere wäre mir auch schon oft der Schwachheit verdächtig geworden ohne deinen Ansporn zum Weitermachen. Du trägst dann ein *größtes* Stück Verantwortlichkeit oder Verdienst, wenn das Ding fertig ist. Kutter hörte Kap. 5, 6 und 7 und schien soweit befriedigt. Ganz liegt ihm meine Art offenbar nicht. Er möchte offenbar lieber auch von mir ein direktes «Lebensbuch» und schenkte meiner Interpretationskunst nur technisches Interesse, weil er «es» ja schon weiß. Ich bin tief in den Kommentaren zu 9–11, sehe aber noch nirgends Land; es stehen da gar seltsame Dinge. Schreib mir dann auch einmal, was du von den Kapiteln weißt. Deine Bemerkungen zu 7,14f. waren mir seinerzeit sehr erleuchtend.

Mit herzlichem Gruß und allen guten Wünschen

dein K. Barth

[1] Zusammenkunft der religiös-sozialen Konferenz.

[2] Vgl. Anm. 2 zum Brief vom 2. 2. 1918; ferner: L. Ragaz, *Im Kampfe mit der Gemeinheit,* in: Neue Wege 12 (1918), S. 43–50.

Thurneysen 6. Februar 1918

Lieber Karl,

[...]

Nach meinem Besuch in Basel am Montag kam ich bei der Rückkehr eben recht zum Ausläuten der von Gerber zusammengerufenen [relig.-sozialen] Tagung in Brugg. Es war nett und gut, alle diese befreundeten und erleuchteten Gesichter zu sehen. Als ich kam, wurde gerade eine Genossenschaft gegründet zum Ankauf eines Hauses in Feldis mit Landwirtschaftsbetrieb, dann

2 Kommissionen gewählt, 2 Resolutionen und Sympathiekundgebungen an «Märtyrer» unterschrieben mit dem Versprechen, «zur gegebenen Stunde in gleichem Geiste zu handeln». Ich wurde eher mitleidig begrüßt, kein Wunder, es waren ganz andere Größen und Kämpfer da. Nach allem, was ich hörte, haben wir wirklich gar nichts verfehlt. Was die wissen, wissen wir auch. Das Beste schien mir eine heilsame Unruhe, die an allen wahrzunehmen ist.

Ich verfasse ein Flugblatt über «Pfarrer und Steuerkommission». Und ich will mit meiner bescheidenen Erleuchtung Röm. 9–11 auch lesen in diesen Wochen.

Von Herzen Eduard und Marguerite

Barth 11. Februar 1918

Lieber Freund!

[...] Hier ist allerlei Seltsames vorgefallen. Nach einer Reihe von Peripetieen, Intrigen und Mißverständnissen werde ich nun – Schulpflegspräsident!! [...] Mein Predigen ist noch immer ein Wandern im dunkeln Tal [vgl. Ps 23,4], am Samstag kam einfach *nichts* zu Stande, erst gestern Morgen eine kleine ungenügende Skizze über Hiob 17,3. Es ist, wie wenn es nicht sein sollte. Gestern Abend zeigten wir einer andächtigen Schar Michelangelos Jüngstes Gericht und spielten ihr Bachs Doppelkonzert mit großer Energie! Nun gehts wieder ans Furchenziehen durch das seltsame Gelände von Röm. 9–11. Mein Römerbrief kommt mir oft vor wie ein rechter *Turm zu Babel*. Vielleicht wäre es besser, ihn zum Schluß feierlich zu verbrennen, als drucken zu lassen. Ob der liebe Gott dieses Geschreibe eigentlich will? Es ist ja doch nur wieder eine neue Theologie.

Mit herzlichem Gruß dir und Marguerite Dein Karl

Thurneysen 12. Februar 1918

Lieber Karl,

Bring doch Röm. 7 und 8 mit, wenn du kommst. So, also Schulpflegspräsident und ich Steuerkommissär, das ist doch sicher «positive» Arbeit. – O das Predigen! Auch ich durchwandre dürres Land und suche Brunnen zu graben, aber... Wer ist da? Kutter! Er spielt eben mit Marguerite auf Tod und Leben Beethoven und Händel und den jungen Mozart. Mir hat er erst kurz einige erleuchtende Sachen gesagt über den Sündenfall und die Geisterwelt. Was wird morgen noch alles folgen! Den Römerbrief darfst du unter keinen Umständen verbrennen, du gibst ihm vielleicht im Vorwort ein kräftiges Sprüchlein mit, das verhindert, daß man ihn nur «theologisch» verstehe. Aber er sorgt schon selber dafür. Herzlich Eduard

Thurneysen 1. März 1918

Lieber Karl,

[...] Brunner[1] ist gut, soweit ich bei flüchtigem Überlesen gesehen habe. Fast ein wenig unheimlich, daß auch das in den «Neuen Wegen» Platz hat neben allem andern. Eine katholische Freundin hat einen ausführlichen, abwehrenden Brief zu unserm Büchlein geschrieben. Sie sagt nichts Neues, im Grunde ist es der pietistische Widerspruch, der auch von dieser Seite kommt, im übrigen findet sie, wir lachen die Leute sozusagen aus. – Kommst du an die Aarauer Konferenz? Bader will ich jedenfalls hören. Den haben sie nun offenbar gewonnen statt dir oder statt deines Bruders Heinrich.

Ich predige bereits über Passionstexte. Letzten Sonntag über Bartimäus: «Und viele bedrohten ihn, er solle stillschweigen, er aber schrie viel lauter» [Mk 10,48]. Das wäre es! Ja, wir zwei, du und ich, müssen wieder einmal «zusammen seufzen» (Röm. 8,22).

Herzlich grüßt euch unser ganzes Haus. Schön ist dieses Wachsen des Römerbriefes und das Errichten kleinerer «eherner Tafeln» hin und her in unsern Gemeinden. Wir freuen uns unserer «Torheit» inmitten von allerlei «Kopfschütteln» von Basel her, wo man uns in manchem unangenehm laut und deutlich findet. «Und sie bedrohten ihn, er solle schweigen, er aber schrie noch viel mehr.» Wenn das nur noch ganz anders wahr würde! Es ist ja ein Zug, der seltsam deutlich durch die ganze Passionsgeschichte hindurchgeht: Salbung, Bartimäus, Einzug in Jerusalem. Ich habe in den letzten Tagen des jüngern Blumhardt «Gedanken aus dem Reiche Gottes»[2] wieder einmal gelesen. Da stehen doch viel tiefe Dinge drin.

Herzlich Dein Eduard

[1] E. Brunner, *Konservativ oder Radikal?,* in: Neue Wege, Jg. 12, Heft 2.
[2] C. Blumhardt, *Gedanken aus dem Reiche Gottes, im Anschluß an die Geschichte von Möttlingen und Bad Boll, und unsere heutige Stellung. Ein vertrauliches Wort an Freunde,* Bad Boll 1895.

Barth 5. März 1918

Lieber Eduard!

[...] Wir haben lange nichts mehr gehört von euch und freuen uns doch zu denken, wie auch dort [bei euch] das allseitige Wachstum seinen stillen schönen Verlauf nimmt. Von was soll ich unsrerseits erzählen? Es waren sehr schlichte Wochen, in denen die verschiedenen Parallelen alle etwas vorrückten, langsamer oder schneller. Die Stimmen aller drei Kinder werden immer kräftiger, ihre Arten und Unarten immer prononcierter, die Aufmerksamkeit, die sie zu Tages- und Nachtzeit erfordern, immer größer. Ihr tut ja nun auch die ersten Schritte in dieses Labyrinth von Entdeckungen und Aufgaben und mögt aus den Anfängen ermessen, wie es bei uns etwa zugeht. Nelly [...] ist wieder sehr beweglich geworden zu Besuchen bei Gesunden und Kranken und für ihren politischen Frauenabend, wo Schweizergeschichte, Bundesverfassung und allerhand Soziales mit tiefem Ernst behandelt wird. Im Römerbrief stehe ich nun schon tief in der Erforschung von 12–16 (ich möchte dann die Ausarbeitung von 9–16 in einem Zug machen können) und freue mich sehr an der knorrigen apostolischen Lebensweisheit, die mir allerdings allerlei zu schlucken geben wird. Wenn wir das einmal könnten: so recht geradlinig, ohne Nebenerwägungen und systematische Zwänge nehmen und auslegen was dasteht! Ich habs gewagt, mit den Konfirmanden den ganzen Epheserbrief kursorisch zu lesen, und brachte es doch nicht weiter als bis zu allerlei sehr aphoristischen Erklärungen, die dem Ganzen von ferne nicht gerecht wurden. Die um Wernle könnten sich jetzt auch sehr mit Recht bekreuzigen vor solchen Versuchen. In der Predigt habe ich eben eine kleine Serie (3) über Römer 12,1–2 eröffnet, letzten Sonntag über die *λογικὴ λατρεία* etc. v. 1 [...]. Nächstes Mal dann das *μεταμορφοῦσθε* [v. 2a] und was dazu gehört, zuletzt als Ziel das *δοκιμάζειν τὸ θέλημα* ... [v. 2b]. Alles sehr einfache Worterklärungen, die Passion dies Jahr nur als beständige Perspektive. Im Konfirmandenunterricht beginne ich mich auch nach einem passenden Abschluß umzusehen. Die praktischen moralischen Fragen habe ich diesmal aus dem Unterricht verbannt und lasse Buben und Mädchen abwechselnd an den Sonntagnachmittagen in mein Studierzimmer kommen zu den entsprechenden Belehrungen. Nach Aarau mag ich nicht gehen. Ich habe jene ganze Konferenzluft vorderhand satt. Komm du dann, bevor du heim gehst, zu mir, ich lese unterdessen Kommentare. Nichtwahr, du kommst? [...] Der russische Friede[1] ist nicht gut. Materiell wird Ragaz mit seiner Warnung an Trotzky[2] doch recht gehabt haben. Es ist eine grauenvolle Hybris in den Paragraphen dieses Vertrags. Bekommst du Deißmanns «Evangelische Wochenbriefe»[3] auch, und was hältst du davon? Denk, Peters Wiederwahl in Laupen ist ernstlich gefährdet. In unsrer Papeterie sah ich Kutters «Bilderbuch» und unsre Predigten friedlich neben greulichen Postkarten und dergl. zum Verkauf; es wird scheints beides verlangt, was mich eigentlich wundert. Meine Mitarbeit in der Schule wird auch ein merkwürdiger Versuch, der mit vielen Gesprächen mit Lehrern etc. eingeleitet wird. Meine Konfirmanden sind noch durchaus weltlich-ungebärdig trotz Epheserbrief und Moral!

Herzliche Grüße an euch Beide Dein Karl

[1] Unterzeichnung des Friedens von Brest-Litowsk am 2. März 1918 durch Trotzki.

[2] Vgl. L. Ragaz, *Mein Weg,* Bd. II, Zürich 1952, S. 80f.: «Kurz vor und während den Verhandlungen von Brest-Litowsk, die infolge der russischen militärischen Niederlagen eingeleitet wurden, habe ich mich in zwei Sendschreiben an Trotzki gewendet, in denen ich versuchte, ihn von einer Loslösung aus dem Kampfe gegen Deutschland abzubringen, und ihn vor einem Separatfrieden warnte.»

[3] Adolf Deißmann (1866–1937), Prof. für N.T. in Marburg, Heidelberg, Berlin, gab von 1914 bis 1921 den «*Evangelischen Wochenbrief*» heraus, seit 1917 in «neuer Folge».

Barth 25. März 1918

Liebe Freunde!

Bevor ihr und wir in das große Getümmel der Feiertage gestürzt werden, soll es doch noch zu einer raschen Begrüßung kommen. Nelly kam so sehr erfreut und gehoben von «Boll-Leutwil» zurück und hatte mir so viel zu erzählen, auch zur Erleuchtung und Mahnung vorzuhalten von der dortigen Gnade, daß ich auch ganz lebhaft in eure Gemeinschaft versetzt wurde und mich aufs Neue unsrer freien Verbundenheit freute. Wer weiß, wer weiß – wenn ich mit all den Predigten wieder so rechtzeitig ins Reine komme wie letztes Jahr, so komme ich am Samstag wieder rasch auf ein – zwei Stündlein herüber gewandert. [...] Es ist nur, weil ich das geistliche Gedränge nicht liebe und das Verluften zwischenhinein bei euch von damals in so guter Erinnerung habe, daß ich jetzt den Wunsch wieder spüre darnach. [...] Wie traurig macht es mich oft, daß gerade das, was du so fein kannst, das Eingehen auf die Leute, das Alle ganz Ernstnehmen und mit ihnen Tragen, bei mir so ausgeschlossen scheint: ich und die Safenwiler betrachten uns immer nur wie durch Glasscheiben, das *ists* auf keinen Fall – aber ich studiere bis jetzt vergeblich, wie ich auch ein wenig Hosea werden könnte, was ich viel lieber wäre, als als Amos mit Geschrei das Herbstfest zu stören, worauf es offenbar hinausläuft bei mir. Es geht hier alles, was überhaupt geht, unglaublich intellektuell zu. Wir hatten z.B. wieder eine Kirchenpflegssitzung mit einem Referat über Zwingli, von dem unser Präsident mit offenkundiger Abneigung Abstand nahm, wobei es mir klar wurde, daß mir dieser Prototyp des Reformpfarrers [= liberalen Pfarrers] eigentlich auch sehr fern ist. Ich würde gern einmal von dir hören, was du in deiner Kinderlehrserie eigentlich bei ihm gefunden hast. Seine Glossen zum Römerbrief gehören jedenfalls auch zum Schwächeren, was darüber geschrieben worden ist: der hl. Geist ist für ihn z.B. ganz offenkundig = Frömmigkeit, ganz wie bei Wernle und Genossen. Und daß sich Ragaz so eifrig auf ihn berufen kann, beleuchtet ihn doch auch seltsam; es eröffnen sich da unheimliche Parallelen. Unser Referent hielt sich mit laienhafter Unbestechlichkeit an Zwinglis *Leben* und Taten, und ich wußte nicht genug von den Hintergründen, um das gespenstische Bild, das da entstand, etwas erfreulicher zu beleuchten. Vielleicht berufen wir dich einmal zu einer Sitzung, um das zu leisten, was ich da nicht recht fertigbringe. Das nächste Mal wird dann Calvin auftauchen, wo die Dinge ja allerdings anders stehen. Aber um so einen Mann zu «rechtfertigen», bin ich eben nicht der Geschickte. O Blödigkeit!

Konfirmandenunterricht – er eilt unter allerlei letzten Erwägungen dem Ende entgegen. Letzte Woche schrieb ich die Scheine: Rembrandts Himmelfahrt mit lauter «großen Sprüchen» aus Ephes. 1–3, immer drei Kinder zusammen den gleichen, um das individuelle Beziehen, das hier Jahr für Jahr nur verwüstend gewirkt hat, einmal zu ertöten. Wahrscheinlich lauert auch da ein Irrtum. Ich verwünsche heimlich die ganze Konfirmation, diese typische Ausgeburt des Pietismus. Ja, ja der Einzug in Jerusalem, ich denke schon daran, aber eben – – es wäre eigentlich an der Taufe und am Abendmahl genug «Einzug», und die Kirche hat doch etwas Bedenkliches getan, als sie die Sakramente da noch überbieten wollte, denn darauf läufts doch hinaus. Ein Knabe ließ mich gestern durch seinen Vater fragen, ob er nicht die letzten 3 Stunden fehlen dürfe – wegen eines Obstbaumkurses in Herzogenbuchsee!! So sehen meine Epheser aus! Ich ließ ihn freundlich wieder fragen, ob er nicht auch den Karfreitag[1] bei den Obstbäumen zubringen wolle?

Der Römerbrief konnte letzte Woche noch bis 9,13 gefördert werden. Da kommen erstaunliche Dinge an den Tag, und ich bewundere die Zähigkeit, mit der Calvin seinen Standpunkt festhielt, die doch ganz berechtigt gewesen wäre, wenn nicht die fatale persönliche Heilsfrage, um die es *ihm,* aber nicht Paulus zu tun war, die Sache ganz schief beleuchtet hätte. Ich freue mich wie ein Kind auf die vier Wochen Zürichberg, in denen ich nachher dem allem nachgehen kann. Ich setze nämlich drei Sonntage aus! Am 7. [April] predige ich aber noch, wir haben Examen nach Ostern. Hat dir Nelly erzählt, wie ich vor 8 Tagen mit Erfolg für Lehrerbesoldungen und mit Mißerfolg gegen ein Schützenhaus eine Schlacht geliefert? Am Freitag mußte ich einen ganzen Nachmittag bei – einer Turnprüfung dabeistehen!! [...]

Besuch von T.P. [...] Ich empfand das Gute an unsrer «Aargauergnade» [...], daß wir etwas mehr Sinn für das Transzendentale und etwas weniger Geschmack an Erlebnissen und persönlichen Abgrundsgeistestiefen haben. Das ist doch deutlich die Sphäre des Baums der Erkenntnis, von dem besser nicht genascht würde. [...]

Ragazens Buch[2] habe ich gekauft, gelesen und entsetzlich langweilig gefunden. Wie konnte er nur! Wie ich vernehme, ist er übrigens jetzt auch Mitglied der Helvetischen [Gesellschaft]! Da sind wir! –

Ja die deutsche Offensive![3] Wenn das nun gelingt, kanns gut werden. Wir werden dann etwas erleben mit der Pickelhaube. Jedenfalls ist dann für spätere Fortsetzungen des Kriegs gesorgt. *Obs* gelingt?

Schluß für heute. Ich wollte gestern in Predigt, Kinderlehre und Blaukreuz beharrlich vom Einzug in Jerusalem reden und vom Abendmahl, es kam aber nicht, sondern blieb bei einem Deuten und Winken. Hast du in der englischen Kriegszeitung, die du wohl auch bekommst, die Bilder und Artikel über Jerusalem, Ölberg und Gethsemane betrachtet? Es war mir alles neu. Dort wird übrigens der Herr Jesus in gewaltiger direkter Apostrophe angerufen für die Entente. Die Verlegenheit im Himmel muß doch groß sein.

Mit herzlichem Gruß Euer Karl

[1] Am Karfreitag fand die Konfirmation statt.

[2] L. Ragaz, *Die neue Schweiz. Ein Programm für Schweizer und solche, die es werden wollen,* Olten 1917.

[3] Ludendorffs Offensive begann am 21. März 1918 und brach im Juli/August zusammen; das Ziel, vom jahrelang andauernden Stellungskrieg im Westen zum Bewegungskrieg überzugehen, wurde nicht erreicht.

Barth 1. April 1918

Liebe Freunde!

Ihr werdet gewiß den Ostermontag nach Abschluß all der Offensivstöße auch recht genießen und zu allerhand Retablierungsarbeiten verwenden, wozu auch Briefe gehören. Gern und freudig mache ich mit euch den Anfang. Es waren so schöne Stunden am Samstag bei euch drüben, und ich kam vom gehabten Austausch und der freien Bewegung freudig gehoben wieder zurück. Habt vielen Dank; wenns irgend sein kann, verschaffe ich mir solchen Ausbruch nächstes Jahr wieder, hoffentlich sind wir dann noch alle an Ort und Stelle, ihr nicht etwa in dem langweiligen Frauenfeld (schon beim Namen muß man ja gähnen!). Den Heimweg über den Böhler konnte ich trotz Wind und Regenguß in der respektablen Frist von 2 St. 40 Min. zurücklegen, ohne übernormale Erschöpfung und wurde [...] liebreich empfangen. Die Osterpredigt gestern Morgen kam dann aus der schönen Ruhe heraus mit einiger «Parrhesie», wie die Pietisten sagten, daher; [...] aber wir sind also gewitzigt, daß *das* «es» nicht ist, und [wir] uns keinen «Kaiserschlacht»-stimmungen hingeben, da ist der Teufel dahinter. Beim Abendmahl verbreitete das Gedicht von Blumhardt aus den «Gedanken»[1] Klarheit und Freudigkeit. Hätten wir nur mehr solches darzubieten, im Ganzen sind doch eben die Schätze der Kirche nicht gerade reich, und alle an sich sehr begrüßenswerten liturgischen Reformen werden daran scheitern, daß wir dafür so wenig nicht bloß stimmungsvoll sein wollendes sondern intelligentes Material besitzen. Der Ausflug nach St. Urban mußte wegen des Wetters unterbleiben. [...] Ich habe immer die Halluzination, wir sollten einmal unsre Kinder und vielleicht auch Kirchenpfleger irgendwo auf einem hohen Berg zusammenführen, um ihnen einen Ausblick auf die wirkliche una sancta catholica zu gewähren, nach dem man jetzt mit Bezirkstagen etc. vergeblich hascht. [...]

Diese Woche erwartet mich allerlei: morgen Vormittag eine «große» Hochzeit einer frühern Konfirmandin, die nun unsere Nachbarin wird, nachmittags wieder so eine seltsame Beerdigungsszene auf dem Friedhof vor der katholischen Rothackerkirche mit lauter katholischen Zuhörern, zu Ehren eines protestantischen Wirtes, der nie in die Kirche kam und überhaupt nicht viel wollte als Geld verdienen, die Situation wird wieder ganz missionsmäßig sein und insofern eigentlich verheißungsvoll – wenn nur der kirchliche Druck nicht dabei wäre und dafür mehr innerer Druck, um an all den Fesseln ein wenig zu rütteln. Am Mittwoch und Donnerstag muß ich dann als Präsident von Schulzimmer zu Schulzimmer wandeln, Händedrücke mit Bezirksschulrat H., Inspektor S. und andern Lehr- und Amtspersonen austauschen, zuletzt einem Examenessen mit heitern Worten vorstehen. O Humor! [...]

Nelly schlägt Marguerite vor, an Vrenelis Hochzeit[2] das G-dur-Violinkonzert von Mozart gemeinsam vorzutragen. Ich möchte lebhaft unterstützen. Es ist etwas vom Festlichsten, was ich kenne; ich durfte gestern ein paar Akkorde mitklimpern. Heute wandere ich mit Fränzeli nach Zofingen, meine Mähne soll gestutzt werden, und ich brauche neue Hefte für den Römerbrief!! Im Alkoholfreien werden wir eine feierliche Chocolade trinken.

Herzlichen Gruß Euer Karl

[1] Das neun Strophen zu je acht Zeilen umfassende Gedicht beginnt mit den Worten: «Auf! du Volk des Herrn!» C. Blumhardt, *Gedanken aus dem Reiche Gottes ...,* 1895, S. 156–158. Blumhardt führt es (a.a.O. S. 156) folgendermaßen ein: «Wir haben uns die Hand zum Bunde gereicht, nicht mehr in erster Linie für uns und für die christliche Liebe einzutreten, sondern für die Liebe zu Gott, für die Agape, in welcher zuerst bedacht werden soll, was die Rechte und Wahrheiten Gottes sind, ehe an eigene Wünsche gedacht werden kann. Diesem Bunde gelten die folgenden Verse, die unserer Sehnsucht nach einer neuen Gestaltung der Dinge fürs Reich Gottes in der Agape entsprungen sind.»

[2] Hochzeit der Tochter H. Kutters mit Theo Pestalozzi. Die Hochzeit fand dann erst im Herbst statt. Barths konnten wegen Grippe nicht teilnehmen.

Barth 24. April 1918, aus Zürich

Lieber Eduard!

Wir haben ja seit Ostern gar nichts mehr gehört von einander! Was treibt ihr? Sollte es ernst werden mit Frauenfeld? Ich hörte auch hier davon und denke mit Besorgnis daran. [...] Röm. 9–11 liegen hinter mir, und es ist viel Merkwürdiges an den Tag gekommen. Nun bin ich an 12–13, die zusammengehören, und staune aufs Neue über die Konzentration, Gottesfurcht und – Zurückhaltung, auf die bei Paulus (auch 9–11!) alles hinausläuft. Bei Kutter war ich zweimal in der Kinderlehre, außerdem hörte ich K. und F. predigen, beidemal sprechende Zeugnisse für die Orientierungslosigkeit der heutigen Kirche. [...] Sehr erfreulich ist mir der Verkehr mit dem Maler Amiet und dem Bildhauer Hubacher,[1] die auch bei meiner Schwägerin wohnen, und mit denen ich mich rasch verständigen konnte. [...] Es ist [bei ihnen] viel Verwandtes mit dem, was wir suchen. [...] Zu Ragaz zieht es mich nicht. [...]

Herzlichen Gruß dir und Marguerite von deinem Karl

[1] Hermann Hubacher (geb. 1885), schweizerischer Bildhauer und Radierer.

Thurneysen 26. April 1918

Lieber Karl,

Wann sehen wir uns wieder? Am besten geschähe das wohl im Aargau, wenn du aus Zürich zurückgekehrt bist. [...] Ich war in Basel. [...] Als ich Wernle besuchte, kam es zu einem Zornausbruch auf seiner Seite. Deine Absage an die Predigerversammlung hat böses Blut gemacht. Wir seien hochmütig, respektlos, sektiererisch, und ich sei von dir abhängig!! Wernle hat seine Vorwürfe bei einem nochmaligen Zusammentreffen zurückgenommen und versichert, er schätze unsre Arbeit, und er ließ dich ausdrücklich grüßen. Auch Eberhard Vischer[1] hatte für unser Predigtbüchlein nicht viel übrig. [...] Ich habe weiter einen Vortrag gehört von Natorp aus Marburg über Pestalozzi. Er bot ein kleines Kompendium der idealistischen Philosophie. An allen Höhepunkten tauchte immer wieder als letzter Begriff das Wort «Gott» auf, und man sah Natorp in edelstem Bemühen darnach greifen. Leider war der ganze Vortrag schließlich trotz allem idealistischem Ethos vollständig unter dem Bann des deutschen Machtdenkens. Er stellte einen Propagandavortrag im neutralen Ausland dar. – Von Frauenfeld ist zunächst keine Rede.

Ich bin daran, eine meiner Osterpredigten druckfertig zu machen. Gleichzeitig soll nun endlich ein kleines Flugblatt erscheinen, das meine Stellung als Steuerkommissar in meiner Gemeinde erläutert. Ich freue mich über den Fortschritt deiner Römerbriefforschung. Gewiß wirst du mir bald weitere Abschnitte daraus vorlesen. Über die Wiederwahl von Peter in Laupen freuen wir uns.

Herzlich dein Eduard

[1] Eberhard Vischer (1865–1946), Prof. für Kirchengeschichte in Basel.

Thurneysen 3. Mai 1918

Lieber Karl,

Nun ist die Frauenfelder Delegation doch noch gekommen. Sie saß scheints an zwei Sonntagen bei mir in der Predigt. Und als Ergebnis ihrer Kundschaftung traf gestern der Brief bei mir ein, der mir ankündigt, sie wollten mich zum Pfarrer haben. Mir scheint, es gebe drei Erwägungen: entweder: ich sei hier an einem gewissen Ende meiner Arbeit angelangt. Das kann ich nicht sagen. Oder: es tritt der Mann aus Mazedonien mit seinem Ruf «Komm herüber und hilf uns!» [vgl. Apg 16,9] auf den Plan. Diesen Ruf habe ich aber aus den Frauenfelder Äußerungen nicht hören können. Endlich könnte es das innere Gewicht der Sache sein, das, wie Kutter sagt, «imperatorisch» unsereinen in die Städte und in die Märkte drängt. Ich denke aber an unsere Arbeitsgemeinschaft, die ich keinesfalls leicht aus der Hand gebe. Überdies ist in meinen Augen Frauenfeld so etwas wie ein ostschweizerisches Aarau. Das ist auch nicht verlockend. Hat die Frauenfelder Kirchenpflege wirklich verstanden, was ich zu vertreten habe? Am letzten Sonntag hörten ihre Abgesandten eine Predigt von mir über 1. Sam. 25,2ff., in der die Gesellschaftsfrage von heute deutlich aufgerollt war. Glücklicherweise liegt unser Predigtbüchlein vor, das sie gelesen haben müßten, um sich über meine Verkündigung klar zu werden. Ich möchte dich gerne sehen. Kann ich am kommenden Sonntag zu dir kommen? Ich freue mich auf ein Wiedersehen und auf deinen Römerbrief.

Herzlich dein Eduard

Thurneysen 17. Mai 1918

Lieber Karl,

Du wirst den Brief mit der Einladung zu einer Vortragsserie in Basel von Seiten einer sog. «Jungchristlichen Allianz» erhalten haben. Du, ich, Bader und Heinzelmann[1] sind als Redner vorgesehen. Was für ein seltsames Vorhaben und was für eine seltsame Klimax, aber eben «Leute aus verschiedenen kirchlichen Lagern», so angeordnet, daß man des «positiven» Endes sicher sei. Man gründet also eine Allianz und sieht als erste Aktion diese Vorträge vor. Es wäre mir recht, in einer geschlossenen Gesellschaft eine Aussprache abzuhalten, aber so der Herold einer offenbar ziemlich selbstbewußten Gruppe zu werden und mich unter ihrer Flagge öffentlich zu zeigen, behagt mir nicht. Ist die ganze Anfrage nicht eine diesmal ungute Frucht unsres Predigtbüchleins? Oder kann man sich darüber freuen? Ich sehe bereits das Plakat vor mir und die erstaunten Gesichter unsrer sozialistischen Freunde, wenn sie da etwa Baders und deinen Namen lesen. Den Frauenfeldern habe ich also abgeschrieben unter Hinweis auf meine Arbeit in Leutwil und mehr noch auf unsere Arbeitsgemeinschaft im Aargau.

Ich bin an zwei Pfingstpredigten. Herzlich Eduard

[1] Gerh. Heinzelmann (1884–1951), Prof. für systematische Theologie in Basel und Halle.

Thurneysen 18. Mai 1918

Lieber Karl,

Ich saß friedlich an der Pfingstpredigt, als nochmals ein Telephonanruf aus Frauenfeld kam, man wolle mich trotz Absage nicht gehen lassen und man sei zu allen denkbaren Konzessionen bereit hinsichtlich Arbeitsentlastung. Man ersuche mich um eine nochmalige Erwägung. Was ist das wieder? Tut Ninive Buße, und soll ich den Jona spielen, der schließlich doch noch gehen muß? Hat sich an den innern Voraussetzungen etwas geändert, oder ist man in Frauenfeld nur des Suchens müde? Vielleicht nehme ich doch noch einmal den Weg unter die Füße, oder du kommst zu mir herüber. An die «jungchristliche Allianz» habe ich abgeschrieben. Herzlich Eduard

Barth 18. Mai 1918

Lieber Eduard! Liebe Marguerite!

Vor allem unsre frohen Grüße zur Absage nach Frauenfeld. Wir können euch nicht sagen, wie vergnügt wir sind, daß es diesmal wieder so vorbeigegangen ist, umsomehr als wir mit euch in der Sache einig sind, warum es nicht sein mußte.

Den Baslern habe ich bereits abgeschrieben. Es war mir gleich klar, daß das nichts sei; auf meinem Exemplar [des Zirkulars] figuriert wie du siehst statt Deiner – – Böhringer.[1] Das zeigt, wie konfus das Unternehmen ist. Wer über den Bankerott des Christentums am 16. Böhringer und am 17. dich[2] hören will, der verdient vorläufig nur Absagen. Ich habe ihnen aber einen längern Brief über Sachlichkeit geschrieben und mich bereit erklärt, in geschlossenem Kreis einmal zu reden. Tu du vielleicht auch einen kleinen Ruf in das Gedröhne hinein, in bekannter Lindigkeit.

Ich saß heute den ganzen Tag buchstäblich unter einem Ginsterstrauch und schrieb an einer Pfingstpredigt, wobei ich sehr von der deinigen im Buche[3] lebte, der ich überhaupt die Palme zuerkennen würde, von der D. Hadorn[4] redete. Hier wieder eine von den schönen Rezensionen, mit denen uns die Kirche nun gemächlich verdaut, wie so viel Anderes. Bitte zurück.

Komm doch bald wieder herüber mit gutem Zuspruch. Ich lebe kärglich aus der Hand in den Mund, und niemand ruft hier Amen!

Mit herzlichem Gruß Karl

Eben hörte ich dich am Telephon. Entschuldige das rasche Abbrechen. Aber die Taxe drohte auf das Dreifache zu steigen!! Bei näherer Überlegung komme ich zum Resultat, daß ich besser *nicht* komme.[5] Meine Predigt echot zu deutlich die deinige vom Buch, und die äußeren Hindernisse sind einfach vorhanden. Schreib mir doch bald, was die Frauenfelder wollen und was du beschließest. Möchte, o möchte es doch dabei bleiben![6] Sobald ich kann, komme ich zu Fuß oder zu Rad herüber, um alles zu vernehmen.

[1] Hans Böhringer (1883–1958), Pfarrer in St. Gallen.
[2] Wohl Verschreibung für «mich».
[3] *Der heilige Geist,* in: Suchet Gott ...!, S. 81ff. (2. Aufl. S. 83ff.).
[4] Rezension über «*Suchet Gott ...!*» im «Kirchenfreund» (vgl. Anm. 1 zum Brief vom 23. 1. 1918): «Die Palme gehört unstreitig dem letzten Beitrag, dem Bibelvortrag.»
[5] Thurneysen hatte Barth kurzfristig gebeten, ihn am Pfingstsonntag (19. Mai) nachmittags mit der Predigt in Leutwil zu vertreten, damit er sich seinerseits für eine weitere Besprechung mit der Gemeinde Frauenfeld vorbereiten könne.
[6] d. h. bei der Absage.

Barth 21. Mai 1918

Lieber Freund!

Ja, nimm du den Weg noch einmal unter die Füße. Ich habe das Velo noch immer nicht und kann jetzt keinen ganzen Tag verwandern, umso mehr als es gestern schon geschehen ist. Ich bin mit meiner «jung-christlichen Allianz» [Konfirmanden] ins Unbestimmte pilgernd weit über Herzogenbuchsee hinaus ins Bernische vorgestoßen, endend bei Amiet auf der Hohschwand. Nun muß ich mich aber zähe an den Römerbrief machen. [...]

Mit herzlichem Gruß an dich und Marguerite

dein Karl

Barth 4. Juni 1918

Liebe Freunde!

Zwei gute Nachrichten habe ich euch heute zu machen. Erstens, daß gestern der Römerbrief in erster Lesung zu Ende gebracht worden ist samt einer Vorrede dazu, sodaß ich nun für den Becher, den du Eduard mir einst in Uerkheim für diesen Fall versprochen hast, reif wäre, – und daß ich mich bereits an die zweite Lesung, in der nun der Anfang durch das Ende zu größerer Fülle kommen soll, gemacht habe. Wenn ich ein Huhn wäre, würde ich mir nun ein bedeutendes Gackern rund ums Haus herum gestatten. Freuet euch mit mir! Ich bekam gestern und heute schwarzen Kaffee zur Feier. [...]

Die letzte Nummer der «Neuen Wege» hat mich trotz der aus Röm. 14–15 gewonnenen Einsicht über solche Dinge wieder recht verdrossen. [...]

Herzlichen Gruß euer Karl

Thurneysen 6. Juni 1918

Lieber Karl,

Ich suche nach kurzen einfachen Worten, um dir zu sagen, wie sehr ich mich des durchstochenen Tunnels des Römerbriefs freue und mit dir aufatme, daß nun die Vollendung sichergestellt ist. Es ist ja nicht irgendein Buch, eine Abhandlung oder Studie, sondern es handelt sich um eine Sache, die du durchzuführen gerufen worden bist, und an der wir alle tief beteiligt sind. Es wird allen, die mitgehen, sich mit bewegt und ergriffen wissen, gewaltig helfen. Ich habe es an mir selber schon reichlich erfahren. Und selbst wenn das Buch sich nur langsam durchsetzen sollte, so steht es nun da und kann warten, bis es Augen findet, die lesen und verstehen. Ich freue mich, bis ich den Schluß selber vernehmen kann.

In Eile vor Abgang der Post, aber von Herzen

euer Eduard

Barth 12. Juni 1918

Lieber Eduard!

Ich schicke dir da, bevor es an Bäschlin abgeht, das Vorwort, damit du dieses wichtige Stück mit deinem bewährten Takt und Geschmack prüfest auf hochmütige, unvorsichtige etc. Stellen, die durchaus noch weg sollten, oder auch auf Lücken. Die Arbeit an der 2. Fassung ist nun in vollem Gang und das 1. Kapitel geht bereits ab. Wie anders sieht mich alles diesmal an als das erstemal, eigentlich noch viel fremder und geheimnisvoller. O heie! Das merke ich jetzt schon: es bleibt noch unendlich viel Unverstandenes zurück für spätere Entdecker, die mein Buch in die Hand nehmen werden, wie ich etwa den Tholuck. Eigentlich ist der Ton des Vorworts viel zu zuversichtlich für die Unsicherheit, in der ich mich dem Brief und der Sache gegenüber befinde. Und nun steht viel saure Arbeit bevor. Bis jetzt mußte alles ganz neu ausgearbeitet werden, und wer weiß, wie mich dann das Ende des Briefes wieder ansehen wird. Wahrscheinlich könnte ich jahrelang kehrum *um*schreiben, nun muß ich aber auf den 15. Okt. spätestens fertig sein. Da werden einige Sonntagserleichterungen sehr nötig und dienlich sein. Wollen wir an einem der nächsten Sonntage tauschen? Wenn mir nur nicht die Kinderlehre bei dir so ein Stachel im Fleisch wäre!

Wir waren [...] von Sonntag bis Dienstag in Bern, zur Verlobungsfeier,[1] wobei es mit dem neuen Schwager sofort sehr heimelig und gut wurde. Er gehört trotz Cohen oder vielleicht gerade darum durchaus zu uns, keinesfalls zu Ragaz und Gerber. Ich erwarte viel von seiner feinen bedächtigen Art, wie sie die Berner haben. [...] Heiner sprach diesmal gemäßigt, sein und mein Buch[2] wurden mit zwei feindlichen Minenstollen verglichen, in denen man den Andern nur schürfen und klopfen hört, ungewiß in welcher unheimlichen Tiefe, ungewiß wer zuerst in die Luft fliegen wird. [...] Karl Lindt hörte ich eine Religionsstunde im städtischen Gymnasium geben unter bösen Buben, aber überlegen und sachlich. Bei Schädelin stürmische Gespräche über Ragaz, den er gegen mich verteidigen zu müssen behauptet. [...] Bei Bäschlin vernahm ich, daß der Verkauf unsrer Predigten befriedigend, aber noch nicht eben glänzend sei. [...] So waren es recht muntere Tage. Wir freuten uns auch einfach über das Stadtleben an sich. [...]

Mit herzlichem Gruß an dich und Marguerite

dein Karl Barth

[1] Feier der Verlobung von Barths Schwester Gertrud (geb. 1896) mit Pfarrer Karl Lindt.

[2] Sein Buch: H. Barth, *Die Seele in der Philosophie Platons,* Tübingen 1921.

Thurneysen 14. Juni 1918

Lieber Karl,

Dein Vorwort finde ich ausgezeichnet. Daß du an einer Stelle deutlich wurdest gegen die Theologen, ist einfach nötig. Es muß für Abstand von ihnen gesorgt bleiben. Ich käme gern am Montag zu euch hinüber, begierig nach einigen Stunden unaufhaltsamen Vorlesens aus Röm. 11 und den Schlußkapiteln. Hast du Zeit?

Von Herzen Eduard

Thurneysen 19. Juni 1918

Lieber Karl,

Ich bin gestern freudig heimgezogen. Der Römerbrief rauschte noch in mir nach wie ein Wasserfall. Die Schlußkapitel haben durch deine Auslegung ganz neu zu mir geredet. Wie erfreulich, wenn nun das Werk in absehbarer Zeit als ansehnliches Buch auf unsern – wie auf Harnacks Tische liegen wird und sowohl Wernle als Ragaz dem Paulus ein wenig zuhören müssen! Ich bin überzeugt von seiner Wirkung und will mich auch selber durchaus darunter stellen.

Vielen Dank für dein Unterrichtsheft. Ich wüßte wirklich nicht, warum ich das nicht hätte lesen sollen. Im Gegenteil, es hat sehr viel für sich, die kleine Zusammenfassung unsres Verständnisses der Bibel zu sich reden zu lassen. Es hat mir viel zu denken gegeben.

Ich schließe mit Gruß an euch alle, insbesondere an meinen Patensohn Markus, der seinen Götti vorgestern so stürmisch und treu begrüßt hat. Eduard

Thurneysen 24. Juni 1918

Lieber Karl,

Hier Hans Baurs[1] Rezension im «Protestantenblatt».[2] Dieser Freund von Gottfried Traub und echte Alleinerbe Zwinglis testiert uns, wir seien religiöse Bolschewiki. Er rühmt uns «großen Zug im Ganzen» nach und warnt vor uns, wir seien für im Denken Unselbständige gefährlich! Der Zwingli, auf den sich Baur beruft, wird einem verdächtig. Es fragt sich, ob dieser Zwingli der wirkliche Zwingli war. Die Frage wird 1919 brennend, wenn der Auftritt Zwinglis in Zürich gefeiert werden wird. Wir werden da einiges erleben.

In Basel hat es eine kleine Revolution gegeben, an der unsere sozialistischen Freunde beteiligt sind. Gottlob Wieser scheint dazu eine kräftige Predigt in Binningen gehalten zu haben.

[Brief unterbrochen durch Barths Ankunft in Leutwil.]

[1] Hans Baur (1870–1938), freisinniger Pfarrer in Basel.

[2] Rezension über «*Suchet Gott ...!*», in: Schweizerisches Protestantenblatt, Jg. 41 (1918), S. 200.

Thurneysen 10. Juli 1918

Lieber Karl,

[...] Karl Lindts Aufsätze[1] haben mich sehr interessiert. Ich dachte an deine Ausführungen zu Röm. 4, die mir noch ganz gegenwärtig waren. Ich frage mich: werden wir den kritischen Idealisten ganz gerecht? Aber was du dort über sie sagst, ist ja vorerst nur *ein* Wort von den mancherlei Worten, die noch über sie gesagt werden müssen, um sie teils selber zur bessern Entfaltung ihrer Gedanken zu nötigen, teils um ihnen voll gerecht zu werden. Es wird da noch manches Gespräch zu führen geben, wenn einmal deines Bruders Platobuch vorliegen wird. Wir sind ja alle noch im Fluß und müssen uns aneinander über uns selber klar werden.

Die Safenwiler haben scheints bei meiner Leichenrede festgestellt, man könne uns vertauschen. Das ist merkwürdig und gut. Ich kann dir diese Ansprache gelegentlich zeigen; es waren ein paar allgemeine Worte über Tod und Leben, wie du sie offenbar in gleicher Verlegenheit auch brauchst. Wir bleiben wohl am besten dieser unserer Art zu reden treu. – Ich bin heute 30 Jahre alt. Wo werden wir nach abermals 30 Jahren sein?!

Herzlich Eduard

[1] Unveröffentlicht. Laut Mitteilung von Prof. Dr. A. Lindt (Münster) liegen aus der in Frage kommenden Zeit folgende Manuskripte von K. Lindt vor: 1. ein Kurzreferat «Religion und Sozialismus» auf einem Diskussionsabend vom 21. 11. 1917, 2. ein überschriftloser Vortrag in der C. S. V. vom 7. 2. 1918, 3. eine Betrachtung, mit der Lindt am 12. 3. 1918 auf der Aarauer Studentenkonferenz den Vortrag von K. Straub «Die religiösen Grundlagen des Sozialismus» einleitete.

Barth 11. Juli 1918

Lieber Eduard!

Nimm vor allem unsern nachträglichen herzlichen Zuruf entgegen zu deinem Geburtstag. [...] 30 Jahre sind eine schöne, runde, auch biblisch wichtige Zahl, uns aber wird es wohl wie Mose ziemen, bis zum 40. zu warten, ehe wir losbrechen, und vielleicht werden uns *dann* noch weitere 40 Wüstenjahre diktiert. So wirst du wohl nicht lange betrachtend bei den 30 verweilen, sondern mit steter Wendung gen Jerusalem[1] schon wieder unterwegs sein und wir andern in getreulichem Gedenken mit dir.

Der Aarauer Konferenzbericht[2] gibt mir sehr zu denken. Was für eine Wolke von Zeugen, die offenbar alle die gleiche Melodie singen wollen, aber im Effekt ists doch ein großes Durcheinanderrufen. Oder sollte das schon die Harmonie Jerusalems sein, in der dann tatsächlich jedes Stimmlein *seine* Melodie singen *darf:*

Greyerz sein Banal-Horn-Motiv, Bader seine usw. In meinen Ohren überwiegt leider immer noch der chaotische Eindruck. Gehts dir besser? Fällt es dir nicht auf, wie *spurlos* unser beider Aarauer Predigten von 1916 und 1917 an dieser ganzen Schar vorübergegangen zu sein scheinen? Von unserm Buch nicht zu reden. Und das sind nun «unsere Freunde»! Sind wir eigentlich auch nur so ein Grüpplein unter diesen vielen vor sich hin lärmenden Grüpplein, und gäbe mans nicht besser auf, irgend etwas in diesen Knäuel ferner hineinrufen zu wollen, bis sie von selber schweigen auf ihrem «sogenannten Berg der Verklärung» (Greyerz)[3] mit ihrer «alten Bibel» (Straub)[4] und mit ihrem Bergson, der die Schöpfung noch viel tiefer verstanden [habe] als Mose.[5] Lejeune beschäftigt mich am meisten: er sagt ja Alles auch, und noch viel schöner und gescheiter, als wir es sagen können, und bringt es doch fertig, in Adorantenstellung das Unservater korrigierend,[6] dort aufzuhören, wo wir zögernd anfangen. Oder wie ists eigentlich? Fehlts nur *mir* an der wahren Boller Gnade, das Alles nun verstehend unter den Mantel zu nehmen und mich der hoffnungsvollen Keimlein zu freuen? Vorderhand lege ich das dicke Heft für 3 Fr. ermattet aus der Hand.

Die Emendierung meines Römerbriefmanuscripts ist als «sittliche Arbeit» mit bestimmtem quanti- und qualitativem Ziel ganz schön, ich schreibe von früh bis spät drauflos; aber sehr förderlich für die eigene Fortbewegung ist das nun gerade nicht. Ich bin nun am Ende der 6. Woche in dieser Art und habe das Gefühl einer leisen Versimpelung. Wenn ich einmal fertig bin, werde ich geistig aussehen wie eine vernichtete Division, die aus der Front zurückgenommen wird. Jetzt wäre der Moment, nach Boll zu gehen, gründlich Frühjahrsputzete[7] zu halten. Jedenfalls muß dann wieder einmal eine große Wendung stattfinden. Denn es ist, wie du sagst, dieses ganze Geschreibe hat nur einen höchst vorläufigen Sinn.

Ja, die Idealisten. Das ist mir auch klar, *lieber* das als das dumpfe intuitive Treiben etwa Lejeunes. Aber mit dem N.T. konfrontiert eben doch um keinen Schritt weiter als die Nomos-

Leute, mit denen Paulus offenbar zu tun hatte. Die Schlußbemerkungen Lindts sind äußerste Möglichkeiten – für uns gerade der Ausgangspunkt. So sehe ich «uns» doch auch nach dieser Seite fatal isoliert, solange wir nicht die Kraft haben zu *beweisen,* ihnen allen ihren Glauben zur Gerechtigkeit zu erklären, *λογίζεσθαι.* Aber das ist eben ein schöpferisches Tun, das in der Bibel eigentlich nirgends den Menschen zugeschrieben wird. Ich fühle mich durch die ganze Lage sehr beklemmt und beschämt. [...] Wahrlich, ich setzte mich lieber zuhinterst in unsere von Lejeune neuerdings geschmähte Warte-Höhle, als nun meinerseits mit einem Buch hervorzulärmen, das im allgemeinen Trommelfeuer doch untergehen muß.

Mit herzlichen Grüßen an dich und Marguerite auch von Nelly

dein K. B.

[1] Vgl. G. Tersteegen, «*Kommt, Kinder, laßt uns gehen*», Strophe 2 in der Textfassung des Gesangbuchs für die ev.-ref. Kirche der deutschen Schweiz von 1891, Nr. 327: «... Ein jeder sein Gesichte mit steter Wendung richte hin nach Jerusalem.»

[2] *Die XXII. Christliche Studenten-Konferenz. Aarau 1918. Den 11. bis 13. März,* Bern 1918. Darin: K. v. Greyerz, *Moses, Elias, Jesus* (Predigt über Mk 9,2–9), S. 5–20; H. Bader, *Erlösung,* S. 21–38; K. Straub, *Die religiösen Grundlagen des Sozialismus,* S. 39–66; R. Lejeune, *Das Schöpferische in der Geschichte,* S. 85–131.

[3] A.a.O. S. 6: «Eben darum laßt uns in dieser Stunde miteinander den Berg der sogenannten Verklärung betreten.»

[4] A.a.O. S. 65: «Lassen Sie mich am Schluß aus unserer alten Bibel zwei Stellen vorlesen.»

[5] A.a.O. S. 125f.; vgl. S. 59, 115.

[6] A.a.O. S. 131.

[7] = Hausputz.

Barth 23. Juli 1918

Lieber Eduard!

Ich bin wieder gesund, noch nicht völlig, aber fast, jedenfalls wieder emsig an Römer 8. [...] Heiner ist da und lag ebenfalls darnieder. [...] Am Sonntag war nun einmal einfach keine Predigt [wegen der Grippeepidemie]. Das Läuten wurde scheints sehr vermißt. Die Angst der Safenwiler, besonders der besseren, vor der Seuche ist groß. Sie haben eiligst die Schule geschlossen, und auch die Unterweisung muß ich nun zutun, was mir zwar augenblicklich ganz recht ist. In den Fabriken wird gegurgelt, was das Zeug hält. Niemand will sterben.

Mit Heiner ists diesmal sehr erfreulich. Wir begrüßen uns täglich in längern Gesprächen von Bergen zu Bergen hinüber, wundern uns über einander und lassen uns doch wieder gelten, er mich als «Orphiker», wie es solche zu Platos Zeiten gegeben habe, die dem Philosophen durch unentwegte metaphysische Behauptungen den Rohstoff zu seinen feinen Turmbauten liefern mußten. Dem Paulus traut er nicht recht, das sei so einer aus Kleinasien, aus der gleichen Gegend, wo auch die Magna Mater und der «Gott mit der Mauerkrone» verehrt wurde. Oft scheint aber der ganze Gegensatz auf den zwischen unserer beweglichen bildhaften Ausdrucksweise und seiner korrekten, auf ein *System* der Erkenntnis hinzielenden [Ausdrucksweise] hinauszulaufen. In den Ergebnissen sind überraschend viele Parallelen. Sogar eine unsichtbare Körperwelt kommt bei ihm jetzt vor. Und daß wir gegenüber Bergson und Genossen mit den Idealisten zusammengehören, das ist uns auch deutlich geworden. Wo steckt eigentlich der Gegensatz? Ich höre nur immer die Einladung zur richtigen Begriffsbildung, und das ist nun allerdings bisher unsre «Arbeit» nicht gewesen. Müßte sie es werden? Und wenn nicht, an was «arbeiten» wir eigentlich?

Morgen treffen auch noch Karl Lindt und Trudi hier ein, ein sehr gewichtig tätiges Brautpaar nach allem, was man hört. Hätte ich nur meine Abschreiberei schon hinter mir! Gerade weil es kein Systembau ist, sondern alles im Fließen, ist das Wiederkäuen eine wenig förderliche Arbeit, bei der ich oft im Zweifel bin, ob der liebe Gott das nun wirklich wolle oder ob das Ganze nicht besser als gelungene Schreibeübung in einer Schublade verschwunden wäre. Ich jedenfalls bin fertig mit dem Buch, sowie es fertig ist. Wie freue ich mich jetzt schon auf all das Menschliche und Wissenschaftliche, das ich für nachher vorhabe! Schreibe mir doch noch wegen des Vorworts etwas Wegweisendes. Ich habe zu wenig Überblick. [...]

Am Montag vor 8 Tagen waren wir in Madiswil,[1] hatten Gespräche mit Mutter Rade und vernahmen, daß die deutschen Theologen noch immer grundsätzlich an nichts seien außer an allerhand Fakultätsgeschichten. Otto[2] ist Nachfolger Herrmanns, Stephan *nicht* Nachfolger Ottos geworden, Loew wird Privatdozent in Berlin[3] und Bornhausen sieht Allem mißtrauisch und feindselig zu. Über die Systeme aller dieser Systematiker war nichts zu erfahren. Der «religiöse Besitz» sei ihnen allen gottlob unzweifelhaft. «Das hätte gerade noch gefehlt, daß wir auch noch religiös unsicher geworden wären.»

Mit herzlichem Gruß an dich und Marguerite

dein Karl

[1] In Madiswil (Kanton Bern) war Peter Barth seit 1918 Pfarrer.

[2] Rudolf Otto (1869–1937), Prof. für systematische Theologie in Breslau, Göttingen und Marburg.

[3] Diese Absicht wurde nicht verwirklicht.

Barth 19. August 1918

Lieber Eduard!

Der Römerbrief ist nun also fertig, aber es will keine rechte Freude darüber aufkommen. Das Ganze steht da wie ein Schaf, aber ohne Siegesfahne u. dgl. Und nun wird mir die Notwendigkeit eines [neuen!] Vorworts zur großen Wichtigkeit. Nelly verwirft alle meine neuen Entwürfe als schwerfällig, überdemütig und ragazisch. Augenblicklich fällt mir einfach *gar* nichts mehr ein, was man da sagen könnte. [...] So bin ich nun zur Strafe für all das Geschreibe in einer kleinen Spezialhölle. – Höre, gestern war H. Gelzer wieder da, und wir haben abgeredet, [...] dich wandernd aufzusuchen. [...] Würdest du uns nicht eine gute Exegese vorbereiten, z.B. den *Philipperbrief?* Ich würde ihn auch etwas durchsehen vorher.

Mit herzlichem Gruß dein K. B.

Thurneysen 20. August 1918

Lieber Karl,

Trotz all der Spezialdämonen aus irgendeiner psychischen Sphäre, die dir den Römerbrief vergällen möchten, trotz des Vorwortgötzleins, das aufzurichten dir nicht gelingen will (eigentlich ein *gutes* Zeichen, denn alle diese Vor- oder Nachworte und Selbsterklärungen haben etwas Mißliches an sich!): *wir freuen uns!* Jedenfalls kommst du also mit Gelzer. Bring doch etwas mit vom Römerbrief!

Herzlich und erfreut wir beide

Barth 30. August 1918

Lieber Eduard!

Gewiß unter erleuchtenden Gesprächen bist du am Montag mit den beiden Jünglingen ins Seetal zurückgekehrt. Was für ein merkwürdiges Bild, dieser unser jäher Einfall in das Gebiet der Pfärrer [Pastoralversammlung in Lenzburg]. Noch dröhnt mir ihr Geschrei: «Morgenglanz der Ewigkeit ...» in den Ohren, samt dem Jauchzer von der Gasse, der ihm antwortete. Wie fatal und wie komisch das alles und wir selbst mitten drin, gleich hilflos gestikulierend, vergeblich gegen den Strom schwimmend, der uns hat, ob wir wollen oder nicht, und je heftiger wir [...] zanken, umso mehr! Was nun? Wollen wir diesen Film noch mehr geben? Oder nicht? Oder einen andern? Sollte es um der paar Jüngern willen nicht ganz aussichtslos sein, wenn wir diese Art

Mitarbeit irgendwie fortsetzen, oder ist vorläufig doch alle Bemühung um die Gesamtkirche umsonst, wie ich mir vor drei Jahren zu versichern suchte, als ich mich in die Kapsel verschloß, aus der ich nun doch wieder hervorgelugt habe?

Unterdessen hatte ich auch hier wieder einmal Verdruß mit meiner eifrigen Kirchenpflege, der ich die Bewilligung für 14 Tage Ferien in peinlicher Weise förmlich abringen mußte, wobei es ohne Unverschämtheiten, wie sie wohl nur im Aargau möglich sind, nicht abging. Die Art der hiesigen Eifrigen verbunden mit der Teilnahmslosigkeit der Übrigen hat etwas Lähmendes, dem ich mich oft durch irgendeine Flucht entziehen möchte.

Nun hat endlich in Bern das Drucken begonnen und für mich das Korrigieren. Gedruckt sieht alles noch gspässiger[1] aus als geschrieben. [...] Was nun? Ich bin müde, und die Verständnislosigkeit meiner hiesigen Kirchensäulen hat mir die Aussicht auf die Ferien zum vornherein einigermaßen vergällt. Zuerst ist ja auch noch die Bettags-Mißlichkeit zu überwinden. Aus einem gemeinsamen Aufenthalt wird nun wohl nichts werden. [...] Ich muß auf alle Fälle ein paar Tage in Bern sein. [...]

Am Dienstag waren wir per Velo in Madiswil und hörten Heiner aus seinem Platobuch vorlesen. Das wird eine gute Sache mit vielen Hintergründen und Perspektiven, auf die wir getrost Vertrauen setzen dürfen. Der Kontrast zu der *Barbarei* des Pfarrertums im allgemeinen wurde mir peinlich bewußt. Wie primitiv waren die geistigen Voraussetzungen, mit denen wir in Lenzburg verhandelten! Fast wäre man versucht, als erste praktische Parole [...] die auszugeben, wir sollten doch um Gottes willen wieder ernster studieren. [...]

Mit herzlichem Gruß an dich und Marguerite und euer gefreutes Dorotheeli dein Karl

[1] = wunderlicher.

Thurneysen 31. August 1918

Lieber Karl,

Ja, die Pfärrer und wir – auch mir ist Lenzburg wie ein dumpfer Traum. Es ist einfach etwas pöbelhaft-ungehöriges in diesen Zusammenkünften – der *Sache* gegenüber, um die es ginge.

[...] Wir und unsre Gemeinden – ein weiteres fragwürdiges Blatt, und doch lieber allerlei offene Wurstigkeit und Lähmung und sogar unverschämtes Zeug als – kirchliche Bezirkstage! Der kirchliche Eifer, in den deine immerhin teilweise aufrichtigen Episkopen den neuen Ton verwandeln, und der sich sogar gröblich gegen dich selber kehren kann, hat ja etwas Tragisches, aber schließlich stehen wir doch über diesen Mißdeutungen.

Denk, ich habe die Predigt am Jugendtag in Regensberg übernommen unter der Bedingung, daß ich erstens eine volle Stunde für den Gottesdienst bekomme, damit er werden kann, was er soll, eine Sammlung auf die Hauptsache. Zweitens, daß ich nicht predigen muß über das ausgegebene Thema: «Jesus Christus unser Held und Führer!» sondern zum Thema: «Herr, ich bin zu jung!»[1] Ich habe den CVJM-Leuten eingehend die geistige Stelle beschrieben, an der ich zu finden sei, wo es nicht heiße: wir *haben* Jesus, *haben* unsere Reformatoren, sondern: *Haben wir wirklich Jesus? haben* wir die Reformation? Vielleicht wollen sie nun nachträglich doch lieber einen andern als mich.

Ich predige morgen über den Segen Gottes (Ps. 127), ob ichs wirklich herausbringe? Herzlich dein Eduard

[1] Thurneysen predigte dann (am 22. September 1918) unter dem Thema «*Was sagt Gott zu uns?*» über Ri 7,1–7. Die Predigt ist abgedruckt in: Die Glocke, Jg. 27, Nr. 1, Okt. 1918.

Barth 4. September 1918

Lieber Eduard!

Ich war von Sonntag bis Montag nochmals in Madiswil und wurde von den Idealisten daselbst in einem bis nachts 1 Uhr dauernden Rede-Fest heftig angeklagt wegen unserer labilen Ethik. Karl Lindt belehrte mich, daß nach altreformierter Auffassung die Fragen der Erlösung und der sittlichen Aufgabe stets aufeinander bezogen werden müßten. Wir sind ihnen als Freischärler sichtlich nicht angenehm, und die weitgehendste Übereinstimmung in den Erkenntnisgrundsätzen wird sie nicht darüber beruhigen, daß wir ihr akademisches Gleichgewicht der Probleme so offenkundig verschmähen. An einer Darstellung der griechischen Philosophie, die ich gestern las, kams mir zum Bewußtsein, daß wir wohl näher bei Sokrates als bei Plato stehen. Die Schule wird dieses Stehenbleiben immer mißbilligen. [...]

Herzlichen Gruß dein K. B.

Barth 10. September 1918

Lieber Eduard!

Die Untersuchung der idealistischen Mitteilung hat folgendes Resultat ergeben: [Heinrich und Peter Barth denken von uns, d. h.] von denen, mit denen man eigentlich über nichts verhandeln kann, oder von den «Stichlern»: Mühelos setzen sie sich über alle Systeme hinweg. Das Ausharren bei einer Sache oder Frage und das ruhige schrittweise Antwortgeben und Redestehen wird ihnen schwer oder unmöglich. Wenn du einen etwas fragst, so schießt er mit einem nur so aus dem Köcher gerissenen Rätselwort nach dir. Und wenn du nach der Begründung dessen forschest, was er gesagt hat, so wirst du sofort von einer neuen Doppelsinnigkeit getroffen. Nie wirst du mit einem von denen mit irgendetwas zu Ende kommen. Sie hüten sich wohl davor, irgendetwas Gewisses zu anerkennen, weder im Sachlichen noch im Persönlichen, offenbar in der Meinung, gerade die Ungewißheit sei das Feststehende, denn mit ihr fechten sie beständig. Keiner von diesen Leuten will der Schüler des andern werden, sondern original wächst jeder auf, wie es ihm in seiner Begeisterung zufällig widerfahren mag, und einer hält den andern für ganz unwissend! Wer die verstehen will, kann sie nur als Fragezeichen auffassen.

Nun wissen wir doch, wie es um uns steht.

Mit herzlichem Gruß dein K. B.

Barth 10. Oktober 1918

Lieber Eduard!

Die Pause unseres Verkehrs hat diesmal ja eine geradezu majestätische Länge angenommen. Kaum daß ich in diesen 4½ Wochen auch nur wußte, wo ich dich in Gedanken zu suchen hatte: in Risch? im Gebirge? bei den Jünglingen in Regensberg? bei den sentimentalen Nebulosen in Winterthur? Und in welcher innern Verfassung und Bewegung, mit welchen Erträgnissen das alles? Nun zuletzt also auch bei euch die Grippe mit schweren Todesfällen. Es ist Zeit, daß du mich über das alles aufs Laufende setzest.

Unterdessen will ich den Anfang machen. Um mit dem *Häuslichen* anzufangen: stille besuchslose Zeit der Konsolidierung und Einwinterung. [...] *Pfarrerliches:* Meine Bücherei hat sich durch die Teilung in Bern[1] um ein Stattliches vermehrt: Tertullian, Origenes, Augustin und alle Andern sind mir nun in greifbare Nähe gerückt, und das aus den Angeln Heben der modernen Theologie, das wir vor 2½ Jahren zwischen Leutwil und Birrwil projektierten, erschiene immer möglicher, wenn wir nur besser Griechisch könnten! Auch eine hebräische Grammatik steht nun übrigens wieder solenn da und wartet auf Benützung im Geist und in der Wahrheit. Vorläufig wälze ich mich weiter durch die alte Weltgeschichte, lese die Biographie von Frédéric Godet[2] und pflüge am Anfang der Apostelgeschichte, zu der es leider außer Calvin und Zündel wenig rechte Erklärungen gibt. Auch da bewährt sich aber der alte *Rieger*[3], den du dir auch einmal anschaffen solltest. Predigten: immer noch Matth. 8. Am Montag war ich – am [Pfarr-]Kapitel. Am 21. wird eine weitere Sitzung stattfinden, zu der ich aber nicht kommen kann. Es handelt sich um den «Religionsartikel» des neuen Schulgesetzes. [Pfr.] Müller mit seiner Balancierstange schien anfangs den Beifall der Mehrheit zu haben. Dann traten aber Andere gegen ihn in Aktion, zuletzt besonders eindrucksvoll Epprecht mit 5 Gegenthesen und einem pausbackig gesunden Volkskirchenbegriff. Die Stimmung schlug darauf um. [...] Das Ergebnis war, daß man also noch einmal zusammenkommen will, um auf die Synode hin einen einstimmigen (!) Beschluß zu fassen. Ich habe mich diesmal aufs stille Zuhören und Tubaken beschränkt. [...] Was sollen wir auch sagen zu dieser Frage? Hast du eine Meinung für oder gegen? Ein Rückzugsgefecht ists auf alle Fälle und mit Illusionen muß man hüben und drüben rechnen. Immerhin neige ich noch eher dazu, den Lehrern als uns Pfärrern viel zuzutrauen, und habe eine alte Aversion gegen das Freikirchen-Wesen. Es könnte also wohl geschehen, daß wir uns da einmal Arm in Arm mit den Freisinnigen vorfänden. Aber zuerst möchte ich hören, was du auf Grund deiner Gabe der Durchschau irdischer Verhältnisse über die transzendente Lage der Dinge in diesem Punkt mitzuteilen hast, und befinde mich also mit F. und P. in weisem Wackeln.

Auswärtige Beziehungen: Ich war also 8 Tage in Diessbach und erlebte da eine sehr erfreuliche Zeit. Gottfried Ludwig ist ein ausgezeichneter Mann, ein wahrer Tank Gottes in seiner Weise. Er forscht beharrlich und erfolgreich im N.T., in ständiger Fühlung mit Ernst Staehelin, und predigt kräftig über den 1. Joh.-Brief. Wir hatten lange Gespräche, besonders über die Geduld *μακροθυμία* sc. *θεοῦ* und besuchten zur Bewährung eine Reihe von Nachbarpfarrern, wo wir das *προσλαμβάνειν* [vgl. Rm 15,7] zu üben suchten. Es kam mir erst zum Bewußtsein, wie sehr wir eigentlich wegen Hochmut weithin übel beleumdet sind. Die Bettagspredigten, die wir uns da und dort vorlesen ließen, ergaben allerdings schlimme Nachtbilder. Ludwigs Bruder, ein Fürsprecher,[4] verfolgte unsere Untersuchungen mit rührender Teilnahme. In Bern ist nun also unser Zelt abgebrochen, und heute wird es eben in Basel wieder aufgerichtet. Ich sah dort Schädelin, der noch immer wie ein Frosch hin und herzuckt. Das Neueste ist die Verkündigung, «diese Bibelei» müsse nun einmal aufhören!! Gottfried Ludwig sieht dem auch mit Staunen zu. [...] Es geschehen doch immer wieder seltsamste Dinge im Reiche Gottes.

Dementis und Proteste: Bei Bäschlin vernahm ich also, daß unsere Predigten draußen[5] «aus militärischen Gründen» verboten seien. [...] Ich habe mir erlaubt, Rade und Deißmann auf die Sache aufmerksam zu machen. Vielleicht daß wir aber im neuen Deutschland nun ohnehin möglich werden. Prinz Max von Baden[6] redet ja fast so schön wie Kutter in seinen «Reden».

Ja eben: *Weltübersicht* – Was sagen wir eigentlich zu dem allem, was unterdessen vorgegangen? Kommt da etwas oder ist wirklich alles wieder Bluff? Wer doch so sicher zu orakeln wüßte wie Z. im Zwinglikalender! Wer doch die Hitze hätte, Briefe an Wilson und Lloyd George zu schreiben wie Ragaz![7] [...]

Kleine Zeitung: [Pfarrer] Weber in Menziken hat mich aufgefordert, im Pastoralverein einen Vortrag zu halten, weil ich nach dem Alphabet drankomme. Ich habe ihm geantwortet, daß ich das tun werde, sobald dieKollegen zu erkennen geben würden, daß sie sich mit dem, was bis jetzt unsrerseits gesagt und gedruckt sei, auseinandersetzen wollten. – Zwinglikalender! Beachte besonders auch das Kalendarium mit den Tagesereignissen! – Der Druck des Römerbriefs ist wenigstens am 7. Kapitel und gibt mir immer wieder viel Arbeit. – Hast du die Predigten gelesen, die ich dir in einem zurückgehenden Korbe sandte, und was hältst du von ihnen? Sie sind von einem gewissen Burri,[8] aus der Schule meines Bruders.

[...] Leb wohl und laß bald viel Hintergründliches von dir hören. Mit herzlichem Gruß dein Karl Barth

Und wenn du am Sonntag oder Montag herüberkämest?

[1] Auflösung des elterlichen Haushalts: Barths seit 1912 verwitwete Mutter siedelte im Oktober 1918 von Bern nach Basel über.

[2] Ph. E. Godet, *Frédéric Godet. D'après sa correspondance et d'autres documents inédits,* Neuchâtel 1913.

[3] C. H. Rieger (1726–1791), *Betrachtungen über das Neue Testament, zum Wachsthum in der Gnade und Erkenntniß unsers HErrn und Heilandes Jesu Christi,* 4 Teile in 2 Bänden, Tübingen 1828. Über die Apostelgeschichte: Teil 2, S. 1–146.

[4] = Rechtsanwalt.

[5] «Draußen»: in der Schweiz gebräuchlicher Ausdruck für: in Deutschland.

[6] Prinz Max von Baden (1867–1929) wurde am 3. 10. 1918 deutscher Reichskanzler und bat den amerikanischen Präsidenten Wilson um Friedensverhandlungen. Er legte bei Ausrufung der Republik am 9. 11. 1918 sein Amt nieder.

[7] Ragaz hatte im Dezember 1916 den englischen Premierminister D. Lloyd George brieflich aufgefordert, das Friedensangebot der deutschen Regierung vom 12. 12. 1916 mit einem konstruktiven, auf eine internationale Friedensorganisation und allgemeine Abrüstung gerichteten Friedensplan zu beantworten. Vgl. M. Mattmüller, *Leonhard Ragaz und der religiöse Sozialismus,* Bd. 2, Basel/Stuttgart 1968, S. 306ff. – Die Friedensinitiative des amerikanischen Präsidenten Th. W. Wilson (1917) hatte Ragaz begeistert begrüßt. Daß er auch an Wilson direkt geschrieben habe, scheint dagegen auf einer Erinnerungstäuschung Barths zu beruhen. Vgl. M. Mattmüller, a. a. O. S. 313ff.

[8] Hans Burri (geb. 1893), Pfarrer in Büren an der Aare und in Ostermundigen.

Thurneysen 11. Oktober 1918

Lieber Karl,

Da bin ich wieder, und die lange Stille zwischen uns darf wieder weichen und zu jenem so nötigen Hin- und Herüberrufen werden, das uns Lebensbedürfnis ist. Unser gemeinsamer Weg wird wieder beschritten. Ich habe also die Regensberger Tagung der CVJM erlebt. Es ist den Leitern dieser Vereine nicht gelungen, meine Predigt zuzudecken. Es hat sich ergeben, daß einige 30 Jünglinge am Nachmittag statt der Spiele nach einer Diskussion mit mir verlangten und während zwei Stunden mit mir über den Sozialismus redeten. Ob diese kleine Gruppe, die auf mich zu hören begonnen hat, in einer neuen Richtung weitergeht? Oder bleibt es in Basel und anderswo beim alten?

Ich habe einen jungen Mann kennengelernt, der den Militärdienst verweigern will, aber ohne viel Aufhebens und ohne alle Wichtigtuerei. – Zu der von dir aufgeworfenen Frage des Religionsunterrichtes habe ich mir auch meine Gedanken gemacht. Mir scheint, es liege nichts an dem Streit, ob die Kirche ihn in der Hand behalte oder ob die Schule ihn übernehme, sondern allein daran, ob weiterhin «Religion» unterrichtet werde, oder ob die Sache Gottes zum eigentlichen Gegenstand dieses Unterrichtes werde. Ich denke, es sei das Beste, wir schlagen uns an die Seite derer, die den Religionsunterricht ganz in die Hände der Lehrer legen, in der Meinung, daß bei diesen das Verständnis für das, worum es im Religionsunterricht gehen muß, immer noch eher erwache als bei der Kirche.

Zur Weltlage: ja, was geht da eigentlich vor? Ob sich das Dunkel um Wilson nun doch etwas lüftet? Sicher ereignet sich etwas Entscheidendes in Deutschland und in Amerika, und trotz allem sind wir heute wieder hoffnungsvoller dran als in den hinter uns liegenden Jahren.

Unsere Ferien mußten wir abbrechen der Grippe wegen. Unsere Gemeinde liegt im Schatten von Krankheit und Tod. Ich gehe von Haus zu Haus und sage mein Sprüchlein, so gut ich kann. Am Sonntag Abend halte ich eine schlichte Bibelstunde für einen kleinen Kreis, da die Morgenpredigt für die ganze Gemeinde der Ansteckungsgefahr wegen eingestellt ist. Kirchenrat Pfarrer W. in Menziken hat einen Rundbrief an die Gemeinden erlassen, gegen den ich seiner Oberflächlichkeit wegen einen polemischen Brief geschrieben habe.

Herzlich grüßen wir euch. Dein Eduard

Barth 15. Oktober 1918

Lieber Eduard!

Habe Dank für deinen erwärmenden und instruktiven Brief. Nun sollten wir uns aber bald wieder sehen. Kannst du nicht, da ihr keine Predigt habt, diese Woche noch einmal kommen? [...] Ich habe am Sonntag Nachmittag in Frick zu predigen und gehe im Anschluß daran für zwei Tage nach Basel. Hat dich Bader ebenfalls mobil machen wollen für seinen [Zwingli-] Kalender (20000 Ex.!)? Ich habe freundlich aber fest abgewunken unter Hinweis auf Z., der nun die Kolportage seines Werkes in unserm Kantonsteil übernehmen wolle. Dagegen war das Ergebnis meiner Verhandlungen mit deinem Freund in Menziken schließlich das, daß ich ihm ein Referat über «die Einigkeit der christlichen Kirche» angeboten habe. [...] Wir sind im ganzen von der Grippe verschont, doch droht bereits auch hier neue Schließung der Schule. – Wie fatal die Geschichte mit dem Brief des Prinzen Max! Ob der Kaiser bleiben wird? Die Luft ist voll Dynamit. [...] – Ich möchte am Sonntag über die Gadarener predigen [Mt 8,28–34].[1] Heute Abend eine Extra-Bibelstunde über den Tod des Judas und die Apostelwahl [Apg 1,15–26]. Die hebräische Grammatik hat sich geöffnet!

Herzlichen Gruß euch Allen! Euer Karl

[1] Die Predigt wurde erst am 24. November gehalten, weil der Gottesdienst in Safenwil wegen der Grippewelle noch wochenlang ausfiel.

Thurneysen 30. Oktober 1918

Lieber Karl, liebe Nelly,

Also ihr seid beide noch tief unter Deckbett und in Kissen, aber doch seht ihr auf der äußeren Seite wieder aus dem Tunnel heraus. Wie froh sind wir, das zu wissen. Ich darf wieder lesen und schreiben. Aber nun ist seit gestern abend Marguerite auch in einen kleineren Grippetunnel eingefahren, glücklicherweise nur leicht, aber immerhin ...! Was sind das für unerfreuliche Geduldsproben!

Die Zeitung hat eingehende Lektüre verlangt mit anschließendem Bedenken der Wendungen und Möglichkeiten der Weltlage. Ja, wohin geht die Fahrt? Dem Weltbolschewismus entgegen? Mir ist nur das eine deutlich: wir können uns das Reich Gottes nicht jenseitig genug denken und unsere Hoffnung darauf nicht rein genug erhalten von allen demokratischen und andern «Vorstufen».

Und nun herzliche Grüße! Eure Mitgenossen in der Trübsal
Eduard und Marguerite

Barth 11. November 1918

Lieber Freund!

Von der Grippe aufgestanden, müssen wir nun doch in diesen außerordentlichen Zeiten rasch wieder Fühlung gewinnen. Aber um uns *was* zu sagen? Da steht man staunend, nichtwahr, und kann nur konstatieren, wie sich das Gesicht der Welt zusehends verändert: auf *dieser* Seite der Dinge. Aber die *andre* Seite: der Sinn und Inhalt, die eigentliche Tendenz von dem Allem, die Bewegungen im Geisterreich, die sich jetzt vollziehen, die Türen Gottes, die sich jetzt öffnen oder schließen, der Fortschritt oder Stillstand in der *ἐλευθερία τῆς δόξης τῶν τέκνων τοῦ θεοῦ* [Röm 8,21]? Wer jetzt mit einem Zentralblick hineinzuschauen vermöchte in den Grund der Weltverhältnisse, um dann von dort aus zu reden, zu handeln! Ich war dankbar, gestern noch nicht predigen zu müssen, und es graut mir vor dem nächsten Sonntag, obwohl ich darauf dringe, daß die Kirche jetzt wieder geöffnet wird. Gestern und heute las ich ein Kolleg von Beck über die Apokalypse, von meinem Vater nachgeschrieben. Es ist mir, wir kommen einfach *zu spät* mit unserm bißchen Einblick in die Welt des N. T. Wie sollte man jetzt mit vollen Händen schöpfen, deuten, erhellen, Wege weisen und öffnen können – und wie mager fließt das Bächlein der Erkenntnis. Wie hat nun unser Kutter so offenkundig gepfuscht in seiner Stellung zu den bisherigen Ereignissen, und *wir* sind eigentlich nur darum vor ähnlicher Desavouierung bewahrt, weil wir uns nicht so weit vorgewagt haben. Was haben wir jetzt dem Strom von «Richtigkeiten», der sich nun von Ragazischer Seite alsbald triumphierend ergießen wird, entgegenzustellen? Hätten wir uns doch *früher* zur Bibel bekehrt, damit wir jetzt festen Grund unter den Füßen hätten! Nun brütet man abwechselnd über der Zeitung und dem N. T. und sieht eigentlich furchtbar wenig von dem organischen Zusammenhang beider Welten, von dem man jetzt deutlich und kräftig sollte Zeugnis geben können. Oder gehts dir anders? Du stehst doch insofern mit reinerem Gewissen da, als du nicht wie ich fast alle Tage Druckbogen eines Buches lesen mußt, mit dem sie wahrscheinlich zu dieser Stunde im Himmel bereits «fertig» sind. Fast mit Befriedigung fahre ich jetzt auf dem Velo da und dort herum, um bei den letzten Maßnahmen gegen die abziehende Grippe mitzuwirken. Eines Tages erwachte ich als Präsident einer elf(!)köpfigen Notstandskommission mit 6000 Fr. Bar-Kapital, das von unsern Fabrikanten aufgebracht wurde. Der Mammon fängt vor Torschluß auf einmal an zu wackeln auf seinem Thron, und nun wird auf Tod und Leben Suppe gekocht im Schulhaus für alle, die wollen, und weitere nützliche Werke mit Kleidern etc. sollen folgen. Ob so dem Einzug des Bolschewismus in Safenwil gewehrt werden kann? (Bengel zu Apg. 2,45: «Imminentes temporis calamitates non ad parcimoniam, sed ad liberalitatem *prudentiores* permovent».) Sind unsere Safenwiler Häuptlinge schon bei den prudentiores, oder kommen sie wie ihr Pfarrer zu spät?

Die Post trifft ein – wieder ohne Zeitung.[1] Was mag in Basel los sein? Die Hasenangst der «Basler Nachrichten» ist ein ergötzlicher Punkt im Weltbild. Wie mag Kutters gestrige Predigt getönt haben? Ob und wie er wohl den Rank gefunden hat, die Mächte und Gewalten dieses Aeons Schau zu tragen öffentlich [vgl. Kol 2,15]? Denk, ich war auf dem Sprung, gestern früh nach Zürich zu reisen, nur um ihn zu hören, wonach ich großes Bedürfnis hatte. Im letzten Augenblick fiel mir ein, daß ich zwei Taufen zu halten hatte, und so unterblieb die Reise. Ich werde nun aber Mittwoch und Donnerstag dort sein, um unsre Kindlein Fränzeli und Markus abzuholen, die man, als unsere Haushilfen auch krank wurden, dorthin (zu Pestalozzis) geflüchtet hatte. Ferner Zahnarzt, Zürichberg und ein Besuch an der Zollikerstraße.[2] Wie, wenn du auch kämest? [...] Wir hatten Besuch von unsrer Schwester aus Portugal; es wurde feine Musik gemacht, besonders Mozart diesmal, in den Nelly ganz neu hineinkommt. Das wunderbare A-dur-Konzert machte uns besondere Freude.

Nelly und ich sind wieder gesund, abgesehen von den Nachwehen. Die Haushilfen auf [dem Wege] der Besserung. Das Leben soll nun wieder beginnen. Aber wie und wohin die Fahrt? Was werden wir diesmal in der Adventszeit zu sagen haben? Suchs doch möglich zu machen, daß wir uns bald einmal sehen.

Mit herzlichem Gruß an euch beide und Dorotheeli

Dein Karl B.

[1] In Deutschland ist die Revolution ausgebrochen, in der Schweiz der Generalstreik ausgerufen!

[2] Bei Kutter.

Thurneysen 14. November 1918

Lieber Karl,

Dein Brief war mir viel wert, weil er aussprach, was auch meine tägliche Verlegenheit ist. Alles rächt sich jetzt, was wir und die vor uns *nicht* getan haben. Was sollen wir denken? Was haben wir zu sagen? Wo ist der schmale Weg, der durch die ganze Verwirrung hindurchführt? Wer kann ihn zeigen und wer geht ihn? Und wenn ihn niemand zeigen und gehen kann, ereignet sich dann nicht alles umsonst, was ringsum geschieht? Und wäre es nicht das Traurigste, wenn all dieses Stürzen und Brechen und Sich Erheben, auf das wir doch alle gewartet haben, ohne «Frucht der Gerechtigkeit» [Hebr 12,11] bliebe?

Du warst in Zürich – bist du wirklich hingelangt? Was hat sich dir da gezeigt und erschlossen? Ich denke mir, daß Kutter einiges Entscheidende zu sagen hat. Auch wir sind vollständig ohne Zeitung seit gestern. Vielleicht ist in Zürich und Bern bereits ein Sowjet eingesetzt, während wir hier das ancien régime noch unversehrt haben. Wollen wir uns nicht gegebenenfalls an die Mächtigen in Olten[1] wenden?! Ich lese viel in Carlyle's «Französische Revolution».[2] Daneben bis vorgestern die Zeitung – und also auch das N. T. wie du und mit gleichen Empfindungen. Ich nehme an, der Landesstreik werde zwar nicht mit Einsetzung von Sowjets, aber doch mit starken Resultaten und mit entscheidender Erschütterung der herrschenden Gewalten enden. [...]

Wir grüßen euch herzlich! Eduard

[1] In Olten trat das Generalstreikkomitee zusammen.

[2] Th. Carlyle, *Die französische Revolution*. Aus dem Engl. von P. Feddersen, umgearbeitet von E. Erman, Leipzig 1907[5] (und andere deutsche Ausgaben).

Barth 20. November 1918

Lieber Eduard!

Bist du nach unserer an mißlichen Eindrücken so reichen Exkursion [nach Zürich] gut heimgekommen? An unsere Proklamation habe ich noch nicht denken können. Es warteten Korrekturen u. A. [...] Durch Ida vernehme ich übrigens, daß auch deine Predigt vom Sonntag[1] in Leutwil große Entrüstung erregt habe!! Und nun eine sehr peripherische Bitte: kannst du mir eine Anzahl Adressen geben von deinen Basler und Zürcher *nicht*-theologischen Bekannten, denen Bäschlin mit einigem Sinn den Prospekt für den Römerbrief schicken könnte? Er hofft, das Buch könne anfangs Dezember erscheinen.

Mit herzlichem Gruß Dein K. B.

[1] Thurneysens Predigt «*Die neue Zeit*» vom 17. 11. 1918 (über Sach 1,3) erschien zusammen mit der vom 24. 11. («*Der Menschensohn*») im Januar 1919 als Privatdruck.

Thurneysen 21. November 1918

Lieber Karl,

Ich habe in der Tat Zeichen großer Entrüstung angetroffen in meinen beiden Dörfern. Der Geldbaron von Dürrenäsch ist sogleich, nachdem er in den Wirtshäusern von der «Brandrede» des Pfarrers vernommen hatte, zum Kirchenpflegspräsidenten gesprungen und wollte ihn scharf machen, was aber nicht gelang. Ich habe nun mit diesem abgeredet, die Predigt drucken zu lassen, um klarzulegen, was ich gesagt habe. Das Gespräch mit ihm lief in einer heftigen Streitrede über den Sozialismus aus, natürlich ohne sichtbares Ergebnis.

Zu einer Proklamation bin auch ich noch nicht gekommen. Es ist mir aber fraglich geworden, ob es möglich sein werde, etwas Deutlicheres zu sagen, als es das Predigtlein der Zürcher Religiös-sozialen oder der akademische Aufruf der Zürcher Studenten[1] ist. Vielleicht müssen wir uns doch mit dem Wort von der Kanzel und dem gewissen Aufruhr, den es erzeugt hat, begnügen. [...]

Herzlich deine Leutwiler

[1] In der Zeitung «Vorwärts» vom 21. 11. 1918.

Thurneysen 25. November 1918

Lieber Karl,

Hier eine Nummer des «Jünglingsboten» mit einem Einblick in ein Ferienlager in der Rotmatt, in das du nicht mehr eingeladen worden bist.[1] Vielleicht wäre nicht alles so uneingeschränkt schön verlaufen, wenn «etwas Soziales» verlangt worden wäre wie letztes Jahr. Ja, ja, «So nimm denn meine Hände...» und «Meine ganze Passion ist Er...» und Gebetsvereinigungen und Tischreden – – und der Krieg?! und der Generalstreik?! Aber bei diesen Frommen schwingt alles ruhig in sich selber. – Wie stehts, sollen wir am Donnerstag ins Pfarrkapitel, oder wollen wir das auch in sich selber schwingen lassen? Es ist so wenig zu erwarten bei einer grundsätzlich so ungeklärten Auseinandersetzung, wie sie da wieder stattfinden wird. [...]

Herzlich Eduard

[1] Vgl. Anm. 1 zum Brief vom 16. 5. 1917.

Barth 27. November 1918

Lieber Eduard!

Ja komm ans Kapitel! Wir können vielleicht Adventserwägungen austauschen, und ich habe dir viel zu erzählen von Safenwil, wo wieder Feuer im Dach ist: scharfe Gefechte in der Kirchenpflege und in der famosen Fürsorgekommission. [...]

Herzliche Grüße *ἐν θλίψεσιν* dein K.

Barth 1. Dezember 1918

Lieber Eduard!

[...] Es wird dich als ersten Mitschuldigen am Römerbrief auch interessieren, die drei Briefe Brunners zu lesen, die heute in einem Couvert ankamen! Er will im «Kirchenblatt» rezensieren[1] und hat dazu die bisher erschienenen Bogen bekommen. Ich verstehe nicht alles. Was ist das z.B. mit dem Kosmologischen und Ontologischen? Es überrascht mich, daß ich in der Tat bisher mit seinen beiden Haupt-Göttern Eckehardt und Fichte nichts Positives anzufangen wußte. Ich las darin und war nachher so klug wie vorher. Wie gehts dir eigentlich mit ihnen? Fichte steht sehr schön gebunden bei dir, hast du ein Verhältnis dazu wie offenbar auch Kutter? Die Bemühungen Brunners, alles unter *eine* Wölbung zu bringen, sind mir nicht recht sympathisch. Was soll ich ihm auch auf das «Selbstgespräch» im 2. Brief antworten? Er nimmt einen so seltsam eifrig beim Rockknopf. Erklär mir ihn ein wenig, damit ich, wenn es sein soll, in ernsten Verkehr mit ihm kommen kann.

Was für eine elende Sache das Kapitel am Donnerstag! Diese ratlose Pfaffheit! Das Beste war noch, wie wir P. durch unser Eintreten für [den freisinnigen] W. und die Andern in der Helvetia durch unsern Bolschewismus ärgern konnten. Welche Tragikomödie mitten in der Götterdämmerung.

Ja die Entente! Nun ist der Teufel sichtlich zu ihnen übergegangen. Aber nur nicht diese einfachen Konstruktionen Kutters gegenüber so komplexen Vorgängen! Wollen wir nicht wie Oeri[2] eine Amerika-Reise antreten, um unter dem Platzregen von 200000–300000 Toasten (ists menschenmöglich?) festzustellen, wie die da drüben eigentlich sind? Das sollten wir doch wissen, nicht? [...] Oder wollen wir lieber nach Palästina? Dort sollten wir doch eigentlich auch einmal gewesen sein. Ich nährte jüngst ein ganzes Mittagessen mit dem entsprechenden Reiseplan und führte nachher mit den Kindern den voraussichtlichen Kamelsritt auf. [...]

Heute Morgen habe ich nach schwerster Not über Joh. 1,1 gepredigt und will nächsten Sonntag fortfahren. Kinderlehre wie gewohnt verunglückt. Das kann ich einfach nicht. Heute Abend Fortsetzung von Apg. 2 [im Blaukreuzverein]. Schicke mir wieder einmal von deinen Predigten. Ich werde schon dahinterkommen.

Wie stehen wir eigentlich zum Johannes-Evangelium? Wahrscheinlich würde sich von da aus die Aussicht auf Eckehardt und Fichte ergeben, die Brunner jetzt bei «meinem» Paulus vermißt.

Treulichst und herzlichst dein K. B.

1 E. Brunner, «*Der Römerbrief*» *von Karl Barth. Eine zeitgemäß-unmoderne Paraphrase,* in: Kirchenblatt für die reformierte Schweiz, Jg. 34 (1919),

S. 29–32; wieder abgedruckt bei J. Moltmann (Hrsg.), *Anfänge der dialektischen Theologie,* Teil 1, München 1962, S. 78ff.

[2] Albert Oeri (1875–1950), Chefredaktor der «Basler Nachrichten».

Barth 7. Dezember 1918

Liebe Freunde!

Wärs euch möglich, am Montag 16. mit Rudis [Pestalozzi] und Peters [Barth] zu einem Weihnachtskränzchen zu uns herüberzukommen? Eventuell könnte dabei auch die Überreichung des Römerbriefs, der im letzten Stadium ist, vollzogen werden. Zur Betrachtung schlage ich vor Joh. 1,1–18 und den Lobgesang der Maria Luk. 1[,46–55].

Mit freundlichem Gruß Euer K.

Thurneysen 8. Dezember 1918

Lieber Karl,

Brunners Briefe habe ich aufmerksam gelesen, wovon ein paar Randglossen zeugen. Mein erster und letzter Eindruck ist ein gewisses Bedauern; ich hätte eigentlich eine etwas andere Äußerung zu deinem Römerbrief erwartet. Hat er eigentlich wirklich zugehört? Statt dessen kommt er sofort mit seinen Schachteln daher und probiert, ob dein «Wurf», wie er das nennt, in die eine oder andere passe. Er ist von vornherein überzeugt, daß die Prädestination (er meint natürlich wieder die des Einzelnen) ein «gottloser Gedanke» ist, er handhabt die Himmelsleiter des sittlichen Stufenbaus als notwendigstes Requisit des modernen Menschen. Er ist im Geheimen wahrscheinlich ein Mystiker und offensichtlich ein ausgekochter Individualist und läßt sich das durch keinen Römerbrief in Frage stellen. Er versucht sogar in krampfhaften Selbstgesprächen die ganze pietistische Askese und Seelenanalyse auf eine neue Weise zu übernehmen. Das alles ist ihm natürlich nicht weiter anzurechnen, aber es verhindert eine ernsthafte sachliche Diskussion, in die mit Brunner einzutreten, immerhin möglich zu sein schien. Vorläufig hat ihn der Römerbrief einfach erheblich gestört, und er versucht diese Störung abzureagieren. Du wirst nicht viel anderes können als ihm freundlich und beharrlich sagen, daß Paulus sich seine Einwände: Humanismus! Ethik! Freiheit! Entwicklung! auch schon überlegt und deswegen u. a. den Römerbrief geschrieben habe. Es läßt sich denken, daß man Brunners Überlegungen in globo ablehnt, ohne sie Stück für Stück zu überlegen. Er ist einer unserer gescheitesten Freunde, und es könnte sich zwischen dir und ihm ein laufendes Seegefecht auf weite Distanz entwickeln. Es wären da wichtige Dinge zu verhandeln: er stellt die Frage nach einem kosmologischen oder ontologischen Denken und rührt damit an den Begriff des «Ursprungs», der nach unserer Auffassung die beiden Reihen aus sich entläßt. Er lehnt die Prädestination ab und wird sich daher unsrerseits die Frage gefallen lassen müssen, wie er von der Realität eines souverän handelnden Gottes denkt. Lad ihn doch zu einem Religionsgespräch ein!

Ich lege eine Karte von Gelzer bei um ihres ganzen cachet willen. Ja, so können wir einander noch lange nicht schreiben – mir ist nicht ganz wohl dabei. Von mir bekommst du bald zwei gedruckte Predigten. Die Landesstreikpredigt muß auf direkten Wunsch der Kirchenpflege und auf deren Kosten verbreitet werden, nach ihrer Meinung zur Beruhigung der Bevölkerung. [...]

Würde sich wirklich im Johannesevangelium die Aussicht auf Fichte und Eckehardt eröffnen? Steht nicht auch dort alles in jenem Lichte, das bei Paulus so deutlich leuchtet? Wenn nur wir dieses Licht wieder recht sähen!

Hier noch ein schönes Wort von Bengel:

«Eine Ente kann nicht untersinken, solange sie die Füße beisammenhält. So war Davids Herz. Es kam zwar allerlei Ungerades dazwischen, aber sein Herz blieb allzeit richtig, und darum hat es ihm nicht gefehlt.»

Herzlich dein getreuer Eduard

Barth 12. Dezember 1918

Lieber Freund!

Peters und Rudis haben auch zugesagt, und nun wollen wir uns also auf unser Zusammensein freuen. Es ist in dieser zweideutigen Zeit nötig, sich zu sehen. Nicht wahr, du bereitest dich auch vor auf Joh. 1 und besonders Luk. 1 (oder nach deiner Wahl auf etwas Anderes!), damit etwas Rechtes geht; ich komme gar nicht genug dazu, wie ich wollte. [...]

Mit herzlichem Gruß Dein Karl

Thurneysen 6. Januar 1919

Lieber Karl,

Wir sind beim Übergang ins neue Jahr von Herzen froh geworden, euch zu haben. [...] Und nun ist der Römerbrief da. Nichtwahr, du teilst uns seine Einschläge mit! Auf unserm Weihnachtstisch lagen allerlei Bücher: Die Evangelienauslegung Calvins von Marguerite, dazu die Tholuckbiographie und eine kurze Weltgeschichte, die uns bitter fehlte. Gegenwärtig lese ich die Selbstbiographie von Martin Boos.[1] Sie ist wert, gelesen zu werden. Boos ist anfänglich tief in der Schmach und Verfolgung und noch nicht Geheimrat, aber dafür in der Glut der ersten Liebe. [...] Überdies bekam ich dieser Tage eine eingehende Paraphrase von Röm. 7 aus der Feder von Kohlbrügge[2] in die Hand, du kennst sie vielleicht schon.

Seid indessen herzlich gegrüßt von euren mitverbundenen

Eduard und Marguerite

[1] *Martin Boos, der Prediger der Gerechtigkeit, die vor Gott gilt, inmitten der römisch-katholischen Kirche,* Basel 1872 (1912[3]).

[2] H. F. Kohlbrügge, *Das siebente Kapitel des Briefes Pauli an die Römer in ausführlicher Umschreibung,* Elberfeld 1839; Neudruck: *Das siebte Kapitel des Römerbriefs,* mit einer Einführung von A. de Quervain (= Bibl. Studien 28), Neukirchen 1960.

Thurneysen 13. Januar 1919

Lieber Karl,

Fürs nächste Kränzli überlege ich mir die Frage, wie im N. T. der Kampf geführt wird gegen innen und außen. Ich denke ich gehe aus vom Bußruf und entfalte von daher den Gegensatz gegen Welt und Synagoge und würde dann die Auseinandersetzung wegen des Sabbaths und die Spannungen im Jüngerkreis Jesu klarzulegen suchen.

Wie gehts auf eurer Seite? Bei uns heulen die Sturmglocken immer weiter gegen die Bolschewikipfaffen. Ich hatte Auseinandersetzungen, die von Drohungen gegen mich begleitet waren, und die nun endlich aus der Druckerei kommende Predigt wird auch nicht gerade sänftigend wirken. Der Volksmund sagt von Gemeinde zu Gemeinde: «Mer händ au so-ne Chaib»,[1] wie mir freundlichst mitgeteilt wurde. Die Gründung von Bürgergarden schreitet munter fort. Ich habe die Gnade, mich nicht zu sehr aufregen zu müssen, aber das alles gibt einem zu denken.

Herzlich Eduard

[1] = Wir haben auch so ein Luder.

Barth 15. Januar 1919

Lieber Eduard!

Wie lange habe ich dir nicht mehr geschrieben! Nun will ich [...] dir ein paar Mitteilungen machen.

Wir waren also in Basel letzte Woche. Ich freue mich, nun öfters hinzukommen.[1] [...] Ich nahm an der um den Hahnenschrei stattfindenden Bibelstunde von Ernst Staehelin und Genossen [...] teil und hatte Freude, obwohl mir das baslerisch-erasmische Häuchlein, das über den dortigen Forschungen liegt, etwas neu war. Bald darauf sah man mich im Kolleg bei Wernle, der über Melanchthon und die Augustana allerlei Pragmatisches[...] vorbrachte. Nachher machte ich den üblichen Lauf durch die Gassen und Gäßlein mit ihm, fand aber nichts als müde Resignation. [...] Er bekannte übrigens mürrisch, den Römerbrief noch nicht gelesen zu haben. [...] Am Nachmittag war ich mit Markus im Zoologischen Garten und hatte fast noch mehr Freude als das Kind: am Büffel, an den Flamingos und Kranichen, an der Giraffe und am Gnu, das ist ja wundervoll diese Urgedanken des lieben Gottes, voll *δύναμις* und *θειότης!* Wollen wir nicht einmal eine gemeinsame Pilgerfahrt mit unsern Unterrichtskindern an diese Stätte der Offenbarung machen? Am Abend erlebte ich Stunden voller Gnade und Weisheit mit Adolf Preiswerk.[2] [...] Nelly und ich staunten freudig über seine bollische Fülle, wenn auch etliches (Kirche! Sozialdemokratie!) nicht recht ins Klare kommen wollte, sondern in einem Nebelein von göttlicher [Einfalt] und preiswerkischer Naivität verborgen blieb. [...] Der Römerbrief war scheinbar noch nirgends gelesen, so ist darüber nichts zu sagen.

Hier ist viel Arbeit. [...] Lejeunes sind nun wieder zurück, wir waren gestern Abend bis 12 Uhr nachts dort mit einem Gespräch über Kaiser Wilhelm, über den sie schimpften, und an dessen Figur ich ihnen die Wahrheit über Schuld und Vergebung demonstrieren wollte. Schließlich wurde mir konzediert, ja wenn man so grundsätzlich sein wolle, habe ich eigentlich recht, aber... Im Übrigen beschäftigen mich Predigten über Joh. 14, die Unterweisung, die Bibelstunde über die Apostelgeschichte und die Erforschung von 1. Kor. 15. Von der Kirchenpflege demissionieren vier Mitglieder, nur zwei bleiben: ein Sozialist und ein Bauer, letzterer ungefähr mit der Motivierung Gamaliels [vgl. Apg 5,34–42]. Eine schöne Katastrophe, die aber kommen mußte. In einer Ersatzwahl in den Gemeinderat gabs wieder einen entschiedenen Sieg der Sozialisten, was die Stimmung der «rechten Leute» gegen mich nicht besser machte. [...]

Und nun lebt wohl! Wir grüßen euch alle herzlich. [...]

Dein Karl

[1] Barths Mutter wohnt jetzt in Basel.

[2] Adolf Preiswerk (1861–1936), Pfarrer in Basel, Anhänger des jüngern Blumhardt.

Barth 28. Januar 1919

Lieber Eduard!

[...] Ad Monatsblatt:[1] ja die Sache sieht aus wie ein Waffenstillstandsangebot. [...] Was wollen sie? Dich sagen lassen, was *du* zu sagen hast, um es zu hören? Oder eben doch wieder nur das kirchliche Gleichgewicht, das durch uns beide gestört ist [...]? I. Für eine Mitarbeit unter Kompromissen scheint mir nun einfach 1. die von uns tant bien que mal vertretene Sache zu fein. Ich denke schon an den alten Blumhardt und an Adolf Preiswerk und ihre Mitarbeit an allerlei Sonderbarem. Aber können *wir* ihnen das heute noch nachtun, vom Gesichtspunkt des *καιρῷ δουλεύειν* [Rm 12,11, varia lectio]? Sind wir *noch* oder *wieder* in der Lage, mit allerlei Volksfreunden zu volksfreundeln? Geht dabei nicht notwendig etwas unters Eis, das wir jetzt mit Reserviertheit hüten müssen? 2. denke ich, daß deine Zeit und deine Kraft für eine *teilweise* Leitung des Blättchens zu kostbar ist. 3. wollte ich jedenfalls nicht in dem Ding sein ohne volle Ellenbogenfreiheit [...]. II. Doch man könnte ja in der Tat auch hier an eine offene Türe glauben, [...] wobei nur zu erinnern ist, daß *diese* Türen noch nie die *ersten* gewesen sind, die aufgingen. *τίς ἡ πρόσλημψις εἰ μὴ ζωὴ ἐκ νεκρῶν;* (Röm. 11,15). Obs ernst gemeint ist, das wird sofort zu erfahren sein durch kräftige Bedingungen: 5000 Lokomotiven, 200 Dampfpflüge, 150 Unterseeboote, Rückzug über den Rhein und Brückenköpfe mit 10 km Radius. Also: Suspendierung des Einspracherechtes der famosen [Redaktions-]Kommission, volle Freiheit aufzunehmen und abzulehnen [...] Summa: alleinige Verantwortlichkeit von dir. Unter diesen Voraussetzungen ließe es sich denken, daß der Sache gedient werden kann, daß du dich mit vollem Ernst der Aufgabe zuwendest, dieses Blättlein gut zu machen, und daß auch ich dabei wäre. III. Die letzte Frage ist natürlich die, ob du das Unternehmen, nicht nur den Leutwilern, sondern dem reformierten Volk des Aargau zu predigen, wagen willst. Je größer die Unverantwortlichkeit gegenüber den Pfarrern, die du dir verschaffen müßtest, umso größer natürlich die Verantwortlichkeit gegenüber der Sache und den Menschen. Zwinglikalender! Damit, daß wir den Herrn Jesus mit der Spritzkanne[2] abschaffen würden, wäre noch nicht gesagt, daß sich der wirkliche Christus zu unserm Blättlein bekennen würde. Das wissen wir nachgerade aus unsern Gemeinden. Ich für mich würde mir wahrscheinlich gerade diese letzte Frage zum Grund werden lassen, abzulehnen. Der Kampf um das Wort wird mir in Safenwil so schwer, ich leide bei jeder Predigt so unter dem Bewußtsein der Differenz von Verheißung und Erfüllung, daß ich mich oft eher zurücksehne nach den Fleischtöpfen Ägyptens, wo man den Leuten doch «etwas» zu bieten hat, als daß ich Verlangen trüge, den gleichen Kampf auf breiterer Front und unter noch viel schwereren Bedingungen aufzunehmen. Wenn *du* dich berufen fühlst und mich dann wieder zur Mitarbeit rufst, so will ich es meinerseits als Berufung annehmen und mitmachen. Von mir aus würde ich dieses Roß nicht besteigen.

[...] Heute bekam ich 450.– Fr. Kinderzulage. Denk vielleicht schaffe ich mir daraus den Lietzmann-Kommentar[3] an, der mir doch fehlt. Schlatter kann ich wohl eher noch eine Weile entbehren. Oder was meinst du? Ich sollte doch für meine Exegesen das letzte Wort der Wissenschaft wenigstens auch zur Hand haben.

Wernle: der beiliegende Brief von Wirz[4] macht doch nicht den Eindruck, als habe die Sache so verheerend gewirkt. Wenn das Buch nur ausspricht, was der Redaktor des Kirchenblatts «im tiefsten immer meinte», dann ist das eine überraschende Erfüllung von Röm. 15,14–15 und eine rechte Beschämung für meine ungläubige «Voraussicht». Und wie hat nun Wernle, der mich eines Seminars gewürdigt,[5] im Voraus glühende Kohlen auf mein Haupt gehäuft! Möchte ich doch ein anderes Mal nichts solches mehr schreiben, damit die ¼offenen Türen nicht alle wieder zuklepfen. Es war der Anblick von Wernles Verstocktheit, den ich von Basel mitnahm, der mich diesen Rückfall erleben ließ, wo ich doch in Zukunft nur noch milde («wehmütig», wie du in Aarau sagtest) reden wollte.

Neueres zum Römerbrief liegt nicht vor als die Mitteilung von Bäschlin, daß er in seinem Laden alle Tage 1–2 Exemplare verkaufe und daß die Bestellungen auch von auswärts tüchtig eingingen.

Heute Abend erwarten wir Dr. Lejeunes. Wo bleiben deine Predigten? Willst du mir dann gleich etwa 6 Ex. schicken für hiesige Liebhaber christlicher Wahrheit und Gottseligkeit? [...] Die Apostelgeschichte bewährt sich als ein vortreffliches Buch voll Eigenart und Universalismus. Ich bin jetzt am 4. Kapitel. Zündel leistet wieder unschätzbare Dienste. Sollte man nicht einmal eine Neuausgabe der Zündel-Bücher veranstalten, unter Beifügung von Stellenregistern, die man jetzt schwer vermißt? Das wäre nützlicher als den Römerbrief ins Englische zu übersetzen und würde sicher gekauft und gelesen.

Mit herzlichen Grüßen von Haus zu Haus Dein Karl

[1] Thurneysen war die Redaktion des «Kirchlichen Monatsblattes für den Aargau» angeboten worden.

[2] Titelbild des «Monatsblattes».

[3] Von dem von Hans Lietzmann seit 1906 in Einzel-, seit 1911 in Sammelbänden in Tübingen herausgegebenen Handbuch zum Neuen Testament schaffte sich Barth die Bände I (1912), II (1919) und III (1913) an.

[4] J. Wirz war Redaktor des «Kirchenblattes für die reformierte Schweiz».

[5] Laut Mitteilung in dem erwähnten Brief von Wirz (im Karl Barth-Archiv, Basel) hatte Wernle ein Exemplar von Barths «*Römerbrief*» «für sein Seminar 'Neutestamentliche Übungen (Paulus)'» angeschafft.

Thurneysen 1. Februar 1919

Lieber Karl,

Ich freue mich zuviel an der Stille dieser Aargauer Jahre, als daß ich sie durch den Betrieb einer Redaktion unterbrechen möchte. Wiedereinmal war ich in Zürich und habe dort einen Vortrag gehalten unter stärkstem Protest einer Schar christlicher Jünglinge älterer Jahrgänge und lebhaftem Beifall einiger christlicher Grünhörner. Zur Erklärung dieser Situation diente die Mitteilung, der Evangelist Binder sei soeben sechs Tage lang dagewesen und habe den CVJM stark gemacht und vor allem die «Lust am Zeugnis» so geweckt, daß ein einmütiges Maschinengewehrfeuer von Bibelsprüchen und Zeugnissen mich empfing, dem dann allerdings einige Salven blinder Begeisterung für mich antworteten. Ich konnte die Sache von der lustigen Seite nehmen, wenn mich auch Israels Verstockung ärgerte und betrübte.

Ich war bei Kutter und zwar sehr ausgiebig und habe schöne und stärkende Reden von ihm entgegengenommen. Er redete auch sehr freundlich und zustimmend vom Römerbrief, schloß freilich auch die Aufforderung an, nun wirklich von daher zu leben und zu reden, welches eine Verheißung habe. Im Übrigen läßt sich bereits eine Römerbriefgemeinde in Zürich konstatieren. Was willst du mehr? Sogar dein Zahnarzt erkundigte sich nach der Seitenzahl deines Buches, um es evtl. anzuschaffen; jedenfalls hat er ein heftiges Verlangen, dich wieder zu plombieren. [...]

Herzlich Eduard

Barth 3. Februar 1919

Lieber Eduard!

Ich bin froh, daß du das Monatsblatt nicht nimmst und daß damit auch ich von dem gewagten Unternehmen der «Chronik» freigesprochen bin. Wir haben wirklich noch anderes zu tun. Die Kommentare zu diesem neuen Refus von der andern Seite kann man sich freilich denken. – Wie merkwürdig all das, was du aus Zürich erzählst. Offenbar sind die «christlichen» Gegenpioniere z.Z. sehr kräftig an der Arbeit. Vetter ist in Riehen unter Beteiligung einer zahllosen Menge [...] in einem weißen Sarg zu Grabe getragen worden, und seine hiesigen Freunde versichern mir, nun rede er erst recht. Es wurde mir in letzter Zeit wieder kräftig zugeredet von dieser Seite. Die Spatzen, die diese Kreise in der Hand halten, freuen sie so stark, daß sie nach unsern Tauben auf dem

Dach durchaus nicht glustig[1] sind. So sind mir auch zwei meiner gefreutesten ehemaligen Konfirmandinnen in die Heilsarmee gegangen mit der Begründung, ich sei ihnen zu «gelehrt», und dort werde man eben «glücklich». Was sagen wir eigentlich dazu? Wir können ja kaum bestreiten, daß man unter unserm Wort eigentlich nicht gerade «glücklich» wird, offenbar darum, weil wir so zäh am Ganzen festhalten, weil aber andrerseits nicht wir, sondern Jesus selbst mit Vollmacht dieses Ganze sagen müßte. «Glück» sehe ich im ganzen Blumhardt'schen Kreis nur in den Varianten Z. und V., und da handelt es sich doch offenbar nicht um Erfüllungen, sondern um neue Verkürzungen. Eine andere, früher sehr eifrige Zuhörerin von mir macht jetzt kilometerweite Umwege um mich, ist zu [der Sekte der] Albrechtsbrüder gegangen und gerät in heftigste Aufregung, wenn man nur von mir redet. Warum wirken wir *so?* Es scheint übrigens auch ein spezielles Charisma von mir zu sein, so zu wirken. Hallers angesammelter Groll gegen mich, von dem ich keine Ahnung hatte, gehört ja auch hieher. Hast du nicht auch manchmal auf unsrer Wüstenwanderung Heimweh nach den Fleischtöpfen Ägyptens, wo man sich doch satt essen und andere satt machen konnte? Wieviel einfacher und schöner könnten wirs haben, wenn wir einschwenkten zu H. Gelzer! Was für ein lieber junger Mann wäre ich dann im Pfarrhaus Kölliken und in meiner Gemeinde. So dagegen sind wir – du ja auch, wenn du dir auch weniger verderbst als ich – immer zwischen Stuhl und Bank. Von der Seite der *θυσία* Matth. 9,13 ist wenig an uns zu genießen und zu rühmen, und wir könnens nicht einmal mit gutem Gewissen darauf absehen, weil das *οὐ θέλω* für uns dazwischensteht; von dem *ἔλεος* Jesu aber können wir im besten Fall reden und stehen so, von Gott aus betrachtet, sicher selber wieder auf einer höhern Stufe des Pharisäismus, wie ja das Pharisäertum mit seinem heiligen kritischen Ernst sicher nur eine Abart des Prophetismus, in seiner Weise *auch* eine Erscheinung der Adventszeit ist. So kann ichs all diesen Leuten, die mich so energisch ablehnen, nicht einmal übel nehmen, auch abgesehen von meinen persönlichen Unarten, die Nelly auch in der beiliegenden Predigt vertreten findet. Haller hat in seiner gesunden Stumpfheit gegenüber meiner Dialektik von Gott aus ziemlich recht vermutlich. Da tritt dann in der Tat Kutters Ermahnung «da» (!) hinein zu treten und «da» heraus zu reden in Kraft, wenns nur damit getan wäre, auch das wieder zu *sagen,* wenn nur er selber einem darin hilfreicher wäre; man müßte ja das gleiche auch unter seine Bücher setzen ihm zuhanden. *Παρακύπτειν εἰς νόμον τέλειον τὸν τῆς ἐλευθερίας καὶ παραμένειν* Jak. 1,25, das wärs, das wäre aber im Grunde die Wiederkunft Christi. Unterdessen und im Blick auf diese *letzte* Notwendigkeit bleibt dann doch wieder nichts übrig, als sich wandernd unter die Erwägungen von Röm. 4 zu stellen, also doch zum Wüsten- und Pilgerstand Ja zu sagen, zu warten und auch die andern mit ihrem Drängen nach Zeichen und Wundern (mit dem sie etwas Richtiges vertreten) warten – oder in die Heilsarmee ziehen zu lassen.

Die [beiliegende] Predigt [über Mt 9,9–13] interessiert dich vielleicht, weil du letzthin über die Markusparallele gepredigt hast. Ich wollte gerade das gewichtige Wort v. 13a in der Geschichte nicht missen. Vielleicht brauchst du aber die Lupe, um sie zu lesen.

Was soll ich von E.s Brief denken? Dieser Naivling hatte mich per Postkarte gebeten, ihm in drei Sätzen zu sagen, was ich eigentlich mit dem Buch wolle (er solls im Aargauer Tagblatt rezensieren). Ich habe ihm gleichfalls per Postkarte geantwortet, er solle gefälligst das Buch lesen! Das war doch noch keine Schnödigkeit, oder? Seine Fragen aber sind bedenkliche Zuschauerfragen, [...] auf die ich ihm kaum werde antworten können, wenn er nach Lesung des Ganzen dabei beharrt. [...] [Ad.] Preiswerks These: «Nicht Predigten und Bücher, sondern Erlösungen» war mir von Basel bekannt. Auch da dreht es sich offenbar ums gleiche. Man kann es auch so sagen. Als Einsicht ists sicher richtig, als Methode auch das wieder gefährlich und irreführend. In Basel ist übrigens auch S. P. bei der Lektüre des Römerbriefs gesehen worden!! Andrerseits also Zahnarzt H. *fast.* Was muß das für ein vielstimmiges Echo werden, wenn sie einmal alle hindurch sind! Aber besser für mich wäre es schon, wenn ichs doch anonym geschrieben hätte, von wegen dem «Ernstnehmen» etc.

Genug. Ich muß ins Spital nach Zofingen. Mit herzlichem Gruß

dein Karl Barth

1 = begierig.

Thurneysen 5. Februar 1919

Lieber Karl,

Da kommen endlich die zwei Predigten. Mich schauen sie bereits etwas fremd an, und ich sehe ihre Schwachheit wohl. [...] Dein Nachbar E.! Er würde nicht so reden, wenn er nicht reichlich unsicher wäre. Schreib ihm, wenn du ihm überhaupt schreibst, noch sieben neue Rätsel wie Simson den Philistern, laß ihn rätselraten und den Kopf schütteln, nur deine Locken gib ihm nicht [vgl. Ri 14,12; 16,19] in drei Sätzen preis! Von Zürich erhalte ich nachträgliche Zustimmungen von Jungen, offenbar hat der Rumor schließlich ganz gut gewirkt.

Herzlich dein Eduard

Barth 12. Februar 1919

Lieber Eduard!

Ich habe dir noch gar nicht gedankt für deine Predigten, die ich doch mit größter Teilnahme und Freude gelesen habe, und die ich da und dort abwerfe wie ein Zeppelin seine Bomben. [...] Erstaunlich ists schon, wie E. sich mit dem Römerbrief herumschlägt und alle Trümpfe der modernen Theologie wie verzweifelt noch einmal ausspielen muß. Ich habe ihm zur Antwort nach deinem Rat das Rätsel noch einmal aufgegeben und ihm empfohlen, sich nur getrost in den Jakobusbrief zu versenken, er werde dem Gespenst auch dort begegnen. Vielleicht schreibst du ihm ein freundlich-kräftiges Wörtlein [...], ganz umsonst ists vielleicht nicht. [...] Gestern habe ich zum ersten Mal seit langem wieder im Arbeiterverein geredet. [...] Nächsten Dienstag soll ein Rückblick auf den Generalstreik folgen. So habe ich Gelegenheit, meiner verschämten Lust an politischen Exposés im Stillen zu frönen vor einem höchst dankbaren und zugänglichen Publikum. Die Predigt über «Propheten und Pharisäer» interessiert dich wohl auch, obwohl lange nicht alles gesagt ist zu diesem Thema. Die Worte vom Kleid und vom Schlauch [Matth 9,16–17] haben m.E. mit dem von den Hochzeitsleuten [v. 14f.] direkt nichts zu tun. Ich behandle sie nächsten Sonntag für sich, seltsamerweise diesmal in Übereinstimmung mit Joh. Weiß.[1] Es ist mir sehr fraglich, ob sie sich überhaupt auf die Fastenfrage bezogen haben (bes. die Lukas-Parallele mit ihrem köstlichen «der alte ist milder» [Lk 5,39] scheint mir dagegen zu sprechen, das paßt doch einfach nicht zu dem Gegensatz zwischen der Messiaszeit und der Askese Matth 9,14–15). Liegt nicht eine ganz allgemeine Warnung vor vor dem Experimentieren mit dem Göttlichen, vor Einzelprojektionen und -Eruptionen? Das *χεῖρον σχίσμα, ῥήγνυνται, ἐκχεῖται, ἀπόλλυνται* v. 16–17 wären dann Ereignisse wie die Spartakusrevolten!![2] Doch ich will mirs noch näher überlegen. Der Artikel aus dem «Freien Aargauer»[3] ist wichtig zur Lage. [Sein Verfasser] Schmid[4] ist ein ziemlich unabhängiger Mann. [...] Laß bald von dir hören. Wie gut, daß ihr nicht in Frauenfeld, sondern noch erreichbar seid.

Herzlichst dein K. Barth

[1] J. Weiß, *Die drei älteren Evangelien,* in: ders. (Hrsg.), *Die Schriften des Neuen Testaments neu übersetzt und für die Gegenwart erklärt,* Bd. 1, Göttingen 1906, S. 85.

[2] Im November 1918 bildete sich in Deutschland unter dem Namen «Spartakusbund» eine extreme revolutionäre Bewegung.

[3] *Am Scheideweg. Schweizerischer Parteitag und internationale Konferenz,* in: Neuer Freier Aargauer Nr. 34, 11.2.1919.

[4] Jacques Schmid (1882–1960), Journalist und sozialdemokratischer Politiker, 1931–1949 Mitglied der Kantonsregierung in Solothurn.

Thurneysen 14. Februar 1919

Lieber Karl,

Vielen Dank für deine Zusendungen! Sie kamen sehr erwünscht. Der «Freie Aargauer»: weil ich eben ein Gespräch über den Generalstreik mit meinem Kirchenpflegspräsidenten hatte und ihm das verständige Wort von Schmid zur Überlegung geben konnte. [...] Deinen Rückblick auf den Generalstreik hätte ich gerne gehört. Ich schicke dir hier meine Predigt über das Wort vom neuen Wein. Als ich es das erste Mal überlegte, dachte ich, es werde eine Predigt über das Auseinanderbrechen von neu und alt daraus, aber bei näherer Exegese kam ich fast wider Willen darauf, es gleich dir als Mahnung an die Vertreter des Neuen zu fassen. Schick mir dann dein Wort zur Sache!

Es wäre gut sich zu sehen, ich habe allerhand Zuspruch nötig.

Herzlich dein Eduard

Barth 17. Februar 1919

Lieber Eduard!

[...] Hier meine gestrige Predigt. Vielen Dank für die Deinige, die dem Volk jedenfalls faßlicher und nützlicher war als meine. Ich kam schließlich darauf, daß die Worte (in ihrer merkwürdigen Fülle des Ausdrucks, auf die auch die Synopse hinweist!) nach allen vier Himmelsrichtungen zugleich reden. So ist die Predigt eine Drehung um die Achse von 360 Grad geworden. Nelly beklagte, daß der Vortrag streng, gesetzlich und zürnend gewesen sei. Es ist ein Verhängnis, daß ich immer durch das Persönliche der Sache schaden muß.

Den «Neuen Freien Aargauer» zu abonnieren, rate ich dir nicht. [...] Ich will dir gerne auf die Seite legen, was er Wesentliches bringt. Es ist wenig genug. Wenns einmal hoffnungslos klar werden sollte, daß ich als Pfarrer *nur* Verheerungen anrichte [...], so wende ich mich doch noch der politischen Journalistik zu. [...]

1. Kor. 15 hellt sich langsam auf. Es ist aber eine mühsame Untersuchung, den schwierigsten Kapiteln des Römerbriefs vergleichbar, besonders auch weil aus dem Zusammenhang des Briefes so gar nichts Erhellendes zu entnehmen ist. Deutlich ists, daß die «Auferstehungsleugner» durchaus keine bösartigen Ketzer waren, sondern im Gegenteil sehr sympathische Normalchristen mit ragazischer Tinktur, [...] die gegen den Transzendentalismus des Römerbriefstandpunktes allerlei wohlbegreifliche Einwendungen hatten, Vergebung der Sünden proklamierten ohne Heilsgeschichte, als abstrakte Religionswahrheit, Hoffnung auf das, was man sieht (Röm. 8,24) *ἐν τῇ ζωῇ ταύτῃ* 1. Kor. 15,19 = in diesem Aeon, ein Reich Gottes als Gipfel einer diesseitigen Entwicklung (1. Kor. 15,50–54) unter der Verdächtigung, die Anschauungsweise des Römerbriefs sei eben «nur» Paulinismus (1. Kor. 15,8–11). Paulus redet sehr geduldig mit ihnen, nennt sie *ἀδελφοὶ ἀγαπητοί* (v. 58), die Sache selbst aber in dürren Worten *ἀγνωσία θεοῦ* (v. 34). Die Methode der Belehrung ist auch hier die «Erinnerung» an die gemeinschaftlichen Voraussetzungen (bes. deutlich v. 12–19, 29–34), das Übrige ist Erläuterung dazu, Ausziehen der gegebenen Linien. Ich schreibe vorläufig an einem fortlaufenden Kommentärlein dazu, das ich dann vielleicht für die Pfärrer dramatisch bearbeite. Erstaunlich ists, wie wenig sich die Ausleger auch hier um die Ökonomie und innere Bewegung der Sache bemüht haben. Am besten sind wieder meine bewährten Freunde, Calvin, Bengel und Rieger, dazu ein wackerer Thurgauer Pfarrer, der spätere Marburger und Straßburger Professor Alfr. Krauß (1864!).[1] Bousset[2] sympathisiert offen mit den Gegnern des Paulus! Robertson[3] ist eine edle aber schwankende Gestalt, hat das Kapitel sicher nicht begriffen. Aber ich auch noch nicht recht! Lietzmanns Pauluserklärung habe ich nun zu eigen erworben. Satis.

Mit herzlichem Gruß an euch alle drei dein Karl

Die Apostelgeschichte ist ein vorzügliches Bilderbuch Gottes. Wir beschauen es in kleinem, aber beharrlichem Kreise.

[1] A. E. Krauß, *Theologischer Kommentar zu 1. Korinther XV,* Frauenfeld 1864.

[2] W. Bousset, *Der erste Brief an die Korinther,* in: J. Weiß (Hrsg.), *Die Schriften des Neuen Testaments ...,* Bd. 2, 1. Abschn., S. 64–141. Über 1. Kor 15: S. 126–140.

[3] Fr. W. Robertson, *Reden über die Korintherbriefe* (englisch zuerst 1859), Göttingen 1895. Über 1. Kor 15: S. 213–259.

Barth 21. Februar 1919

Lieber Eduard!

Du weilst nun also im gescheiten, frommen und reichen Basel, und ich freue mich schon auf den Situationsbericht, den du von dort mitbringst. Ich meinerseits gehe diese Woche nicht hin, sondern vielleicht [...] doch nächste Woche zur [religiössozialen] Konferenz. [...] Ich will nun gerne einmal lauschend hinsitzen «wie Maria tat»,[1] wenn die Originalpropheten und Nicht-Professoren ihre Stimme erheben. [...]

Wir hatten letzten Dienstag einen muntern Diskussionsabend über den Generalstreik, den ich ausgiebig «auslegte», wie unsre Arbeiter [von] einer solchen Erklärung sagen. Es geht dabei zwar praktisch-politischer zu, als du es wohl machen würdest, sogar mit beträchtlich weniger Ethik, als ein richtiger «Neue Wege»-Mann es wohl für gut halten würde. Ich gehe vielmehr, mit Schädelin zu reden, auf den Markt, und Paulus kommt nur insofern zu Wort, als seine «Besonnenheit» und «Überlegenheit» vom Hintergrund aus sich geltend zu machen versucht. Nächste Woche kommt der Internationale Sozialistenkongreß[2] zur Erörterung. – Wir haben jetzt trotz Gewitterwolken eine stille erfreuliche Zeit. Gerade in letzter Zeit erfreuten uns ein paar Zeichen von Verständnis und Bewegtheit aus der Gemeinde, für die wir dankbar sind. Nellys Bibelkränzchen gewinnt scheints an Intensität. Daneben nun allerdings Sturmzeichen. Gestern hatten wir die letzte Sitzung der alten Kirchenpflege, in der nun vier unter dem Druck des Konfliktes zwischen Freisinn und – sagen wir einmal –

Safenwiler Kirche das Weichen dem Standhalten vorgezogen haben z. T. unter fast rührenden Schwachheitsbekenntnissen und alle mit der Versicherung, sie wollten fernerhin in die Kirche kommen, nur zwischen den Mühlsteinen als Kirchenpfleger wollten sie nicht mehr sein!! Ich hielt dann eine milde kleine Ansprache! Nun haben wir bis zum 9. März Interregnum, in das wohl bald durch den Wahlkampf Leben kommen wird. Auf die Budget-Gemeinde[3] ist dann ein Generalangriff der unentwegten Freisinnigen auf mich vorgesehen. Der Gemeinderat, der vorläufig die Geschäfte der Kirchenpflege versieht, hat schon das Signal gegeben, indem er meine Besoldung, während sonst alle in der Gemeinde steigen, will stehen lassen, ferner durch eine Attacke auf die Schulpflege (in Lehrerbesoldungssachen) um ihres «extrem sozialistischen» Präsidenten willen. Das kann heiter werden. Ich sehe ihm aber auch heiter entgegen, besonders der angedrohten Kirchenaustrittsbewegung. Gleichzeitig ist nun eine Lehrerwahl vorzubereiten, unter den Anmeldungen ist auch Klara Wehrli, und zwar bis jetzt mit weitaus den glänzendsten Ausweisen; doch weiß ich noch nicht recht, ob ich mich dafür ins Zeug legen soll, sie auf den brenzligen Posten von Safenwil zu bringen.

Es ist wohl eine verdiente Reaktion auf die Römerbriefzeit, daß mich da mein «Persönliches» allenthalben so anficht. Der 2. Korintherbrief, dieses merkwürdige durch und durch persönliche und doch wieder so transzendentale Stück Selbstbetrachtung, ist mir in diesen Tagen sehr wichtig geworden. [...] Am Sonntag möchte ich über das blutflüssige Weib Matth. 9,20f. mit dem *ἐὰν μόνον ἅψωμαι* predigen. [...] Melde mir einmal mit ein paar Worten, was im Wespennest [Basel] vorgeht!

Herzlichen Gruß dein Karl Barth

[1] N. L. Graf v. Zinzendorf, «*Herr, dein Wort, die edle Gabe*», Schluß der von Chr. Gregor hinzugefügten 2. Strophe: «Laß mich eifrig sein beflissen, dir zu dienen früh und spat, und zugleich zu deinen Füßen sitzen, wie Maria tat» (Ges. f. d. ev.-ref. Kirche der dt. Schweiz 1891, Nr. 188).

[2] 3.–10. Februar 1919 in Bern.

[3] Versammlung der stimmberechtigten Mitglieder der Kirchgemeinde zur Beschlußfassung über das Budget.

Thurneysen 7. März 1919

Lieber Karl,

Nun bist du also auch in Basel gewesen, und es wird gut sein, sich auszutauschen. Die revolutionäre Unruhe breitet sich bei uns immer mehr aus, und es wäre wichtig, zu erkennen, was vorläufig zu tun sei. Hier in meinen Gemeinden stehe ich mit meinen Erwägungen vollständig allein. Die einen warten auf den jüngsten Tag und die andern bilden weiße Garden. Ich beneide dich um dein Safenwil mit seinen Arbeitern, die dir immer erneute Gelegenheit geben, dich auszusprechen und das Vorläufige, das zu sagen ist, so zu sagen, daß das nicht nur Vorläufige ein wenig hindurchschauen kann. Wie wird die Kirche dastehen, wenn die neuen Dinge kommen? [...]

Wir grüßen euch herzlich! Eduard

Thurneysen 10. April 1919

Lieber Karl,

Also die Aarauer Konferenz und damit Brunners Erlebnisvortrag[1] – das war das Letzte. Wir sind nach dem Votum deines Bruders heimgezogen. [...] Ich lese Krapotkins Memoiren,[2] ein zeitgemäßes Buch, ich lerne viel daraus. Schwierigste persönliche Fragen werden in diesem Leben gestellt und gelöst. Irgendwelcher religiöser Sozialismus kommt freilich nicht darin vor, überhaupt keine Spur von religiöser Deutung und Betrachtung, und doch jene verborgene Strömung in «ein Land, das ich dir zeigen will» [vgl. Gen 12,1]. Wie seltsam schauen einen da unsere religiös-sozialen Konferenzen und Aufrufe an! Ragaz scheint, wie die «Neuen Wege» zeigen, immer noch nicht genug davon zu haben. Unterdessen rückt der Bolschewismus, wenn vielleicht auch nur vorläufig, hart an unsre Grenzen. Eine reaktionäre Strömung breitet sich bei uns aus. Vielleicht bricht so etwas wie eine Ära Metternich an.

Riegers Betrachtungen erfreuen mich in diesen Tagen. Was predigst du?

Von Herzen grüßt euch euer Eduard

[1] Vgl. *Vorträge an der Aarauer Studentenkonferenz 1919. Denken und Erleben* von Pfr. Lic. Emil Brunner; *Gotteserkenntnis* von Dr. phil. Heinrich Barth, Basel 1919. (Ein vollständiger Bericht über die Aarauer Konferenz von 1919 [24.–26. 3.] ist wegen der Teuerung nicht erschienen.)

[2] Fürst P. Krapotkin, *Memoiren eines Revolutionärs,* 2 Bände (= Memoirenbibliothek I. Serie Bd. 8/9), Stuttgart o. J.

Barth 13. April 1919

Lieber Eduard!

Bevor die Oster-Lawine ins Rollen kommt, rasch noch einige Mitteilungen. [...] Wir hatten unterdessen sehr ausgefüllte Zeiten. Wo soll ich anfangen? Also: viel Apostelgeschichte: Ananias und Saphira, Gamaliel, Stephanus. Dazu eine Serie von Bolschewiki-Abenden im Arbeiterverein mit Betrachtungen über die Lenin'schen Vorder- und Hintergründe (der Dostojewskische russische Christus, das Elias-Calvin-Cromwell-Problem des Reiches Gottes!). In den Predigten Erwägungen über Judas, Kaiphas, Petrus und Pilatus (ich lege sie gleich bei [...]), in der Unterweisung Abschluß der «95 Thesen» [Leitsätze], die ich dir später zur kontrollierenden Begutachtung vorlegen möchte, diese Woche gibts noch eine Generalrepetition, vor deren Ergebnissen mir *bangt!* Dann hatten wir Lehrerinnenwahl, bei der es gelang, jene Frl. Wehrli fast einstimmig durchs Ziel zu führen. Die Freisinnigen hatten noch eine Sonderkommission durchs Land geschickt, weil sie der Schulpflege nicht recht trauten. Sie konnten aber unsern Befund über Frl. Wehrli als Lehrerin nur bestätigen. Erst jetzt, nachträglich, sind sie nun scheints auf die Entdeckung gekommen, sie sei oh, oh, «christlich-sozial», und der Pfarrer habe wieder einen neuen Streich gegen sie geführt. Die Mine, die mich sprengen sollte (Ablehung einer Besoldungserhöhung), ist doch nicht aufgeflogen, da noch keine Kirchgemeinde[1] stattfinden soll, denn die Kirchenpflege ist trotz zwei Wahlgängen noch nicht rekonstruiert. Doch zirkuliert ein Protest-Schreiben gegen mich, das dem Kirchenrat eingegeben werden soll, und einige 40 sollen unterzeichnet haben. Es wird sehr wahrscheinlich nichts Rechtes aus dieser Sache, obwohl sie scheints eine Reihe von Kirchengesetz-Paragraphen gegen mich ins Feld führen. Welch ein Fest wird das werden, wenn ich am grünen Tisch in Aarau [...] zur Verantwortung gezogen werden sollte! Merkwürdigerweise machen z.Z. auch die Kapellenleute[2] gegen mich mobil. Kurz, für Opposition ist gesorgt, doch habe auch ich, abgesehen von der kleinen und kleinsten Herde, einen Block hinter mir, der nahe an die Mehrheit langt, und mein Verhältnis zu den Opponenten ist durchaus kein tragisches. An Ostern halte ich z.B. eine Haus-Taufe bei einem Fabrikanten, wo ich wahrscheinlich etwas vom «russischen Christus» verlauten lassen werde. – [...] Ich besuchte Prof. Hoffmann[3] [in Bern] und bekam zu hören, daß man mich in diesen Kreisen als theologischen Reaktionär mißbilligt und bekopfschüttelt, ohne das Buch zu lesen! Andrerseits wiederum finde ich Beifall in den dunkelsten Gebieten der «Evangelischen Gesellschaft»![4] [...] [Die] Aarau[er Konferenz] habe ich auch in guter Erinnerung. Heiners Vortrag[5] ist mir zum Antrieb geworden, das totaliter aliter des Gottesreiches noch viel kräftiger ins Auge zu fassen. Ragaz wird uns wohl zunächst immer noch fremder werden müssen, bis wir ihn wieder heilsgeschichtlich einordnen können. [...] Meine Festpredigten sind noch alle im Nebel, morgen fange ich an, zu brüten. Auch du?

Mit herzlichen Grüßen und Wünschen von Familie zu Familie

dein Karl

[1] Vgl. Anm. 3 zum Brief vom 21. 2. 1919.

[2] Pietistische Gemeinschaftsleute in Safenwil.

[3] Heinrich Hoffmann (1879–1951), Prof. für Kirchengeschichte in Bern.

[4] Die «Evangelische Gesellschaft» geht zurück auf die Erweckungsbewegung im Anfang des 19. Jahrhunderts und ist bis heute ein Sammelort der kirchlich rechtsstehenden Kreise des Kantons Bern.

[5] H. Barth, *Gotteserkenntnis,* a.a.O. S. 35–79.

Barth 11. Mai 1919

Lieber Eduard!

[...] Habe Dank für deine Bemerkungen zum Unterweisungsheft. Diese Woche fange ich nun neu an nach der gleichen Linie, im Einzelnen hoffentlich mit allerlei Verbesserungen. Der wunde Punkt ist in der Tat der zweite Teil mit seinem Hin und Her, in dem die Erlösung zu wenig zur Geltung kommt. Vielleicht *darf* es nicht viel anders sein vorderhand? Dein Vorschlag, mit einem kleinen Kapitel salomonischer Weisheit zu schließen, gefällt mir besonders gut.

Ich lege hier bei: [...] zwei neue Rezensionen, [...] die ohne Belehrung gelesenen Brunneriana. Es kommt mir alles so dran vorbeigeredet vor bei ihm, [...] ohne daß ich genau sagen könnte, wo es eigentlich fehlt.

Von Montag bis gestern Sonntag war ich also in Basel. [...] Während der ersten Tage frostiger Aufenthalt bei meinem reichen Götti[1] am Leonhardsgraben. Er bezeugte mir sein Mißfallen an meinem Wesen und Schreiben, schenkte mir aber zuletzt trefflichen englischen Tabak. – Die Hochzeitsfeier[2] ging programmmäßig in Szene. [...] Bei Tisch geriet ich zuerst in die Hände des alten Rütimeyer und meines Onkels Dr. Barth,[3] die gemeinsam über meinen Kopf hinweg der alten Burschenherrlichkeit nachtrauerten und Bitzius [Jeremias Gotthelf] gegen Dostojewski ausspielten. [...] Dann war ich bei Adolf Preiswerk zum schwarzen [Kaffee], wo ich [...] brüderlichen Zuspruch bekam wegen der Polemik gegen Ragaz im Römerbrief, die er zu scharf und zu deutlich findet. Es schloß sich daran eine längere Aussprache über das «Warten» [auf das Reich Gottes], in der mich die Stärke seiner Position erfreute, aber als Ganzes doch nicht überzeugte. Im N. T. geht es doch *noch* umsichtiger und beweglicher zu. Das Gespräch war aber fein und anregend. [...] Zum Tee war ich bei Rudolf Liechtenhan,[4] wo ich wieder die Offensive ergriff und Rechenschaft verlangte über den Geist der 90er Jahre. Da vernahm man viel Kleinlautes und Unsicheres, und ich vermute, daß wir nicht mehr lange nötig haben werden, uns nach dieser Seite hin abzugrenzen. [...]

Was sagst du zur Weltlage? Daß Brockdorff-Rantzau[5] seine Rede sitzend hielt, gefällt mir, die Rede selbst durchaus nicht. Das Antichrist-Artige an Wilson kommt jetzt an den Tag, und der Völkerbund wird sicher zur großen Hure Babylon [vgl. Apk 17].

Vale! Ich muß noch die Stephanus-Rede [Apg 7] ansehen, über die ich heute Abend referieren soll.

Mit herzlichem Gruß dein Karl

Heute die zweite Epheserbrief-Predigt über 1,15–23.

[1] = Pate.

[2] Hochzeit von Karl Lindt und Gertrud Barth, am 6. 5. 1919.

[3] Zwei Ärzte in Basel.

[4] Rudolf Liechtenhan (1875–1947), ein Vetter Karl Barths, war als Vertreter der Religiössozialen als Pfarrer nach Basel gewählt worden, später a. o. Professor für N. T. an der Universität.

[5] Ulrich Graf von Brockdorff-Rantzau (1869–1928), deutscher Außenminister im Kabinett Scheidemann (Dezember 1918 bis Juni 1919), Leiter der deutschen Delegation auf der Versailler Friedenskonferenz.

Barth 21. Mai 1919

Lieber Eduard!

[...] Ich habe mir Ehmanns «Leben und Briefe Oetingers»[1] antiquarisch erstanden und lese das Buch mit höchster Befriedigung. Welche Umsicht in jeder Beziehung! Welch ein Reichtum an Lichtern! Welche Vorausnahmen und z. T. bereits Überholungen unserer Weisheiten! Und was für ein erfreuliches «merkurialisches» Gesicht vorne im Buch! Daß man uns Theologie studieren ließ, ohne uns auf solche Dynamiker aufmerksam zu machen! Ich kann mich fast nicht trennen von dieser Lektüre. Für nachher steht schon bereit: «Das Heilige» von Otto.[2] Was mag das sein? Vorerst konnte ich erst die indische Götterfratze bewundern, die dem

Buch als Illustration beigegeben ist, und die rätselhaften Verheißungen des Inhaltsverzeichnisses: «Das Numinose», «Das Fascinosum», «Das Augustum», «Die Momente des Rohen» und dergl., von dem weder wir noch Oetinger bis jetzt etwas ahnten. Letzten Sonntag Abend predigte ich in Peters bernischem Tempel in Madiswil, und Nelly spielte Bach vorher und nachher. Über den Gang des Epheserbriefs erzählt sie dir wohl selber, wenn sies kann, es geht eben immer nur in den größten Linien zu, alle Sonntage eigentlich das gleiche, noch ausgesprochener, als wir es ohnehin tun. Die Exegese kostet mich viel Mühe, doch lohnen sich die breiten Flächen, die dabei sichtbar werden. [...]

In den «Brosamen» der Evang. Gesellschaft in Bern [Nr. 17, 27. 4. 1919] erschien eine Rezension des Römerbriefes von Pfr. Ernst Gerber, dem gefürchteten Papst und Ketzerrichter dieser Organisation, erstaunlich zustimmend, mit Ausnahme von Kap. 7, wo er den Stachel gemerkt und dawider gelöckt hat. Wernle würde rufen: Da hat mans! bei solcher Belobigung von Seiten von Leuten, die gelegentlich sogar meinem Vater Mißtrauensvoten aussprachen. Dagegen werde ich von kirchlichen Taktikern [...] bereits gelinde beneidet um die «gute Presse», die ich habe!! Was werden wir noch alles erleben im Lauf unsrer weitern Entwicklungen? Oetinger kam auf einem gewissen Punkt mit der Theologie ins Reine und wendete sich dann entschlossen der Chemie, der Magie und Kabbala zu. Die Sprüche Salomos wurden ihm zur Drehscheibe. Werden wir auch einmal auf so einer Drehscheibe anlangen?

Herzliche Grüße und Wünsche dir und Marguerite

dein Karl

Was ist von der «glücklichen» Wendung der kirchlichen Dinge in Deutschland (gestrige [Basler] Nachrichten) zu halten?

[1] K. C. E. Ehmann (Hrsg.), *Friedrich Oetingers Leben und Briefe, als urkundlicher Commentar zu dessen Schriften,* Stuttgart 1859.

[2] R. Otto, *Das Heilige. Über das Irrationale in der Idee des Göttlichen und sein Verhältnis zum Rationalen,* Breslau 1917 (und viele spätere Auflagen).

Barth 3. Juni 1919

Lieber Freund!

Nelly will morgen, als wärens wir beide, hinüberradeln, um das Büblein[1] zu sehen und euch zu sagen, daß wir mitbewegt sind von eurer großen Freude. Ganz besonders ich von der deinigen, denn ich weiß, daß man als *Vater* in ganz *besonderer* Weise dabei ist, wenn es heißt: uns ist ein *Sohn* geboren, innerhalb des hoffnungsvollen Kreises dessen, was Mensch heißt, aus dem und zu dem geschaffen, was unsereins besonders gut versteht und mit Teilnahme in seinem Werden begleitet. Nun wirst du bald auch anfangen, prüfend zu beobachten, obs sich zum Polytechnikum oder zum Sammetkäpplein oder zu einer Oetinger'schen Verbindung von Natur und Gnade hin entscheiden will. So oder so, dieser Jüngling wird unter deiner mild-weisen Leitung zum vornherein unter eine Verheißung gestellt sein. *Matthias* ist gut, denn dieser Ersatz-Apostel soll, wie ich eben heute gelesen, im 2. Jahrhundert in besonderem Ansehen gestanden haben, nach einigen wäre *er* der berühmte Levi, von dem du ja mehr weißt als andere Leute. *Eduard* Thurneysen III ist auch gut, mehr als gut, und hoffentlich wird er meinem Christoph einst ein ebenso treubewährter Verbündeter, wie es Eduard I und II dem Großvater und Vater Barth gewesen sind und noch sind. [...]

Es ist viel zu erzählen und zu erwägen. Über Himmelfahrt hatten wir Otto Lauterburg[2] hier. Er ist menschlich sehr sympathisch geworden, als Pfarrer eine ganz unheimliche Gestalt, eine letzte Inkarnation der Kirche, die nichts gemerkt hat, weder von der realen Welt noch von der realen Bibel, sondern sich in tausend raffinierten Künsten ergeht und verzehrt und sich überdies noch für «kindlich» hält. Er mutete mich an wie eine der philanthropischen Gestalten des 18. Jahrhunderts, mild rationalistischer warmherziger Pietist, Lavater mit Basedow'schem Einschlag. Verdächtige Vorliebe für Haydn gegenüber den zerrissenen Modernen, für die «einfachen» «Jesus-Worte», z.B. die «wasserklaren» Gleichnisse, gegenüber Paulus, von dessen Frömmigkeit er zwar «ergriffen» sei, dessen «Auffassung» er aber nicht in allen Punkten (z.B. nicht in der Eschatologie und in der Stellung zum Kreuz) «beistimmen» könne. Lebhaftes Interesse an der Freiheit der Frommen und an der Frömmigkeit der Freien. Gegenüber meinen Mitteilungen aus Eph. 3 in der Predigt ebenfalls «Ergriffenheit», sogar Ja-Sagen, aber vorsichtige Warnung vor Unverständlichkeit für die Einfältigen durch allzu einseitiges von «Gott» reden ohne erzieherische Winke. Einwände aus der Vernunft werden durch Hinweise auf allerpersönlichste «Führungen», Einwände aus der Bibel durch historisch-kritische Erwägungen erwidert. Auch vom Römerbrief ist er «ergriffen», weil ich Paulus gar so trefflich «erlebt» habe. Das Weitere vorbehalten. In seiner Gemeinde große Erfolge (Berge von Briefen, 25 Vorträge über Erziehung vor 100 Zuhörern mit [nach]folgender Gründung einer freien «Gesellschaft der Heimatfreunde»), aber auch Kämpfe wegen bibelkritischer und sozialer Äußerungen. Kurz eine instruktive Persönlichkeit, mit der ich jedenfalls dialektische Fühlung behalten möchte, auch wenn er mir immer nur mit halbem Ohr zuhören wird. [...]

Ich las diese Woche mit ziemlicher Freude «Das Heilige» von Otto. Die Sache ist zwar psychologisch orientiert, weist aber deutlich über die Grenze hinaus auf das Moment des «Numinosum», dem rational nicht beizukommen ist, weil es das «Ganz Andre», das Göttliche an Gott ist. Anbahnung einer grundsätzlichen Überwindung des Ritschlianismus. Letzte Erkenntnisse zeigen sich wenigstens an, wenn die Sache auch nicht ganz in Fluß kommt wegen beibehaltener theologischer Betrachter-Rolle, die sich mit dem ziemlich wohlverstandenen Objekt nicht verträgt. Aber jedenfalls eine Verheißung, daß die Dinge in Deutschland auch am Weitergehen sind und daß wir uns mit unsern dortigen Freunden von der modernen Theologie eines Tages schon wieder begegnen könnten. Jetzt bin ich an Zahns neuem Kommentar zur Apostelgeschichte.[3] Er weiß im Einzelnen viel Nützliches, und seine Orthodoxie ist ein gutes Gegengift gegen die kräftigen Irrtümer dieser Zeit, unter denen die Behandlung der Acta besonders zu leiden gehabt hat, ist aber *an sich* doch nichts Erfreuliches und Lehrreiches, sondern mehr eine rätselhafte Mumie.

Am Sonntag bin ich mit ausgerechnet zwölf Jüngern und Jüngerinnen (nebst neutral-wohlwollendem Kutscher), während hier ein Missionar predigte, nach Madiswil hinübergefahren, wo wir eine gute einfache, aber mit nützlichem Scharnier versehene Predigt von [meinem Bruder] Peter an seine konservativen Bauern hörten. Nachher stiegen wir auf die Hohwacht, sahen uns die halbe Schweiz an und bis zu eurem Steinerberg hinüber und lagerten uns dann im Walde zu vielstündigen Gesprächen über die Lage, mit dem Ergebnis, daß alle Absonderungen in der Gemeinde aufhören müßten und daß deshalb solche Unternehmungen höchstens einmal im Jahr stattfinden dürften. Auf der Heimfahrt brachte denn auch einer der neuen Kirchenpfleger (er ist Landwirt, Sozialist und Kranz-Turner und behauptet im Gegensatz zu O. Lauterburg, überhaupt nur *meine* Predigten seien ihm verständlich!) die mehr weltliche Lust zu geziemenden Ehren und verhinderte so allen keimenden Pharisäismus der kleinen Herde. [...]

Die neue Kirchenpflege läßt sich nicht übel an. Wir besuchten als Erstes die Kirchenpfleger-Konferenz [in Kölliken] und schüttelten gemeinsam den Kopf über die gänzliche Unnützlichkeit des Unternehmens. Andererseits wollen sie mir nun die Besoldung von 3600 auf 4500 erhöhen. Doch stehen noch Kämpfe bevor mit dem Gemeinderat. [...] Auch vom Kirchenaustritt wird immer noch gemunkelt, und die Protesterklärung gegen mich zirkuliere immer noch irgendwo, niemand weiß genau: wo?

Hast du den heutigen Bekenntnis-Artikel des neuen Redaktors am «Freien Aargauer» beachtet? Der kann noch gut werden. [...] Ich habe H. einen Protestbrief geschrieben über die Lendenlahmheit der Kirche, die fünfe immer noch gerade sein läßt, während die Sozialdemokraten den Mann[4] in richtiger Erkenntnis ausgeschifft haben. Einige allgemeine Betrachtungen wurden natürlich angeschlossen, wie sie mir der Geist eingab. In der folgenden Nacht träumte ich heftig von Wernle, dem ich entsetzlich wüst gesagt habe, während du überaus wehmütig mißbilligend neben mir gestanden seiest.

Wir hatten dieser Tage große Freude an einem rechten Gotteskind aus dem Kanton Bern, einer kranken alten Jungfer, die zufällig in unser Haus geriet. Sie kann nur «basteln», d. h. alles Mögliche und Unmögliche (besonders Spielsachen) reparieren, was sie denn bei uns zwei Tage lang besorgte. Dieses aber tat sie unter beständigem Gebet um die rechte Einsicht und tatsächlich mit größter Vollständigkeit und Geschicklichkeit und steht so einfach in der Gnade mit ihrer ganzen Gebrechlichkeit. Was sie vorbringt, hat alles Vernunft, sie verfolgt sogar die Pariser [Friedens-] Konferenz und bemerkte in meinem Zimmer gleich den Grünewald[5] als das Wichtigste. Das ists! Das wäre die Einfachheit, die Lauterburg zu haben meint, und die wir auch noch nicht haben.

Ja, Paris und Ragazens Gottesurteil[6] zur Rechten und zur Linken unter Verwahrung, er wolle durchaus nicht recht gehabt haben, immerhin [...]. Und Röm. 13 wird fernerhin außer Zusammenhang gelesen und historisch erklärt.[7] O Welt. Genug – «ein jeder sein Gesichte mit steter Wendung richte...!»[8] Der Tag wirds offenbar machen [vgl. 1. Kor 3,13].

Schreib mir auch bald wieder und empfange herzlichste Grüße von deinem sich mitfreuenden K. Barth

[1] Am 1. 6. 1919 wurde in Leutwil der Sohn Matthias Eduard geboren; später Pfarrer in Zürich.

[2] Otto Lauterburg (geb. 1886), Pfarrer in Saanen (Bern).

[3] Th. Zahn, *Die Apostelgeschichte des Lucas* (= Kommentar zum N.T. Bd. 5), 2 Teile, Leipzig 1919/1921.

[4] Den bisherigen Redaktor des «Neuen Freien Aargauers», einen ehemaligen Pfarrer.

[5] Reproduktion des Kreuzigungsbildes vom Isenheimer Altar.

[6] L. Ragaz, *Zum Pariser Frieden,* in: Neue Wege, Jg. 13 (1919), S. 254–265.

[7] R. Reich, «*Jedermann sei untertan der obrigkeitlichen Gewalt*», ebd. S. 241 bis 247.

[8] Vgl. Anm. 1 zum Brief vom 11. 7. 1918.

Barth 10. Juni 1919

Lieber Eduard!

[...] Am Montag Morgen fuhren wir [...] velociter nach Aarburg an die CSV-Versammlung, wo ich – am Freitag Abend telegraphisch aufgeboten! – für Foerster in die Lücke treten mußte. Vielleicht kommst du aus Beiliegendem einigermaßen draus, was ich ihnen mitgeteilt habe.[1] Die Hauptsache waren einige Vorlesungen aus dem Prediger, aus 1. Kor. 15, Kol. 1 und Offenbarung (bedenke, daß ich nur die Nacht zwischen Sonntag und Montag zur Verfügung hatte!). Doch kamen beim Vortrag die drei regna: naturae, gratiae und gloriae wenigstens soweit deutlich hervor, um das gebührende Befremden zu erregen, das sich alsbald in einer sehr lebhaften und im ganzen guten Diskussion entlud, in der ich mit Fragen und kleinen Protesten nur so überschüttet wurde und immer wieder reden mußte. Der Pietismus offenbarte sich in seiner Stärke und in seiner Schwäche. Betreffend die Eröffnungen über das Reich der Herrlichkeit wurde mir das Anti-Ragazische zu rasch abgenommen, während man gleichzeitig befürchtete, der Verweis auf die Ewigkeit müsse den Ernst gegenüber der Sünde abschwächen! Doch behielt ich bis zuletzt im Ganzen guten Kontakt mit den Diskutanten, und vielleicht ist trotz der anfänglich spürbaren Entrüstung etwas hängen geblieben. Das Beste brachte ein Württemberger Dr. Sch., Interniertenpfarrer in Luzern, der von einem uns sehr nahen Boden aus redete, mich völlig unterstützte und sagte, das sei das Wort, das durchaus auch die Lage in Deutschland umfasse. [...] Schade daß du nicht dawarst, um den Regenbogen sichtbar auszuspannen. Wir rollten dann ziemlich befriedigt heim. [...]

Wie wird das fein, wenn wir im Juli ins Wallis ziehen miteinander.[2] Ich freue mich wie auf ein Fest. Vorher sollte noch Einiges erforscht werden. Der Epheserbrief beschäftigt mich lebhaft und gibt [Predigt-] Stoff für den ganzen Sommer. Kaftans «Philosophie des Protestantismus»[3] ist eingetroffen. Die Einleitung machte mir den geradezu ekelhaften Eindruck eines unbekehrten theologischen Greises; doch will ich noch weiterlesen.

Grüße Marguerite von uns beiden. [...]

Herzlichst dein Karl

[1] Vortrag über «Christliches Leben» am 9. 6. 1919; unveröffentlicht.

[2] Gemeinsame Ferien von Barth, Thurneysen und R. Pestalozzi auf dessen Einladung, 20.–31. Juli 1919.

[3] J. Kaftan, *Philosophie des Protestantismus. Eine Apologetik des evangelischen Glaubens,* Tübingen 1917.

Barth 26. Juni 1919

Lieber Eduard!

Ich sende dir hier einen entscheidenden Brief[1] aus Deutschland und meine Antwort darauf. Ob du vielleicht schon direkt angegangen worden bist? Jedenfalls habe ich dich in Gewißheit deiner Zustimmung sofort ins Gemenge gezogen, und wir werden uns nun reiflich überlegen müssen, was wir ihnen dann mitteilen wollen; denn das sollten wir nun so gut als möglich machen.

Ich las dieser Tage weiter im Plato: Gorgias, und dann von Tertullian «De resurrectione carnis»: mit der Ahnung, daß in den Kirchenvätern jedenfalls Bedeutendes zu holen wäre zur Verbreiterung und Festigung unsrer Basis. Die Fragen und die Fronten, die Gefahren und die Aussichten sind doch merkwürdig immer die gleichen, überall wo es ernst wird.

Mit herzlichem Gruß an euch beide dein K. Barth

[1] Von Lic. Otto Herpel (1886–1925), Pfarrer in Lißberg/Oberhessen, geschrieben im Namen der in Gründung befindlichen Deutschen religiössozialen Vereinigung: Einladung an «die Schweizer Väter des Religiös-Sozialismus» zur Teilnahme an einer für den Herbst geplanten Tagung. Die Tagung fand vom 22. bis 25. 9. 1919 in Tambach bei Gotha statt (Brief im Karl-Barth-Archiv Basel).

Thurneysen 28. Juni 1919

O Karl,

Was ist das für ein hoffnungsreicher Brief aus Deutschland, ich meine wirklich nicht unsretwegen, aber der Sache wegen, die dort nun von für sie reifen Menschen aufgenommen werden wird. Hoffentlich erleben sie die fatalen Entgleisungen nicht, die uns begegnet sind. Hoffentlich gibt es dort keine religiössozialen Um- und Abwege! Wenn wir ihnen nur ein wenig die Klippen warnend zu zeigen vermögen, wie du es in deiner Antwort andeutest, dann ist schon viel gewonnen. Ich habe noch keine Aufforderung erhalten, sie wird an die «Väter» in Zürich ergangen sein. Wie wird sie dort wohl aufgenommen? Ich bin mit deiner Antwort voll einverstanden und empfinde das Gewicht der Verantwortung, das dadurch auch auf mich fällt. Im ganzen ist es ein Zeichen der großen Möglichkeiten, die über keinem andern Land derart liegen wie über Deutschland. Wahrscheinlich ist es von da aus gesehen doch gut, daß Deutschland den Friedensvertrag unterschrieben hat und sich nicht einfach in ein rotes Heerlager verwandeln mußte wie Ungarn! Und trotz allem lieber bei Deutschland stehen als bei Wilson, der mit Frau und Kindern der Friedensunterzeichnung beiwohnen will, offenbar mit moralischem Hochgefühl.

Mit herzlichen Grüßen Eduard

Barth 28. Juni 1919

Lieber Eduard!

[...] Die Kirchenblattnummer bietet von A–Z ein höchst bedauerliches Zeitbild. [...] Die nötige «Schmach» wird uns auch in Zukunft nicht fehlen, wenn es so getrieben wird. Schade! aber umso stärker die Aufforderung [an uns], bei der Stange zu bleiben. Der Bericht aus der Zürcher Synode mutet an wie eine Szene aus dem Inferno. Nur nie nach Zürich! möchte man sich wieder verschwören! [...] Der heutige Leitartikel der «Basler Nachrichten» ist eine echte Baslerei: ein wenig Wirtschaftsbetrachtungen, ein wenig Anti-Sozialismus, ein wenig literarischer Basler-Witz, zuletzt ein gerührter Seitenblick («wenn alle Mittel stille stehn») auf den lieben Gott via Paul Gerhardt.

Wenn du dir antiquarisch einen Tertullian verschaffen kannst, so tus doch ja. Er ist zum Verständnis des echten Pietismus höchst notwendig. Ich lese weiteres von ihm und finde neben einigem Sonderbarem alle guten Geister wieder: Oetinger'schen Realismus, Menkens Widerstand gegen den Zeitgeist, Kierkegaards Protest gegen die Weltkirchlichkeit, Blumhardts Wiederkunfts- und Geistesgedanken. Das Latein ist etwas schwierig, oft mehr zu erraten als zu verstehen, aber du warst ja auf dem *Basler* Gymnasium. Wenn du einmal etwas schreiben wirst über diese Dinge, wirst du jedenfalls dort einsetzen müssen.

Mit herzlichem Gruß dein Karl

Barth 8. Juli 1919

Lieber Eduard!

Könnten wir uns nicht noch einmal sehen vor der Alpenreise? Wenns nicht sein kann, so besprechen wir das Nötige hinter der Jungfrau, aber ich hätte jetzt schon das Bedürfnis. Es ist überall soviel Fragliches und Ungeklärtes, daneben die paar verheißungsvollen «vorlaufenden Strahlen» – was für eine Zeit! Hier kommt ein neuer Brief von Herrn Herpel. Wirds dir nicht auch etwas bänglich, wenn du das liesest? Die guten Leute! Und wir, wie werden wir es anstellen, ihnen vor allem zu sagen, daß das mit der Widerlegung von Naumann und Konsorten nicht so rasch geht, daß man ein «Gotteswerk» nicht mit einem «Wochenblatt für das evangelische Haus»[1] («Nachbarin, euer Fläschchen!»)[2] anfängt und daß das mit der «*inseitigen* Zukunft» gerade der *παλαιὸς ἄνθρωπος* ist, der abgelegt werden muß [vgl. Eph 4,22]? Was tun, um sich [in] dieser religiös-sozialen Hurrastimmung, in der das «Mit Gott für Kaiser und Vaterland!» doch immer noch etwas nachklingt, überhaupt Gehör zu verschaffen für den Hinweis auf das totaliter aliter des Himmelreichs? Wir werden bedächtigst an diese Sache herangehen müssen. Hast du schon Gedanken darüber, wie? Aus dem Artikelschreiben gibts natürlich vorläufig nichts und wahrscheinlich nie etwas. Da könnten wir auch ins «Monatsblatt» schreiben! Könntest du ihm nicht gleich in deiner Antwort auf seine Anfrage ein paar Lichter aufzustecken versuchen? [...] Wollte der Mann jetzt doch vor allem von unsern Büchern Notiz nehmen, damit die Unterhaltung etwas substantieller wird! [...]

Denk, gestern hat mich ein Geist (hoffentlich kein ganz schlechter oder schwacher) getrieben «Ein Wort an das aargauische Bürgertum» in den «Freien Aargauer» zu schreiben über die am Sonntag verpaßte Gelegenheit, etwas gegen den Bolschewismus zu tun.[3] [...] Die «Sache» kommt darin allerdings nur in einer gewissen Gebrochenheit oder Gehemmtheit der Sprache zum Ausdruck. [...] Es tönte ursprünglich Alles viel kräftiger, direkter, mit vielen «ihr» und «euch», die nun verschwunden sind. Sag mir dann, ob du das kleine Unternehmen «im untern Stockwerk» für nützlich hältst. [...] Ich hatte gestern [...] einen Pfarrer L. aus [...] (St. Gallen) [zu Besuch], der hier eine Schwester hat und mich mit kopfschüttelnder Ver-/Be- wunderung predigen hörte, um mir dann auseinanderzusetzen, ihm sei eben das Wichtigste in der Welt: er selbst, hier aber fühle er sich – im Gegensatz zu mir und im Einklang mit Paulus Römer 8 – seines Heiles gewiß, Bücher lese er keine, er habe das nie gekonnt, wohl aber habe er schwere Erfahrungen hinter sich, seine Gemeinde sei fast in corpore eine Schmugglergesellschaft, aber daran sei *er* doch wirklich nicht mitschuldig (dies unter Gelächter), meine Auffassung vom Leben sei naturhaft, seine aber auf die Gnade gestellt, ich nehme die Sache viel zu schwer («Sie sind ja ganz bleich!»), er aber sei ein einfacher Mensch usw. – alles in höchster Gesprächigkeit und Sicherheit. Es ist doch einfach *alles* möglich hienieden!

An Zürich denke ich auch mit wachsendem Befremden. Die Art, wie in den «Neuen Wegen» der unglückliche Bauhofer zuerst zur Mitarbeit eingeladen S. 247! und dann von zwei bewährten Kämpen abgemurkst wird,[4] finde ich gänzlich unnobel und widerchristlich. Bader kündigte mir bereits eine Konferenz der zukünftigen Deutschland-Apostel[5] an. Das fehlt nun gerade noch, daß wir zuerst Ragaz ins Gilet heulen müssen! Was wird da in den Hundstagen noch alles ausgebrütet werden? Ist Kutter auch von der Partie? Wie wärs, wenn man einen Extrazug rüstete mit Schlafwagen und Druckerei-Einrichtung nach berühmten Vorbildern? [...] Welche Perspektiven! «Ich kann mir nicht helfen...», es droht da allerlei.

Ich las diese Woche Wendlands Buch über die hellenistische Kultur[6] und erstaunte über die Vollständigkeit, in der die christliche *Kirche* bis und mit Ragaz (um nicht zu sagen bis und mit *uns*) schon *vor* und *ohne* Christus vorhanden und in Betrieb war. Es fehlt von allen Nuancen und Möglichkeiten kaum eine, und man kann sich mit Wendland nicht genug wundern, daß dann auf einmal auf eine Zeit lang unter 1000 Parallelen diese eine war, die bei aller Parallelität *keine* Parallele war. Wendland hütet sich freilich wohl, auf diese konstatierte Tatsache näher einzutreten; es hätte einen zu wüsten Strich durch sein schönes buntes Bild gegeben. Ich bin nun an seiner Darstellung der neutestamentlichen Literaturformen,[7] wo er langweilig wird. Man kann nur von Zeit zu Zeit ein Warum? an den Rand setzen, wenn er dem Feuer wieder zu nahe kommt und kopfschüttelnd etwas feststellen muß von Auferstehungsglaube und dgl., ohne zu merken, was eigentlich los ist. [...]

Ich freue mich auch schelmisch auf die Reise. [...] Mit herzlichem Gruß dein Karl

[1] Herpel hatte Barth um Mitarbeit an der von ihm herausgegebenen Zeitschrift «Der Christliche Demokrat» mit dem Untertitel «Wochenblatt für das evangelische Haus» gebeten. Die Zeitschrift wurde noch während ihres ersten Jahrgangs umbenannt in: «Das neue Werk. Der Christ im Volksstaat».

[2] Goethe, *Faust* I, 3834.

[3] Ein Bürgerlicher hatte gegen einen gemäßigten Sozialdemokraten die Wahl in die kantonale Regierung gewonnen. Barth bezeichnet das in dem Artikel (Neuer Freier Aargauer, Jg. 14, Nr. 157, vom 10. 7. 1919) als ver-

paßte Gelegenheit, den auf Umsturz drängenden radikalen Sozialisten «den Wind aus den Segeln zu nehmen».

[4] O. Bauhofer, *Christentum, Kultur, Staat. Ein Beitrag zur Diskussion über das Militärproblem,* in: Neue Wege, Jg. 13 (1919), S. 247–254. Dazu im folgenden Heft (Juni 1919): R. Lejeune, *Christentum, Kultur, Staat. Eine Entgegnung,* ebd. S. 281–293; E. Blum, *Christentum, Kultur, Staat. Eine Erwiderung,* ebd. S. 294–299.

[5] Die schweizerischen religiös-sozialen Teilnehmer an der Konferenz in Tambach. Ursprünglich wollten sie in noch größerer Anzahl teilnehmen, als es dann geschah.

[6] P. Wendland, *Die hellenistisch-römische Kultur in ihren Beziehungen zu Judentum und Christentum,* in: H. Lietzmann (Hrsg.), *Handbuch zum Neuen Testament,* Bd. 1, Teil 2, Tübingen 1912[2.3].

[7] Ders., *Die urchristlichen Literaturformen,* a.W. Bd. 1, Teil 3, Tübingen 1912[2.3].

Thurneysen 10. Juli 1919

Lieber Karl,

Ich bin sehr dafür, daß wir uns noch sehen. Hier vorläufig mein Versuch einer Antwort an Herpel. Ich rede ziemlich deutlich – ists unverschämt? zu unverblümt? Es scheint mir angesichts des «Christl. Demokrat» allerdings nötig, daß wir offen sagen, wie wirs allein meinen verantworten zu können. Sonst endet die Sache unglücklich. Umsomehr als nun auch von Zürich aus Briefe abgehen werden, die vielleicht nur zu gern nach dieser Gelegenheit «großen Stils» greifen! Mir graut auch vor diesem Eisenbahnwagen voll Religiössozialer. Kutter will freilich nicht mithalten. Er sagte, die innere Besinnung aufs Göttliche müsse in den Deutschen selber und allein aufwachen; es gefalle ihm nicht, daß da gleich von einer großen «Bewegung» die Rede sei. Deinen Artikel im «Freien Aargauer» habe ich sogleich in 40 Exemplaren zur Verteilung bestellt. Er ist völlig das Wort, das geredet werden mußte. Herzlich dein Eduard

Barth 16. Juli 1919

Lieber Eduard!

Hier endlich die Sendung von Rudi [Pestalozzi], [...] die dich über die neue Modifikation des Reiseplans unterrichten wird.

Wie hats wohl mit Kutter noch geendigt?[1] Fällt es dir nicht auch auf, daß wir ihm alsgemach aus der Schule wachsen, wenn man so sagen darf? Eine tiefere Bedeutung hat das ja nicht, und daß im einzelnen immer etwas bei ihm zu hören ist, ist auch keine Frage. Aber die Beobachtung, daß seine Belehrungen immer mehr auf Wiederholungen und Umschreibungen von schon Gehörtem hinauslaufen, während er andrerseits für *unsre* Nöte und Fragen offenbar nicht mehr recht Verständnis hat, ist mir ein Ansporn mehr zum selbständigen Weitermachen. Zur Dankbarkeit ist ja noch immer Anlaß genug, aber die Maria-Stellung, in der er einen immer gerne sähe, *ists* nicht mehr. Oder übersehe ich da etwas Entscheidendes? [...]

Heute waren Peter und Schädelin da, um mir Bergkleidung, Sturmhaube und Eispickel zu bringen!! Welches Entsetzen unsere Pläne in alpinen Kreisen auslösen, magst du aus Peters vorausgesandter Karte ersehen. Schädelin redete gewaltig auf mich ein, ich solle mich an eine der vakanten Stellen an der Heiliggeistkirche in Bern melden. Das sieht mich nun sehr neu und fremdartig an. Was soll ich dort? Aber man könnte ja auch fragen, was ich hier noch soll? Bern hätte den großen Vorteil, daß es nicht Zürich und nicht Basel ist, was eine Summe von schönen Freiheiten und Möglichkeiten bedeutet. Die Wahl müßte durch sozialdemokratische Sturmtruppen durchgesetzt werden. Zwei alte Kollegen (ein Reformer, ein Positiver), Kirche neben dem Bahnhof mit beständiger Tramglockenstörung, Bundeshaus und Universität im Gemeinderayon! Aber auch Schieber-Hotels, Warenhäuser, unzählige Pinten. Kirchlich bis dahin Null Null. Eben darum unerhörte Möglichkeiten, meint Schädelin. Was ist davon zu halten? Wir wollen auf der Durchreise die Stätte von allen Seiten besichtigen und das Weitere überlegen. Es wird nämlich gleichzeitig eine vierte neue Stelle kreiert. Da könntest du vielleicht gleich auch noch Unterkunft finden!

Heute las ich Schleiermachers Schrift über die Universitäten,[2] was mich neuerdings zum Sinnen über unsre Stellung zur Theologie veranlaßt. Hat unsre Sache Platz auf der Universität (ich meine «theoretisch»!!!), wenn ja, welchen? wenn nein, wie rechtfertigen wir den maßlosen Anspruch, der darin liegt? Kutter scheint auch kein deutliches Bild davon zu haben. Mir kam gestern die Frage wieder in die Quere durch den Brief von Lukas Christ. Mit welchem Recht verdränge ich nach Christs Wunsch den Herrn Hausheer bei den Studenten?[3] Und wenn ichs tue, was ist dann zu ihnen zu sagen über «unsere» Methode, in der Bibel zu lesen? Wir sollten es doch offenbar fertig bringen, zu den Wissenschaftlern wissenschaftlich zu *reden* wie zu den Politikern politisch, ohne darum Wissenschaftler oder Politiker zu *werden*. Es ist wieder das Problem jenes Kreuzungspunktes der göttlichen und menschlichen Wege und Gedanken, der offenbar mindestens *gesucht* sein will.

Mit herzlichem Gruß und Dank für eure Gastfreundschaft [...]

dein Karl

[1] Thurneysen war in Zürich gewesen.

[2] F. Schleiermacher, *Gelegentliche Gedanken über Universitäten im deutschen Sinn* (1808), in: E. Spranger (Hrsg.), *Über das Wesen der Universität. Drei Aufsätze von J. G. Fichte, F. Schleiermacher, H. Steffens* (= Philos. Bibliothek Bd. 120), Leipzig 1919.

[3] Jakob Hausheer (1865–1936), Prof. für A.T. in Zürich. L. Christ hatte Barth mitgeteilt, daß er demnächst um einen Vortrag auf der Aarauer Studentenkonferenz 1920 werde gebeten werden, und ihn zu einer Zusage aufgefordert, da sonst Hausheer den Vortrag halten werde.

Thurneysen 18. Juli 1919

Lieber Karl,

Wie du dir denken kannst, habe ich deinen Brief mit bewegtem Herzen gelesen. Bern! Natürlich, der Augenblick kommt, wo wir auseinander müssen, aber schon jetzt? und ins entlegene Bern? Ich müßte dann nur noch nach Arbon, wie Kutter wollte, und wir wären geschiedene Leute! Aber das sind keine Erwägungen. Bern hat in der Tat allerlei für sich: eine kräftige pietistische Unterlage, dazu behäbige Bodenständigkeit, keine religiössoziale Gewitterluft, dazu Schädelin, den ich für flüssiger und beweglicher halte als die Zürcher. Aber das primäre Gefühl, daß dieser Weg ein Weg sei, muß in dir entstehen. Ich lese aus deinem Brief etwas wie inneres Verlocktsein und Zustimmung heraus. Wir sehen allem Weitern mit Spannung entgegen. [...]

Herzlich Eduard

Thurneysen 30. August 1919

Lieber Karl,

Ich habe das Verlangen, dich zu sehen. Wir legen dann 1. Kor. 15 miteinander aus. Ich hatte diese Woche einen Großkampftag in der Steuerkommission mit heftigen Angriffen gegen mich zu bestehen. Aber es war wenigstens Leben in der Bude. Ich habe einen Ruf nach St. Gallen erhalten. Lies die beiliegenden Dokumente darüber. Muß ich dorthin gehen oder kann ich die aargauische Front mit dir zusammen weiter halten?

In Eile aber herzlich Dein Eduard

Barth 2. September 1919

Lieber Eduard!

Nun eröffnet sich die höchst seltsame Wendung, daß trotzdem und trotzdem *ich* nach Tambach gehen und über den «Christen in der Gesellschaft» reden soll.[1] Es ist wirklich ein wenig merkwürdig: auf meinen Brief hin [...] sagt [mein Bruder] Peter ab, schreibt an Bader, der nun aber bereits für Ragaz einspringen muß, schreibt an Wieser, der ihm Beiliegendes antwortet, schreibt heute an mich, und mir kommt es vor, die Dinge hätten heute nicht das gleiche Gesicht wie noch vor 14 Tagen. a) Die Belastung durch die Gegenwart von Ragaz fällt weg. b) Der «Christliche Demokrat»[2] macht einen hoffnungsvollen Eindruck. c) Herpel betont, daß er gerade einen von *uns* gewünscht hätte. Ich möchte aber nicht ohne dein Einverständnis vorgehen. [...] Schreibe mir doch per Eilbrief [...] deine Meinung. [...] Mein Referat stelle ich mir vor auf den Linien des an Pfingsten in Aarburg Vorgebrachten;[3] also große Entfaltung der drei Reiche usf. Schicke mir gleichzeitig dies Aarburger Referat zu, es muß noch bei dir sein. Ferner sollte ich alle meine Epheser-Predigten zurück haben. Die brauche ich für die bewußte Repetition. Für den Bettag müßte ich mich dann sofort um einen ernsthaften Ersatz umsehen. [...] Ich telephonierte eben an Schädelin. Er ist selber besetzt. Weißt du mir jemand?

Herzlichen Gruß dein Karl

[1] Barths Vortrag in Tambach am 25. 9. 1919 «*Der Christ in der Gesellschaft*» erschien zuerst – mit einem Geleitwort von Hans Ehrenberg – als erstes Heft in «Der Bücher vom Kreuzweg erste Folge» im Patmos-Verlag Würzburg 1920. Wieder abgedruckt in: K. Barth, *Das Wort Gottes und die Theologie,* München 1924, S. 33–69; und in: J. Moltmann (Hrsg.), *Anfänge der dialektischen Theologie I,* 1962, S. 3ff.

[2] Vgl. Anm. 1 zum Brief vom 8. 7. 1919.

[3] Vgl. Anm. 1 zum Brief vom 10. 6. 1919.

Barth 11. September 1919

Lieber Eduard!

Hier sende ich dir, was ich [...] in ununterbrochener Tag- und Nachtschicht (vorläufig) für Tambach verfaßt habe. Hast du Zeit, es schnell durchzusehen, deine Bemerkungen und Ergänzungen dazu zu machen und es mir dann eiligst wieder eingeschrieben zurückzusenden? Ich wäre so froh, bevor ich die Sache endgültig festlege, dein Einverständnis zu haben. Wie du siehst, ist es eine nicht ganz einfache Maschine geworden, vorwärts- und rückwärtslaufend, nach allen Seiten schießend, an offenen und heimlichen Scharnieren kein Mangel. Sieh alles gut nach, ob alles gut ineinander greift. Heiners Vortrag[1] hat mit Wind und Gegenwind mächtig auf meine Fahrt eingewirkt. Sein Ende befriedigt mich beim Lesen doch nicht recht, dieses «Ende gut, Alles gut» riecht einfach ein wenig kirchlich.

Doch nun zu der entscheidenden Nachricht, die du mir letzte Woche gegeben hast.[2] Also du bleibst. Welche *Erleichterung* und *Freude* über uns Beide kam, brauche ich dir nicht zu sagen. Die Sache lag ja wie ein schwarzer Schatten über uns, umso mehr als ich gar kein Pathos fand, dich beschwörend im Aargau festzuhalten. Mir schienen gegen meinen Wunsch alle Gründe fürs Gehen zu sprechen. Und nun gehst du doch nicht, und so ist für den Aargau und für mich bis auf weiteres alles, alles wieder gut. Hoffentlich auch für dich selbst und deine Arbeit. Doch wie sollte es nicht: du hast dich sub specie aeternitatis entschieden, und so wird es das Rechte sein. Das Nähere mußt du mir dann noch erzählen.

An die Predigerversammlung wollte ich wirklich auch kommen. Aber im letzten Augenblick, als ich abfahren wollte, reuten mich die schönen Tage, ich fuhr dann nur nach Aarau, um den Paß zu bestellen und Pfarrer Grob aufzubieten, der mich am Bettag vertreten wird (welche Erleichterung, so einmal dem Bettag zu entrinnen!!), kaufte ein Päckli Havanna-Stumpen und setzte mich ans Werk. Ich sehe aus den «Basler Nachrichten», daß du geredet und M.s milden Beifall gefunden hast. Wie war das? [...]

Herpel telegraphierte: «Einverstanden. Thurneysen mitbringen.» Du weißt also, was du zu tun hast. Ich reise mit Liechtenhan und Bader in der Morgenfrühe des Bettags. Die Reise dieser seltsamen drei Väter[3] könnte auch noch gut werden. Könntest du nicht auch gleich dann kommen?!

[...] Hier noch eine nette Kundgebung aus dem Volk. [...] Im Übrigen haben meine Artikel hauptsächlich einen «ernsten

Bibelforscher» in Baden aufgeregt, der mich nun mit demütigen Zusendungen [...] bombardiert. [...]

Mit herzlichem Gruß dein Karl

[1] H. Barth, *Gotteserkenntnis;* vgl. Anm. 1 zum Brief vom 10. 4. 1919.

[2] Thurneysen hatte sich zur Ablehnung des Rufes nach St. Gallen entschlossen. Er nahm ihn dann doch an.

[3] Der Ausdruck «Väter» für die Wortführer der schweizerischen religiös-sozialen Bewegung stammt aus dem Einladungsschreiben O. Herpels; vgl. Anm. 1 zum Brief vom 26. 6. 1919.

Thurneysen 14. September 1919

Lieber Karl,

Eben habe ich deinen Vortrag mit aller Aufmerksamkeit durchlesen: das ist ein großer Schlag! Er wird die eifrigen und beunruhigten deutschen Freunde seltsam zurückhaltend und doch zugleich umfassend radikal anschauen und uns paar Schweizer damit. Ich bin dir seit deinem Aarburger Referat sehr dankbar für die drei großen Gesichtspunkte, unter die du damals zuerst und heute wieder die ganze Problematik unseres praktischen Verhaltens stellst. Sie ist darin erschöpfend erfaßt. [...]

Herzlich! Eduard

Thurneysen 16. September 1919

Ich habe den Paß bekommen. [...] Gleichzeitig muß ich dir aber mitteilen, daß ich wider meinen eigenen telegraphischen Wunsch gestern nach St. Gallen gewählt worden bin. Was ist da zu machen? Wir werden gehen müssen. Eine merkwürdige steile Einsamkeit wird mich dort oben umfangen. Hoffentlich wirkt sie Gutes. Ich fühle mich aber gar nicht gefangen; überhaupt bei allem Einschneidenden berührt mich dieser Wechsel nicht bis ins Innerste. Unsere gemeinsame Sache muß um jeden Preis weitergeführt werden. Was werden die nächsten Jahre bringen? Ich freue mich auf die Tambacher Konferenz gerade um ihrer *sachlichen* Bedeutung willen.

Herzlich in Eile Eduard

Barth 18. September 1919

Lieber Eduard!

[...] Ich werde also Sonntag früh um ½8 Uhr mit vollen Segeln in See stechen müssen (mit einer *Grenz*pfeife). [...] Die Arbeit an diesem Vortrag beschäftigt mich jetzt vollauf; es liegt noch viel vor mir, und alles wird noch ein wenig anders als das erste Mal. Daneben muß ich noch zwischen Aarau und hier hin und herradeln wegen eines Lochs im Zahn und litt gestern große Pein.

Beim Zahnarzt las ich denn auch die Kunde von deiner Wahl. Nun es nach allem Auf und Ab geschehen ist, bin ich eigentlich *nur* betrübt und kann es noch gar nicht glauben, wie bei einer Beerdigung, wo man immer denkt, es könne gar nicht sein. Ich sehe mich noch so *gar* nicht allein in der aargauischen Wüste. Aber du sollst nun freudig deine Straße ziehen und wirst dort draußen gute Arbeit tun. – Wie hast dus eigentlich mit der Versammlung der «Freunde der christlichen Welt» in Eisenach? Ich gedenke das auch noch mitzumachen und zwischendrin mich irgendwo, z. B. in Marburg, herumzutreiben.[1] Wenn mir nur nicht auch dort ein allzu starker Schwefelgeruch vorausginge!

Hat Bader dir seinen Vortrag auch geschickt? Seine Sachen sind alle so merkwürdig winklig und unerleuchtet. Ragazens Predigt über den neuen Himmel etc.[2] gelesen? Immer die gleichen Verwechslungen! [...]

In unserm Eßzimmer wird der Boden herausgerissen, sodaß man nun zur Türe hereintretend, direkt in den Keller hinunterfallen müßte, was mir bei Tisch zu lehrreichen Ausführungen über die kritische Negation in ihrer positiven Bedeutung im Unterschied zum Buddhismus (Sturz in den Keller!) Anlaß gab. Das neue Linoleum auf dem alten Boden wäre die Kirche gewesen. Und das geht eben nicht. – Die Anfrage für den Aarauer Vortrag[3] ist da, und ich sage ohne Enthusiasmus und ohne Illusion zu.

Herzlichen Gruß von deinem einsam in Nacht und Grauen zurückbleibenden Karl

[1] Barth fuhr dann nicht nach Marburg und Eisenach, sondern kehrte gleich nach Abschluß der Tambacher Konferenz am 26./27. 9. zusammen mit Thurneysen nach Hause zurück.

[2] L. Ragaz, *Wir harren eines neuen Himmels und einer neuen Erde* (Predigt über 2. Petr 3,10–13), in: Neue Wege, Jg. 13 (1919), S. 373–391.

[3] Vortrag auf der 24. Aarauer Studentenkonferenz am 17. 4. 1920: K. Barth, *Biblische Fragen, Einsichten und Ausblicke,* München 1920; wieder abgedruckt in: K. Barth, *Das Wort Gottes und die Theologie,* S. 70–98.

Thurneysen 18. Oktober 1919

Lieber Karl,

[...] Wernles Wort zum Römerbrief[1] wird dich auch erreicht haben. Es geschehen Zeichen. Die beginnende Autorität deiner Auslegung zwingt auch die Zunft zur Stellungnahme. Und da ist Wernle nun doch der Erste, der ehrlich und entschlossen das Schweigen bricht und dich zunächst einmal neben Luther und Paulus selber stellt! Was willst du mehr? Sein Einwand wegen der Übersetzung von *πίστις* mit Treue Gottes statt nur mit Glaube ist sofort hinfällig, wenn man bedenkt, daß für die Briefleser die griechische Vokabel eben beides bedeutete. Übrigens macht sein ganzes Reden den Eindruck eines Rückzugsgefechtes. Warum will er sich denn doch partout eins wissen mit dir? Warum mißversteht er deinen letzten Vorwortsatz so merkwürdig? [...]

In Zürich singt Bader das Lob der Tambacher Konferenz in allen Tönen. Er hat mit einem ganzen Dutzend der deutschen Teilnehmer Bruderschaft geschlossen.

Warum hüllst du dich in Schweigen? Ist das eine Vorwegnahme der Dinge, wie sie sich gestalten könnten, wenn wir in den Osten verbannt werden?

Herzlich Eduard

[1] P. Wernle, *Der Römerbrief in neuer Beleuchtung,* in: Kirchenblatt für die reformierte Schweiz, Jg. 34 (1919), S. 163f., 167–169.

Barth 28. Oktober 1919

Lieber Eduard!

[...] Hier sende ich dir etwas Gutes, Steiles zum Lesen: den Aufsatz des Dr. E. Rosenstock.[1] Er gehört zu den Leuten vom Patmos-Verlag und soll nach Ehrenbergs[2] Mitteilung von meinem Tambacher Vortrags-Manuscript nicht mehr und nicht weniger als «hingerissen» sein. O die Deutschen! Wirklich sendet er mir denn auch seinen «Selbstmord Europas», eine gute Sache, die ich wie ein treffliches Mittagessen genossen habe und Nelly auch. Er scheint katholisch zu sein (eventuell auch noch getaufter Jude), eine verheißungsvolle Verbindung für unsre Geistesrichtung. Ich habe ihn solenn begrüßt und gefragt, ob er den Römerbrief im «Hochland» rezensieren wolle. Das wäre ein Tort für alle Wernles [...], wenn wir plötzlich mit ruhenden Flügeln änigmatisch, gleichnismäßig auch noch auf den Zinnen des Zentrumsturmes sichtbar würden! mit Ausblick nach der Synagoge! Am Vortrag wird (in Würzburg!!) lebhaft gedruckt!! Ehrenberg schreibt noch ein Vorwort dazu. Dann wird er wohl in Bälde erscheinen.

Hier ein Brief von Bader. Ich konnte es doch nicht lassen, [...] einen kleinen Angriff auf ihn zu machen. [...] Es ist mir fast unheimlich, daß er mir nicht energischer widerspricht. Ist das nun Schwäche oder Überlegenheit?

Denk ich habe mirs geleistet, ein Schreiben an Wernle zu richten mit einer umfassenden Besprechung seines Artikels in neun

Punkten. Was wird daraus werden? Vielleicht wirst du bald die ersten Schwefelräuchlein gewahr, die von der Einschlagsstelle aufsteigen, und schreibst es mir dann. Einer, der vom Schwefeldampf um mich her [...] noch nichts gemerkt hat, ist der gute Münch[3] (wer ist das?), der im «Neuwerk» verkündigt: Barth hat gefunden! ein Mann, der ... usf. O heie! mußte ich denken und schnitt den Schaden schnell heraus, damit ihn die [Lese-]Mappen-Pfärrer nicht zu sehen bekommen. Dafür habe ich sie mit einem großen: Lies! auf Dehns Andacht[4] aufmerksam gemacht. Herpel wird wirklich mit seinem Geschnatter, mit dem er nun den Beginn seiner Römerbrieflektüre der Welt verkündet,[5] auch unabsehbare Verheerungen anrichten.

Ich lese Calvins Hebräerbriefkommentar, verstehe aber noch fast kein Wort von diesem dunklen Text. In Bad Boll sind sie, wie mir [...] heute Jäckh[6] schreibt, ganz absorbiert von der Aufgabe, «die Nachrufe auf unsern Vater Blumhardt zu sammeln», sicher unter Zustimmung in weitesten Kreisen des Zwischenreichs und der besseren Hölle. Denn als «Gleichnis» hat *dieser* Vorgang doch wohl keine Bedeutung.

Mit herzlichem Gruß dein Karl Barth

[1] Eugen Rosenstock-Huessy (1888–1973), Schriftsteller. 1933 nach den USA emigriert. Sein Aufsatz: *Der Selbstmord Europas,* in: Hochland, Jg. 16, Bd. 2 (April–Sept. 1919), S. 529–553.

[2] Hans Ehrenberg (1883–1958), Prof. der Philosophie in Heidelberg, begründete den Patmos-Verlag (Würzburg), wurde später Pfarrer, emigrierte nach London, lebte später in Westfalen. Er besuchte mit seinem Freund Rosenstock Barth und Thurneysen. Verfasser zahlreicher religiöser Bücher.

[3] Alexander Münch, Jurist, Freund von Georg Merz. Seine Besprechung von Barths «*Römerbrief*» erschien in: Das neue Werk, Jg. 1 (1919/20), Nr. 30 (26. 10. 1919), Sp. 487f.

[4] Günther Dehn (1882–1970), nach 1945 Prof. für praktische Theologie in Bonn. – G. Dehn, *Der Weg des Gehorsams* (Andacht auf der Tambacher Konferenz über Gen 17,1 u. 3), in: Das neue Werk, a.a.O. Sp. 475–478.

[5] Im Nachwort zu der Anm. 3 genannten Besprechung von A. Münch, a.a.O. Sp. 488.

[6] Eugen Jäckh (1877–1954), schwäbischer Pfarrer, zuletzt in Göppingen, 1911–1920 Gehilfe und Stellvertreter von Pfarrer Chr. Blumhardt in Bad Boll. Verfasser der Biographie: *Blumhardt Vater und Sohn und ihre Botschaft,* Berlin 1925.

Barth 5. November 1919

Lieber Eduard!

[...] Dein Besuch war mir diesmal besonders wichtig. Wir haben wohl noch selten so Gründliches geleistet in kritischer Negation (Ungrundlegung). Wie schmerzlich, sich nun definitiv mit deinem Weggang abfinden zu müssen. Es weist in der Tat, während in Deutschland nun die Trompeten blasen, für uns alles auf einen Rückzug in die Stille hin.

Mit herzlichem Gruß dein Karl

Barth 11. November 1919

Lieber Eduard!

Ich komme aus großer Verlegenheit zu dir. Du mußt nämlich am Montag in Uerkheim die Exegese für mich übernehmen. Bei mir ist z.Z. alles *zu* unzulänglich, als daß ich mit irgend etwas von meinen Materialien mich produzieren könnte und möchte. Ich saß gestern und heute über 1. Kor. 15, aber ich bin in den Anfängen stecken geblieben, als ich anfing, gründlich zu verarbeiten, und euch irgend etwas vorhudeln mag ich nicht. Es ist mir einfach so ganz und gar nicht ums Mitteilungen-Machen, so gern ich das tue, wenn etwas zu sagen ist. Nur jetzt nicht mich über die ἀνάστασις ergehen müssen vor dir, Peter, Schild und unsern lieben lernbegierigen Frauen! Nur jetzt einmal schweigen und für mich weiter lesen dürfen! Es wäre jetzt alles belanglos, was ich sagen würde. Das Kapitel ist der Schlüssel des ganzen Briefes mit seinen merkwürdig steilen, aus letzter Weisheit kommenden Eröffnungen über dies und das, von denen uns letzthin einige getroffen haben wie Schläge eines Zitterrochens.[1] Nicht umsonst. Ich beeile mich, das N. T. an *dieser* Stelle vorläufig zu schließen und mich mit Stellen zu beschäftigen, wo es nicht so unheimlich brennt. Ein wahres Glück, sicher durch der Engel Geschäfte so geordnet, daß ich die

Sache nicht bei den Pfarrern vorbringen konnte. Ich hätte sie damit totgeschlagen wie Mose den Ägypter [vgl. Ex 2,12] unter größtem Schaden für meine Seele und größtem Schweigen im Himmel. Und nun bitte ich dich dringend, mich als Invaliden zu betrachten und für mich einzuspringen. Es ist ohnehin angemessen, daß wir jetzt *dich* noch einmal hören. Sag uns etwas vom Anfang des Matthäus. Das wird allen erhellend sein.

Hier hast du allerhand aus Deutschland. Das fehlt jetzt gerade noch, daß von dorther solcher Weihrauchdampf vor uns emporsteigt. Ehrenberg ist wenn auch anders als Herpel, auch ganz hemmungslos mir gegenüber. Er hat ein Vorwort geschrieben zu meinem Vortrag, das ich mit dringenden Censurvermerken zurückschicken mußte. Herpel habe ich durch Bader sagen lassen, sie sollten doch das Ding in Gottes Namen versenden und nicht ein solches Geschrei machen. Wenn die wüßten, in was für Höllenregionen wenigstens ich mich zuweilen aufhalte! In Bad Boll sieht man uns offenbar auch noch immer als hoffnungsvolle junge Leute an. O Welt!

Ich habe noch eine weitere Verlegenheit auf dem Buckel. Die Sozialdemokraten von Suhr haben ihren Häuptling zu mir gesandt, ich solle ihnen am 29. November eine Volksrede halten. Ich seufzte, bat, mahnte, wies darauf hin, daß es eine Predigt geben könnte, und konnte schließlich doch nicht ausweichen, weil der Mann dabei blieb, sie wollten gerade von *mir* hören, was gerade *ich* sagen könne und wolle. Nun muß ich gehen, im Kleinen wie du nach St. Gallen, und weiß doch wirklich nicht, was ich da sagen soll.[2] Nach meiner Rede führen sie ein Stück auf, [die Turner] vielleicht auch noch Pyramiden!

Heute war ich an der Synode. Das Boot «Religionsunterricht» trieb kieloben dem Strande zu: mit fast allen gegen circa 10 Pfarrerstimmen siegte der Interkonfessionelle. Ich saß dabei und unterhielt mich diesmal mit Stadtammann H.!! Die Sache war irgendwie ein Gleichnis, denn die Freisinnigen beherrschten schlechterdings die Szene.

Mit herzlichem Gruß dein Karl

[1] Das Bild stammt aus Platons Dialog *Menon,* wo Menon die Wirkung, die von den Reden des Sokrates ausgeht, mit den elektrischen Schlägen eines Zitterrochens vergleicht.

[2] Die Rede wurde veröffentlicht unter dem Titel «*Vom Rechthaben und vom Unrechthaben*» in: Das neue Werk. Der Christ im Volksstaat, Jg. 1 (1919/1920), Sp. 635–641.

Thurneysen 14. November 1919

O Karl,

ich bin nicht besser dran als du. Ich sitze unter dem Ginsterbusch und mag nicht prophezeien. Um zu tun, was ich kann, will ich einen Abschnitt aus Matth. bereithalten, etwas aus Kap. 1. Tu du doch das Deine, indem du irgendetwas anderes mitbringst, warum nicht einfach eine Predigt? – Im Übrigen kann ich nur sagen: mir graut vor St. Gallen. Sie haben dort, wie ich ihrem Gemeindeblatt entnehme, alles was man um Geld haben kann: elektrisches Geläute, Bauplatz für ein Gemeindehaus, Pläne für eine neue Kirche! Und hier schaut mich all das an, was ich unausgemacht zurücklasse, obwohl ich mir immer weniger einbilde, als sei was man in sechs Jahren ungut gemacht hat, in eventuellen weiteren sechs Jahren doch wieder gut zu machen. Unkraut und Weizen wächst jetzt halt fort bis zur Ernte. So bin ich zwischen zwei Stühlen, und mein Tun und Lassen steht in großer Fraglichkeit vor mir. Daher hat mir der deutsche Lobgesang wirklich nichts geschadet. – Wenns möglich wäre, käme ich am 29. auch nach Suhr. Tu doch ruhig dort deine Sache, solch ein Spruch ist immerhin besser als eine Installationspredigt unter elektrischem Läuten, wie sie mir bevorsteht. [...]

Herzlich Eduard

Thurneysen 24. November 1919

Lieber Karl,

Da – Ragaz! Ich hatte ihm in unser beider Namen geschrieben, und es ist vielleicht gut, daß «die neue tiefe Verstimmung» uns gegenüber in seinem Briefe einmal herauskommt. [...]

Das «Neuwerk» gibt immer mehr eine neue kleine «Christliche Welt» ab. Unterbreite Herpel einmal Vorschläge, wie anders ein solches Blatt, wenns nun einmal schon existiert, nach unserm Sinn aussehen müßte!

Forschest du ununterbrochen weiter im Hebräerbrief? Ich meinerseits staune über die Unmöglichkeit von Wellhausens Evangelienauslegung. Von Herzen Eduard

Barth 25. November 1919

Lieber Eduard!

Ja, ja *Eigenschaften!* Auch Ragaz sagts. «Ach was hat mein Tier getan!» würde Oetinger ausrufen, und H. Gelzer würde sich zerknirscht auf den Mund schlagen. Also die Sünde wider den Hl. Geist, die wenigstens vorläufig und wenigstens von Ragaz nicht vergeben werden kann. Ich bin ratlos und betroffen angesichts dieses katastrophalen Einschlags meines Steilfeuers. [...] Ja, sei so gut und suche einmal das Nähere zu erkunden, unter Preisgabe meines Tiers (ich weiß ... allerdings ... in der Tat ... auch ich oft den Eindruck ...) die *sachliche* Beziehung aufzudekken, die doch irgendwie neben dem Persönlichen zwischen dem Römerbrief und der «neuen tiefen Verstimmung» bei Ragaz bestehen muß. Lege ihm doch nahe, sich direkt gegen mich auszusprechen, statt mir nun schon zum zweiten Mal indirekt seine moralischen Seufzer mitteilen zu lassen.

Ich habe z. Z. sehr zu schaffen. Nicht am Hebräerbrief. Sondern mit Briefen von und nach Deutschland, noch mehr aber einfach mit dem Laufenden: gestern Abend hat das Diktat einer

Übersetzung und kurzen Erklärung des Epheserbriefs begonnen, die Apostelgeschichte läuft auch weiter, ferner nun wieder alle Dienstage sozialistischer Diskussionsabend, [...] am Samstag die Volksrede in Suhr, vor der mir eigentlich graut und vor deren Besuch ich dich nur warnen kann. Es wird ein kurzes Gestammel werden, wobei der Wagen nach der einen oder nach der andern Seite sicher umleert. Hätte ich doch Baders Naivität!! Ich werde den Kragen nachher nicht ausziehen [wie er in Tambach], aber noch ganz anders der Getüpfte[1] sein!

Es müssen bei dir [...] noch ältere Predigten über Matthäus-Texte sein, sende sie mir zurück, wenn du sie nicht mehr brauchst. Mit herzlichem Gruß! Karl

Auch in Predigt und Unterricht lebe ich aus der Hand in den Mund wie noch selten.

[1] = Blamierte.

Thurneysen 26. November 1919

Lieber Karl,

Nimm nur Ragaz nicht zu tragisch! Ich habe ihm soeben noch einmal geschrieben und ihm gesagt, daß auch wir selber um unsere persönlichen Schwächen wissen. Es möge ihm doch genug sein, das zu vernehmen. Im übrigen gehe es uns, wie aus dem Römerbrief zu ersehen, um eine Sache, die doch auch ihm ans Ohr dringen möge, damit er uns darin weiterhelfe.

Es können ungute Zeiten anbrechen: im Politischen, wenn nicht alle Zeichen trügen, eine Ära Metternich, in der Kirche ein neuer Pietismus. Herzlich Eduard

Thurneysen 1. Dezember 1919

Lieber Karl,

Deine Suhrerrede war nichts weniger als ein Durchfall. Für mich hatte sie etwas durchaus Überzeugendes und Befreiendes. Es muß bei solchen Gelegenheiten irgendwie doch beim Gleichnis bleiben, wie es bei dir geschehen ist. Du hast uns den Sozialismus ausgelegt und zum Schluß auch noch die letzte Beziehung aufgedeckt, von der her alles Vorhergehende geredet war – für die, welche Ohren hatten zu hören. Das ist vorläufig sicher genug. Wer mehr sagen will, sagt weniger. Dagegen liegt ein gelegentliches Hingehen und im Gleichnis reden, wie du es versucht hast, durchaus in der Linie des N.T. Und wenn wir wissen, was wir tun, so ist überhaupt das plötzliche, überraschende Auftauchen an Orten, wo man uns nicht vermutete, und das damit versuchte Herstellen einer Beziehung, an die niemand denkt und glaubt, etwas das ganz von ferne und ganz im Kleinen und nur in der Analogie, aber immerhin in der Analogie steht zu jenen großen Zeichen des Himmelreichs, die im N.T. errichtet sind. Das isolierte kirchliche Predigen allein tuts eben nicht.

Hast du im «Neuwerk» Eberhard Arnold[1] vernommen mit seiner christusgläubigen DCSV? An ihm ist offenbar alles in Tambach Gesagte abgeglitten! Und Hans Hartmanns[2] Empfehlung Rittelmeyers, der uns sogar nahestehen soll, da er doch das Gute und Tiefe im Menschen so deutlich sehe! Was soll das?

Wie wars in Bern? Gut gespeist? Bierlein genehmigt? Zum Nachtisch etwa bei Schädelin? Herzlich dein Eduard

[1] Eberhard Arnold (1883–1935), Sekretär der Deutsch-christl. Studentenvereinigung, gründete später in der Rhön einen Hutterischen Bruderhof, wanderte, von den Nazi vertrieben, nach Paraguay aus und starb im Elisabethenstift in Darmstadt. – E. Arnold, *Die Deutsche Christliche Studenten-Vereinigung als Bewegung,* in: Das neue Werk, Jg. 1 (1919/20), Nr. 35 (30.11. 1919), Sp. 560–564.

[2] Hans Hartmann (geb. 1888), damals Pfarrer in Solingen, Sozialist, später freier Schriftsteller. – H. Hartmann, *Die deutsche Not im Lichte Jesu* (zu F. Rittelmeyers gleichnamiger Predigtsammlung), ebd. Sp. 556f.

Barth 3. Dezember 1919

Lieber Eduard!

Gut gespeist? Ja durchaus: Im Waggon-Restaurant Aarau–Bern, lässig ans Fenster gelehnt, unter Offizieren und Agrariern und Nationalräten. Bildhauer Hubacher war auch dabei. Wenn mich nur niemand gesehen hat! In Bern besuchten wir den Herrn Bäschlin, dem man nun 500 Exemplare [Römerbrief] wegnehmen und von München aus vertreiben wird. Ich war bei Prof. Hoffmann, der im Studierzimmer meines Vaters ein durchaus ephemeres [...] Dasein führt, und schrieb ihm so lange auf den Kragen, bis alle seine Geschützlein zum Schweigen gebracht waren. Dann versicherte ich ihm in kühner Wendung in blinder Befolgung deines johanneischen Vorbilds, daß wir im Grunde durchaus das gleiche meinten und uns sehr nahe stünden, worüber er noch einmal paff war.

Hier allerlei zur Dialektik des Reiches Gottes. Gertrud Bäumer[1] und Greyerz sägen mich glatt ab![2] Unser steiler Freund Rosenstock traut mir auch nicht so vorbehaltlos wie Ehrenberg. Und was soll man von Schultheis[3] denken, der mir bedeutet, daß ich noch nie zwischen Gott und Revolver gewählt habe, aber er! Rosenstock und Schultheis sollte ich nun umsichtigst antworten – wie? darüber möchte ich dann am Sonntag oder Montag deinen klugen Rat hören.

Ja ich komme also, am Sonntag in der Morgenfrühe, wahrscheinlich mit einigen Safenwilern. Die Predigt beginnt um ½10 Uhr, nichtwahr? Auch aus der Kinderlehre darfst du uns dann nicht ausschließen. Am Nachmittag begleite ich dann meine Leute nach da oder dorthin und [...] kehre auf den Abend zurück. [...]

Den «Neuwerk»-Leuten gegenüber möchte ich doch die Flinte nicht so rasch ins Korn werfen. [...] Die Verwirrung ist allerdings groß, aber nicht hoffnungslos. Es kann uns ja bei unsrer Klarheit über das Problematische, Zweideutige unseres Redens nicht wundern, wenn sie uns zunächst in der Tat trotz allem Hören immer noch überhören. Sie «fortkutschieren» zu lassen, wirds immer noch Zeit sein, wenns sein muß. Ob ich ihnen mein Suhrer Redlein für das «Neue Werk» schicken soll?

Letzten Sonntag passierte das Fatale, daß ich zwei Buben, die sich während meiner Bemühungen um die Athalja-Geschichte [Kinderlehre über 2. Kö 11] prügelten, mit je einer kräftigen Watsche aus der Kirche entfernte. Es mußte scheinbar sein, aber es reut mich; es war eine bedenkliche Schwäche, die mich aus dieser Tat nachher ansah.

Mit herzlichem Gruß an dich und Marguerite

dein Karl

Ich habe den ganzen Kampschulte[4] gelesen und bin jetzt an Calvins Briefen.

[1] Gertrud Bäumer (1873–1954), Schriftstellerin, erstes weibliches Mitglied des Reichstags. Sie gehört zum Kreis Friedr. Naumanns.

[2] Die Artikel von G. Bäumer und K. v. Greyerz, von denen Barth spricht, konnten nicht nachgewiesen werden.

[3] Heinrich Schultheis (1886–1951), Pfarrer in Gelnhaar (Oberhessen), Freund Herpels, Teilnehmer der Tambacher Konferenz.

[4] F. W. Kampschulte, *Johann Calvin. Seine Kirche und sein Staat in Genf*, 2 Bände, Leipzig 1869/1899.

Thurneysen 12. Dezember 1919

Lieber Karl,

Eben habe auch ich Rosenstocks «Europa und die Christenheit»[1] gleich einem «guten Mittagessen» zu mir genommen und freue mich dieses so wohl erleuchteten Mannes Rede. Es ist sicher eine *gute* Verbindung, die du da gewonnen hast; er interessiert einen noch mehr als Ehrenberg. Und sein Brückenschlag über den römischen Graben ist verheißungsvoll. Zudem ersehe ich aus seinem Vorwort, daß auch er nach *Rußland* hinüberblickt! Einzig die providentielle Leistung der Sozialdemokratie scheint er noch nicht recht zu erkennen. [...]

Es nimmt mich wunder, ob es nicht auch das Ergebnis deiner Kampschulte-Lektüre war, daß du das protestantisch-*Pharisäische* wieder deutlich gesehen hast, das «neue Werk» (ein übrigens etwas zweideutiges nomen unsrer deutschen Freunde!) in Genf. – Ich sende dir hier leihweise eine Osterpredigt aus Boll, die dich interessieren wird. Zugleich mit der Bitte, wenn du bald einmal kommst, doch einiges von deinen Notizen über 1. Kor. 15 mitzubringen. Ich möchte dieses Kapitel doch einmal mit dir lesen. Ich bin in diesen Tagen selber lang darüber gesessen, ohne alles wirklich zu verstehen, und doch in dem deutlichen Gefühl, daß hinter dem Schleier dieser Sätze die letzte Erkenntnis besonders kräftig verborgen liege. Ich bin wieder darauf gestoßen, weil ich in der Unterweisung gerade am *letzten* «Gleichnis», am Sterben war. Die Gleichnismethode ist als solche sicher gut und recht, um vom «Weltlauf» zu reden, aber... Jedenfalls gefällt mir an unserm Aufbau[2] das aufs neue, daß Christus von Anfang an vorausgesetzt und *das* heißt verkündigt wird, daß es also nirgends zu einer «Anwendung» des Evangeliums aufs Leben kommt, der eine immer schiefe Darstellung des Wesens an sich vorausgeschickt werden muß. Das «Wesen» ist das Wunder, die Übernatur oder, wie du offenbar Rosenstock mitgeteilt hast, das «Überhimmlische» (!), und das erträgt keine Anwendungen. *Das* versteht Ragaz nicht – übrigens auch Freund Bader nicht. [...]

Übermorgen will ich über den Antichrist predigen, ein gutes Thema für die Adventszeit. Ich wills wenigstens versuchen; allerlei Linien von den Pharisäern bis zu Wilson und uns schweben mir vor; hoffentlich werde ich über diesem Reden nicht selber zum Pharisäer, Idealist und Antichrist.

Wir müssen einstweilen und nicht nur einstweilen doppelt fest zusammenhalten. Es erheben sich überall die vexilla Antichristi, die Kirche «wacht auf», die Jünglingsvereine «erkennen» die «Zeichen der Zeit», die jungchristliche Allianz redet von ihrer «Friedens*arbeit*», der «Aufbau»[3] von seinen Genossenschaften, in den «Neuen Wegen» werden wir also als Pietisten umgebracht,[4] in Basel als Erlebnisapostel mißverstanden, nur der «Tag des

Menschensohnes» [Lk 17,22] erscheint in keiner Erkenntnis, abgesehen von unsern deutschen Freunden (wenigstens bei Rosenstock taucht er auf).

Hast du deine Suhrer Rede schon abgesendet? Tu's doch. Mir ist sie hilfreich gewesen: das Nein der Sozialdemokraten zu *allen* Geistigkeiten, Kulturerhebungen, Verklärungen und steilen Ikarusflügen, das Verharrenwollen in der Unsicherheit, das *darin* Kindlichsein: das ist die Wahrheit und muß jetzt gesagt werden, so fraglich *alle* «Stellungen» dadurch werden.

Sei herzlich gegrüßt mit Nelly und den Kleinen!

Eduard

[1] E. Rosenstock, *Europa und die Christenheit,* Kempten/München 1919.

[2] Barths und Thurneysens Aufbau ihres Konfirmandenunterrichts.

[3] *Der Aufbau. Sozialistische Wochenzeitung,* Zürich. Redaktoren: Max Gerwig und Max Gerber.

[4] Vgl. L. Ragaz, *Gottesreich und Politik. Gespräch zwischen Quidam und einem Pietisten,* in: Neue Wege, Jg. 13 (1919), S. 540–556.

Barth 14. Dezember 1919

Lieber Eduard!

[...] Bist du auch so im Gedränge wie ich? Mir fliegen die Tage nur so dahin. Seit drei Wochen diktiere ich zwei- bis dreimal wöchentlich eine Übersetzung und kurze Auslegung des Epheserbriefs; du kannst dann die Blätter besichtigen, wenn das Maß voll ist.

Ja, der «Aufbau»! Das Ding wäre ja so übel nicht, wenn man nicht von unsern Bündnern *mehr* erwarten müßte als das, was da *an sich* ganz nett geboten wird. Ob ihnen das Lob der «Basler Nachrichten» nicht etwas zu denken gibt? – Ich lege dir drei Nummern von Ehrenbergs Blatt[1] bei. Abgesehen von dem kirchenpolitischen Beisatz ists eigentlich ganz gut: Dostojewski, Kutter, Ehrenbergs eigene Beiträge, es hat alles erheblich mehr Salz als das «Neue Werk».

Kampschulte. Ich habe unterdessen noch den 1. Band der Schwarzschen Calvinbriefe[2] durchgelesen und muß Wernle darin doch recht geben, daß Kampschulte Calvin allzusehr von außen betrachtet hat. Der Pharisäismus seines Kirchen- und Staatsideals liegt ja auf der Hand. Aber das offene Fenster gegen das «Überhimmlische» liegt eben bei Calvin in seiner Prädestinationslehre. Lies nur einmal nach, wie verständnislos Kampschulte im 1. Band über die Institutio redet. Calvin war zu gescheit, kommts mir bei seinen Briefen vor, das wurde ihm und seiner Umgebung gefährlich, die *δύναμις θεοῦ* konnte bei seinem Wirken und Reden hemmungslos agieren, allzu hemmungslos, denn sie war dann auf einmal nicht mehr *δύναμις θεοῦ*. Aber wenn man daneben hält, wie stark er sich persönlich als Pilger und Fremdling fühlte, empfindet man doch mehr Respekt vor der Quelle als Abscheu vor ihrer Verunreinigung. Als der Mann in den Himmel kam, wird sich ja das ganze Mißverständnis mit der civitas Dei kraft der Vergebung der Sünden sofort geklärt haben. Wir wollen froh sein, daß wir nicht so stark in Versuchung geführt sind. Von diesem Hintergrund: wie stark Calvin eben *von Gott* in Versuchung geführt war, von der Tragik dieses Lebens, die doch nicht ohne Erlösungshintergrund ist, hat ja Kampschulte keine Ahnung. Er sieht nur seine mißlichen Ratsprotokolle und excerpiert Calvin selbst wirklich nicht gerade sachlich. Ist er [Kampschulte] nicht mehr der Alt-Katholik, der dem Abscheu des liberalen Bürgertums vor der Theokratie *überhaupt* Ausdruck gibt, als *unser* Mann? Als Gegengift etwa gegen das Buch vom alten Stähelin[3] und auch gegen den Persönlichkeitsrummel, der 1909 mit Calvin getrieben wurde, hat er natürlich seine gute Funktion. Es sollte eben wahrscheinlich einmal einer von *uns die* Calvinbiographie schreiben. Es gefällt mir vieles an ihm, z.B. sein durchaus sachliches Verkehren mit Farel[4] und Viret[5] unter steter Einbeziehung der verschiedenen Ehefrauen, sein häufiges Reisen (öfters zu Pferd, das fehlt uns noch!), der Haß der Berner gegen ihn, sein «Durchschaut!» so mancher Kirchengröße gegenüber (wobei er dann doch einmal wüst hereinfiel auf einen polnischen Hochstapler!). «Es» lebt und bewegt sich eben doch durchaus bei ihm, er ist durchaus nicht der Manokel auf Rädlein, der in dem unglücklichen Genf herumfährt am Schnürlein gezogen, wie es bei Kampschulte aussieht. Den Grund, weshalb die Genfer ihn eben im Grund doch durchaus *bejahten* und *wollten,* kann Kampschulte doch nirgends plausibel machen. Es hat seine Gründe, daß das Ragaz [in Zürich] nie gelungen ist noch gelingen wird. Ich möchte ihn also trotz allem in der Reihe der sehr erheblichen und beachtlichen «Väter in Christo» behalten.

[...] Wenn ich heimkomme, will ich versuchen, eine Antwort an Rosenstock zu kanzeln. [...] – Mein Unterweisen ist gegenwärtig wieder einmal besonders jämmerlich. Das Reich Gottes will und will sich bei mir nicht zum Lehrstoff gestalten, trotz aller Künste. Vielleicht verzichte ich eines Tages völlig und kehre [...] zum «Heidelberger» zurück, lasse auswendig lernen und höre ab, wie unsre Väter taten.

Herzlichen Gruß dein Karl

[1] *Christliches Volksblatt* (Heidelberg; hrsg. vom Badischen Volkskirchenbund), seit 1919. Es gab eine Monats- und eine Wochenausgabe, erstere unter Schriftleitung von H. Ehrenberg.

[2] R. Schwarz, *Johannes Calvins Lebenswerk in seinen Briefen. Eine Auswahl von Briefen Calvins in deutscher Übersetzung,* 2 Bände, Tübingen 1909. Das Urteil von Wernle über Kampschulte findet sich in Wernles Geleitwort zum 1. Band des Schwarzschen Werkes.

[3] E. Stähelin, *Johannes Calvin. Leben und ausgewählte Schriften,* 2 Bde. (= Leben und ausgewählte Schriften der Väter und Begründer der reformierten Kirche, IV. Theil, 1. und 2. Hälfte), Elberfeld 1863. (Pfr. Dr. E. Stähelin, 1829–1888.)

[4] Wilhelm Farel (1489–1566), Reformator der Westschweiz; er hält 1536 Calvin auf dessen Durchreise in Genf zurück.

[5] Peter Viret (1511–1571), Mitarbeiter Farels, tätig in Genf während Calvins Ausweisung von dort, wirkte später im Süden Frankreichs.

Thurneysen 23. Dezember 1919

Lieber Karl,

Leider wird dies kein Weihnachtsbrief, sondern die Mitteilung, daß Ragaz, in einem Vorhof der Hölle sitzend, in einem 16-

seitigen Zornbrief an mich alles, alles ergossen hat, was er gegen dich hat. Und nun muß ich diese Weissagung an dich weitergeben. Ragaz bemerkt übrigens, der Brief sei nur für mich bestimmt, ich dürfe dir aber den «sachlichen» Inhalt mitteilen. Er ist mit kranker Hand geschrieben und kann gerade sachlich nicht ernst genommen werden. Denn der Inhalt besteht in einem Schwall von aus allertiefster Verletzung kommenden Anklagen. Hier ein paar Sätze: «Der Römerbrief hat auf mich als ein Dolchstoß gewirkt. Mein Herz ist stark, sonst hätte wohl dieses Buch genügen können, um es tödlich zu verletzen. Das Vergiftende dabei war, daß es von einem Menschen kam, den ich trotz aller sachlichen Differenzen liebte, den ich im Sinne hatte, zu meinem Nachfolger vorzuschlagen.» Sachlich sei er nach der Lektüre «in allem Wesentlichen» mit dir einverstanden, aber deine Polemik sei «unnötig, unwahr und unwahrhaftig». «Ich bin erstaunt gewesen über dieses Maß des Hasses gegen mich, was ich gelitten habe, mögen Sie ahnen, es ist eine schwere Tragödie.» [...] Willst du noch mehr hören? Ich denke es genügt, und wir wollen das Zornfaß zudecken. Laß es dich nicht anfechten! Und nun gehen wir also im seltsamen Zwielicht, das aus dieser Kundgebung von Ragaz auf uns fällt, unentwegt, wenn auch nicht unangefochten, dem neuen Jahr entgegen und lassen uns weder umbringen noch gar voneinander abspalten. Wir sollten uns doch sehr bald einmal wieder sehen.

Herzlich dein Eduard

Barth 26. Dezember 1919

Lieber Eduard!

Deine Mitteilungen über Ragazens Brief habe ich während des mühsamen Baus einer Weihnachtspredigt über: «Ich danke dir, daß du mich demütigst und hilfst mir» [Ps 118,21] staunend zur Kenntnis genommen und verlange wenig darnach, den Rest zu hören, doch kann es gelegentlich eines schwarzen Kaffees bei einer Pfeife trotzdem geschehen. Ich frage mich, ob es beruhigend wirken würde, wenn ich ihm das kurze Verzeichnis der Stellen, bei denen ich ihn in seinem Sinne «gemeint» habe, mitteilen würde? Hartmann schickt mir sein Jesus-Buch über das Dämonische.[1] Ich lese es eben und finde es bis jetzt nicht übel, wenn auch Manches zu erinnern ist. [...] Hast du Fueters Rezension des Römerbriefs in der «Neuen Zürcher Zeitung» [Nr. 2008, 21. 12. 1919] gelesen? Er geniert sich nicht, mich öffentlich als Propheten etc. zu rühmen, mich den theol. Fakultäten und dem Publikum zu empfehlen als einen Mann, der «uns» trotz ... «etwas, nein Vieles» zu sagen hat.

Mit herzlichem Gruß und vorläufigem Dank für deine liebe Weihnachtssendung dein Karl

[1] H. Hartmann, *Jesus, das Dämonische und die Ethik,* Solingen 1920.

Thurneysen 27. Dezember 1919

Lieber Karl,

Fueters Spruch habe ich gesehen: sauersüßes Lob, durch das persönliche Empfindlichkeit hindurchscheint. Was sind wir Diener am Wort doch für unsachliche Leute! Dein Bruder Heiner wird seine philosophische Überlegenheit dieser theologischen Empfindsamkeit vorziehen und unsere Gebrechlichkeit in einer tiefliegenden systematischen Fehlerquelle begründet finden. – Es ereignen sich hier merkwürdig viel Sterbefälle, die mir allerlei Einsichten vermitteln. Dazu Weihnachtsbäume und -reden. Ich habe Spenglers «Untergang des Abendlandes»,[1] zwei Bände Nietzsche und Wendlands «Hellenistisch-römische Kultur» geschenkt bekommen, also drei Bücher, die mit seltsam weiten Horizonten und kritischen Durchblicken das «Christentum» umstehen. Wir müssen uns bald wieder sehen.

In aller Eile Eduard

[1] Oswald Spengler, *Der Untergang des Abendlandes. Umrisse einer Morphologie der Weltgeschichte,* Bd. 1: *Gestalt und Wirklichkeit,* 1918 (Band 2 erschien 1922).

Barth 5. Januar 1920

Lieber Eduard!

[...] Ich hatte einen Brief von Epprecht, den ich gestern mit einer gehörnten und gezahnten Antwort erwidern mußte. Dieses St. Gallen scheint ein ganz übler Karpfenteich zu sein, in dem du dich zum *bösen* Hecht entwickeln mußt, wenn dein Dortsein einen Sinn haben soll. Nur keine «gesegnete Wirksamkeit»! Sondern Pech, Schwefel und Rauchdampf in diesem wohlfrisierten Kirchenhimmel! Ich hole zu einer Predigtserie über den 2. Korintherbrief[1] aus. Schluß. Die Kindlein verlangen dringend, daß ich ihnen einen Turm mit Brücke baue. Das wird gut.

Mit herzlichem Gruß Dein Karl Barth

Unser Melchisedek ist wahrscheinlich – Overbeck.[2] Vielleicht verfasse ich etwas über ihn ins «Neue Werk». – Denk ich muß in Sachen – Spielbankinitiative noch einmal in den Sattel steigen!!

[1] Mehrere Predigten dieser Serie wurden veröffentlicht in: K. Barth/E. Thurneysen, *Komm Schöpfer Geist!,* München 1924, S. 190ff.

[2] Franz Overbeck (1837–1905), Prof. für N.T. und ältere Kirchengeschichte in Basel, Freund Fr. Nietzsches, radikaler Kritiker der Theologie.

Thurneysen 21. Januar 1920

Lieber Karl,

Hier die Dokumente zurück vermehrt um die «leisen, leichten Worte» Rosenstocks. Etwas seltsam Fremdes bleibt in all diesen Ergüssen, Erschließungen, Liebeserklärungen und Umarmungen – wie antwortest du jeweilen auf solche «leise, leichte» Worte?

Ich bin erst seit heute recht am Versuch, meinen Vortrag[1] über den Sozialismus zustande zu kriegen. Wenns nur gelingt!

Ich mußte zunächst noch ein wenig lesen und habe mich hinter die Rothe-Biographie von Hausrath[2] gemacht. Sie ist nicht unergiebig. Über die «Kirche» ist Rothe jedenfalls hinausgekommen, um dann aber mit dem «Staate» eine seltsame und voreilige Ehe zu schließen. Weiter habe ich gleichfalls Overbeck[3] erworben und in einem eintägigen Streifzug vorläufigen Besitz von ihm genommen. Wirklich gut!! Ich war erfreut von seinen Einsichten über die «Urgeschichte» und habe sofort einen Brief an Carl Albrecht Bernoulli[4] geschrieben.

Es war sehr schön bei euch drüben! Eduard

[1] E. Thurneysen, *Sozialismus und Christentum,* veröffentlicht in: ZZ Heft II, 1923, wieder abgedruckt in: J. Moltmann (Hrsg.), *Anfänge der dialektischen Theologie,* Teil 2, München 1963, S. 221ff., und in: E. Thurneysen, *Das Wort Gottes und die Kirche. Aufsätze und Vorträge,* München 1971, S. 159ff.

[2] A. Hausrath, *Richard Rothe und seine Freunde,* 2 Bände, Berlin 1902/1906.

[3] Fr. Overbeck, *Christentum und Kultur. Gedanken und Anmerkungen zur modernen Theologie, aus dem Nachlaß hrsg. von C. A. Bernoulli,* Basel 1919. Neudruck Darmstadt 1963.

[4] Carl Albrecht Bernoulli (1868–1937), Theologe und Publizist.

Thurneysen 30. Januar 1920

Lieber Karl,

Hier bereits eine Antwort von Carl Albrecht Bernoulli. Er sucht uns begreiflicherweise an einem falschen Ort; wir sind durchaus nicht interessiert an einer «nachchristlichen Ideologie». Wir wollen ihm nächstens einen Besuch machen. Von seinem Stumpengeleise werden wir ihn zwar kaum wegbringen, aber wir wollen grüßend und winkend langsam wie ein Lazarettzug an ihm vorüberfahren. [...]

Mit herzlichen Grüßen Eduard

Barth 31. Januar 1920

Lieber Eduard!

Eben kommt Bericht von Ehrenberg, mit Ausweis für das Konsulat.[1] Also los! [...] – Der Brief von Carl Albrecht [Bernoulli] tönt aus ziemlich enger Zelle. Ihm ist in seiner Einsamkeit ein gehöriges Toupet gewachsen. Vielleicht werden wir im Alter auch so.

Hier Einiges aus Deutschland. [...] Die Ecke Gogarten[2]-Ziegner[3] ist vielleicht eine der für uns beachtlichsten. Bombennachricht: an der Aarauer Konferenz redet als 2. Referent *Harnack!* Eheu me miserum! Ich also als dritter![4] Im April zwischen 15. und 20. Das werden Großkampftage, wie soll ich mich nur darauf rüsten? Daß Harnack ein Abbé sei und das übrige Lexikon kann ich ihm doch nicht ins Gesicht schleudern?![5]

Morgen Predigt über 2. Kor. 1,12–22. [...] Bei Luther ist alles, besonders v. 14–18 ganz sinnwidrig übersetzt.

Wir erwägen, ob wir uns an St. Martin [in Basel] melden wollen. Das ist ja wieder eine von den wenigen Stellen, die mir durch ihre Beschaffenheit einleuchten. Vielleicht müßte ichs nun einmal wagen und den Baslern die Gelegenheit zu einer kleinen Gesinnungsprobe bieten. Es werden ja wohl ganz andere Größen in petto sein.

Mit herzlichem Gruß dein Karl

[1] Vorbereitung einer Deutschlandreise vom 8.–19. 2. 1920 mit folgenden Stationen: Basel (8. 2.), Heidelberg (9.–11. 2.), Stuttgart (12. 2.), Bad Boll (12./13. 2.), München (13.–17. 2.), Zürich (17.–19. 2.). Der zweite Teil der Reise ist im folgenden Brief beschrieben. Am ersten Teil – bis einschließlich Bad Boll – nahm das Ehepaar Thurneysen teil. In Heidelberg war man bei H. Ehrenberg und traf dort u.a. mit R. Siebeck und V. von Weizsäcker zusammen, in Stuttgart mit E. Rosenstock-Huessy, in Bad Boll mit E. Jäckh und der Witwe C. Blumhardts.

[2] Friedrich Gogarten (1887–1967), in den folgenden Jahren eng mit Barth und Thurneysen verbunden, damals Pfarrer in Stelzendorf (Thüringen), später Prof. für systematische Theologie in Breslau und Göttingen.

[3] Oskar Ziegner (1892–1963), Pfarrer in Eichelborn (Thüringen), Freund Gogartens.

[4] Auf der Aarauer Studentenkonferenz vom 15.–17. 4. 1920 wurden Vorträge gehalten von F. Baltzer, A. v. Harnack, G. Hotz und K. Barth. Die ersten drei Vorträge wurden veröffentlicht in: *Aarauer Studentenkonferenz 1920,* Basel 1920 (dort S. 47–72: A. v. Harnack, *Was hat die Historie an fester Erkenntnis zur Deutung des Weltgeschehens zu bieten?*). Barths Vortrag: *Biblische Fragen, Einsichten und Ausblicke,* erschien separat, München 1920, wieder abgedruckt in: *Das Wort Gottes und die Theologie,* München 1924, S. 70–98.

[5] Anspielung auf Overbecks Polemik gegen Harnack. Vgl. F. Overbeck, a.a.O. S. 198–241: «Adolf Harnack. Ein Lexikon.» Dort S. 198f.: «Abbé».

Barth 19. Februar 1920

Lieber Eduard!

[...] Ich will dir gleich das Nötigste über München-Zürich melden. Es waren gute wohlausgefüllte Tage voll Kampfgewühl und Gesichtern. Schade daß ihr nicht mehr mit waret, wir haben eure Abwesenheit an diesem für uns ergiebigsten Teil der Reise mehr als einmal beklagt.

Die Reise Göppingen–München im II. Klasse-Coupé gab gute Beziehungen zum deutschen Bürgertum; wir hörten Drohendes von einem Berliner Polizeioffizier, Problematisches von allerlei Kaufleuten, in der letzten Reisestunde kam ich in den Fall, ein kleines Privatissimum über Schweizergeschichte nach J. Schaffner[1] zu lesen.

In München rauschender Empfang von Kriegsgefangenen. Mitten darin Pfarrer Merz[2] mit – hocherhobenem Römerbrief als Kennzeichen. Gut, nicht? Leider verfehlten wir ihn trotzdem und fanden erst nach langer Irrfahrt unser Heim.

Merz ist sehr gut, kennt den Römerbrief besser als ich. Er kommt von Rittelmeyer[3] und hat noch einige entsprechende Residuen, war aber die ganze Zeit über höchst aufgeschlossen, unermüdlich in Fragen, menschlich überaus sympathisch [...], kann erquickend lachen und erzählen, hält seinen Vorortposten, wie ich mich in seiner Predigt überzeugen konnte, vortrefflich und vielversprechend, dirigiert überdies den Verleger Lempp[4] in theologischer Hinsicht sehr intelligent. Ein Abend mit *Friedrich*

Heiler.[5] Nicht gut. Gescheites Theolöglein (28jährig), ganz historisch orientiert, mit verdächtiger Vorliebe für «evangelische Frömmigkeit». Wir betasteten uns vom ersten Augenblick an entschieden feindselig und kamen zu keinem Ziel. Der Mann wird noch Schaden anrichten! (Es ergab sich, daß in derselben Viertelstunde bei Lempp von ihm der «Römerbrief» und von *mir* «Das Gebet» [das Hauptwerk F. Heilers] gekauft wurde.)

Alexander Münch, [...] wie Heiler vom Katholizismus kommend, fein beweglich zitternde Seele, hin und her zwischen Revolution und Reaktion, preist seufzend «die Liebe» und das Urchristentum, wird wahrscheinlich eines Tages kopfschüttelnd in irgendein feineres Lager als das unsrige übergehen, könnte aber vielleicht auch noch gut werden. Sogar aufs «*Kgl. Dekanat*» wurde ich zitiert und empfing dort von einem milden alten Pfarrer, der aber über «die verfluchten Juden» wenig christlich denkt und redet, viele «Gott segne Sie» auf den Weg.

Ein Nachmittag bei *Artur Bonus*[6] in Taufkirchen. Trefflicher mürrisch-vergnügter Einsiedler in einer Bauernhütte, wahrscheinlich mit allerlei uns verwandten Gedanken und Einsichten, ließ sich die Overbeck-Rezension[7] vorlesen und war sehr freundlich. Am letzten Abend großes «Simultan-Schachspiel» mit etwa 30 Einberufenen (Pfarrer, Studenten, Architekten ‹gut!›, ob nicht auch ein Konsul da war? Jedenfalls Kurt Eisners[8] Tochter, was doch wohl erheblich ist!). Ich las eine Predigt vor, und dann gab es unter Merzens gewandter Leitung ein zweistündiges mächtiges Fragen von allen Seiten besonders über Pfarrer und Gemeinde, Reich Gottes und Politik. «Des ischt mir alles fabelhaft neu», bekannte der wackere Lempp zum Schluß. Es gab aber ein gutes allgemeines Aufmerken, Einlenken und fragend Auseinandergehen, wie wir es lieben, zum Schluß, und München darf nun als ein wichtiger besetzter Punkt auf unsrer Landkarte vermerkt werden. – Pinakotheken etc. wurden natürlich auch besichtigt.

Von der Heimreise ist zu sagen, daß wir sogar I. Klasse fahren mußten, [...] daß ich von Romanshorn bis Zürich noch ein nützliches Gespräch mit einem deutschen Arzt hatte.

Zürich. Hier trefflich aufgenommen bei Pestalozzis. [...] Heute Morgen war ich bei – – *Ragaz.* Ja wahrhaftig, ich ging hin und ließ das ganze Zorngefäß noch einmal über mich ausschütten: Der Römerbrief sei das Schlimmste, was ihm überhaupt in seinem Leben angetan worden sei, ich sei von schlimmstem Hochmut erfüllt, ferner von Haß und Verachtung gegen ihn, Ragaz [...]. Ich saß ganz demütig da und ließ mir alles sagen, bis die Zornkraft sichtlich erlahmte, dann gab ich mit ruhigster Stimme zu erkennen, ich lasse mich durchaus von ihm zur Buße rufen, hingegen sei im Römerbrief und in meiner Polemik etwas, was davon auf alle Fälle nicht betroffen werde. Seine peinliche Überraschung über meine Haltung sei die direkte Folge davon, daß er nie ernsthaft sich auf unsere Probleme eingelassen habe, wir seien gewöhnt, das Persönliche nicht so wichtig zu nehmen. Sobald er auf die Sache eintreten werde, werde er auch erkennen, daß von der Ruchlosigkeit meines Angriffs eigentlich wenig übrig bleibe. Und siehe, es trat eine gewisse Entspannung ein. Er war mir in dieser Aufregung und Hilflosigkeit auf einmal in gewissem Sinn sympathisch, und er seinerseits eröffnete wenigstens die Aussicht auf Versöhnung, fand es sehr schön, daß ich gekommen sei, und lud mich sogar – zur Mitarbeit an den «Neuen Wegen» ein!! Allerdings unter der Proklamation, mein Intellektualismus sei vielleicht sein demnächst zu bekämpfender «größter Feind». «Schön so!», fuhr es mir heraus; er solle nur kommen, das sei besser als die Sphäre persönlicher Stimmungen, in die jetzt Alles zwischen uns gehüllt sei. Er könnte ja [seinen Mitarbeiter] Lejeune vorschicken, schlug ich ihm vor, weil er sagte, er finde einfach die Zeit (!) nicht, Kutter und uns einmal gründlich zu erlegen. Es war ein Präliminarfriede nicht ohne Aussichten. Ich war zum ersten Mal lieber an der Gloria- als an der Zollikerstraße gewesen.[9] Nachher war ich noch eine Stunde bei *Fueter,* dem ich klar zu machen suchte, wir erwarteten von dem Kanzeln und Katheder beherrschenden System Hadorn-Benz bessere Leistungen als seine Rezensionen. [...]

So ist unsre seltsame Reise auch meinerseits nun zum Abschluß gekommen. Seltsam nur schon wegen ihrer Tiefpunkte, [...] seltsam wegen des vieldeutigen Höhepunktes München, seltsam wegen all des Klingenkreuzens, das uns wieder einmal passiert ist und dessen Erträgnisse nun abzuwarten sind. [...]

Das Aarauer Zentralkomitee findet meine Formulierung[10] «kraftlos». Ich habe ihnen einiges über Dynamis mitgeteilt und neu vorgeschlagen: «Die Frage der Bibel an die Gegenwart.» [...]

Herzlichen Gruß euch beiden dein Karl

P.S. *Merz* erklärte mir, unsre «Botschaft» an die Pfarrer lasse sich auch zusammenfassen in das Gebot: Hütet euch vor dem Kitsch und heiratet die entsprechenden Frauen!

[1] J. Schaffner, *Geschichte der Schweizerischen Eidgenossenschaft,* Stuttgart 1915.

[2] Georg Merz (1892–1959), Pfarrer in einer Vorortgemeinde Münchens, später Dozent in Bethel, Rektor der Augustanahochschule Neuendettelsau. Merz brachte Karl Barths Römerbrief in den Verlag Chr. Kaiser, wurde Schriftleiter von «*Zwischen den Zeiten*». Seine jahrelange Verbundenheit mit Barth lockerte sich aus theologischen Gründen.

[3] Friedrich Rittelmeyer (1872–1938), Pfarrer in Nürnberg, schloß sich der Anthroposophie Rudolf Steiners an. Begründer der Christengemeinschaft.

[4] Albert Lempp (1884–1943), Münchner Buchhändler, besaß und leitete den Verlag Christian Kaiser und gab solange, bis es durch das nationalsozialistische Regime verboten wurde, das Schrifttum Barths und seiner Freunde heraus in persönlichem Einsatz und naher Verbundenheit mit Georg Merz, Barth und Thurneysen.

[5] Friedrich Heiler (1892–1967), Prof. für Religionswissenschaft in Marburg.

[6] Artur Bonus (1864–1941), Freund Gogartens, Literat aus dem Kreise des Diederichs-Verlages.

[7] K. Barth, *Unerledigte Anfragen an die heutige Theologie,* in: K. Barth/E. Thurneysen, *Zur inneren Lage des Christentums,* München 1920, S. 3–24. Wieder abgedruckt in: K. Barth, *Die Theologie und die Kirche.* Ges. Vorträge II, München 1928, S. 1ff.

[8] Kurt Eisner (1867–1919) rief als Führer der Unabhängigen Sozialdemokraten am 7. 11. 1918 in München die Republik aus und wurde bayerischer Ministerpräsident. Opfer eines politischen Attentats.

[9] Gloriastraße: Wohnung von Ragaz, Zollikerstraße: Wohnung von Kutter in Zürich.

[10] Titel von Barths Vortrag auf der Aarauer Studentenkonferenz am 17. 4. 1920. Es blieb dann doch bei Barths ursprünglichem Vorschlag: «*Biblische Fragen, Einsichten und Ausblicke.*»

Barth 26. Februar 1920

Lieber Eduard!

Nimm in Eile wenigstens diese Aktenstücke zur Einsicht: *Herpel,* O Schaden![1] Wir werden ihm nach Maßgabe von 2. Kor. 1 antworten müssen, daß unser Ja nicht durchaus Ja und unser Nein nicht durchaus Nein bleiben könne und daß er über unsern «Geist» ja nicht reklamieren solle, wenn er nicht noch Schlimmeres erleben wolle. Die Vereinigung mit Arnold ist kein gutes Zeichen, aus der Mitteilung von Themata, über die wir schreiben sollen, gibt es natürlich nichts.[2] Der hat keine Ahnung. Schreib ihm vorläufig irgend etwas Tröstliches. [...] Die Aarauer Konferenz wünsche ich im Stillen zum Kuckuck und habe Angst, wie das herauskommt. [...] Mit herzlichem Gruß dein Karl

[1] O. Herpel hatte sich darüber beklagt, daß Barth und Thurneysen ihn auf ihrer Deutschlandreise nicht besucht hatten.

[2] Das «*Neue Werk*» sollte künftig von O. Herpel und E. Arnold gemeinsam herausgegeben werden. Herpel hatte Barth und Thurneysen um Mitarbeit und um Angabe künftig von ihnen zu behandelnder Themen gebeten.

Barth 28. Februar 1920

Lieber Eduard!

Ich habe Alles [über die Wahl des Nachfolgers in Leutwil] mit großer Teilnahme gelesen. Wahrscheinlich würde ich in solchem Fall *noch* Schlimmeres erleben. Laß dichs nicht anfechten, sondern schreib auf eine Tafel wie Habakuk 2 geschrieben, und laß die Vorübergehenden es lesen. Ja komm am Montag, ich will dafür sorgen, daß Overbeck[1] (in veränderter Fassung) bis dahin fertig ist.

Mit herzlichem Gruß dein Karl

[1] Vgl. Anm. 7 zum Brief vom 19. 2. 1920.

Barth 5. März 1920

Lieber Eduard!

Hier einiges Weitere. Da meldet sich also der andere Ehrenberg;[1] er ist nicht ohne kräftigen (christlich-germanischen vermutlich!) Einschlag und *sieht* wenigstens den steinernen Gast, obwohl er ihm zu entrinnen sucht. Aber auch da, leider, soviel Selbsterklärung und -ergießung.

[...] Gestern war ich am Morgen an einer Lehrerkonferenz in Zofingen, wo sehr gottlos, allzu gottlos geredet wurde, am Nachmittag an der Sitzung der Spielbankinitianten in Olten, wo es umgekehrt allzu gerecht zuging. [...] Ich entfloh und nahm Gottlob Wieser mit nach Safenwil, um ihn unterwegs und hier kräftig mit Overbeck einzuseifen. Auch er wußte natürlich zuerst auch nur etwas von «rein negativ» zu stammeln, ließ sich aber belehren, wenn auch wahrscheinlich nicht überzeugen. Am Sonntag Abend trifft Ernst Staehelin hier ein. Ich freue mich wie eine Spinne auf die Fliege, auch ihm den finis christianismi [Overbeck] anzukündigen. [...]

Ich habe verschiedene Kräche, einen mit Hochuli und einen mit Gemeinderat, Schulpflege und Lehrerschaft wegen zwei Bürgerschülern, die die erzürnten öffentlichen Gewalten ins *Gefängnis* stecken wollen. [...] Ich redete gestern in der Schulpflege fast eine Stunde vergeblich über Erziehung, bürgerliche Moral, solidarische Verantwortlichkeit und Schuld, Vergebung und andere schöne Sachen. Auch die Sozialisten hatten ganz taube Ohren, und ich erreichte nicht mehr, als daß ich als der unendlich gütige Herr Pfarrer dastand.

Mit herzlichem Gruß dein Karl

[1] Rudolf Ehrenberg (1884–1969), Vetter von Hans Ehrenberg, Prof. für Physiologie in Göttingen.

Barth 15. März 1920

Lieber Eduard!

Es geht nicht. Die Sorge um meinen Aarauer Vortrag packt mich wie ein gewappneter Mann. Ich *darf* jetzt nicht 1–2 Tage schon wieder im Land herumfahren. Vielleicht wirds vor Ostern noch einmal in raschestem Sprung möglich, vielleicht auch nicht. Euer Wegzug [...] ist kein so erfreuliches Ereignis, daß es solenn gefeiert zu werden verdiente. Für heute jedenfalls lasse ich Synode und Leutwil fahren und setze mich an die Arbeit. Es ist höchste Zeit.

Hier einige Briefe von Merz. Könnten wir den «finis christianismi» [vorgesehener Titel für die Overbeck-Schrift] nicht doch durch etwas weniger Sensationelles ersetzen? Sie nehmen uns dort [in München] gerade in dieser Sache so ernst, daß wir unbedingt nur sagen dürfen, was wir tatsächlich meinen, nichts bloß «Geistreiches», um mit Kutter und Wernle zu reden. Wir sollten irgend einen ganz schlichten Titel finden. Besinn dich doch und schick mir ihn dann samt der umgearbeiteten Predigt.[1] Vergiß auch ja nicht, Herpel nun etwas zu schreiben, damit wir beide für eine Weile Ruhe vor ihm haben, aber im Frieden. Ich habe an ihn und die drei Patmosmänner:[2] Hans und Rudolf Ehrenberg und Rosenstock, umfängliche Antwortepisteln gerichtet. Komm du lieber noch einmal herüber zu uns. Dein Abbau ist nicht so entscheidend wichtig wie mein Aufbau.

Mit herzlichem Gruß dein Karl

[1] E. Thurneysen, *Die enge Pforte* (Predigt über Lk 15,3–7), in: K. Barth/ E. Thurneysen, *Zur inneren Lage des Christentums,* S. 25–36.

[2] Alle drei veröffentlichten im Würzburger Patmos-Verlag.

Thurneysen 17. März 1920

Lieber Karl,

Ich verstehe deine Sorge um den Aarauer Vortrag und nehme daran teil. Hier die einsichtigen Briefe von Georg Merz. Bei ihm scheint schon seiner Handschrift nach gar nichts vom Rauschgeist der Patmosleute zu walten. Der Titel «finis christianismi» wird nun wohl zu ersetzen sein. Ich schlage vor: «Zur innern Lage des Christentums», wobei mit dem «innern» ein erwünschter Gegensatz zu all den Sprüchen über die äußere Lage des Protestantismus geschaffen wäre. – Unser Umzug nach St. Gallen kommt mir vor wie ein Umzug von einem Krankenbett auf ein anderes.

Herzliche Grüße Dein Eduard

Barth 17. März 1920

Lieber Eduard!

Die Bohrmaschine für den Vortrag ist in gewaltiger Tätigkeit, und eine ununterbrochene Rauchsäule steigt aus der Pfeife nach der Decke wie in den besten Zeiten meines Lebens. Bis jetzt ist der Fortschritt «vor Ort» aber noch nicht groß, und ob der Stollen seine Richtung nicht verfehlt, muß sich erst zeigen. Am Anfang soll von der Prädestination die Rede sein, nachher von der geistlichen (beweglichen) Sprache der Bibel, nachher von Christus als dem kritischen Mittelpunkt, nachher von der Schöpfung, nachher von der Erlösung, nachher vom geschichtlichen Charakter der Bibel, endlich von der Seele. So ungefähr.

Hier interessante «Rosenstockiana». Ich habe ihm sofort geantwortet, du kannst dir denken, daß ich mich durch sein Trompetenblasen nach der *andern* Seite nicht habe täuschen lassen, so merkwürdig die conformitates sind, bis auf die Terminologie.

Mit herzlichem Gruß dein Karl

[...] Glückauf zum nächsten Sonntag! [Pfarreinsatz in St. Gallen-Bruggen]. Solltest du dir nicht noch eine Hornbrille anschaffen in Zürich auf der Durchreise?

Thurneysen 18. März 1920

Lieber Karl,

Dank für deinen Brief! Den Gang deines Vortrages kann ich mir einigermaßen aus deinen Andeutungen konstruieren, bin aber gespannt auf alle einzelnen Wendungen des Weges. Rosenstocks Seufzen unter unserm andern Geist ist wahrhaft tragisch. [...] Ich mag dieses ganze Getümmel: von Pfarrersein – Weib – katholisch – protestantisch – von Krieg – Deutschtum – Schicksal – Kirche – Brüderlichkeit – Liebe – nicht. Es ist ohne den sichern Zusammenhang einer werdenden Erkenntnis geschrieben. Vielleicht mußte es geschrieben, aber nicht gedruckt werden? Oder was denkst du?

Herzlich Eduard

Wie wird unser Pfarreinsatz ablaufen?!

Barth 22. März 1920

Lieber Eduard!

Wir haben deiner gestern lebhaft gedacht. Ein Engel mit feurigem Schwert wird dir ja nicht begegnet sein, um dich im letzten rettenden Moment noch im Aargau zurückzuhalten. Und so ist nun das Krankenbett definitiv gewechselt, und wir sehen mit Spannung und Teilnahme den Berichten vom neuen Kriegsschauplatz entgegen. Ich sende dir hier die Installationspredigt zur Einsicht, die mir einst mein Vater gehalten.[1] Wenn wir doch die schöne gerade Linie biblischer Erfahrungstheologie wieder hätten auf *unserer* Stufe! Mein Aarauer Vortrag bereitet mir und wird mir noch viel Schmerzen bereiten. *Woher?* und *wohin?* soll ich eigentlich reden? Der Stoff ist ja schon da, aber der Redner und das Publikum sind so problematisch!

Hier Rosenstocks triumphierender Brief. Ich hatte ihm nämlich bemerkt, ich sehe gewisse Analogien zwischen der Patmos-Religion und dem vorderasiatischen Kybelekult des Hellenismus. Bemerke nun, wie er sich dazu stellt: Nicht eben umsichtig, trotz des triumphierenden Tones, mit dem er uns zuletzt sogar unter die «Schwachen» von Röm. 14 versetzt. Vielleicht gelingt es uns doch noch, diesen Mann mit seiner zappelnden Zweibeinigkeit zu beruhigen. Hilfe! Tu auch du dein Bestes!

Und schick mir nun die Predigt zu[r] Overbeck[schrift] für München. [Der Titel] «Zur innern Lage des Christentums» ist gut. [...] Die Safenwiler haben mich gestern lautlos um 700 Fr. heraufgesetzt, und daneben konnte ich ihnen noch die Einführung von Turnunterricht für die Mädchen aufreden. Auch unser Schlafzimmer wird restauriert, während dem Gemeindeschreiber unter dem Jubel der Bevölkerung die Besoldung erhöht, dafür alle Extra-Rechnungen gestrichen und dem Gemeinde-Ammann (freisinniger Großrat) die Zuchtstiere entzogen wurden.

Mit herzlichem Gruß dein Karl

[1] Predigt von Prof. Fritz Barth zur Einführung seines Sohnes in Safenwil am 9. Juli 1911 über 2. Kor. 4,1–2 (unveröffentlicht).

Thurneysen 22. März 1920

Lieber Karl,

Melde mich von St. Gallen zurück. Das Fest in der Wüste verlief nicht ungut, d. h. wirklich redlich und nach Kräften gedämpft. [...] Die allerlei von mir schon von langher eingeschalteten Widerstände gegen das gewohnte Pfarrertum haben bei den für die Gemeinde Verantwortlichen eine gewisse Erkenntnis und Vorsicht bewirkt. Daß es sich bei mir nicht um das altgewohnte kirchliche Tun, um irgendeine hektische Geschäftigkeit handeln könne, sondern daß die Verkündigung im Mittelpunkt zu stehen habe, ist jedenfalls einigermaßen verstanden worden. Das drückte sich bei meinem Empfang darin aus, daß der Kirchenvorstand nicht als Empfangskomitee funktionierte, daß es meinerseits zu keinem Kniefall vor dem Herrn Dekan kam, keine auf mein Haupt gelegten Hände gab und kein Familienabend stattfand, wohl eine von dem Dekan gehaltene christlich-idealistische Predigt, die ich mir aber nachher (in meiner Predigt) alle Mühe zuzudecken gab. Ich hatte sie gleich zu Beginn mit jenem bei Kierkegaard entlehnten Gleichnis von dem gehorsamen Hündlein und einigen Variationen darüber zugespitzt. Nachher fand ein kleines Mahl statt, bei dem keine besondern Reden gehalten wurden. Es verlief in einer guten Nüchternheit. Nachher Rückfahrt mit Pestalozzis nach Zürich.

Herzlich und treulich dein Eduard

Thurneysen 24. März 1920

Lieber Karl,

Da kommt die Overbeck-Predigt. Ich habe sie nach Kräften gefeilt und zugespitzt, vor allem deutlicher auf Overbeck und deinen Aufsatz bezogen. Sie wird nun vielleicht doch nicht ganz unnütz neben deiner Abhandlung stehen. Ich bin über dem Umarbeiten der Predigt unserer Overbeckdeutung ganz neu gewiß geworden. [...]

Hier die Rosenstockiana zurück. Rosenstocks Triumphbrief kam mir eben recht bei der Arbeit an der Predigt. Sein Nein und Ja sind wirklich ein sehr anderes als das unsrige. Ich habe mich durch diesen Erguß aufs neue zur Vorsicht mahnen lassen. Wir wollen uns von den Patmosleuten nicht verschlucken oder uns mit ihnen verwechseln lassen.

Herzlich Eduard

Barth 13. April 1920

Lieber Eduard!

Erste flüchtige Begrüßung in deiner neuen Heimat. Wie gehts? [...] Ich bin mit Volldampf (und -rauch) am Vortrag. Er hat sich nun aus dem Vielerlei zu einer einzigen Mitteilung über Todesweisheit und Osterbotschaft konzentriert. Wir lesen ein Buch von W. Bonsels über Indien.[1] Ein merkwürdiges Land! [...] Mein Fabrikant läßt nun meine Konfirmandinnen per Auto nach Zofingen zum Kapellenprediger führen!! Ich erwarte gelassen, was noch alles kommen mag.

Herzlichen Gruß! Dein Karl

Dein Osterbesuch war eine überaus gute, tröstliche Sache.

[1] W. Bonsels, *Indienfahrt,* 5.–7. Tausend, Frankfurt a. M. 1917.

Barth 20. April 1920

Lieber Eduard!

Ich habe dir Vieles zu erzählen über die seit unsrer plötzlichen Trennung am Sonntag eingetretenen Ereignisse. Das nächste war eine plötzlich beschlossene und energisch durchgeführte Velofahrt mit Nelly, Pestalozzis und Frl. Wehrli von Aarau nach Luzern mit großen Naturfreuden, kopfschüttelnden und doch seelenruhigen Gesprächen über das Thema des Tages und einem trefflichen Essen in Beromünster. Am Abend rollte ich dann noch per Achse nach Basel zu meiner Mama. Sie hat nun nach langer Zeit der Mißbilligung den Weg wieder gefunden zur Einsicht in unsre Wege, und ich hatte sehr schöne Tage mit ihr, Heiner (der meinem Vortrag den philosophischen Segen erteilt hat!) und meiner Schwester. [...] Am Sonntag war ich bei Liechtenhan in der Predigt. Er stellte sich nicht undeutlich als «das irdene Gefäß» neben den zu seinen Füßen thronenden Benz (2. Kor. 4 [V. 7]).

Am Nachmittag ging ich beherzten Schrittes zu Eberhard Vischer und fragte nach Harnack. Ich platzte dort mitten in eine große Einladung, [...] wo sie mich (wie ich später auf Umwegen hörte) eben verhandelt hatten. Harnack thronte auf einem Kanapee, wurde «Exzällänz» genannt und teilte den Damen Bonmots aus (zwei Dinge seien international: das Geld und der Geist und ähnliches!). Nachher gabs eine einstündige Entrevue mit ihm und Eberhard Vischer. Ich fragte ihn, was er unter «profan» verstehe, und hörte, daß er damit meine auch von Schlatter geübte Einseitigkeit verstehe, die das Geheimnis Gottes verletze. Nicht so glatt konnte er antworten auf meine Frage, ob er mir nicht wenigstens historisch (N. T.) recht geben müsse. Die beiden Herren verwickelten sich bis zu der Behauptung, Sündenvergebung sei etwas ganz Einfaches, das einfach zur Nächstenliebe gehöre, und das er, Harnack, beständig übe. *Etwas* Erschütterung sei der Kirche wohl zu wünschen, aber ich solle meine Auffassung von Gott *(καινὴ κτίσις)* doch lieber für mich behalten, keinen «Exportartikel» (!) daraus machen. Zuletzt wurde ich als Calvinist und Intellektualist beschimpft und mit der Weissagung, daß ich nach allen Erfahrungen der Kirchengeschichte eine Sekte gründen und Inspirationen empfangen werde, entlassen und von Eberhard Vischer mit gütig lächelnden Bemerkungen über Overbeck, den *er* «à fonds» kenne, zur Türe geleitet. Gut, nichtwahr?! – Am andern Morgen meldete ich mich flugs telephonisch bei Carl Albrecht Bernoulli, der mich freudig am Tram in Arlesheim in Empfang nahm und in seine Klause führte, wo das gute Wort: «Tenax propositi!» an der Wand steht, und wo wir dann eine gute vorläufige Aussprache hatten. Er gefällt mir persönlich viel besser als aus seinen Schriften. Von hüst! und hott! war keine Rede mehr. Die Tambacher Rede hatte ihn einigermaßen belehrt, daß wir auch nicht eben erst aus dem Ei gekrochen, und so fragte er hauptsächlich, und ich gab, so gut es ging, Auskunft. Es war ein freudiges offenes Beisammensein. Sein «Psychismus» ist eine ganz vage Sache; vielleicht läßt er sich allerlei von *uns* sagen und besonders von Heiner, auf dessen Buch er gespannt ist. Allerlei

Schrulliges mag im Hintergrund lauern, aber gerade der hochnäsige Kulturmensch, den ich hinter ihm vermutete, ist er nicht. Es ist alles im Rollen. – Auf seinen Rat ging ich am Nachmittag zu Frau Professor Overbeck, und das war nun ganz fein. Sie ist völlig auf dem Laufenden, eine häßliche, lebhafte, gescheite alte Dame, nahm mich sehr herzlich auf und entwarf mir ein Bild von ihrem Mann, das nun einfach haarscharf stimmt zu unsrer Auffassung. Die Broschüre[1] kann ruhigst erscheinen, es ist Alles in Ordnung, und über die Basler Alleswisser werden *wir* lachen, mehr als sie über uns. Sie zeigte mir ein weiteres gutes Bild von ihm. Dir läßt sie sagen, du habest ihr durch deinen Brief an Bernoulli eine sehr glückliche Viertelstunde gemacht, und sie freue sich, dich auch kennen zu lernen. Wahrscheinlich war sie früher nicht ohne Schärfe. Sie sagte gute Dinge über alles Mögliche, z. B. über Geistleiblichkeit (ich mußte ihr aus einer großen aufliegenden Bibel einige Stellen aufsuchen! [...] Nur vom Sozialismus wollte sie nicht viel wissen [...] und hieß mich wiederkommen und alles Literarische zusenden. Eine treffliche rückendeckende Beziehung, nichtwahr!

Heute Nachmittag bin ich wieder zurückgekommen. Wir müssen nun beide in die Hände speuzen zur Vorbereitung neuer Taten. Es ist offenbar, daß der Götze wackelt. Harnack machte den Eindruck eines im Grunde gebrochenen Mannes, er wußte wirklich erstaunlich wenig außer seinen erhabenen Witzlein, die ihm auch noch einmal ausgehen werden. [...] Ich las eben deine Predigt nochmals[2] und finde sie ausgezeichnet, ich stehe zum Ganzen und zu jedem Satz und begreife nicht, was [mein Bruder] Peter da *nicht* begreift. [...] Ich werde der CSV[3] noch einmal Freiheit geben, mich abzustellen. Der Schrecken scheint gerade in diesen Kreisen nicht gering gewesen zu sein.[4] Ich habe einen Vetter dabei, der mir heute ein ängstliches Gepiepse vortrug, es seien Viele in völliger Ratlosigkeit vom Platze gegangen. [...] Umso besser die wackere unbekannte Aarauerin.

Vale! Grüße Marguerite! Herzlichst dein Karl

[1] K. Barth / E. Thurneysen, *Zur inneren Lage des Christentums.*

[2] *Die enge Pforte,* vgl. Anm. 1 zum Brief vom 15. 3. 1920.

[3] Barth war gebeten worden, im Sommer 1920 als Referent und Diskussionsleiter an einem Ferienlager der Christlichen Studentenvereinigung der deutschen Schweiz teilzunehmen.

[4] Reaktion auf Barths Vortrag an der Aarauer Studentenkonferenz vom 17. 4. 1920: *Biblische Fragen, Einsichten und Ausblicke.*

Thurneysen St. Gallen-Bruggen, 20. April 1920

Lieber Karl,

Du wirst wie ich bewegt und nachdenklich von allem Erlebten heimgekehrt sein und hinter Pfeife und Pult hervor auf das Aarauer Experiment zurückblicken. Was war das für eine notvolle Situation! Trotzdem es eigentlich vorauszusehen war, wie es kam, war man doch immerhin betroffen und überrascht genug, als es kam. Es war so gar nichts von wirklicher Bewegtheit und innerer Erschütterung bei den Studenten zu entdecken. Es war natürlich ein Experiment, auf den in seiner Art geglückten und vollendeten Harnack'schen Vorstoß hin nachzustoßen. Nun, unsere Knochen sind noch alle beieinander trotz Harnack-Vischer. Es ist dir wirklich keine, aber auch gar keine beachtliche Einrede begegnet. Offenbar hat Harnack so gewirkt, daß sich alle in ihrem sozusagen «Besten» bestärkt und bestätigt fühlten und höchstens aufs neue nur dazu gewillt und befähigt waren, am Endpunkt aller ihrer guten Meinungen «das Unerforschliche ruhig zu verehren».[1] Nun trat aber unter deinen Händen das «Unerforschliche» an Propheten und Aposteln, auf Golgatha und am leeren Grab mit unerhörter Vehemenz als das Erste und das Letzte, als die Grundlagen des Lebens bewegende und neuschaffende Dynamis in Erscheinung. Was Wunder, daß sich alle zu ihren altgewohnten Altären flüchteten und dich als den der Tempelschändung Angeklagten oder gar nur als unwissenschaftlichen Prediger vom

Lande verdächtigten und die unheimliche Gewalt der von dir enthüllten biblischen Gesichte abschüttelten und als Spuk erklärten. Es wird jetzt erst recht gut sein, wenn die Overbeckschrift erscheint. Das Gefecht schreitet weiter. Übrigens ist keine Rede davon, daß du nur eine negative Reaktion erzeugt hättest. Lies beiliegenden Brief unsrer Basler Freundin Martha Lüssy, die dich, obwohl sie keine intellektuelle Natur ist, ganz gut und tief verstanden hat. Es sind noch viele, vor allem unter den Laien, die Harnack nicht erlagen. Mir persönlich ist deine Auseinandersetzung mit der Religionsgeschichte besonders wichtig geworden. Ich habe die deinem Vortrag zu Grunde liegende Osterpredigt, deine Angst, etwas zu verschütten oder zu verraten, deutlich mitgespürt und das Bewußtsein der Incongruenz des Gesagten zum Gemeinten mitempfunden und habe in diesem Bewußtsein und in dieser Angst den eigentlichen Zeugnischarakter deines Redens gefunden. Du selber stehst unnahbar und darum unantastbar da, ein «jaschar», wie Bengels Leibwort aus den Psalmen («schlicht, gerade, recht») es meint. Ich bin mit einigen Zürchern heimgereist und habe mich ziemlich unerfreulich mit ihnen unterhalten. Einer redete mit Respekt von der immerhin großen Lebensarbeit Harnacks, die gewiß niemand bestreiten wird, aber ich dachte an Overbeck, und alle fielen über mich her, als ich Harnacks Rede etwas fraglich fand. Und nun bin ich froh über unsere Freiheit, wenn auch aufs Neue gewahr unserer Isoliertheit endlich in meiner Studierstube und hinter meiner Predigt gelandet. Ich mußte ihr freilich bis in die Nacht hinein Änderungen und neue Wendungen angedeihen lassen; es war nicht anders möglich nach den Eindrücken von deinem Vortrag her.

Neues geschieht hier nicht. Die Fremdheit, die uns hier umgibt, hält mich wie gefangen, und ich empfinde die Predigt als das einzige Loch, um herauszuschlüpfen. Mein Kirchenpflegspräsident, Robert Sturzenegger,[2] ein Kaufmann, steht mir wacker zur Seite. Pfarrer Hans Burri besuchte mich gestern Abend. Wir lasen zusammen Platos Eutyphron, den, wie Burri sagt, einzigen Dialog, in welchem Sokrates mit einem «Pfarrer» redet.

Wir müssen uns bald einmal sehen. Wie bist du heimgekommen? Ich konnte noch ein wenig mit deinem Bruder Heinrich reden, was mich sehr freute.

Herzliche Grüße von uns beiden! Eduard

Eben kam dein Brief. Herzlichsten Dank! Was für gute reiche Nachrichten! Du konntest nichts besseres tun, als diesen Rösselsprung Harnack-Vischer – Carl Albrecht Bernoulli – Frau Overbeck – auszuführen. Ich habe schmunzelnd Kenntnis davon genommen. Der Brief der unbekannten Aarauerin über deinen Aarauer Vortrag ist ungewöhnlich gut. Was willst du mehr! Die Stellungen unsrer Gegner sind wirklich sturmreif. Wenn die Auseinandersetzung nur nicht zu schnell kommt!

[1] «Das schönste Glück des denkenden Menschen ist, das Erforschliche erforscht zu haben und das Unerforschliche ruhig zu verehren.» Goethe, *Maximen und Reflexionen, aus dem Nachlaß; Über Natur und Naturwissenschaft.*

[2] Rob. Sturzenegger (1883–1961), kirchlich sehr interessierter Kaufmann, Mitglied der Leitung des schweiz. Kirchenbundes, Freund Thurneysens.

Thurneysen 26. April 1920

Lieber Karl,

Hier ein Brief Hans Ehrenbergs. Wir laden ihn zu uns ein. Es bedarf vielleicht noch der Verständigung über eventuelle Besuche bei Kutter und Ragaz, ob oder ob nicht? Kutters Eigenheiten und Ragazens Steilheit und Ehrenbergs enthusiastische Beredsamkeit könnten unter Umständen seltsame Situationen ergeben. Aber das wird sich zeigen. Schick mir doch noch seinen Brief, damit ich ihm gegenüber auf dem Laufenden bin. Ich bekomme nun auch sein «Sonntagsblatt» und nehme mit Kopfschütteln Kenntnis davon. Wir werden ihn allerdings mit gepanzerter Brust empfangen und ihn energisch auf seinen so unerfreulich verdrängten Zionismus aufmerksam machen müssen. Es scheint mir immer mehr, es seien christlich-kirchliche Krämpfe, in denen diese unsere lieben Patmosfreunde sich befinden. – [...] Ich lese gegenwärtig nach Feierabend Heilers «Gebet».[1] Schade, daß du für den Aarauer Vortrag noch nicht nähere Kenntnis von diesem das Beten vollständig an die Religion verratenden Buche hattest. Feuerbach oder auch Overbeck könnten sich die Hände reiben über diese «Unterhändler»-theologen.

Herzliche Grüße an euch alle! Herzlich dein Eduard

[1] Fr. Heiler, *Das Gebet. Eine religionsgeschichtliche und religionspsychologische Untersuchung,* München (1919) 1920[2].

Barth 27. April 1920

Lieber Eduard!

Die Verlassenheit, in der ich nun im Aargau sitze, kommt mir erst nach und nach zum Bewußtsein. Der Sprung zu dir oder umgekehrt wird eben doch jedesmal eine beträchtliche, wohlzuüberlegende Sache sein, und ich werde den schönen Zeiten, wo ein Sprung aufs Velo Alles gut machen konnte, nun immer heftiger nachtrauern. Ich glaube, ich schließe mich im Ernst den «Wiederkunftsgläubigen» in Leutwil, von denen mir auch Frl. Baumann[1] erzählte, an und hoffe, du machest dich in St. Gallen bald unmöglich. Vorläufig hat es freilich nicht den Anschein als ob, denn der Schall deiner dortigen Worte ist durch eine hiesige Familie schon jetzt bis zu uns gedrungen und wirft einen milden Abglanz auch auf mich.

[...] Gut, daß du den ersten Ansturm des Freundes [Hans Ehrenberg] übernehmen und aushalten willst. Bei Kutter sehe ich ihn nicht recht, und was zwischen ihm und uns noch werden soll, das ist mir erst recht dunkel. Ich las gestern Weismantel[2] «Der Wächter unter dem Galgen» und verstehe tatsächlich kein Wort von dieser Allegorie, aber auch kein Wort!! Es könnte gerade so gut chinesisch sein für mich. Und dabei Dedikationsexemplar, das ich verdanken muß! Ich lege das Ding bei, hilf mir in dieser Not.

Gestern verbrachte ich [...] einen ganzen Abend über der Analyse von Rudolf Ehrenbergs Osterpredigt und wurde ebenfalls nicht klug. Überhaupt Hebr. 10,25[3]. Ich suche nun endlich mich durchzuschlagen; aber was das eigentlich soll, das wird mir, trotz einzelner schöner und guter Stellen, nicht klar. Und dabei riskiert man, von Rosenstock so angefaucht zu werden, wie es in dem beiliegenden kleinen Brief geschieht, der die Antwort ist auf ein, wie ich meinte, behutsames Schreiben an Rudolf Ehrenberg, auf das mir dieser immerhin human erwidert hatte. Ich glaube, ich weise sie nächstens samt und sonders an dich als meine offenere Hälfte. [...]

[...]

Wir waren Sonntag–Montag in Madiswil zur Taufe des kleinen Peter-Andreas. [...] Morgen fängt meine neue Unterweisung an; ich mache mich heute an die Aufstellung des neuen [Unterrichts-]Heftes. Den C. S. V.ern habe ich in einem eindringlichen Schreiben vorgehalten, ob sie nach der Aarauer Erfahrung nicht heimlich lieber von meiner Berufung an ihr Ferienlager Abstand nehmen wollten. Sie sollten sich noch einmal überlegen, was sie täten. Ich würde zu gerne jetzt eine Weile gänzlich verstummen. Aarau war ja wirklich ein Mißerfolg. Die Sprüche der Zürcher, von denen du schreibst, zeigen erschütternd, daß ungefähr niemand Lust hat, mitzukommen. Peter röhrte auch allerlei von «Kontinuität» zu Wissenschaft, Kultur etc., die gefehlt habe. Nur Heiner scheint mir entschieden die Stange zu halten. [...] Die Wüstenzone um mich herum hat sich ersichtlich verbreitert. Und dabei beruft sich in der Tat alles auf die verwünschten «Ergötzlichkeiten», die meine Mitteilungen nun einmal zu begleiten pflegen und die doch eigentlich so harmlos sind, von mir aus jedenfalls alles andere als Unterbrechungen der Linie selbst. Woher nehmen eigentlich gewisse Freunde das Recht, immer wieder dieses Invektivische an mir in einer gewissen milden Boller Stimmung zu beseufzen? «Im Interesse der Sache» – als ob im «Interesse der Sache» überall da, wo die Zuhörer merken, daß von ihnen die Rede ist, die Spitze abgebrochen werden dürfte. Wenn ich diese Gerechten nur einmal hineinblicken lassen könnte in die mühsame Mechanik einer solchen Darlegung, daß sie sähen, wie wenig «geistreich» es da zugeht. Nun, für eine geraume Weile wird nun dafür gesorgt sein, daß man mich bei solchen Anlässen und überhaupt in meiner Höhle läßt. Hast du den Bericht in der Neuen Zürcher Zeitung gelesen? Er war so hahnebüchen verkehrt, daß ich ein «Zur Aufklärung» einsandte, weiß aber nicht ob es gedruckt worden ist. – Heiler werde ich mir ehestens auch vornehmen. [...]

Mit herzlichem Gruß dein Karl Barth

[1] Eine mit Thurneysen bekannte Lehrerin in einem Nachbarort von Leutwil.

[2] Leo Weismantel (1888–1964), Schriftsteller, Leiter des Patmos-Verlages in Würzburg, wo auch die genannte Schrift Weismantels erschienen ist.

[3] R. Ehrenberg, *Ebr. 10,25. Ein Schicksal in Predigten,* Würzburg 1920.

Barth 3. Mai 1920

Lieber Eduard!

[...] Wir erwarten euch mit tausend Freuden. Wir haben bereits unsre Bibelbesprechung, wo beharrlich am Epheserbrief weiter wiedergekäut wird, bis alle Nester ausgenommen sind, soweit das geht, – auf den Montag Abend verlegt, um deine Mitsprache zu sichern. Und wieviel wird sonst zu besprechen sein!

Dem Herrn Mennicke[1] habe ich eine wohlüberlegte Epistel geschrieben. [...] Es ragazt dort offenkundig. Hoffnungsvoll ist das steile Losgehen auf die Gottesfrage, wenn es auch etwas sehr berlinerisch zugeht. Ich habe ihm mitgeteilt, wir seien keine Kuhhirten und hätten Kant sozusagen auch gelesen und hätten liberale Belehrungen nicht nötig. Im Übrigen seien wir *jenseits* der Selbstverständlichkeiten, die sie uns entgegenstellen zu müssen meinten, zu Gesprächen gerne bereit. [...]

Nicht genieren kann man sich [...] vor Ragazens neuestem Völkerbundsschrei.[2] [...] Es ist ein erschreckender Beleg dafür, daß ich ihn Römer 13 halt doch nicht zu Unrecht abgesägt habe und daß es auch in einer 2. Auflage keine Streichungen aus persönlichem Erbarmen geben kann. Er soll es für etwas halten, wenn man ihn auf solche Leistungen hin nicht aufs Neue angreift, sondern im Frieden sich versurren läßt. Stimmt: Nein! [zum Völkerbundseintritt der Schweiz] das ist die einzige Antwort.

Siebeck,[3] gut, nichtwahr? Den sollten wir einmal zu uns herüberlotsen können. H. Ehrenberg kommt nun also erst im August. Ich wäre froh gewesen, ihn zu haben als Kommentator zu den dunklen Worten seiner Patmosbrüder.

Denk ich bin an der Arbeit an einem – – Gebetbuch für unsere Gottesdienste, zunächst lauter Psalmen und Psalmenzusammenstellungen. Dabei komme ich gründlich im Psalter herum und kann eigentlich nur staunen, daß die «Religion» sich durch diese merkwürdige Literatur nicht mehr hat erschrecken lassen. Es stehen ja unerhörte Dinge darin über das «ganz Andere», auf deren Hintergrund sich eine «Erbauung» erhebt, die sehr anders aussieht als das, was man so nennt. Dieses liturgische Geschäft – das erste Mal in meinem Leben, daß ich über Kultisches länger als 5 Minuten nachdenke – erfüllt mich augenblicklich mit ungewohntem Frieden. Daneben lese ich kopfschüttelnd wie du in dem Wälzer von Heiler, ratlos darüber, was das soll?

Daß deine Leutwiler Abschiedspredigt gedruckt wird, begrüße ich sehr.

Mit herzlichem Gruß in Vorfreude aufs Wiedersehen

dein Karl

[1] Carl Mennicke (1887–1959), ev. Theologe, religiöser Sozialist in Berlin, trat 1927 aus der Kirche aus.

[2] L. Ragaz, *Die Schweiz vor der Lebensfrage. Zur Abstimmung vom 16. Mai,* in: Neue Wege, Jg. 14 (1920), S. 182–188.

[3] Richard Siebeck (1883–1965), Prof. für Innere Medizin in Bonn, Berlin, Heidelberg, Freund Barths und Thurneysens. Sein Buch «*Medizin in Bewegung. Klinische Erkenntnisse und ärztliche Aufgabe*», Stuttgart 1949, wird von Barth KD III/4, S. 405, zitiert.

Thurneysen 5. Mai 1920

Lieber Karl,

[...] Gestern hatte ich ein erstes langes Gespräch mit meinem Kollegen Dieterle.[1] Als Mensch ist er mir durchaus sympathisch, er ist gescheit, ganz ehrlich und unberechnend, aber ohne alle Gebrochenheit. Wäre ich einfach religiössozial, es gäbe ein glänzendes Zusammenarbeiten. Aber unsere «Todesweisheit», unser «Jenseits der Kluft» und «Hinter der engen Pforte» ist ihm unverständlich. Und so wird er nun eben sein Gemeindehaus bauen müssen. Ich sehe immer klarer, daß wir erst mit der Einsicht in Overbecks Halt! und Nein! eine erste wichtige Stufe erreicht haben, die über das Religiössoziale und wohl auch über Kutter hinaus weiterführt, und auf der auch deine im Römerbrief erarbeitete und vertretene Erkenntnis erst ganz wahr wird und mit Nachdruck verteidigt werden kann.

Und nun herzliche Grüße! Eduard

[1] Samuel Dieterle (1882–1950), Pfarrer in St. Gallen und Basel, Freund Thurneysens.

Barth 6. Mai 1920

Lieber Eduard!

[...] Die Herpel-Nummer der «Freischar»[1] wurde mir auch zugestellt. Er ist und bleibt ein unverbesserlicher Mann und ist sichtlich längst an uns vorübergerannt, Gott weiß wohin noch. [...]

Gestern waren wir mit Lejeune's bei Schilds. Es war das gewohnte problematische Dreieck. Frau Dr. Lejeune war in Aarau und ist der Ansicht: *wenn* es einen Gott gebe, so werde es sich mit ihm wahrscheinlich so verhalten, wie ich meine. [...]

Mit herzlichem Gruß dein Karl

[1] Konnte nicht nachgewiesen werden.

Thurneysen 7. Mai 1920

Lieber Karl,

Hier zwei Briefe von H. Ehrenberg und Rosenstock. Ich habe in aller Eile darauf geantwortet. Es geht aber auch dich an. Ich werde nachgerade stutzig: wie ein sich verstärkendes Rollen grollt; da wächst uns etwas entgegen. Wir werden beschuldigt, etwas zu übersehen und preiszugeben – was denn? Auch Hans Burri warnt mich immer wieder, wir hätten einen großen Scherbenberg von Gegebenheiten und Erlebnissen hinter uns und ein fahles apokalyptisches Morgenlicht vor uns. – [...] Siebeck ist doch viel erfreulicher als unsre Patmosfreunde mit ihrem Eifer und Zorn.

[...] Kutter war hier. Gute Gespräche, zu denen auch Dieterle und mein Kirchenpflegspräsident, Robert Sturzenegger eintrafen. Ich habe ihn über unsere Overbeckunternehmung zu unterrichten versucht und hatte wieder das deutliche Gefühl, daß wir mit Kutter selber noch immer gut reden können. Er begleitet unsre Gänge auf seine Weise. Es schien mir nur, er befürchte, unsre «Todesweisheit» könnte zu einem selbständigen Prinzip werden. Ich beruhigte ihn darüber. [...]

Herzliche Grüße! Eduard

Barth 21. Mai 1920

Lieber Eduard!

Hier allerhand Beträchtliches zurück und zur Einsicht. Die Leutwiler Briefe haben mir sehr viel gesagt, vor allem mich sehr beunruhigt, weil sie mir aufs neue gezeigt haben, was du kannst und was ich nicht kann und doch so gerne können möchte: mit den Leuten *leben,* segnend als guter Geist über die Täler und Fluren meiner Gemeinde schreiten, als ernster Faktor unter den Behörden für das gemeine Wohl wirken, kurz des Glaubens leben, der durch die Liebe tätig ist [vgl. Gal 5,6]. Wie dürr sieht es da bei mir aus! Wie sang- und klanglos müßte ich von hier verschwinden, wenn ein so unnützer Knecht wie ich überhaupt einer andern Gemeinde erwünscht wäre. Als glücklicher Besitzender hast dus lange gut, mich damit zu trösten, daß es darauf nicht ankomme. *Du* darfst das denken und sagen; ich nicht.

[...] Bornhausen, Merz und Johannes Müller reden für sich selbst. An den Letztern habe ich ein Sendschreiben gekanzelt, das ich beilege, zum Weiterspedieren, wenn du es für recht hältst. [...] Die Art wie dieser im Römerbrief Geschädigte sich meldet, sticht aber so vorteilhaft von Ragaz ab, daß es mir geboten schien, die Tore weit und die Türen in der Welt hoch zu machen [vgl. Ps 24,7.9]. Die vier Bedenken, die ich ihm vorlege, werden ihm ja deutlich genug zeigen, daß wir darum weder nach Canossa noch nach Elmau zu gehen gedenken. – Bornhausen habe ich geschrieben, das Geheimnis [des Erscheinens] des Römerbriefes sei ein sehr einsichtiger und einverstandener Großeisenhändler, er solle sich unter seinen schweizerischen Gesinnungsfreunden auch nach einem solchen umsehen, dann werde mit [seinem] Pascal[-Buch] Alles gut kommen. Im übrigen habe Goethe trotz Erddiametern mehr mit Schiller anzufangen gewußt als leider *er* [Bornhausen] auf der Höhe seines «frommen Daseins» mit *mir* etc.

Wir haben eine vorzüglich gelungene Veloreise mit Pestalozzis hinter uns. Wir rollten am Sonntag Nachmittag von hier nach Dießbach zu Ludwigs, mit denen wir uns sehr gut und erfreulich verständigten. [...] Am zweiten Tag gelangten wir mit Abstecher nach der Petersinsel (klassisches Mittagessen) nach Peseux, wo mir Herr Béguin[1] versicherte, daß er sur tous les points parfaitement d'accord mit mir sei, nur müsse ich ihm sagen, ob ich wirklich meine, die Auferstehung sei visible *de mes yeux,* vous entendez: *ici* (er zeigte dabei mit dem Finger auf seine betreffenden)? Ich versicherte ihm: que oui, worauf er mir zu verstehen gab, daß in diesem Fall mit meiner Lehre in der welschen Schweiz angesichts der mentalité dieses glücklichen Landes nicht viel zu machen sei. Sie stünden in vollem Kampf mit der Orthodoxie und müßten mit clarté und loyauté auf der résurrection purement spirituelle bestehen. Im Übrigen schwärmte er mächtig für F. W. Foerster und seine Lehre von der Buße *der Deutschen,* von der er mit Foerster das Heil der Welt erwartet. Vom Völkerbund wurde von beiden Seiten weislich geschwiegen; allerlei Fahnen und dgl. redeten von der ungehemmten Freude der welschen Kindsköpfe. Am Dienstag strampelten wir unaufhaltsam nach Bern hinüber (klassisches Mittagessen in Aarberg), wo ich Professor Gilg[2] (den Altkatholiken) besuchte und mit Pestalozzis den Abend bei Schädelin verbrachte [...]. Ich vernahm, daß wieder eine kleine Intrigue bei positiven Parteihäuptern im Gang ist, um mich doch noch an die neue Friedenskirche dort zu bringen, und daß Lüdemann[3] und Steck[4] «nachweisbar wirklich» darum nicht abgeben wollen, weil sie fürchten, ich könnte... Doch ist das vielleicht mehr Schädelins und de Quervains[5] Vision, als schlichte Tatsache. Am Mittwoch kamen wir heim, nur noch die letzte Strecke, von Langenthal hieher, zu Roß – ermüdet und erfrischt zugleich. [...]

Mit herzlichem Gruß euch Beiden dein Karl

[1] Charles Béguin (1883–1954), Sekretär des CVJM, Schwager von R. Pestalozzi.

[2] Arnold Gilg (1887–1967), Prof. für Kirchen- und Dogmengeschichte an der altkatholisch-theologischen Fakultät in Bern.

[3] Hermann Lüdemann (1842–1933), Prof. für systematische Theologie in Bern.

[4] Rudolf Steck (1842–1924), Prof. für N. T. in Bern.

[5] Alfred de Quervain (1896–1968), reformierter Theologe, am Ende seiner Laufbahn Prof. für systematische Theologie in Bern.

Thurneysen 28. Mai 1920

Lieber Karl,

Hier die Abschiedspredigt.[1] Bin ich darin doch nur allzusehr «segnend über die Fluren» geschritten? Du darfst dich wirklich beruhigen, es wäre mir oftmals besser gewesen, ich hätte auch um mich eine breitere Verwüstungszone gelegt; das Beste war vielleicht doch die Steuerkommission und die Gründung einer Tabakarbeiter-Gewerkschaft.

Gestern Abend habe ich also den Vortrag von Hans Hartmann gehört. Er redete nicht anders, als wir es schon in Tambach hörten, d.h. wenig präzis und gedrängt. Er bleibt, trotzdem er vom Erdbebenherd herkommt, jedenfalls in seinem Reden noch viel zu sehr Betrachter und Belehrer, zu wenig Zeuge, d.h. Augenzeuge und Ohrenzeuge und schließlich auch Wortzeuge. Schade! Ich griff nachher kurz ins Gefecht ein, um einigen falschen Beruhigern entgegenzutreten. Das Ganze war ein mäßiges Schauspiel, der typische «Vortrag mit Diskussion».

Herzliche Grüße von uns Beiden! Dein Eduard

[1] E. Thurneysen, *Abschiedspredigt über 1. Sam. 20,23,* gehalten in Leutwil am Karfreitag 1920 (Privatdruck).

Barth 31. Mai 1920

Lieber Eduard!

Deine Abschiedspredigt ist ein gutes starkes Zeugnis, voll reifer Überlegung und Umsicht. Man *darf* es einmal auch *so* sagen, sicher, so im besten Sinne positiv, gebend, tröstlich. Daß ich es nicht so könnte, beweist nur allerlei gegen *mich*. Ich nehme diese Predigt als eine gute Rückendeckung gegen alle die Beschwerden über unser sonstiges Nein! Es kann von uns aus erst recht Ja gesagt werden, wenn wir es auch, aus Gründen, besonders den Pfarrern in der Regel vorenthalten. Sende sie doch auch Schädelin und Ludwig, unsern Bernischen Brüdern. Ein Exemplar sandte ich eben an Merz nach München. Eines lege ich in *mein* Exemplar unserer Predigten, eben als Trost, Erinnerung und Mahnung an mich selbst.

Der 2. Korintherbrief geht wie ein Sturzbach über mich. Aber das *Wenigste* kann in Form von Predigten weitergehen. Das große Wenn und Aber! schiebt sich drohend zwischen Paulus – und mein Reden und der Safenwiler Hören hinein und macht das ganze Licht, das eigentlich in diesen Texten ist (ich bin eben am 4. Kap.), gebrochen, conditional, kirchlich könnte man auch sagen. Ich bin vielleicht wie Hartmann im Grunde auch nur Betrachter und Referent mein Leben lang.

Erzähle mir noch mehr von Hartmanns Widerfahrnissen in Zürich [Gespräche mit Kutter und Ragaz] und von dem Ausgang seines Abenteuers in St. Gallen. Pestalozzis schreiben, es sei mit ihm «ganz interessant, mitunter etwas komisch» gewesen. Was mag er sich alles geleistet haben? Man ist doch etwas beruhigt und dankbar, daß ihn die Wellen des Bodensees nun wieder zu den andern «Deutschen» getragen haben.

[...] Die Karte vom Schlüchterner «Pfingsttreffen» als Zeugnis davon, wie sich die schweizerischen (B. K.) Aufgeregten mit den deutschen über unsern Köpfen die Hände gereicht haben. [...] Heitmüller [war] etwas in Verlegenheit?! Ich habe ihm sein angebliches Diktum natürlich zugestellt mit der dringenden Bitte, mich doch gerade in Bezug auf Einzelnes zu belehren.

Gestern hatte ich wohlgezählte 42 Leute in der Kirche (Organist und Sigrist mitgerechnet). Diese gähnenden leeren Bänke, vor denen ich meine paulinischen Erträgnisse zum Besten gebe, sind wohl die Gestalt des «Todes» [vgl. 2. Kor 4,11 f.] durch die *ich* in der rechten Demut erhalten werden soll.

Am Donnerstag [...] soll in Aarau Kapitel sein. Thema: der Kirchenbegriff in der neuen Verfassung. Referenten: *Oswald* Eggenberger[1] und *René* Gloor.[1] Keine guten Vornamen! Ich weiß noch nicht, ob ich gehe. Wenn ja, so könnte es Schwefelgeruch geben. [...]

Mit herzlichem Gruß an dich und Marguerite dein Karl

[1] Zwei jüngere Aargauer Pfarrer.

Thurneysen 1. Juni 1920

Lieber Karl,

Gestern ist Freund Hartmann wehmütig wieder über den Bodensee zu seinen deutschen Brüdern geschwommen. Wir wollen nun sehen, was sich Weiteres über und durch ihn ergeben wird. Sicher ist, daß er sich ordentlich kleinlaut bei uns vorkam und sich, wie er sagte, wie ein Schwamm vollsog an unserer ihm merkwürdigen und beachtenswerten «Todesweisheit». Es wäre nicht unwert, etwa von Georg Merz eine erste Meldung zu erhalten, wie sich die Wirkung unseres «Wurmpulvers» bei Hartmann in München äußert. Persönlich, einfach als Kind unsrer Tage von jenseits der Grenze, ist er mir in diesen Tagen hier eigentlich sympathisch geworden, aber als Kämpfer und Denker, als Redner und Täter des Wortes bedenklich erschienen. Das fatalste ist die Versammlungssicherheit, die er zur Schau trägt. Da ist etwas vom Geschäftsreisenden in Revolutionsware in Erscheinung getreten. Es war bedenklich wenig vom Erdbeben selber zu spüren, von dem herzukommen er behauptete. Wir wollen ihn nicht loslassen, wenn er weiter die Verbindung halten will. Ich habe ihn nachdrücklich auf die Bibel verwiesen. Wie viel einfacher finden doch Laien den Weg zur Sache als so versatile und begabte Theologen wie Hartmann. In Zürich scheint er mit Kutter und Ragaz leicht fertig geworden zu sein. Am meisten gabst du ihm offenbar zu schaffen. Armselig leben muß er sicher, er kam von Solingen bis Basel 4. Klasse.

Wenn du im Juni kommst, bring doch deine Studien über den 2. Korintherbrief mit. Den Plan mit dem Epheserbrief darfst du nicht bei Seite legen. Ich dachte beim Lesen deiner Blätter, was für ein prachtvoll bewegtes Zeugnis dieser Brief ist.

Was für eine Rede führt Ragaz wieder in den «Neuen Wegen»![1] Rudolf Pestalozzi fordert mich fast gebieterisch auf, mit meinen Ausführungen über den Völkerbund am hiesigen Diskussionsabend in den «Neuen Wegen» zu antworten.

Herzlich Eduard

[1] L. Ragaz, *Nach der Schlacht,* in: Neue Wege 14 (1920), S. 228ff.

Barth 7. Juni 1920

Lieber Eduard!

Hier Etliches zurück und drei Briefe von Zeitgenossen zur Einsicht. Dem Herrn Quitmann[1] kann man in der Tat zur Ausnahme im Stil des Philipperbriefs schreiben, und es hätte etwas Lockendes, einmal mit einigen Exegesen bewaffnet nach Essen zu fahren. Aber dergleichen soll wohl heute und für uns nicht sein. Daß uns nun sogar C. A. Bernoulli bestätigt, daß wir «etwas gemerkt» haben, wenn auch noch nicht das Geheimnis der «Biopsychik» und nicht ohne «theologische Befangenheiten», das ist ja auch schön und ehrenvoll. [...]

Jüngst erschien mir im Traum – Overbeck. Ich hatte ein langes Gespräch mit ihm, bei dem ich Frage an Frage reihte und vernahm, wir hätten ihn durchaus richtig verstanden, was er merkwürdigerweise damit bekräftigte, daß er mit seinem Kopf freundschaftlich an den meinen putschte!! Dann überreichte er mir eine gute Cigarre, ging mit mir in einem Park spazieren und führte mich endlich zu ihm heim zum Nachtessen, bei dem zu meinem Befremden ein Tischgebet stattfand. Er sah aber zu meinem Erstaunen anders aus als auf dem Bilde, nämlich ungefähr so bieder und zutrauenerweckend wie Missionsdirektor Oehler, was ich am Morgen sofort feststellte. Was mag von dem Allem zu halten sein?

Gottlob konnte ich heute die ungute Lektüre von Heilers Gebet vollenden. Prrr! Man sehnt sich nach irgendeinem kräftigen Atheismus, wenn man von diesem Buch kommt. Ich begann denn auch sofort, mich in Nietzsche hineinzulesen, meinen letzten Valutaeinkauf.

Ich weiß nicht, ob ich dir viel vom 2. Kor. werde mitteilen können. Sachlich ist das irgendwie ein gigantischer Anschauungsunterricht zu dem Thema «Pfarrer und Gemeinde», insofern *kein* guter Predigtstoff. Ich kann immer nur referieren, zeigen: da, da «der Apostel», «der welcher». Die Abfassung beginnt öfters mit einer kleinen privaten Morgenandacht aus Kierkegaard [...].

Tausend herzliche Grüße euch beiden von uns beiden Dein
Karl

[1] Walter Quitmann, Kaufmann, Glied der reform. Gemeinde in Essen.

Thurneysen 12. Juni 1920

Lieber Karl,

Ich seufze viel nach Dir – warum müssen wir auch so weit auseinanderliegen! Ich vermutete dich gleich mir kopfschüttelnd und durch die Zähne pfeifend hinter Hans Ehrenbergs Werken. Oder hast du sein Ketzerbuch und «Kreuz und Tragödie»[1] nicht erhalten? Ich habe den «Ketzer» sofort vorgenommen, aber es hat mich viel Mühe gekostet, seinen Stil und Gang zu entwirren. Nun habe ich so übergenug von diesen Büchern, daß mich die profanste Weltlichkeit jedes Detektivromans mehr lockt als «Kreuz und Tragödie», die ich ungelesen lasse. Ich habe die beiliegende Antwort an Ehrenberg verfaßt. Mir kommt alles vor wie ein geistreicher Rausch und Nebel, herausgeboren aus dem Elend der deutschen Lage. [...]

Herzlich Eduard

Warum bleibt auch die Overbeckschrift immer noch aus?

[1] H. Ehrenberg, *Die Heimkehr des Ketzers,* München 1920; ders., *Tragödie und Kreuz,* 2 Bände, Würzburg 1920.

Barth 13. Juni 1920

Lieber Eduard!

Unsere Sendungen haben sich gekreuzt. Natürlich habe ich die Ehrenbergiana auch erhalten und das Ketzerbuch wenigstens angelesen – ohne starken Eindruck. [...] Mir wird zunächst sturm vor den Augen, wenn ich das Zeug lese, und ich weiß nicht, ob und wie ich mich je durch diese Sintflut hindurchbringen werde. [...] Dein Brief ist sehr gut. Immer und immer wieder bewundere ich dein Charisma, die heikelsten Dinge so versöhnlich vorzubringen, daß niemand taub werden kann. Schreib noch etwas derartiges Schönes auf meinen Brief an Herpel, gelt, wenn du ihn überhaupt abschickst. [...]

Nach München habe ich dringend gemahnt wegen Overbeck. Ich weiß nicht, wo es hapert. [...]

Herzlichst dein K. Barth

Barth 14. Juni 1920

Lieber Eduard!

Ich sende dir hier das Neueste von den «Deutschen» samt meiner Antwort darauf. Ferner meine gestrige Predigt,[1] die ich schon vorher dem «Neuwerk» zu widmen beschloß. Wenn dir mein Brief an Herpel zu scharf scheint, so schicke ihn mir zurück und laß die Predigt (falls du sie billigst) allein abgehen. [...] Andernfalls schreibe nach deinem Ermessen noch irgend etwas Hornbrillig-Umsichtiges auf die zwei leeren Seiten und laß das kleine Torpedo ab. Hier war vier Tage lang meine Mutter, stimmte meiner Predigt restlos zu und wollte durchaus die Diktatniederschrift besorgen, was denn auch geschehen ist. [...]

Johannes Müller ist jedenfalls [so] *beweglich,* wie wir sagen, daß ihm sogar der Aarauer Vortrag einleuchten konnte. Ich habe nach München den Rat gegeben, sich so zu arrangieren, daß Müller das Ganze (das nicht teilbar sei!) abdrucken könne.[2] Uns kann es ja nur recht sein, den 8–10000 «Grüne Blätter»-Leuten vorgesetzt zu werden. Was Müller selbst damit will, ist mir noch etwas dunkel und ebenso, wie lange man uns als Gäste auf dieser neu zu besteigenden Barke dulden wird.

[...]

Hast du beachtet: Ragaz D. theol. von Genf. Wenn ihm nun die Partei noch die Märtyrerkrone auf diesen westlichen Doktorhut stülpt, dann Gloria, Gloria, Gloria in Excelsis! In Zofingen ist übrigens zehn Tage lang Schützenfest; es wimmelt auch hier von Automobilen, Bekränzten und Betrunkenen. Ich frage mich, ob ich nicht auch ein paar Stunden in der Festhütte zubringen sollte. Aber «La gloire qui chante» die dort in Szene geht, schreckt mich doch eher ab. Die Linie von da zu Ragazens [...] Völkerverbrüderung ist unverkennbar. Das ist die westliche Sintflut, die nun kommt.

Ich war die ganze letzte Woche an Nietzsche's Anfängen, die wohl besser waren als das Spätere. In der «Geburt der Tragödie» ist viel Gutes. «Jenseits von Gut und Böse» aus seiner letzten Zeit sah mich bei viel Trefflichem doch etwas starr und schon verholzt an. Wahrscheinlich wollte auch er etwas, was man eben nicht wollen sollte. Overbeck war einsichtiger. Aber ein guter Kämpfer, den wir gelegentlich zu Ehren ziehen müssen, war er doch.

Mit herzlichem Gruß dein Karl

[1] K. Barth, *Der innere Mensch* (Predigt über 2. Kor 4,16–18), in: Das neue Werk, Jg. 2 (1920/21), S. 201–207.

[2] Der Mittelteil von Barths Vortrag «*Biblische Fragen, Einsichten und Ausblicke*» ist unter dem Titel «*Das Besondere der Bibel*» abgedruckt in: Grüne Blätter. Eine Vierteljahrsschrift für Lebensfragen von Johannes Müller, 22. Band, Elmau 1920, S. 147–159.

Thurneysen 15. Juni 1920

Lieber Karl,

Eben ist deine Sendung gekommen und mit ihr das kräftig aufdeckende und aufrichtende Wort deiner Predigt. Um ihretwillen muß ich dir gleich ein paar Worte des Einverständnisses und des Dankes schreiben. Ich sage Satz um Satz ja dazu. Ich glaube trotz allem, die Verbindung mit den Deutschen reißt nicht ganz ab. Sie sehen doch, daß wir gegen etwas auf der Wache stehen möchten, das auch ihnen zur Gefahr werden könnte. Ich rechne und hoffe, wenn auf etwas, auf den treuen und starken Wächterruf, der deine Predigt wieder ist, und den wir seit Tambach mit allem ausdrücken wollten, was wir auf zahllosen Briefbogen an sie geschrieben haben. [...]

In Eile aber herzlich Eduard

Barth 16. Juni 1920

Lieber Eduard!

Dank für deinen Brief. Eben meldet mir Lempp, daß Overbeck erschienen [...] sei. [...] Was wird diese Rakete für einen Lauf nehmen? Viele Freunde oder Doktorhüte wird sie uns jedenfalls nicht eintragen. Ich weiß gar nicht mehr genau, was eigentlich drinsteht und bin so gespannt wie nur irgend einer aus dem Volk.

Hast du *Gogarten* «Zwischen den Zeiten»[1] in der «Christlichen Welt» gelesen? Ich habe ihm sofort eine Begrüßung geschickt und ihn aufgefordert, laut zu rufen. Der kommt gut. – Wie findest du es, daß ich in die Kapitelskommission für die Verfassung gewählt bin und *nicht* ablehne? Ich gedenke dort hauptsächlich den «Positiven» in die Zähne zu stehen (die den Herrn Jesus als Eckstein der aargauischen Kirche proklamieren möchten), bereits in Fühlung mit der Reform [...], die vernünftigerweise alle und jede religiösen Sprüche unterlassen wissen will. Diese Sitzungen werden sicher gut. [...]

Ich bin an der Vorbereitung zu 2. Kor. 5. Das ist noch ein Kapitel! Wenns doch gelänge, solche Stellen auch nur ein wenig wieder zum Reden zu bringen. Es ist Alles geladen voll «Einsichten und Ausblicke», aber wie schwer, sie zu fassen. Und dabei zu denken, daß das Alles gar nicht ex cathedra sondern als Randglossen bei Anlaß einer ziemlich persönlich bedingten Selbsterklärung des Paulus gesagt ist! [...]

Herzlichst grüßend von Haus zu Haus dein Karl

[...] Hältst dus nicht auch für wahrscheinlich, daß 2. Kor. 6,14–7,1 eine Interpolation ist? Die neuern [Ausleger] haben zwar die Hypothese meist aufgegeben, mir scheint sie doch sehr plausibel. Es ist eigentlich ein recht pfäffischer Abschnitt, der im Zusammenhang und im Ganzen des Briefes gar nichts zu tun hat. Irgend ein Pfarrer aus dem 2. Jahrhundert scheint da seinem fraglichen Eifer Luft gemacht zu haben. Beachte auch, wie 6,13 und 7,2 gut anschließen.

[1] F. Gogarten, *Zwischen den Zeiten,* in: CW, Jg. 34 (1920), Sp. 374–378, wieder abgedruckt in: J. Moltmann (Hrsg.), *Anfänge der dialektischen Theologie,* Teil 2, München 1963, S. 95ff. Von diesem Aufsatz entlieh die 1922 bis 1933 von G. Merz zusammen mit Barth, Gogarten und Thurneysen herausgegebene gleichnamige Schriftenreihe bzw. (später) Zeitschrift ihren Namen.

Barth 24. Juni 1920

Lieber Eduard!

Bei mir ist Overbeck[1] noch nicht eingetroffen. [...] Ich glaube das Heftlein wird ganz bedenklich Krach erregen gegen uns; ich las es auf der Eisenbahn ganz unbeteiligt, aber mit dem Gefühl, diesmal könne es nicht anders sein, als daß die Wespe, in deren Nest da gegriffen wird, stoßen werde. Hast du in Jülichers[2] Artikel über das Augustin-Buch[3] das gegen mich heraufziehende Gewitter beachtet? Heute Nacht um 3 Uhr erwachte ich stürmisch: ich war im Traum soeben von Weißgardisten in raffinierter Weise erschossen worden, weil ich meinerseits (und ich weiß nicht auf wen) einen Schuß abgegeben hatte. Übrigens hatte ich den ganzen Abend über Kierkegaards «Augenblick» zugebracht.

Und nun aufs neue Herpel und Schultheis.[4] Was soll man dazu sagen? Ists Ernst? Ists nicht Ernst? Mir macht es den Eindruck, wir müßten das *προσλαμβάνειν, μὴ εἰς διακρίσεις διαλογισμῶν* Röm. 14,1, das uns dieser Tage beschäftigte [...], ein weiteres Mal in Anwendung bringen, so sauer es uns fallen mag. Irgendwie wollen sie sich, bei allem offenkundigen Joggelen,[5] *mit-*

bewegen, und da dürfen wir uns ihnen jedenfalls grundsätzlich nicht versagen. Ob wir dann den Gang ausgerechnet nach Marburg, der Stätte ihrer *und* unsrer alten Ideale und Irrtümer, tatsächlich antreten, ist eine andere Frage. Auch das, ob wir ihnen nun einen «präzisierten» Vorschlag für ihre Konferenz unterbreiten wollen. Ich bin nicht recht dafür. Es ist *ihre* Konferenz, und *sie* müssen die *ganze* Verantwortung dafür übernehmen. Wir unsrerseits würden ein weiteres Zusammenlaufen im Augenblick nicht für nötig halten, meinen das Nötigste gesagt zu haben und könnten höchstens andeuten: *wenn* durchaus Zusammenkunft, *dann* biblisches Thema. *Nicht* freie Textwahl nach Pfarrermanier, sondern *ein* größerer Text für alle Redner, als Stange, an die man sich halten muß. Und diesen Text müßten *sie* vorschlagen, die Deutschen, damit es nicht aussieht, als ob... Festhalten an der Forderung, dieses Thema solle dann der ausschließliche Zweck der Versammlung sein. Offenlassen, ob wir kommen oder nicht kommen. [...] Was denkst du? Willst du in *dir* gutscheinendem Sinn ein Schreiben an sie abfassen (sie haben es wieder einmal eilig), dem ich mich dann mit ein paar Worten anschließen würde? – Wir werden übrigens allmählich auch Prälaten, wenn das so weitergeht, und müssen Vorkehrungen treffen, um das zu verhindern.

[...] Die Tage bei euch waren gut, – «wenn der Weg so weit nicht wär», wäre ich sofort wieder gekommen mit diesen Briefen. [...]

Herzlichst Dein Karl

Meine Füllfeder ist in Reparatur in Zürich; die Anstrengungen der letzten Jahre haben sie teilweise zu arg mitgenommen.

[1] Die Belegexemplare von «*Zur inneren Lage des Christentums*».

[2] Adolf Jülicher (1857–1938), Prof. für N.T. in Marburg.

[3] A. Jülicher, *Ein moderner Gnostiker und Augustinus* (Rezension über: *Augustinus Redivivus: des heiligen Kirchenvaters philosophisches Weltbild. In Umrissen gezeichnet nach den Bekenntnissen.* Vom Verfasser des Spinoza Redivivus, Halle 1919), in: CW, Jg. 34 (1920), Sp. 386–390.

[4] Herpel und Schultheis bereiteten in Fortsetzung der Tambacher Konferenz von 1919 für den September 1920 ein Treffen in Marburg vor und hatten um Mitwirkung Barths und Thurneysens gebeten. Zu deren Teilnahme kam es dann nicht.

[5] = Schwanken.

Thurneysen 1. Juli 1920

Lieber Karl,

Ich lese eben Mennicke noch einmal aufmerksam durch und sehe auch ihn in der Nähe der Rosenstock und Ehrenberg, welche die Wahrheit nicht in Bewegung sehen wollen, weil ihnen Angst ist vor der Störung des Gleichgewichts, an der uns alles liegen muß. [...] Eines mußte ich mir freilich aufs neue sagen: über den schwierigen Punkt Auferstehung und Geschichte sollte gelegentlich doch etwas Umfassendes gesagt werden. [...]

Herzliche Grüße Eduard

Deine Predigt folgt hier nach. Ich bin froh gewesen um sie als um eine Stimme aus den Klüften, in die wir uns offenbar auch für das Urteil sonst Wohlmeinender begeben haben.

Barth 2. Juli 1920

Lieber Eduard!

Die Briefe deiner Kirchenpfleger sind sehr gut. Treffliche Männer das offenkundig.[1] Du hast erfreuliche Perspektiven vor dir. [...] Vielleicht kommst du noch einmal als zweiter Vadian auf einen Sockel![2] Wir freuen uns mit über das Loch, das da sichtlich schon geschlagen ist.

Heiner scheint nicht restlos zufrieden mit uns. Also auch er [nennt uns]: Bolschewisten! Ich verstehe ihn nicht ganz und frage mich manchmal, ob nicht *auch bei ihm* eine Flächigkeit als letztes Ziel wenigstens im Hintergrund steht. Oder wirft er eben das *uns* vor? Ich gehe nun bei schönem Wetter am Montag nach Basel und will dann auskunden, wie dieser Flankenangriff gemeint ist. [...]

Mit herzlichen Grüßen in einiger Bedrängnis dein Karl

[1] R. Sturzenegger u.a.

[2] Denkmal für J. Vadian (1483/84[?]–1551) in St. Gallen, wo Vadian die Reformation eingeführt hat.

Barth 4. Juli 1920

Lieber Eduard!

Wir haben den Brief deines Schwiegervaters mit Teilnahme gelesen. Es ist klar: So sehen wir in den Augen der meisten Gebildeten unter den Nicht-Verächtern der Religion aus und müssen uns wohl darein finden, uns als «Karl der Kampflustige» etc. von ihnen bekopfschütteln zu lassen. Wahrscheinlich haben gerade diese Kreise es besonders schwer. Die Ausbeutung der Burckhardt'schen Konfessionen[1] beweist nur, daß man nie solche machen sollte, in extremis erst recht nicht, weil man dann keine Möglichkeit mehr hat, der zugriffigen Christenheit ein neues Holla! entgegenzurufen, sondern definitiv als «geretteter Trinker» dastehen muß. Die unerschütterlich moralische Auslegung des verlorenen Schäfleins als «Nachzügler» der ehedem gerecht Gewordenen ist in ihrer Art auch klassisch. «Rufe laut und schone nicht!»[2] kann man sich da nur sagen.

[...] Ich fuhr am Montag [per Velo] also nach Basel: Von der Höhe des Hauensteins bis an den Rheinweg 44[3] ohne aus dem Sattel zu steigen und gestern umgekehrt wenigstens bis Buckten. Gute Leistungen, die ich aber noch in allen Knochen spüre. Gestern Morgen hörte ich die Vorlesung von Heiner. Es waren umsichtige, nüchterne und glaubwürdige Mitteilungen über Platos Ethik, alles noch etwas privatdozentlich gehemmt, gar nicht glänzend und rhetorisch, die sich aber sicher mit der Zeit zu soliden Bausteinen gestalten werden, denen wir dann größte Aufmerksamkeit zuwenden müssen. Ich sprach natürlich auch mit ihm über seine Karte.[4] Es zeigte sich, daß er uns in der Nähe von Ibsens «Brand» sucht. Vielleicht müßten wir zu diesem Drama einmal eine Kundgebung erlassen, etwa im «Neuen Werk». Vielleicht muß das aber in größerem Zusammenhang geschehen: in einer Verarbeitung von Dostojewski, Nietzsche und Ibsen, die diese Zeitgenossen sich selbst erklären [lassen] würde. Ich bin sehr froh, daß ich alle diese Leute erst jetzt richtig lese und nicht, wie so viele, schon als Gymnasiast oder Student vermeintlich hinter mich gebracht habe. In Basel las ich übrigens die Einleitung zu Spenglers «Untergang des Abendlandes» – mit Mißfallen und Antipathie gegen dieses schnelle schnoddrige Reden über alles und alle. Heiner ließ sich dann übrigens beschwichtigen, doch bleibt ein Verdacht an uns hängen, besonders an dir, wir wollten nur eine ganz schrecklich steile vita nuova empfehlen, die sich dann bei näherem Zusehen als etwas harmlos entpuppe. Mir wirft er Journalismus vor und nennt meine Auferstehungspredigt im «Neuen Werk»[5] «eine nicht gerade glaubwürdige Verkündigung von diesem Ereignis», was ich ihm nur bestätigen konnte. Für unser geschichtsphilosophisches Problem «Jesus: Christus» hat er vorderhand kein großes Verständnis. Gegenüber seinen philosophischen Kollegen [...] scheint er leichtes Spiel zu haben. [Sie] beide haben sich scheints in Basel bereits etwas unmöglich gemacht. [...]

Ich mache mich nun sofort an die Erforschung des Kolosserbriefs. Willst du mir bitte die Blätter zum Epheserbrief zurückschicken wegen des Vergleichens, das nun anheben muß. Hast du eine plausible Erklärung von 2. Kor. 5,13? Ich komme da vorläufig nicht ins Klare. Am nächsten Sonntag 5,16–17!! [...]

Morgen Schulausflug ins Seetal; doch wird Leutwil in weitem Bogen umgangen. [...] Ich werde euer wehmütig gedenken.

[...] Mit herzlichem Gruß an euch beide dein Karl

[1] Vgl. Jacob Burckhardt, *Briefe zur Erkenntnis seiner geistigen Gestalt. Mit einem Lebensabriß hrsg. v. F. Kaphahn,* Leipzig 1935, S. 131: «Arnold v. Salis

berichtet, daß er in dieser Zeit öfters Jacob Burckhardt besucht und mit ihm über die letzten Dinge gesprochen habe. Am 6. April [1897], als es ihm besonders schlecht ging und er sich dem Tode nahe fühlte, sagte er beim Abschied: ‹Denken Sie auch sonst an mich. Sie wissen, wie ichs meine... Ich glaube an eine Unvergänglichkeit, obwohl ich spüre, Ansprüche gibt es hier nicht, gar keine; aber Erbarmen gibt es vielleicht auch für mich.›»

2 Anspielung auf das Gesangbuchlied «Ruft getrost, ihr Wächterstimmen, ruft getrost und schonet nicht» (anonym) (Gesangbuch der ev.-ref. Kirchen der deutschen Schweiz, Probeband, o. J., Nr. 122). Die erste Strophe endet mit der Zeile: «Rufet laut und schonet nicht.» (Vgl. Jes 58,1)

3 Wohnung von Barths Mutter und seinem Bruder Heinrich Barth.

4 Vgl. Brief vom 2. 7. 1920.

5 K. Barth, *Auferstehung* (Predigt über Lk 24,2–3), in: Das neue Werk, Jg. 2 (1920/21), S. 1–7.

Thurneysen 7. Juli 1920

Lieber Karl,

Es hat sich wieder einiges angesammelt, das ich an dich abgehen lasse: Rosenstock, diesmal auch gegen mich aus gleichen Gründen wie gegen dich gereizt. [...] Ich habe am Sonntag nach langen Gesprächen Rosenstocks Buch Kutter in die Hand gegeben, und er hat mit suchendem Spürsinn darin gewittert und noch weniger gefunden als wir, aber einiges Treffende über diese Art Geistreichtum gesagt: er glaube nicht an die aus dem Chaos des deutschen Geisteslebens durch gescheite Literaten erträumte Venus anadyomene von unten. [...] Im Übrigen sagte er viel ernste, große und wahre Dinge, ich konnte nur fleißig zuhören und entgegennehmen. Am Sonntag wollen wir an die Installation von Gottlob Wieser in Wattwil.

Herzliche Grüße Eduard

Barth 13. Juli 1920

Lieber Eduard!

Gestern wurde der Ausflug unserer Oberschule ausgeführt. Ich sah zuerst vom Eichberg aus mißbilligend und wehmütig nach

Leutwil hinüber. [...] Und dann entschloß ich mich plötzlich, doch einmal nachzusehen, was dein Nachfolger für einer sei, ließ die Schule zur Linken den Homberg ersteigen und wandte mich auf das Sträßlein zur Rechten, berührte gedankenvoll die Stätte, wo wir einst im Frühjahr 1916 den Beschluß zum Angriff auf die zeitgenössische Theologie gefaßt, der uns seither in den Besitz wenigstens einiger Grabensysteme gebracht hat, und betrat dann den Bau «der Freunde von Leutwil», wo es in jeder Beziehung [...] noch völlig leer ist: in deinem Studierzimmer ein paar bekannte Möbel, an den Wänden seltsame militärische und studentische Trophäen und verschiedene Gerätschaften zum – Rauchen, in Wandkästen drei Reihen funkelnagelneuer Bücher, die im Ganzen eher auf positive Theologie hinweisen, zwischen dem allem der neue Pfarrer, munter eben vom Kirschbaum herabgestiegen, das einzige lebende Wesen im Haus, ißt und schläft noch auswärts, da er keine Haushälterin findet, offen und zugänglich (wahrscheinlich ziemlich nach *allen* Seiten zugleich), [...] mir gegenüber ahnungslos-zutraulich, sichtlich voll guten Willens für alles und Jedes. Er will demnächst zu mir kommen, um meinen «Rat» einzuholen. Über was weiß ich noch nicht recht. Die Situation ist etwas mephistophelisch. Obs wohlgetan ist, diesen Jüngling direkt an den Rand der Wüste zu führen, oder ob ich nicht lieber zunächst etwas alttestamentlich mit ihm rede (im Sinn des Briefes deines Vaters)? Das völlig Unbeschriebene, Ehrliche an ihm ist jedenfalls gut. Ich hieß ihn zunächst möglichst ausgiebig in diesem Staunen zu verharren und sich von niemand und nichts in die Tasche stecken [zu] lassen, weil heute alle Taschen löcherig und unwirtlich seien, und die Kirche gerade da, wo man am besten wisse, wie mans macht, voll Lug und Trug. Nachher stieg ich über die Felsen nach Kulm hinunter, um dort die Schule wieder einzuholen. Vorher war ich eine halbe Stunde bei E. [dem neuen Pfarrer in Kulm], der mir viel weniger erfreulich vorkam: erstaunlich fertig und sicher [...], ein eifriger kleiner Ostschweizer, der zur Verbesserung der Welt vorläufig mit dem volltönenden christlichen Bekennen aus der Tiefe seiner

Überzeugung (die das Heiligste sei, was der Mensch habe) den Anfang machen will. [...] Sind das nun eigentlich die Pfarrer, die während des Krieges studiert haben? So schnell schon wieder in den bekannten *Vor*kriegshäfen? Wenn wirs auf eine «Bewegung» abgesehen hätten und nicht auf die Niederlegung einiger steinerner Tafeln [vgl. Jes 30,8], die Zeit haben, auf ihre Leser zu warten,[1] wie bedenklich müßte uns der gewisse infantile Zug, den alle diese jungen Mitkämpfer zu unserem Erstaunen zur Schau tragen, stimmen! So stimmt er uns nur zur Beharrlichkeit und freundlichem Gewährenlassen.

[...] Unter deiner Sendung habe ich besonders den Brief deines Vaters mit Respekt und Belehrung gelesen. Sein Hauptgedanke, die Trennung des Pfarramts in eine alt- und neutestamentliche Sphäre ist eine Möglichkeit, die mich angesichts der krassen Belastung und Beraubung, die meine Lehre für das Gros meiner armen Gemeinde bildet, gerade in letzter Zeit stark beschäftigt hat. *Sind* wir *weise,* indem wir das «Volk» so mit dem Geheimnis des Evangeliums bedrängen? Sollten wir das nicht in der Tat für Bibelstunden und ein paar wenige seelsorgerliche Gespräche aufbewahren, für Predigt, Kinderlehre, Unterweisung, Beerdigungen und Hochzeiten dagegen uns ein handfestes gesetzlich-christliches Systemlein zurechtzimmern, das dann, mit überlegenem, gütigem, wissendem Humor gehandhabt, den Bedürfnissen des Augenblicks Genüge leisten würde, wobei wir uns bewußt und demütig in die Reihe der Pfarrer zu stellen hätten, die *überhaupt* nichts wissen und haben als dieses Systemlein? Oetinger (und die Schwaben überhaupt!) sind jedenfalls diesen Weg gegangen, und wenigstens seine Möglichkeit ist sicher ernstlicher zu überlegen, als wir es bis jetzt getan haben. Ich möchte aber deinen Vater fragen können (vielleicht tust *du* es): ob er wohl sieht, wie nahe sich dieser sein (resp. [Joh. Tob.] Becks) Vorschlag mit dem Overbecks im letzten Teil seiner «Christlichkeit»[2] berührt? ob er einen grundsätzlichen Unterschied sieht zwischen der gnostischen Lehre von Eso- und Exoterikern und *dieser* Lehre? Ob nicht gerade diese Beckisch-Overbeckisch-gnostische

Unterscheidungslehre den schlimmeren, den eigentlich schlimmen Aristokratismus des Geistes enthält, den sie vermeiden möchte? Ob mit dieser Unterscheidung, die im N. T. soviel ich sehe, *nicht* vorgesehen ist, nicht etwas verraten wird, was, wenn man es einmal gemerkt, auch aus Liebe zum Volk, nein, gerade um der Liebe zum Volk willen, nicht mehr preisgegeben werden darf: Die *Einheit* von Schöpfer und Erlöser, die Erlösung der Schöpfung in Christus (der Römerbrief, der «Eingang in das Alte Testament» – nicht umgekehrt!! – wie Luther in seiner Vorrede sagt)? Ob diese Unterscheidung nicht die Wiederaufrichtung der im Galaterbrief niedergelegten Position der Judenchristen wäre? Ob wir das wirklich wollen? Und wenn wirs schon wollten, ob wirs können? «Wer von dem Honigseime der Ewigkeit geschmeckt...»[3] Müssen wir nicht *(heute) hindurch* mitsamt unsern Gemeinden? Ich kann lange alttestamentlich mit der «Furcht Gottes» anfangen, nachdem ich einmal weiß, daß es sich schon im A. T. um Christus handelt, fällt das Gesetz schon im A. T. um, und den augenblicklichen Bedürfnissen des Volkes ist – wenigstens scheinbar – wieder nicht gedient. «Wir wissen schon zuviel», wie Overbeck selbst gesagt, darum finden wir die Harmlosigkeit nicht wieder, die zur Ausführung des Beckischen (und Overbeckischen!) Vorschlages gehören würde. Aber zur Beunruhigung müssen wir ihn uns jedenfalls dienen lassen. Die von deinem Vater erwähnte Schrift von Kübel wird auch in der 2. Auflage von Overbecks «Christlichkeit» (S. 174) lobend genannt. Wir sollten sie einmal einsehen können. Sie heißt «Christliches Bedenken über modernes christliches Wesen». Von einem Sorgenvollen (anonym!) 3. Auflage, Gütersloh 1889. R. Kübel ist 1894 gestorben.

Der Einwand von *Hartmann* [in seinem Brief] steht zu dem deines Vaters in einem eigentümlichen Verhältnis. Während dein Vater das Unpopuläre unserer «Lehre» mißbilligt, fürchtet Hartmann (der U. S. P.-Mann[4]) bereits, wir könnten auf der obern Stufe der Beckischen Scheidung *wieder* populär, verständlich-allzuverständlich werden. Gut, das läßt sich hören. Ich habe zwar *davor keine* Angst. Wir haben wenigstens bis jetzt noch immer wieder alsbald niedergerissen, was wir zu bauen geschienen hatten. Daß er seinen Widerspruch (wie Heiner) bei *dir* einhakt, ist insofern verständlich, als du – im Gegensatz zu meinem schrecklichen Vormichhin-Reden – tatsächlich zu den Menschen redest, ihnen etwas gibst und bietest. Den Hartmannschen Verdacht (mehr ist es ja nicht und *wie* intellektuell gefaßt und vorgebracht! !) mußt du als Fatalität deiner Fähigkeit zum Auf- und Abbauen, an die ich gestern, über die gesegneten Fluren Leutwils wandelnd, denken mußte, in Kauf nehmen und dir keine Skrupeln deswegen machen. Daß man diesen Verdacht gegen mich, dessen Fußspuren *nicht* «von Fett triefen» [vgl. Ps 65,12], nicht so haben kann, ist kein Lob für mich. Wollte doch mein Nein endlich auch in Form eines «Weges» den Leuten zum Bewußtsein kommen können! Also laß Hartmann reden, verweise ihn auf die leeren Bänke meiner Kirche und sage ihm, von «Heilsordnung» sei keine Rede. [...]

Mit herzlichsten Grüßen dein Karl

Deinen Geburstag habe ich wieder einmal nicht bemerkt. Vielleicht werden wir später auch wieder aufmerksamer auf das Biographische.

1 Barth spielt hier an auf den Schlußsatz des Vorworts zur 1. Auflage seines «*Römerbriefs*»: «Sollte ich mich aber täuschen in der freudigen Hoffnung auf ein gemeinsames neues Fragen und Forschen nach der biblischen Botschaft, dann hat dieses Buch Zeit, zu – warten. Der Römerbrief selbst wartet ja auch.»

2 F. Overbeck, *Über die Christlichkeit unserer heutigen Theologie,* zweite, um eine Einleitung und ein Nachwort vermehrte Auflage, Leipzig 1903; Neudruck Darmstadt 1963. Overbecks Vorschlag ging auf «die Anerkennung eines persönlichen esoterischen Standpunkts des wissenschaftlich gebildeten Geistlichen neben dem von ihm der Gemeinde gegenüber einzunehmenden exoterischen» (S. 136).

3 Anfang der 3. Strophe aus dem Liede «*Der Pilger aus der Ferne*» von Chr. H. Barth, in: A. Lindner, *Deutsche Weisen. Die beliebtesten Volks- und geistlichen Lieder,* Stuttgart o. J., S. 233.

4 U.S.P. = Unabhängige Sozialdemokratische Partei, die 1917 durch Abspaltung des linken Flügels der SPD entstanden war.

Barth 14. Juli 1920

Lieber Eduard!

Da! Gestern Nachmittag ist Jülichers längst angekündigte 42 cm Granate[1] hier niedergegangen. Hilf mir den Trichter ausmessen und die allenfalls Verschütteten wieder ausgraben. Allzuschlimm ists ja nicht; mehr ein milde alles begießender Abendregen als ein schreckliches Gewitter. Also laut Harnack: Thomas Münzer,[2] laut Jülicher Marcion.[3] Nun sollte mir wirklich auch noch Troeltsch irgend einen solchen Ketzerhut aufsetzen. Die Rezension verrät, daß man uns draußen stark nach unsern dortigen Freunden beurteilt, das läppische Mißverständnis, als meine ich mit dem «jetzt» 1919, ist ja ganz Herpel und Rosenstock. Am schwersten scheint er aber doch das Fehlen gelehrter Zwiesprache mit ihm und Andern zu empfinden, und daneben haben ihn die paar Anmerkungen verdrossen, die er in ihrer Harmlosigkeit (sie beziehen sich alle auf den Nestle-Text) nicht erkannt hat. Das Schauspiel des Kampfes einer *jüngern* gegen eine *ältere* Generation wollen wir jedenfalls soviel als möglich zu vermeiden suchen in Zukunft. Es ist zu zweideutig. Und vor dem 25mal größeren Wissen dieser Gelehrten wollen wir in Zukunft ehrerbietiger den Hut lüften, auch wenn es uns noch so götzenhaft anmutet. Was dürfte sonst noch zu lernen sein?

[...] Herzlichst dein Karl

[1] A. Jülicher, *Ein moderner Paulus-Ausleger* (Rezension über Barths «Römerbrief»), in: CW, Jg. 34 (1920), Sp. 453–457; 466–469. Wieder abgedruckt in: J. Moltmann (Hrsg.), *Anfänge der dialektischen Theologie,* Teil 1, München 1962, S. 87ff.

[2] Daß Harnack Barth mit Thomas Münzer verglichen habe, erwähnt Barth auch im Vorwort zur 2. Aufl. seines «*Römerbriefs*» (München 1922), S. XV (= XVII in späteren Auflagen; auch bei Moltmann, a.a.O. S. 116). Die Mitteilung bezieht sich wahrscheinlich auf eine mündliche Äußerung Harnacks während oder nach der Aarauer Konferenz 1920. Vgl. Brief Barths vom 20. 4. 1920; vgl. auch A. von Zahn-Harnack, *Adolf von Harnack,* Berlin-Tempelhof 1936, S. 532. Am 23. 12. 1935 schrieb Barth an A. v. Zahn: «... Ich erinnere mich sehr deutlich des Entsetzens, mit dem er [Harnack] sich in der Diskussion nach meinem Vortrag [in Aarau] äußerte: seit Kierke-

gaard (ich höre noch den baltischen Klang des Namens in seinem Munde) sei die Sache nicht mehr *so* schlimm gemacht worden, wie jetzt eben! – aber auch der großen Vornehmheit, in der er dem so viel Jüngern und unbekannten Landpfarrer gegenüber Stellung nahm ...» (Briefdurchschlag im Karl Barth-Archiv, Basel).

[3] A. Jülicher, a.a.O. Sp. 467 (bei Moltmann S. 95).

Barth 16. Juli 1920

Lieber Eduard!

[...] Mir träumte jüngst von meiner eigenen Beerdigung; doch war ich nur scheintot und reklamierte, schon im Grabe, heftig. Meine Mama riet ganz freundlich, das Grab nur zuzumachen, ich werde dann schon sterben (!!), doch gelang es mir, mich durchzusetzen, worauf es dann im Galopp durch den Kirchhof hindurch zurück ins Leben ging. Das ist wahrscheinlich für meinen alten Menschen, der nicht sterben will, bezeichnender als für die Lage im allgemeinen!

An Jülicher habe ich vorgestern den beiliegenden überaus zahmen Brief geschrieben. Nun reut es mich fast, ihm nicht energischer die Spitze geboten zu haben, statt so historisch mit dem Historiker zu verkehren. [...] Es schien mir gut, in irgend einer Form sofort Gefechtsfühlung mit dem großen Mann zu nehmen. Wie wäre es wohl mit einem Artikel in der «Christlichen Welt», in Fortsetzung und Erläuterung der von Gogarten daselbst gemachten Mitteilungen?[1] Die Felder scheinen auch nach den Berichten aus München und Göttingen weiß zur Ernte [vgl. Joh 4,35], und es ist wohl möglich, daß wir jetzt Schlag auf Schlag sagen sollten, was zu sagen ist. Vielleicht unter dem Titel meines Vaters «Alte und Junge im Reiche Gottes»,[2] wobei die Alten [...] als lächelnd und einverstanden darzustellen wären. Könntest du nicht etwas Derartiges schreiben? Rade würde es sicher aufnehmen.

Sommerliche Wärme. Mich gelüstet es nach den Bergen, nach irgendeiner Höhe über 3000, wie die, die wir letztes Jahr erklommen. Dort aber wimmelt es jetzt sicher. Doch das soll nun nicht sein, sondern – 2. Korinther- und Kolosserbrief und Unterweisung, tagaus tagein. Auch gut. Es wäre aber schön gewesen, von irgend einem Grat oder Horn herunter über Jülicher zu lachen. [...]

Mit herzlichem Gruß dein Karl

Gestern Nachmittag rang ich in der Kapitelskommission drei Stunden lang zäh aber freundlich mit den Kollegen und kam so weit, daß «Christus» und «das Reich Gottes» glücklich zuerst aus der Verfassung selbst, dann auch aus dem Ingreß hinausgedrängt wurden. Beabsichtigt ist jetzt nur noch ein Bibelspruch als Motto *vor* dem Ingreß, zu dem ich grundsätzlich die Einwilligung gab unter dem Vorbehalt, daß sich ein solcher finde, der sich als mildes Oberlicht (unter keinen Umständen als Bekenntnis) über ein so weltliches Werk wie eine Kirchenverfassung setzen lasse. Ich habe nach deiner Anweisung zuerst lange nur Pfeife geraucht und die Andern reden lassen, um dann plötzlich mit aller Lebhaftigkeit einzugreifen. Das Verfahren ist sehr gut. Jahn[3] versicherte mir, meine «Psychologie» interessiere ihn, und er habe eigentlich nicht viel dagegen einzuwenden. In der Tat krebsten alle rückwärts. Doch bringt erst die nächste Sitzung den Entscheid.

[1] Vgl. Anm. 1 zum Brief vom 16. 6. 1920. Später (in der CW-Nummer vom 26. 8. 1920) antwortete Gogarten auch direkt auf Jülichers «*Römerbrief*»-Rezension: *Vom heiligen Egoismus des Christen* (Sp. 546–550; wieder abgedruckt bei Moltmann, Anfänge 1, S. 99ff.).

[2] Vgl. F. Barth, *Die Alten und die Jungen im Reiche Gottes* (Vortrag von 1894), in: *Christus unsere Hoffnung.* Sammlung von religiösen Reden und Vorträgen von D. Fritz Barth. Mit einem biogr. Vorwort von M. Lauterburg, Bern 1913, S. 1–24.

[3] Victor Jahn (1865–1937), Pfarrer in Brugg.

Thurneysen 18. Juli 1920

Lieber Karl,

Nun ist also Herpels Bescheid über die geplante Tagung eingetroffen. Unser Vorschlag, den Kolosserbrief in die Mitte zu rücken, wird abgelehnt. Für wirkliche Exegese ist keine Zeit und kein rechtes Verständnis vorhanden. Mennicke beherrscht die Stunde mit seiner sozialpolitischen Leidenschaft. Es scheint, daß unsere deutschen Freunde diesmal unter sich sein wollen, bedrängt von der Not einer Lage, für die wir, wie sie glauben, nicht das rechte Verständnis haben. Sie können einen dauern in ihrer Aufgeregtheit und ihrer unverkennbaren religiössozialen Schlagseite. Trotzdem erscheint mir erwägenswert, ob wir doch als stille Teilnehmer dabei sein wollen. Gerade verlockend ist die Lage ja nicht. [...]

Herzlich in Eile Eduard

Barth 19. Juli 1920

Lieber Eduard!

Da – der Kompromißvorschlag [Herpels], wie ich mirs dachte. [...] Es sollte mich wunder nehmen, wenn wir ihn verschieden auffaßten. [...] Mich sieht das Ding nicht gut an. Welch ein Chaos von Fragen und von Leuten, die reden, reden, reden wollen! Was sollen wir unter ihnen? Was wir bis jetzt zu bemerken haben, das wissen sie aus unsern Büchern und Briefen zur Genüge. Es wird dafür gesorgt sein, daß sie nicht ganz wider den Stachel löcken können, daß ihnen unsre Gedanken auch ohne uns gelegentlich wie Prügel zwischen die Beine fahren werden. Mit uns *weiter* nachzudenken, *vorwärts* zu arbeiten, dazu haben sie keine Lust. Unsere Rolle bestünde tatsächlich nur darin, ihnen zu ihren «Haupterörterungen» das Hochamt zu lesen, wobei du als Referent über den Kolosserbrief nicht einmal vorgesehen bist und auf unsere weitern Vorschläge von Schweizern überhaupt nicht Rücksicht genommen wird. – Bei dieser Lage fühle ich *keinen* Antrieb hinzureisen. Was wollten wir dort Anderes tun, als sie von ihren «Haupterörterungen» tunlichst abzulenken? Vielleicht steht es ja wirklich so, daß sie nun zunächst an ihren brennenden Fragen die Hände sich wärmen müssen, wie wir ja durchaus durch das Stadium [...] Karl v. Greyerz-Ragaz hindurchmußten. Die Gewissenserleichterung, daß die «Frage nach Gott» doch *auch* zur Geltung komme, dürfen *wir* ihnen nicht verschaffen, wo es so deutlich ist, daß sie uns überhaupt nur als Korrektiv dabei haben wollen. So kann ich jene Stelle in Kierkegaards «Richter»[1] nicht verstehen. Unsere Abwesenheit wird ihnen deutlicher sagen als alles, was wir vorbringen könnten, daß wir unsern Beitrag zur Bewegung nicht als Randglosse, als freundliche oder auch etwas unheimliche Morgen- und Abendandacht auffassen. Was ihnen in *dieser* Form beizubringen ist, wird ihnen der Kolosserbrief selbst auch beibringen. Wir aber können diese Form nicht gutheißen. Die Idee, uns ausgerechnet über das Thema «Sollen wir politisch handeln?» als Diskussionsredner anzukündigen, ist einfach grotesk. – Oder siehst du alles ganz anders, milder, möglicher an? Wenn nicht, so übernimm doch bitte wieder unsern Antwortbrief, dem ich mich dann anschließe. Es eilt aber, sonst setzen sie uns auf irgendeine Liste. Ich will, wenn du mich nicht gründlich eines Besseren belehren solltest, ganz und gar nichts mit der Geschichte zu tun haben. [...]

[...] Bei uns wimmelt es: zwei Ferienbuben aus Zürich, Gipser und Tapezierer in Sicht für unser Schlafzimmer, am Freitag also Merz, der heute die Grenze überschreitet. Arge Hitze. Gestern abend Schluß der Epheserbriefbesprechungen; wir kehren nun zu Matth. 20 zurück, wo wir letzten Herbst stehen blieben. Dostojewski, «Die Dämonen». 2. Kor. 5 beendigt mit zwei Predigten, die du einmal einsehen kannst. In der Vorbereitung zu Kolosser stecke ich schon ziemlich tief; vielleicht führe ich sie nun zu anderm Zwecke durch.

Herzlichen Gruß euch Beiden! Dein Karl

[1] S. Kierkegaard, *Buch des Richters. Seine Tagebücher 1833–1855* im Auszug aus dem Dänischen von H. Gottsched, Jena/Leipzig 1905, S. 100: «... Das sind die Korrektive. Ein unseliger Irrtum ist es, wenn nun der, welcher zum Anbringen des Korrektivs gebraucht wird, ungeduldig wird und das Korrektiv zum Normativ für die anderen machen will, das ist ein Versuch alles zu verwirren.» In den vorangehenden und den folgenden Sätzen vergleicht Kierkegaard die Menschen, die Gott dergestalt als «Korrektiv» verwendet, mit «ein kleines bißchen Zimt», das die Köchin einer Speise beimischt. Diesen Vergleich nahm Barth in seinem Vortrag «*Not und Verheißung der christlichen Verkündigung*» (1922) zur Charakterisierung seiner eigenen Theologie auf. (*Das Wort Gottes und die Theologie,* S. 100.)

Thurneysen 21. Juli 1920

Lieber Karl,

Da der heikle Brief an Herpel. Ist er zu mild? zu scharf? Tu das Deine noch dazu nach Gutfinden. [...] Lies noch beiliegende Frankfurter Zeitung, worin man Mennicke, Dehn, Tillich in voller Aktion sieht auf dem evangelisch-sozialen Kongreß. Sie sind jetzt etwa dort, wo einst Ragaz war mit seinem ersten Sturmruf. Das ist wirklich nicht unsere Situation. Lies beiliegende Brunnerbriefe. Ich höre aber auch gar nichts Neues daraus. Geht es dir anders?

Herzliche Grüße! Wir freuen uns auf Georg Merz.

Eduard

N.B. Ich telegraphiere heute an Herpel: Rechnet nicht mit unserm Kommen. Barth-Thurneysen

Barth 22. Juli 1920

Lieber Eduard!

Heute ist Merz bei dir eingetroffen. Du wirst Freude an ihm haben. Man kann sachlich und – schweizerisch mit ihm reden, kein Kothurn, keine großen Sprüche, kein Herz, das alle

Augenblicke «sssterben» [Ehrenberg!] will. Ich wünsche euch gute Tage. [...] Vor Allem muß er dich am Sonntag predigen hören schon wegen seines Berichtes an das Konsistorium.

Dein Brief an Herpel war so gut und bündig, daß ich ihn nur unterschrieben habe ohne weitere Anmerkungen. Ich fürchte nur, wir haben nun noch keine Ruhe, sondern bekommen ein kleines Kreuzfeuer von allerlei Gutgesinnten, die uns durchaus doch dabei haben wollen.

[...]

Als Kuriosität lege ich dir hier einige Blätter aus meinem französischen Unterricht[1] bei. Die Lehre von den letzten Dingen nimmt sich in der [...] un-dynamischen Sprache unserer welschen Brüder seltsam genug aus, man begreift eigentlich, daß sie nichts davon vernehmen können. Wie mag nur Calvin seine meditatio vitae futurae auf französisch vorgetragen haben? Es muß da vom Turm von Babel her eine ganz besondere Belastung vorliegen. [...] Der Unterricht selbst vollzieht sich bei brennender Pfeife in meinem Studierzimmer unter vielen beschwörenden: N'est-ce pas? Il faut comprendre que... Est-ce que vous avez saisi cela? Gut daß niemand zuhört! Die arme Tochter, zum Glück nicht unintelligent, nimmt alles mit erstauntem oui Monsieur! entgegen [...]

Ich bin an der Vorbereitung von 2. Kor. 6 und 7. 6,14–7,1 könnten doch echt sein, an 6,1–2 anzuschließen, aber der Inhalt mißfällt mir nach wie vor sehr. Nächsten Sonntag werde ich mich wohl zu 6,1–2 mit seinem energischen *νῦν* etc. mit dem «Heute» unserer deutschen Freunde auseinandersetzen müssen.

Mit herzlichem Gruß an dich, Marguerite und Merz

Dein Karl

[1] Konfirmandenunterricht an ein Mädchen aus der welschen Schweiz.

Thurneysen 28. Juli 1920

Lieber Karl,

Heute Morgen kamen deine «Biblischen Fragen, Einsichten und Ausblicke», und eben lege ich sie aus der Hand, aber die Ohren dröhnen mir noch davon. Ich habe den Eindruck: du habest da an die große Glocke in der Mitte der Bibel gerührt, und sie habe angeschlagen. Ob das nun auch von andern gehört wird? Ob endlich doch einmal die kleine Stille von einer halben Stunde [vgl. Apk 8,1] eintritt? Ob es verstanden wird, daß es sich hier wirklich nicht bloß um «Karl Barth» handelt, sondern um Beträchtlicheres? Man erschrickt beim Lesen einmal über das andere, wie du selber nur unter Erschrecken schreiben und reden zu können bezeugst. Es ist etwas Unheimliches in diesem blauen Büchlein; man möchte fragen: Woher nimmst du das? Da liegen keimartig Arsenale, aus denen in nächster Zeit noch mehr als einmal Waffen geholt werden müssen. [...]

Du wirst in Ruhe die Wirkung dieses deines Büchleins abwarten; es wird wohl zusammen mit der Overbeckschrift auftreten und wirken. – Grüße Georg Merz herzlich von uns, sei selber mit Nelly herzlich gegrüßt von deinen

Eduard und Marguerite

Thurneysen 4. August 1920

Lieber Karl,

Seit gestern Abend ist Hans Ehrenberg hier. Es kam sofort zu schweren Gefechten, die heute ihren Höhepunkt – «du stößest mit einem Dolche nach mir», «ich werde von deinen Gedanken entzwei geschnitten!» – erreichten auf einem Spaziergang ins friedliche Heinrichsbad. Es drehte sich alles um unsere Eschatologie. Ehrenberg geht immer wieder von den Gegebenheiten (z.B. das Göttliche im Menschen) aus unter heftiger und triumphierender Berufung auf – die Schöpfung, die «heilige Natur», die bei uns in doketischer Ketzerei (Marcion!) zu kurz komme. Aber die Angriffe kommen zum Stehen, sobald die exegetischen Grundlagen berührt werden. Gelernt habe ich trotzdem allerlei. [...]

Herzlich Eduard

Barth 7. August 1920

Lieber Eduard!

An meinem Pult sitzt Georg Merz und studiert an der Predigt, die er morgen in der Safenwiler Kathedrale halten wird. So habe ich einen angenehmen Samstag. Wir waren von Montag bis Donnerstag zusammen in Gadmen[1] und haben am Donnerstag den Susten überstiegen. Noch liegt er uns in allen Knochen. Das Zusammensein mit Merz ist gut; in einigen Jahren, wenn er noch etwas weniger Adept sein wird, wird es *noch* besser sein. In Gadmen waren auch Peter und Heiner, ferner der junge Gustav Müller, des bekannten Sozialisten steiler, unheimlich gescheiter, philosophiebeflissener Sohn.[2] Merz führte gewöhnlich das Gefecht und erwies sich als gründlicher Kenner unserer Lehre; nur selten mußte «der Meister», wie Heiner höhnte, korrigierend eingreifen. Eine etwas fragwürdige Situation. Vom Susten herabgestiegen, fand ich den zweiten Teil von Eberhard Vischer[s Overbeckbesprechung][3] vor. [...] Ich fürchte, nun wird Bernoulli mit irgend einer ungeschickten Gegenrede lospoltern. Wir unsererseits wollen das Pulver trocken halten und abwarten. [...]

Johannes Müller druckt [aus meinem Aarauer Vortrag] nun nur S. 9–19 ab;[4] das ist offenbar die Rosine aus dem Kuchen, die er für seine Leser für zuträglich hält. Dem Mann aus Berlin[5] habe ich dilatorisch geantwortet; immerhin ists ein merkwürdiges Schauspiel, daß der Römerbrief nun auch schon einem leibhaftigen Generalsuperintendenten vor die Nase gehalten wird. [...] Was mag Gogarten anrichten in seiner Antwort an Jülicher?[6] Was sagst du zu der Art, wie mich O. Gilg vor seinen altkatholischen Wagen spannt?[7] Dieses Benütztwerden für Zwecke anderer ist ein

scheinbar unvermeidliches Schicksal. *Kann* man sich dagegen wehren und *wie?* Wahrscheinlich nur durch beharrliches Hornbrillen-Tragen und öfteres Schweigen und Verschwinden. Heute Nachmittag habe ich die Beerdigung einer Selbstmörderin. Sie kam eine Zeitlang alle Sonntage in die Kirche. Es ist innerhalb eines halben Jahres der zweite Fall. Ein Honoratior habe mit Faustschlag auf den Tisch bekundet: daran sei allein der Pfarrer schuld, der die Leute verrückt mache. Für deine Meldungen über Ehrenberg sind wir dir dankbar. Ich werde nun in aller Eile das «Ketzerbuch» studieren und aus «Kreuz und Tragödie» einige Prisen nehmen. Das Nietzsche-Buch[8] ist ein Valuta-Ankauf, um den ich ihn gebeten hatte. Vale! Wir freuen uns auf Oberrieden.[9]
[...] Dein Karl

[1] In Gadmen (Kanton Bern) war Barths Schwager K. Lindt Pfarrer.

[2] Gustav Müller d. Ä. (1860–1924), führender sozialdemokratischer Politiker, Parlamentarier, 1895–1920 Finanzdirektor des Kantons Bern, 1918–1920 Stadtpräsident von Bern. – Gustav E. Müller d. J. (geb. 1898), Philosoph und Dichter, Hegel-Forscher, Professor an verschiedenen amerikanischen Universitäten, seit seiner Emeritierung (1968) in Bern.

[3] E. Vischer, *Overbeck und die Theologen,* in: Kirchenblatt für die reformierte Schweiz, Jg. 35 (1920), S. 122–124 und 125–127. Der Artikel ist eine Besprechung von Overbecks «*Christentum und Kultur*» und ein kritisches Referat über andere Besprechungen des Buches. Am Schluß (S. 126f.) setzt sich Vischer mit Barths Overbeck-Aufsatz (in «*Zur inneren Lage des Christentums*») auseinander.

[4] Vgl. Anm. 2 zum Brief vom 14. 6. 1920.

[5] Bezieht sich wohl auf eine Briefbeilage, die nicht mehr nachweisbar ist.

[6] Vgl. Anm. 1 zum Brief vom 16. 7. 1920.

[7] O. Gilg, «*Der neue Katholizismus*», in: Neue Wege, Jg. 14 (1920), S. 294–309. Dort S. 300 Anm. 1 Bezugnahme auf Barths Tambacher Vortrag. – Der Verfasser, Otto Gilg (geb. 1891), ist ein Bruder von Prof. Arnold Gilg, Pfarrer der christkatholischen Gemeinde in Luzern von 1916 bis 1961.

[8] E. Bertram, *Nietzsche. Versuch einer Mythologie,* Berlin 1920.

[9] Gemeinsame Ferien mit Thurneysen vom 23. 8. bis 7. 9. 1920 auf dem «Bergli», Oberrieden bei Zürich, dem Landhaus von R. Pestalozzi.

Thurneysen 9. August 1920

Lieber Karl,

[...] Ehrenberg – es blieb dabei: wir sind persönlich trefflich ausgekommen. Er ist auch schärfsten Formulierungen gegenüber nicht empfindlich, aber der Graben ist nur noch breiter geworden zwischen Patmos und uns. Diese Patmosfreunde sind immer schon am Ziel, wissen immer alles schon – natürlich bei ihrer Erudition und ihrer Klugheit – so war unser Gespräch immer erneut der Wettlauf zwischen Hase und Igel, und ich konnte nur Spielverderber sein, indem ich unbeweglich auf meiner kritischen Negation sitzen blieb. Ihre ganze Stellung beruht auf einer großen Verwechslung von Religion und Reich Gottes, Zeit und Ewigkeit, Gott und Mensch, himmlischer und irdischer Liebe. Auf Grund dieses Sachverhaltes lehnte ich für meine Person die Mitarbeit am Patmosjahrbuch, zu der mich Ehrenberg einlud, ab. Das Seltsamste ist, daß, wenn man mit dem Philosophen Ehrenberg grundsätzlich-philosophisch reden möchte, man den Bescheid erhält, Kant sei erledigt, und den Rat, Hegel zu studieren. Was mir aber in diesen Tagen an Hans Ehrenberg gefiel, war die geistige Anspannung, in die er einen hineinzieht von morgens bis abends. Er selber ist als Mensch nur liebzuhaben, als homo religiosus dagegen nur umzubringen und eben doch fast nicht zum umbringen. Dein Eduard

Dieser Tage bekam ich die Selbstbiographie von Bischof Martensen[1] in die Hände und las sofort seine Polemik gegen Kierkegaard und fand eine Abfertigung des unbequemen Mahners, die an kirchlicher Unerschüttertheit und Selbstsicherheit alles übersteigt, was man sich denken kann. Uns kann es die praktische Aussichtslosigkeit unserer polemischen Stellungnahme gegenüber allem Kirchenwesen zum Greifen deutlich machen. Overbeck hat nicht zu laut, sondern zehnmal zu leise geredet!

[1] H. L. Martensen, *Aus meinem Leben*. Aus dem Dänischen, Karlsruhe 1883; 2. verbesserte Aufl. Berlin 1891.

Barth 14. August 1920

Lieber Eduard!

[...] Ehrenbergs Beredsamkeit geht seit vier Tagen über mich [...] wie eine Dampfwalze. Es geht mir wie dir: Persönlich ist er sicher durchaus echt und gut, aber das Zeug, das er verzapft, ist geradezu fürchterlich unglaubwürdig. [...]

Herzlichst dein Karl

Barth 16. August 1920

Lieber Eduard!

Wir freuen uns auf euer Kommen, und so schreibe ich nur noch kurz. [...] Ehrenberg hat uns gestern verlassen, nachdem er noch meine Predigt gehört und darauf nach seiner Weise mit dem beiliegenden Zettel quittiert hatte. Welch ein seltsames Licht und Irrlicht! Fertig wird man jedenfalls nicht mit ihm, *das* hat er mit Abraham, Isaak und Jakob sicher gemein. Auch sein Aufenthalt bei mir bedeutete für ihn und mich ein einziges anhaltendes Gefecht, dessen positives Ergebnis darin besteht, daß ich die berühmte Höhle so wenig verlasse wie du. Es ist in der Tat ein trottoir roulant, ein geistiges Vagantentum hin und her zwischen absoluter Erkenntnis und – absoluter Windbeutelei. Noch auf dem Bahnhof perorierte er über den Unterschied von Priester und Laie, den ich übersehe, und was habe ich nicht alles hören müssen über Marienverehrung, Neubelebung der Liturgik, «Ich und Mich» (das ist seine Philosophie), Natursünde und Geistessünde, Lucifer und Satan, über die neue Zeit, die einzig und allein von ihnen in Deutschland verkündigt werde (weshalb wir nur *ihre* «Brüder» sein dürften, sie wollten sich nicht mit den Negern in unsere Liebe teilen) und ähnliches ungereimtes Zeug mehr. [...] Ich konnte nur immer zuhören, den Kopf schütteln und in den Pausen sagen, ich verwahre mich gegen alles. Das Beste war ein

Abschnitt aus «Tragödie und Kreuz», den er uns vorlas und – er selbst als Figur, als Persönlichkeit, als urweltliches Rätsel wie Leviathan und Behemoth. Man kann ihm, wie du auch schreibst, unmöglich zürnen. [...] Auf der Heimfahrt hat er zwischen Aarau und Safenwil unserer [Lehrerin] Fräulein Wehrli noch einmal alle seine Gravamina gegen unsere Hartherzigkeit vorgetragen. [...] Unsere Abenteuer mit Patmos sind jedenfalls noch nicht abgeschlossen, wenn auch der schlimmste beabsichtigte Unfug (das Jahrbuch und die philosophischen Briefe) nun jedenfalls unsrerseits nicht zu Stande kommen. Nun, wir werden uns in Oberrieden noch an Vieles fragend und lachend erinnern. Alles in Allem wars doch eigentlich ganz gut, ein «vorlaufender Strahl» von Röm. 11, wollen wir einmal sagen. [...]

Mit herzlichen Grüßen an Marguerite und dich

dein Karl

Thurneysen 17. September 1920

Lieber Karl,

Ich hatte eine gewisse Unlust zum Schreiben seit jenem Augenblick, als wir wieder auseinanderrollten und aufs neue dem Kirchen- und Pfarramtsdampf entgegenfuhren, du dort, ich hier. Warum kann man nicht weiter über neueste Torheiten aus dem unerschöpflichen Vorrat der Kirche und der Theologen zusammen kopfschütteln und lachen? Warum dieses entlegene Dasein da und dort in unsern Pfarrhäusern? Ich habe mich nun hinter Matthäus-Studien gemacht und stecke täglich in Einleitungs- und synoptischen Fragen. Einen Standort gewinnen und behaupten, von wo aus alles zu schauen wäre, ist die Aufgabe, ich denke stündlich daran herum und lerne jetzt schon allerlei. Ich sehe Matthäus nun eigentlich vergleichsweise am nächsten beim vierten Evangelium, eine Art Vorstufe dazu, irgendwie auch das Geheimnis des Übergeschichtlichen im Geschichtlichen, das Messiasproblem im Mittelpunkt. Aber das sind alles erst vage Deutungen. Mach du dich doch hinter die johanneischen Schriften. Von Paulus her müßte das am ehesten gelingen. Es ist ein erstaunlich kühnes und merkwürdiges Phänomen, diese vier Evangelisten, die von vornherein den Nur-Historikern soviel offene Angriffsflächen bieten, ohne sich im geringsten zu verteidigen, weil sie ein Geheimnis in Händen tragen, das durchaus jenseits des Nur-Historischen liegt. [...]

Wir grüßen euch herzlich. Eduard

Barth 18. September 1920

Lieber Eduard!

Ja, mir wars auch nicht ums Schreiben; aber jetzt solls wieder sein. [...]

Siebeck und Frau habe ich in lebhaftem Ton eingeladen zu kommen. Etwas gedämpfter und unter der Andeutung, daß wir keine Fanfaren liebten, auch Wolf Meyer.[1] Dem Herrn Professor D. (wer mag das sein?) habe ich mitgeteilt, die Anonymität unserer Predigten [in «Suchet Gott ...»] werde nur wenn entscheidende Gründe vorlägen, aufgehoben; er solle mir sagen, was er damit bezwecke. Über das Unternehmen des Lic. Stange[2] habe ich vorerst Merz um Information gebeten. Je nachdem müßte ich ihm dann etwas recht Unmißverständliches, Viereckig-Hornbrilliges zusenden für seine Pastoren. Merzens Brief macht den Eindruck, daß sich in Bayern so etwas wie eine ecclesiola um unsere Fahne schart, was zu erhöhter Wachsamkeit auffordert. Ich habe ihm geschrieben, ich könne ihm nichts Besseres wünschen, als daß ihm alles immer schwerer werde und seiner Schwägerin und den andern auch. Loew: hier mein Brief an ihn. Ich fand seinen Artikel[3] klug, aber nicht ohne leisen Verwesungsgeruch, und habe ihm das nicht verhehlt. Einen Augenblick dachte ich daran, ihm diesen Brief öffentlich (in der «Christlichen Welt») zu schreiben, ließ es dann aber sein. Sie sollen nur alle ihre gescheiten Einwände ausbreiten. Ein andermal sind *wir* dann wieder an der Reihe, aber es pressiert nicht. Erstaunlich ists, zu sehen, wie auch ein so kluger Mann trotz aller sicher ehrlich gemeinten Zustimmung mit keiner Zeile verraten kann, daß er den entscheidenden Sprung nicht wagt. Sein Artikel hat etwas «Unbekehrtes», möchte ich fast sagen. [...]

Morgen also Bettag. Ich bin in der angenehmen Lage, meine zwei Predigten schon zu haben und also wieder Briefe schreiben zu können, wie am Anfang der Woche. Die Predigten erregten in Nelly, als ich sie ihr vorlas, die wenn auch leise Frage, ob das nun nicht Pietismus sei. Und in der Tat sind es diesmal weniger «Mitteilungen» als direkte Anrufe. Am Morgen Matth. 11,28, am Nachmittag Apg. 16,30–31 (!). Der Bettag als solcher taucht nur in fragwürdiger Ferne auf. Deine Nachrichten über Matthäus sehen mich gut an. Wohlauf! Johannes ist mir vorläufig viel zu fremdartig, als daß ich mich daran wagen wollte. [...]

Ich durchging diese Woche mehrere Jahrgänge «Kirchenfreund»[4] aus dem Anfang der 90er Jahre. Der Anblick, wie da mit Gläubigkeit, Gift und Unverstand eine unhaltbare Position verteidigt wurde, hat etwas Ungutes und doch Rührendes. Wernle ist noch nicht auf der Bühne, dafür die Christlich-Sozialen [...]. Benz in seinen Anfängen, Hadorn debütiert als V.D.M.[5] mit einem ganz verfehlten Angriff auf die Judenmission und wird von allen Seiten preisgegeben. Johannes Weiß' Erstlingsschrift wird [...] als erfreuliche Erscheinung begrüßt. Kutter darf sich unter zur Vorsicht mahnenden redaktionellen Anmerkungen mit guten biblischen Artikeln bemerkbar machen. [...] Marti[6] wird von Oettli[7] totgeschlagen und wird sein Nachfolger in Bern. Von Blumhardt weit und breit keine Silbe! Mein Vater bietet ruhige geschichtliche Mitteilungen und rät überall zum Glauben, zur Freiheit und zur Milde, was ihm von Orelli[8] verdacht wird. Orelli und Oettli, die Hauptakteure waren *keine* guten Gestalten, kleine «Hengstenberge» ohne eigentlichen Metallklang. Ich lese bis tief in die Nacht hinein in diesen merkwürdigen Akten und bin gespannt auf den Fortgang. Es liest sich wie ein Roman und ist wirklich instruktiv. Das ist trotz Allem sicher, daß das Blatt damals besser war als heute. [...]

Das «schwarze Kränzli»[9] ladet mich wieder einmal ein. Sie wollen Sacharia 3 behandeln. Wenn mir etwas Triftiges in den Sinn kommt über diesen Hohepriester Josua mit seinem «reinen Hut», so gehe ich. Am Donnerstag haben wir Synode. Wie werde ich dich da vermissen!

[...] Groß und Klein grüßen herzlich! Dein Karl

[1] Wolf Meyer, Pfarrer in Fessenheim (Bayern), ließ sich nach wilden Kriegserfahrungen von Barth und Thurneysen beeinflussen, kehrte sich aber dann von ihnen wieder ab, wurde Hitleranhänger und erlangte als solcher Amt und Würde eines Prof. für praktische Theologie in Jena. Nach 1945 wieder Pfarrer.

[2] Erich Stange (1888–1972) in Leipzig, Reichswart des CVJM, hatte mehrere Schweizer Pfarrer verschiedener Richtung, darunter Barth und Thurneysen, um Beiträge zu einem Sonderheft der von ihm redigierten «*Pastoralblätter für Predigt, Seelsorge und kirchliche Unterweisung*» gebeten. Das Sonderheft (Februar 1921) sollte die deutschen Leser anhand charakteristischer Beispiele mit der kirchlichen Arbeit in der Schweiz bekanntmachen.

[3] W. Loew, *Noch einmal Barths Römerbrief,* in: CW Jg. 34 (1920), Sp. 585 bis 587.

[4] Organ der sog. «positiven» kirchlichen Richtung.

[5] = Verbi Divini Minister: in der Schweiz übliche Bezeichnung für noch nicht ordinierte angehende Pfarrer.

[6] Karl Marti (1855–1925), Prof. für A.T. in Bern.

[7] Samuel Oettli (1846–1911), Prof. für A.T. in Greifswald und Bern.

[8] Konrad von Orelli (1846–1912), Prof. für A.T. in Basel, einer der Führer der schweizerischen «Positiven».

[9] Eine Vereinigung positiv gesinnter Pfarrer.

Barth 1. Oktober 1920

Lieber Eduard!

Ich erwarte von einer Post zur andern einen Brief von dir. Sicher hat sich viel Merkwürdiges angesammelt auf deiner Seite des Korridors. Bei mir ist Heiner auf Besuch, der nicht nach Riga geht, sondern eine Kant-Vorlesung vorbereitet. Die Synode verlief belanglos. [...] Am 11. gedenke ich nach Baden ans

«Göttinger Kränzchen»[1] zu gehen, am 17. nach Basel für zwei Tage. Zum Besuch hat sich nun auch noch Herpel angekündigt. [...] Ich lese weiter Nietzsche und bin immer noch abwartend-unproduktiv dran. Im «Kirchenfreund» fand ich merkwürdige Akten zu Blumhardts Übertritt zur Sozialdemokratie. Er hat damals unbesonnener als Ragaz jemals geredet, ganz im Parteijargon ohne weitern Hintergrund. Das Entsetzen der Christenheit ist köstlich zu sehen, aber daß es von seiner Seite überlegen zugegangen wäre, kann man offenbar nicht sagen. *Das* konnte auch dem Naumann etc. nicht imponieren.

Herzlichen Gruß dein Karl

[1] «Göttinger Kränzchen», eine Vereinigung von Theologen, die von Ritschl («Göttingen») herkommen.

Barth 5. Oktober 1920

Lieber Eduard!

Dein kräftiges Schweigen wird nachgerade beunruhigend. Nelly meint zwar, du seiest so tief im Matthäus, daß du Raum und Zeit und deinen armen Bruder im Aargau vergissest, aber ich habe solche Steilheit bis jetzt nicht an dir gesehen und kann es kaum glauben. Oder bist du krank? Oder habe ich etwas auf dem Gewissen? Bitte sende mir wenigstens ein Telegramm zur Beruhigung, wenn du gar keine Zeit hast, mich auf das Laufende zu setzen.

Ich schicke dir hier einiges «Deutsche». *Herpel!* Was ist da los, daß er *so* dringend begehrt, uns ins Gilet zu heulen? Ich bin vorläufig etwas mißtrauisch; er hat sich glaub schon öfters bekehrt. Doch habe ich ihn, wie du siehst, auf Anfang November kommen geheißen. Nun will ers wirklich sehr gründlich machen. [...] *Stange!* Wie ich sehe, bist du auch begrüßt worden. Hier sind die von mir einverlangten Nummern seines Blattes. Da sieht man nun allerdings in wahre Abgründe hinein. Doch ist die Blöße so offenkundig, daß ich mich unterdessen entschloß, ihm (nicht ohne den Ausdruck meines tiefsten Befremdens in einem Begleitbrief) meine Bettagspredigt[1] betitelt «Die Buße» zu schicken, und ihm sogar noch geholfen habe, den schweizerischen Festzug vollständig zu machen. Es wird bei den klugen Ratschlägen, die ich ihm gegeben habe, schon dafür gesorgt sein, daß unser Horn-Duett sich von dem Chorus der Andern geziemend abhebt. An allerlei Verschärfungen meiner Predigt habe ich es nicht fehlen lassen. Schick ihm auch etwas recht Akutes.[2] Dieses Gruppenbild könnte diesseits und jenseits des Rheins schließlich eine recht deutliche Sprache reden. *Siebeck* steht also auch in naher Aussicht. Auf diesen Mann freue ich mich. [...] Ende dieser Woche erwarte ich *Wolf Meyer*. Ob er sich dir auch angekündigt hat? Ich sehe ihm sehr unsicher entgegen. [...] Wenn er mir nicht gefällt, sende ich ihn dir rasch wieder zurück!! Orientiere mich eventuell durch einen Urias-Brief [vgl. 2. Sam 11,14ff.], was er will und was er für Einer ist. [...]

Herzlichst dein Karl

Ich muß mich noch etwas in Jeremia umsehen, um morgen früh etwas über diesen Mann mitteilen zu können.

[1] K. Barth, *Die Buße. Predigt* [über Mt 11,28] *am eidgenössischen Bettag,* in: Pastoralblätter, Jg. 63 (1920/21), S. 229–234; wieder abgedruckt in: K. Barth/E. Thurneysen, *Komm Schöpfer Geist!,* München 1924, S. 65ff.

[2] E. Thurneysen, *Die Aufgabe der Predigt,* a.a.O. S. 209–219; wieder abgedruckt in: E. Thurneysen, *Das Wort Gottes und die Kirche.* Aufsätze und Vorträge (= Theol. Bücherei Bd. 44), München 1971, S. 95ff.

Thurneysen 5. Oktober 1920

Lieber Karl,

Endlich wieder ein Lebenszeichen. Nein, es geht nicht viel Entscheidendes vor bei mir. Das Schwergewicht des Hauptquartiers scheint durchaus in Safenwil zu liegen. [...] Und nun stehen also wieder Besuche in Aussicht: diese Woche kommt Gogarten. Wie stehts mit Wolf Meyer? Es ist gut, daß du diesen etwas hochreitenden Bruder mit Reserve eingeladen hast. Sehr gerne würden wir natürlich Siebecks sehen. Hier ein Brief Emil Brunners. Ich habe ihn vorläufig mit einem Traum über ihn und mit zwei Sätzlein von Nietzsche aus dem «Grablied» in Zarathustra zu bedienen übernommen. Meine Predigten werden als schwierig empfunden, finden aber den Beifall einiger Sozialisten. [...]

Herzliche Grüße von uns Beiden. Dein Eduard

Thurneysen 6. Oktober 1920

Lieber Karl,

Heute ist Wolf Meyer bei uns eingetroffen – gänzlich unvermutet. Er kam direkt von Georg Merz. Natürlich um von uns zu euch weiterzureisen. Persönlich ein netter, sympathischer Mann, freilich bei weitem nicht von der Aufgeschlossenheit und inneren Nähe uns gegenüber wie Georg Merz. Er scheint irgendwo zwischen Georg Merz und den Patmosleuten zu Hause zu sein, ist aber unvoreingenommener uns gegenüber, als ich dachte. Er bringt Bericht von Marburg.[1] Es muß dort ein wildes Durcheinander geherrscht haben. Bei einem Haar wäre Ragaz dort eingetroffen. Er habe sich telegraphisch erkundigt, wer von Schweizern sonst noch komme.

Am Freitag fahren wir zu Wieser nach Wattwil, wo wir mit Lukas Christ und Gogarten zusammentreffen werden. Ein seltsamer Kreis. Wenn nur etwas dabei herausschaut, überhaupt bei allen diesen Besuchen. *Nach* dieser ganzen deutschen Besuchswelle sehen *wir* uns hoffentlich wieder einmal in Frieden.

Herzlich Eduard

[1] Vgl. Anm. 4 zum Brief vom 24. 6. 1920 und die Briefe vom 18. und 19. 7. 1920.

Barth 7. Oktober 1920

Lieber Eduard!

Nelly und ich haben gestern nachmittag per Velo die Tour über den Hauenstein nach Basel gemacht. Heute mittag sind wir wieder hier eingetroffen. Unterwegs fuhren wir eine Strecke weit mit Fritz Lieb, der sich zu einem sozialistischen Jungburschen-Referat nach Birsfelden begab. Er unterhielt uns beredt [...] über Franz v. Baader;[1] ich habe nicht den Eindruck, daß da viel für uns zu holen sei. Übrigens berichtete er, «man» sehe uns zwei nachgerade als unverständliche, esoterische Sonderlinge an und schüttle bedenklich den Kopf über uns. Auch gut! Oder auch nicht gut! – wie man will. Meine Mama wußte auch allerlei, daß und warum man mich sowohl zu St. Theodor [in Basel] als an der Nydeck in Bern nicht gewollt habe. Es scheint, daß besonders ich mich heimlich in einer Art kirchlicher Sperrzone befinde. Köhler[2] triumphiert ja auch schon in den heutigen «Basler Nachrichten.»[3] [...]

Den verlangten Beitrag an die «Pastoralblätter» liefere doch ja! Natürlich recht deutlich so, daß der Festzug unserer Mitgenossen dadurch bengalisch beleuchtet wird. Mild in der Sprache, beunruhigend freundlich in der Haltung, feindselig sakral im Inhalt – kurz so wie nur *du* auf diese unvorsichtig genug gerade an dich gerichtete Frage antworten kannst. Ich reibe mir die Hände beim Gedanken an die Schweizer Kollegen [...], die nun freudig geschmeichelt ihre Predigtmanuskript-Schätze durchgehen werden. Hoffentlich geht die Falle schön zu. [...]

Deine Notizen zu Matthäus sehen mich sehr gut und und verheißungsvoll an. [...] Hier noch Einiges zum Frontbericht von meiner Seite: [...] Das Zirkular des C. S. V. ist insofern interessant, als wir möglicherweise [...] in Aarburg Meister Karl Heim[4] anhören könnten. Wa? Es könnte zu unserer Belehrung dienen, von diesem Mann Kenntnis zu nehmen.

Gogarten ist also bei Wieser. Ich erwarte ihn hier auf den 20. Gewiß mußt du auf den 17. hierherkommen zur Begrüßung

Siebecks. [...] So rundet sich alles überall zum Ganzen. Es ist eine zu unheimliche Logik darin, wie wir alle «unsres Daseins Kreise vollenden.»[5] Gilt auch von «Herrnhut-Boll», wie die Firma jetzt heißt. Du wirst mit dem gleichen schmerzlichen Abscheu wie ich Kenntnis genommen haben von der Nachricht, daß Zinzendorf und die Väter Blumhardt ungefähr dasselbe gemeint hätten, und daß man sich jetzt in hemmungsloser «Liebe» um den Hals fallen wolle.

Dem Nationalrat A. Schmid[6] habe ich in einem Briefe auseinanderzusetzen versucht, daß ich zum Sozialismus eine zu gebrochene Stellung einnehme, als daß es ratsam sei, mich auf die offizielle Rednerliste zu setzen. Ich legte ihm den Aargauer Vortrag bei als Beleg, wo mein Bolschewismus anfange und hinziele. Er antwortete mir aus der Bundesversammlung recht freundlich und verhieß seinen Besuch. Dagegen habe ich dem Arbeiterverein Seon halb und halb zugesagt für ein Referat[7] («Was will der Sozialismus?» – ja was?) [...]

Mit herzlichem Gruß aus der θλῖψις in die θλῖψις dein

Karl

[1] Mit dem röm.-kath. Theosophen Franz von Baader (1765–1841) hat sich Fritz Lieb eingehend beschäftigt. 1923 promovierte er mit einer (ungedruckten) Arbeit «Baader und Kant». 1926 veröffentlichte er als erweiterte Fassung seiner Habilitationsschrift: *Franz Baaders Jugendgeschichte. Die Frühentwicklung eines Romantikers,* München.

[2] Walther Köhler (1870–1946), Prof. für Kirchengeschichte in Gießen, Zürich, Heidelberg.

[3] Walther Köhler, *Von der Aarauer Konferenz 1920* (Rezension über den Konferenzbericht), in: Basler Nachrichten v. 7. 10. 1920, Mittagsausgabe. Köhler schreibt u. a.: «Wenn wir in unserm Berichte über die Aarauer Konferenz von 1919 der Befürchtung Ausdruck gaben, es möchte sich dieser akademische Sprechsaal ... einseitig der religiös-sozialen Richtung verschreiben, so widerlegt die vorliegende Ausgabe ... die Befürchtung aufs glücklichste... Ein neckischer Zufall – oder war es Absicht? – hat es gewollt, daß gerade der Vortrag des Religiös-Sozialen, Karl Barth, in die vorliegende Sammlung nicht aufgenommen wurde, vielmehr separat erscheint. Mehr noch: der Vortrag von Ad. v. Harnack ... ist ... eine scharfe Absage an die Geschichtsverächter und 'Erlebnischristen', und jedermann weiß, wo diese zu suchen sind.»

[4] Karl Heim (1874–1958), Prof. für systematische Theologie in Münster und Tübingen, kam vom schwäbischen Pietismus her, suchte das moderne Denken mit dem christlichen Glauben zu verbinden.

[5] Aus Goethes Gedicht «*Das Göttliche*», 6. Strophe: «Nach ewigen, ehrnen, / Großen Gesetzen / Müssen wir alle / Unseres Daseins / Kreise vollenden.»

[6] Arthur Schmid, sozialdemokratischer Abgeordneter im Nationalrat, der großen Kammer des schweizerischen Bundesparlaments.

[7] Anscheinend hat Barth das Referat nicht gehalten.

Thurneysen 9. Oktober 1920

Lieber Karl,

Herzlichen Dank für deine Sendung. Pfarrer Wolf Meyer kommt also Montag zu dir. Freue dich vor allem auf Gogarten! Der ist ausgezeichnet. Er las uns seinen Eisenacher Vortrag[1] vor, man kann Wort für Wort mitgehen. Er wird dich also besuchen, obwohl ihm der Ameisenzug der Deutschen zu uns Mühe macht, und er darum fast lieber nicht nach Safenwil käme. Aber ihr müßt euch sehen. Herzlich Eduard

[1] F. Gogarten, *Die Krisis unserer Kultur,* in: CW, Jg. 34 (1920), Sp. 770–777; 786–791; wieder abgedr. bei J. Moltmann (Hrsg.), *Anfänge der dial. Theol.,* T. 2, 1963, S. 101 ff.

Thurneysen 11. Oktober 1920

Lieber Karl,

Hier also der Uriasbrief. Ich kann mich kurz fassen. Wolf Meyer ist ein ganz einfacher Mann, ohne Falsch und Tücke, der sich jetzt eifrig und ein wenig lärmig von «Patmos» weg zu uns hinbegeben möchte. Man muß sich über allerlei Aufgeregtheiten an ihm hinwegsetzen. Er will aber das Neue hören, wirklich hören, und es ist ihm alles, wie Lempp sagt, «fabelhaft neu». Ich nehme ihn durchaus ernst, weil mich sein aufrichtiges Wesen anspricht und er vielleicht doch noch gut wird als Mensch und als Pfarrer, wenn er sich endgültig aus allerlei Wähnen und Illusionen herausgearbeitet hat. Es ist auch in Betracht zu ziehen, daß Wolf Meyer aus dem

Kriege schwerste Nervenerschütterungen mitgebracht hat, daher sein oft etwas lärmiges Wesen und ein Mangel an Konzentrationskraft.

Aber nun war auch Gogarten hier. Ich bin erstaunt über das Maß an Gemeinsamkeit zwischen ihm und uns. Er kommt von ganz anderer Seite her als wir, hat alle Irr- und Abwege der Mystik und Romantik durchwandert, aber nun steht er nahe bei uns. Für ihn ist Lutherstudium zur Kehre geworden. Er ist ein feinnerviger, geistvoller und grundgescheiter Mann; ich verspreche mir viel von ihm in den kommenden Jahren. [...]

Ich hatte neuerlich Gespräche mit jungen Pfarrern aus dem St. Galler Umkreis und stoße dabei auf ein schonungsvoll verdecktes Kopfschütteln uns gegenüber.

Herzlich Eduard

Barth 14. Oktober 1920

Lieber Eduard!

Wolf Meyer hat mich vor 2 Stunden verlassen. Ich war erfreut, sehr erfreut über seinen Besuch. Es war eine angenehme Enttäuschung, die unsereinem, der soviel umgekehrte macht, wohl zu gönnen ist. Er sah mich an etwa wie eine Gestalt aus Dostojewski: menschlich, von Natur sündig, von allerlei Begierden umgetrieben, letzten Abgründen und letzten Steilflügen der Leidenschaft oder auch des Gebets nicht fremd, aber das alles als Kosmos, als *σάρξ* klar umrissen, in sich gerundet, ohne die pseudo-eschatologischen Ansprüche der Patmos-Brüder, ohne die idealistisch-christlichen Illusionen der Neu-Werkleute, vielleicht zu seinem Glück auch ohne unsere oft fast allzu große theologische Weisheit und ihre besondere Hybris-Gefahr – sondern deutlich das offene Fenster gegen Jerusalem. Wir machten allerlei Gänge zusammen durch das begrenzte Weltgebiet zuerst und dann auch und immer mehr nach jenem Fenster hin und fanden immer wieder den Weg. [...] Er referierte auch gar kaltblütig teils von seinen Kriegserlebnissen (z. B. wie er da wohlbewußt einen unvorsichtigen Engländer ins Jenseits befördert hat!), teils von seiner Tätigkeit als bayrischer Landpfarrer, als Patriot und Stahlhelmmann. Ragaz würde Wehe! über uns rufen, wenn er wüßte, was für einen Freund wir da haben. Nelly vertrat wie gewohnt diese Seite der Sache. Ich nahms mehr von der andern Seite, dachte an das regnum naturae und ließ ihn immer, solange ich konnte, gelten, aber nicht ohne zuletzt immer wieder an Röm. 6 zu erinnern und zur Kreuzigung des alten Menschen aufzufordern. Sein Drama «Der Streik» habe ich ihm bei aller Achtung vor der poetischen Leistung grundsätzlich abgeschätzt und ihn dringend gebeten, es nicht drucken und aufführen zu lassen, weil das trotz Allem *Reaktion* nicht nur scheinen werde, sondern tatsächlich *sei* und ihm für spätere überlegenere Worte den eigenen Mund und die Ohren des Publikums verschließen werde. Wir haben dann zusammen das Overbeck-Büchlein durchgangen und einen Abschnitt Römerbrief und allerlei Nägel noch kräftiger eingeschlagen. Ich glaube, er wird gut, besonders wenn Merz in Fühlung mit ihm bleibt und ihn gegebenenfalls von Unbesonnenheiten zurückhält. Er hat vor Merz gerade das Unkultivierte, Unausgewaschene, Rohstoffmäßige voraus. Das ist ein Element, das wertvoll werden kann. Summa: ich betrachte ihn durchaus als einen weitern guten Vorposten im feindlichen Gelände und habe ihn hoffnungsvoll, wenn auch nicht unbedenklich davonrollen sehen.

Ob wir auf die von Merz und ihm geplante Sonderkonferenz eingehen? Ich weiß nicht. Je mehr solche Verwandte wir entdecken, umso vorsichtiger müssen wir sein, daß keine Sekte daraus wird, daß wir nach wie vor grundsätzlich der *ganzen* Blase zur Verfügung stehen. Es wird sich jedenfalls lohnen, wenn wir da bremsen, soviel wir nur können.

Patmos allerdings ist mir in diesen Tagen in ein noch fahleres Licht getreten als vorher. Wolf brach einigemal in ein förmliches Geheul aus, die hätten ja nichts, aber auch gar nichts von allem begriffen und ich glaube fast auch, es sei so. Nun habe ich Hans Ehrenberg noch gar nicht geantwortet auf seine zwei Zucker-

Briefe. Was soll ich ihm nur schreiben? Ich weiß noch weniger als vorher. Ich warte jedenfalls noch Siebeck ab, um Weiteres zu hören.

Ich erwarte Siebeck in den nächsten Stunden. Und dich also am Samstag. Leider habe ich meine Predigt durchaus noch nicht, noch keine Ahnung. Du wirst wahrscheinlich zu meinen Füßen nur mit mir seufzen können. Am Montag gehen wir dann selbdritt nach Aarburg, nachher nach Basel. [...]

Am letzten Montag war ich also bei den Ritschlianern [...] tatsächlich schon um meiner Anwesenheit willen angestaunt. Ich begnügte mich mit Hören, gerade weil viele zum vornherein auf irgend eine Explosion gespannt waren. Zickendraht redete umständlich und in den letzten 10 Minuten nicht ohne Einsichten. Heinzelmann entfaltete (nicht unsympathisch übrigens) seine fabelhafte Theologenkunst, Alles zu sagen und niemanden zu treffen. Marti brachte Altväterisches. [...] Hoffmann beteuerte seinen Glauben an den Fortschritt, aber unter Verwahrung gegen das «Supranatural-Plötzliche». Ernst Staehelin endlich entwickelte seine Lehre von der zwischen zwei Parusien eingeklemmten Zwischenzeit. [...]

Gut, recht gut ist Epprechts Rezension.[1] [...] Vielleicht stößt er eines Tages doch auch noch zu unserer Räuberbande. [...] Ich sehe beim Durchlesen, daß in diesem Brief wieder einmal ziemlich viel «gerichtet» wird. Nimms cum grano salis.

Herzlichen Gruß — Dein Karl

[...] Nimm doch den Dostojewski-Vortrag an! Warum nicht?

[1] Laut Mitteilung von Herrn Pfr. i. R. Rob. Epprecht eine Rezension über Overbeck, *Christentum und Kultur,* erschienen im St. Galler Tagblatt.

Barth 27. Oktober 1920

Lieber Eduard!

Nun bin ich für eine Weile wieder ohne Besuch. Der von Gogarten war aber hocherfreulich. Das ist ein Dreadnought für uns und gegen unsere Widersacher. Wer weiß, wird er eines Tages uns noch belehren! Er hat durchaus die Allüren und auch das Zeug derjenige Mann, welcher... zu sein. Ich sehe ihm mit großen Erwartungen nach, etwa im Sinne von Ragaz, als er meinen frühen Tod prophezeite. Den Christl. Welt-Leuten wird er jedenfalls noch sehr unangenehme Zeiten bereiten und vielleicht eines Tages irgend ein enormes Loch in die theologische Mauer machen. Es fängt offenbar schon an zu rieseln. [...]

Hier meine Predigt vom letzten Sonntag. Da du mich, wie du sehen kannst, so gut aufs Roß gesetzt hast dafür, mußt du sie nun auch lesen. Am Nachmittag ging ich mit Gogarten spazieren und geriet dabei in die Höhle des Löwen Schild, wo sich bald auch noch Dr. Lejeune und Frau einfanden. Alle vier ließen sich mit merkwürdiger Beflissenheit von Gogarten die Anthroposophie Steiners erklären. [...] Am Montag fuhren wir auf den Velos nach Madiswil, wo alsbald – diesmal Max Gerber die Bühne betrat und den Tag beherrschte. [...] Ich hatte gar keinen guten Eindruck von ihm. [...] Meine Einwände waren ihm so wenig willkommen, wie mir sein ganzer «Aspekt», wie Gogarten sagen würde.

Und nun eine seltsame und erschreckende Nachricht: Als Gogarten (mit dem ich übrigens neben diesen Exkursionen manches gute Tag- und Nachtgespräch hatte) fort war, fing plötzlich der Römerbrief an, sich zu häuten, d.h. ich bekam die Erleuchtung, daß er so wie er jetzt ist, unmöglich einfach abgedruckt werden darf, sondern an Haupt und Gliedern reformiert werden muß. Ich sende dir hier eine Probe. Vergleiche sie bitte mit der noch nicht gehäuteten Fassung und schreibe mir *flugs,* wie dich das Ding ansieht. Vor dem Frühling kann nun freilich die 2. Auflage nicht erscheinen. Ich habe bereits ein diesbezügliches Halt! nach München gekabelt – aber besser diese Verzögerung, als daß die 1. Fassung, die ich auf einmal, wo ich hineingucke, schloddrig, überladen, schwammig etc. finde, fortgesetzt zu Mißverständnissen und Irrungen Anlaß gibt. Vielleicht bin ich an dem «Neuen Werk» und der Marburger [Konferenz-]Katastrophe nicht ganz unschuldig durch dieses noch viel zu sehr auf Hurra! gestimmte Buch. Sende mir die Blätter gleich wieder, womöglich mit einigen trostreichen, ermunternden Worten; denn ich habe nun einen weiten Weg vor mir.

Mit herzlichem Gruß dein Karl

Thurneysen 28. Oktober 1920

Lieber Karl,

Wie mags dir noch mit Gogarten gegangen sein? Zeigt er sich weiter als der Mann guter letzter Einsichten, der von ganz wo anders herkommt als wir und doch in die gleiche Straße einbiegt und uns von allen fast der willkommenste Gefährte von jenseits der Grenze her ist?

Unterdes war nochmals Wolf Meyer hier mit seinem Brodelkessel von Gedanken, Gefühlen und Erlebnissen, aber nun mit deutlich fühlbarem kritischem Bestreben, das Neue zu verstehen, das ihm bei uns begegnet ist. [...] Er hat sich deutlich in Marsch gesetzt und will sich fest mit Merz verbinden. – –

Eben traf dein gewichtiger Brief ein. Ha! er bringt fabelhaft neue, aber gute, gute Nachricht. Ich kann dir nur sagen: ich bin ganz erlöst ob deines Römerbriefentschlusses. Es wird mir erst jetzt ganz klar, daß es mir bei allem Zuraten zu unverändertem Abdruck der ersten Fassung nie ganz wohl war, weil ich gleich dir immer schon das Ringende, Verfließende des Stils und d.h. der Erkenntnis an gewissen Stellen empfunden hatte – aber ich sah keine Möglichkeit einer völligen Neuschrift. Nun aber wirds gut! Nun wird alles konziser, verhaltener, gefüllter, dichter. Eben las ich ein erstes Mal deine Probe. Und ich sehe stark den Unterschied: das Modern-Verflossene ist weg, man erhält sofort die zentralsten Mitteilungen und ist umfangen von der ganzen unerhörten, starrenden Fremdheit und Stotzigkeit der neuen Erkenntnis. Mir scheint, du schreibst diesmal nicht so sehr mit «Entdeckerfreude» als mit einem gewissen Ingrimm und nicht ohne eigenes Entsetzen. Daran tust du gut, auch wenn alles rätselhafter und verhaltener werden sollte. Ich finde die Probe glänzend, weil die ganze Paradoxie der Auferstehung einen gleich von Anfang an anschaut und die ganze Problematik unverhüllt da ist. Laß mich weiter Stück um Stück teilnehmen. Allfällige Anmerkungen notiere ich dir extra. [...]

Denk, ich habe, aufgestachelt durch das philiströse Geschwätz der N. Z. Z. über unsere Schwarmgeisterei, nun doch für den Aarauer Vortrag[1] zugesagt. Hoffentlich habe ich hinauszuführen! Einiges zu Sagende ist mir durchaus klar. Dein Brief hat mich ermuntert. Es ist trostreich zu wissen, daß du deinerseits auch zum Stab gegriffen hast, um aufs Neue durch den Römerbrief zu wandern.

Herzliche Grüße dein Eduard

[1] Der Vortrag, am 21. April 1921 auf der Aarauer Studentenkonferenz gehalten, erschien in erweiterter Fassung: E. Thurneysen, *Dostojewski,* München 1921, später mehrfach wieder aufgelegt.

Barth 30. Oktober 1920

Lieber Eduard!

Ja, ich komme am Sonntag. [...] Vielen Dank für alles, besonders für die Anmerkungen [zum Römerbrief], die ich fast alle zu Ehren gebracht habe. Ich werde dich gerne auf dem Laufenden halten und bitte um Fortsetzung. Heute kam eine Meldung aus München, daß von der 1. Auflage nur noch 31 Exemplare da seien, Lempp wollte sofort mit dem Wiederabdruck beginnen; ich muß ihn nun beschwichtigen und auf eine baldige Manuskriptsendung verweisen! Er wird große Augen machen. Unterdessen bin ich schon bis zu 1,16 vorgedrungen. Am Sonntag mehr. Dank auch für alle die Briefe und Gegenbriefe. [...]

Herzliche Grüße und auf Wiedersehen! Dein Karl

Barth 4. November 1920

Lieber Eduard!

Hier ein weiteres Stück Römerbrief zur kritischen Durchsicht. Ich mußte oft erschreckt innehalten beim Anblick der Veränderung, die sich da vollzieht. Was für ein anderes Gesicht bekommt alles, die *δύναμις θεοῦ*, die *πίστις*, die *ὀργὴ θεοῦ*, die *ἀσέβεια καὶ ἀδικία* und besonders auch das *ἀόρατα νοούμενα καθορᾶται* [Röm 1,16–20], bei deren Auslegung ich das letztemal sicher von Kutter irregeleitet war. Ob es jetzt das wahre Gesicht all dieser dunklen Runen ist? Schwerlich. Es wird auch diesmal noch allerhand übersehen und verschoben sein, aber ein *bißchen* näher an der Sache weiß ich mich doch als damals. Das pantheistische Schillern ist jetzt jedenfalls weg; freilich ists mir bei dem Abhauen all der üppigen Triebe zu Mute wie dem Abraham als er Isaak opfern sollte. Das Buch muß ja die Leser der ersten Auflage zunächst geradezu greulich ansehen. Doch nun heißts vorwärts, der Urwald ist betreten. Sage mir schonungslos, was dir mißfällt. Das Gericht muß jetzt vollständig sein.

Von Wolf Meyer kam heute eine Karte mit der Versicherung, es sei eine Lust in Deutschland zu leben, «wo Wahrheiten nur Wert haben, wenn sie mit Einsatz des ganzen Menschen in das Chaos geschleudert werden». Das kann gut werden, nachdem er behauptet, durch uns «die(!) entscheidende Klarheit» für seine Arbeit erhalten zu haben!! Der hat noch eine Ahnung! [...]

Mit herzlichem Gruß in Eile dein Karl

Barth 5. November 1920

Lieber Eduard!

[...] Ich sende die Beilagen das nächste Mal zurück. [...] Der Römerbrief bringt mich arg ins Gedränge. Eben schickt mir Lempp einen Klagebrief: der Absatz unter seinen letzten Mohikanern von der 1. Auflage nehme überhand (an einem Tag 12!). Er hätte auf Weihnachten einen großen Schlag führen wollen mit der 2. Auflage, er hätte es sogar für möglich gehalten, eine 2. Auflage [der 1. Fassung] noch *vor* der Neubearbeitung (die dann zur 3. geworden wäre) zu verkaufen. Und nun drängt er: «so schnell wie irgend möglich». Was soll ich tun? Hätte ich nur einen Vikar und könnte drauflosarbeiten. Wenns geht, hoffe ich ihm anfangs nächster Woche wenigstens das 1. Kapitel in den Rachen werfen zu können. Und dabei die Aussicht, daß die zweite, nicht mehr so handliche Gestalt des Buches kaum so «gehen» wird wie jetzt die erste zur Freude des Herrn Lempp. Was soll ich tun? Den Kessel unter Volldampf setzen, daß die Ventile heulen, oder seinem Drängen ein grundsätzliches: «numme nit gsprängt!»[1] entgegensetzen? Das mit dem Neuabdruck der 1. Auflage ist natürlich nichts. Aber was dann?

Mit herzlichem Gruß dein Karl

[1] = nur nicht überstürzt.

Barth 8. November 1920 Mitternacht

Lieber Eduard!

Ich habe heute Vormittag und dann wieder heute Abend ununterbrochen «für den Druck geschrieben». [...] Hier das etwas dürftige Ergebnis. Der Abschnitt 1,22–32 sieht mich etwas fragwürdig an. Vielleicht hat da schon der Apostel nicht eine seiner stärksten Stunden gehabt, wahrscheinlich kapiere ich es nicht genug, was das alles im tiefsten Grunde soll. Genug, ich freue mich trotz aller alten und neuen Funde, die ich gemacht [...] nicht recht an meinem Tagewerk. Es ahnt mir, daß das noch ganz anders «rasant» gesagt sein müßte. Mir fehlt der *moralische* Ingrimm, der hier nötig wäre, um Paulus wiederzugeben. Die von Beck herrührende Einteilung des Abschnitts auf Grund des dreimaligen *θεὸς αὐτοὺς παρέδωκεν*[1] war mir eigentlich etwas verdächtig, die dadurch hergestellte Linie ist fast zu schön, um nicht willkürlich zu sein. Ich fand doch nichts anderes und ließ sie stehen. Wie sieht *dich* das alles an?

Herpel kommt erst am Montag. Am Sonntag in 8 Tagen Fritz Lieb. Ich eile zur Ruhe, hoffentlich steht mir nicht eine Traumnacht mit «Vögeln und Vierfüßlern und Würmern» (Papageien und Schildkröten hätte Paulus auch erwähnen sollen) bevor. Am Morgen schlafe ich gewiß noch, wenn dieser Brief schon bald in St. Gallen ist. Auf Sonntag [Predigt]: Röm. 5,8.

Herzlichst dein Karl

Schreibe mir rechtzeitig, wenn du von diesen Ansichtssendungen genug hast. Ich möchte dir deine Zeit nicht stehlen, bin aber sehr froh über deine Bemerkungen.

[1] Vgl. J. T. Beck, *Erklärung des Briefes Pauli an die Römer,* 1. Hälfte, Gütersloh 1884, S. 140.

Barth 9. November 1920

Lieber Eduard!

[...] Herpel ist da: eine problematische Gestalt, meint ganz und gar «auf unsrer Seite» zu stehen, aber doch «Gott hinter sich» zu haben u. ä. Ob es gelingt, ihm den Star zu stechen? Die Arbeit am Römerbrief geht tüchtig weiter, auch das 2. Kapitel wird totaliter aliter.

Herzlichen Gruß! In Eile K.

Barth 12. November 1920

Lieber Eduard!

Hier 2,1–13 aus der Asche erstanden! Vieles, fast alles ist anders geworden: Ragaz gänzlich von der Bildfläche verschwunden, dafür für den «Juden», der da unterhöhlt wird, sofort den wirklichen Gottesmann eingesetzt, sicher nicht zum Nachteil der «Rasanz» des Ganzen. Beachte das *ἀποδώσει* V. 6 mit seinem alttestamentlichen (resp. LXX) Hintergrund und neuer Übersetzung. Ferner die große Veränderung von V. 7–10! Du siehst übrigens, daß es durchaus möglich ist, auch in Herpels Anwesenheit zu arbeiten. Ich habe ihn recht gern und glaube, du werdest auch Freude an ihm haben. Er ist hinter den Kulissen seiner literarischen Schnurrpfeiferei ein lieber und guter Mensch, den man unmöglich nicht achten kann. Du liebe Zeit, der liebe Gott hat eben sehr verschiedene Kostgänger, das ist doch wohl für uns die Lehre aus all diesen Besuchen. Herpel hat viele gute Einsichten und ist überall offen für solche, ist zu uns gekommen, um in der Katastrophe der deutschen Bewegung deutlich zu sehen, wo wir sind, macht keine Ansprüche etwas zu sein, sieht das Verfängliche seiner Worte und Taten ein, wenn man es ihm aufdeckt und oft auch ohne das, hat die besten Vorsätze, in seiner neuen Gemeinde (er soll nach Offenbach kommen) in die Stille zu gehen, kurz er ist ein Mann, mit dem wir uns schon in die Reihe stellen dürfen und sogar müssen, wenn wir keine «Pharisäer der Idee» sein wollen. Daß noch allerlei kleine Wähne übrig sind, z.B. über das zum viertenmal zu erneuernde «Neue Werk», ist selbstverständlich, aber nicht grundsätzlich wichtig. Ich bemühe mich sogar, ihm zu glauben, daß auch seine Freunde [...] nicht so unmögliche Gestalten sind, wie sie uns von weitem berühren, und daß wir uns u.U. auch mit ihnen noch einmal an den Verhandlungstisch setzen müssen. Also kurz: ich komme mit Herpel gut aus. Er hat mir angeboten, zu meiner Entlastung am Sonntag zu predigen, und das wird nun auch geschehen. [...]

Herzliche Grüße dir und Marguerite dein Karl

Barth 17. November 1920

Lieber Eduard!

Da kommen weitere «Mitteilungen». Erstens was ich «als Vorwort» vor das Ganze setzen möchte (unter Weglassung des ersten Vorworts!).[1] Bengel sagt eigentlich alles, ich könnte, was gegen Jülicher und Wernle, zu Freund und Feind gewendet, zu bemerken wäre, doch nur «auswalzen» wie die Juden nach neuester Exegese von [Rm] 2,19f.[2] ihren Offenbarungseindruck. Es scheint mir auch, dieser lapidare Spruch würde gut dastehen: steil, lateinisch, unanschaulich, mit Gorgonenaugen auf Fueter, Brunner, Loew etc. blickend. Was hältst du davon? Zweitens also 2,14–29, das mir ziemliche Arbeit gemacht hat. [...] Auch in diesem Abschnitt ist wohl noch allerlei Ungesehenes. Es ist mir nicht ganz wohl dabei, obwohl alles so sein muß – aber man *sieht* die justitia forensis nicht deutlich genug. Wenn du da und dort ein Licht aufsetzen kannst, um das Unanschauliche doch ein bißchen anschaulich zu machen, so tue es doch ja. Ich mache deine Anmerkungen alle nutzbar. Neben Franz [v. Assisi] habe ich 2,1–13 auch noch Tolstoj aufmarschieren lassen.[3] Wie wird das werden, wenn ich nun bald an die entscheidenden Texte 3,21–8,39 komme?

Mit Herpel gehts fortgesetzt *sehr* gut, über alles Erwarten gut. Er stört mich gar nicht, liest fleißig Zündel und Dostojewski, hat am Sonntag eine durchaus annehmbare sachliche Predigt gehalten, zeigt nur ganz selten Anwandlungen von Erlebnishaftigkeit, verdient durch sein im Grunde ganz kindliches Wesen Vertrauen und berechtigt, wenn er sich nur einigermaßen hält, zu schönen Hoffnungen. Auch er muß wie Wolf Meyer vor der Poesie gewarnt werden. Es droht eine Komödie und noch schlimmer eine Tragödie «Ahasver», die von letzten Dingen handeln soll. Ich habe ihn beschworen, die Finger davon zu lassen, tu du es auch noch. Etwas Irrationales bleibt freilich in diesen Deutschen mit ihren Tagebüchern, Gedichten und andern Merkwürdigkeiten für uns immer übrig, auch wenn alle Stellungen gestürmt scheinen. Wahrscheinlich muß das so sein, nur schon damit wir nicht wähnen, wir hätten sie in der Tasche, sondern sie schön frei geben. Also auf Montag Abend bei dir.

Am Sonntag bis Montag war Fritz Lieb bei uns und auf einige Stunden auch noch der Freiherr v. Reitzenstein,[4] über dessen Steilheit dir der beiliegende Brief Aufschluß gibt wie auch darüber, daß er mit Herpel [...] sofort Streit bekam. Das Quartett, das wir da bildeten, war sehr seltsam. Was soll ich machen, wenn nun dieser Dichter unaufhaltsam zu mir herüber gerollt kommt, bis er mich verstanden hat? Und mit was für einem Gesicht und was für Worten soll ich ihm für seine Dichtungen danken? Apokalyptische Zeichen, wa? [...] Siebeck hat eine große Anzeige meines Aarauer Vortrages geschrieben.[5] Ich habe sie noch nicht gelesen, muß sie aber gleich wieder retour schicken. Hier wenigstens der Begleitbrief. [...] Ferner ein Brief von Merz und die änigmatische Karte von Ehrenberg. [...]

Am nächsten Sonntag predige ich wieder, wenn die Seuche, die wir jetzt kräftig haben, nicht Halt gebietet. [...] Zur Abwechslung macht auch hier wieder einmal der Fabrikant Schwierigkeiten mit der ausgesprochenen Absicht, mich wegzuöden. Es soll ihm aber nicht gelingen.

Vale! Herpel grüßt dich herzlich, ebenso Nelly dich und Marguerite besonders. Dein Karl

[1] Der Einfall, der zweiten Auflage des «*Römerbriefs*» anstelle eines Vorworts nur ein Zitat von Johann Albrecht Bengel (1687–1752) voranzustellen, wurde nicht ausgeführt. Die Sätze Bengels – der Schluß des Nachworts zum «Gnomon» –, die Barth für diesen Zweck im Auge hatte, lauten: «Verbum Dei quomodo mundus accipiat, dudum constat: ego si id ut Verbum Dei, quemadmodum confido, tractavi, me non aliter accipi postulo. Etiam cultores saepe veritatis ea, quibus haud assuevere, tardius admittunt. Cum pridem audierunt, *Hoc est:* quaerunt denique, *Quid est?* cumque Demonstratio defluxit, Postulata sibi proponi queruntur. Nonnulli obitu demum suo veritati, in parte non agnita, officere desinunt. Veruntamen non frustra laboratur: dum alii praeter opinionem desunt, alii praeter opinionem se dedunt vel dedent. Lux crescit indies: per adversa ad victoriam enititur veritas: multis de rebus posteritas aliter judicabit. O DEUS, Tuo judicio stat caditve, quicquid stat vel cadit: quod per me operari dignatus es, tuere: lectorum et mei miserere. Tibi est Gloria et esto in perpetuum.» J. A. Bengel, *Gnomon Novi Testamenti,* editio tertia, tomus II, Tubingae 1850, p. 724. Das Mittelstück des Zitats ist jedoch am Schluß des Buches, S. 522f. (bzw. 520f.) angeführt.

[2] Vgl. K. Barth, *Der Römerbrief,* München 1922², S. 49 (= S. 47 in den späteren Auflagen).

[3] A.a.O. S. 34 (bzw. 32).

[4] Werner Freiherr von Reitzenstein, Dichter, veröffentlichte: Ackerpflug und Wanderstab. Lieder von Heimat und Ferne, Kassel 1934; Der Mann aus dem Hochwald. Roman eines Deutschen, Berlin 1940; Der Raubhirsch, Berlin 1944.

[5] Dieser Aufsatz von R. Siebeck blieb wahrscheinlich unveröffentlicht.

Barth 20. November 1920

Lieber Eduard!

[...] Herpel [...]: Ich bin gespannt zu hören, wie er dich ansehen wird. Hier ging alles bis zuletzt gut, vielleicht fast *zu* gut, als daß man zuviel davon halten darf. Du mußt jedenfalls noch ein gründliches Nachexercitium mit ihm veranstalten. Er erklärte hier in den höchsten Tönen, wie viel er gemerkt und gelernt habe, aber wer weiß, wie das von innen gesehen aussehen mag. [...] Du mußt ihm also eine kräftige Dosis Säure zur Nachkur verabreichen. [...] Im übrigen glaube ich, daß auch du Freude an ihm haben wirst. Er ist ein ehrlicher lieber Kerl, zu dem wir jedenfalls stehen wollen.

Wir haben hier mächtig die Viehseuche. Aber die Kirche wird zu meinem Leidwesen nicht geschlossen. Ich wäre jetzt gerne unablässig am Römerbrief. Am Dienstag ist Heiners Antrittsvorlesung, bei der er um der «Demonstration» und des Zusammenhangs willen dringend meine Anwesenheit wünscht. Ich weiß nicht recht, wie er das meint, werde mich aber nach Basel begeben und eventuell den anwesenden Theologen ein entsprechendes Gesicht machen. Heiner möchte, ebenfalls um der Demonstration willen, die Vorlesung bei Lempp drucken lassen,[1] wozu ich natürlich beide Hände bieten werde.

Morgen trifft Reitzenstein wieder hier ein. Merkwürdige Zeiten!

Herzlichst dein Karl

[1] H. Barth, *Das Problem des Ursprungs in der platonischen Philosophie,* München 1921.

Barth 26. November 1920

Lieber Eduard!

Vielen Dank für deine Hinweise vom letzten Mal. Ich habe sie meistens wörtlich übernommen, und du wirst sie dereinst wiederfinden, für künftige historische Theologen eine neue Gelegenheit, ihren Scharfsinn zu beweisen. Wenn wir nicht so von allem Gewohnten abweichende literarische Gepflogenheiten hätten, so hättest du dir bereits eine Ehrenmeldung im Vorwort verdient durch deine Mitarbeit. Ich muß dich nun geradezu bitten, es dir nicht zuviel werden zu lassen, sondern fortzufahren.

Hier also eine weitere Etappe. Sie ist mir sehr schwer geworden, und darum ists diesmal länger gegangen. Als Überschrift zu 3,21 werde ich diesmal einfach «Jesus» setzen. Da müssen nun entscheidende Dinge zur Sprache kommen. Ich sehe dem Abschnitt mit Bangen entgegen. Der Trichter wäre nun nachgerade hohl und weit genug, um «es» zu fassen, aber «es» wird ja sicher auch diesmal nicht gesagt werden, und vielleicht wird der Kontrast zwischen dem Dünnen, Dürftigen, das man da andeuten kann, und den «zackigen Eiswänden», die vorher sichtbar wurden, das endgiltige Gericht über das ganze Buch. Beachte bei 3,1–20 die Weglassung von allerlei Firlefanz, an dessen Stelle sachgemäße Mitteilungen aus den von Paulus selbst zitierten LXX-Abschnitten getreten sind.

Hier einiges Geschriebene und Gedruckte aus Deutschland. Das Beste oder vielmehr Schlimmste fehlt zwar: ein höchst leidenschaftlicher Brief von Rosenstock gegen mich – an Nelly! Das Erlebnis auf der Rheinbrücke zu Säckingen[1] spielt darin die Hauptrolle, die drohende Ankündigung der Aufhebung der «Bruderschaft» bildet den Schluß. Es scheinen allerlei Berichte über unsere Gedanken von ihnen über den Rhein getragen worden zu sein, z.B. durch einen «harmlosen Medizinstudenten», der ganz «giftgeschwollen» (nämlich gegen «Patmos») aus der Schweiz gekommen sei. [...] Ich, «der Scheinpfarrer von Safenwil, zerfallen mit seiner Gemeinde», wie ich darin «benamst» werde, sitze ganz starr angesichts dieses mich ziemlich orientalisch anmutenden Ereignisses und schwöre mir, in Zukunft mit niemandem mehr Du zu machen, der mir nicht seinerseits beschwört, daß ihm das *kein* Erlebnis sei.

Bei Merz findest du eine gute Schilderung: Ludwig Köhler,[2] der in München auf unsere Spuren stößt und genötigt ist, ein Nach-Vorträglein über das Kreuz zum Besten zu geben. Es könnte einen in der Tat gelüsten, hinzugehen und unsererseits etwas Nachlese zu halten unter seiner Hinterlassenschaft. Aber daraus wird, wenigstens für mich, kaum etwas werden. Ich muß nun an Ort und Stelle Kelle und Schwert rühren. Ich habe auch Herpel, der uns für das Frühjahr nach Hessen bestimmen wollte, abgewinkt, ihn auf den Herbst vertröstet. Sie sollen dann zuerst einmal die 2. Auflage lesen.

Wie gings oder gehts dir mit Herpel? [...] Ich bin gespannt auf deinen Bericht. [...] Die neueste Nummer des «Neuwerk» sieht mich wieder ganz fatal an. Du mußt ihm erklären, daß wir uns, wenn sie fortfahren, solches Brunstgeschrei zu machen und (laut Umschlagseite 4) Liebe, Minne, Ehe, Kinder, Familie als «Lebensziele neudeutscher Jugend» zu proklamieren, unmöglich so eng mit ihnen verbinden können, wie sie es seit Marburg offenbar gerne möchten. [...]

Ich hörte am Dienstag Heiners Antrittsvorlesung, eine gute Darbietung, mit achtungsvollem Hutlüften gegen uns hin am Schluß. [...] Ich hoffe, daß Lempp den Vortrag in Verlag nimmt, er wird sich als Turm neben unsern Rößlein gut ausnehmen. [...]

Herzlichen Gruß dein Karl

[1] Dort hatte Barth Rosenstock das Du angeboten.

[2] Ludwig Köhler (1880–1956), Prof. für A.T. in Zürich.

Thurneysen 28. November 1920

Lieber Karl,

Ich schreibe heute Abend nur noch kurz und express, um die Papiere noch zu guter Zeit in deine Hände kommen zu lassen. Der ganze Abschnitt 3,21 ff. bedeutet einen ganz wesentlichen Schritt vorwärts im Vergleich zur ersten Fassung. Ich habe ihn mit großer Freude gelesen, Anmerkungen beiliegend.

Georg Merzens Bericht über Ludwig Köhlers Auftreten in München ist gut!! Ich lege einen Frontbericht von Wolf Meyer bei. Wie zu erwarten war, geht er mit Wucht zum Angriff vor. Weiter drei Nummern der Frankfurter Zeitung mit einer bedeutsamen Schilderung der Wartburgtagung[1] [Vortrag von Gogarten] durch den Dichter Wilhelm Schäfer[2] und einer heillosen Blamage der «Freunde der Christlichen Welt», vertreten vor allem durch den unglücklichen Emil Fuchs.[3] Herpel: ich stimme deinem Urteil ganz zu. Er ist ein lieber Kerl. Es kam zu guten offenen Aussprachen. Ich veranlaßte ihn zu einem öffentlichen Auftreten: er hat in 1½stündigen sehr gescheiten Darlegungen über die Lage in Deutschland geredet. Das ganze Bild, das er entwarf, war wie eine große Frage an unser Volk hier, die sicher ihre beunruhigende Wirkung tun wird. – Ich schicke dir dieser Tage meinen Aufsatz über «die Aufgabe der Predigt».

Herzliche Grüße von uns Beiden dein Eduard

[1] Gemeinsame Tagung der Freunde der Christlichen Welt, der Freunde der freien Volkskirche und des Bundes für das Gegenwartschristentum 29. 9.–1. 10. 1920 in Eisenach. An den drei Abenden fanden öffentliche Vorträge auf der Wartburg statt. Auf der Tagung kam es zum Zusammenschluß der veranstaltenden Gruppen zum «Bund für Gegenwartschristentum». Das Tagungsprogramm ist veröffentlicht in: CW Jg. 34 (1920), S. 623, Tagungsberichte ebd. Sp. 670f. (G. Rade) und 673ff. (M. Rade). In CW 34 erschienen auch die drei Hauptvorträge von der Wartburg: C. Mensing, *Frömmigkeit als Heiligung der Gefühle,* Sp. 705ff.; R. Bultmann, *Ethische und mystische Religion im Urchristentum,* Sp. 725ff. 738ff.; F. Gogarten, *Die Krisis unserer Kultur,* Sp. 770ff. 786ff.

[2] Wilhelm Schäfer, 1868–1952, Schriftsteller. Auf seinen kritischen Tagungsbericht in Nr. 786 der Frankfurter Zeitung reagierte M. Rade in CW 34, Sp. 719.

[3] Emil Fuchs (1874–1971), Pfarrer und Sozialist, später Prof. für systematische Theologie in Leipzig.

Barth 3. Dezember 1920

Lieber Eduard!

Hier das Erträgnis dieser Woche. Daß ich diesen schwersten Stein unter Seufzen gewälzt habe, kannst du dir denken. Nun stehts wieder einmal da. Der Vogel macht alle nur erdenklichen Anstrengungen zu fliegen, aber schließlich ists doch auch wieder ein gemalter Vogel, wie es ja nicht anders sein darf. Unter den verschiedenen Neuigkeiten möchte ich dich doch besonders auf die Erneuerung der ehrwürdigen Exegese *ἱλαστήριον* = kapporeth 3,25 aufmerksam machen, die ich mir unter Rückgriff *hinter* Hofmann und Beck, aber in Übereinstimmung mit Cremer erlauben mußte, weil alles unwiderstehlich darauf hindrängte. Überhaupt arbeite ich mit dem Eindruck einer merkwürdigen Zwangsläufigkeit. Die Wendung von Osiander zu Luther macht sich gegenüber der ersten Auflage geltend wie eine Katastrophe, und ich frage mich oft, wie ich damals so blind sein konnte, «es» nicht zu sehen. Wenn nur der Spektakel über die literarische Sensation dieser retractatio die Aufmerksamkeit auf die *Sache* nicht übertäuben wird. Diese Schwenkung wird ja den Wernle und Genossen noch ganz anders Anlaß zu «historischen» Randglossen geben. Doch das ist selber eine Randglosse. Ich freue mich nun schon über den kurzen Schlußabschnitt 3,27f. hinweg auf Abraham [Rm 4].

Es wird glaub viel über uns gekopfschüttelt bei Nahen und Fernen. Overbeck hat nun wirklich einmal eine Verwüstungszone um uns geschaffen. Meine Mutter schrieb mir letzthin glattweg, wenn sie an uns denke, falle ihr einfach der Vers von Wilhelm Tell ein: «Sie alle ziehen ihres Weges fort an ihr Geschäft, und meines ist der Mord!»[1] Und Peter zitierte neulich aus der Storchengeschichte eines Kinderbuches: «Flügelschlagend und mit Zagen sehn die Andern dieses Wagen!» Damit du dich nicht wunderst, wenn es dir etwa via Wattwil zugetragen wird, melde ich dir auch, daß Fritz Lieb, von hier kommend, am Baselbieter Pfarrkranz von mir berichtet hat, ich lehre neuestens 1. man habe sich vor dem Blumhardtischen Einfluß einigermaßen in Acht zu nehmen, 2. die soziale Frage werde nächstens *ab* der Tagesordnung kommen, 3. das Eine Notwendige sei durchaus auch auf die Formel «Rette deine Seele!» zu bringen. Wenn das alles Ragaz zu Ohren kommt, kanns gut werden. Lukas Christ wußte von Bader, daß Ragaz zu einem entscheidenden Schlag gegen uns aushole. Auch in einem vertraulichen Zirkular der «Neuen Wege» stehe der Kampf gegen die «fromme Skepsis» an wichtiger Stelle. Nun, sie sollen nur kommen. Die Situation könnte dann einmal reif werden zu einer Streitschrift «Gegen jedermann», in der sie alle unmittelbar über den Schuhen abgesägt werden. Vorläufig bekommen sie aber nur einen Blick über die Brille.

Der Tag mit Peter und Lukas Christ war gut. Vielen Dank für die Expreßsendung, die gerade im rechten Moment kam, um die Verwunderung der beiden wenigstens auf den rechten Punkt zu lenken. Beide sagten sehr ehrlich, sie kämen nicht recht nach, und machten allerlei Einwände, Peter natürlich von der Ethik, Lukas Christ von der «Schöpfung» her, die mir ganz interessant waren, weil sie mir zeigten, auf was für Fragen man zu antworten hat [...]. Beide werden sehr wahrscheinlich dann auch mitkommen, wenn es gelingt, ihnen ganz deutlich zu zeigen, um was es geht. Wie froh bin ich, beständig den Römerbrief unter Händen zu haben, nicht freihändig operieren zu müssen.

Der Brief von Wolf Meyer sieht mich doch etwas problematisch an. Wir reden zwar auch manchmal so siegesgewiß und selbstbewußt, aber es ist dann jedesmal kein «Segen» darauf. Das solltest du ihm zu bedenken geben, wenn du ihm antwortest. Ich komme jetzt schwerlich so bald dazu. Dann solltest du ihn mit einem apostolischen «Wir aber...» daran erinnern, daß wir die Nicht-Publizierung seines Streikdramas als Probe seiner Liebe und seines Gehorsams unbedingt fordern müssen. Im übrigen freue ich mich natürlich auch über seinen Elan.

Hier eine *gute* Zeitung aus der «Hessischen Renitenz»[2] (trefflicher Name vgl. R.G.G.), die ich sofort abonniert habe. Pfarrer Schlunck sandte sie mir, ein vorzüglicher Mann aus dem Alt-Luthertum. [...]

Heute trafen hier 20 Büchsen englischen Tabaks ein und 200 Fr. von meinem Götti, der 80. Geburtstag feiert. Gut, wa! Hier eine der Büchsen. Mit dem Geld können wir nun den Deutschen Weihnachtspakete machen, daß es eine Freude ist. [...]

Endlich *noch* etwas Gutes. Ich gehe am Samstag in 8 Tagen nach Bern an den [sozialistischen] Parteitag als Delegierter, heiterer Sozialist der ich bin! Ich hoffe, die drei Tage seien auch für den Römerbrief nicht ganz verloren. 1917 wars ja wirklich ein eindrucksvolles «Erlebnis». Doch nun Schluß. Ich muß noch Besuche machen.

Herzlichen Gruß! Dein Karl

[1] F. Schiller, *Wilhelm Tell,* 4. Aufzug, 3. Szene.

[2] In Hessen bildete sich nach der Annexion durch Preußen und der Einführung der Union in der Kirche eine lutherische Gegenbewegung, die sich Renitenz nannte. Pfr. Rud. Schlunck (Melsungen) gehörte ihr an. Er befreundete sich mit Karl Barth.

Barth 6. Dezember 1920

Lieber Eduard!

Dein Aufsatz[1] ist gut. Es steht Alles an seinem Ort wie es soll, d.h. wie es dem heutigen Stand unserer Forschung entspricht. Besser könnte es nicht gesagt werden und – auch nicht kürzer. Stange *muß* es so annehmen. Weniger wäre hier wirklich nicht mehr. Es entspricht nun einmal unserer Art, daß unsere Mitteilungen keine Aphorismen sind, sondern bogenweise daherkommen. Die *Spruch*weisheit, wie sie frühere Spätjuden liebten, stellt sich dann vielleicht samt der «Liebe» und einigen andern Desiderata in unserm höchsten Alter ein. Vielleicht daß du da und dort an der Plerophorie des *Ausdrucks* etwas streichen, einige Wiederholungen vermeiden und dadurch eine Seite oder zwei einsparen kannst. Sieh es daraufhin nochmals durch. [...] Sachlich habe ich nichts zu bemerken. [...] Er wurde beidemal mit ehrfürchtiger Zustimmung angehört. Nur das «wie wir sie sehen» im Titel wünschte ich dringend weg. Was soll das? Entweder eine Selbstverständlichkeit oder eine sehr unangebrachte Bescheidenheit und Einschränkung. Ein wenig gefährlich ist natürlich der Versuch *als solcher,* sich selbst in seinem Tun zum Betrachtungsthema zu machen und – nolens volens – eine kleine Methodik zu geben. Aber solche Sachen kommen ja sogar in der Bibel vor (Pastoralbriefe!), und du hast alle nur möglichen Sicherungen angebracht, um Unheil zu verhüten. Endlich ist dafür gesorgt, daß das vorgeschlagene «Sterben» unter den Deutschen nicht so schnell einreißen und zur Methode werden wird. – Zum Innersten der Sache: Der Aufsatz machte mich wieder darauf aufmerksam (es hatte mich schon bei Röm. 3,21f. beschäftigt), daß unsere Anschauung vom *Kreuz* irgendwie noch eine beträchtliche Lücke haben muß in der Richtung auf die satisfactio vicaria. «Das Wort vom Kreuz» [1. Kor 1,18] muß über die Darbietung des absoluten Paradoxes, über die Aufrichtung der allgemeinen Notwendigkeit des Sterbens, über die Grenzbereinigung von Gott und Mensch, Ewigkeit und Zeit noch hinausgehen in einem Sinn, der bei uns bis jetzt noch nicht recht zu Worte kommt. Ich hoffe sehr, ich komme der Sache in den spätern Abschnitten des Römerbriefs noch näher, als es mir in der Kapporeth-Stelle gelungen ist. Ich will dieser Tage einmal ein wenig in «Cur deus homo?» von Anselm hineinsehen. Vielleicht wußte der, was wir noch nicht recht wissen. Im Übrigen wollen wir ja froh sein, daß wir schon *so* weit sind – hauptsächlich dank Overbeck, dem wir überhaupt nicht genug danken können und an dessen Grab wir eigentlich einmal einen Kranz niederlegen müßten. Schick also deinen Aufsatz auf alle Fälle so ein. Er ist durchaus gut, wird wunderbar wirken in dem sächsischen Pastorenblatt und neben Benz, Schwarz und Co.[2] und ist mir wieder ein erfreuliches Zeugnis von unsrer kommunistischen Geisteswirtschaft. [...]

Hier einiges zurück, was dir gehört. [...] Ich wende mich zum Schluß von Röm. 3. Der ganze Brief steht noch wie ein Berg vor mir, der mir oft fast den Atem nimmt. Vielleicht ists gut, wenn man den Deutschen am Beispiel dieses Buches gleich praktisch vormacht, wie das mit dem «Sterben» gemeint ist. Aber freilich: das Resultat ist doch wieder nur – ein neues Buch. Besser wärs vielleicht, überhaupt zu schweigen.

Mit herzlichem Gruß dein Karl

[1] Vgl. Anm. 2 zum Brief vom 5. 10. 1920.

[2] In demselben «Deutsch-Schweizerischen Heft» der «Pastoralblätter» (Jg. 63, Febr. 1921) wie Thurneysens Vortrag und Barths Predigt erschienen u.a.: R. Schwarz, *Probleme des kirchlichen Amtes in der Schweiz*, S. 219ff.; G. Benz, *Herodes und Jesus* (Predigt über Lk 23,6–12), S. 246ff.

Barth 8. Dezember 1920

Lieber Eduard!

Hier der kurze, aber nicht unwichtige Eck-Abschnitt vom 3. zum 4. Kapitel. [...] Dein Predigtaufsatz beschäftigt mich immer noch. Etwas Gefährliches, Zweideutiges liegt wohl schon im Thema, das fast notwendig ein – Ausplaudern bedeutet. Die Deutschen und die Schweizer werden meinen, nun hinter den Vorhang gesehen zu haben. Ich fühle etwas von dem leisen Unbehagen, das ich etwa vor sechs Jahren hatte, wenn ich dich z.B. mit Dietschi zusammen über den Pfarrer als Paradox reden oder wenn ich mich selbst über Jeremia predigen hörte. Wir sollten vielleicht gar nichts sagen von dem, was wir tun, vielleicht es nicht einmal wissen, schlimm genug, daß wir es wagen, es tatsächlich zu tun. Aber vielleicht ist das auch ein unnötiges Bedenken. Es soll dich auf keinen Fall hindern, das Manuskript abzusenden. [...] Ich stelle mich ja im Römerbrief auch bedenklich weit an den Rand hinaus und setze meinen Namen dazu und wirke auf die Gemüter der guten Deutschen [...] wie eine Art Posaune von ich weiß nicht was. Das muß nun jedenfalls in dieser merkwürdigen Zeit so sein und darum sicher auch in deinem Aufsatz. [...]

Mit herzlichem Gruß dein Karl

Thurneysen 10. Dezember 1920

Lieber Karl,

Deine Bedenken zum Predigtaufsatz verstehe ich nur zu gut. Ich hatte selbst dieser Tage das seekranke Gefühl, das man bekommt, wenn man dem fatalen Schwanken des eigenen Bootes Aufmerksamkeit schenkt. Aber ich halte ihn nun trotzdem nicht zurück. [...] Gestern, obwohl nach Fritz Lieb der Sozialismus von unsrer Tagesordnung abgesetzt sei, ein langes Gespräch mit einem sozialdemokratischen Vorstandsmitglied, der mich um einen Vortrag zur innern Stärkung der Genossen bat. Ich sagte nicht ab.

Vielen Dank für deine Briefe. Dein Hinweis auf die satisfactio vicaria trifft den Punkt, auf den ich gerade auch bei allerlei Überlegungen zu Dostojewski gestoßen bin. Bei ihm ist sie ausgedrückt durch jenes merkwürdig gnädige, aber ganz und gar jenseitige Licht, das auf die Welt fällt. Auch mir entgeht das bedenkliche Kopfschütteln nicht, unter dem wir stehen. Schon dringt aus den sich lichtenden Zuhörerreihen die Klage, ich sage immer das gleiche, und das verstehe man nicht. Berichte mir bald über den Parteitag.

Herzliche Grüße von uns allen dein Eduard

Barth Bern, 11. Dezember 1920 [vom Parteitag aus]

Lieber Eduard!

Einen Gruß mitten vom Schlachtfeld. Auf der Tribüne steht die rote Rosa Grimm und wirft ihrem früheren Mann «Schindluderei» vor. Es geht überhaupt lebhaft zu, und die Parteieinheit ist nur noch eine Frage von Stunden. Die Linke [...] ist *noch* unglaubwürdiger als das «Zentrum», mit dem ich notgedrungen stimme. Fritz Lieb [...] ist auch auf dem Platz, natürlich auf der andern Seite. 540 Delegierte!! 15 Redner sollen noch zu Wort kommen vor der Abstimmung, 36 waren angemeldet. Langweilig ists keinen Augenblick. Wäre doch einmal in der Kirche diese geladene Atmosphäre! Unterhöhlt ist auch hier alles, und die Verkündigung des unbekannten Gottes drängt sich als Notwendigkeit immer mehr auf.

Herzlichen Gruß dein Karl

Beitritt [zur kommunistischen Internationale] mit 350 zu 213 abgelehnt, Spaltung perfekt!

Barth 17. Dezember 1920

Lieber Eduard!

Es langt nicht zu einem Brief, nachdem ich an Herpel und Bansa[1] eingehende Communiqués gerichtet. Dazu ist der «Führer in den Wirren religiösen Suchens» am ganzen Körper vom Katarrh heimgesucht, der auf das Bett als die beste Stelle in der Welt hinweist. Nur zuerst den Ruf: Komm doch ja am Sonntag! [...] Es geziemt sich, daß die oberste Heeresleitung wieder einmal zusammentrete, um Rückblick und Ausblick zu halten. Ich will dir dann von Bern erzählen, wo ich gegen Moskau gestimmt, ferner dir allerlei Bayrisches vorweisen, wo Grützmacher in Erlangen mit seinen Studenten über dem Römerbrief auseinandergeraten ist, und wo in Erlangen von Prof. Müller[2] (Calvin[3]) und in München-Pasing von Albers[4] Vorträge über uns gehalten werden sollen!! und wo ferner ein Unbeteiligter in den «Münchner Neuesten Nachrichten» [7. 12. 1920], von Nietzsche kommend, das Overbeck-Büchlein anerkennend anzeigt und mich (neue Variante!) als den «eigenartigen Führer einer neureligiösen Bewegung» beschimpft. Ferner vernimmt man, daß Harnack neuerdings über uns schelte, Heim aber uns etwas vorsichtig belobige, und daß Geyer[5] mich für die Theosophie in Anspruch nimmt. Also ein wahres Kreuzfeuer. Wie stehst du zu Patmos? Hier ist ein weiterer Brief von Rosenstock und ein Doppelbrief von Ehrenberg eingegangen, beide unter tragischen Gesten von mir Abschied nehmend. Den Brief an Herpel habe ich tröstlich aber kräftig abgefaßt und seiner Frau empfohlen, ihm bis mindestens zum Frühling das Tintenfaß zu verstecken. Auch Wolf Meyer schreibt, teilweise zwar vom Teufel redend, aber das Beste versprechend.

Herzlich dein Karl

[1] Otto Bansa, Pfarrer im Westerwald, Freund Herpels.

[2] Ernst Friedrich Karl Müller (1863–1935), Prof. für reformierte Theologie in Erlangen.

[3] Müller gab seit 1901 in Neukirchen «*Johannes Calvins Auslegung der Heiligen Schrift in deutscher Übersetzung*» heraus.

[4] Hermann Albers, München, Freund von G. Merz, oder A. Albers, Verleger, ebenfalls München.

[5] Christian Geyer (1862–1929), Pfarrer in Nürnberg, neigte unter dem Einfluß F. Rittelmeyers vorübergehend zur Anthroposophie.

Barth 28. Dezember 1920

Lieber Eduard!

Eben wollte ich dir schreiben, als die Post mit den Basler Nachrichten eintraf, in denen ich erst nach gründlichem Studium der Totentafel und der Ereignisse von Fiume[1] auf unsres Spezialfreundes W. Köhler neueste Leistungen[2] aufmerksam wurde. Du wirst zur selben Stunde mit demselben Befremden und Verstehen davon Kenntnis genommen haben. Zusammengenommen mit Phänomenen wie dem Puff, den Ragazens rührendes «Kind» mir versetzen durfte[3] (wie ungezogene Kinder das etwa tun) und mit Hadorns Drohung,[4] im letzten «Kirchenfreund», ich komme nun bald an die Reihe, vervollständigen sie ja nur das Bild, das wir ohnehin von der Lage haben, und erinnern daran, zur Vorbereitung unserer Frühjahrsoffensive unser Bestes zu tun. Dabei wirst nun freilich du die Gräben zunächst allein zu verlassen haben mit deinem «Dostojewski». Vielleicht daß es dir gelingt, dem kopfschüttelnden Schriftgelehrten in Zürich das psychologische Phänomen, das keines ist, einigermaßen anschaulich zu machen. Was du uns hier davon mitgeteilt hast, berechtigt zu den schönsten Hoffnungen. Daß dieser Schlag kommt und sitzt, ist umso notwendiger, als die Vollendung des neuen Römerbriefs sich, wenn kein Wunder geschieht, sicher in den Sommer hineinzieht. Ich habe, seit du hier warst, keinen Streich mehr daran geschafft und werde den Weg über den Grat, der jetzt mit all seinen Absturzgelegenheiten steil vor mir aufsteigt, nur langsam schreitend, pickelnd und kletternd zurücklegen können.

Hier ein neuer warnender Brief von Heiner. Schreib mir doch rasch, was du davon hältst. Auf Einsicht in mein Manuskript beruht er nicht, sondern mehr auf dem Eindruck, den er von meinem ganzen Gehaben und offenbar auch von meiner, wie ich meinte, wohl überlegten Antwort auf seinen letzten Brief hat. Die entscheidenden Sätze dieses Briefes sagen mir wirklich nichts Neues. Daß alles, auch das energischste «Aufheben» selbst wieder aufgehoben ist, daß das Ja und das Nein zweifach gestaffelt zu denken sind, daß die diesseitigen Lebensinhalte nicht Realitäts-, wohl aber Zeugniswert haben, das kommt alles in unserer Lehre auch vor. Verstehe ich da etwas nicht, oder stehen wir da mit der philosophischen Polizei auf dem Punkt, wo wir ihre Warnung hören müssen, ohne ihr zu gehorchen? Vorläufig überwiegt bei mir gegenüber diesem Brief das dunkle Gefühl, daß im Römerbrief des Paulus das dialektische Perpendikel alle Anstalten treffe, das Perpendikeln überhaupt aufzugeben, und irgendwie wird diese den Philosophen natürlich fatale Tendenz in der Auslegung zum Vorschein kommen müssen, auf die Gefahr hin, daß wir auch von der befreundeten oder sogar verbündeten Philosophie eine weniger gute Note bekommen. Aber sag du mir, was du davon hältst: du warst von jeher scharfsichtiger als ich im Erkennen solcher Nachbargeister.

Und nun ist die Weihnacht wieder einmal hinter uns. Was magst du den St. Gallern bei diesem Anlaß mitgeteilt haben? Ich lege dir hier meine zwei Predigten zur An- und Einsicht vor. Hier hat alles, in Haus und Gemeinde, einen guten stillen Verlauf genommen. Wir standen insofern treu in der Reihe der andern mehr oder weniger beliebten Pfarrer, als ich es nicht verhindern konnte, daß die Konfirmanden mir einen enormen Schinken verehrten, und als zu zweien Malen Pakete mit 2 resp. 3 ansehnlichen Kuchen anonym vor unserer Haustüre deponiert wurden. Das Christkindlein hat uns überhaupt verdächtig viel zu *essen* gebracht; es scheint weithin die Tendenz vorzuwiegen, dem gefährlichen und anstrengenden Römerbriefunternehmen wenigstens durch leibliche Ernährung des Verfassers mit Würsten, Honig, Cacao, Leckerli etc. etwas von seiner Schärfe zu nehmen. Zusammen mit den 20 Büchsen englischen Tabaks eine nicht ungute, wenn auch im Blick auf den asketischen Sinn des N.T. etwas fragwürdige Vorbereitung der bewußten Offensive. Einige gute Kunstbücher über Grünewald, Rembrandt und El Greco bemühen sich übrigens, das Gegengewicht herzustellen. [...] Gestern habe ich den ganzen Nachmittag und Abend Taufen etc. registriert und Briefe klassiert. Der Band 1920 platzt fast vor Überfülle.

Und nun naht das neue Jahr mit raschem Schritt. Wer weiß, ob uns nicht schon die nächste Weihnacht als Flüchtlinge um den grünen Ofen auf dem Bergli geschart sieht, irgendwie vertrieben wegen allzu heftigen Ausschlagens des Perpendikels? Doch wollen wir jedenfalls vorher all den Ragazen, Hadörnern, Köhlern noch ein wenig die Zähne zeigen und Einiges auf den Kragen schreiben. Also: «Kommt, stärket euren Mut...!»[5]

Und nun herzlichen Gruß von Allen an Alle!

Dein Karl

[1] Fiume (= Rijeka), Hafenstadt an der Adria, wurde im Frieden von St-Germain-en-Laye (10. 9. 1919) zum Freistaat erklärt, während Italien es für sich beanspruchte. Der italienische Dichter und Freischarführer Gabriele d'Annunzio (1863–1938) besetzte die Stadt im September 1919 in einem Putsch und konnte sie halten, bis die italienische Regierung im Vertrag von Rapallo (12. 11. 1920) auf Fiume verzichtete und d'Annunzio zum Abzug zwang.

[2] Rezension über K. Barth, Biblische Fragen, Einsichten und Ausblicke, in: Basler Nachrichten v. 28. 12. 1920. Darin heißt es u.a.: «Dieser Vortrag des Pfarrers von Safenwil ... gehört nicht zum Besten, was K. Barth geredet oder geschrieben hat. Dem unbestimmten Titel entspricht eine Zerfahrenheit des Inhaltes, die ... den Leser mit einer Fülle von Aufgeregtheiten und Überstiegenheiten überschüttet.»

[3] L. Ragaz, *Das Kind – die große Freude,* in: Neue Wege, Jg. 14 (1920), S. 490–499.

[4] Redaktionelles Schlußwort «*Zur letzten Nummer im alten Jahr*», in: Der Kirchenfreund. Blätter für evangelische Wahrheit und kirchliches Leben, Jg. 54 (1920), S. 415: «Schon lange harrt ein Schriftchen von Karl Barth: ‚Zur innern Lage des Christentums, eine Buchanzeige' (gemeint ist das Overbeck-Werk) der Besprechung. Barth und Overbeck stellen unsere ganze bisherige Theologie nach Form und Inhalt in Frage. Wir dürfen diese Erscheinungen nicht länger ignorieren.» Im folgenden 55. Jahrgang ist jedoch keine Besprechung dieser Schrift erschienen.

[5] Aus dem Lied «*Kommt, Kinder, laßt uns gehen*» von G. Tersteegen, 1. Strophe.

Barth 6. Januar 1921

Lieber Eduard!

Du lässest diesmal lange nichts von dir hören. Bist du krank? [...] Wir waren unterdessen die ganze Familie in Madiswil, wo auch Heiner zu sehen war. Die Väter und Onkeln sprachen sich aus, die sechs Kindlein (+ unser Wiener Kind)[1] beschnüffelten sich mit einigem Mißtrauen, die Mütter trösteten sich, und ich hielt am 2. die Predigt vor ziemlich gefüllter Kirche. Ein guter Familientag und nicht ohne fahl-gelblich-gerichtliches Oberlicht.

Hier endlich wieder eine Partie Römerbrief zur Durchsicht. Das Kapitel [Röm 4] ist einer vor dem Einsteigen in die vergletscherten Couloirs zu traversierenden Hochebene im Gebirge zu vergleichen. Es passiert nichts Entscheidendes, aber man bekommt Muße, sich umzusehen, wo man eigentlich hingekommen ist, und kommt in gemächlichem Trapp-Trapp am Seil dem Punkt, wo es losgeht, immer näher. Eine Seltsamkeit dieses 4. Kapitels ist die, daß es selbst schon ein Kommentar ist und V. 7–8 sogar einen Kommentar benützt. Das gibt der Darstellung notwendig etwas Indirektes, Gebrochenes: ich meine, Paulus meine, daß die Genesis meine..., müßte man fortwährend ergänzen. Sag mirs ja, wenn dieses Netz etwa trotz aller Bemühungen, die Maschen auseinanderzuhalten, sich irgendwo verwirrt hat.

Und nun wieder die Deutschen mit ihren Pfingstwochen.[2] Mir leuchtet das alles so gar nicht ein. Sie sind unverbesserliche Pläneschmiede, Herpel, der schon wieder ganz ins Rollen gekommen zu sein scheint, besonders, und können mir den Buckel hinaufsteigen. Wenn der Römerbrief einmal fertig ist, so gehe ich in die Wüste und sicher nicht als «Dozierender» in einen solchen Zwölfjüngerkreis. Ich habe zunächst Merz gründlich darüber geschrieben, sie sollten jetzt endlich einmal nüchtern werden und von allen nicht zwingend motivierten Unternehmungen absehen. Wenn Gefahr an Mann komme, seien wir natürlich in ein paar Sprüngen an ihrer Seite; wir liebten aber das Improvisierte und könnten uns durchaus nicht engagieren lassen. Ein Vortrag vor einem weiter offenen Kreis hätte eventuell einen Sinn und ebenso ein ganz gelegentliches Zusammenkommen, aber um Gotteswillen keine solchen Zirkel voll Anspruch und Absicht. Das könnte ein fürchterliches Gericht werden für uns und sie, *schlimmer* als Marburg. Willst du es übernehmen, diesmal dem Herpel zu schreiben? Ich bin ja nahezu sicher, daß es dir auch graut vor dem «Aspekt», den dieser Prospekt eröffnet. Man sollte ihnen sagen, was etwa in einer aufgeregten Versammlung zu sagen ist, daß jetzt vor allem einmal alle absitzen, die Schuhe ruhig halten und schweigen sollten, damit man sein eigenes Wort verstehe. [...]

Mit herzlichem Gruß in Eile Dein Karl

Heiner hat meine Mama über mich getröstet mit einem Verslein, das anfängt mit den Worten:

Lueg Müetterli, was isch im *Nai?*
He gsesch denn nit: e *Jo!*[3]

Sein Platobuch[4] ist erschienen.

[1] Aus einer kinderreichen Familie in Wien, zur Erholung in der Schweiz.

[2] Herpel und Schultheis planten einen Ferienkurs mit zwölf hessischen Pfarrern, bei dem Barth, Gogarten und Thurneysen dozieren sollten. Merz und W. Meyer arbeiteten an einem ähnlichen Plan für Bayern. Da die Veranstaltungen im Herbst bzw. Sommer 1921 stattfinden sollten, ist der Ausdruck «Pfingstwochen» nicht als Terminangabe gemeint.

[3] Schau, Mütterchen, was ist im «Nein»? Siehst du's denn nicht: ein «Ja»! Anspielung auf das Gedicht Joh. Peter Hebels: «Der Mann im Mond.»

[4] H. Barth, *Die Seele in der Philosophie Platons,* Tübingen 1921.

Thurneysen 8. Januar 1921

Lieber Karl,

Es ist wahr: zwei Briefe von dir haben sich bei mir eingefunden, und du wartest noch immer auf einen von mir. Unterdessen liegen Weihnachten und Neujahr hinter uns und beunruhigen einen nur noch vom Rücken her, während man für 1921, wie du schreibst, allerlei Couloirs, Firnhalden, Gletscherspalten und vielleicht auch einige Abstürze ins Auge faßt. Wir müssen vor allem dafür sorgen, daß das Seil zwischen uns zweien stets gehörig gespannt bleibt. Das ist mein Neujahrswunsch. Unsere Weihnacht verlief in aller Stille. Ich bekam einige gute Bücher: Kierkegaard, Nietzsche, Gotthelf und Dostojewski, eine nicht üble geistige Reihe. [...] Herpeln will ich schreiben. Deine

Predigten habe ich alle nochmals gelesen. Vielen Dank für die Sendung.

Herzlich grüßen wir beide Nelly und Dich. Dein Eduard

Barth 22. Januar 1921

Lieber Eduard!

Nun haben sie scheints in Ansbach bereits das 1.–2. Kapitel gedruckt, und ich muß sofort neues Manuskript schicken. Sende mir also den Schluß des 4. Kapitels umgehend zurück. Zu meinem Schrecken meldet Merz, daß jener Anfang von 42 auf 52 Seiten gewachsen sei! Wie ist das nur möglich? Und wie soll nun die Produktion womöglich beschleunigt weitergehen? An das 5. Kap. kann ich nur unter umständlichem Räuspern, in die Hände Spucken, Karamasoff- und philosophische Brocken[1] Lesen herantreten. Sende mir doch bitte die Kopie meines Briefes an Joh. Müller. Merz braucht ihn. Er hat, ohne es zu suchen, allerlei Polemik zu bestehen. [...] Morgen Predigt über die Tempelreinigung [Mt 21,12–17].

Herzlichen Gruß! Dein Karl

[1] S. Kierkegaard, *Philosophische Brocken / Abschließende unwissenschaftliche Nachschrift I,* übers. von C. Schrempf, Jena 1910.

Barth 26. Januar 1921

Lieber Eduard!

Dank für deine Sendung [Anmerkungen zum Römerbrief]. Es ist ein großes Glück, daß ich einem geschickten Drucker in die Hände gefallen bin. Hoffentlich bleibt der Mann auf seinem Posten. Vorgestern ging nun Kap. 3–4 an Merz ab. Sieht dich das Gedruckte nicht auch ganz merkwürdig an? Ich weiß nicht wie? Ich fürchte, diesmal könnte «dieses Buch» in der Tat lange warten müssen,[1] bis sich die Leser, auch die gutwilligen, von ihrem Kopfschütteln erholt haben. [...] Ich bin immer noch an der sehr mühseligen Arbeit, mir den Eingang zu Kap. 5 zu erkämpfen. Es muß auch da vieles anders werden. *Εἰρήνη* hat mit kosmischen Vorgängen sehr wenig zu tun, und merkwürdigerweise muß 5,5 *ἀγάπη τοῦ θεοῦ* (im Gegensatz zu 5,8) *subjektiv* gefaßt werden (Liebe *zu* Gott), wofür ich außer den Alten (Augustin, Theodoret) und den Katholiken unter den Neuen nur Hofmann[2] auf meiner Seite habe. Teile mir doch kurz gefaßt mit, was dir der Ertrag des Platobuches zu meiner Belehrung gerade hier zu sein scheint. Ich lese auch darin herum, kann es aber jetzt unmöglich systematisch *durch*lesen; soweit ich den Inhalt verstehe, meine ich, wir wüßten das Entscheidende davon; aber vielleicht steckt in dem noch nicht Verstandenen gerade das, was ich nicht weiß. Sag es mir, so gut du kannst, gelt? Zu 4,16: Ich habe hier wesentlich doch bei meiner Deutung bleiben müssen, habe sie aber in Übersetzung und Text schärfer präzisiert. Die beiden Dative *τῷ ἐκ* gehören syntaktisch und sachlich zu *σπέρματι*, ganz gleichgültig ob man, wie ich mit Zahn[3] getan, *'Αβραάμ* gleichfalls zu *σπέρματι* zieht oder zu *πίστεως*. Es handelt sich, wie die Fortsetzung *ὅς ἐστιν* ... zeigt, um die Frage nach dem wahren Abrahamsgeschlecht. Antwort: es umfaßt den *ganzen* Stamm: die die «durch das Gesetz» dazu gehören, *und* die die «durch den Glauben» Abrahams Stamm sind, wobei selbstverständlich die Meinung die ist, daß auch die ersteren zu diesem *wahren* Abrahamsstamm nur gehören, sofern sie zugleich «durch den Glauben» dazu gehören. Die gewisse logische Unklarheit liegt sicher schon im Texte, wenigstens für uns: Man darf das «nicht nur – sondern auch» auf keinen Fall pressen (auch im Fall deiner Deutung nicht): es bleibt das Mißliche, daß *οἱ ἐκ νόμου* V. 14 nicht parallel *neben οἱ ἐκ πίστεως*, sondern ihnen diametral *entgegen*gestellt werden, doch ist dieser Wechsel der Betrachtungsweise in V. 16 immerhin möglich (und in Anbetracht der raschen Schreibweise des Apostels erklärlich), indem dort (V. 14) der ungeschichtliche Begriff *κληρονόμοι*, hier der (wenigstens *zunächst*) anschauliche Begriff *σπέρμα* im Mittelpunkt steht. – Es ist eigentlich schon fatal, daß ich dem Buche nicht einen ganzen zweiten Band beigeben kann, in dem alle solchen Fragen für sich zu erörtern wären.

[...] Herzlichen Gruß dir und Marguerite Dein Karl

[1] Vgl. Anm. 1 zum Brief vom 13. 7. 1920.

[2] J. Chr. K. v. Hofmann, *Die heilige Schrift neuen Testaments zusammenhängend untersucht. 3. Teil: Der Brief Pauli an die Römer,* Nördlingen 1868, S. 168f.

[3] Th. Zahn, *Der Brief des Paulus an die Römer,* in: ders. (Hrsg.), *Kommentar zum Neuen Testament,* Bd. VI, Leipzig 1910, S. 230f.

Barth 1. Februar 1921

Lieber Eduard!

Hier ist ein bedenklich großer Stein in den Teich gefallen: aus Göttingen die Nachricht, daß die Reformierten (unter Einverständnis mit der Fakultät, wie es scheint) mich auf einen neu zu errichtenden, aus Amerika zu bezahlenden reformierten Lehrstuhl für systematische Theologie setzen wollen. Ich muß auf den 7. Februar, wo der Minister Haenisch nach Göttingen kommt, vorläufige unverbindliche Antwort geben. Am liebsten wäre ich gleich mit dem nächsten Zug nach St. Gallen gefahren, um mit dir gemeinsam diesen Schaden zu besehen: Professor, systematische Theologie, «reformiert», Göttingen, Hannover, Deutschland – lauter Fragezeichen. Amerika (der Westen!) im Hintergrund – großes Fragezeichen. Ich kann zunächst nur staunen. Schreibe mir umgehend, wohlerwogen und aufrichtig, was du von dieser Situation hältst.

Mit herzlichem Gruß! In Eile dein Karl

Ists *dir* nicht möglich, eine rasche Korridorfahrt zu unternehmen? Ich habe wirklich Verlangen, dein Angesicht zu sehen!

Barth 2. Februar 1921

Lieber Eduard!

Hier endlich ein weiterer Vorstoß, unternommen mit schwerster Artillerie, in neuen Uniformen und mit Zuzug von Reserven von der Ostfront, um wie gewohnt irgendwo um das *ὑπὲρ ἡμῶν* herum stecken zu bleiben. Daß es um ein Gelindes besser ist als in der 1. Auflage und auch etwas kürzer, ist ein *kleiner* Trost. Und daß mein Abrakadabra von Sein und Nicht-Sein auch besser ist als das populär sein wollende Gewäsch Ragazens über Blumhardt,[1] ist *auch* ein schwacher Trost. Wir sitzen doch alle in einer Wanne.

Was magst du zu meiner Nachricht wegen Göttingen gedacht haben? Als heute Morgen kein Brief von dir da war, hofften wir bestimmt, dich alsbald mit irgend einer Expreßgelegenheit in persona hier eintreffen zu sehen. [...] Du kannst dir denken, wie es in mir und in Nelly mit mir rumort. Alle nur möglichen Bilder entrollen sich: der (zum Glück nicht umständliche wie bei dir in Leutwil) «Abbau» hier, der Umzug mit Grenzschikanen, die Reise mit drei bis vier Unmündigen, die Ankunft in dem ehemaligen «Gasthaus», das laut Brief für den zukünftigen Professor bereit sei, und dann öffnet sich wie ein gähnender Schlund die Notwendigkeit, einem unbestimmten Haufen oder Häuflein deutscher Theologiestudenten Mitteilungen, irgendwelche (was nur für – und über was doch nur auch?) Mitteilungen zu machen. Ende in der freien Luft, offenkundig, an diesem Hauptpunkt. Daneben dann: Definitiver Schluß mit allen klassischen Mittagessen, Kinder, die nicht genug Milch kriegen, in meiner Pfeife echtes Buchenlaub, Abgabe eines Drittels unserer Batzen an die verwünschten Westler, von denen sie ja z. T. auch herkommen sollen, Teilnahme von Markus und Stöffeli am nächsten Krieg. Weiter: seltsame Existenz als Säule reformiert-konfessioneller Bestrebungen, leise nahender Geruch von Konsistorialrätlichkeit, Bönzlein unter Bonzen, neue bedrohliche Nähe von «Patmos» (Rudi Ehrenberg!), Verwicklungsmöglichkeiten unübersehbarster

Art. Weiter freilich auch: erfreulicher Übergang zu einer gewissen Weltlichkeit, heraus aus dem schweizerischen toten Winkel (o wie werde ich noch heulen nach meinem stillen Safenwil!), endlich ein Publikum, zu dem eine dialektische Beziehung möglich ist, sensationell merkwürdiges Zusammenwirken mit Stange, Bertholet, Kühl[2] (sonst weiß ich noch nicht wer dort ist), Ausblick über die deutsche Tiefebene, Fahrten mit Expreßzügen nach allen Richtungen, Besichtigung des nicht mehr allzu fernen Meeres, Nelly redete schon von einer Sommerreise nach Norwegen!! Und ich träumte, schon *bevor* dieser Brief kam, ich sei in voller Fahrt auf einem Hamburg-Amerika-Dampfer irgendwie gegen Westen. Das alles, das Mögliche und das Unmögliche, vor uns von Nebelschwaden umgeben, so staunen wir jetzt vor uns hin und sind doch darin eigentlich vom ersten Moment an einig gewesen, wenigstens *vorläufig* nicht Nein zu sagen, sondern die Eindrücke abzuwarten, die ich bei einer demnächst, d.h. nach dem entscheidenden 7. Februar stattfindenden Reise von Ort, Menschen und Situation zu gewinnen hoffe. Auf alle Fälle würden wir, wenn die Anfrage offiziell würde, erst auf nächsten Winter hingehen, damit unser Nr. 4 noch den Safenwiler Sommer hat, der Römerbrief noch fertig wird, und ich ein wenig Zeit habe, mir zu überlegen, was «Systematische Theologie» wohl sein mag. Irgendwie ein besserer Konfirmandenunterricht, wa? Ich müßte übrigens auch ein wenig als Historiker funktionieren, denk für reformierte Kirchengeschichte!! Ja was noch alles, Märchen aus 1001 Nacht!

Hier sende ich dir allerhand mit Dank zurück. Sieh Röm. 5,1–11 genau durch, ob alles klappt. Ich schreite unterdessen weiter zu Adam und Christus.

Wenn aus der ganzen Sache nichts würde, welche Entlastung! Oft ists mir wie ein böser Traum!

Mit herzlichem Gruß dir und Marguerite dein Karl

[1] L. Ragaz, *Blumhardt, Vater und Sohn,* in: Neue Wege, Jg. 15 (1921), S. 5–21. In den weiteren Heften der «Neuen Wege» des Jahrgangs 1921 folgten noch zehn Fortsetzungen dieser Artikelserie.

[2] Drei Göttinger Professoren: Carl Stange (1870–1959), systematische Theologie; Alfred Bertholet (1868–1951), aus Basel gebürtig, Altes Testament; Ernst Kühl, geb. 1861, Neues Testament, war allerdings schon 1918 gestorben.

Thurneysen 8. Februar 1921

Lieber Karl,

Ich habe Röm. 5,1–11 heute mit ganzer Anteilnahme an allen neuen Wendungen und Entdeckungen durchgenommen. Du bist mit großer Umsicht in diese gefährlich steile Wand eingestiegen. Die erneuerten Grundlegungen werden sich bewähren, und es werden auch die weiter drohenden Unzugänglichkeiten nicht ganz unzugänglich bleiben. Ich lege nur ein paar wenige Bemerkungen bei.

Ich hätte noch so vieles zu sagen von dem, was bevorsteht, und was mich ganz betrübt von dir nach Hause zurückfahren ließ. Noch kann ich mir das Unabsehbare nicht ausmalen, das dein Weggang für mich zur Folge haben wird.

Herzliche treue Grüße dir und Nelly! Eduard

Thurneysen 14. Februar 1921

Lieber Karl,

Von Post zu Post warte ich wie auf nichts anderes auf Nachricht von dir. Dein Schweigen deutet mir am ehesten darauf hin, daß du selber noch ohne Kunde bist. Aber wieso denn? Hast du vielleicht Informationen erhalten, die dich zögern heißen? Ich sage mir, daß du auch vor gewissen Schwierigkeiten nicht allzusehr zurückschrecken dürftest. Du würdest dir deinen Platz schon erkämpfen. Freilich, wie wird mir sein, wenn du nicht mehr da bist! Doch davon will ich nicht reden. Denn es ist ein Ruf in diesem Rufe. Laß also bald wieder von dir hören, wie dich alles ansieht, nachdem du jetzt manche Pfeife darüber geraucht hast.

Am liebsten führe ich noch einmal zu euch, aber es geht nicht schon wieder. [...]

Herzliche Grüße Nelly und dir! Eduard und Marguerite

Barth 15. Februar 1921

Lieber Eduard!

[...] Ich schreibe noch Röm. 5,12–21 fertig ab und sende dann alles miteinander. Eine Entscheidung ist auch dort[1] noch nicht gefallen. Es sieht Alles ziemlich mittelmäßig und menschlich aus, aber vielleicht wird man gerade darum nicht zurückweichen können. Ich reise nächste Woche und werde vermutlich am 27. dort predigen. Sie wollten eine Art Probevorlesung, das lehne ich aber ab. Bald mehr, ich muß nach Aarau wegen dem Paß.

Mit herzlichem Gruß dein Karl

[1] In Göttingen.

Barth 16. Februar 1921

Lieber Eduard!

Hier marschiert nun vor allem *Adam* auf mit allen seinen Vorder- und Hintergründen [Röm 5]. Auch er hat alle Gutmütigkeit, die ihm etwa in der ersten Auflage noch anhaftete, fahren lassen und sich in weltferne Unanschaulichkeit verpflanzen lassen müssen. Es hat mich gerade 10 Tage angestrengtester Arbeit gekostet, und ich bin froh, daß ich dieses Couloir hinter mir habe. Sieh aber genau nach, ob alles in Ordnung ist: etwa wie die Wagenkontrolleure auf den Bahnhöfen, die mit langen Hämmern an jedes Rad klopfen, ob es nicht etwa einen Sprung habe! Ich war über deine letzten Anmerkungen wieder sehr froh und habe sie alle zu Ehren gezogen. Nur keine Umstände, wenn irgendwo ein Schaden ist; man übersiehts in der Hitze des Gefechts gar leicht, wenn irgendwo ein Sprung ist. Ich frage mich oft, ob und wo und wann ich wohl das *nächste* Mal an allen diesen Klippen und seltsamen Löchern vorbei den nachgerade wohl bekannten Weg durch den Römerbrief zu ziehen habe? Nun jedenfalls war ich die ganze Woche sehr viel aufmerksamer und eifriger in diesen urgeschichtlichen Zonen, mit den berühmten Katzenaugen Overbecks im Dunkel Umschau haltend als in

Göttingen. Hier hast du den ganzen diesbezüglichen Kurier. Ohne [Ernst] Staehelins Beilagen, die wenig Wichtiges enthalten außer der Tatsache, daß Bertholet wahrscheinlich entschieden lieber ihn gehabt hätte. Letzte Woche herrschte bei uns entschieden mehr Stimmung zum Abbrechen der Verhandlungen. Die miesen Seiten stellten sich eine um die andere hervor. Du ersiehst sie selbst aus den Briefen. Es ist alles ziemlich power und fragwürdig, durchaus kein glänzender Ruf und dortseits offenbar auch nicht *allzu* große Freudigkeit mich aufzunehmen. Ob man mich z.B. nach Marburg in ein Licentiaten-Examen schleppen will, oder was soll das mit der «Graduierung»? Das mit dem Vortrag sah mich auch *gar* nicht gut an, eine Art Probevorlesung sollte das doch wohl sein. Ich habe das abgelehnt: 1. habe ich keine Zeit, jetzt ins Blaue hinein einen Vortrag zu machen. Bei uns in der Schweiz habe man nämlich keinen solchen im Ärmel,[1] 2. seien mehrere Vorträge von mir gedruckt zu haben, 3. sei ich jetzt noch Pfarrer, und man könne nicht von mir verlangen, daß ich mich jetzt schon als Akademiker ausweise, 4. sei ich aber bereit, wenn es ihnen Freude mache, mich zu hören, am 27. in Göttingen zu predigen, wonach ich überhaupt auch im Hinblick auf eine Dozentur am liebsten beurteilt sei. Wenn dieser Bescheid sie abschrecken sollte, so ists klar, daß ich besser unberufen bleibe. Die Liste Staehelin – ich – Max Haller[2] macht ja wirklich einen seltsamen Eindruck von Unklarheit über das, was sie dort eigentlich wollen. Ich fürchte, Heilmann[3] hat kaum etwas von mir gelesen, sondern will mich einfach «im Glauben», teilweise im Glauben an die trefflichen Männer in Bern und Erlangen. Nun, das wird sich nun bald alles aufklären. Am Mittwoch breche ich hier auf, zunächst bis Basel, um dann am Donnerstag in hohe See zu gehen, nicht ohne Pfeife,

Proviant und angemessene Lektüre. Von Sonntag 27. an bin ich dann auf der Rückreise. Mach, daß du ungefähr am Dienstag in München bist (ich mache jedenfalls Halt in Erlangen, um Müller aufzusuchen). Wir werden jedenfalls über vieles zu reden und zu lachen haben, mag es mir so oder so gegangen sein mit Stange, Titius[4] und anderen Würdenträgern. [...]

Wir sind durchaus in ruhiger Verfassung, im ganzen geneigt, die Sache, sehe sie uns an wie sie wolle, wenn es irgend geht, *ernst-* und *an*zunehmen, aber sofort bereit, zurückzutreten, wenn dort oder hier etwas nicht klappt, was klappen *müßte*. [...] Die Notwendigkeit, zuerst eine Zeitlang Extraordinarius oder sogar Honorarprofessor zu sein, macht mir schließlich nicht viel aus; wenn wir ja nur leben können. Wir überlegen viel an den praktischen Fragen herum und ich im Stillen an den sachlichen. Ich stelle mir vor, daß ich zunächst *kein* systematisches Hauptkolleg lesen würde, sondern etwas Präludierendes, etwa «Die Auferstehung der Toten als Voraussetzung christlicher Theologie, im Anschluß an 1. Kor. 15» oder so etwas. Dazu vielleicht eine Calvin-Vorlesung und in den Übungen Institutio. Aber die Wolkenbilder, die mir dazu durch den Kopf ziehen, können sich noch oft verschieben. Meine Hauptsorge in Göttingen wird sein, mir Ellenbogenfreiheit zu verschaffen, damit niemand mich hindern kann, die merkwürdigsten Themata anzukündigen und Disziplinen *nicht* zu behandeln, die es nach unsrer Lehre gar nicht geben darf. Wenn aus allem gar nichts wird, so werden wir keine Tränen vergießen. Wir haben *zuviel* aufzugeben in der Schweiz, als daß das nun sein *müßte*. Vielleicht, daß ich mich mit der Predigt dort unmöglich mache. Ich gedenke eine zu bauen über «Gebt dem Kaiser...» [Mt 22,15–22], wobei vielleicht einige Mitteilungen über unsre Stellung zur Theologie einfließen könnten, im ganzen eine Passionspredigt [...]. Mißlingts mir, so nehme ich eine von den schon gehaltenen. Es kommt auch darauf nicht viel an.

Das Pastoralblätterheft wurde auch bei uns froh herumgereicht. Ein andermal mehr; es ist spät. [...] Herzlich grüßen wir euch Beide!

Dein Karl

[1] Im Ärmel haben = aus dem Ärmel schütteln.

[2] Max Haller (1879–1949), Privatdozent, später Prof. für A.T. in Bern.

[3] Johann Adam Heilmann (1860–1930), 1896–1920 Pastor der reformierten Gemeinde in Göttingen, seit 1907 Moderator der Konföderation reformierter Kirchen in Niedersachsen, maßgeblich beteiligt an der Errichtung des Lehrstuhls für reformierte Theologie in Göttingen und an Barths Berufung.

[4] Arthur Titius (1864–1936), Prof. für systematische Theologie, verließ Göttingen und folgte einem Ruf nach Berlin zum Wintersemester 1921/22, als Barth seine Göttinger Professur antrat.

Thurneysen 18. Februar 1921

Lieber Karl,

In der Göttingerfrage zeigen sich also die Schattenseiten, die zu erwarten waren. Wie sollte sich nicht gerade in solch einer theologischen Berufungsfrage die Problematik menschlicher Pfiffigkeit, Torheit, Bedenklichkeit zeigen! Ob sies gewinnt über den verborgenen Sinn, der sich unsern Augen darin unbezweifelbar auch zeigt? Ich wurde gerade heute Vormittag bei der Römerbrieflektüre vollständig ruhig und klar ob der Gewichtigkeit und Richtigkeit unserer Wege, daß mir auch eine Nichtberufung in Göttingen nicht allzu stark zu schaffen machte. Es ist so sicher, daß gerade diese Neubearbeitung des Römerbriefes ein gewaltiges Loch in die theologische Mauer schlagen und dir noch ganz andere Tore auftun wird. [...]

Seid treulich gegrüßt! Dein Eduard

Thurneysen 21. Februar 1921

Lieber Karl,

Eben bin ich mit meiner Durchquerung des Inlandeises von Röm. 5,12–21 fertig geworden. Ich sollte zwar nicht von Inlandeis reden, viel eher hatte ich einen ganz und gar tropischen Eindruck, etwa den, einen wilden großen Stromlauf unaufhaltsam hinabgeglitten zu sein, vorbei an geheimnisvollen Urwäldern und hinweg über Klippen und Stromschnellen. Es sind nicht nur im einzelnen Höhepunkte der Darstellung erreicht, sondern es ist der ganze Zusammenhang geschlossen und zwingend gestaltet. Alles ist viel besser als in der 1. Fassung. Der Kompaß Overbeck hat sich auch hier wieder bewährt. [Es folgen einzelne Anmerkungen.]

Wie wird sich alles, alles wenden[1] durch deine Göttinger Reise? Schreib mir gelegentlich zwei Worte, vielleicht während der Reise.

Sei treulich gegrüßt von deinem Eduard

[1] Aus Ludwig Uhlands Gedicht «*Frühlingsglaube*»: «... Nun muß sich alles, alles wenden.»

Barth 22. Februar 1921

Lieber Eduard!

Der Expreßbrief [aus München] ist heute unter Jubel von Groß und Klein ins Haus gebracht worden. Ich bin aber bald erschrocken, als ich öffnete und sah, wie nahe mir die Drucker auf den Fersen sind. Ich werde nun übermorgen korrigierend durch das Großherzogtum Baden fahren und dann von Marburg aus die Bögen samt dem 5. Kapitel gen München schicken.

Vielen Dank für deine Hinweise zu 5,12f. [...] Das *ἵνα damit* V. 20 ist natürlich betont, darf aber nicht *gepreßt* werden (ich bin schon fast bis zum Äußersten gegangen!), sonst könnte man bei Kap. 6 und 7 auf einmal in der Patsche sitzen und zuviel gesagt haben. Wir gehen haarscharf an verschiedenen *alten Ketzereien* vorbei, nicht nur in diesem Punkt, und müssen Achtung geben, daß wir nicht mit irgend einer gar zu schneidigen Formulierung hängen bleiben. Das Geschrei über Gnostizismus wird ja sehr wahrscheinlich bei dieser neuen Auflage lauter als je anheben. Es ist wirklich eine Kanufahrt auf dem Niagara.

Nochmals innigen Dank für deine Handreichung. Ich sinne schon jetzt an einem schönen Satz, in welchem deiner höchst handgreiflichen Mitwirkung im Vorwort ein Denkmal gesetzt werden soll. Du hast ja auch aus den neuen Druckbogen gesehen, daß ich deine Sätze meistens einfach wörtlich abschreibe. Für künftige Lizentiaten eine dankbare Fundgrube! Und nun bin ich schon an den letzten Zurüstungen zur Reise. Morgen Mittwoch bin ich in Basel. Auf Donnerstag Abend habe ich mich in Marburg angekündigt. Am Freitag gehts vielleicht mit Halt bei Pfarrer Schlunck in Melsungen (dem Renitenzmann!) nach Göttingen. Dort predige ich, «mit Freuden» willkommen geheißen, am 27. über – – «der Herr wäget die Geister»[1] [Spr 16,2]. (Ich bin schließlich auf diese Predigt[2] gestoßen als auf die zugleich neutralste und sachlichste und bin eben daran, sie noch mit einigen Vorsichtsmaßregeln und Palisaden gegen Stange und Titius zu versehen! Im Ganzen ist nicht viel zu ändern.) Dienstliche Mitteilungen würden mich dort erreichen von Freitag bis Montag bei Pfarrer Heilmann. Am Montag Abend habe ich mich bei Freund Herpel angezeigt. Am Dienstag würde ich wenn nötig nach Erlangen fahren zu Prof. Müller und käme Dienstag Abend oder Mittwoch nach München. Mach doch ja, daß ich dich dort vorfinde, gelt? [...] Unbedingt mußt du hinkommen, Dostojewski hin und her. Ich nehme die Karamasoff mit auf die Reise und lasse mir dann gerne von dir Aufklärungen geben. [...]

Die Göttinger Sache kommt mir oft gänzlich unmöglich vor. [...] Und nun naht schon die Stunde, da ich mich in den Expreß werfe, seltsam fragwürdige Situation! Deine Teilnahme und Freundschaft ist mir in diesen trüben Stunden ein großer Trost. Und wie werde ich erst in Zukunft deines Zuspruchs bedürfen; auf irgend einer Klippe werde ich ja sicher endigen.

Mit herzlichem Gruß an dich und Marguerite

Dein Karl

Dank für deine Predigt. Sie ist *gut*. Und *so* lasse ich mir ein Gemeindeblatt gefallen!!

[1] Veröffentlicht unter dem Titel «*Das große ‹Aber›*» in: K. Barth/E. Thurneysen, *Komm Schöpfer Geist!*, München 1924, S. 14–23.

[2] Zuerst gehalten in Safenwil am 17. 10. 1920.

Thurneysen 5. März 1921

Lieber Karl,

Ich sitze wieder hinter meinem Pult und werfe einen erfreuten Rückblick auf München. Was du von der immerhin angelehnten Tür bei den Studenten in Göttingen und Erlangen erzähltest, das ist nun doch ermutigend. [...] Das war nun schon unsere 3.–4. gemeinsame deutsche Expedition. Wo und wann wird uns der deutsche Boden wieder unter die Füße kommen?

Sei herzlich gegrüßt von uns Beiden! Dein Eduard

Barth 8. März 1921

Lieber Eduard!

Herzlichen Dank für Brief und Kurier. Hierseits ist nichts entsprechend Wichtiges eingegangen. [...] Ich lege bei: die Rezension von Dehn,[1] [...] eine Nummer der Frankfurter Zeitung mit einem Wetterleuchten aus unbekannter Ecke. [...]

Hier ist wenig geschehen, seit wir uns trennten. Am Römerbrief noch gar nichts. Die Predigt über die Sadduzäerfrage entstand z. T. erst am Sonntag Morgen in Notizenform. Dann war Reitzenstein zu Besuch da. Wir hörten eine dunkle Dichtung von ihm und brachten das Doppelkonzert von Bach wieder einmal zur Aufführung. Dann habe ich Ludendorff[2] und Scheidemann[3] in einem Zug durchgelesen, mit gespanntester Anteilnahme an der Entstehung des Wracks, auf das wir nun vielleicht uns begeben sollen. Es sind beides, wenn auch sehr verschieden, höchst instruktive Bücher zur Erkenntnis der Gerichtsluft, in der wir leben. Scheidemann übertraf meine schlimmsten Erwartungen;

aber auch er ist in seiner Weise ein in sich geschlossener Kreis. Beachte, was er über Michaelis und den Prinzen von Baden sagt, in denen das Christentum in fragwürdigster Weise seinen Schildkrötenpanzer eben so streift. Man sollte noch viel mehr solche Bücher lesen und zwar von A–Z; die Hiobfrage ist doch schauerlich deutlich auch in dem *menschlichen* zoologischen Garten.

Ein merkwürdiges Zwischenspiel hat gestern Abend in einer vielstündigen Sitzung des Arbeitervereins, kaum begonnen, seinen Abschluß gefunden. Die Wackern wollten mich im April kumuliert als Großrat[4] portieren! Der Präsident kam am Samstag zu mir in der etwas kühnen Erwartung, die Aussicht auf diesen kurulischen Stuhl werde mich sicher dazu bringen, den andern Stuhl in Göttingen (von dem mittlerweile das Gerücht durch das ganze Dorf gegangen) auszuschlagen, oder ich werde doch bereit sein, die sozialistische Liste mit meinem «geachteten und beliebten» Namen durchzureißen und ein Mandat zu erobern. Du kannst dir denken, daß mein politisches Äderchen einen Augenblick anschwoll und das «Gelüsten», wie Kutter sagen würde, an mich herantrat, im Lauf des Sommers meinen Abschied von der Schweiz auch in *dieser* Weise zu feiern (im Großratssaal in Aarau irgendwie frondierend gegen die freisinnigen Großräte Haller, Zimmermann und Preiswerk, Mitglied einer Kommission für die Korrektion der Wyna[5] oder ein Kleinviehversicherungsgesetz, «kleine Anfragen» an die Regierung richtend und dergl. mehr!). Ich habe dann aber männlich widerstanden und mich begnügt, abgesehen von meiner Kandidatur energisch in die Verhandlungen einzugreifen, was sehr nötig war, denn der Sumpf bei den Sozialisten ist groß. Es kam so weit, daß einer vorschlug, den Arbeiterverein aufzulösen, worauf ich nach dem Gewitter, das ich zuerst hatte ergehen lassen, begütigend erklären konnte: Nein, das nicht, aber... Es kam auch wieder zu der weinerlichen Aufforderung des Präsidenten, die Genossen sollten doch fleißiger zur Kirche gehen, worauf ich wieder abwinken mußte: auch das seis nicht! Endlich baten mich zwei der Vorgeschlagenen, die durchaus nicht annehmen wollten, mit ihren Frauen (!!), die besonders zu widerstreben scheinen, Rücksprache zu nehmen, was ich denn auch zusagte. [...]

Vale! [...] Mit herzlichem Gruß dir und Marguerite

Dein Karl

[1] G. Dehn, Rezension über Barth, Biblische Fragen, Einsichten und Ausblicke; Barth/Thurneysen, Zur inneren Lage des Christentums; Barth/Thurneysen, Suchet Gott, so werdet ihr leben!, in: Aufwärts, 7. 1. 1921.

[2] E. Ludendorff, *Meine Kriegserinnerungen 1914–1918,* Berlin 1921.

[3] Ph. Scheidemann, *Der Zusammenbruch,* Berlin 1921.

[4] = Abgeordneter im Großen Rat, dem kantonalen Parlament.

[5] Ein Flüßchen im Aargau.

Barth 14. März 1921

Lieber Eduard!

Da hast du – leider noch kein Stück Römerbrief – aber dafür den Kurier mit allerlei merkwürdigen Stücken. Herpels Antwort an Hartmann[1] finde ich schneidig und umsichtig, wie ich es ihm gar nicht zugetraut hätte. Er handhabt die verschiedenen Brechwerkzeuge wirklich geschickt und versteht uns wissenschaftlich fast besser, als wir uns selbst verstehen. Hartmann bleibt mausetot auf der Strecke. Ich habe Rade geschrieben, daß ich die Antwort billige und um sichere und baldige Aufnahme bitte. Herpeln selbst nach so viel Mahnungen und Warnungen einmal gründlich und aufrichtig *loben* zu können, war mir eine förmliche Erquikkung. Lukas Christs Brief deckt allerlei Basileana auf, die diese Stadt aufs neue als einen wenig erfreulichen Punkt auf unserer Landkarte erscheinen lassen. [...]

Gestern Predigt über Matth. 24,1–14. Die schriftliche Vorbereitung versagt in letzter Zeit auffallend oft, und ich muß mich mit überlegten, aber nicht formulierten Mitteilungen begnügen. In der Kinderlehre fühle ich mich unglücklicher als je. Es ist die peinlichste Ecke meines ganzen Pfarramts. Die Kinder warten ausschließlich darauf, ob ich wohl bald fertig sei, und ich bin auch jedesmal erlöst, wenns wieder für 8 Tage vorbei ist. Nicht gut. Wenn aus Göttingen nichts wird, werde ich noch anfangen, einfach Fankhauser[2] oder das «Bilderbuch Gottes»[3] zu reproduzieren. [...]

Mit 1000 Grüßen an dich und Marguerite Dein Karl

[1] O. Herpel, *Die Wahrheitsfrage. Eine Erwiderung auf Hans Hartmanns kritische Aufsätze,* in: CW Jg. 35 (1921), Sp. 357–359; 371–374; 388–391. Vorausgegangen war: H. Hartmann, *Zur inneren Lage des Christentums. Versuch einer Stellungnahme zum religiösen Sozialismus der «Schweizer»,* in: CW 35, Sp. 84 bis 88; 105–107; 120–125.

[2] Herausgeber der Zeitschrift «*Weg zum Kinde*», die Hilfen für den Sonntagsschulunterricht gab.

[3] H. Kutters Buch dieses Titels.

Thurneysen 16. März 1921

Lieber Karl,

Vielen Dank für deinen Brief. Der kumulierte «Karl Barth» wäre als Abschiedskuckucksei doch schön gewesen. In einem offenbar lutherischen Kirchenblatt werde ich zum «bekannten Führer» befördert, offenbar damit man umso besser ein Geschäft mit mir machen kann. O diese Buchhändlerreklame! Meine Lektüre war ein schönes Buch von Stefan Zweig über Balzac – Dickens – Dostojewski,[1] fast alles an diesem Buch ist gut und dazu geistvoll und glänzend gesagt. Solche Künstler wie Zweig mit ihrem innern Bemühen sind unsere nächsten Verwandten! Herpels scharfsinniges und wohlgezieltes Reden hat auch meinen Beifall. Nun kommen die Festtage, und ich muß meinen Dostojewski wieder bei Seite legen wie du den Römerbrief und versuchen, in eine volle Kirche hineinzusagen, was doch noch immer am besten das geheime Gespräch zwischen dir und mir bliebe. Ich komme mir manchmal in so unguter Weise so unbeteiligt vor am ganzen Unternehmen der Kirche, sitze tageweise daheim, lese, schreibe, und ohne es zu wollen, bildet sich etwas wie eine esoterische und eine exoterische Sphäre aus immerhin unter dem Vorbehalt, daß mir die Menschen als solche nie gleichgültig sind. Sie zu verstehen hilft mir gerade Dostojewski.

Herzlich Eduard

[1] St. Zweig, *Drei Meister: Balzac – Dickens – Dostojewski* (1920), als Bd. 1 aufgenommen in: *Die Baumeister der Welt. Versuch einer Typologie des Geistes*, Leipzig 1929.

Barth 18. März 1921

Lieber Eduard!

Leider, leider noch immer kein Manuskript. Die erste Hälfte von Röm. 6 ist unerhört schwierig. Ich komme fast nicht vorwärts in diesem Couloir, mußte, schon bei Vers 8 angelangt, gestern Alles wieder umwerfen und von vorne anfangen. Daß Paulus den *fliegenden* Vogel[1] meint, ist gerade hier mit Händen zu greifen, umso schlimmer für mich. Die 1. Auflage ist hier ungewöhnlich unbrauchbar, ich sehe mich genötigt, sogar eine neue *grammatische* Kategorie aufzustellen, das unzeitliche «Futurum resurrectionis». Aber ob da irgend etwas Deutliches herauskommt? Und es wäre doch gerade hier so wichtig, denn die Stelle ist irgendwie die Achse, um die sich der ganze Brief dreht. Wahrscheinlich wird dem Leser daselbst nur ein Loch sichtbar werden. Vor Ostern bringe ichs nun sicher nicht mehr fertig. Nachher will ich dann einen erneuten Anlauf nehmen. Böse Zeiten.

Die Befürchtung, die ich dir in München äußerte, wir könnten die Ovationen, die man uns als «religiösen Persönlichkeiten» in Deutschland so freigebig spendet, büßen müssen, erfüllt sich wenigstens an mir in peinlichem Grade. Ich kam mir schon lange nicht mehr so klein und häßlich vor wie in diesen Wochen. In Safenwil war ich doch in diesen 10 Jahren ein bedenklich unnützer Knecht, und was für neue Hohlräume werden erst in Göttingen sichtbar werden, wenns überhaupt dazu kommt, was ich oft lieber *nicht* wünschte, wenn ich nicht sähe, daß es hier eigentlich nicht mehr geht. Ich stehe bald buchstäblich in der Luft.

Heute sammelte ich die üblichen Schlußaufsätze meiner Konfirmanden ein, und es war eine bedenkliche Mißernte. Das Beste ist noch, daß sie fast unisono mitteilen, das Christentum sei etwas überaus Schwieriges, und man sollte 20 Jahre alt sein, um es besser zu verstehen. Die Guten, wenn sie wüßten! Daneben breite Schichten von aargauischem Moralin, die von der Säure, mit der ich sie bearbeitet zu haben meinte, ganz unversehrt sind. Überdies ist die intelligenteste meiner Konfirmandinnen letzten Sonntag aus Überdruß an häuslichen Verhältnissen nach Zürich durchgebrannt und gestern von einem Detektiv wieder eingebracht worden, wobei sich ergab, daß sie schon vor zwei Monaten einen kleinen Selbstmordversuch mit Lysol unternommen. Knüppeldicker Pharisäismus der andern natürlich, mit denen sie ohnehin im Krach lebte. «Das sind jetzt die Früchte seiner religiössozialen Tätigkeit», würde der Vater von Gottfried Ludwig lachen, und ich weiß wirklich noch nicht, wo ich den Atem hernehmen soll, um auch *dazu* das Allerletzte zu bemerken am Karfreitag.

Hier mit dem deinigen einigen hierseitigen Kurier. Joh. Müller nötigt mich mit Teufels Gwalt ihm zu antworten; ich werde mich nach Ostern an die unangenehme Aufgabe machen müssen. [...] Am Sonntag Predigt über Matth. 24,29–31!

Mit herzlichen Grüßen dir und Marguerite Dein Karl

Ich unterrichte zwei *ganz* schwache Knaben privatim und komme über die *Sach*erklärung des biblischen Bilderbuchs tatsächlich fast nicht hinaus. Vier Mädchen (von im Ganzen 20 Kindern) sind fast ebenso schwach. Und die «Starken» sind wie oben gesagt entweder unverbesserliche Moralisten, oder sie entweichen nach Zürich! Ich habe nun im Sinn, sie samt und sonders noch persönlich vorzunehmen. Am Mittwoch und Donnerstag haben wir zum Überfluß meiner Bedrängnis noch Schulexamen.

1 Anspielung auf einen berühmt gewordenen Satz aus Barths Tambacher Vortrag (Der Christ in der Gesellschaft, S. 15): «Denn unsere Stellung zur

Lage ist tatsächlich ein Moment einer *Bewegung,* dem Augenblicksbild eines Vogels im Fluge vergleichbar, außer dem Zusammenhang der Bewegung ganz und gar sinnlos, unverständlich und unmöglich.»

Thurneysen 21. März 1921

Lieber Karl,

Herzlichen Dank für den Brief samt Kurier. Das «Futurum resurrectionis» ist ausgezeichnet! Laß dich nur nicht zu sehr hetzen. Wie sollte es anders sein, als daß das neue Kapitel Röm. 6 manche Pfeife und einige gedankenvolle Waldspaziergänge braucht, bis es durchschritten ist.

Wir und die Kinderlehre, wir und die Kinder! – da wäre allerdings einiges zu seufzen. Auch ich bin ganz unbefriedigt; schon nur die äußere Ordnung ist oft schwer zu erzielen, und das rührt deutlich von einer innern Ohnmacht meinerseits her. Du glaubst es mir vielleicht nicht, aber das unmittelbare und direkte Verhältnis, das nach Dostojewski «der russische Mensch» gerade zu Kindern haben soll – o weh, davon ist auch bei mir nicht viel vorhanden. Ich habe oft das Gefühl, abschreckend zu wirken, und im Übrigen hatte auch ich erst dieser Tage Polizeiakten wegen allerlei wüster Dinge über zwei meiner Unterrichtsmädchen zu lesen, und die entsprechenden Ausbrüche von Pharisäismus bei den andern fehlten auch nicht.

Meinen Vortrag über Dostojewski werde ich auslaufen lassen in Erwägungen über Menschenliebe als Liebe zum Einzelnen, zum irdischen Menschen. Es findet bei Dostojewski gerade kraft der Aufhebung alles Menschlichen eine merkwürdige Rückwendung zum Menschen selber statt und zwar nicht nur zur Idee des Menschen, sondern zum empirischen konkreten Menschen. Dafür ist sein ganzes Œuvre Zeugnis, eine ungeheure Rückwendung der Kurve aus allen Fernen, den himmlischen und höllischen, zur Erde – – aber unter dem Signum Auferstehung.

Herzlich Eduard

Thurneysen 29. März 1921

Lieber Karl,

Die Korrekturbogen kamen gerade im rechten Moment, um mir für die Osterpredigt (1. Kor. 15,55–57) in den Sattel zu helfen. Sie verlief unter einigen vorausgeschickten Antithesen. Auferstehung – nicht Frühlingserwachen, leeres Grab – nicht Weiterleben armer Seelen nach dem Tode, Jesus siegt – nicht moralische Aufforderung zu einem guten Leben. Nach diesen Antithesen verlief sie als Darstellung der durch den Text gegebenen Komplexe: Tod – Sünde – Gesetz auf der einen und Sieg in Christus auf der andern Seite. Ein heikles und deprimierendes Unternehmen bleibt es und wird es immer mehr, dieses Reden von der Auferstehung als solcher. Nun gehe ich ans Schreiben meines Vortrags über Dostojewski. [...] Eben war Frau Dr. Sp. bei mir. Sie und ihr Mann waren scheints am Sonntag in der Kirche und hatten etwas von der Predigt. Sie ist überhaupt eine ausgezeichnete Frau, auf welche du dich immer berufen kannst, wenn nach den Früchten deines Tuns in den Safenwiler Jahren gefragt werden sollte, und sicher nicht nur auf sie.

Schreib mir wieder und sei herzlich gegrüßt von uns Beiden.

Dein Eduard

Beiliegend meine Bemerkungen zu Manuskript und Korrekturen von Röm. 6 und 7.

Ich kann nun doch nicht mehr vor Aarau zu dir kommen, so sehr ich es gewünscht hätte, denn ich stecke in den letzten Couloirs unmittelbar unter dem Gipfel: im Großinquisitor und den Gesprächen Iwan Karamasoffs mit dem Teufel. Ich werde sehr froh sein um deine Gegenwart im Gefecht, unsere Einsichten zeitigen auch bei Dostojewski eine neue, noch von keiner Seite vertretene Exegese und merkwürdige Ausblicke auf die Lage überhaupt. Das Römerbriefmanuskript habe ich gelesen und finde alles in Reih und Glied, und die erstaunliche Wendung und Richtung kommt mit Kraft zum Ausdruck. – Lies übrigens einmal in den politischen Schriften Dostojewskis, wie da Christus eingebettet ist in Erwägungen zur russischen Machtpolitik und daran angeknüpfte chiliastische Erwartungen, die alle politischen Möglichkeiten übersteigen, die also nur unter «Wiederkunft» verstanden werden können, ohne daß diese aber verkündigt würde. Bei Dostojewski findet sich ähnlich wie bei Kutter ein Drang nach etwas *Realem,* ein Griff über alle Fernen hinweg, der mir in seiner Tendenz ungleich viel verständlicher und lieber ist als etwa die Klugheiten der «Neuen Wege».

Barth 7. April 1921

Lieber Eduard!

Ich habe euch noch gar kein Wort geschrieben, seit ich damals wohl versehen mit Marguerites Speisepaket und deinem Tabak Wattwil entgegenrollte, wo ich einige ganz gute Stunden hatte. G. Wieser schien doch durchaus angetan von deiner Osterpredigt. [...] Die ungeheure Kirche mit dem Hochaltar und die Erzählungen Wiesers und seiner Frau über die Gemeinde sahen mich sehr fraglich an. Was soll einer eigentlich machen an solch einem Ort? Meine weitere Reise wickelte sich programmgemäß ab. [...]

Hier endlich wieder einmal eine Lieferung Römerbrief. Lies sie nur, wenn du kannst und magst; du hast ja jetzt wirklich anderes zu tun, und das Ding kann warten. Aber dann sieh ja gut nach, ob kein Gelenk fehlt; ich bin so sehr froh über deine überprüfende Expertise, denn ich habe das Gefühl, du durchschauest die ganze Mechanik eigentlich besser als ich. Ich komme mir oft vor wie ein alter Hafner, den ich einmal in einem Ofen arbeiten sah: so, daß tatsächlich nur noch die Schuhe hervorragten. Ob ich an dem dunkeln Ort, an dem ich meine Sätze aufeinander stelle, wirklich mit den Overbeck'schen Katzenaugen gearbeitet, das kann erst der feststellen, der den Ofen nachher probeweise zu heizen versucht. Hinter diesem Stück bin ich nun an die fünf Wochen gesessen, allerdings mit Unterbrechungen, der größere

Teil machte eine dreifache Redaktion nötig. Leser wie Wernle werden es allerdings trotzdem unter Berufung auf das «reiche» Pandämonium der Frömmigkeit unter den Tisch wischen. [...]

Was wurde aus deiner Predigt über die Höllenfahrt? Die meinige verunglückte wieder ganz, resp. sie zerfloß mir irgendwie unter den Händen zu einer Reihe von Mitteilungen («es steht da so etwas»), die diesmal nur den Vorzug der Gemeinverständlichkeit gehabt haben sollen. Ich sehe mit großer Spannung deinem Dostojewski entgegen. Laß dir ihn dann nur nachher nicht entreißen. Er darf auf keinen Fall in dem Massengrab der Aarauer Vorträge verschwinden.

Bei uns rückt allmählich *das* Ereignis näher.[1] Mitte April. In welcher Situation muß dieses Kindlein die Welt, die Kirche, seinen Vater vorfinden, indem es das Licht der Welt erblickt! Die gänzliche Fragwürdigkeit des Treibens, von dem es umgeben ist, muß ihm doch vom ersten Tag an zu denken geben und es, wenns ein Bub ist und wenn er später Theologe würde, irgendwie auch *ganz anders* auf den schmalen Weg verweisen.

Hier dein Kurier zurück und der meinige zur Einsicht. Ein guter Brief von Loew. [...] Die Maifeier muß ich natürlich absagen.

Lebe wohl! Wir grüßen euch herzlich! Dein Karl

[1] Geburt von Robert Matthias Barth am 17. 4. 1921. Matthias Barth verunglückte als Theologiestudent am 23. 6. 1941 tödlich bei einer Alpenwanderung.

Barth 4. Mai 1921

Lieber Eduard!

Ich sitze, vorläufig nur dumpf brütend, vor der Aufgabe, eine Himmelfahrtspredigt zu verfassen, und vermute dich in ähnlicher Lage, wenn du wenigstens die Post schon gelesen hast, gründlich wie wir es lieben besonders an Samstagen!!

Nun wird Gogarten bei dir sein. Ich hatte einen guten Tag mit ihm in Oberrieden und Zürich und habe in elfter Stunde noch Schmollis mit ihm gemacht.[1] Wer ihm außer mir auch noch Schmollis angeboten hat, das soll er dir selber erzählen. Es gehört zu den seltsamen apokalyptischen Bildern, an denen unsere Tage nicht arm sind. Auch von unserm gemeinsamen Besuch an der Zollikerstraße [bei Kutter] wirst du nun schon gehört haben. [...]

Hier ein weiteres Stück Römerbrief. Die Sorge um dieses Buch verfolgt mich bis in die Träume. Das Schreiben fällt mir bedenklich sauer. Werde ich in dieser Weise in Göttingen Vorlesungen aus mir herausquetschen müssen? Und wenn dann nur etwas Rechtes und Erhellendes herauskäme. Es ist aber dem Brief von Siebeck zu entnehmen, daß die Mitleser in Deutschland bereits leise zu seufzen beginnen über die Monotonie dieser dialektischen Übungen. Was soll das alles? frage ich mich selber immer wieder. Und der gute Heilmann in Göttingen mit [seiner Vorstellung von einer] «erfolgreichen Lehrtätigkeit», mit der er mir spienzelt.[2] Ich fürchte viel mehr, daß nach kurzem Aufschwung eine fürchterliche Flucht vor meinen erknorzten Mitteilungen einsetzen wird, und daß ich dann *dort* noch lackierter dastehen werde als *hier*.

Hier lies den Kurier. In Göttingen scheint die Sache vor der Entscheidung zu stehen. Vielleicht daß Stange in der Fakultät die Sache noch verunmöglicht. Aber wie, wenn er das nicht tut? Ich sehe mit Fatalismus kommen, daß es kommt, verzagter als je und doch auch nach den Gesprächen mit Gogarten und Pestalozzis in der Unmöglichkeit abzusagen. Es gibt eine große Katastrophe. An das, was ich dort allwöchentlich 3 oder 6 oder 8 Stunden lang *sagen* soll, wage ich gar nicht zu denken.

Den Auftrag Siebecks, in Heidelberg zu reden, nimm doch ja an. Ich las das mit der leisen Hoffnung, das könnte eine Brücke werden, über die du dann in absehbarer Zeit auch nach Deutschland kommst. Schreibe ihm bitte sofort und direkt, daß du kommst. Du müßtest den Vortrag wohl etwas kürzen oder dann *zwei* Vorträge ankündigen, was vielleicht noch besser wäre. [...]

Fritz Lieb kam am letzten Sonntag nicht, will aber am nächsten kommen. Er scheint heimatlos; ich habe ihm das Vikariat hier angeboten. Morgen möchte ich über das «aufgehoben zusehends» Apg. 1,9 predigen. Was wird das werden?

Mit herzlichem Gruß an Marguerite, Gogarten und dich

dein Karl

[1] Schmollis machen = das Du anbieten.

[2] = mir die Sache schmackhaft machen möchte.

Thurneysen 6. Mai 1921

Lieber Karl,

[...] Ich war in Basel und habe die ganze Piste abgeschritten, reiste aber eher gern von dieser seltsamen Stadt ab, nachdem mir noch einige in besten Familien eben vorgefallene wahrhaft karamasoffische Begebenheiten das Bild gerundet hatten. Ich möchte jedenfalls noch nicht Pfarrer in Basel sein. Es ist auch keine Gefahr, daß es unsereiner wird. Aber deutlichstes Reden mit dieser Kirche wäre jedenfalls am Platz. Im Übrigen war es ein genießerisches Wandeln über alle die Plätze, Gassen und Rheinbrücken. Ich hörte mir auch noch drei gerade stattfindende Examenspredigten an und dachte, es müßte doch irgendetwas anderes aus diesen ersten «Zeugnissen» zu hören sein, wenn auch nur ganz von ferne etwas wie ein großes Erschrecken! Wenn doch diese Studenten einmal in deinen kommenden Vorlesungen sitzen könnten! Die Frau von Lukas Christ machte uns treffliche Schilderungen von Göttingen, pries seine schöne Umgebung und die gesunde Meeresluft, die dort schon zu spüren sei, Waldspaziergänge und dergleichen. Es wird ja nun doch ernst, und da gilt es, neben allem Problematischen, wovon auch zwischen Gogarten und mir dieser Tage viel die Rede ist, auch die paar Pluspunkte zu sehen, die da sind. Gogarten läßt grüßen, er sitzt am Tisch und liest durch eine Hornbrille von bedrohlicher Größe. Er ist von unschätzbarem Werte gerade in seiner Andersheit.

Herzliche Grüße dir und Nelly und Fritz Lieb. Nächste Woche schicke ich dir die Römerbriefstücke zurück.

Dein Eduard

Barth 13. Mai 1921

Lieber Eduard!

Hier allerlei zurück und Hierseitiges zur Einsicht: 1. ein weiteres Stück Röm. 7, teilweise etwas scharfer Tabak. Das Füllhorn dieser Dialektik will sich nimmer erschöpfen und leeren. Es wird ein unerträgliches Buch geben und mich dauern schon jetzt die Leser, die allen diesen Mäanderwindungen folgen müssen. Sieh gut nach, ob alles ungefähr stimmt und ob irgendwo noch ein Gelenk mehr wünschenswert wäre. Ich fürchte, was nächste Woche drankommt, wird noch schlimmer. Die Mitteilungen der 1. Auflage sind gerade in dieser Gegend recht dürftig, soviel ich mir damals darauf einbildete und so gut sie dem Publikum gefielen. 2. Mein Kirchenbericht,[1] von unserer getreuen Coiffeuse sauber abgeschrieben, beim schwarzen Kaffee zur Erholung zu durchgehen, wahrscheinlich also mein Abschiedswort an die aargauische Kirche. Ich schrieb es in ziemlichem Grimm, wie in alten Zeiten. Was aber erwartet mich in der reformierten Kirche von Hannover?! Wahrscheinlich werde ich dort zunächst in einer ganz andern Maske auftreten müssen. 3. Allerhand Kurier, z. T. mit wunderlichen Dingen. [...]

Am Dienstag feierte ich nachdenklich und mit einem geschwollenen Backen meinen 35. Geburtstag. Ich hätte eigentlich Harnack zu seinem 70. begrüßen sollen! Aber das Hosianna, das ihm in der «Christl. Welt» dargebracht wurde,[2] nahm mir den Atem. Mein Geburtstagstisch war wieder fast wie letztes Jahr: ganze Türme von Chokolade, Kaffee, Tabak, Stümpen, Kuchen und eine Wurst. So feiern mich die, die mich aus der Nähe kennen!

Denk ich habe nun für fünf Sonntage – Fritz Lieb engagiert! Er kommt nächste Woche hieher und wird am Sonntag nach

Pfingsten anfangen, nachdem er vor 8 Tagen, wo wir übrigens unsern Jüngsten tauften, einen Probevortrag absolviert, der hoffnungsvoll gewesen sein soll. Ich konnte ihn nicht selbst hören, da ich für den erkrankten Schild [in Uerkheim] einspringen mußte. Hoffentlich bereitet mir Fritz keine kommunistischen Überraschungen. Er scheint aber wirklich ein guter Kerl zu sein, und ich werde ihm fünf Wochen lang fleißig zusprechen, wenns nötig sein sollte.

Gestern Abend fiel in Göttingen die Entscheidung; doch bin ich noch ohne Nachricht. Ich grüble an – Überschriften für zu haltende Vorlesungen, die ich wohl alsbald werde eingeben müssen, und denke an «Die Hauptbegriffe der paulinischen Theologie» 2–3-stündig und «Übungen über Schleiermachers Darstellung des theologischen Studiums», um auch den *Angriff* gleich zu eröffnen. Wie sieht er dich an?

Mit herzlichem Gruß an dich und Marguerite

dein Karl

[1] Bericht über die Lage der Gemeinde, den jeder aargauische Pfarrer alle zehn Jahre anhand eines vorgegebenen Fragenkatalogs an den kantonalen Kirchenrat zu erstatten hat. Barths Kirchenbericht ist auszugsweise zitiert bei J. Fangmeier, *Erziehung in Zeugenschaft. Karl Barth und die Pädagogik,* Zürich 1964, S. 39ff. – Die Berichte der Pfarrer wurden zusammengefaßt in dem 1921 erschienenen *Generalbericht über die Verhältnisse und Zustände der evangelisch-reformierten Kirche des Kantons Aargau in den Jahren 1913 bis 1921. Erstattet vom Kirchenrat an die reformierte Synode,* 63 S. Darin ist der Bericht Barths mehrfach – ohne Verfasserangabe – zitiert.

[2] Die Nr. 18 der CW Jg. 35 (5. 5. 1921) erschien als Festnummer zu A. von Harnacks 70. Geburtstag mit Beiträgen von A. Jülicher, M. Rade, W. Bornemann, E. Foerster und O. Baumgarten.

Thurneysen 17. Mai 1921

Lieber Karl,

Gogarten hielt mich vom Durcharbeiten deiner Manuskripte ab; er nahm mich ganz in Beschlag, und auch dein Röm. 6 gab mir viel zu denken. Doch mehr als Gogarten und Römerbrief liegt mir Göttingen, jetzt wo es ernst gilt, auf der Seele. Ich komme mir ganz verlassen und abgekappt vor. Dein Schritt führt auch mich ins Dunkle, macht mich einsam und unsicher. Zorn über die Schweiz ist bei mir haufenweise da. Der Neid und die gewisse Angst der hier Tonangebenden, mit der sie dich in den weiten deutschen Raum ziehen sehen, ist das Einzige, was mich freut. Jetzt können wir nicht mehr in Safenwil über sie und einige andere lachen. Dein Weg ist wahrhaftig noch ganz anders als der meinige ein Abrahamssteig. Das weiß ich genau. Und sobald ich an diese Seite der Sache denke, weiß ich auch, wie notwendig jetzt alles so gehen muß, wie es geht, und daß das uns beiden nötige Maß an persönlicher Verbindung auch künftig möglich und gegeben sein wird. Deine Themata für das kommende Semester finde ich trefflich.

Ich für mich mache Dostojewski druckfertig und blicke der merkwürdigen Erscheinung Gogartens noch immer mit einigem Staunen nach. Merkwürdig ist mir an ihm, wie er ganz anders als wir sozusagen unter Umgehung der Bibel den Weg ins Zentrum gefunden hat. Er wollte denn auch von deinen Römerbriefstücken nichts vorgelesen haben, als ob ihn dein Weg doch nicht so viel anginge. Natürlich wird er dein Buch, wenn es ganz vorliegt, als einer der ersten lesen. Im Übrigen ist er ein raffinierter Kulturmensch, kennt Italien und Goethe und erst recht die Moderne, bei gewissen Mitteilungen über etwas besonders Exquisites aus dem Kunstgebiete pfiff er nur leise, kennerhaft durch die Zähne wie ein Feinschmecker in Erinnerung an Austern und Champagner. Umso erstaunlicher und wertvoller an ihm ist seine Aufhebung der Kultur in ihren letzten Werten. Wenn es bei uns wieder einmal zu einer Ethik kommen soll, wird Gogarten dank seiner Kulturkenntnis Gewichtiges zu sagen haben.

Nächstens müssen wir uns wieder einmal sehen. Das wäre äußerst nötig. Auf dem Bergli? Herzlichste Grüße und nachträgliche Geburtstagswünsche! Dein Eduard

Barth 18. Mai 1921

Lieber Eduard!

Vielen Dank für deinen Brief, der meiner absolut geschlagenen Stimmung nur zu sehr entspricht. Ich wundere mich, daß mir in den letzten Tagen keine grauen Haare gewachsen sind, kaputt genug war ich dazu, aber meine Vitalität ist scheints zähe. Göttingen sieht mich, nun der Punkt, wenigstens der vorletzte, aufs i gesetzt ist, noch zehnmal fragwürdiger an als zuvor. Was soll das alles? Und was soll daraus je werden? Sind die Leute eigentlich blind, die mich da nun durch alle Instanzen hindurch wirklich haben wollen? Oder habe ich kirchliche und wissenschaftliche Eigenschaften, die sie an mir sehen, von denen ich aber selbst nichts weiß? Und was soll ich nun eigentlich dort tun, spielen oder reißen? Ich sehe mich so ganz und gar nicht in der Situation und kann mir etwas anderes als ein groteskes Versagen dort eigentlich gar nicht vorstellen. Auf der andern Seite sehe ich nur, wie alles darauf hinweist, daß gerade das nun geschehen muß, gut oder schlecht oder ganz schlecht, aber irgendwie geschehen. Und so stehe ich nun einmal buchstäblich in der Luft, kann nicht rückwärts und weiß nicht, wies vorwärts geht. Dein Schwanken vor der St. Galler Berufung, das ich damals etwas mißbilligte, verstehe ich nun besser, nur daß mein Fall doch wohl noch brenzlicher ist: denn nachdem man zwölf Jahre an der einen Hälfte des sauren theologischen Apfels, am Pfarramt, sich müde gekaut, nun auf einmal die andere, die akademische Hälfte präsentiert zu erhalten, das kann einen schon aus der Fassung bringen. Es ist ein greuliches Glatteis, auf das ich da gehen soll. Und – – wenn ich nur um alles in der Welt etwas mehr *wüßte;* ich sehe aber bei jedem Blick in ein theologisches Buch 1000 Dinge, die mir «fabelhaft neu» sind, über die ich aber offenbar demnächst erschöpfende Auskunft sollte geben können. Ich sehe erst jetzt, was für ein Sieb mein Kopf ist; ich habe so ziemlich alles, was ich auf der Universität wußte, einfach glatt vergessen und muß irgendwie ganz von vorne anfangen und vor allem höchste Vorsicht walten lassen, um meine unzähligen Blößen nicht zu verraten. Aber sie werden trotzdem an den Tag kommen. Ich werde im Stande sein, gegenüber den einfachsten Daten etwa der Reformationsgeschichte sprachlos zu sein und von gangbarsten Philosophemen und Theologumenen nie etwas gehört zu haben. Kurz, es ist mir manchmal ums Heulen, und dazu hatte ich diese Woche noch einen widrigen Abszeß in der Mundhöhle zu überstehen, wahrscheinlich ein warnendes Zeichen, ich sollte diese Höhle lieber endgültig zutun als noch weiter aufreißen.

[...] Nelly denkt daran, nächste Woche mit dem Säugling nach Göttingen zu reisen zur Besichtigung eines Hauses, das wir dort kaufen sollen. Eine phantastische Möglichkeit reiht sich jetzt an die andere, wir können nur zusehen. Der Gedanke, erst nächsten Frühling in Göttingen anzufangen, lag uns auch schon nahe. Aber noch den ganzen Winter hier zu sein («als die Abreisenden und siehe sie sind immer noch da»), liegt uns nicht, auf eigene Kosten irgendwo leben können wir nicht, Verwandten und Freunden als das Heer, das wir sind, aufsitzen, wollen wir nicht. Es wird doch das Beste sein, die Amputation rasch zu vollziehen. Wir denken auf 1. Oktober.

Wenn nur das Römerbrief-Ungetüm bälder erlegt wäre! Ich knüpple an Röm. 7,14f. herum. Daneben stecke ich aber doch schon gelegentlich die Nase in die «Reden über die Religion» und in die «Glaubenslehre» und finde lauter sehr zu Mißbilligendes in diesen von mir einst hochgeschätzten Büchern. Er [Schleiermacher] bekommt zunächst sofort ein kleines Denkmal in Röm. 7, und wahrscheinlich werde ich mein Lehramt gleich mit einer Kriegserklärung an diesen Kirchenvater und religiösen Virtuosen eröffnen müssen. Vielleicht wähle ich als Material statt der «Kurzen Darstellung» die Einleitung zur «Glaubenslehre», wo ich auf jeder Seite bedenkliche Sätze sehe. Röm. 7 sollte diese Woche fertig werden. [...]

Wer ist wohl Karl Ludwig Schmidt?[1] Ein geschäftiger deutscher Privatdozent sicher, noch stark vor den falschen Göttern weihräuchernd, aber offenbar nicht ganz ohne Einsicht. Ich habe ihm geschrieben, Jülicher und er[2] hätten mich nun Marcion, Köhler[3] Caspar Schwenckfeld und Harnack selbst Thomas Münzer zur Seite gestellt; *welchem* Historiker ich nun glauben müsse? Übrigens scheint Marcion in der Tat einiges gewußt zu haben; ich lasse mir das Buch von Harnack[4] kommen. [...] Und nun greift also Herpel in breiter Front an.[5]

Gestern Abend fing ich im dunkeln Baumgarten einen lebenden Igel, der dann aber aus seinem Korb ausbrach und nun bald da bald dort im Haus Spuren seiner Anwesenheit hinterläßt. Vielleicht ein Gleichnis meiner Tätigkeit in Göttingen.

Mit herzlichem Gruß dir und Marguerite dein mitbedrückter und betrübter Karl

[1] Karl Ludwig Schmidt (1891–1956), Prof. für N.T. in Gießen, Jena, Bonn und – seit 1935, als Emigrant – in Basel, mit Barth und Thurneysen nah verbunden.

[2] K. L. Schmidt, *Marcion und wir. Die Gegenwartsbedeutung von Harnacks Marcion,* in: Kartell-Zeitung. Organ des Eisenacher Kartells Akademisch-Theologischer Vereine, Jg. 31 (1920/21), S. 83–85.

[3] Justinus (Pseudonym für W. Köhler), *Zur religiösen Lage der Gegenwart,* in: Neue Zürcher Zeitung, 21. 10. 1920.

[4] A. v. Harnack, *Marcion: das Evangelium vom fremden Gott. Eine Monographie zur Geschichte der Grundlegung der katholischen Kirche,* Leipzig 1921.

[5] Vgl. Anm. 1 zum Brief vom 14. 3. 1921.

Thurneysen 20. Mai 1921

Lieber Karl,

Herzlichen Dank für deinen Brief. Wann sehen wir uns wohl einmal, um uns über die Prüfungen dieser Zeit – Antonius besucht den Hl. Paulus!! – miteinander zu ergehen? Ich las dieser Tage Birts (Marburger Historiker) Buch über Spätrom[1] mit guten Zusammenfassungen über Constantin, Julian Apostata, Augustin und fand alle Aufstellungen grundsätzlicher Art, die wir von Overbeck her über Geschichte und Urgeschichte des Christentums haben, gerade für diese verhängnisvolle Zeit der entstehenden Weltkirche erstaunlich bestätigt: der Verrat an die Welt in vollem Gange, das Religionsgewimmel vermehrt. Es ist, als ob dieser Profanhistoriker gerade unter diesen Overbeckischen Gesichtspunkten geschrieben hätte, und ich habe mich wieder einmal gewundert, wie unwissend, Gogarten würde sagen, wie ungebildet, theologische Historiker, bei denen ich einst Kirchengeschichte gehört hatte, über ihre eigene Disziplin reden. Fürchte dich nur nicht zu sehr wegen der Löcher in deinem Schulsack. Du weißt wenigstens darum!

Emil Brunner! ich habe gelacht, als ich deine Karte an ihn und seinen aufgeregten Brief an mich las, und habe ihm heute auseinandergesetzt, daß seine Einwände betr. die Absolutheit des Christentums auf einer Ebene liegen, die er schon verlassen haben sollte. Übrigens ist Brunners Glaube an dich sicher echt. Er sandte mir vor einiger Zeit aus Versehen einen Brief an einen Vetter in Bern, worin er allerletzte Worte über dich braucht und von größten Hoffnungen redet, die auf dich zu setzen seien. Heuchelei liegt ihm also sicher fern. Ein einsichtiger Brief von Dehn liegt bei, der von Mennicke handelt. [...] Im Übrigen: die Klage um dich verstummt nicht in meinen Gedanken und in unserm Hause. Es ist mir aber völlig klar, daß du gehen *mußt*.

Herzliche Grüße dir, Nelly und Fritz Lieb von uns Beiden!

Dein Eduard

[1] Th. Birt, *Charakterbilder Spätroms und die Entstehung des modernen Europa*, Leipzig o. J. (1919).

Barth 23. Mai 1921

Lieber Eduard!

Hier kommt der erste Ertrag der Anwesenheit Fritz Liebs: das beendigte 7. Kapitel. Wie zu erwarten war, ist die ganze Polemik gegen den Pietismus, die uns vor 3–4 Jahren so wichtig war, verschwunden, obwohl der Abschnitt bei den Rezensenten eine besonders gute Note erhalten hatte, und die Mündung des Geschützes weist nun, steiler gerichtet, auf einen ganz andern [Schleiermacher!] hin, der mir, sicher nicht ohne höhere Zulassung, eben jetzt in die Hände geraten ist. Sogar was er nächtlicherweise an seine Henriette geschrieben, als er über Religion fertig geredet, wird ans Licht gezogen. Aber auch den bekehrten Natorp und andere Jahrhundertgenossen sieht man im Hintergrund über die Bühne schreiten. Sachlich dient der Abschnitt hoffentlich als Anzeige, daß man von Paulus aus auch über Religion reden kann, wenn es durchaus sein muß. [...]

Pestalozzis haben uns eingeladen, den Winter auf dem Bergli zuzubringen. So fein das wäre, das geht nun doch zu weit; denn, du liebe Zeit, wir müßten uns ja auch fast ganz von ihnen ernähren lassen. Ich habe nun zu meiner Erleichterung einen andern Plan gefaßt, nämlich in Göttingen für diesen Winter nur ein 2-stündiges Kolleg über den Epheserbrief, das ich im Rohbau schon habe, anzukündigen. Dann kann ich jetzt den Römerbrief in Ruhe fertig machen und habe den Winter in der Hauptsache frei zur Vorbereitung eines besser besetzten Programms für den Sommer. Ich glaube, das ist die Rettung. [...]

Eben habe ich noch deine Glossen zu Röm. 6 überdacht, bearbeitet und fast alle hinzugefügt. [...]

Mit herzlichem Gruß Dein Karl

Barth 30. Mai 1921

Lieber Eduard!

Hier Röm. 8,1–10. Du siehst, daß Fritz Liebs Anwesenheit Räder an den Wagen gebracht hat. Viel Merkwürdiges rückt auf: der Zitterrochen,[1] eine weitere kleine Christologie, der «Ursprung» fast mit Händen zu greifen und doch wieder nicht, und viele kleine Nebenübungen am hohen Trapez. Was soll, was soll das alles? Weißt du, daß in den Kreisen unserer Freunde und «Mitsucher der Wahrheit», um mit Brunner zu reden, die Anekdote zirkuliert, wir zwei seien uns einmal einen ganzen Nachmittag rauchend gegenübergesessen. Nach einer Stunde habe *ich* gesagt: Vielleicht!! und nach einer Stunde weitern Schweigens *du:* vielleicht auch nicht!!! und das sei unser Gespräch gewesen und der konzentrierte Inhalt unseres Systems! Irgendwie sehen unsere Bemühungen vom Himmel oder auch nur vom Mond aus jedenfalls sehr mißlich aus.

Ich hatte allerlei Besuch diese Woche. Am Montag Peter, mit dem es diesmal gut ging, obwohl er sich immer an einem bestimmten Punkt weigert, die Medizin zu schlucken, die wir den Leuten mit Teufelsgewalt eingeben wollen. Am Donnerstag J., wie gewohnt unsicher zuerst, an Lehramt und Weltreisen denkend, dann [von mir] energisch bedroht und belehrt, schließlich für einmal wieder beruhigt abreisend. Ein seltsamer Zeitgenosse. Die Gelegenheit, in der Sache, in der ich auf deinen Wink ein wenig Kutter spielen sollte für ihn, war günstig, ich bemerkte aber keinerlei Spuren von Einschnappen. Gestern Sonntag traf Wilhelm Vischer[2] hier ein, eine gute Gestalt, wo das Rütteln an allem, was etwa noch niet- und nagelfest sein könnte, [...] besonders lockend und lohnend ist. Er bleibt noch bis heute Mittag hier.

Der Verkehr mit dem Epheben Lieb ist überaus ergötzlich. Der säuft nun (im Gegensatz zu Peter) die bewußte Medizin literweise in sich. [...] Seine gestrige Predigt stellte die erste ungefähr auf den Kopf. [...] Für den nächsten Sonntag habe ich ihm nun die Aufgabe gestellt: sich auf die Füllung des einzelnen Wortes mit beziehungsreichem Inhalt zu konzentrieren. [...] Seine hemmungslose Intelligenz und Ehrlichkeit läßt viel Gutes hoffen. Er hat jedenfalls eine echte philosophische Ader. Gestern teilte er uns einiges Selbstentdeckte über nicht-euklidische Geometrie mit, was wirklich gut war und wahrscheinlich demnächst im Römerbrief als Wegzeichen auftauchen wird.

Am Donnerstag nahm ich ihn mit ins [Pfarr-]Kapitel. Es war entmutigender als je zuvor. Der Präsident hielt eine ganz unmögliche Eröffnungsrede über Religion und Gewissen und nachher stieg Quatsch auf Quatsch, sodaß wir bald wieder entflohen. [...] Am Sonntag sehen wir uns auf dem Bergli. Auch ich habe großes Verlangen, dein Angesicht zu sehen. Hast du eigentlich dein Dostojewski-Manuskript abgeliefert?! Hü! wenns noch nicht geschehen ist. Alle Welt schreit darnach, es im Druck zu lesen, und auch ich brauche es dringend für den Schluß des Römerbriefs. [...]

Grüße Marguerite und sei selbst gegrüßt von mir, Fritz Lieb und Wilhelm Vischer. Dein Karl

[1] Vgl. Anm. 1 zum Brief vom 11. 11. 1919.

[2] Wilhelm Vischer (geb. 1895), Pfarrer, Dozent bzw. Prof. für A.T. in Bethel, Basel und Montpellier, naher Freund Barths und Thurneysens.

Thurneysen 1. Juni 1921

Lieber Karl,

Hier Röm. 7 zurück. Die Durchforschung hielt mich länger in Atem, als ich rechnete. Es brauchte mehrmalige Anläufe, bis ich mich durch alle diese Kehrtunnels hindurchgefunden hatte. Das ist kein Vorwurf. Im Gegenteil, ich bin völlig überzeugt von der Richtigkeit der Steuerung und bewundere diesen nun fertiggestellten Teil der neuen Strecke. [...]

Herzliche Grüße Fritz Lieb und dir. Dein Eduard

Barth 13. Juni 1921

Lieber Eduard!

Da – endlich, nach 14 Tagen sauersten Bemühens auch diese Strecke. Du wirst ihre verschiedenen Sehenswürdigkeiten selber entdecken, es passiert allerhand unterwegs. Du wirst es ungeniert sagen, wenn dir etwas mißfällt, gelt? Ich bin dir fortlaufend sehr dankbar für diese Streckeninspektors- oder auch Wagenkontrolleursarbeit (der Mann, der mit ernstem Gesicht mit einem Hammer an die Räder klopft auf den Bahnhöfen!).

Sonst ist hierseits seit unserm Beisammensein nicht viel geschehen. Fritz Lieb scheint nun doch von einer ernstlichen Krisis ergriffen. Ich habe ihm in unendlichen Gesprächen (nicht absichtlich, aber im Erfolg doch systematisch) seine Art zu predigen *und* das Kommunistenwesen und vor allem den problematischen Zusammenhang zwischen beiden ein wenig unmöglich gemacht, und nun ist er doch etwas erschrocken. Die Vorbereitung auf die letzte Predigt fiel ihm so schwer, daß ich bis zum letzten Augenblick im stillen damit rechnete, selber einspringen zu müssen. Und dann geschah das zu seiner Genesung ganz Vortreffliche, daß zum Mittagessen der Basler Jungbursche W. H., Mitglied der Zentrale der S.K.P.,[1] mit zwei Spießgesellen eintraf: der Bolschewik, wie er in den *kühnsten* Angstphantasien des Bürgertums leben mag: diabolisch intelligent, mit einer wahren Galgenphysiognomie, einen *geladenen* Revolver bei sich (der bei Tisch andächtig betrachtet wurde, Heiner war auch da übrigens!!), früher Fremdenlegionär, aus der schweizerischen Armee als hoffnungslos rabiat ausgestoßen, im Lohnhof[2] bekannt wie wir in unsern Pfarrhäusern, hatte einmal den Polizeileutnant M. schon auf dem Geländer der Rheinbrücke, um ihn zu ertränken, woran er im letzten Augenblick durch Fritz Wieser verhindert wurde, den er seitdem haßt!, hemmungsloseste Reden über Diebstahl und Totschlag und Terrorismus führend – dieser Mann also saß nun breitspurig an unserm Tisch mit dem ausgesprochenen Zweck, den guten «Fritzli» der «Arbeit» wieder zuzuführen. Dabei ergab es sich nun vor allen Dingen, wie unecht und übernommen der ganze Radikalismus des Letzteren (inbegriffen das wüste Reden und ruppige Auftreten) ist, denn vor *dieser* Sowjet-Sonne verblaßte das Licht von «Fritzlis» kühnsten Behauptereien; es wurde ihm das auch in aller Form aufgedeckt, und auf der andern Seite wurde er gänzlich mattgestellt durch die kategorische These, seine («Fritzlis») «Wissenschaft» (er hatte die Schwachheit gehabt, zu sagen, er wolle ja gar nicht Pfarrer werden, sondern «Wissenschaft» treiben!!) mache erstens «keine Geiß satt» und zweitens werde er ja doch nie wirklich studieren. Es war ein gänzliches Débâcle, ein Sedan erster Güte. Heiner und ich konnten nur staunend zuhören, zum Eingreifen hatte ich wenig Anlaß, denn was der Mann sagte, war grundsätzlich zu richtig und entsprach zu sehr dem, was ich in der Woche vorher dem Patienten selber nahegelegt hatte: er müsse sich nun einmal entscheiden: Entweder – Oder! Er war und ist denn nun auch ziemlich bedäppt, hat wahrscheinlich zum letzten Mal über Straßenkämpfe geredet, und ich halte es nicht für unmöglich, daß sich die *ganze* Wolke von Revolutionsromantik über seinem Haupte nun langsam verzieht. Am besten wäre es freilich, er könnte für ein bis zwei Jahre irgendwo in Graubünden in eine Alphütte verduften (er trägt selber das lebhafte Verlangen nach einer «Säule»), denn in Langenbruck ist er dem Rumor immer noch etwas zu nahe. Daß es mit der kommunistischen Möglichkeit im Grunde nichts ist, das ist mir übrigens bei diesem Anlaß, wo sie als «Möglichkeit» so durchaus in saftige Erscheinung trat, aufs neue klar geworden. Der W. H. seinerseits soll mich nachher trotz tiefer Verachtung für die 2½te Internationale[3] als nicht ganz unannehmbaren Pfaffen qualifiziert haben. Genug für heute. Am Sonntag habe ich in Zürich nicht weniger als drei Schwägerinnen-Kinder zu taufen [...]!

Mit herzlichem Gruß! Dein Karl

[1] Schweizerische Kommunistische Partei.

[2] Gefängnis in Basel.

[3] So wurde – scherzhaft? – die sozialdemokratische Mehrheit genannt, die auf dem Berner Parteitag vom Dezember 1920 (vgl. Brief vom 11. 12. 1920) den Beitritt zur 3. Internationale abgelehnt hatte.

Barth 20. Juni 1921

Lieber Eduard!

Römer 8 dritter Streich ist nun auch geschehen und damit das gefährliche Couloir Kap. 5–8 zurückgelegt. Obs so geht? Es sieht alles recht dünn aus neben der 1. Auflage. Zu dünn? Wenn du irgendwo noch ein bekräftigendes Licht aufsetzen kannst, so tue es. Nachher sollen nun die fleißigen Männer in Ansbach[1] wieder an die Arbeit gehen, sende mir also das Kapitel demnächst zurück.

Ich war vorgestern und gestern in Oberrieden und Zürich. Pestalozzis waren auf einer Velotour unsichtbar. In Zürich hatte ich drei Nichten zu taufen, unter Assistenz der ganzen Hoffmannschen Verwandtschaft, Hermann Hesses,[2] Bildhauer Hubachers, eines schöngeistigen Professors B. und einiger Statisten. Ich machte vorher die ganze kirchliche Verlegenheit solcher Situation wieder einmal grimmig durch und mußte im entscheidenden Moment etwas durchaus Unvorbereitetes vorbringen. Das Gespräch mit Hesse fand vorher statt. Ich war wieder erstaunt über die pietistische Enge, mit der sich diese Künstler offenbar meistens um das Problem ihrer privatesten Existenz herumbewegen. «*Ich* lege mir die Dinge, um durch das ziemlich schwere Leben *meinen* Weg zu finden, so zurecht ...», das ist das Argument aller Argumente. Ich lud ihn ein, dann wenigstens alle Polemik zu unterlassen. Er hantierte nämlich ziemlich lebhaft gegen Lenin, Ludendorff und andere Zeitgenossen, gab aber zuletzt zu, daß er ja schon begreife, daß in «meiner» – «Weltanschauung» auch für solche Fragezeichen Raum sein müsse, aber ... Kurz, der Mann war nicht gerade überwältigend und wenig belehrend. Hubacher ist ohne «Weltanschauung» viel einsichtiger.

[...] Ist Dostojewski fertig? Ich wiederhole, daß die ganze gebildete Welt darauf wartet und daß seit der Aarauer Konferenz schon ein Vierteljahr verstrichen ist. [...] Du bist fürchterlich in dieser Beziehung. Siehe doch, wie ich bis an die Kniee in der Tinte wate, und nimm dir ein Beispiel!

Übrigens weiß ich seit 14 Tagen nichts mehr von dir. [...] Ist euer Schuß [gegen die Feldprediger] in der Synode abgebrannt worden? Wo ist mein Kirchenbericht? Lukas Christ verlangt danach: er hat mir vier Bände Oetinger geschenkt unter der Bedingung, daß er dieses kostbare Werk zu lesen bekomme. Er sitzt übrigens am Pfaffenufer von Weggis![3] Was dort eins zusammengelästert werden mag! Mein Dachstüblein ist mir oft förmlich verhaßt beim Gedanken, wie schön es jetzt sein muß in den Bergen. Sollten wir nicht im Herbst irgendeine Hochfirntour ausführen zusammen?! Vorläufig ist nun Fritz Liebs Aufenthalt hier beendigt, und von nächstem Sonntag an muß ich wieder predigen, als ob ich Ferien gehabt hätte. Fritz läßt dich und Marguerite grüßen. Er will euch im Herbst auch aufsuchen. [...] Unser Matthisli ist rüstig und durfte gestern mit Eltern und Geschwistern zum ersten Mal Automobil fahren, eine tolle Eilfahrt vom Zürichberg auf den Bahnhof durch das sonntägliche Zürich, bei der ein Hund beinahe überfahren worden wäre. [...] Ein längeres Gespräch über die Frauenfrage, das letzthin hier geführt wurde, endigte seltsamerweise mit einem Ausblick auf die Polygamie der Patriarchen, und ich muß befürchten, daß Fritz Lieb nun damit als dem «Neuesten» durch die befreundeten Pfarrhäuser des Baselbiets eilen wird.

Herzliche Grüße dir, Marguerite und den Sprößlingen!

Dein Karl

[1] Die Druckerei, die für den Chr. Kaiser Verlag arbeitete.

[2] Es handelt sich um den Dichter Hermann Hesse (1877–1962).

[3] Weggis: Ort am Vierwaldstättersee, wo viele Pfarrer Ferien zu machen pflegten.

Thurneysen 24. Juni 1921

Lieber Karl,

Nichtwahr, ich durfte dir doch nicht mehr unter die Augen treten, bevor ich die Dostojewski-Arbeit hinter mich gebracht hatte. Nun ist die Sache erledigt nach heißen Gefechten um den Großinquisitor und um die Iwan Karamasoff-Problematik. Ich bin wirklich Tag und Nacht hinter nichts anderem gesessen und habe das Ganze in Gefechtsbereitschaft gesetzt und kann nun diesen Tank ruhigen Herzens abrollen sehen. In vielem wird die

Arbeit wie eine Illustration zu deiner Römerbriefexegese wirken. [...]

Schluß für heute. Hast du aus der Zeitung gesehen, daß unsere Bombe in der Synode losging? Die Folge ist, daß nun auch ich als «Ragazianer» beschimpft werde.

Herzlich dein Eduard

Thurneysen 1. Juli 1921

Lieber Karl,

Da kommt nun das 8. Kapitel zurück. Ich finde alles, Satz für Satz, bewundernswert, dicht gefügt, kein Wort zu viel, eher zu gedrängt alles, aber das ist kein Vorwurf. Vorausgesetzt, daß man dir durch die sieben vorhergehenden Felder gefolgt ist, wird man dieses 8. in keinem Punkte ablehnen können. Es ist wie ein Schlußstrich unter alles Bisherige, wo nun noch eine letzte, erstaunliche Summe gezogen wird. Ich finde es auch im Vergleich zur 1. Fassung keineswegs mager. Es ist freilich alles unten an der Wurzel gepackt, darum breitet sich die Darstellung nicht so strommäßig aus, aber wie zentral orientiert ist dafür das ganze. Hier einige Anmerkungen. [...]

Wie stehts mit Göttingen? Ich war mit Marguerite zwei Tage in einem Ferienhäuslein ob Gais und hatte den gleichen Wunsch wie du: wenn wir doch selbander irgendeinen Gipfel «abstauben» könnten! Das Wetter ist wundervoll verlockend.

Sei mit Nelly herzlich und treulich gegrüßt von deinen

Eduard und Marguerite

Barth 4. Juli 1921

Lieber Eduard!

Ich sende dir hier nebst dem Anfang von Röm. 9 [...] einen reichen Kurier. Göttingen ist nun also entschieden. Ich habe zwar, meiner definitiven Zusage vorgängig, noch einige Fragen an den «Vortragenden Rat» gerichtet, z.B. wer mir die Umzugskosten zu zahlen gedenke und dgl., nehme aber nun endgültig an, daß ich in den Apfel beißen muß. [...] Sag nur nichts: ich habe im Voraus schon genug Heimweh und gehe nun sicher in eine Periode greulichster Einsamkeit und Ratlosigkeit hinein. Kaufe du dir nun sofort einen tüchtigen Posten deutsche Valuta, damit du vom Frühjahr an alle Vierteljahre mindestens einmal mich besuchen kannst. Das ist das Nötigste, was zur Hebung meines Zustandes wird geschehen müssen, bis [...] auch deine Übersiedlung in den großen Kanton gelungen ist.

[...] Beachte die kräftigen Worte des Lic. Peterson,[1] eines Kollegen, auf den ich mich freuen kann, während Hirsch[2] nach Brief und Broschüre[3] noch etwas fragwürdig erscheint; wahrscheinlich steckt irgendetwas Deutschtümliches hinter diesem gelehrten und auf Kollegialität so bedachten Herrn. Ich habe versucht, ihm klar zu machen, daß er uns wirklich falsch verstehe, wenn er uns im Anhang der «französischen» Lösung aufmarschieren lasse, daß ich aber im übrigen für Polemik sehr empfänglich sei, ihn meinerseits ehrerbietig begrüße usf. In was für ein seltsames Spiel komme ich da hinein! Beachte Dempsey-Carpentier [Boxkämpfer], ein Ereignis, das wir unserer Aufmerksamkeit kaum dürfen entgehen lassen. [...]

Doch zur Sache. Vielen Dank für deine Bemerkungen zu Röm. 8. Ich habe den langen Einschub, schwach verkürzt, doch aufgenommen mit nochmaligem Verweis auf Iwan Karamasoff. Er ist keineswegs überflüssig und störend. Der Einstieg in Röm. 9–11 macht mir einige Mühe. Hier der Anfang. Ists oder kommts wohl recht so? Ich hoffe, hier nun energisch *kürzen* zu können. 9,6–29 und 9,30–10,4 geben statt vier nur zwei Abschnitte, vielleicht läßt sich auch 10,5–21 zusammennehmen. Die 1. Auflage ist hier entschieden zu breit.

Letzte Woche war ich zwei Tage bei Lukas Christs in Weggis, freute mich an ihrem gesunden Wesen und Familienleben, setzte ihn sehr in Erstaunen durch die Mitteilung, «man» müsse sich jetzt allmählich für die Mitwirkung bei der Kirchenleitung innerlich rüsten, sah Steiger – Oltingen,[4] der mir gut gefiel, und half im Übrigen fleißig rudern und baden. Ich würde auch dich gerne wieder einmal gehörig spritzen! [...]

1000 herzliche Grüße sendet dein Karl

Ja komm bald!! (vielleicht *sofort!?*)

[1] Erik Peterson (1890–1960), damals Privatdozent für N. T. und Kirchengeschichte in Göttingen, dann Prof. in Bonn, später nach seinem Übertritt zum Katholizismus in Rom.

[2] Emanuel Hirsch (1888–1972), seit 1921 Prof. für Kirchengeschichte, später für systematische Theologie in Göttingen.

[3] E. Hirsch, *Die Reich-Gottes-Begriffe des neueren europäischen Denkens. Ein Versuch zur Geschichte der Staats- und Gesellschaftsphilosophie,* Göttingen 1921.

[4] Walter Steiger (1890–1967), Pfarrer in Oltingen (Baselland), befreundet mit L. Christ, Gogarten und Thurneysen.

Barth 7. Juli 1921

Lieber Eduard!

Hier die Fortsetzung von Röm. 9. Es ging doch nicht mit dem Zusammenziehen und auch nicht (leider nicht!) mit dem Kürzen, und ebensowenig wird mir die Arbeit in diesem neuen Gelände irgendwie leichter. Das ganze Stück Röm. 9–11 macht mir einen geradezu unheimlichen Eindruck, und ich gebe die Hoffnung zum vornherein auf, ihm auch nur annähernd wirklich beizukommen. Man kann nur winken, deuten und beschwörend von allen üblichen Lösungen der Schwierigkeit dieses Textes und – der Kirche *weg*weisen. Bei der 1. Auflage habe ich Röm. 9–11 und ein gutes Stück von 12 in vier Wochen in einem Zug niedergeschrieben!! Rate mir zum Besten, wenn du siehst, wie es besser zu machen wäre. Der nächste Abschnitt heißt «Der Gott Esaus» und soll die gleiche Linie von der andern Seite entrollen.

Hier ein weiterer Brief des Herrn «Kollegen» [E. Hirsch]. Die Gefechtsfühlung ist wie du siehst bereits gewonnen, und überdies bin ich «liebenswürdig» etc. gewesen, was ich mir als Bene anrechne, wie auch das kleine Zwiegespräch mit Sch. mit einer Ehrenmeldung geendigt hat. [...]

Ich habe meine Demission noch nicht eingegeben, warte noch auf eine letzte Antwort aus Berlin. [...] Morgen Freitag gehe ich mit der Fortbildungsschule auf den Zugerberg. Ich erwartete dich diese Woche mit jedem Zug!! Leider umsonst.

Herzlichen Gruß! Dein Karl

Barth 14. Juli 1921 [Kurzbesuch in Göttingen]

Lieber Eduard!

Ich sitze samt Rudi [Pestalozzi] in der Dogmatikvorlesung Stanges. Das ist nicht gut. Es fehlt alle weitere Umsicht ebensowohl wie alle Dynamik. Vorher war ich bei Bertholet, wo es immerhin zu einigen wenn auch unwichtigen Mitteilungen über Gen. 14 kam. Im Übrigen eilen wir eifrig umher, um uns eine Wohnung zu suchen, und hoffen zu einem guten Ziel zu kommen. Göttingen sieht im Sommer vortrefflich aus. – –

Spaziergang mit Stange!! Unglaublich gewandter Mensch, begrüßte mich mit bestrickender Liebenswürdigkeit, hofft sich mit mir zu «ergänzen» (*er* die Philosophie, *ich* die Bibel!), wollte mich sofort für einen Kurs im apologetischen Seminar Wernigerode gewinnen, hat 60 Hühner, weiß in allen finanziellen Dingen vorzüglich Bescheid, und morgen essen Rudi und ich bei ihm zu Mittag.

O Eduard, in was für einen Zoologischen komme ich da hinein! Und denk, vielleicht zeigt es sich nun, auch nach Rudis Eindruck, daß es doch besser ist, schon im Herbst anzufangen.

1000 Grüße. Bald mehr. Dein Karl

Barth 17. Juli 1921

Lieber Eduard!

Ich sitze wieder zu Hause und suche Ordnung zu machen im Getümmel von Eindrücken und Ereignissen der letzten Woche. Es war ein unendliches Herumlaufen, Begrüßen, Hören und Reden in allertiefsten und allergewöhnlichsten Angelegenheiten. Ich kann dir nur die Summe mitteilen. Es wurde in solennster Weise ein Bauplatz gekauft, in beherrschender und waldnaher Lage, – wenn das zu errichtende Haus ebenso gut wird, sicher eine verheißungsvolle Stätte. Es wurde beschlossen, auf den Winter in Oberrieden doch zu verzichten und auf Ende Oktober meinen, Nellys und der zwei Jüngsten Aufbruch anzusetzen, während Fränzeli, Markus und der Hausrat dann im Frühjahr nachrücken sollen. [...] Es läßt sich aber schriftlich schwer erklären, wieso wir *aus* dem Gedränge schließlich diesen Weg *ins* Gedränge nehmen mußten. Besonders der baldige Abmarsch hier und Aufmarsch dort wird mir ja nun sicher ein gedrängtes Maß voll Ungemach bringen, und was ich als deutscher Boden- und Hausbesitzer vor mir habe, ist auch noch nicht abzusehen. Aber es gilt nun die Zähne zusammenzubeißen und den Sprung zu wagen, und zwar gleich und ganz. Ich habe Vorlesungen gehört bei Bertholet, Stange, Titius und Peterson. Abgesehen von Letzterem, der *sehr* gut über Spener referierte, nahm mein Respekt vor den Akademikern eher ab als zu. Bei Peterson fand ich zu meinem Befremden nur 14 Zuhörer vor und mußte dann zu meinem noch größeren Befremden vernehmen, daß es eigentlich nur zwei seien; die andern 12 waren gekommen – um *mich* zu besichtigen, da es sich «herumgesprochen» hatte, daß ich dort zu sehen sein werde. Eine Studentin überreichte mir bei diesem Anlaß einen Blumenstrauß!!, was aber den fatalen Eindruck nicht verwischen konnte, daß die Leute offenbar von mir etwas anderes erwarten als von dem vortrefflichen Peterson. [...] Dieser beklagte sich ziemlich bitter, wie er zwischen Skylla und Charybdis drin sei, und ich benützte eine nächtliche Aussprache mit den Studenten sofort, ihnen eine warme kleine Lobrede auf den – Rationalismus zu halten. Mit weit ausgebreiteten Armen empfing mich der große *Stange* – ganz Liebenswürdigkeit und Entgegenkommen, forderte mich sofort auf, am «apologetischen Seminar Wernigerode» vom 7.–14. Oktober einen 7stündigen Kurs zu geben (in Dortmund), à 100.— Mark die Stunde, Verpflegung und Reise II. Klasse, bitteschön! Was ich selbstverständlich nicht tue. Rudi und ich aßen bei ihm zu Mittag. Er [...] ist ein fabelhafter Diplomat [...] und möchte sichtlich und ausdrücklich mit mir «zusammenarbeiten» resp. mich in seinem latenten Krach mit der übrigen Fakultät auf seine Seite bringen. [...] Seine Vorlesung über Dogmatik war auch *nur* schlau, aller Dämonie entbehrend. Nicht viel anders eine über Ethik von Titius [...]. Bertholet ist ganz Gentleman, redet sehr flüssig, weiß jedenfalls viel, ließ aber von dem, was wir Gen. 14 vermuten, nichts hören, sondern bloß allerlei Babylonismen. Dagegen ist er ein großer Musiker, war eben ganz beschäftigt mit der Neuaufführung einer Händel'schen Oper und wird jedenfalls schon via Nelly in ein freundliches Verhältnis zu mir zu stehen kommen. Mirbt[1] empfing mich in der vollen Würde der Magnifizenz, die er eben bekleidet. [...] Das übrige Personal dieser problematischen Bühne habe ich nicht zu Gesicht bekommen. [...]

Göttingen und Umgebung machten mir diesmal einen vorzüglichen Eindruck. Die Hitze ist lange nicht so groß wie hier. Ringsum schöne Anlagen und Wälder. Von unserem Haus aus werden wir eine gewaltige Rundsicht haben auf die bekannten weiten, weichen Hebungen und Senkungen des deutschen Geländes und – Gemütes, hätte ich bald gesagt. Müßte man nicht gerade Theologe sein, so würde sich dort trefflich leben lassen. Wie wir uns durchschlagen werden bei den greulichen Preisen und Gebühren, die man auf Schritt und Tritt bezahlen muß, das ist noch unübersehbar. Die Studenten saufen noch wie früher! [...]

Wie ausgezeichnet wertvoll die Mitwirkung Rudis war, ist nicht zu sagen. Ich hätte zwischen all den Agenten, Anwälten,

Bankiers und derartigen Figuren sicher eine Dummheit gemacht, ganz abgesehen von dem Check, den Rudi im entscheidenden Moment auf den Tisch des Hauses legen konnte. Die Erwerbung von Land und Haus wird genau den Betrag unseres Vermögeleins ausmachen, sodaß wir nun auf Gedeih und Verderb mit dem deutschen Reich verbunden sind. Daß die Reise auch im übrigen nicht ohne war, darüber mag dich die beiliegende Speisewagenrechnung belehren, die natürlich nicht ich bezahlt habe. Schade, schade, daß du nicht dabei warst!

[...] Laut «Christlicher Welt» gehöre ich nun also bereits zu den Berüchtigten, von denen man sagt, «was sie uns heute sind». O Albers![2] O Reihe von Männern, welche ...! Na, das Unterseeboot wird nun nächstens tauchen und nachher sicher nicht mehr an der Seite von Johannes Müller zu sehen sein.

Rudi sagte mir, er werde dir einen speziellen Reisefonds zur Verfügung stellen zu einer Reihe von Retourbilletten St. Gallen–Safenwil. Nütze sie dann noch recht fleißig aus.

Grüße Merz und Frau; ich vermute sie noch bei dir. Wir freuen uns lebhaft auf sie. Was wird aus dem armen Römerbrief? Ich muß mich nun fanatisch dranhalten. [...]

Mit herzlichen Grüßen euch allen! Dein Karl

[1] Carl Mirbt (1860–1929), Prof. für Kirchengeschichte in Marburg und Göttingen.

[2] A. Albers, *Johannes Müller und Karl Barth – was sie uns heute sind,* in: CW, Jg. 35 (1921), Sp. 498–501.

Thurneysen 22. Juli 1921

Lieber Karl,

Rudi gab mir schon am Sonntag Abend per Telephon ein erstes kurzes Exposé der Lage. Auch deine Karte hatte mich auf die rasche herbstliche Ankerlichtung vorbereitet. Der geplante Kopfsprung flugs und grad mitten hinein in den Teich hat gewiß viel für sich. Ich hörte aus deinen Worten etwas vom Mut jener «getrosten Verzweiflung», der dich und uns Mitbeteiligte alle Bedenken zurückstellen läßt. Ich habe bereits grimmiges Heimweh nach dir und würde mich am liebsten in den nächsten Zug nach Safenwil setzen. Aber du bist ja jetzt hinter dem Römerbrief und mußt mit höchster Tourenzahl arbeiten. Wenns nur nicht über deine Kraft geht! Lad auf mich was du kannst an Durchsicht von Manuskript und Korrekturbogen.

Georg Merz war also hier mit seiner Frau. Wir haben beide lieb bekommen und treffliche Tage mit ihnen verlebt mit viel guten langen Gesprächen. Mein Dostojewski ist bereits fertig gedruckt. Prompte Arbeit von Lempp. [...]

Herzliche Grüße dir und Nelly Dein Eduard

Barth 27. Juli 1921

Lieber Eduard!

Unsere letzten Sendungen haben sich gekreuzt. Dein Brief war mir eine willkommene Botschaft. Ich stehe jetzt in der Tat unter stärkstem Druck, fahre mit abgeblendeten Lichtern gradaus ins Dunkle und bin des Trostes und der Ermunterung sehr bedürftig. Was da nun eigentlich passieren soll, wenn der 15. Oktober einmal da ist, das stelle ich mir gar nicht vor. Sicher scheint nur, daß unbedingt bis dahin der Römerbrief fertig zu schreiben ist. Und so schreibe ich denn nun los, «in getroster Verzweiflung» auch ich. 1000 Dank für dein Hilfsangebot. Das Wichtigste, was geschehen kann, tust du ja schon, und das ist die Revision des Manuskripts, die mir sozusagen ein gutes Gewissen nach rückwärts verschafft, während die Walze vorne weitergeht. Gewiß hast du auch bei den Kirchenkapiteln [Röm 9–11], die jetzt dran sind, aus dem reichen Schatz deiner Überlegungen und Erfahrungen noch diese oder jene kleine oder große Verschärfung hinzuzufügen! Unterlaß es ja nicht! Was die Korrekturen betrifft, die ja jetzt bald wieder anfangen werden einzutreffen, so lies sie bitte so, daß meinerseits nur noch ein rasches Durchlesen [...] nötig ist.

[...] Von Kundschafterdiensten ist jeder erwünscht und begrüssenswert. Das, was vor mir liegt, sieht mich alles gleich grau und dunkel an, bis ich es unmittelbar vor der Brille habe. Was ist wohl z.B. mit Kap. 14–15 los? [...] Dank für Röm. 13, der Winkel von 360 Grad ist bewundernswürdig vollzogen, und ich will sehen, wie weit ich damit dann bei dem Text durchkomme. Das wird überhaupt noch ein harter Kuchen werden, wie schon das erste Mal, besonders auch darum, weil das Publikum gerade darauf mit Gier gespitzt ist.

Dank für den Kurier und etwas Weniges meinerseits dazu. [...] Mit Frau Pfarrer Herpel hatten wir hier gute Tage. [...] Und nun freuen wir uns auf Merz. Höre: Halte dir doch die Zeit vom 20.–30. August offen für eine Unternehmung ins Gebirge nach Gadmen. Ich sehe zu, daß möglichst viel Römerbrief bis dahin unter Dach kommt. [...] Am Sonntag predigte ich über Jesu Mutter und Brüder [Mt 12,46–50]. Euer Gemeindeblatt sieht einen übrigens doch recht hoffnungsvoll an. Und nun zurück zu Röm. 10. Die Arbeit «vor Ort» ist schon im Gang. Ich beginne mit Schrecken zu ahnen, daß das Buch erheblich dicker werden könnte als die 1. Auflage.

Herzlichen Gruß! Dein Karl

Barth 30. Juli 1921

Lieber Eduard!

Es ist morgens 3 Uhr (Samstag), hier das Ergebnis. Die Hähne krähen schon. Sieh gut nach, ob du etwas besser machen kannst. Das Kapitel [10] ist unheimlich eschatologisch. Vers 12–15 verstehe ich eigentlich nicht recht. Tilge auch was dir von den «Symptomen» der Kirche etc. unerträglich scheint. Jetzt bei Nacht und bei der Müdigkeit mißfällt mir eigentlich das Ganze. Deine Ergänzungen zu 9,14f. waren trefflich. Ich gehe nun einen langen Schlaf zu tun, nachher an die Predigt.

Herzlichst dein Karl

Barth 3. August 1921

Lieber Eduard!

Eine weitere Lieferung Römerbrief. Du siehst, ich gebe jetzt aus großen und kleinen Kalibern Schnellfeuer. Dieser heiße Sommer wird mir aber unvergeßlich bleiben. Ich wandle wie betrunken hin und her zwischen Schreibtisch, Eßtisch, Bett, bei jedem Kilometer schon immer den nächsten im Auge. Bitte kontrolliere das Heft genau; es wird jetzt sehr nötig sein. An den Schluß des 2. Abschnitts von Röm. 10 denke ich ungern, es wollte dort, morgens zwischen 2 und 3 Uhr, etwas nicht mehr recht zum Klappen kommen.

Nun ist Merz eingetroffen und wird am Sonntag für mich predigen, eine sehr erwünschte Entlastungsoffensive, die ich nun zu weitern kräftigen Vorstößen ausnützen will. Dank für die Haekker-[1]Notizen. Ich habe daraufhin die kleine «Warnung» vor Konfessionswechsel eingerückt. Beachte übrigens das kleine Denkmal (in ernstem Sinn), das Kutter bekommt und zwar [...] in einem Atem mit Elia. Zum ganzen Abschnitt gab mir übrigens nun bereits dein Dostojewski Dampf und ein Zitätchen. Ich habe ihn nun mit trefflichem Eindruck ruhig gelesen und bin sehr, sehr froh, daß neben meinem ungefügen Lastautomobil nun dieses flinke und doch so überaus leistungsfähige Motorrad in voller Fahrt ist. Es wird sicher *vorher* ankommen bei Vielen. Besonders die große Analyse im letzten Teil ist höchst verdienstlich; ich lese immer wieder darin. [...]

Schluß! Herzlich Dein Karl

[1] Theodor Haecker (1879–1945), Publizist, war nach eingehender Beschäftigung mit Kierkegaard zum Katholizismus übergetreten.

Thurneysen 5. August 1921

Lieber Karl,

Ich war eben an Röm. 9,30–10,21, als schon wieder deine Sendung kam. Hier meine eben niedergeschriebenen Bemerkungen. Es handelt sich dabei nicht um sehr wesentliche Einwände. Aber sei nur getrost: es klappt sicher auch in 10,6–21 alles ausgezeichnet. Mir sind beim Überarbeiten diese Abschnitte durch deine Exegese besonders wichtig geworden. Es wird andern nicht anders gehen. Es wird freilich scharf geschossen in diesen Gegenden. Gewisse Partien, z. B. die Ausführungen über «Heiden» und «Israel» in 9,30ff. sind glänzend, ungleich viel besser als in der 1. Auflage. [...]

Herzliche Grüße Nelly und dir! Überarbeite dich nicht. Wir sollten uns bald wieder einmal sehen. Dein Eduard

Barth 7. August 1921

Lieber Eduard!

Wir haben einen guten Sonntag mit Rudi, Fritz Lieb und Merzens hinter uns, und nun will Rudi morgen früh meinen Brief mit nach Zürich nehmen. Es langt also nur zu kurzem Gruß! Deine Anmerkungen zu Röm. 10 waren mir wieder überaus wertvoll; ich bin eben daran sie zu verarbeiten, bis jetzt meistens fast wörtlich zu übernehmen. Ich kann dir nicht genug danken für die unschätzbaren Dienste, die du mir da tust, und es ist nun ganz unvermeidlich geworden, daß im Vorwort deiner irgendwie gedacht werden wird. [...]

Morgen früh gehts nun auf den Schluß von Röm. 11 los, und wer weiß, wie weit mich die Offensive noch führt. Die Nähe von Göttingen wirkt fabelhaft anspornend. Letzthin hatte ich zum ersten Mal einen Vorlesungs-Angsttraum, den ich dir als Sachkenner dann unterbreiten werde.

Mit herzlichem Gruß dein Karl

Barth 12. August 1921

Lieber Eduard!

Du siehst, diese Woche war nicht so ergiebig wie die zwei letzten. Merzens Anwesenheit und die besondere Schwierigkeit der Materie mögen daran die Schuld tragen. Immerhin, auch dieses Couloir ist nun überwunden, und nun wollen wir sehen, ob den Kapiteln 12ff. auch etwas über die Ethik des Telephons, über Verkehr mit Franzosen und dgl. zu entnehmen ist, was den Herrn Alfred Dedo Müller[1] zufrieden stellen könnte. Ich glaube nicht, sondern es wird bei seinem wehleidigen Seufzen über uns und unsern verderblichen, das «Religiös-Soziale» verunmöglichenden Einfluß sein Bewenden haben müssen. Sieh Kap. 11 gut nach und mach Anmerkungen, soviel du für gut hältst. Die zu Kap. 10 waren trefflich; ich habe unter einiger Verteilung auf die ganze Strecke ziemlich alles untergebracht. Kap. 9 und 10 sind nun bereits mit Merz nach Bayern gereist.

O Nummer der «Neuen Wege»! O Alfred Dedo! O Ragaz! Welche Konfusion! [...] Welcher Pietismus!

Was ist auch von meinem «Kollegen» Hirsch zu halten, von dem eben wieder dieser Brief einlief? Etwas an ihm ist entschieden gut, etwas Anderes entschieden nicht gut! Wie soll man ihn fassen? Er ist mir nun schon zweimal glatt entwischt, erfordert irgendwie eine sehr kunstvolle Zange und macht offenbar seinerseits mit aller Kunst den Versuch, mich in seine Zange zu bekommen. [...]

Mit Merzens war es auch bei uns sehr gut. [...] Mit herzlichem Gruß dir und Marguerite (leider auch diesmal in brenzlicher Eile)

Dein Karl

[1] Vgl. A. D. Müller, *Streiflicht auf die religiös-soziale Bewegung Deutschlands. Selbstbesinnung und Ausblick,* in: Neue Wege, Jg. 15 (1921), S. 228–235; 270–283. Müller polemisiert S. 271ff. gegen Thurneysen, S. 275ff. gegen Barth. – Alfred Dedo Müller (1890–1972), Pfarrer in Sachsen, seit 1930 Prof. für praktische Theologie in Leipzig.

Thurneysen 13. August 1921

Lieber Karl,

Endlich geht die Sendung an dich ab. Es kamen immer wieder Druckbogen, die ich auch gleich mitgehen lassen will. Das neue Manuskript Röm. 11 ist glänzend geraten. Einiges ist besonderer Beachtung würdig, so z.B. in Vers 15 die neue exegetische Staffelung der Begriffe «Versöhnung» und «ewiges Leben».

Und nun hat also der «deutsche Ragaz» [Alfred Dedo Müller] *und* der Schweizer Ragaz scharf geschossen in den «Neuen Wegen.» A.D. läßt tief blicken: das bißchen Reichweite, das du in Deutschland schon hast, scheint ihm bereits gefährlich. Und nun haben wir es also schriftlich, daß wir die religiössoziale Bewegung in Deutschland ruinieren! Besonders scheint ihn zu ärgern, daß seine Einwände gegen deine Position bei dir schon vorgesehen sind. Was für seltsame Erklärungen und Bilder zu deinen Religions- und Kirchenkapiteln im neuen Römerbrief!

Herzliche Grüße Nelly und dir! Dein Eduard

Barth 18. August 1921

Lieber Eduard!

Nur als Zwischennachricht die Mitteilung, daß ich im schwersten Kampf mit dem Eingang in die paulinische Ethik stehe und daß ich leider diese Woche sicher noch nicht über 12,2 hinauskomme. Behalte also den Schluß von 11 nur noch. Ich habe dieser Tage als passende Speise die Lebenserinnerungen von Tirpitz[1] zu mir genommen, wo das Pendel menschlicher Unbedenklichkeit nun gerade nach der andern Seite ausschlägt als bei unsern Gönnern Ragaz, Alfred Dedo [Müller] etc. Aber wo und wie man in die in sich sehr klaren Gedankengänge Tirpitzens mit moralischen Argumenten dreinfahren und Halt! gebieten könnte, das ist wirklich nicht einzusehen. Man kann nur die Tragik konstatieren, die darin liegt, daß dieser titanische Gedankengang schließlich zusammenbrechen mußte – an dem zähen Widerstand, den ihm die – Moral in Person des auf beiden Seiten hinkenden Herrn Bethmann Hollweg entgegensetzte. *Figuren* auf einem ganz andern Schachbrett offenbar beide. Röm. 9–11 ist wahrscheinlich noch viel unheimlicher wahr, als es bei allem Geschreibe darüber je darzulegen ist.

Herzlichen Gruß! Dein Karl

Hier schwierige Wahlsituation.[2] Mein Schwager Lindt hat sich gemeldet.

[1] A. von Tirpitz, *Erinnerungen,* Leipzig 1920[2].
[2] Wahl von Barths Nachfolger als Pfarrer in Safenwil.

Barth 20. August 1921

Lieber Eduard!

Hier kommt das Ergebnis der Woche. Es hat schwere Überlegung und statt doppelter dreifache Redaktion gekostet, wie es sich gebührt, wenn *wir* anfangen von Ethik zu reden. Aber ich glaube, es sei nun alles im Senkel und ich könne mit den gewonnenen Begriffen bewaffnet an die Ausführung dieses Schlußteils gehen, den ich, wie du siehst, diesmal zusammennehmen will, denn Kap. 14–15 ist doch eigentlich nur eine Episode trotz der rätselhaften Breite, in der es sich daherwälzt. Hast du etwas über diese Sache in Erfahrung bringen können? Sieh dir auch 12, 1–2 genau an; es ist wichtig für sich und in der Ökonomie des Ganzen. Alfred Dedo ist mir gerade im rechten Augenblick in die Räder gelaufen. Zu den Korrekturen vom letzten Mal ist noch zu bemerken, daß das von dir beanstandete Wort durchaus «Inkompatibilität» lauten muß (ich habe es aus den Nationalratsverhandlungen über die Frage des Ausschlusses der Bundesbeamten aus der Bundesversammlung!!), und daß ich in die lange mit Marcion anhebende Reihe auf Grund seiner neuesten Leistung auch Ragaz mit Namen aufgenommen habe. Da ich selber unmittelbar dahinter auch dran komme, wird er nicht über einen Dolchstoß jammern können [...].

Die allgemeine Situation, in der ich mich befinde, ist etwa auf den beiden beiliegenden Gebirgsbildern [schwierige Besteigungen darstellend] in ihrer Polarität erkennbar. Manchmal möchte ich senkrecht in den Boden hinabfahren vor allem was ist und kommt, manchmal tröste ich mich, daß es erstaunlicherweise immer wieder einen Schritt weit *geht*. Mein Angst-Traum des Nachts ist nun öfters die Vorlesung: Ich auf einem Katheder mit einer blendend hellen Pultlampe, die aber nur einen scharfen schmalen Streifen Licht gibt, ein großes breites Manuskript vor mir und nun die Verlegenheit: entweder das ganze Manuskript neben der Lampe im Dunkeln, oder das Manuskript unter dem langen Strahl der Lampe und die Notwendigkeit, es ruhelos von links nach rechts und umgekehrt zu schieben, um jeweilen 2–3 Worte lesen zu können. Ein guter Traum, nicht? Aber ich erwachte ganz entsetzt. Oder: ein Gespräch mit einem Professor Dr. Eckstein (!) über – Rechtsgeschichte, worüber ich seltsamerweise eben lesen soll und dem gegenüber ich mir nun den Air geben muß, ich verstehe etwas davon! Oder: ein Gartenfest, ein ganzes Gewimmel von deutschen Studenten, die alle schnappen auf eine Ansprache, die ich ihnen halten soll. In meiner Tasche ein nur angefangenes Manuskript. In einer Ecke auf einer Chaiselongue mein alter katholischer Nachbar Grolimund, der sich über die Zudringlichkeit eines Kollektensammlers für den protestantischen kirchlichen Hilfsverein beklagt!! Was sind das für Zeichen? – Dazu nun natürlich viel äußerliches Gestürm, besonders wegen dem Hausbau, wobei es sogar soweit kam, daß ich mit Lineal und Bleistift unter Nellys Leitung ein Croquis entwerfen mußte, das nun einem Zürcher Architekten vorliegt. [...]

Hier der Kurier. Die Stimme der *Presse*. Sie redet laut von der Verwüstungs-, leise von einer gewissen Respektzone um mich herum und beweist deutlich, daß es Zeit ist, daß ich hier meine Steuern bezahle und, das Köfferlein in der Hand und das nur angefangene Manuskript in der Tasche, auf den Bahnhof zuschreite. [...] *Rade* und *Dibelius:*[1] schau, schau! Ich habe bei diesen Begrüßungen das Gefühl von einem, der sich lange gegen eine Türe gestemmt hat, und nun geht sie plötzlich auf, so daß er in größter Gefahr steht, auf die Nase zu fallen. [...]

Wahlsituation:[2] [...] Ich bin in schwieriger Lage. Entschieden müßte ich für meinen Schwager [Karl Lindt] eintreten, wenn er nicht eben mein Schwager wäre. [...] Es würde dann wahrscheinlich zu einem Wahlkampf kommen, da die Freisinnigen offenbar von mir und meinesgleichen genug haben. Sehr betrüblichen Eindruck machten mir die frisch von der Schule kommenden Anwärter. Sie sind z.T. ganz ahnungslos und voll unreifer Sprüche über «praktisches Wirken», «psychologisches Anfassen» der «Leute» etc. Einer fragte mich beim Fortgehen, schon unter der Türe, ob ich etwa der Pfarrer Barth sei, der den Römerbrief geschrieben?! [...] Jedenfalls sind an den zwei nächsten Sonntagen Probepredigten. Ich rate der Kirchenpflege, die Sache in raschen Schlägen bis auf die Zeit um Bettag zum Abschluß zu bringen. Zuletzt predige *ich* dann noch einmal fünf Sonntage, Abschiedspredigt am 9. Oktober. [...]

Vale! [...] Bedenke dich bald einmal zu kommen! Mit 1000 Grüßen.

Dein Karl

[1] Martin Rade und Martin Dibelius (1883–1947), Prof. für N.T. in Heidelberg, hatten Barth zu seiner Berufung nach Göttingen gratuliert.

[2] Für Barths Nachfolge in Safenwil lagen bereits zehn Bewerbungen vor.

Barth 22. August 1921

Lieber Eduard!

Ich habe soeben folgende Disposition des Schlußteils ausgedacht [...]. Schreibe mir doch ein Wort, ob dir dies im Ganzen einleuchtet [...]. Ich hoffe jetzt beinahe, es gelinge, alles straff an 12,1–2 und damit an den übrigen Brief anzuschließen.

Eben kommt ein Brief von Bertholet, der mir dringend abrät, ein exegetisches Kolleg anzuzeigen, bevor ich persönlich mit den Zunftmeistern Fühlung genommen. Dafür solle ich aus der beabsichtigten Konvikt-Übung über den Heidelberger eine öffentliche Vorlesung machen. Wie sehr mir auch das alles wider den Strich geht, brauche ich dir nicht zu sagen. Andrerseits habe ich keine Lust, gleich mit einem Krach über diese Formalität anzufangen (nachher werde ich dann schon sehen!), und es ist wahrscheinlich der «göttlichen Hinterlist» entsprechender, wenn ich zunächst wie ein Schaf auf diesen Plan eingehe. Oder was meinst du? – Ich habe gestern über die Seligpreisungen gepredigt.

Herzlichen Gruß Dein Karl

Thurneysen 24. August 1921

Lieber Karl,

Der Schluß von Röm. 11 ist glänzend geraten und nicht minder erstaunlich und einleuchtend die mit höchster Umsicht gegebene Begründung der Ethik auf Grund von 12,1–2. Im ersten Augenblick schwindelte mir vor der merkwürdigen dialektischen Ecke, um welche es da geht. Aber dieser Schwindel ist längst gewichen. Ich bin recht eigentlich erlöst, weil ich nun das Problem der Ethik verstehen kann. Wie ein letzter rätselhafter Felsklotz hat es gerade an dieser Stelle auf uns gewartet, um die Zahl der merkwürdigen Zeichen vollzumachen, an denen dein Weg durch das merkwürdige Land des Römerbriefes in diesen letzten Monaten vorbeigeführt hat. Deine Disposition des Schlußteiles habe ich mir überlegt und bin überzeugt, daß es so gehen wird. [...]

Viele treue Grüße Eduard

Gogartens Freund Grisebach[1] hat sich angemeldet. Sein Buch über «Die Schule des Geistes» habe ich erst durchblättert, aber es gelüstet mich wenig es zu lesen. Ich will sehen, was sich im Gespräch ergibt.

[1] Eberhard Grisebach (1880–1945), Prof. für Philosophie in Jena und Zürich. – *Die Schule des Geistes,* Halle 1921.

Barth 2. September 1921

Lieber Eduard!

Hier die nächste Etappe. Ich sende zur Vorsicht das Vorausgehende, das du hier gelesen hast, nochmals mit. Sieh alles gut an. Die Materie ist, weil allzu aktuell, brenzlich, und daß es zu keiner glatten Ablehnung des Krieges mehr gekommen ist, wird vielleicht Spektakel erregen bei unsern Freunden. Trefflich wäre es, wenn du da und dort noch etwas Veranschaulichendes wüßtest, besonders im allerletzten [Teil] über die Feindesliebe, wo es etwas zu dunkel zugeht, ohne daß ich sehe, wie und wo man da Lichter aufstecken könnte. [...]

Mit herzlichem Gruß Dein Karl

Thurneysen 4. September 1921

Lieber Karl,

In der Nacht vom Freitag auf Samstag ist unerwartet und doch erwartet eine kleine Katharina Elisabeth eingetroffen.[1] Wir freuen uns unserer Jüngsten, die dem kräftigen Ton, der in ihren Namen liegt, alle Ehre zu machen verspricht.

Röm. 12,1ff. habe ich nochmals durchforscht und finde alles ausgezeichnet. Auch die «negativen Möglichkeiten» sind glänzend geraten! Hoffentlich schlägst du dich durch Tod und Teufel unverzagt und kurzerhand bis zum Schluß durch. Es wird alles schließlich als großer Schlag dastehen.

Herzlich Eduard

[1] Am 2. September 1921 wurde Thurneysens drittes Kind geboren.

Barth 6. September 1921

Lieber Eduard!

Auch ich freue mich von Herzen mit euch, daß ihr über den Berg seid, und grüße das kleine Kätterli in unserm Bunde. Was mag dem Guten alles bevorstehen in diesem seltsamen Erdental! Aber vorläufig hat es das freudige Recht, sich ganz selbständig darin umzusehen, und wer weiß, ob es nicht, wenn es eine Jungfrau geworden ist, mit andern Jungfrauen und Jünglingen den Kopf schütteln wird über alles das, was sein Vater und seine Freunde sich jetzt zusammendenken. Ich hoffe doch wirklich manchmal auf eine Zeit, wo man wieder *etwas* mehr Luft hat, als wir es jetzt haben, obwohl ich mir nicht vorstellen kann wie? und obwohl ich nicht denke, daß wir daran noch teilnehmen. Und in der *Hauptsache können* wir ja unsern Kindern nicht etwas anderes wünschen, als sie möchten einmal auch wissen, was wir jetzt wissen – müssen oder dürfen. Grüße Marguerite recht herzlich auch von mir, gelt!

Am Sonntag hat Karl Lindt hier gepredigt und scheint große Chancen zu haben. Die Predigt ging leider zu wenig aus dem gewohnten Pfarrerschema heraus. Er behauptet, das mit Absicht so zu machen, was ich ihm in längeren Reden auszureden versuchte. Im übrigen verstanden wir uns gut. [...]

Hier Röm. 13.[1] Ich habe mächtig mit deinem Kalbe gepflügt, wie du siehst, und bin dir höchst dankbar. Wenn ich in Göttingen einmal Ethik lese, werde ich dieses Manuskript wieder einfordern. Es ist wirklich trefflich, viel besser als das, was ich nun an die «scharfe Kurve» des Textes gebunden und auch sonst davon wenig erleuchtet, herausgebracht habe. Ich nehme nun die 2. Hälfte von Röm. 13 zusammen unter dem Titel «Die große *positive* Möglichkeit»: Liebe und Parusie. Es hängt ja im Text ausdrücklich zusammen.

Göttingen kommt wie ein Gespenst immer näher. Alles was ich von Universitäten, Fakultäten, Professoren und Wissenschaft lese, ist so absurd. Ich wollte oft am liebsten ab, auf den Mond oder wohin man will, nur nicht nach Göttingen. Dazu bin ich allmählich rechtschaffen ermüdet. Aber die Zeit eilt unerbittlich, und eines schönen Morgens werde ich unerbittlich dort sein und den Deutschen irgendetwas mitteilen müssen [...]

Willst du es übernehmen, statt meiner Siebeck wieder einmal zu schreiben? Mir ists fast unmöglich.

1000 Grüße! Karl

[1] Ein Manuskript von Thurneysen.

Barth 17.–18. September 1921 ½1 Uhr!

Lieber Eduard!

So, nun wäre auch diese Strecke [Rm 14f.] durchgerudert. Nun noch einige kräftige Schläge für den Endspurt, dann knirscht das Schifflein auf dem Sande. Ich bin weidlich froh, daß es soweit ist. Wie du siehst, bin ich etwas summarisch vorgegangen, habe die drei projektierten Abschnitte in einen einzigen zusammengezogen und alles kräftig gekürzt. Die Anschaulichkeit der 1. Auflage ist hier besonders greifbar dahin. Schade, aber das Einleuchtende jener Darstellung war sicher nicht das Authentische. Jetzt ist alles leider etwas obskur, mehr Andeutung als Schilderung. Wenn du da und dort beleben kannst, so tue es ja. Die ethischen Kapitel haben nun für mein Gefühl alle so etwas Wolkiges, das einige Lichter wohl ertragen könnte. Die Unechterklärung der Doxologie [Rm 16,25–27] ist eine kleine Konzession an die Herren auf der Linken, die sie vielleicht ein wenig versöhnt. Sie [die Doxologie] ist wirklich nicht zu halten. [...]

Schrieb ich dir schon oder hörtest du von Rudi, daß wir im Begriff sind, das Haus von *Titius* zu kaufen? Das sind doch alles sehr seltsame Vorgänge. Überhaupt! [...] Ich muß schlafen gehen, um morgen frisch zu sein für meine letzte (!) Bettagspredigt, Luk. 6,27–38.

Herzlichste Grüße dir und Marguerite. Dein Karl

Thurneysen 22. September 1921

Lieber Karl,

Während ich 14,1–15,23 durchgangen habe, bist du unmittelbar vor dem Durchstoß durch die letzten dünnen Linien in den freien Raum hinter den Stellungen. Mit großer Erleichterung wirst du irgendeinmal in diesen Tagen nachts 1 Uhr die Feder niederlegen und in einen Tiefschlaf sinken. Ich atme mit dir auf. Der letzte Teil ist in der ganzen Anlage und Durchführung glänzend gelungen. Unzugänglich – aber ich wüßte nichts zu ändern – ist 13,8–14; nicht umsonst geht Kierkegaard mehrfach über die Bühne. [...]

Heute kam der gute Bericht von Rudi, daß ihr vom Haus*bau* durch Haus*kauf* erlöst seid. Das ist eine ganz glänzende Nachricht! Rudi hat wieder einmal auf dem Weltgebiete Breschen geschlagen, die unsereiner nie hätte öffnen können. Wir sind heilsfroh für euch!

Hier ein Brief von Grisebach, der also bei mir war. Ich hatte einen *guten* Tag mit ihm. Ich bin nun eigentlich ganz überzeugt, daß sein Weg gut ist, unseren Versuchen sehr nahe. Ich konnte mich nach anfänglich starkem Mißtrauen doch wirklich mit ihm verständigen. [...]

Herzliche Grüße Nelly und dir von uns beiden.

Dein Eduard

Barth 26. September 1921

Lieber Eduard!

Hier nun endlich die letzten Schüsse des großen Manövers, und nun ziehen die Truppen in die Quartiere. Korrigiere mir nur auch in das Vorwort hinein, was du für gut hältst, oder sags, wenn dir das Ganze mißfällt. Du übersiehst die Lage in der Arena besser als ich.

Nelly und ich gehen heute Nachmittag zum Zahnarzt, um der Problematik des Da- und Soseins sofort wieder ins Auge zu sehen.

Grüße Marguerite! [...] In Eile Dein Karl

Weiterer Brief folgt.

Barth 27. September 1921

Lieber Eduard!

Ich bin noch daran, das Schlachtfeld aufzuräumen, da und dort ein vergessenes Komma nachzutragen, habe die 200 Seiten Korrekturen gelesen und bin somit auf dem Punkt, wo es laut S. 245 gilt, «wehmütig aber bestimmt Abschied zu nehmen» von dem vollbrachten Werk. Immerhin möchte ich dir noch vorher *ganz* herzlich danken für die viele Mühe und Zeit, die du jetzt und während elf Monaten daran gewendet, das Ding zu strählen, ganz abgesehen davon, daß ich ohne dich wahrscheinlich heute noch mißmutig bei Schleiermacher oder auch im Sozialismus drin steckte und weder den 1. noch den 2. Römerbrief geschrieben hätte und sicher nicht in die seltsame Lage gekommen wäre, nun auch noch den Professor zu machen. Eigentlich ist die Situation gar nicht gut, denn du siehst nach wie vor irgendwie weiter als ich, bist irgendwie der «Andere» in mir, dem «Nächsten», auf den es eigentlich ankommt, und ich fürchte allen Ernstes, daß ich in Göttingen sein werde wie eine vertrocknete Zitrone, wenn wir uns im Jahr nur noch ein- oder zweimal sehen [...]

Der Brief von Merz zeigt ja aufs Neue, welche Dimensionen das «Sedan der modernen Theologie» bereits angenommen hat. Was hältst du von der Sache mit der «Christlichen Welt»?[1] Mir ists, Merz sollte nicht ablehnen und die Sache nicht Herpel überlassen. Solls denn überhaupt sein, daß «wir» irgendwie in den Kommandoturm dieser allerdings etwas havarierten Fregatte eindringen, dann müßte das gut gemacht werden. Daß Rade eigentlich mich wollte, hörte ich früher schon einmal raunen, nahm es aber nicht ernst. Nun bin ich heilfroh, zu entkommen. Aber wenn nun einmal einer von «uns» das machen sollte, dann doch sicher Merz, nicht? Dies zur eventuellen Abstimmung. Die Hauptfrage ist natürlich die, ob wir überhaupt gut tun, uns da auf etwas einzulassen. Nach dem Stand der neuen Forschung über unser Verhältnis zur Kirche und zu den «Schwachen» im allgemeinen können wir es jedenfalls nicht ganz von der Hand weisen, es uns zu überlegen. Ist das nun der Beginn der von mir längst vorgesehenen Periode, wo wir anfangen, uns mit dem Kirchenregiment zu befassen? Oder ist das die dritte Versuchung [vgl. Mt 4,8f.] in einer neuen Form? Oder beides? Wollen wir sagen: es sei nun an dem heillosen Risiko meines akademischen Versuchs gerade genug? Oder wollen wir sagen: eben gerade jetzt immer feste drauf, wir sind jetzt in der Mitte der dreißiger Jahre, haben nur einmal zu leben und müssens irgendwie riskieren? Wollen wir mit bösen entschlossenen Gesichtern einen langen zäh und vorsichtig zu kämpfenden Kampf aufnehmen oder auch, mehr desperadomäßig, nun etwa einen Jahrgang mit unerhörten Angriffen gegen jedermann füllen und dann das Schiff irgendwo auf den Sand laufen lassen? Das alles sind Möglichkeiten. Wärs nicht an sich ausgezeichnet, das Gesicht der «Christlichen Welt» auf einmal «steif nach Jerusalem»[2] zu kehren, von der «Christlichen Welt» aus [...] alle die «Kirchenblättler» anzugreifen, in der «Christlichen Welt» jene Rundschauen, Bücherecken, Miszellen etc. vom Stapel zu lassen, auf die wir uns schon seit sechs Jahren gelegentlich freuten? Aber vielleicht wäre das alles *zu* gut, um *ganz* gut zu sein. Jedenfalls ist die Sache Zeugnis von den eschatologischen Möglichkeiten, mit denen heute zu rechnen ist und unter denen sicher auch deine (gewiß nicht umsonst bereits geträumte!) Berufung auf einen deutschen Lehrstuhl figuriert.

Hier steht alles im Zeichen der Pfarrwahl. Eben komme ich aus der entscheidenden Versammlung, in der als Einigungskandidat Hans Brändli, früher Pfarrer in Pitasch, jetzt in Zürich, aufgestellt wurde. [...] Die Versammlung, aus der ich eben komme, war nicht gut. Es wurde armsdick über den «Frieden in der Gemeinde» geredet, der nun wieder hergestellt werden müsse. [...]

Und die ganze Sache verlief in einer unheimlichen Einmütigkeit, über die ich mich nicht freuen kann, weil auf keiner Seite irgendein Elan dabei ist. Über mich wurde schonungsvoll kein Wort gesagt, nur sehr viele Worte über den lieben Frieden. Nun, habeant sibi! [...] Die Wahl ist am 9. Oktober, am gleichen Tag halte ich meine Abschiedspredigt. Am 13. ist der Aufbruch.

Letzten Donnerstag war ich in Aarau an der Synode. [...] Alle waren sehr freundlich. [...] Nun ist auch diese Episode und der Großratssaal[3] hinter mir. – Am Sonntag waren Dr. Spoendlins, Dr. Geyer-Nürnberg, Heiner, Fritz Lieb und seine Schwester hier, ein Massenaufmarsch! Mit Geyer gabs ein gutes Klingenkreuzen, und wir schieden nicht ohne Hochachtung. Er ist ein seltsames Gefüge von verschiedenen geologischen Schichten und weilt nun für 14 [Tage] im Tempel zu Dornach.[4] Kommst du nicht noch einmal hieher? Oder sehen wir uns erst auf dem Bergli wieder? Ich werde vom 13. ab dort sein.

Herzlichen Gruß! Dein Karl

M. Werner[5] ist einer der Beachtlichsten unter denen, die uns «nichts abkaufen». Du mußt ihn im Auge behalten, eventuell gelegentlich gegen ihn vorgehen, wenn er sich zu weit vorwagen sollte!

[1] M. Rade erwog den Plan, die bisher im (Eigen-)Verlag der Christlichen Welt in Marburg erschienene «Christliche Welt» an den Verlag C. H. Beck in München übergehen zu lassen und, unter Beibehaltung seiner Herausgeberschaft, einen Schriftleiter für das Blatt zu gewinnen. Die Absicht, K. Barth die Schriftleitung zu übertragen, gab er mit Rücksicht auf dessen zeitliche Belastung durch die Göttinger Professur auf. Er bot dann die Aufgabe G. Merz an, der seinerseits O. Herpel empfahl. – Der ganze Plan kam in dieser Gestalt nicht zur Ausführung. Die «Christliche Welt» wurde zum 1. 7. 1922 von dem Verlag Friedrich Andreas Perthes in Stuttgart/Gotha übernommen. Schriftleiter wurde H. Knittermeyer.

[2] Aus dem Lied «*Kommt, Kinder, laßt uns gehen*» von G. Tersteegen: «Ein jeder sein Gesichte mit ganzer Wendung richte steif nach Jerusalem» (Originalfassung, s. *Gerhard Tersteegen's geistliches Blumengärtlein inniger Seelen, nebst der Frommen Lotterie ...*, Stuttgart o. J., S. 328).

[3] Regelmäßiger Versammlungsort der aargauischen Synode.

[4] Das Goetheanum, Zentrum der Anthroposophen in Dornach bei Basel.

[5] Martin Werner (1887–1964), Pfarrer in Krauchthal (Kanton Bern), seit 1928 Prof. für systematische Theologie in Bern, Anhänger Albert Schweitzers, wurde zum entschiedenen Gegner von Barths Theologie.

Thurneysen 30. September 1921

Lieber Karl,

Die letzte Sendung Römerbrief für Safenwil liegt versandbereit, und auch meine Dampfsirene heult wehmütig einen letzten Abschiedsgruß. Er gilt dem startbereiten Römerbriefschlachtschiff, und er gilt der Weggenossenschaft, die wir während der Zurüstung dieses Dreadnought haben durften, und für die du mir wahrhaftig nicht zu danken hast. In was für einem muffigen Winkel säße ich heute ohne dich und das scharfe Tempo, das du angeschlagen hast, und das mitzuhalten ich die Gnade hatte. Ich lebte und lebe von deinem Vorwärtsdrängen und Antreiben.

Was für merkwürdigen Dingen gehen wir entgegen: da ist zunächst der Einschlag des neuen Römerbriefs. Das Vorwort entspricht dem Gewicht der Sache, die dahinter steht. Mir ist besonders lieb die Stelle, wo vom Zusammenhang zwischen deiner Predigtaufgabe und deinem Römerbrief die Rede ist. Das ist die beste Antwort auf das hämische Gerede vieler, vor allem in Basel, über unsere Art Pfarrer zu sein. [...]

Georg Merz berichtet die endgültige Ablehnung des Angebotes, die «Christliche Welt» zu übernehmen. Er hätte doch nicht freie Hand bekommen, auch Verlegerkniffe scheinen eine Rolle zu spielen.

Herzlich und treulich grüßen wir Beide euch Beide!

Dein Eduard

Barth 4. Oktober 1921

Lieber Eduard!

Hier hat bereits alles Füße bekommen, die Bilder steigen von den Wänden, die Bücher sind schon fort, alle in ihren Kisten, leer und öd wird die Szene, und uns ists seltsam ums Herz. Sende mir den Calvin nur hieher, womöglich gleich in einem Kistlein, damit er sich der übrigen Prozession anschließen kann. Denn wir gehen nun alle samt und sonders mit Sack und Pack los. [...]

Mit herzlichen Grüßen aus dem Getümmel Dein Karl

Thurneysen 6. Oktober 1921

Lieber Karl,

Nun wird also «Safenwil» abgebrochen – und eine große, große Ferne, Fremde, Rätselhaftigkeit, Einsamkeit, Wüste, Meer, Wind und Wellen dafür eingetauscht. Was machen wir auch, wir Toren? Wie gut waren doch die Jahre, da es noch kein «Suchet Gott...», keinen Römerbrief, kein Brauenhochziehen, Stirnrunzeln und Zwischen den Zähnen Pfeifen über Overbeck, Kierkegaard und Dostojewski gab, wo noch keine Professuren und Christliche Welten angeboten wurden und Verlegerkonzerne sich um «uns» zu interessieren begannen. Wie gut auch noch und erst recht *die* Jahre, wo die ganze Bedeutsamkeit aller «unserer» Einsichten und Nichteinsichten sich einzig in eiligem Begehen des Friesenweges hin und zurück manifestierte und weder Jülicher noch erst Harnack, sondern höchstens die Bewohner von Holziken und Schöftland etwa bei einem Blick auf die Straße den Kopf schütteln konnten über die beiden seltsamen Wanderer zwischen zwei Welten. Bis sie dann kam, von «uns» zuerst mit Gelächter signalisiert, völlig unglaubwürdig und bis auf den heutigen Tag erst nach und nach, mißtrauisch genug, von uns ernst genommen: die fatale Einflußsphäre und wachsende «historische Breite», die du – und ich mit dir! – samt Frauen und Kinderlein nun mit seltsamen Abbrüchen, Scheidungen, mit einem erst recht in die Enge gehen, auf schmale Ränder und Bänder treten müssen zu bezahlen haben. Warum geht alles so schmerzlich seltsam, anormal, ruckweise, fiebrig, apokalyptisch zu? In was für eine Erdbebensphäre sind wir, ahnungslos genug, hineingeraten mit dem Momente, wo wir das Neue Testament ein klein wenig anders, genauer glaubten lesen zu sollen als unsere Lehrer, die doch auch Ehrenmänner waren, wo wir Blumhardt nicht überhören und Schleiermacher (weißt du noch die nächtliche Wegstelle in Leutwil, wo wirs zum ersten Mal laut sagten?) *nicht* mehr recht glauben konnten, wo wir auch auf dem immerhin noch ordentlich behaglichen Sitz am Kuttertisch unruhig wurden und weiterzogen? Jedenfalls: dieser ganze seltsame Weg ist unumkehrbar, wir *sind* nun die Kolonne, die ihn beschritten hat, und an euch ist es jetzt, einen beträchtlichen weiteren Schritt ins Dunkel hinaus zu wagen. Was wird er uns *allen* bringen?

[...] Und nun treue, herzliche Grüße von uns beiden an euch beide. Ihr werdet sicher auch in Safenwil selber in diesen Tagen noch viel Anhängliches und Treugemeintes erfahren.

Auf Wiedersehen auf dem Bergli. [...]

Dein, eure Eduard und Marguerite

Barth 9. Oktober 1921

Lieber Eduard!

Wir haben deinen vermutlich letzten Brief nach Safenwil mit Bewegung gelesen und erwidern eure Grüße mit vielem Dank für all das treue Gedenken, Trösten, Mittragen, Wegeweisen, das du in all diesen Aargauerjahren an uns geübt hast. Es wird wohl so sein, daß wir auf all das Geknorz, Geseufz und Geschimpf, auf all das mühselige Bohren dieser Zeit bald zurückblicken werden, wie man eben auf eine selige – Jugendzeit zurückblickt. Denn was nun kommt, dürfte die Hitze des Sommers sein, in der es sich an noch viel realerer θλῖψις zeigen muß, was das war, was wir da gepflanzt haben. Ich muß nun hingehen und mich in einer mir ganz unmöglich vorkommenden Weise exponieren, und du mußt, was ebenso unmöglich ist, zunächst «an Ort» weitertrippeln, bis du, was sicher geschehen wird, ebenfalls irgendwie an den mit unschön langen Schritten ausgreifenden Flügel hinausberufen wirst. Auf keinen Fall werde ich es unterlassen, immer wieder Richtung rechts zu nehmen und genau aufzupassen, was du treibst und sagst. Denn wenn von den menschlichen Dingen dieser zehn Jahre etwas feststeht, so ist es das, daß sich dies für mich überaus lohnt. Vorläufig senden wir euch nun unsre treuesten Grüße und Wünsche zum Tauffest des kleinen Kätterli und freuen uns aufs Wiedersehen im Bergli, und, wie es scheint, in den Bergen. Denn Rudi hat mich geheißen, die Bergschuhe mitbringen, und ich habe ihm darauf den Vorschlag gemacht, eine Wanderung über den Susten nach Gadmen selbdritt zu unternehmen. Nelly wird von Freitag früh bis Sonntag auf dem Bergli sein; ich komme vielleicht schon am Donnerstag Abend. Am 19. (Mittwoch) müssen wir von Basel abfahren, um unsre Möbelfuhr rechtzeitig einzuholen. Etwa am Dienstag morgen muß also auch ich nach Basel, um dort noch Abschied zu nehmen. Wir werden mithin volle vier Tage zusammen haben und wollen sie in Berg und Tal gut ausnützen.

Hier ein Ausschnitt aus dem Lokalanzeiger, der dir anschaulich zeigt, wie die Dinge hier stehen. Von einem ergreifenden Abschied wird keine Rede sein, die Safenwiler zeigen mit verschwindenden Ausnahmen nur das *eine* Begehren, nun bald ihre Ruhe wieder zu bekommen. Die Erinnerung an Matth. 10,14 liegt auch ohne religiösen Übermut nicht *ganz* ferne, und es ist nicht ausgeschlossen, daß ich das am Sonntag ausdrücklich sage, während im Hintergrund der «Sau-Schießet»[1] fröhlich seinen Fortgang nimmt. Der freie Schießverein, der sich das leistet, rekrutiert sich N.B. nicht etwa aus den Herren, sondern aus den Arbeitern. [...]

Ich mache in Eile viele Besuche im Dorf, fürchte aber, daß ich nicht mehr rundum komme.

Mit herzlichem Gruß an dich und Marguerite Dein Karl

[1] Ein Volksfest.

BIBELSTELLEN

Genesis		459
	12,1	323
	14	502, 504
	15,6	125, 145
	17,1.3	349
	18,20ff.	68, 81, 83
	33,14	72
	49,18	231
Exodus	2,12	351
	15,23	124
	17,6	124
	17,8–15	75, 78, 80f., 83, 124, 180
	32	124
Numeri		
	22 (Bileams Esel)	180
Deuteronomium	34,4	124
Richter	7	208
	7,1–7	291
	14,12	317
	16,19	317
1. Samuel	3,1ff.	154
	20,23	391f.
	25,2ff.	276
2. Samuel	11,14ff.	427, 431
1. Könige	19,11f.	37
2. Könige	11	357
Nehemia	8,1–12	98f., 102, 104f.
Hiob		474
	17,3	265
Psalmen		387
	1,1	158
	18,29–30	101
	23,4	265
	24,7–9	390
	25,7	167
	25,14	167
	31,16	123
	37,7	167
	65,10	197
	65,12	409
	69,33	202
	85,10–13	143
	118,21	362
	127	257, 291
Sprüche	16,2	472f.
	31,11	109
Prediger		333
Jesaja	6,1ff.	154
	6,6f.	129
	19,23	97
	24,16	216
	30,8	407
	40,2	112, 164
	41,24	262
	53	37, 234
	58,1	405
	59,11	206
	59,16	206
	62,6–7	247

Jeremia		216, 427, 452
	1, 1–3	208
	1, 5	208
	1, 18	216
	29, 11	123
	31, 31–34	46
Klagelieder	3, 7–12	233
Hesekiel (Ezechiel)	13, 1–16	30, 88, 125f.
Hosea		270
Amos		101, 187, 270
	5, 4.6	231
Micha	2, 13	201
Habakuk	2	371
Sacharja	1, 3	302f.
	3	425
Matthäus		351, 354, 422, 424, 426, 429
	1	352
	4, 8f.	521
	5, 7	114
	5, 14	79
	5, 16	40
	5, 17	111
	5, 46–47	71
	6, 25–26	71, 222
	6, 33	72
	7, 1	28
	7, 8	197
	7, 13f.	169
	7, 24–27	67
	8	294
	8, 28–34	298
	9, 9–13	315f.
	9, 14–17	78, 318
	9, 20f.	322
	9, 36	98
	10	201
	10, 14	526
	11, 28	424, 426
	12, 46–50	507
	13, 44	154
	13, 52	205
	18, 8f.	228
	19, 14	26
	20	414
	20, 16	169
	21, 12–17	461
	22, 15–22	469
	22, 21	82
	24, 1–14	475
	24, 29–31	478
Markus	4, 11–12	42
	10, 32–34	176, 178, 189f.
	10, 48	266f.
	12, 34	60
	14, 3ff.	85, 187f., 189, 207
	14, 17–25	188
Lukas	1, 46–55	306, 308
	1 (Zacharias)	252
	2, 9	167
	2, 14.19	120
	2, 25ff.	118
	2, 40	120
	5, 39	318
	6, 27–38	518
	10, 23–24	190
	12, 14	257
	12, 20	178
	12, 36	231
	13, 10–13	62
	14, 17	207
	14, 28–33	179
	15, 3–7	373
	15, 7.10	83
	15, 11–32	226
	16, 1ff.	179
	16, 9	179

16,19–31 178
17,22 358f.
18,1–8 159
18,9–14 156
18,13f. 239
20,38 190
23,6–12 452
24,2–3 405

Johannes 305, 307, 423f.
1,1 305
1,1–18 306, 308
1,5 173
1,47 259
3,8 43
3,26–36 110f.
4,35 411
9,3 68
13,27 207
14 310
20,22 141
21,15ff. 191

Apostelgeschichte 28, 293, 296, 310, 313, 320, 330, 332, 354
1,9 484
1,15–16 298
2 305
2,45 300
4 71, 313
5,34–42 310
5–7 324
7 327
16,9 276
16,30–31 424

Römer 145f., 148f., 152, 156, 161, 165, 183, 196, 224f., 227f., 230, 243, 246, 250, 252f., 256, 261, 264–267, 270, 273–276, 279–282, 285, 288f., 295, 302, 304, 306–308, 310, 312–314, 316, 320, 322, 408f., 433, 437, 449, 456f., 468, 515
1 281
1.2 461
1–3 159
1,16 439
1,17 211
1,22–32 439f.
1,32 260
2 440
2,6.7–10 441
2,1–13 441f.
2,19 442
2,14–29 442
3 159
3,3 160
3,20ff. 152, 445, 447, 451f.
3,23 225
3,1–20 445
3,25 448
3,27f. 448
3,21–4,39 442
3–4 461
4 160, 166, 174, 180, 283, 316, 448, 452, 459, 461
4,3 174
4,7–8 459
4,14.16 462
5–8 496
5 181, 220, 236, 461f., 467, 471
5–7 264
5,1–11 465f.
5,2.8 229, 440
5,12 184, 225, 229
5,12–21 229, 467, 470f.
5,20 471
6–8 238, 241

	6	246, 433, 477, 479, 486, 492
	6.7	471, 480
	7.8	266
	7	245f., 248, 254, 259, 308, 328, 485, 489, 491, 494
	7,14f.	264, 489
	7,25	245
	8	255f., 258, 260f., 286, 337, 496, 499f.
	8,1–10	492
	8,1ff.	245
	8,16.19	256
	8,21	299
	8,22	266
	8,24	320
	8,24ff.	41
	8,28	11
	9–16	268
	9–11	250, 258, 260, 264f., 274, 512, 500f., 506
	9	499, 501
	9.10	510
	9,13	271
	9,14	507
	9,6–29	500
	9,30–10,4	500
	10,5–21	500, 509
	9,30–10,21	509
	10	507–510
	10,2	237
	10,12–15	507
	11ff.	282
	11	509–511, 515
	11,15	311, 511
	12–16	268, 510
	12,1–2	268, 511, 512, 514f.
	12,1ff.	516
	12,11	311
	12,21	223
	12–13	274
	13	332, 386, 507, 517
	13,8–14	519
	14–15	280, 507, 512, 518f.
	14,1–15,23	519
	14	376
	14,1	400
	15,7	294
	15,14f.	312
	16,25–27	518
1. Korinther	1,18	451
	1,23	252
	2,4	111
	3,13	332
	7,29–31	84
	12,4ff.	55
	15	310, 320f., 333, 342, 350, 358f., 469
	15,8–11. 12–19. 29–34. 50–54.58	320
	15,19	320
	15,55–57	480
2. Korinther		322, 364, 392, 394f., 412
	1	371
	1,12–22	366
	1,14–18	366
	1,24	135
	2,16	186
	4	392
	4,1–2	375f.
	4,7	378

	4,11f.	393
	4,16–18	397f.
	5	399, 414
	5,13	404
	5,16–17	404
	6,14–7,1	400, 416
	6,13.7,2	400
	6.7	416
	6,1–2	416
Galater		81, 408
	3,13	52
	3,23–25	52, 59, 60
	5,6	389
	6,2	40
Epheser		268f., 328, 333, 343, 354, 386, 394, 404, 414, 492
	1–3	270
	1,15–23	327
	3	330
	4,22	336
Philipper		289, 395
	4,5	118
Kolosser		184, 404, 412–414
	1	333
	2,14	190
	2,15	190, 300
Pastoralbriefe		190, 451
Titus	1,10–16	191
1. Petrus	4,8	103
2. Petrus	3,10–13	347
1. Johannes		152, 294
	1	122
Hebräer		349, 353
	4,14–16	203
	10,25	385f.
	12,11	302
	13,8	120
Jakobus		317
	1,25	316
	1,27	40
Offenbarung (Apokalypse)		31, 299, 333
	2,1–5	137
	3,11	100
	7,14	28
	8,1	417
	17	327

NAMEN

Wegen des häufigen Vorkommens sind Karl Barth und Eduard Thurneysen nicht genannt.

Abraham 160, 166, 183, 203, 218, 223, 421, 448, 487
Adler, Max 252–254
Albers, H. 455, 505
Amiet, Cuno 203f., 274, 279
Amman, Guido 89f.
d'Annunzio, Gabriele 458
Antonius 490
Anselm von Canterbury 451
Arnold, Eberhard 355, 371
Arnold, Wilhelm 215f.
Augustinus, Aurelius 293, 400f., 462, 490

Baader, Franz von 429f.
Bach, Johann Sebastian 63f., 109, 134, 168, 180, 265, 328, 473
Bachofner, Paul 13f.
Bader, Hans 14f., 70, 72f., 78f., 80, 96, 129, 138, 195f., 224, 250f., 254, 266, 276f., 285f., 298f., 338, 342, 344, 346–348, 351, 354, 358, 449
Bächtold, Jakob 25, 27
Bäumer, Gertrud 356f.
Bäschlin (Verlag) 228f., 240–242, 280f., 295, 302, 313, 356
Bally (Fabrikant) 151f.
Balzac, Honoré de 476f.
Baltzer, F. 367
Bansa, Otto 454f.
Barbusse, Henri 182
Barth, Albert 126
Barth, Anna geb. Sartorius (Mutter von K.B.) 36f., 57, 244, 260, 293, 296, 310, 378, 397, 405, 411, 429, 448, 460
Barth, Christian Gottlob 218f., 221
Barth, Chr. H. 408f.
Barth, Christoph 222, 236f., 238, 241, 267, 329, 359, 464, 503
Barth, Felix (Onkel von K.B.) 326f.
Barth, Fritz (Vater v. K.B.) 238, 328f., 375f., 411f., 424
Barth, Heinrich (Heiner) (Bruder v. K.B.) VII, 31, 34, 75, 131, 167, 191, 220, 247, 252f., 254f., 263, 266, 281f, 283, 286, 290, 292, 324f., 344f., 363, 378f., 383, 385, 402–405, 409, 418, 425, 444, 446, 456f., 458, 460, 522
Barth, Lenchen geb. Rade 36, 40f., 50, 54f., 92, 158, 196f., 199, 306
Barth, Markus (Sohn v. K.B.) 90f., 94–96, 102, 104, 114f., 119, 130, 133, 136, 172, 191, 197, 212, 222, 224, 238, 241, 252, 267, 282, 301, 310, 359, 464, 503
Barth, Matthias (Sohn v. K.B.) 482, 486, 489, 503
Barth, Nelly geb. von Hoffmann (Frau von K.B.) VII, 3f., 34f., 37, 41f., 48, 53, 56f., 58f., 61f., 64, 66–68, 71–74, 77, 81f., 84, 90f., 96f., 99, 102, 104, 106–108, 110, 113–115, 117–119, 126, 128, 130f., 133, 135f., 137f., 139, 141, 143, 147–151, 154f., 159f., 162, 164, 167, 169, 172, 174f., 177–182, 189, 192, 193, 197, 204, 207, 209, 212, 216–218, 222, 226, 233, 236, 238, 241f., 253f., 260f., 267, 269, 271, 273, 286, 288, 298, 301, 310, 315, 319, 321, 328f., 334, 348, 359, 378, 396, 417, 424, 426, 428f., 433, 443, 445, 461, 464–467, 485, 489, 491,

499, 503f., 506, 509, 511, 513, 519f., 523, 525, 526
Barth, Peter (Bruder v. K.B.) VII, 8f., 11f., 19f., 30, 36, 40f., 54f., 77, 80, 92, 95f., 101f., 107, 150, 158, 167, 196, 199, 268, 275, 292, 306, 308, 328, 331, 340, 342, 350, 380, 385, 418, 449, 493
Barth, Peter-Andreas 385
Barth, Ulrich 198f.
Basedow, Johann Bernhard 329
Bauder 51
Baudraz, John 81f., 84, 87–90
Bauhofer, O. 337–339
Baumann, V. Frl. 225, 384, 386
Baumgarten, Otto 65f., 486
Baur, Hans 20, 283
Beck, C.H. (Verlag) 522
Beck, Johann Tobias 104, 138f., 148, 156, 160f., 229, 299, 407f., 440, 448
Beethoven, Ludwig van 63f., 266
Béguin, Charles 390f.
Bengel, Joh. Albr. 300, 307, 320, 382, 442f.
Benz, Gustav 49f., 54, 57, 87, 125, 158, 242, 369, 378, 424, 452
Bergson, Henri 285
Bernhard, L. 198f.
Bernoulli, Carl Albrecht 365f., 379f., 383, 395, 418
Bertholet, Alfred 465f., 468, 502–504, 515
Bertram, Ernst 419
Bethmann-Hollweg, Theobald von (Reichskanzler) 74, 512
Binder (Evangelist) 314
Birt, Theodor 490f.
Bismarck, Otto von 13, 41, 48, 65f., 125
Bitzius, s. Jeremias Gotthelf
Blum, Emil 338f.
Blumhardt, Johann Christoph (Vater) 51, 53, 107, 122, 141, 214, 216, 218f., 232f., 243, 311, 336, 349, 424, 430, 464f.
Blumhardt, Christoph (Sohn) 27, 36f., 62, 69, 108–110, 118, 120, 142, 144, 146f., 152, 157, 159f., 182, 187, 194, 205, 212f., 216, 232, 267, 273f., 315, 336, 349, 424, 426, 430, 449, 464f., 525
Blumhardt's Witwe 366
Böhringer, Hans 278f.
Bonus, Artur 368, 370
Bonsels, Waldemar 378
Boos, Martin 308
Bornhausen, Karl 7, 288, 390
Bousset, Wilhelm 320f.
Brändli, Hans 521
Brockdorff-Rantzau, Ulrich v. 327
Brunner, Emil VII, 68f., 130f., 170, 175, 178f., 218, 262, 266f., 304–307, 323f., 326, 415, 428, 442, 491f.
Bultmann, Rudolf 447
Burckhardt, Jakob 403–405
Burri, Hans 295f, 382, 389
Buxtorf, Karl 72, 131f.

Calvin, Johannes 148, 184, 189, 260, 270f., 293, 308, 320, 324, 349, 357, 359–361, 416, 455, 469, 524
Carlyle, Thomas 302
Carpentier 500
Casalis, Dorothee (Tochter von E.Th.) 222, 224, 236, 247, 290, 301, 498
Casalis, Georges 222
Christ, Katharina 484, 500
Christ, Lukas 72f., 127, 259, 341, 428, 449, 475, 497, 500f.
Cohen, Hermann 76f., 252, 281
Constantin 490
Cremer, Hermann (Wörterbuch) 146f., 448
Cromwell, Oliver 324
CVJM 97, 183, 211, 291, 296, 314, 391, 425

Dehn, Günther 349, 415, 473, 475, 491

Deißmann, Adolf 268f., 295
Dempsey 500
Dibelius, Martin 514
Dickens, Charles 476f.
Dieterle, Samuel 388f.
Dietschi, Max 18, 24, 27, 76, 89, 94, 452
Dostojewski, Fjodor Michajlowitsch 72, 324, 326, 359, 404, 414, 432, 434, 437, 442, 453, 456, 460f., 472, 476f., 479–481, 497f., 506, 508, 524
Dräseke, Johann Heinrich Bernhard 208f.
Duhm, Bernhard 255

Eck, Samuel 160
Eckehardt 304f., 307
Eggenberger, Oswald 393
Ehmann, Karl Chr. Eberhard 327f.
Ehrenberg, Hans 348f., 351, 356f., 359, 361, 366, 373, 383f., 387, 389, 396, 402, 416f., 419–421, 433, 443, 455
Ehrenberg, Rudolf 372f., 385f., 464
Eisner, Hilde 368
Eisner, Kurt 368, 370
Epprecht, Robert 20, 70, 89, 95, 97, 99, 106f., 135, 144, 155, 294, 364, 434
Erman, E. 302

Faber, Hans 237
Fähndrich 113
Fangmeier, Jürgen 486
Fankhauser, Gottfried 476
Farel, Wilhelm 360f.
Farner, Oskar 239
Feddersen, P. 302
Feuerbach, Ludwig 384
Fichte, Johann Gottlieb 13, 304f., 307, 341
Fischer, Gustav Adolf 55, 57
Foerster, Friedrich Wilhelm 153, 205, 333, 391
Fox, George 137
Franz von Assisi 6, 107, 442
Frick, Max 192–194
Friedrich der Große 48
Friedrich Wilhelm IV. 222
Fuchs, Emil 447f.
Fueter, Esther 177
Fueter, Karl 177, 179, 363, 369, 442

Gelzer, Heinrich 111f., 114, 192f., 198, 200f., 203, 288f., 307, 315, 353
Gerber, Ernst 328
Gerber, Max 181f., 194, 214, 217, 224, 244, 250f., 264, 281, 359, 435
Gerhardt, Paul 336
Gerok, Karl 43
Gerwig, Max 119, 157, 359
Geyer, Christian 455, 522
Gildemeister, C.H. 215f.
Gilg, Arnold 391, 419
Gilg Otto 418f.
Gloor, Ida 225f., 302
Gloor, René 393
Godet, Frédéric 220f., 293, 296
Godet, Ph. E. 296
Goes, Helmut VIII
Goethe, Johann Wolfgang von 61, 157, 159, 167, 206, 213, 336, 338, 381, 383, 390, 431, 487
Gogarten, Friedrich 366, 399f., 411f., 418, 428f., 431f., 435f., 447, 483f., 486f., 491, 501, 515
Goll, Orgelbauer 132f.
Gotthelf, Jeremias (Bitzius) 326, 460
Gottsched, H. 415
El Greco 457
Gregor, Christian 321f.
Greyerz, Karl von 21f., 25, 28, 40–42, 96, 120, 175, 177, 285f., 356f., 414
Grimm, Rosa 454
Grisebach, Eberhard 515f., 519
Grob, Rudolf 344
Grolimund, A. 217, 513
Grünewald, Matthias 332, 457
Grützmacher, Richard 454

Guggenheim, Karl 52f., 61, 65, 131, 153f.
Guggenheim, Nelly 153f.
Guidon, Bernhard 223f., 226f., 251
Gutknecht, Rosa 174, 185

Hadorn, Wilhelm 7, 8, 242, 259, 369, 424, 456–458
Haecker, Theodor 508
Händel, Georg Friedrich 266, 504
Haenisch, Konrad 463
Haering, Theodor 33f.
Haller, Max 468, 470
Haller, Traugott 51, 67, 110, 111, 251, 315f., 474
Harnack, Adolf v. 282, 366f., 379 bis 383, 410, 430, 455, 485f., 490, 524
Hartmann, Hans 355, 363, 392–394, 408f., 475f.
Hausheer, Jakob 341
Hausrath, Adolf 179, 181f., 365
Haydn, Joseph 329
Hebel, Johann Peter 248, 460
Hegel, Georg Wilh. Friedr. 419f.
Heiler, Friedrich 367f., 370, 384, 386f., 395
Heilmann, Johann Adam 468, 470, 472, 483
Heim, Karl 429, 431, 455
Heinzelmann, Gerhard 276f., 434
Heitmüller, Wilhelm 54f., 57, 65, 73, 393
Hengstenberg, Ernst Wilhelm 221, 424
Herkner, Heinrich 198f., 213
Herpel, Martha 507
Herpel, Otto 334, 336, 338, 339, 343, 344, 345, 349, 351, 353, 357, 371, 373, 388, 397, 400, 402, 410, 413, 415f., 426, 440–444, 446f., 454f., 459f., 472f., 475f., 490, 520, 522
Herrmann, Wilhelm 12, 14, 19, 107, 121, 288
Hesse, Hermann (Dichter) 497f.
Hirsch, Emanuel 500f., 510
Hoch, Fritz 198f.
Hochuli (Fabrikant in Safenwil) 27, 114, 123f., 136, 151f., 189, 229f., 233, 246, 372, 443
Hodler, Ferdinand 26
Högger, Paul 15–17, 192
Hofacker, Ludwig 197, 200–202, 205, 216, 218, 221
Hoffmann, Heinrich 325, 356, 434
Hoffmann, Wilhelm 221f.
Hofmann, Johann Christian Konrad v. 448, 462f.
Horne, Silvester 171, 173
Hotz, G. 367
Hubacher, Hermann 274, 356, 497
Hüssy (Fabrikant in Safenwil) 51
Hüssy (Kirchenpflegsmitglied in Safenwil) 116
Hurter, Friedrich v. 214f.

Ibsen, Henrik 404

Jäckh, Eugen 349, 366
Jaeger, Paul 68f.
Jahn, Victor 412
Jatho, Karl 17
Jülicher, Adolf 114, 400f., 410–412, 418, 442, 486, 490, 524
Jüngel, Eberhard VIII
Julian Apostata 490
Jung, Ewald 26, 38, 43, 45, 48

Käslin, Prof. 175
Kaftan, Julius 333f.
Kaiser, Christian (Verlag) 370
Kampschulte, Friedr. Wilhelm 357f., 359f., 361
Kant, Immanuel 13, 31, 145, 148f., 241, 386, 420, 425, 430
v. Kapff, Sixt Karl 218f., 221
Kaphahn, Fritz 404
Katharina von Siena 255
Keller, Adolf 13, 14, 40, 59
Keller, Gottfried 25, 27
Kellerhals, Emanuel 185f.
Kierkegaard, Sören 336, 377, 395, 400, 410f., 414f., 420, 460f., 508, 519, 524

Killer (Lehrer) 113
Kisling, Richard 11, 13f., 26, 53, 154, 191f.
Kistler, Adolf 258f.
Knak, Gustav 262f.
Knapp, Albert 200
Knittermeyer, Hinrich 522
Köhler, Ludwig 446f.
Köhler Walther (Justinus) 429f., 456–458, 490
Kohlbrügge, Hermann Friedrich 308
Krapotkin, Peter, Fürst 323f.
Krauß, Alfred Eduard 320f.
Kübel, Robert Benjamin 408
Kühl, Ernst 465f.
Kutter, Hermann (Vater) 9, 12f., 15–17, 19, 21, 22, 23, 28f., 31–36, 41–49, 58, 64–66, 68–70, 72, 74, 76, 78f., 92f., 108–110, 113f., 120, 125, 129, 133f., 137, 142, 146, 148f., 152, 156, 159f., 163, 165–167, 169f., 172, 183, 189, 191–194, 196, 201, 205, 210, 217, 232, 242, 245f., 248, 250, 254–256, 262, 264, 266, 268, 274, 276, 295, 300f., 302, 305, 314, 316, 338–342, 359, 369f., 373, 383f., 388f., 393f., 405, 424, 474, 476, 481, 483, 493, 508, 525
Kutter, Hermann (Sohn) 137, 149, 257

La Roche, Fritz 20, 97f., 102
Lauterburg, Otto (Bern) 80, 150f., 152, 187
Lauterburg, Otto (Saanen) 80, 329–332
Lauterburg, Moritz 412
Lavater, Johann Caspar 261, 329
Lejeune, Erwin 181f., 208, 217, 230, 241, 310, 313, 388, 435
Lejeune, Mathilde 181f., 208, 217, 310, 313, 388, 435
Lejeune, Robert 252–254, 285f., 338f., 369
Lempp, Albert 367f., 370, 399, 437, 444, 446, 506
Lenin 324, 497
Lessing, Gotthold Ephraim 117
Lhotzky, Heinrich 135
Lieb, Fritz 85, 145, 429, 440, 443, 449, 453f., 484–486, 491–496, 498, 509, 522
Liechtenhan, Rudolf 125, 326f., 344, 378
Lietzmann, Hans 312f., 320, 339
Lindenmeyer, J. 229
Lindt, Andreas 284
Lindt, Gertrud, geb. Barth 281f., 287, 326f.
Lindt, Karl 167f., 281–284, 286f., 292, 326f., 419, 512, 514, 517
Lippert, Peter 152
Lipsius, Richard Adelbert 220f.
Lloyd George, David 295f.
Loew, Liese, geb. Naumann 7, 10
Loew, Wilhelm 6, 7, 10, 34, 54f., 65, 73, 288, 423–425, 442, 482
Ludendorff, Erich 272, 473, 475, 497
Ludwig, Gottfried 75, 77, 130f., 191, 259, 294f., 390, 392, 478
Ludwigs Bruder 295
Lüdemann, Hermann 259, 391
Lüssy, Martha 382
Luther, Martin 7, 8, 17, 26, 100, 236, 237, 243, 347, 408, 432, 448

Märklin, Christian 218f., 221
Marcion 410, 418, 490, 512
Martensen, Hans Larssen 420
Marti, Karl 424f., 434
Martin (Heiliger) 100
Mattmüller 155
Mattmüller, Markus 296
Max, Prinz von Baden 295f., 298, 474
May, Ernst v. 95f., 104, 106f., 168, 193
Melanchthon, Philipp 309
Menken, Gottfried 215f., 218, 228, 336
Mennicke, Carl 386f., 402, 413, 415, 491

Mensing, Carl 447
Merz, Georg VII, 349, 367f., 370, 373f., 390, 392, 394, 414–418, 423, 428, 433, 436, 443, 446f., 459, 461, 505–510, 520–523
Merz, Line 505, 506, 509f.
Metternich, Klemens v. 323, 354
Meyer, Heinrich August Wilhelm 221
Meyer, Wolf 423, 425, 427f., 431–433, 436, 442, 447, 449, 455
Michaelis, Georg (Reichskanzler) 217, 474
Michelangelo Buonarroti 178, 255, 265
Mirbt, Carl 504f.
Moltmann, Jürgen 306, 343, 365, 410–412, 431
Monastier, Hélène 160f.
Mozart, Wolfgang Amadeus 138, 155, 168, 266, 273, 301
Mülinen, Helene v. 89, 92
Müller, Alfred Dedo 510–512
Müller, Ernst Friedrich Karl 455, 469, 472
Müller, Gustav d.Ä. 418f.
Müller, Gustav d.J. 418f.
Müller, Johannes 135, 390, 397f., 418f., 461, 478, 505
Müller, Julius Friedrich (Birrwil) 20, 28, 117, 294
Müller (Fabrikant) 157
Münch, Alexander 349, 368
Münzenberg, Willi 113, 139, 168
Münzer, Thomas 410, 490
Müri, Walter 88–90, 100, 106

Natorp, Paul 12, 14, 252, 275, 492
Naumann, Friedrich 5, 6, 9, 23f., 30, 68, 199, 336, 357, 426
Nestle, Eberhard 410
Niebergall, Friedrich 235
Niesel, Wilhelm 9
Nietzsche, Friedrich 363f., 395, 398, 404, 419, 426, 428, 455, 460
Nikolaus von der Flüe 182f.

Oehler, Theodor 395
Oekolampad, Johannes 44, 157, 217
Oeri, Albert 305f.
Oeser, Hermann 172f.
Oetinger, Friedrich 327–329, 336, 353, 407, 497
Oettli, Samuel 424f.
Orell Füßli (Verlag) 223
Orelli, Konrad v. 424f.
Origenes 181, 293
Osiander, Andreas 448
Otto, Rudolf 288, 327f., 330
Overbeck, Franz 364–367, 372f., 376f., 379, 382, 384. 388f., 395f., 398f., 400f., 407–409, 417–420, 433f., 448, 451, 455, 458, 468, 471, 481, 490f., 524
Overbeck, Ida 380, 383

Pascal, Blaise 390
Paulus (Apostel) 32, 55, 100, 160f., 174, 179, 236, 238, 245, 250, 256, 261, 271, 274, 282, 286f., 305, 307, 321, 329f., 347, 392, 399, 423, 440, 445, 456f., 459, 462, 477, 490, 492
Perthes, Friedrich Andreas (Verlag) 522
Pestalozzi, Gerty, geb. Eidenbenz VII, 38, 119, 125, 133, 172, 191f., 198, 208, 217, 301, 306, 308, 369, 377f., 390f., 393, 483, 492, 497
Pestalozzi, Heinrich 175, 275
Pestalozzi, Rudolf (Ruedi) VII, 38, 96f., 119, 125, 133, 139, 158f., 166, 170, 172, 176, 191f., 202, 208, 213f., 217, 227f., 229, 256, 260, 301, 306, 308, 340, 369, 377f., 390f., 393f., 419, 483, 492, 497, 502, 504f., 509, 518f., 526
Pestalozzi, Theo 273f.
Pestalozzi, Vreneli, geb. Kutter 273f.
Peterson, Erik 500f., 503
Pfändler, Marcel VIII
Pfisterer, Karl 87, 90
Pflüger, Paul 198f.

Pieczynska-Reichenbach, Emma 80, 92, 125
Plato 287, 290, 292, 334, 352, 382, 403, 460, 462
Platten, Fritz 113
Preiswerk, Adolf 127, 310f., 316, 326
Preiswerk, Emanuel 88–90
Preiswerk, Richard 26f., 113, 118, 155, 157, 181f.
Preiswerk, Samuel 36f.

Quervain, Alfred de 308, 391
Quitmann, Walter 395f.

Rade, Dora 38f., 288
Rade, Martin 7, 8, 10–12, 18, 25–28, 30, 42, 53f., 65f., 68, 77f., 82, 99, 130f., 202, 204, 206, 295, 411, 447f., 475, 486, 514, 520, 522
Ragaz, Leonhard 9, 10, 12, 15–18, 20, 24f., 27–29, 32–36, 64, 68f., 70, 72, 74f., 78f., 81f., 85, 96, 107, 115, 117, 120, 122, 125, 138, 140, 142, 144, 147f., 152, 155f., 165, 186, 191–195, 205f., 210, 212, 217, 224, 226, 245, 250–254, 260, 263f., 268f., 270–272, 274, 281f., 288, 295f., 300, 320, 323, 325f., 332f., 338, 342f., 346f., 353f., 358f., 361f., 369f., 383, 386f., 390, 393f., 397f., 414f., 426, 428, 433, 435, 441, 449, 456–458, 464f., 499, 510f., 512
Rathenau, Walther 255
Reich, R. 332
Reinhardt, Friedrich (Verlag) 220f.
Reitzenstein, Werner von 443f., 473
Rembrandt 270, 457
Rieger, C.H. 294, 296, 320, 324
Rieter-Wille, Frau 97
Riggenbach, Bernhard 138f., 161
Ritschl, Albrecht 34, 121f., 205, 330, 426, 434
Rittelmeyer, Friedrich 335, 367, 370, 455
Robertson, Frederick William 320f.
Rohrbach, Paul 68f.
Rosenstock-Huessy, Eugen 348f., 356–359, 361, 364, 366, 373–377, 385, 389, 402, 405, 410, 445f., 455
Rothe, Richard 365
Rütimeyer, Wilhelm 326f.

Salis, Arnold von 404f.
Sandreuter, Karl 139
Sartorius, Elisabeth (Tante von K.B.) 158
Schädelin, Albert 7f., 80, 92f., 95–97, 129, 138, 168, 205f., 281, 295, 321, 340, 342f., 355, 391f.
Schäfer, Albert 55, 57, 161f.
Schäfer, Wilhelm 447f.
Schaffner, J. 367, 370
Scheidemann, Philipp 327, 473–475
Schieber, Anna 231, 233
Schild, Paul 3, 4, 39f., 70, 89, 108, 129, 143, 154, 350, 388, 435, 486
Schiller, Friedrich 22, 390, 448–450
Schlatter, Adolf 148, 254, 312, 379
Schleiermacher, Friedrich Daniel Ernst 341, 486, 489, 492, 520, 525
Schlunck, Rudolf 450, 472
Schmid, Arthur 430f.
Schmid, Jacques 318
Schmidt, Karl Ludwig 489f.
Schrempf, Christoph 461
Schuler, Anny 53
Schuler, Hans Werner 53
Schultheis, Heinrich 356f.
Schwarz, Rudolf 26, 359, 361, 452
Schwenkfeld, Caspar 490
Servet, Michael 189
Shakespeare, William 86, 90
Siebeck, Agnes 423, 428
Siebeck, Richard 366, 387, 389, 423, 427f., 430, 434, 443f., 518
Sokrates 292, 352, 382
Sombart, Werner 198f.
Spener, Philipp Jakob 194f, 503
Spengler, Oswald 363f., 404
Spitteler, Carl 42f., 216
Spleiß, David 199f., 203f., 214f., 221

Spoendlin, Willy 185, 522
Spranger, Eduard 341
Sprecher von Bernegg, Theophil 95f.
Stähelin, E. 360f.
Staehelin, Ernst 44, 46, 49, 119, 157, 217, 242, 294, 309, 372, 434, 468
Stange, Carl 465f., 469, 472, 483, 502–504
Stange, Erich 423, 425f., 450
Steck, Rudolf 391
Steffens, Henrik 196f., 341
Steiger, Walter 501
Steiner, Rudolf 370, 435
Stephan, Horst 12, 14, 288
Stoevesandt, Hinrich VII
Stokar, C. 200
Straub, Karl 87, 89, 90, 284–286
Strauß, David Friedrich 179, 182, 189, 218f., 221
Strauß und Torney, Viktor Friedrich von 100f.
Sturzenegger, Robert 382f., 389, 402f.

Tersteegen, Gerhard 286, 458, 522
Tertullian 293, 234, 336
Theodoret 462
Tholuck, Friedrich August 148, 215f., 281, 308
Thurneysen Eduard (Vater von E. Th.) 213, 329, 406–408
Thurneysen, Katharina Elisabeth 516f.
Thurneysen, Marguerite geb. Meyer (Frau von E. Th.) VII, 62, 63, 66f., 71, 74, 76f., 85, 91, 94, 98, 108f., 114, 117, 126–128, 130f., 134f., 137, 140f., 150, 157, 166f., 169, 175, 178, 182, 189–192, 197, 201f., 206, 209f., 219–222, 227f., 231, 234f., 238, 242–244, 247, 253, 255, 260f., 265f., 273f., 278f., 281, 286, 288, 290, 298f., 301, 308, 320, 328, 334, 357, 380, 383, 391, 393, 396, 404, 414, 416f., 422, 441, 443, 447, 461, 465, 467, 469, 472f., 475f., 478, 480f., 484, 486, 491, 498f., 510, 517f., 520, 523, 525f.
Thurneysen, Matthias Eduard (Sohn von E. Th.) 329, 332, 498
Thurneysen, Peter (Bruder von E. Th.) 94, 257,
Tillich, Paul 415
Tirpitz, Alfred v. 511f.
Tischhauser, Emanuel 14, 96, 129
Titius, Arthur 469f., 472, 503f., 518
Tolstoj, Leo 28, 136, 442
Traub, Gottfried 16f., 50, 68, 198f., 283
Treitschke, Heinrich von 125
Troeltsch, Ernst 3, 4, 23–25, 37, 40, 75, 121f., 144, 410
Trotzki, Leo 268f.
Turgenjew, Iwan 25

Uhland, Ludwig 471

Vadian, Johannes 402f.
Vallotton, Benjamin 129, 131
Vergil 218
Vetter, J. 116, 128, 161–165, 178, 259, 314
Viret, Peter 360f.
Vischer, Christoph VIII
Vischer, Eberhard 275, 379, 381, 383, 418f.
Vischer, Eduard 20
Vischer, Wilhelm VII, 493f.

Wangemann, Theodor 263
Weber, Eugen 295, 297f.
Wehrli, Klara 322, 324, 378, 422
Weidenmann, J. 122f.
Weismantel, Leo 384, 386
Weiß, Bernhard 220
Weiß, Johannes 318, 321, 424
Weizsäcker, Viktor v. 366
Wellhausen, Julius 353
Wendland, Johannes 160f., 165
Wendland, Paul 338f., 363
Werner, K. 219
Werner, Martin 522f.

Wernle, Paul 4, 5, 8f., 11, 14–17, 20, 24, 26, 27, 33, 46, 49–51, 57, 82, 86, 101, 103–106, 109–112, 114–119, 121, 125f., 130, 146f., 158, 165, 169, 181, 200–205, 217, 243, 256–260, 263, 268, 270, 275, 282, 309, 312f., 328, 331, 347f., 359, 373, 424, 442, 448, 482
Wieser, Fritz 247, 495
Wieser, Gottlob, 24, 40, 79, 125, 174f., 247, 249, 283, 343, 372, 405, 428, 481
Wildbolz, (Oberst) 263
Wilhelm, Frau 247
Wilhelm II., Kaiser 298, 310
Wille, Ulrich 96
Wilson, Thomas Woodrow 295–297, 327, 335, 358
Wirz, Jakob 215f., 312f.
Witte, Leopold 215f.
Wunderlich, E. R. und P. 221
Zahn-Harnack, Agnes v. 410f.
Zahn, Theodor 330, 332, 462f.
Zellweger, Franziska, geb. Barth («Fränzeli») VII, 22f., 42, 48, 54, 57–60, 71f., 74, 77, 81, 91f., 95f., 102, 104, 114f., 119, 130, 133, 136, 138, 143, 146, 150, 172, 191, 197, 212, 222, 224, 238, 241, 267, 273, 301, 359, 503
Zellweger, Max VII, 23
Zickendraht, Karl 26f., 55, 434
Ziegner, Oskar 366
Zimmermann, Alfred 474
Zinzendorf, Nikolaus Ludwig, Graf von 321f., 430
Zündel, Friedrich 51, 53, 121f., 205, 294, 313, 442
Züricher U.W. 194, 196
Zulauf, Fritz 11, 14, 25, 188
Zurlinden, S. 170, 186
Zweig, Stefan 476f.
Zwingli, Huldrych 239, 270, 283

VERZEICHNIS
DER IN DIESEM BAND ERWÄHNTEN SCHRIFTEN
VON BARTH UND THURNEYSEN

BEIDE:

K. Barth / E. Thurneysen, *Ein Briefwechsel aus der Frühzeit der dialektischen Theologie* (Siebenstern-Taschenbuch 71), Hamburg 1966: VI
K. Barth / E. Thurneysen, *Suchet Gott, so werdet ihr leben!* (Predigten), Bern 1917: 189f., 192f., 207–209, 218, 220, 223, 228, 230–235, 240–242, 246–248, 254–259, 262f., 266, 276–279, 281, 283, 285, 295f., 423, 475, 524
K. Barth / E. Thurneysen, *Komm Schöpfer Geist! Predigten,* München 1924: 364, 427, 473
K. Barth / E. Thurneysen, *Zur inneren Lage des Christentums. Eine Buchanzeige und eine Predigt,* München 1920: 370, 373f., 376, 380f., 400f., 419, 433, 455, 475

BARTH:

Der Glaube an den persönlichen Gott, ZThK 24 (1914): 3f.
Landesausstellung (Predigt über Ps 8,6–10; Mt 16,26), Neue Wege 8 (1914): 6f.
«*Die Hilfe*» 1913, CW 28 (1914): 6f.
Briefwechsel von Karl Barth und Martin Rade, Neue Wege 8 (1914): 10–12, 14
Krieg, Sozialismus und Christentum (Referat 1914, unveröffentlicht): 21, 23
Gottes Vorhut (Predigt über Lk 12,32), Neue Wege 9 (1915): 37
Christus und die Sozialdemokratie (Vortrag 1915, unveröffentlicht): 38f.
Friede, Die Glocke 23 (1915): 42f., 53, 55, 57
Was heißt: Sozialist sein? (Referat 1915, unveröffentlicht): 70f.
Kriegszeit und Gottesreich (Vortrag 1915, unveröffentlicht): 101–105, 112
Religion und Sozialismus (Referat 1915, unveröffentlicht): 112–114, 116
Die Gerechtigkeit Gottes (Vortrag 1916), Neue Wege 10 (1916) und Ges. Aufs. I, 5ff.: 118f., 124, 136f.
Das Eine Notwendige (Predigt über Gen 15,6), Konferenzbericht Aarau 1916: 125, 145
Der Pfarrer, der es den Leuten recht macht (Predigt über Ez 13,1–16), 1916: 125f.
Der Wille Gottes und der Krieg (Vortrag 1916, unveröffentlicht: 126f.
Auf das Reich Gottes warten (Rezension der *Haus-Andachten* von Chr. Blumhardt), Der freie Schweizer Arbeiter (1916): 142, 144, 147f., 152, 155, 159
Der schweizerische Bundesrat und die Glücksspielunternehmer, Der freie Schweizer Arbeiter 1916: 153

Die neue Welt in der Bibel (Vortrag 1917), in: Suchet Gott..., 154ff. und Ges. Vortr. I, 18ff.: 170, 173, 175, 207, 240f.
Über die Grenze! (Predigt über Mk 10,32–34), 1917: 176, 178, 189f., 203
Alltagskraft (Referat 1917, unveröffentlicht): 182f., 192
Die Zukunft des Christentums und der Sozialismus (Referat 1917, unveröffentlicht: 201, 204, 215
Religion und Leben (Vortrag 1917), EvTh 11 (1951/52): 225f., 240f.
Ansprache des Pfarrers bei der Beerdigung eines Arbeiters. Neuer Freier Aargauer 1917: 225f.
Christliches Leben (Vortrag 1919, unveröffentlicht): 333f., 343, 345
Ein Wort an das aargauische Bürgertum, Neuer Freier Aargauer 1919: 337–339
Der Christ in der Gesellschaft (Vortrag in Tambach 1919), Würzburg 1920 und Ges. Vortr. I, 33ff.: 342–347, 478f.
Biblische Fragen, Einsichten und Ausblicke (Vortrag in Aarau 1920), München 1920 und Ges. Vortr. I, 70ff.: 341, 347, 366f., 370f., 375f., 380f., 383, 397f., 417, 456, 458, 473, 475
Vom Rechthaben und vom Unrechthaben (Rede in Suhr 1919), Das neue Werk 1 (1919/20): 351f., 354f.
Unerledigte Anfragen an die heutige Theologie, in: Zur inneren Lage... und Ges. Vortr. II, 1ff.: 368, 370, 373, 376, 380, 397, 399–401, 417f., 433, 458
Der innere Mensch (Predigt über 2. Kor 4,16–18), Das neue Werk 2 (1920/21): 397f.
Auferstehung (Predigt über Lk 24,2f.), Das neue Werk 2 (1920/21): 404f.
Die Buße (Predigt über Mt 11,28), Pastoralblätter 63 (1920/21): 427
Das große «Aber» (Predigt über Spr 16,2) (1921), in: Komm Schöpfer Geist! S. 14ff.: 472f.
«*Kirchenbericht*» (1921, unveröffentlicht): 485f., 497
Der Römerbrief, 1. Aufl., Bern 1919: 146, 148, 159, 161, 165f., 174, 179, 182, 184, 227–230, 236, 238, 241f., 245f., 254f., 260, 264–268, 271, 274f., 279–283, 286–290, 295, 302, 304–308, 312f., 316, 326, 328, 330, 347–349, 353f., 356, 362f., 367–370, 388, 390, 409f., 418, 425, 433, 435–437, 448, 464, 471, 477, 485, 491, 496f., 499–501, 507, 509, 514, 518, 520, 524
Der Römerbrief, 2. Aufl., München 1922: 387, 435–446, 448–453, 456f., 459, 461–467, 470–473, 475, 477, 479–483, 485–487, 489, 491–494, 496f., 499–501, 505–512, 514–520, 523f.

THURNEYSEN:

Ethik und Politik in ihrem gegenseitigen Verhältnis bei Friedrich Naumann, Centralbl. des schweiz. Zofingervereins 21 (1910/11): 6
Irrendes Gewissen? Zur Frage der Dienstverweigerung aus religiösen Gründen, Die Glocke 24 (1915): 85
Unsere Hoffnung und die Kirche (Vortrag 1915), in: Suchet Gott..., 2. Aufl., 160ff.: 95f., 207, 230f., 240

Vortrag in Birrwil 1916 über Fragen des Pfarramts (unveröffentlicht): 156f., 159

Gotteshilfe (Predigt über Lk 14,28–33), Konferenzbericht Aarau 1917: 179, 205f.

Wo Liebe ist, da ist Gott (Predigt über Lk 10,25–37), in: Suchet Gott..., S. 105ff.: 246f.

Der heilige Geist (Predigt über Apg 2,1–4), ebd. S. 81ff.: 278f.

Was sagt Gott zu uns? (Predigt über Ri 7,1–7), Die Glocke 27 (1918): 291

Die neue Zeit / Der Menschensohn (Predigten über Sach 1,3 und Mt 8,19f., 1918), 1919: 302f.

Sozialismus und Christentum (Vortrag 1920), ZZ II, 1923, und Ges. Aufs. 1971, S. 159ff.: 364f.

Die enge Pforte (Predigt über Lk 15,3–7), in: Zur inneren Lage..., S. 25ff.: 373, 377, 380f.

Abschiedspredigt über 1. Sam. 20,23, 1920: 391f.

Die Aufgabe der Predigt. Pastoralblätter 63 (1920/21) und Ges. Aufs. 1971, S. 95ff.: 427, 450–453

Dostojewski, München 1921: 437, 456, 479f., 482, 487, 494, 497–499, 506, 508